U0910707

本书出版得到陕西省宝鸡文理学院省级重点学科（哲学）经费资助

文明大走向

文化时代与思想政治变革

王世荣 著

中华民族曾经创造出光辉灿烂的中国文化，到了近代，与西方相比，显然落后了！经过一百多年的努力，中国人民站起来了！中国文化亦呈现复兴之势，总结以往的成就，开辟中国文化的新时代，是我们今天的光荣任务！

——张岱年先生为《文化复兴丛书》题词

中国社会科学出版社

图书在版编目(CIP)数据

文明大走向:文化时代与思想政治变革/王世荣著. —北京:
中国社会科学出版社, 2017.9
ISBN 978-7-5203-1400-8

Ⅰ.①文… Ⅱ.①王… Ⅲ.①社会科学—文集 Ⅳ.①C53

中国版本图书馆 CIP 数据核字(2017)第 273390 号

出版人 赵剑英
责任编辑 陈肖静
责任校对 韩海超
责任印制 戴 宽

出 版 中国社会科学出版社
社 址 北京鼓楼西大街甲 158 号
邮 编 100720
网 址 http://www.csspw.cn
发行部 010-84083685
门市部 010-84029450
经 销 新华书店及其他书店

印 刷 北京明恒达印务有限公司
装 订 廊坊市广阳区广增装订厂
版 次 2017 年 9 月第 1 版
印 次 2017 年 9 月第 1 次印刷

开 本 710×1000 1/16
印 张 51.75
字 数 830 千字
定 价 198.00 元

作者简介

王世荣，生于1956年，陕西眉县人，西北大学哲学系毕业，宝鸡文理学院教授，长期致力于推动中华文化的伟大复兴，任文化复兴丛书主编。经历“文革”十年动荡和改革开放时代，崇尚笛卡尔“我思，故我在”的理性精神和马克思的批判意识。30余年来，集诗人的想象力和学者的严谨精神于一身，孜孜不倦进行学术研究。尤其是2012年后，身残志更坚，发奋著述，笔耕不辍！先后提出了“文化时代”、“法律社会”、“系统价值论”、“新宇宙和谐论”、“幸福政治学”、“天才教育学”、“中国心灵哲学”等具有开创意义的学术思想。

著有：《政治科学新论》、《周秦政治文化喻政治伦理》、《凡人与伟人之间》；主要参编有：《中国古代道德生活史》、《周秦伦理文化概论》、《人生哲学》等。在各类期刊发表论文一百余篇，其中中国人民大学复印资料全文转载6篇，《哲学研究》、《文汇报》等均有介绍。长期担任政治学教研室主任，学院学科带头人，省政治学会理事，省哲学人文科学重点研究基地周秦伦理文化研究中心成员，宝鸡传统文化促进会常务理事，获省市政府及学术机构科研奖励二十余项。以笔名柳望河，创作大量诗歌、散文，百度百科人物。

目　　录

第一编　文明融合开启人类新时代

第二编　中国新型政治文明正在兴起

第三编　中国传统政治文明的历史光芒

第四编　心灵哲学引导人类开发无限精神宇宙

第五编 道德与智慧是幸福人生的双翼

第六编 钱学森之问的答案决定中国未来

第七编 五朵含苞待放的原创理论之花

第八编 天启之光——思想启示录

序

——哲理与诗情

哲学讲理性，诗歌讲激情，二者似乎形同水火。但古今中外却总有些兼具理性与激情的人，成了诗人哲学家。在中国，老子五千言是哲理诗，庄子写的是哲理散文诗，屈原的楚辞饱含哲理，一篇《天问》更是探寻科学哲学的千古奇葩。后世的阮籍、寒山、王梵志、王阳明，都是杰出的诗人哲学家。西方的帕斯卡尔、卢梭、伏尔泰、尼采等，也都是公认的诗人哲学家。康德、黑格尔之后，哲学的诗性表达方式渐被学人疏远，晦涩、枯燥、思辨成了哲学的主流或唯一语言表述形态，使普通人望而生畏。当前国内的哲学研究有种上不着天、下不着地，远离人生智慧的倾向，许多论文严重八股化，下笔万言，了无新意，不知所云，实在让人失望。

王世荣教授的《文明大走向——文化时代与思想政治变革》书稿看过之后，给我留下的突出印象，就是体现了哲理与诗情的有机统一，既富理性，又有激情。通过多年相处，我知道，世荣是个有志气、有追求、不甘平庸的人，虽经种种挫折、磨难而不改其志，不失朝气、锐气。这可以从他 1998 年写的《咏鹤》诗看出。诗中有这样四句："本有冲天志，扶摇云海间。虽遭风雷摧，依然向青天"。他的主业是从事哲学、伦理学、政治学的教学与科研，是教授。但他同时又是一个诗人，创作了大量新旧体诗歌。在学术上执着于追求真理，目标明确，思路清晰。当大脑极度兴奋时，思维如天马行空，会迸发出许多奇思妙想，写出极富新意的文章，如主体意识与心灵哲学、宇宙和谐论解读、意识与脑电波之谜、21 世纪人类文化基本走向等。而思想启示录则把诗情与哲理融为一体，在简短、形象、生动的语言中闪烁着智慧的火花。

世荣是个时代感、使命感、责任感极强的人，喜欢思考前沿问题和社会问题，时刻关注着国家、民族和人类的命运。哲学的理性精神、诗人的激情和丰富想象力，再加上顽强的意志，成就了他此生不平常的事业。作为朋友，我希望他健康快乐，更加自由地思考、写作，在以后的人生道路上更多些诗情画意，身后留下更多哲学的花朵。

王　磊

2016 年 9 月 1 日于宝鸡

引　言

人类经由蒙昧、野蛮而进入文明时代，但是要摆脱野蛮和愚昧仍然需要付出艰辛的代价。

人类的生存困境归结起来无非两个问题，一个是生态问题，一个是心态问题。心态决定生态，是人类贪婪的欲望引发了战争和纷争，破坏了人与自然的关系。

人类的悲哀就在于本身是大自然之子，却在刻意追求超自然的存在。征服自然、主宰自然表明人类的狂妄与无知，敬畏自然、回归自然才是人类唯一的出路。

自文艺复兴以来，人类走出了禁欲主义的黑夜，却陷入了纵欲主义的泥潭。必须对人类中心主义和征服论进行反思，用生态文明超越工业文明大势所趋。

知识经济、软实力的提出表明人类进入文化时代。中国应该有一场文艺复兴，复兴春秋战国文化的自由理性和创造精神，复兴大唐文化海纳百川的博大胸怀和包容意识。

东西方文化融合是21世纪人类文化的基本走向，在各民族国家相互依存的全球化时代，文明的共存、交流、对话是时代潮流，在多元文化背景下宽容比自由更重要。

政治是一种文明的生存方式，人的解放与幸福是政治追求的终极目标。这是一种理想的政治，崇尚妥协的政治；有规则与秩序的政治，摆脱了野蛮和血腥的政治。互联网的兴起，为金字塔形精英政治向网络型共享政治转变提供了可能。

中国的希望在于政治改革，中国五千年文明史正是一部变革史。只有政治改革，才能突破渐进性改革积累的问题和瓶颈。人民民主与协商民主相融合的新型政治文明正在兴起。

战争与和平是人类的两种生存方式。第二次世界大战法西斯的覆灭，表明人类依靠相互征服为自己开辟道路的历史的终结。必须用正义与和平重铸人类文明，用竞技体育这种文明有规则的较量取代战争，是人类实现永久和平的曙光。

在市场经济条件下，必须对劳动价值论进行创新和发展。系统价值论把价值创造和价值实现看作一个过程，把企业内部组织与外部环境看作一个系统，认为工人劳动创造价值，企业家管理也创造价值，完善外部环境有利于价值实现。

西方的短板（木桶）理论，是一种机械论，是一种策略思维，因而具有极大的局限性。“树最长的根，决定树的高度和树冠的大小”，在强势项目上做大做强，扬长避短！长根理论是一种战略思维，是我国管理学理论的重大突破。

小孩都是天才，现代教育使他们堕落成了人才！教育是一门艺术，而艺术本身就是教育！教师是导演而不是演员，学生是演员而不是观众！求同思维向求异思维的转变是中国教育变革的灵魂，钱学森之问的答案决定中国未来。

人生有境界，教育也有境界。教人谋生的知识与能力，是一种境界；培育成就事业的理想与素质，又是一种境界；而启迪通达人生的智慧与胸襟，则是教育的至高境界！把小鸟放飞蓝天，这是解放儿童宣言！

人生是一门可能的艺术，欣赏是人性的光辉，美是心灵的曙光，朋友是心灵的伴侣，自信是成功的秘诀，兴趣是最好的学校，拥有快乐是一种智慧，道德与智慧是幸福人生的双翼。

善良是美德之魂，中国人相信世界上还是好人多，好人终有好报，多行不义必自毙！信仰缺失是人类社会一切乱象的根源，中华文化追求道义论与功利论的融合，可以为人类道德重建提供借鉴。

聪明的人快快乐乐生活，愚蠢的人自寻烦恼；糊涂的人不知道什么是快乐，什么是烦恼；圣贤的人在快乐中享受人生，在烦恼中找到智慧。常言道，知足者常乐！拥有快乐是一种智慧。

世界因心灵而生动，心灵是宇宙的中心，万物一体，息息相通，“宇宙即吾心，吾心即宇宙”。境由心生，神由心造。在物欲横流的现代社会，应该提出心灵建设的任务。

重建民族文化的自信

——《文化复兴丛书》总序

这是一个复兴和变革的伟大时代！是中华民族扬眉吐气的时代！告别过去，走向未来，把中华民族真正复兴起来，是当今摆在炎黄子孙面前刻不容缓的历史使命。

习近平指出："我们要坚持道路自信、理论自信、制度自信，最根本的还有一个文化自信""文化自信，是更基础、更广泛、更深厚的自信。"那么，何谓文化自信？文化自信是一个民族、一个国家以及一个政党对自身文化价值的充分肯定和积极践行，并对其文化的生命力持有的坚定信心。

"文明特别是思想文化是一个国家、一个民族的灵魂。无论哪一个国家、哪一个民族，如果不珍惜自己的思想文化，丢掉了思想文化这个灵魂，这个国家、这个民族是立不起来的"。

"实现我们的发展目标，不仅要在物质上强大起来，而且要在精神上强大起来。"

"一个国家、一个民族的强盛，总是以文化兴盛为支撑的，中华民族伟大复兴要以中华文化发展繁荣为条件。对历史文化特别是先人传承下来的道德规范，要坚持古为今用、推陈出新，有鉴别加以对待，有扬弃地予以继承。"

"中华文化是我们提高国家软实力最深厚的源泉，是提高国家文化软实力的重要途径。要使中华民族最基本的文化基因与当代文化相适应、与现代社会相协调，以人们喜闻乐见、具有广泛参与性的方式推广开来，把跨越时空、超越国度、富有永恒魅力、具有当代价值的文化精神弘扬起来，把继承传统优秀文化又弘扬时代精神、立足本国又面向世界的当代中国文化创新成果传播出去。”

“中华民族在长期实践中培育和形成了独特的思想理念和道德规范，有崇仁爱、重民本、守诚信、讲辩证、尚和合、求大同等思想，有自强不息、敬业乐群、扶正扬善、扶危济困、见义勇为、孝老爱亲等传统美德。中华优秀传统文化中很多思想理念和道德规范，不论过去还是现在，都有其永不褪色的价值。”“以古人之规矩，开自己之生面”“实现中华文化的创造性转化和创新性发展。”

习近平的重要论述，在我党的历史上第一次提出“文化自信”，强调文化发展繁荣是民族复兴的重要条件，中华文化是提高国家软实力最深厚的源泉，为我国的文化建设和文化复兴指明了方向。

中华民族向来以勤劳、勇敢、智慧、酷爱自由而著称于世，曾经创造过辉煌灿烂的古代文明，为世界文明和人类进步事业做出过伟大的贡献。中国文化在世界文化史上具有显赫的地位。

中华民族要实现伟大复兴，从计划经济到市场经济，从农业文明到工业文明，从人治专制到民主法治，从政治经济时代到科技文化时代，这些深刻的社会变革必须以文化复兴作为先导。

正像西方近代文明的崛起是以文艺复兴、宗教改革、思想启蒙运动作为先导一样。在我们民族近百年的历史发展中，如果没有思想文化观念的深刻变革，中国革命的成功是决然不可能的。同样，在今天和未来的历史发展中，离开了这一点，中国的现代化也是没有希望的。文化复兴是民族复兴的强大动力和标志，只有中华文化复兴起来，我们这个民族才能真正站立起来！

正是基于此种原因，从 1990 年我和贾必章先生、罗浩波先生等同仁一道发起编辑《文化复兴丛书》，著名学者张岱年先生、张岂之先生、章泽先生、霍松林先生、刘文西先生、彭曦先生、陈瑛先生、赵馥洁先生、王磊先生、刘宝才先生、黄留珠先生、赵世超先生、任登第先生、何志虎先生、白黎先生、司晓宏先生等热情支持并担任顾问。

1991 年初张岱年先生为丛书题词：“中华民族曾经创造出光辉灿烂的中国文化，到了近代，与西方相比，显然落后了！经过一百多年的努力，中国人民站起来了，中国文化亦呈复兴之势，总结以往的成就，开辟中国文化的新时代，是我们今天的光荣任务！”

张岂之先生题词：“中华民族具有人文化成的创造精神，刚柔相济的辩证精神，天人合一的和谐精神，自强不息的进取精神，厚德载物的道德精神，和而不同的会通精神，经世致用的责任精神。这些人文精神与西方推崇科学和民主的理性主义人文精神相结合，就能够创造出适应时代需要的崭新的精神文化。弘扬中华优秀文化，可以增强民族自信心和凝聚力，可以提高民族整体素质！”

时任陕西省委书记章泽先生题词：“弘扬民族优秀文化，建设社会主义精神文明。”

刘文西先生题词：“弘扬传统文化，振奋民族精神！”

陈瑛先生题词：“在中国几千年的历史发展中，人们最重视伦理道德，它占据着特别重要的地位，甚至可以说伦理道德已经成为中国古代精神文化的中心。弘扬中华文化，首先就要推陈出新，根据时代要求，把在中国人道德生活中依然鲜活的优良传统发扬光大。”

王磊先生题词：“弘扬中华优秀传统文化，就是要弘扬自强不息的进取精神，和而不同的包容意识，推己及人的仁爱情怀，独立自主的健全人格！”

所谓文化复兴，并非要将中国传统文化不加分析地予以继承，而是以马克思列宁主义、毛泽东思想、邓小平理论和中国特色社会主义为指导，弘扬社会主义核心价值观，用现代意识来开掘中国文化的瑰宝，弘扬传统文化的灵性和创造精神，把祖国优秀文化与时代精神结合起来，把继承与创新结合起来，建设具有民族风格的开放的生机勃勃的社会主义新文化，推动理论创新、科技创新和制度创新，推动精神文明与政治文明、物质文明与生态文明协调发展，为恢复与中国大国地位相适应的曾经在世界上享有的文化领先地位，而撞钟击鼓、添砖加瓦。

我们的宗旨是：“开放、启蒙、反思、建设”。我们处于一个改革开放的时代，新文化建设必须有开放眼光、全球意识，大胆吸收外来文化的优秀成分，走中西文化融合之路。才能促进民族文化的更新与创造；对民族传统文化必须本着批判继承的态度，剔除封建性的糟粕，发扬民主性的精华，抛弃“唯书唯上”的教条主义态度，继续完成五四以来的思想启蒙任务；对近代以来文化运动的历史进行反思，总结其经验教训；而开放、启蒙、反思必须立足于新文化的建设与创造，必须坚持社会主义方向，批判“三纲”和封建礼教，把科学民主精神和仁爱民本思想结合起来，把爱国主义与国际主义结合起来，培育民主法治、自由平等、公平正义的公民意识；弘扬自强不息、厚德载物的民族精神，树立民族自尊心和自信心，提高中华民族的整体素质，增强民族凝聚力，使新文化成为鼓舞人民，建设富强、民主、文明、和谐的社会主义国家的精神武器。

《文化复兴丛书》编辑出版哲学、人文社会科学领域探索性论著、文学艺术方面的优秀作品，贯彻“百花齐放，百家争鸣”的方针，提倡学术争鸣，倡导求实、严谨、生动、活泼的文风，突出思想性、学术性、原创性和可读性，鼓励新人新作。使它真正成为沟通读者与作者、文化与心灵的纽带。

马克思在《黑格尔法哲学批判导言》中指出：“思想的闪电，一旦射入这块从来没有触动过的人民园地，德国人将解放成为人！”

大哲学家康德说：“所谓启蒙，就是改变那种离开他人就不会思考、不会行动的习惯，就是做独立自主的人。”

贺麟说：“当一个民族发展到和平与繁荣的阶段，当它从外部的压迫和任何形式的内部专制中解放出来时，人们就开始认识到个性和个人灵魂尊严的重要性！”

爱因斯坦说：“只有投身于社会，才能找到那短暂而有风险的生命的意义”。

重建民族文化的自信，是因为近代以来由于中国的落后，产生了崇洋媚外的心理和全盘西化的思想。由于五四新文化运动提出“打倒孔家店”，一直到“文化大革命”批判封资修，开展“批林批孔运动”，虽然五四新文化运动的方向是正确的，但是现在看来也有不够理智的方面，也就是有全盘否定中国传统文化的倾向。

毛泽东讲从孔夫子到孙中山我们要很好地研究，批判地继承这笔宝贵的文化遗产。但是，由于革命任务的紧迫和左倾路线的干扰，这个任务没有完成。改革开放以来党和国家的工作中心在经济建设方面，并且取得了举世瞩目的伟大成就。但是思想道德建设、文化教育的发展、创新型国家建设任重道远。用什么文化去教育我们的下一代？中国文化朝什么方向发展？儒家能否成为中国现代化过程中的精神家园？这些是每一位有良知的中国人必须思考的问题！现在已经到了客观分析中国传统文化的得失，深刻反省新文化以来中国文化发展的经验教训，认真思考

中国文化未来发展道路的时候了。中国的真正崛起，在于中国文化的崛起，在于中国人的尊严和价值的崛起！

海纳百川，有容乃大！中国文化历来都不拒斥外来文明。古代我们吸收了佛教文化，唐僧取经的故事广为流传。近代有严复、康有为、孙中山从西方寻求救国救民的真理。推翻了统治中国两千多年的帝制，民主共和思想深入人心。

“十月革命一声炮响给我们送来马克思列宁主义！”使中国革命的面貌焕然一新。改革开放我们学习西方的市场经济、管理经验和科学技术，学习民主法治，尊重和保障人权。中国的社会主义现代化建设成绩斐然。

中国有五千年没有中断的文明历史，这本身就是一个奇迹，尤其是春秋战国诸子百家与古代印度、古希腊文明交相辉映，中国需要一次真正的文艺复兴，继续高举五四新文化运动科学民主的旗帜，复兴春秋战国诸子文化的自由理性和创造精神，复兴大唐文化海纳百川的胸怀和包容意识，弘扬诗歌王国的审美文化与高雅情趣。坚持以人为本的和谐发展理念，把人的解放与自由、人的幸福与尊严、人的价值与全面发展作为新文化建设的根本使命。我们既反对民族虚无主义，我们更反对狭隘的民族主义。

习近平指出：“现在，我们比历史上任何时期都更接近中华民族伟大复兴的目标，比历史上任何时期都更有能力实现这个目标。”

长风破浪会有时，直挂云帆济沧海！“这是一次人类从来没有经历过的最伟大的、进步的变革，是一个需要巨人而且产生了巨人——在思维能力、热情和性格方面，在多才多艺和学识渊博方面的巨人的时代。”

这是恩格斯评价文艺复兴运动的一段名言。同样，中华的崛起也在呼唤着巨人，呼唤着伟大的思想和作品。“究天人之际，通古今之变，成一家之言”，这是司马迁的学术宗旨；“为天地立心，为生民立命，为往圣继绝学，为万世开太平”，这是宋代哲学家张载的学术抱负，也是《文化复兴丛书》的宏伟理想。“我劝天公重抖擞，不拘一格降人才”，朋友们，让我们为中华民族的伟大复兴和人类的和平进步事业共同奋斗吧！

王世荣

2016 年 8 月

导　论

这是一部探索文明大走向的学术专著，是一位平民学者的思想历程。作者出生在周秦文化发祥地陕西关中平原一个美丽的小村庄，太白山红河谷的溪流从村中穿过，还有那一望无际的芦苇荡。

一

中华民族正在经历近代以来最伟大的社会变革，饱经忧患的中国已经崛起在世界的东方，古老的文明焕发出青春。《诗经》云："周虽旧邦，其命维新！"自从龚自珍发出"我劝天公重抖擞，不拘一格降人才"的呐喊，"师夷长技以制夷""中体西用""西学东渐"，从洋务运动到维新变法，先进的中国人向西方学习救国救民的真理，孙中山领导的辛亥革命，推翻了统治人民几千年的封建帝制，使民主共和思想深入人心。

新文化运动高举爱国、科学、民主伟大旗帜，让思想冲破罗网，朝着解放的大道迅跑！十月革命一声炮响，给我们送来了马克思列宁主义，在中国共产党的英明领导下，经过二十八年的浴血奋战，终于实现了民族的独立和解放，中华人民共和国成立了，中国人民站立起来了！

毛泽东指出："我们中华民族有同自己的敌人血战到底的气概，有在自力更生基础上光复旧物的决心，有自立于世界民族之林的能力。"① "我们不但善于破坏一个旧世界，我们还将建设一个新世界。"②

"我们的目标，是想造成又有集中又有民主；又有纪律又有自由；又有统一意志、又有个人心情舒畅、生动活泼，那样一种政治局面。"③

---

① 《毛泽东选集》（第 1 卷），人民出版社 1991 年版，第 161 页。

② 《毛泽东选集》（第 4 卷），人民出版社 1991 年版，第 1439 页。

③ 《毛泽东选集》（第 5 卷），人民出版社 1977 年版，第 456—457 页。

邓小平指出："一个党，一个国家，一个民族，如果一切从本本出发，思想僵化，迷信盛行，那它就不能前进，它的生机就停止了，就要亡党亡国。"①

习近平指出："文明特别是思想文化是一个国家、一个民族的灵魂。无论哪一个国家、哪一个民族，如果不珍惜自己的思想文化，丢掉了思想文化这个灵魂，这个国家、这个民族是立不起来的。"②

纪念抗日战争暨世界反法西斯战争胜利70周年大阅兵，这是大国崛起的脚步。

"雄关漫道真如铁，而今迈步从头越！"鸦片战争以来经过170多年的艰苦卓绝的奋斗，"现在，我们比历史上任何时期都更接近中华民族伟大复兴的目标，比历史上任何时期都更有信心、有能力实现这个目标。"③

世界从未像今天这般渴望倾听中国。20国集团杭州峰会的成功举办，标志着一个自信的大国阔步迈向世界！今天的中国，人口占世界五分之一，是世界第二大经济体，走出"一条同西方制度迥然不同的成功道路"，它的抉择判断、进取作为，深刻地影响着21世纪乃至久远未来。

二

关于"文明"与"文化"，我国当前一些权威性辞书，如《现代汉语词典》《辞海》等，有关"文明"的释义，均列有"文明"即"文化"的义项。这表明"文明"与"文化"不仅关系密切，而且具有等同的性质。

1871年，英国文化学家泰勒在《原始文化》一书中提出了狭义文化的早期经典学说：

> 文化或者文明是由作为社会成员的人获得的，包括知识、信念、艺术、道德法则、法律、风俗以及其他能力和习惯的复杂整体。④

---

① 《邓小平文选》（一九七五—一九八二年），人民出版社1983年版，第133页。

② 习近平：《在纪念孔子诞辰2565周年国际学术研讨会上的讲话》，《新华网》2014年9月24日。

③ 《习近平系列重要讲话读本》，学习出版社2006年版，第7页。

④ 转引自［美］马文·哈里斯《文化·人·自然——普通人类学导引》，顾建光等译，浙江人民出版社1992年版，第136页。

汤因比在《历史研究》中认为："文明乃是整体，它们的局部彼此相依为命……在这个整体里，经济的、政治的和文化的因素都保持着一种非常美好的平衡关系。"①

斯宾格勒在《西方的没落》中认为："每种文化都有自己的文明……文明是文化的不可避免的归宿……文明是一种发展了的人类所能做到的最表面和最人为的状态。"②

威尔·杜兰在《世界文明史》中指出："文明是增进文化创造的社会秩序。它包括四大因素：经济的供应，政治的组织，伦理的传统，以及知识与艺术的追求。"③

马林诺夫斯基《文化论》和怀特文化系统学说提出文化系统论和文化层次论，即认为文化由若干系统、若干层次组成。一般说来，分为三系统、三层次。

三系统论：人类活动作用于自然界，产生物质文化；作用于社会，产生制度文化；作用于自身，产生精神文化。因此，文化系统由三个子系统形成：物质文化子系统、制度文化子系统、精神文化子系统。

三层次论：文化具有三层次。一曰表层文化。是器物层，是文化的表现形式。二曰中介层。表现为制度文化层，是社会制度、组织、规范、法规的具体体现。三曰深层文化。是精神文化层，是文化的内隐、内核的本质内容。突出表现为民族心理结构、思维方式、价值观体系，其核心是传统观念，尤其是价值观念。它是文化中社会意识的总和。

尽管三系统论与三层次论分析问题的着眼点不同，所使用的术语也有区别，但结论却基本一致。它们都把"文化"分为物质的、制度的与精神的三部分。如前所述，既然"文明"与"文化"具有同等性，那么，文明的构成自当应为"物质文明""制度文明"和"精神文明"。应该说，这就是"文明"与"文化"的等同之处。

当代西方学术界对于"文明"与"文化"关系的看法，或认为二者

---

① ［英］阿诺德·汤因比：《历史研究》（下），曹未风等译，上海人民出版社1986年版，第463页。

② ［德］奥斯瓦尔德·斯宾格勒：《西方的没落》（上），齐世荣等译，商务印书馆1963年版，第54页。

③ ［美］威尔·杜兰：《世界文明史》（第1卷），幼狮文化公司译，东方出版社1999年版，第3页。

本质上没有区别，所有的文明不过是文化特征而已；或认为“文明”与“文化”不是同一概念，“文化”是指宗教、哲学、艺术等精神领域，而“文明”指物质和技术方面的价值。

黄留珠先生在《周秦汉唐文明》中认为：“文明是与文化大体相同的一个概念，但更着重于表现人类进步状态，是先进的文化形态。它包括：人与自然关系的进步，表现为物质文明；人与社会关系的进步，表现为制度文明；人与本身关系的进步，表现为精神文明。”①

“文明”与“文化”的等同，并不是全等、全同，它们之间的区别也相当明显。例如二者的古义就很不相同。这两个词在《周易》中就已经出现②，但“文化”是指文治和教化，而“文明”则指文采光明、文德辉耀。再如日常使用中，“文明”与“文化”并不可随意互换。像“讲文明”这句话就不能说成“讲文化”，而“有文化”亦不能说成“有文明”等。

当然，“文明”与“文化”最重要的不同，在于二者所表述的侧重点的区别。“文明”与“文化”固然泛指人类社会历史实践过程中所创造的物质财富和精神财富的总和。但“文明”却更着重表现社会进步的状态。换言之，即“文明”表述的是人类创造的物质财富与精神财富中足以反映社会进步的内容。实际上，这层含义在很多辞书中便已讲得相当清楚了。例如《辞海》关于“文明”就有这样的义项：“指人类社会的进步状态，与‘野蛮’相对。”人们使用“文明”概念时，一般也是从这个意义上去进行阐发的。

总之，“文明”与“文化”既有区别又有联系。从概念而论，“文明”是指人类进步的状态，“文化”指人类的生活方式。从性质上看，“文明”标志着进步，是人类发展到一定阶段的产物，重在历史的进步性，而“文化”的根本属性是与人类共生存的，更重民族性和时代性。从词语上看，“文明”是褒义词，“文化”是中性词。但这二者相互作用、相互渗透。“文化”发展是“文明”进步的前提，“文化”是具体“文明”形成的因素和表现，“文明”又给“文化”进步创造条件，“文明”

① 黄留珠主编：《周秦汉唐文明》，陕西人民出版社 2006 年版，第 1—4 页。

② 一般认为《周易·贲卦》中的“观乎人文，以化成天下”为“文化”一词的来源，而《乾卦》中的“见龙在田，天下文明”，则是“文明”一词的出现。

是先进的“文化”形态。

文明是人类进化、进步的水平和状态，是由必然王国迈向自由王国的历史进程，是人类及其实践活动积极进步的价值取向和有益成果的总和。对文明及其发展趋势的研究，是当今历史学、考古学、文化人类学、社会学、文化哲学、历史哲学、未来学等诸学科和领域共同关注的前沿性课题，也是全球化时代世界各国共同关注的重大理论和实践课题。

三

人类学家摩尔根在《古代社会》中认为，人类经由蒙昧时代、野蛮时代，而进入文明时代。因此，文明是相对于野蛮而言的。达尔文认为，人是由动物进化而来的，人是高级动物；人属于动物界而又超出动物界；人性包含动物性，又超越动物性。人类摆脱蒙昧和野蛮的历史进程，就是人性超越兽性而获得文明进步的历程。弗洛姆认为，究竟是不完善的人造就了不完善的社会，还是不完善的社会造就了不完善的人？这是一个悖论，实际上改造和完善社会与人性，这本身就是人类文明的双重使命。

马克思恩格斯是西方现代性批判最深刻的思想家。关于文明发展趋势，19 世纪 40 年代在《共产党宣言》中揭示了人类社会的发展规律，由于生存方式的进步，人类经历原始社会、奴隶社会、封建社会、资本主义社会，而必然进入社会主义和共产主义社会，这是不以人的意志为转移的客观规律。

“代替那存在着阶级和阶级对立的资产阶级旧世界的，将是这样一种联合体，在那里，每个人的自由发展是一切人自由发展的条件。”① 这就是人类由必然王国向自由王国的历史性跨越。

马克思同时天才般揭示和预见了全球化发展趋势：“资产阶级，由于开拓了世界市场，使一切国家的生产和消费都成为世界性的了。……过去那种地方的和民族的自给自足和闭关自守状态，被各民族的各方面的相互依赖所代替了。物质的生产是如此，精神的生产也是如此。各民族的精神产品成了公共的财产。民族的片面性和局限性日益成为不可能，于是由许多种民族的和地方的文学形成了一种世界的文学。”②

① 《马克思恩格斯选集》（第 1 卷），人民出版社 1972 年版，第 237 页。

② 同上书，第 254—255 页。

汤因比在《历史研究》中认为，人类近代以来的历史发展受两个因素制约，一个是工业体系，一个是国家主义。工业体系不断制造出新的产品供我们消费，而国家主义导致了两次世界大战。资源枯竭、粮食短缺、人口膨胀、核武器和战争威胁、生态环境破坏等，迫使人类必须放弃国家主义，大同世界是不久将来的事情。汤因比认为，西方文明讲斗争、有活力，中国文明讲秩序与和谐，只有把二者结合起来人类才有前途。

雅斯贝尔斯在《历史的起源与目标》中认为，公元前800年至公元前200年是人类文明的“轴心时代”，这是人类思想史上最为激动人心的时代，整个人类实现了精神突破，是人类的全面精神化和人性的全盘改造过程。

> 人类一直靠轴心时代所创造的一切而生存。每一次飞跃都要回顾这一时期，并被它重燃火焰。轴心时代的潜力的苏醒和对轴心时代的潜力的回忆或复兴，提供了无穷的动力。①

轴心时代之后，人类进入新普罗米修斯时代，即科技时代。这一时代的最高成就是现代科技，它极大地改善了人类的物质生活条件，但是人类的生存境况并没有得到相应的提高。相反，人类的生存境况因技术的无限制发展、群体意识的兴起和宗教的没落而恶化，科学主义的思维方式淹没了哲学，使人们忘记了对存在和生存的意义的寻求。雅斯贝尔斯预言，我们正面临着第二个轴心时代。世界各地的人将在世界范围内思考全体人类的生存境况问题。

斯宾格勒在《西方的没落》中开创了以“文明形态学”为中心的现代文明论，主要目的不是复述已经过去的历史事件，而是要掌握事实的真相，以便更好地应付将来。他认为大多数文化都经历了一个生命的周期，西方文化也不例外。西方已经走过了文化的创造阶段，正通过反省物质享受而迈向无可挽回的没落。历史学家不仅要重建过去，更重要的是预言，用他自己的话说就是“我们西方历史尚未完结的各阶段的思想方式、时间长短、节奏、意义和结果”。因此，也被很多人称为是一部未来之书，而斯宾格勒也被称为“西方历史的先知”。

---

① ［德］雅斯贝尔斯：《历史的起源与目标》，魏楚雄等译，华夏出版社1989年版，第14页。

杜兰在《世界文明史》中创立了文明史论，在政治与文明关系上采取了调和主义态度，其宗教价值观特别是把共产主义等同于宗教的观点有片面性。

弗洛伊德在《文明及其缺憾》中从文明与本能相统一的视角考察文明进步，把本能与文明的冲突作为文明发展的主线，并从生理学和心理学的角度进行了系统论述。他认为如果一种文明或文化长期压抑人性的话，那么就会导致社会整体平庸，缺乏活力与创造性。

洛伦兹《攻击与人性》中认为，攻击性在人类与动物是相通的，是妒忌、征服和战争的根源，如何把人类攻击性和相互征服的潜能和欲望，引导到有规则的较量上，是人类文明遭遇的最大难题和挑战。

马尔库塞在《爱欲与文明》中创立的“批判的文明理论”，从马克思社会历史理论和弗洛伊德精神分析学的结合上，论证了一种按照人的本能就可以自由发展的“文明史观”。他认为“现代社会”是一个单面的社会，它在提供丰富的物质资源满足人的物质需求的同时，压抑了人的精神自由，它的标准化、批量化、模式化把统一的行为和生存方式强加给个人，从而泯灭了个性。在这个社会内，人变成了单面的人，一方面满足于享受物质的丰富性，另一方面在社会的各种宣传媒体的刺激下满足于享受社会设计和控制的精神资源。

罗洛·梅在《爱与意志》中揭示了工具理性与现代文明的冲突：意志与抉择的矛盾，是我们这个过渡时代心理动荡的一种不可避免的表现。我们意志和决策力的固有基础，已经遭到彻底的、不可挽回的破坏，可笑的是（如果不说可悲的话），恰恰在这样一个万方多难的时代，当技术力量如此过分地膨胀，意志和抉择显得如此关键的时候，我们却发现自己缺乏任何新的意志基础。

梅棹忠夫在《文明的生态史观》中创立了比较文明论的生态学模式，把物质世界的生态统一性与人类社会的生态统一性相类比。岸根卓郎在《文明论——文明兴盛的法则》中创立了宇宙法则基础上的文明论，从自然角度论证和揭示了文明发展规律。①

亨廷顿在《文明的冲突与世界秩序的重建》中认为，苏联解体、东欧剧变以后，意识形态和社会制度的差异已经不是国际冲突的主要因素，

① 罗浩波：《社会文明学导论》，浙江大学出版社2008年版，序。

文明和文化的差异上升为国际冲突的主要因素，比如西方文明与中国文明、伊斯兰文明的冲突日益凸显。

而德国人米勒的《文明的共存》，是针对亨廷顿的文明冲突论而撰写的当代国际问题领域的重要著作。“9·11”事件后，这本书更为世人重视，本书作者针锋相对地反驳了亨廷顿文明敌对的全球观，还认为简单地渲染或者接受这种“敌对论”是极其危险的。米勒指出，国际关系的复杂性、多样性，不仅应该保持，而且应善加利用。

托夫勒的《第三次浪潮》将人类社会划分为三个阶段：第一次浪潮为农业阶段，从约1万年前开始；第二阶段为工业阶段，从17世纪末开始；第三阶段为信息化（或者服务业）阶段，从20世纪50年代后期开始。有人评论说，托夫勒也许并没有给我们带来直接财富，但他也许给了人们一个梦想，多年以后，当年阅读托夫勒的年轻人已成为中国经济建设的中流砥柱，托夫勒的思想或多或少仍在指引着他们“创造未来”。

奈斯比特著有《大趋势》和《亚洲大趋势》两部著作奠定其作为未来学家的坚实地位，又于新世纪来临之际以其独特的视角和精辟的见解为我们推出了他的新作《大挑战——21世纪的指针》一书，在这部新著中告诉人们，新世纪是充满挑战和机遇的新的生存空间，成功的机遇与各种导致失败的因素同时并存，要想得心应手地驾驭风云变幻的现实，成为新世纪的成功人士，那就必须具备以下必备的条件。这便是奈氏的“新人类观”。在这里，奈斯比特将之归纳为五大成功素质，即前瞻性与乐观主义；热爱变化，易于变革；珍视企业精神；寻求平衡和发展个人的领导才能。

罗马俱乐部的研究报告《增长的极限》，确立了可持续发展的理念；卡逊的《寂静的春天》、梭罗的《瓦尔登湖》、海德格尔“诗意地栖居”，预示必须用生态文明超越工业文明。

卡西尔在《人论》中认为，人是文化动物、符号动物，作为一个整体的人类文化，可以被称为人不断自我解放的历程。语言、艺术、宗教、科学是这一历程中的不同阶段。在所有这些阶段中，人都发现并证实了一个新的力量——建设一个自己的世界、一个“理想”世界的力量。

许启贤先生在《世界文明论研究》中从比较文明研究表明，西方思想家、文明理论家的文明观，虽然涉猎了文明论基础理论研究，分别从不同的视角、不同层次研究文明问题，在某些方面提出了许多可贵的思想观点。但是在关于文明研究的历史观方面，在关于文明的本质、文明的发展规律和发展方向等根本问题上，存在着严重缺陷甚至根本错误。而马克思恩格斯的文明论坚持历史唯物主义的根本观点，从社会生活方式和生产方式相统一的实践中把握文明的本质、内容和发展规律，因而是科学的文明论。①

正确认识和处理全球化条件下不同文明之间的关系问题，是国际社会面临的一个重大而紧迫的时代课题。中国著名社会学家费孝通提出："文化自觉的思路和天下之美、各美其美、美人之美、美美与共，天下大同"的设想②。

这对于我们在全球化条件下正确认识不同文明之间的关系，在文明对话中走出冲突与对抗的误区，在文明交往中超越"文化霸权主义"和"文化割据主义"的两极思维，在文明整合中建构国家文明新秩序，都具有重要的启迪意义。

冯友兰先生认为人类文明发展存在两种路径，一种是"仇必仇到底"，另一种是"仇必和而解"。北宋哲学家张载在《正蒙·太和篇》有四句话："有象斯有对，对必反其为；有反斯有仇，仇必和而解。"

这是一种辩证法思想，讲对立面的斗争与统一。张载认为，一个社会的正常状态是"和"，宇宙的正常状态也是"和"，这个"和"称为太和。冯友兰最后得出结论说：客观辩证法的两个对立面矛盾统一的局面，就是一个"和"。两个对立面矛盾斗争，当然不是"同"，而是"异"；但却处于一个统一体中，这又是"和"。

"仇必和而解"是客观辩证法。不管人们的意愿如何，现代的社会，特别是国际社会，是照着这个客观辩证法发展的。第一次世界大战刚刚结束，就出现了国际联盟。第二次世界大战爆发，国际联盟失败，跟着就出现了联合国。……现代历史是向着"仇必和而解"这个方向发展的，但是历史发展的过程是曲折的，所需要的时间以世纪计算。联合国可能失败。如果它失败了，必将还有那样的国家组织跟着出来。人是最聪明的、最有理性的动物，不会永远走"仇必仇到底"那样的道路。这就是

---

① 许启贤：《世界文明论研究》，山东人民出版社 2001 年版，导言。

② 费孝通：《经济全球化与中国"三级两跳"中的文化思考》，《光明日报》2000 年 11 月 7 日第 5 版。

中国哲学的传统和世界哲学的未来。①

四

经历“文化大革命”十年动荡和改革开放时代，作者崇尚笛卡儿“我思，故我在”的理性精神和马克思的批判意识，根据和平发展时代人类文明结构的深刻变革，探索和揭示了21世纪文明大走向。

东西方文化融合是21世纪人类文化基本走向，全球化时代各民族国家相互依存，理解与沟通、文明与对话是时代潮流，多元文化背景下宽容比自由更重要。

科学技术是第一生产力、知识经济和软实力的提出标志人类进入文化时代，文化已成为文明进步的决定性因素，东方崛起，中华文化复兴大势所趋！

人类经由习俗社会、宗教社会、道德社会而迈入法律社会，弘扬宪法精神，法治与民主、法治与德治相结合是政治文明发展趋势。

政治是一种文明的生存方式，中国的希望在于政治改革，人的解放与幸福是政治追求的终极目标。人民民主与协商民主相结合的中国新型政治文明正在兴起。

世界因心灵而生动，心灵是宇宙的中心，和谐是宇宙的根本法则。人诗意地栖居在大地上，在物欲横流的现代社会，心灵建设是全人类的迫切任务。

人类的生存困境无非两个问题，一个是生态，一个是心态，心态决定生态。必须打破人类中心主义，用生态文明超越工业文明人类才有前途。

教育是一门艺术，而艺术本身就是教育。由求同思维向求异思维转变是中国教育创新的灵魂，培养幸福的人是教育追求的终极目标。

善良是美德之魂，中国人相信好人终有好报。以道义论与功利论融合为特质的中国伦理文化，可以为人类道德和信仰重建提供良好的借鉴。

欣赏是人性的光辉，自信是成功的秘诀，天才是主动性的爆发，创造是人的天职，人生是一门可能的艺术，道德和智慧是幸福人生的双翼。

在当代和平发展，合作共赢，打造人类命运共同体是历史大趋势。

---

① 秦英君:《当代中国哲学史》，河南大学出版社1999年版，第143—144页。

用和平有规则的较量——竞技体育取代战争，这是人类迈向持久和平的曙光。

五

文化是心灵的创造，是人类沟通的桥梁，是进步的阶梯，是对自然的认知、超越和回归，是对社会和人的不完善性的超越和建构，是对美好生活即真善美的向往和追求。文化是一种信仰体系和精神家园；是一定的生活方式、风俗习惯和价值观念。

文化时代是文化高度发展和繁荣的时代，是文化和精神追求上升为人的第一需要，使人的尊严和价值得到彰显的时代；“以财富为唯一目的”的历程的终结，是人的创造性和幸福感得到普遍提升的时代，是人的心灵美好、社会和谐、各民族友好相处、和平阳光普照大地的时代。

中国应该有一场文艺复兴，让中国文化精神以崭新的姿态走向世界。随着中国的崛起，中国的文化复兴大势所趋，文化自信成为道路自信、制度自信、理论自信最深厚的根基。习近平《在文艺座谈会上的讲话》《在哲学社会科学工作座谈会上的讲话》吹响了中国文化复兴的号角。

中国的希望在于政治改革，中华民族五千年文明史就是一部变革史，政治改革是中国近现代史的主题。只有政治改革，才能为国家长治久安、繁荣稳定创造良好的制度和法律环境，才能最终实现民族伟大复兴。几十年经济持续高速增长，政通人和。睦邻友好，国际地位明显提升，千载难逢，机遇不可错过。

第二次世界大战法西斯的覆灭，昭示依靠相互征服为自己开辟道路的历史的终结，必须用正义与和平重铸人类文明。汤因比认为必须把西方文明与中国文明结合起来，人类才有前途。必须放弃国家主义，大同世界是不久将来的事情。

文化时代将引起人类社会尤其是中国社会政治、经济、军事、思想、道德、教育、国际关系、文明结构，以及人的思维方式、生活方式等一系列巨大变革。

六

全书共有八编，现将主要内容做以概括介绍。

第一编，文明融合开启人类新时代。科技是第一生产力、知识经济和软实力的提出，标志文化时代的来临；东西方文化在碰撞交流中走向融合，这是21世纪人类文化基本走向；人类经历习俗社会、宗教社会、道德社会而进入法律社会；中国应该有一场文艺复兴，复兴春秋战国百家争鸣的自由理性和创造精神，复兴大唐文化海纳百川的博大胸怀，复兴诗的王国的审美文化和高雅情趣。马克思主义与中国传统文化的基本精神是契合的，文化复兴是民族复兴的标志和动力。孔子是中华民族的心灵导师。第二次世界大战历史昭示：依靠相互征服开辟道路历史的终结，必须用正义与和平重铸人类文明！全球化时代人类相互依存，合作共赢，打造人类命运共同体；在多元文化背景下，宽容比自由更重要；用竞技体育取代战争，是人类迈向持久和平的曙光！

第二编，中国新型政治文明正在兴起。政治是一种文明的生存方式，追求一种文明有秩序的生活；中国的希望在于政治改革，政治变革是中国近现代史的主题。政治发展与政治稳定的相互制约是20世纪不同类型民主消长的内在因素；政治改革可以解决渐进性改革积累的问题和瓶颈！在全球化背景下，积极推进民主法治建设，弘扬公平与正义，重塑执政合法性；“四个全面”战略布局，打造廉洁政府，正确处理维稳与维权的关系，推进国家治理体系和治理能力现代化，将开辟一个变革和复兴的新时代。党的领导、人民当家做主与依法治国相统一，法治与德治相结合，改革、发展与稳定相协调，人民民主与协商民主相融合塑造中国新型政治文明，彰显了社会主义制度巨大的优越性和勃勃生机。

第三编，中国传统政治文明的历史光芒。中国是世界四大文明古国之一，中国具有五千年没有中断的历史，中国政治文明博大精深、源远流长，至今仍然闪耀着智慧的光芒，为21世纪人类和平发展提供宝贵的思想资源。从西周“以德配天”到春秋“以人为本”；“水则载舟，水则覆舟”。秦人政治文化具有鲜明特色，先秦法家就形成了功利主义思想体系，以人为本是逻辑前提，人性自私论是哲学基础，重视人们对利益的追求是其核心，依法制利是显著特征。汉代以后道义论地位上升，但功利论并没有夭折，功利论与道义论的融合是中国文化的特质；只有从价值观这个深层结构出发，才能解开中国封建社会为何如此繁荣这个历史之谜。重耳复国给我们以重要启示。民本思想是中国传统政治文化的精华，民主文化与民本文化相融合，实现从臣民文化向公民文化转变是中国政治文化历史转型的标志。

第四编，心灵哲学引导人类开发无限精神宇宙。决定论与意志自由的关系是当代世界哲学难题之一，唯物史观的灵魂是决定论与意志自由的统一，人在遵循自然和社会发展规律的前提下，可以发挥主观能动性，由必然王国进入自由王国。“以往的哲学家只是用不同的方式解释世界，而问题在于改变世界”；毛泽东的实践论是对马克思主义认识论的重大发展，强调知与行、理论与实践具体的、历史的统一。“为天地立心，为生民立命，为往圣继绝学，为万世开太平”，彰显了张载哲学的主体意识。中国哲学从根本上说是心灵哲学，世界因心灵而生动，心灵是宇宙的中心。“道法自然”“天人合一”，万物一体，息息相通；和谐是宇宙的根本法则；钱学森“人体宇宙学”，是继牛顿、爱因斯坦之后最伟大的科学发现。在推崇民主平等的中国梦时代，每个人都有追求幸福生活和理想的权利，应该为“野心”正名。

第五编，道德与智慧是幸福人生的双翼。道德是人类文明的阶梯，个人利益与社会整体利益的统一是社会主义道德的基础。中国目前出现的道德焦虑，归根结底是因为信仰缺失。善良是美德之魂，中国人相信好人终有好报，这是一种道义力量。百善孝为先，弘扬中华孝道，可以促进社会和谐。诚信是中华民族的传统美德，春秋战国诸子在伦理道德方面各抒己见，但是在诚信方面观点却趋于一致，在市场经济条件下建立现代信誉制度势在必行。人生是一门可能的艺术，人是用生命历程来演绎和诠释自己的本质的。欣赏是人性的光辉，由妒忌别人到欣赏别人是人生第一境界；由欣赏别人到欣赏自己、获得自信是人生第二境界；由欣赏自己到欣赏世界是人生第三境界。拥有快乐是一种智慧，和顺安康是老百姓的幸福观。

第六编，钱学森之问的答案决定中国未来。中国为什么没有一所创新型大学？中国当代为什么产生不了大师？钱学森之问拷问着国人的灵魂。研究现代教育发展趋势是中国教育变革的前提；现代教育的内在矛盾：个性教育与共性教育的矛盾是根本矛盾，知识教育与创造教育的矛盾是基本矛盾，成才教育与幸福教育的矛盾是深层矛盾，民族教育与人类教育的矛盾是潜在矛盾。小孩都是天才，现代教育使他们堕落成了人才！求同思维向求异思维的转变是中国教育创新的灵魂。现代性困境与教育艺术；青年期认识特点；在教学艺术语境下，教师是导演而不是演员，学生是演员而不是观众；家庭教育是一门爱的艺术，苏霍姆林斯基说，教育的终极目的是培

育幸福的人。把小鸟放飞蓝天！解放儿童，是中国教育改革的迫切任务！

第七编，五朵含苞待放的原创理论之花。在市场经济条件下，应该实现劳动价值论向系统价值论的转变。系统价值论是在劳动价值论基础上形成的新的经济理论，它把价值创造和价值实现看作一个过程，把企业内部管理与外部网络看作一个系统。工人劳动创造价值，企业管理也创造价值。西方的短板理论（木桶理论）认为，木桶最短的板决定盛水的多少，因此企业管理关键就是寻找和弥补管理的薄弱环节。但是这个理论是一种机械论，是一种策略思维，因而具有极大的局限性。我国管理学者王微见认为，应该用长根理论颠覆短板理论：树最长的根决定树的高低，在强势项目上做大做强，扬长避短，有所不为，才能有所为！长根理论不仅在企业管理，而且在国家治理、人才学、教育学领域有广泛应用价值。在《老子》《孙子兵法》等经典中已经包含着长根理论的因素，这是一种战略思维，闪烁着东方智慧的光芒。

由正义论到幸福论是政治哲学发展的重大转折，幸福指数成为评价政府治理的标准，“政治和法律是为人创造良好的幸福生活的社会条件”，人的解放与幸福是政治追求的终极目标，中国古代的民本思想和大同社会理想为幸福政治学的构建提供了重要思路。为人民谋幸福是当代中国政治发展的核心理念，习近平“人民对美好生活的向往，就是我们的奋斗目标！”是对幸福政治学的最好诠释。人民希望在蓝天白云下生活，用生态文明超越工业文明是历史大趋势，心态决定生态，人类中心主义和贪婪的欲望才是导致环境恶化的根源。精神环保：可持续发展的另一个维度。健康问题在当代已经成为人类生存困境的晴雨表，人类正在呼唤一门健康学！

第八编，天启之光——思想启示录。灵动的大自然，爱的艺术，文明与束缚，心灵与境界，天才与教育，政治与变革，战争与和平，启蒙与复兴，心态与生态，智慧出民间。雄鹰在搏击长空时，便把志向写上了蓝天；银河般瀑布，展示的是大自然无穷的想象力；一滴水融入大海，才能永远不干；掉进大海的水是幸运的，同时也是悲哀的，因为它失落了自己。初恋，如一股突如其来的春风，可以吹醒沉睡原野，让沙漠化为绿洲，让荒野开满鲜花；情人的眼神仿佛深潭里的水，看不够，也猜不透；异性世界，是打开人性之谜的另一本天书；智慧的花朵开放在生活的原野，愚蠢的人们只知道在知识的海洋里去打捞；幸福的人儿少创

造，因为幸福本身就是最高的创造。与其说“苦难”是天才的摇篮，倒不如说，天才是苦难的根。

文明是一种进步，又是一种退步；科技在进步；竞争在加剧；文化在普及，道德在滑坡。

物质生活在改善，幸福感在下降；画地为牢，作茧自缚，这就是人类的悖论。名利乃身外之物，芸芸众生却趋之若骛。有人说家庭、私有制、国家是人类文明的“三块基石”，如果抽取它们，人类文明大厦就会立即坍塌。《共产党宣言》却说，“共产主义原理，一句话就是消灭私有制”。汤因比说，大同世界是不久将来的事情，因为如果不放弃国家主义和相互征服，人类文明就面临毁灭。

人类在同一条船上，在核时代人类的生存意志高于一切。信仰是心灵的灯塔，美是心灵的曙光，朋友是心灵的伴侣，情感是灵魂的守护神。天才是主动性的爆发，童稚是人性纯度的标志，好奇心、求知欲、想象力是创造力的源泉。人的幸福与尊严是政治学的核心命题。

七

中国正在经历“三千年未有之变局”，从传统社会到现代社会，从君主专制时代到民主共和时代，从“文化大革命”十年浩劫到改革开放，这是一个复兴和变革的伟大时代，激动人心的时代，也是思考的时代。

“世界是你们的，也是我们的，但归根结底是你们的。你们青年人朝气蓬勃，正在兴旺时期，好像早晨八九点钟的太阳，希望寄托在你们的身上。世界是属于你们的，中国的前途是属于你们的。”

这是毛泽东20世纪50年代在莫斯科会见我国留学生实习生时的谈话，勉励青年“胸怀祖国、放眼世界”！伟人的教诲，仿佛还在耳畔，是伟大的祖国和人民养育了我们，是优秀的民族文化哺育了我们，我们一定要把中华文化复兴起来！“长风破浪会有时，直挂云帆济沧海！”

孔子“朝闻道，夕死可矣！”“士不可以不弘毅，任重而道远！”孟子“我知言，我善养吾浩然之气！”屈原“路漫漫其修远兮，吾将上下而求索！”太史公“究天人之际，通古今之变，成一家之言”！高山仰止，景行行止，虽不能至，然心向往之。

帕斯卡尔说，“人是会思考的芦苇”；海德格尔说，“人诗意地栖居在大地上”！宋代著名思想家张载提出“为天地立心，为生民立命，为往圣继绝学，为万世开太平”！应该成为中国文化的崇高使命。我曾经写下这样的诗句：

> 借神来之笔，蘸三江之水！
> 写万代春秋，画丑陋魂灵！

莎士比亚说，“草木是靠着上苍的甘露滋长的，但是它们也敢仰望苍穹”！我是一介书生，但是也有思考的权利！况且这是一个日新月异又充满忧患的时代！

这是几十年的思考，企图把激情升华成理性，尽管很不成熟，但这是来自民间的思想浪花，已经汇入正在走向复兴的民族思想解放的河流之中，我为生活在这样一个伟大的时代而感到骄傲和自豪！

第一编

文明融合开启人类新时代

一　略论21世纪人类文化的基本走向

19世纪中叶至20世纪是东西方文化交流碰撞的世纪。开始是西学东渐，中国人向西方人学习救国救民的真理，推动了中国社会变革和民族独立的进程，实现了中国历史上两次巨大的飞跃：一次是孙中山领导的辛亥革命，推翻了统治中国几千年的封建帝制，使民主共和的思想深入人心；一次是毛泽东和中国共产党领导的新民主主义革命，推翻了帝国主义、封建主义和官僚资本主义的统治，建立了社会主义制度。在文化方面，严复等人的思想启蒙、五四新文化运动和马克思主义的传播，都是借助西方文化这块他山之石来攻玉，对中国封建文化进行革命性改造，结果是形成了人民大众的反帝反封建的新民主主义新文化。

进入社会主义社会以后，由于我们一度采取闭关锁国的政策和受"左"倾思想的影响，对西方文化采取了全盘否定的态度，使中西文化的交流一度人为地被中断。改革开放以来，随着思想解放运动的深入，西方文化大量涌入中国。这一方面促进了中国人主体意识的觉醒，另一方面又使部分人产生了民族文化虚无主义，丧失了民族自尊心和自信心；加之市场经济体制的引入，社会问题日益增多，价值观多元化，人们对西方文化也产生了怀疑。这从一个侧面说明，适应中国社会主义现代化建设的新文化还没有最终形成，还处在探索和建设之中。而怎样看待东西方文化的关系，直接关系到对21世纪人类文化走向的理性把握，关系到中国特色社会主义新文化的建构。

中国特色社会主义新文化的建设，当然离不开对优秀传统文化的继承和发扬。崇尚和谐、酷爱自由、自强不息、厚德载物、以民为本和爱国主义等这些民族文化中的瑰宝都不能丢，要在新的历史条件下发扬光大。但是我国传统文化主要是在封建社会中发展和完善起来的，受农业文明、自然经济和封建专制主义的影响很深，有不少思想和观念是压抑人性的东西。这些东西现在仍然还在发挥着消极作用，影响人们的思想解放，影响人的现代化，进而影响中国社会的现代化进程。有人认为，中国目前有两个问题制约着社会的发展：一个是机制问题，即没有从总体上形成一个平等竞争的社会机制，这主要应通过深化改革和扩大开放来解决。另一个是素质问题，即全民族的整体素质（包括身体素质、心理素质、科学文化素质、思想道德素质等）还不适应现代社会的要求。而要提高民族的整体素质尤其是提高文化素质、思想道德素质，就有一个如何对待传统文化的态度问题，亦即面临一个用什么样的文化道德观念来教育我们的国民、教育我们的下一代的问题。

持历史虚无主义或民族虚无主义观点的人认为，我们的传统文化一无是处，一切都是外国的好。这种全盘西化论形成于五四运动时期，但至今仍有一定的市场。公允地讲，持这种观点的人，其中有一些是爱国的，但他们夸大了传统文化中的消极成分，看不到其中的瑰宝，蔽于一曲而暗于大理。这些人中，有不少人缺乏对传统文化全面系统的了解。也有另一种人，他们本身就是文化人，谙熟中国的历史和文化，他们主张全盘西化是想用西方文化来冲击中国文化的惰性，改造中国文化。胡适先生曾经说过他主张全盘西化的理由：中国人中传统文化的毒太深，即使主张全盘西化的中国人，他们表面上、口头上很激进，否定传统文化，但行动的时候，自觉不自觉还是按照中国传统文化特定的框框来行事的，也就是说，传统文化已经融进了每一个中国人的血液里，我们无论怎样主张全盘西化，在实际上也不可能做到全盘西化。求其上，得其中；求其中，得其下。现在有人仍然主张全盘西化，或许在思想深处也有类似的想法，但时代已经发展了，况且中国人民建设社会主义的新文化已有半个世纪的历史，此时主张全盘西化，不仅是对传统文化的否定，也是对中国近现代新文化的否定，因而是极不可取的。若从这种主张的社会效应分析，它容易诱导年轻人轻视中国传统文化，不利于文化素质的提高，同时容易造成全民族缺乏自尊心和自信心，造成道德“滑坡”。正确的态度是对西方文化采取“拿来主义”，也就是大胆吸收世界上一切民族文化中的精华和优秀成分，成为发展民族文化的养料。

新儒家是出于对中国社会深沉的忧患意识所做出的一种理性选择，有超时代的意义。他们中的一部分人全盘肯定中国的传统文化，认为中

国的传统文化是人类走向21世纪的主流文化，从而掀起了一场儒学复兴运动。从世界范围来看，西方也有不少人大谈儒学的复兴，如100位世界著名科学家主张21世纪世界的文化应该是儒家文化的复兴。为什么一些西方人钟情于中国的传统儒学呢？西方近代由宣传知识就是力量、相信科学能认识和征服自然，带来了生产力的巨大飞跃，创造了空前的社会财富。人类中心主义、征服论成为自文艺复兴以来西方文化的主要口号，但发展的结果是破坏了人与自然的关系，破坏了人类生态环境。由于先进的科学技术首先应用于军事工业，这对人类的生存构成了更大威胁。20世纪，为争取资源、市场和势力范围，爆发了两次世界大战。第二次世界大战的硝烟已经熄灭了整整七十年，但战争给人类心灵造成的创伤仍然引起人们的阵痛。以个人主义、人类中心主义和征服论为基本特征的西方近现代文化，出现了种种危机，面对人们精神空虚、生态环境的破坏、战争威胁以及由此引发的各种社会病等，在西方文化的框架内，人们很难找到解决的方法。因此，西方文化向东方文化请教就成了一条重要的出路，儒家文化重群体、重人际关系、重人性修养和精神追求，强调天人和谐的基本精神，正好适应了西方目前的社会需要，成为医治西方后工业社会各种社会病的一剂良药。因此，儒家文化被西方人推崇就成了不可避免的事情。

中国目前面临着实现现代化的任务。现代化应该以什么文化作为主流文化和精神支柱，这是有理性的中国人关注的焦点问题。中国实现现代化，需要解放思想。解放思想需要依靠科学、民主和尊重人性，而这在中国传统文化的框架内是很难做到的，因此必须大胆学习和借鉴西方文化的精华。不要以为人家说儒家文化好，我们就沾沾自喜，以为靠传统文化就可以实现现代化。中西方所面临的社会问题不同，新儒家试图以“内圣”开出“外王”，这种观点不符合中国当代社会的现实需要。

然而有人从日本、东南亚、“亚洲四小龙”实现现代化的经验中得出结论，认为这些国家实现现代化是东方传统文化甚至是中国儒家文化的功劳。这也就是说东方的社会本位主义文化可以与现代化统一起来，或者说，可以成为实现现代化的精神动力。他们由此得出结论：中国要实现现代化，只要弘扬中国传统文化就行了。有人甚至提出“半部《论语》治天下”“传统文化救中国”的口号。一时间，传统文化复兴说、儒家文化复兴说成了一种潮流、一种时尚。而国际上尤其是西方科学家出于对人类深切的忧患意识，谈东方文化的复兴更加使这些人沾沾自喜，以为这下有了佐证：你看，人家都说我们的儒家文化好嘛！

诚然日本、东南亚、“亚洲四小龙”，这些国家和地区确实有深厚的东方文化传统，中国儒家文化在这里的影响很大，特别是在华人和华侨占优势的国家和地区，中国传统文化的影响更是十分深远的。如日本企业文化，用家族本位思想提倡职员为企业终生效力，企业主与职工像家长和家庭成员的关系一样。这与美国提倡个人本位主义的企业文化有很大的不同。但是日本企业也十分强调尊重职工的人格尊严，尊重人的个性，强调职工的个人利益，注重发挥职工的创造性和聪明才智，创造平等竞争的社会机制，以利于发挥人的潜能和价值。也就是说日本企业把东方社会本位、家族本位与西方的个人本位结合了起来，使文化产生了质的飞跃。日本的近现代企业文化，既不同于古代的传统文化，也不同于西方的现代文化，而是一种兼容东西方文化价值观，又保持了日本文化本土特征的一种新的文化；从日本民族的历史上看，外来文化在日本本土经过新的整合而产生了日本的民族文化。日本人特别善于向别人学习，吸收外来文化的精华。明治维新后，日本派了几百人的考察团在欧美进行了几年的考察和研究，结合日本民族的特点，选择适合自己的发展道路。政体学英国，实行君主立宪，学习普鲁士的铁路和工业建设，学习美国重视发展科学教育事业。不仅学习西方的科学技术，而且学习西方的语言文化观念。从文化的工艺技术层、制度层、伦理价值观念层大胆地借鉴和吸收西方文化的优秀成分，对民族文化进行了根本性的改造，产生了适合日本民族特点和时代精神的日本近现代文化。假如日本人不对民族文化进行根本性改造的话，日本的现代化是不会实现的。历史一再证明，一个躺在传统文化上睡大觉的民族绝不可能是一个充满进取精神的民族，也不可能是一个充满创造力的民族。只有善于学习的民族才是一个充满自信、充满活力的民族，才是最有希望的民族。新加坡等国也与日本有类似之处。那种认为日本、东南亚和“亚洲四小龙”的现代化主要得益于弘扬东方传统文化，甚至一味归功于儒家文化的观点，实际上是对这些国家和地区现代化缺乏研究的表现。事实上它们成功的关键在于东西方文化的融合，即在于形成了适应时代需要的新的文化精神。

中国要走向世界，世界也要走向中国。尽管东西文化存在差异，在

交流中发生碰撞、冲突是不可避免的。但在以和平、发展为主题的时代，东西方文化融合是21世纪人类文化的基本走向。我们的时代是一个文化大融合的时代，西方文化向东方文化学习，东方文化也要向西方文化学习。历史虚无主义、民族虚无主义是不可取的；盲目排外主义，自我封闭主义更是不可取的。对外开放是全方位的，当然也要抓文化的开放。邓小平南巡谈话的精髓就是进一步解放思想，大胆吸收世界上一切民族的优秀文明成果，为中国的现代化服务。在马克思主义科学理论的指导下，既要弘扬祖国传统文化中的优秀成分，又要大胆借鉴和学习包括西方文化在内的一切文化的优秀成分，来建设我们有中国特色的社会主义新文化，是摆在我们面前的一项艰巨而迫切的历史任务。

21世纪是文化时代来临的新世纪，人类文化发展的趋势，就是在保持各民族文化优良传统的基础上，实现东西方文化的大交流和大融合。这就是社会本位与个人本位的统一；民本文化与民主文化的统一；物质追求与精神追求的统一；征服论与和谐论的统一；真善美的统一。文化时代将引发信仰复兴、艺术复兴、哲学复兴、教育和科学的高度繁荣，古老的中国文化将展示无穷的魅力。人的潜能和价值将得到更大的发挥，人与自然的关系将更加和谐，人类社会将更加美好。

二　论文化时代

关于时代，海内外有不少学说，影响最大的是美国人类学家摩尔根在《古代社会》中提出的三时代学说，即根据生活资料生产的进步状态将人类社会划分为蒙昧时代、野蛮时代和文明时代[①]。摩尔根着重研究的是人类史前的进化历程，进入文明社会以后的情景不是研究的重点。马克思和恩格斯根据生产方式不同，将人类社会划分为原始社会、阶级社会和共产主义社会，这也是三个时代。关于时代问题的研究，涉及人类社会发展的历史进程，涉及人类文明的进化特征，涉及社会发展的规律问题，是学术界关注的焦点问题之一。这里尝试从影响人类社会文明进步的决定性因素角度，提出了军事时代、政治时代、经济时代和文化时代的四时代说，着重分析了文化时代来临的历史必然性及其基本特征，向方家请教。

（一）文化时代是人类文明进步的必然趋势

人类的史前社会状况，摩尔根已经做出了卓越的研究。恩格斯认为在没有新的材料出现以前，是无可辩驳的。摩尔根在他的三时代学说中提出了野蛮时代，从一定意义上认识到了军事在古代社会的意义。人类为了与自然界做斗争，战胜饥饿、贫穷和愚昧，需要组成强大的团体，它既是生产和生活的单位，同时又是战斗的集团，即恩格斯在《家庭、私有制和国家起源》中所说的“居民自动武装”。[②]

原始社会内部的温情和和谐与外部的战争和冲突，是紧密联系在一起的；战争的目的大多以争夺生存空间，防御野兽的进攻，防御其他氏

---

① 《马克思恩格斯选集》（第 4 卷），人民出版社 1972 年版，第 17—23 页。

② 同上书，第 167 页。

族部落的侵犯。氏族酋长往往兼任军事首领，享有很高的威望和权力，成为氏族的象征。古代神话当中有不少军事英雄，他们的事迹广泛流传，为人们所推崇。留下“夸父逐日”“后羿射日”“愚公移山”“共工怒触不周山”，中国古代流传的炎黄大战赤尤、炎黄交战最后以黄帝取胜，成为中华民族的人文始祖。在西方，《荷马史诗》产生了重要的影响，有人把那个时代称为人类的英雄时代。

拉法格在《思想起源论》中说：

> 力量和勇敢经常代替当时的一切美德，以致拉丁人本来创造出来为了表示肉体上力量和勇敢的词 vitus 当作美德的意义来使用。……力量和勇敢是处于经常不断的彼此斗争和同自然做斗争的原始人的首先的和最必要的美德。①

军事在原始社会是举足轻重的，生存空间的开辟、氏族势力的壮大、内部凝聚力的加强，都是在战争中实现的。一切都是为了战争的需要，野蛮的体魄、坚强的意志、高超的智慧、神圣的信仰、复仇的欲望、娴熟的技艺、合作的精神，都是为了在战争中展示英雄的气概。军事组织是人类政治组织的雏形，军事保障是人类经济的动力，军事知识是人类文化的先声。军事在氏族社会是起决定作用的，我们把氏族社会称为军事时代。

随着氏族组织的解体，社会分裂为阶级，政治国家产生，政治成为社会生活的决定性因素。亚里士多德在《政治学》中提出“人是政治动物”的著名命题②，希腊人以参与政治生活为最高的荣誉，政治家成为社会生活的组织者。经济的发展，文化的繁荣，社会的进步最终取决于政治的稳定与开明。哪个民族政治制度、政治思想、政治文化最发达，哪个民族文明程度就高。

那时是自然经济、农业文明和畜牧业文明占主导地位，生产发展水平很低，对自然界的依赖性很大，发展非常缓慢，甚至几千年生产工具

---

① 转引自王磊《在思想的花园中散步——先秦伦理思想探寻》，陕西人民出版社 2006 年版，第 77 页。

② ［古希腊］亚里士多德：《政治学》，吴寿彭译，商务印书馆 1965 年版，第 7 页。

和生产方式都不发生变化，经济因素怎么能成为文明进步的决定性因素呢？由于兴修水利和防止外族入侵的需要造就了强大的政治国家，在生产力和科学技术落后的古代，只有依靠强大的政治力量，才创造了埃及的金字塔、中国的古长城和大运河等人间奇迹，造就了四大文明古国。古代是政治决定一切，这是中外历史学家的共识，我们称为政治时代。中国古代文明主要是政治文明，春秋战国时期的百家学说是政治哲学，汉唐文明得益于政治制度文明。

欧洲社会有两个传统，一个是重商的传统，一个是基督教的传统，这是打开西方文明的两把钥匙。雅典在古希腊商业非常发达，才孕育了民主政治、科学、哲学和文化繁荣。

欧洲中世纪宗教与政治是两把剑，基督教思想家讲在“上帝面前人人平等”，人民有“反抗暴政的权利”。教皇与国王有矛盾，国王与贵族（骑士）有矛盾，迫使教皇与贵族结盟，国王与商人结盟，中世纪就是这四种政治力量的斗争。

商人因为成为国王的盟友，保存和发展了自己的力量，在中世纪一些城市甚至建立了商人主政的共和国，而到了近代随着科学技术的进步和工业革命，商人阶层终于脱颖而出，成为资产阶级登上了社会政治舞台，孕育出一个资本主义社会。

商业是人类文明的酵母！近代资本主义实际上是一种商业文明，“资产阶级在它不到一百多年的阶级统治中所创造的生产力，比过去一切世代创造的全部生产力还要多，还要大”。马克思恩格斯在《共产党宣言》中，充分肯定了资本主义的历史进步性①。

在商品经济发展过程中，文艺复兴曾经起过伟大的作用，科学技术具有不可估量的影响。但是文化的发展是在经济发展的推动下，并为经济和政治的进步开辟道路，它并不是社会发展的决定性因素。政治在商品经济的推动下有了巨大的进步，极大地调动了人们的积极性和创造性，但是政治只是“经济的集中体现”②。

马克思说，“思想一旦离开利益，立即就会让自己出丑”。天下熙熙皆为利来，天下攘攘皆为利往；穷在闹市无人问，富在深山有远亲；经

① 《马克思恩格斯选集》（第1卷），人民出版社1972年版，第250—264页。

② 《列宁全集》（第40卷），人民出版社1986年版，第279页。

济决定一切，金钱就是上帝。马克思的政治学是“政治经济学”，唯物史观认为经济基础决定上层建筑，可见马克思是发现了经济时代的真理。

恩格斯引用摩尔根的话认为，财富成为人类追求的唯一目的，这样的文明形态必然会被历史所超越。

> 自从文明时代开始以来所经过的时间，只是人类已经经历过的生存时间的一小部分，只是人类将要经历的生存时间的一小部分。社会的瓦解，即将成为以财富成为唯一的最终目的的那个历史的终结，因为这个历程包含着自我消灭的因素。管理上的民主，社会中的博爱，权利的平等，普及的教育，将揭开社会的下一个更高的阶段，经验、理智和科学正在不断向这个阶段努力。这将是古代氏族的自由、平等和博爱的复活，但却是在更高级形式上的复活。①

到了现代社会，随着科学文化的迅速发展，科学技术成为第一生产力，知识经济、软实力、文明冲突和融合等理念的提出，标志着文化时代的来临。国与国的竞争，说到底是科学文化的竞争，是人才的竞争，是教育的竞争。文化在人类历史上第一次成为政治、经济、军事发展和文明进步的决定性因素。文化将成为人类生活的第一需要，审美文化将取代功利文化，“人诗意地栖居在大地上”。

（二）文化时代是知识经济的时代

人类在物质资料的生产领域中，经历了自然经济、商品经济两个时代，现在要步入知识经济的时代。自然经济主要是采集业、渔业、畜牧业和农业，由于生产力水平的低下和科学技术的缓慢发展，人类文明初期受自然环境的制约性很大②。商品经济产生于原始社会的末期，由于生产力的发展，出现了三次社会大分工，尤其是第三次分工使商业成为一个独立的生产部门。商业的发展使部落之间的交往得到加强，社会联系日益增多，部落联盟形成。由于剩余产品的出现，部落首领凭借手中的权力聚敛社会财富，产生了剥削和社会不平等，阶级和国家被孕育出来，

① 《马克思恩格斯选集》（第4卷），人民出版社1972年版，第175页。

② ［英］阿诺德·汤恩比：《历史研究》，刘北成等译，上海人民出版社2000年版，第69—72页。

科学从神话中脱颖而出，教育和艺术被发明出来，道德从习俗中升华出来，法律成为社会的刚性规范。因此，商业成为人类文明进步的酵母。

资本主义生产方式是建立在发达的商品经济基础之上的，劳动者与生产资料分离，生产的目的是为了获得最大的利润，而不是为了满足自身的需要。资本成了能够不断增值的商品，促使资本家不断地改进技术，提高劳动生产力，扩大生产规模，拓宽消费市场，由消费品生产到生产资料生产，由农业到工业到第三产业，由国内市场到国际市场，创造了空前的社会财富和发展空间。

商品经济发展的高级形态是市场经济，即在国家的宏观调控下，市场在资源配置方面发挥基础性作用，它既保留了商品竞争的平等性，又限制了垄断经营的掠夺性。市场经济有自身的游戏规则，这就是人们所说的法制经济和诚信经济。

1970 年托夫勒在《第三次浪潮》中提出了“后工业经济”概念，1982 年奈斯比特在《大趋势》中提出了“信息经济”的概念，1986 年英国的福米斯特在《高技术社会》中提出了“高技术经济”的说法。到 1996 年世界经合组织明确地把未来的经济定义为“以知识为基础的经济”。知识经济是与农业经济、工业经济相对应的概念。在知识经济的社会里，知识将成为经济增长的主要源泉和动力。在这里，知识是指人类社会所创造的一切知识，其中包括：科学技术、管理和行为科学的知识。在传统的经济增长理论中注重的是劳动力、资本、原材料和能源，认为知识和技术是影响生产的外部因素。

美国著名经济学家保罗·罗默在 1983 年提出了一种“新经济增长理论”。“新经济增长理论”认为：知识可以提高投资回报率，而这又可反过来增进知识的积累，人们可以通过创造更有效的生产组织方法以及产生新的改进的产品和服务而实现上述目的。

国际经合组织（OECD）1996 年在《以知识为基础的经济》的报告中将知识经济定义为：“是建立在知识和信息的生产、分配和使用之上的经济。”美国经济学家罗默的“新经济增长理论”指出：在计算经济增长时，必须把知识直接放到生产体系中考虑，把知识列入生产函数。而且对知识生产的投资不仅能够增加知识的积累，还能增加其他经济要素的生产能力。未来学家预计 21 世纪的核心产业将是知识产业。在这样一个社会里，财富的积累、经济的增长、社会的进步、个人的发展都要以知识为基础。[①]

知识经济是市场经济高度发展的产物。在现代社会市场经济已经发展到全球化时代，由于科学技术在生产和经营中的广泛运用，产品质量、品牌和知名度的提高，销售量的增大、经济效益的提高都取决于产品的科技含量，世界一流企业首先占领的是高科技领域。

从培根提出“知识就是力量”到邓小平提出“科学技术是第一生产力”[②]，在20世纪末、21世纪初，人类已经跨入知识经济的时代。市场经济体制的确立、“科教兴国”“创新型国家”战略的提出，是中国政府应对全球化时代知识经济的挑战所做出的积极反应。

（三）文化时代是彰显软实力的时代

软实力是一种能力，它能通过吸引力而非威逼或利诱达到目的，是一个国家综合实力中除传统的、基于军事和经济实力的硬实力之外的另一组成部分。这一概念的提出，明确了软实力的重要价值，将它提高到了与传统的“硬实力”同等甚至比其更为重要的位置——正如约瑟夫·奈所言：“硬实力和软实力同样重要，但是在信息时代，软实力正变得比以往更为突出。”围绕“软实力”的一系列研究，明示人们以一种新型、全面和平衡的发展路径，在提升各级主体综合实力问题上启迪着人们的新思维。

分析一个国家的综合国力的构成要素时，通常将之分为有形力量与无形力量，或硬实力与软实力。美国哈佛大学教授约瑟夫·奈就将综合国力分为硬实力与软实力两种形态。硬实力（hard power）是指支配性实力，包括基本资源（如土地面积、人口、自然资源）、军事力量、经济力量和科技力量等；软实力（soft power）则分为国家的凝聚力、文化被普遍认同的程度和参与国际机构的程度等。相比之下，硬实力较易理解，而软实力就复杂一些。约瑟夫·奈把软实力概括为导向力、吸引力和效仿力，是一种同化式的实力——一个国家思想的吸引力和政治导向的能力。

“软实力”作为国家综合国力的重要组成部分，特指一个国家依靠政治制度的吸引力、文化价值的感召力和国民形象的亲和力等释放出来的无形影响力。它深刻地影响了人们对国际关系的看法。“软实力”主要包

---

① 李京文：《知识经济与企业管理创新》，科技文献出版社2000年版，第1页。

② 《邓小平文选》（第3卷），人民出版社1993年版，第274—276页。

括以下几种内容：一是文化的吸引力和感染力；二是意识形态和政治价值观的吸引力；三是外交政策的道义和正当性；四是处理国家间关系时的亲和力；五是发展道路和制度模式的吸引力；六是对国际规范、国际标准和国际机制的导向、制定和控制能力；七是国际舆论对一国国际形象的赞赏和认可程度。①

这是一个全球化时代，东西方文明在交流碰撞中走向融合。国与国的竞争不仅是经济和军事、科技实力的竞争，而且取决于国家凝聚力、文化吸引力、制度感召力，是综合国力的竞赛；软实力概念的提出，是文化时代来临的又一个重要标志；文化发展日益成为文明进步的决定性因素。

孔子曰："郁郁乎文哉，吾从周。"（《论语·八佾》）孟子曰："得道者多助，失道者寡助！"（《孟子·公孙丑下》）

习近平指出："古往今来，中华民族之所以在世界有地位、有影响，不是靠穷兵黩武，不是靠对外扩张，而是靠中华文化的强大感召力和吸引力。我们的先人早就认识到'远人不服，则修文德以来之'的道理。阐释中华民族禀赋、中华民族特点、中华民族精神，以德服人、以文化人是其中很重要的一个方面。"②

五四新文化运动对中国的思想启蒙和现代化曾经发生过积极的推动作用，使科学和民主思想得到弘扬，但是"打倒孔家店""全盘西化"思潮也有消极作用；到"文化大革命""破四旧、立四新""批林批孔"运动；新时期思想解放运动中，传统文化与现代化"冲突论"仍然是主流意识；直到本世纪以来随着中国经济崛起，"孔子学院"遍布全球，国学热兴起，弘扬祖国优秀传统文化，才成为全民族的共识。

经过一百年沧桑巨变，中国人才真正认识到祖国传统文化的价值，这是自民族独立、人民解放以来，民族意识的又一次觉醒。文化是民族的魂魄，是国家软实力的源泉，文化复兴是民族复兴的标志和动力，唯有民族文化复兴起来，我们的民族才能真正自立于世界民族之林。

（四）文化时代是依法治国的时代

人类政治生活的维系从文明角度看一个是靠神权，一个是靠道德，

① 汪安佑：《国家软实力论》，中国社会科学出版社2010年版。

② 习近平：《在文艺座谈会上的讲话》，《新华文摘》2015年第23期。

一个是靠法律。中国古代的君权神授观念，欧洲中世纪的宗教统治，伊斯兰世界的政教合一，都是神权统治的典范。宗教是无情世界的感情，是苦难者心灵的呻吟。宗教追求的是一种敬畏精神，对造物主神奇力量的敬畏，对灵魂纯洁的敬畏，对道德律令的敬畏，这是宗教长期存在的文化根源。然而统治阶级却把宗教变成人类的鸦片，甚至煽动宗教狂热、发动宗教战争、挑起教民纷争，从中渔利。

中国封建社会是道德社会，儒家追求民本文化，倡导仁政、德治、教化，以德治国是中国传统政治思维的基本特征。中国封建文化主要是一种道德文化，中国封建社会的法律是封建道德的法律化，这是中国法制史的一个显著特征。对政治家的评价首先是看他有没有仁爱之心、沐浴天下。道德评价是政治评价的核心，把人分为君子与小人就是最好的说明。

亚里士多德在《政治学》中提出，“城邦是追求最高的、最广的善的政治组织”[①]，说明在古希腊用以维系社会有序性的主要手段也是道德。道德是东西方古代政治文明的共同特征，这符合人类经由习俗社会进化而来的历史规律。

我们必须看到，历史上的以德治国是专制政治的方略，是为自然经济服务的，是缺乏人权意识的。进入近代以来，随着民主政治的普及、人权意识的觉醒、权利观念的增强，法律世界观取代道德世界观，上升成为政治思维的主题。

孟德斯鸠在《论法的精神》中论述了法律与自由的相互依存关系，提出依法治国的基本思想，为资本主义法制政治奠定了基石。美国的宪法以及三权分立的政体，就是按照孟德斯鸠的主张和卢梭的人民主权说建立的[②]。

中共十五大把依法治国、建设社会主义法治国家，作为我国政治发展的目标，这是对法制社会的认可，表明我国在政治现代化的道路上迈出了具有重要意义的一步。现在依法治国已经写进了宪法，上升成为国家的意志，符合人类文明进步的潮流。江泽民同志又提出了依法治国与以德治国相结合的政治主张，这是继承中国政治文化优良传统所做出的

---

① ［古希腊］亚里士多德：《政治学》，吴寿彭译，商务印书馆 1965 年版，第 3 页。

② 刘鸿喜、王世荣：《政治科学新论》，西北工业大学出版社 1993 年版，第 280—285 页。

理性选择，是具有中国特色的政治文明[①]。

但是必须指出，依法治国与以德治国并不是平起平坐、半斤八两，马克思主义既讲两点论，又讲重点论，必须在依法治国的前提下把二者统一起来。习近平提出全面依法治国，彰显法治思维，对我国政治发展具有重要意义。依法治国是文化时代的政治特征，法律文化在政治文化发展史上首次扮演主要角色。

（五）文化时代是文明融合的时代

美国著名学者亨廷顿在《文明的冲突与世界秩序的重建》一书中，系统阐述了冷战结束以后，社会制度和意识形态已经不是世界纷争的主要因素，各大文明之间的文化差异成为世界冲突的主要根源。[②]

从世界范围来看，巴尔干地区的冲突、中东地区的冲突、美国的“9·11”事件、阿富汗战争、重新燃起的海湾战争，都与文明冲突有关，不可否认，亨廷顿是一位颇有远见的政治学家。然而，亨廷顿只看到了事物的表象，文明冲突的背后是文明的融合、经济的交往、文化的交流。全球文明正在形成之中，东方向西方学习市场经济和依法治国，西方向东方学习国家调控与和谐精神，全球化的浪潮波澜壮阔、汹涌澎湃。马克思在《共产党宣言》中提出的全球化趋势已经成为当今世界的现实[③]。

从世界历史的发展来看，在原始社会民族国家没有形成，只存在氏族部落的冲突；古代社会虽然有战争的频繁发生，但相对而言，各文明体系之间是缺乏交流的，文明的冲突处于潜在状态。

近代以来，由于西方资本主义国家为了推销产品、掠夺原料、输出资本而侵略亚洲、非洲和拉丁美洲；20 世纪上半叶爆发了两次世界大战，下半叶美苏两大军事阵营争夺世界霸权，进行旷日持久的冷战。资本主义经济的扩张性是导致近代文明冲突的根源，而不是文明差异导致文明冲突，这是马克思主义文明冲突论与西方文明冲突论的根本区别。

在当代“和平发展成为时代主题”[④]。中国已经加入 WTO（世界贸易

---

① 江泽民：《全面建设小康社会，开创中国特色社会主义事业新局面》，人民出版社 2002 年版。

② ［美］塞缪尔·亨廷顿：《文明的冲突与世界秩序的重建》，周琪等译，新华出版社 1999 年版，第 1—22 页。

③ 《马克思恩格斯选集》（第 1 卷），人民出版社 1972 年版，第 254—255 页。

④ 《邓小平文选》（第 3 卷），人民出版社 1993 年版，第 104—106 页。

组织)，自觉融入全球化浪潮，这对我国发展是一种挑战，更是一种机遇。虽然文明之间的冲突不可避免，文化之间的差异依然存在，国家之间的战争时有发生，但是，各民族相互依存、文明之间的融合则是时代的主流。

文化是文明的灵魂，文明的融合也就是文化的融合。西方文化宣扬征服论、人道主义、个人本位、科学主义和法治主义；东方文化追求天人和谐、稳定秩序、家族主义和道德主义。21 世纪，人类文化发展趋势是各民族保持文化特质的同时，东西方文化走向融合。[①] 打造人类命运共同体，走合作共赢之路，人类才有美好的前途。

（六）文化时代是可持续发展的时代

进入近代以来，由于文艺复兴对人性的解放，随着科学技术的日益进步和商品经济对利益的驱动，生产力和物质文明有了巨大的进步。在人类为征服自然、提高生活质量而欢呼的同时，环境问题凸显出来。

在人类为自己的成就而感到自豪时，自然界也无情地报复了我们：沙漠化正向我们逼近，海平面在上升，空气质量在下降，淡水湖在消失，大河在断流，热带雨林在减少，物种灭绝的速度在加快，地球上已经没有一块干净的绿洲，这就是人类加快发展所带来的恶果。正像老子所说的那样，“祸兮福之所倚，福兮祸之所伏”（《道德经》五十八章）。

人类在高扬人道主义、人本主义伟大旗号的同时，孕育了个人主义、人类中心主义，这才是导致破坏人与自然和谐关系的根源。个人主义相对于家族主义、人类中心主义相对于宗教中心主义是一个历史进步，它曾经发挥过解放思想、解放人性、解放生产力的巨大作用。但是，我们必须看到这两种观点本身就是一种人类自私主义、急功近利的表现。在这两种思想指导下的发展观是一种掠夺性的发展观、灾难性的发展观、毁灭性的发展观。我们必须对这种发展观进行深刻的检讨。

可持续发展观是基于人类无限发展的需要与自然资源的有限性这一现实矛盾而做出的理性选择。[②] 可持续发展观强调资源的合理利用和人与生态系统的协调发展，强调科学技术的合理开发；强调经济发展的适度规模，把开发和保护结合起来、把利用与涵养结合起来、把发展与生

① 王世荣：《略论二十一世纪人类文化的基本走向》，《文化研究》2000 年第 3 期。
② 罗浩波：《可持续发展的多维意蕴及其取向》，《新华文摘》2002 年第 6 期。

存结合起来，是经济社会生态与文化的和谐发展。可持续发展观是一种富有理性的发展观，是一种富有远见的发展观，是一种文明健康的发展观。中国政府也把科学发展观作为我国的发展战略，这是富有远见的重大决策。

文化时代人类的一切创造活动，人类的政治经济文化生活、人类的衣食住行都必须从可持续发展的根本理念出发。只有这样，才能够纠正人类的过失，才能够从灾难中觉醒，才能够过上幸福吉祥的生活。人类的悲哀在于本身是大自然之子，却刻意追求超自然的存在。征服和主宰自然，表明人类的狂妄与无知；敬畏自然、呵护自然、与自然和平相处才显得人类和蔼可亲。用生态文明超越工业文明是历史大趋势，将带来人类文明结构的大变革，是可持续发展的时代。

（七）文化时代是文化成为人类第一需要的时代

文化时代是科技文化高度繁荣的时代，文化生活上升为人类第一需要的时代、审美文化取得功利文化的时代。信息社会互联网的普及，东西方文化的交流与融合，人类生活质量的提高，人的潜能和创造力将得到极大的发挥，人类正在呼唤文化时代的来临。

人类自从文艺复兴以来走出禁欲主义的黑夜，却陷入了纵欲主义的泥潭。自然成了我们征服、满足私欲的对象，而不是敬畏和审美的对象，人类自以为是万物之灵，可以随心所欲支配万物。蒙田写道：

> 让人用理性的力量来使我懂得，他把自认为高于其他存在物的那种优越性建立在什么基础上。谁又能使他相信——那苍穹的令人赞叹的无穷运动，那高高在他头上循环运动着的日月星辰的光芒，那辽阔无边的海洋的令人惊骇恐惧的起伏——都应该是为了他的利益和他的方便而设立，都是为了他而千百年生生不息的呢？这个不仅不能掌握自己，而且遭受万物的摆弄的可怜而渺小的尤物自称是宇宙的主人和至尊，难道能想象出比这个更可笑的事情吗？其实，人连宇宙的分毫也不能认识，更谈不上指挥和控制宇宙了。[①]

---

① ［法］蒙田：《散文集》，转引自恩斯特·卡西尔《人论》，甘阳译，上海译文出版社2003年版，第24页。

海德格尔认为“人类不是自然界的主宰，而是自然界的建设者”！由主宰自然、征服自然，到敬畏自然、回归自然，标志人类的觉醒！

中国人欣赏“采菊东篱下，悠然见南山”的诗意生活，海德格尔推崇“人诗意地栖居在大地上”！梭罗写下了《瓦尔登湖》。

文化是心灵的创造，是人们沟通的桥梁，是人类进化的产物，是对自然的认知、超越和回归，是对社会和人的不完善性的改造、超越和建构，是对美好生活即真善美的向往和追求。文化是一种信仰体系和精神家园；是一种生活方式、风俗习惯和价值观念。

万物有灵，心灵是宇宙的中心，宇宙因心灵而生动；天地与我并生，万物与我为一，万物皆备于我。心外无物，心外无理。吾心即宇宙，宇宙即吾心。心诚则灵，精诚所至，金石为开。境由心生，神由心造。异想天开，心想事成。

等闲识得东风面，万紫千红总是春；千江有水千江月，万里无云万里天；忽如一夜春风来，千树万树梨花开；身无彩凤双飞翼，心有灵犀一点通；云想衣裳花想容，春风拂槛露华浓。

中国是一个诗的国度，中国文化是一种审美文化，可以为人类走出现代性困境提供重要思路，文化时代是高扬人性光辉、弘扬人的价值和尊严的时代。要拯救人类社会首先要拯救人类的心灵！在“天下熙熙皆为利来，天下攘攘皆为利往”的现时代，必须提出心灵建设的任务。

马斯洛曾经提出需要层次论，认为动机产生需要，需要驱动行为。开始他提出五层次需要说，即生理需要、安全需要、爱的需要、尊重需要、自我实现需要。前几种需要是较低层次的需要，后两种需要是较高层次的需要。随着当代社会的进步和发展，后来他又在高层次需要中增加了求知需要和审美需要，这是马斯洛对文化时代来临的预见。

所谓文化成为人类第一需要，就是要用诗意的审美文化取得功利文化，用美好的心灵取得唯利是图，用智慧和创造经营我们的人生；追求幸福和尊严，追求理想和价值，追求自由和解放；追求人与自然的和谐、人与社会的和谐、人际和谐和身心和谐。绿色、创意；旅游、体育；阅读、分享；休闲、娱乐；将成为人类新的生活方式。

中国正由政治时代向经济时代过渡，现又遇到了文化时代的挑战，中国已经正在应对这种挑战，这是中国跨越式发展必须面对的重大课题。

文化时代是人类历史发展的大趋势，是文化高度发展和繁荣的时代，彰显软实力和知识经济，东西方文化在交流碰撞中走向融合，文化成为文明进步决定性因素的时代。

文化时代是人的尊严和价值得到彰显的时代；使审美文化取代功利文化，“以财富为唯一目的”的历程的终结，人的创造性和幸福感得到普遍提升的时代；是人的心灵美好、社会和谐、各民族友好相处、和平阳光普照大地的时代。

三　思想有多远，我们就能走多远

——思想变革的意蕴及其实现

思想有多远，我们就能走多远。这是多么豪迈且充满智慧的哲理格言。它表达了一个民族的自信和卓识，同时也是文化时代的崭新宣言。思想引领时代，行动创造奇迹。思想是一种力量，行动也是一种力量，这两种力量的有机凝聚，就一定能够把握现在，开拓未来。

（一）思想解放是社会变革的前提，思想先行是时代精神的体现

"思想有多远，我们就能走多远"，首先表现在思想解放对社会变革的先导意义。马克思在《黑格尔法哲学批判》导言中指出："思想的闪电一旦真正射入这块没有触动过的人民园地，德国人就会解放成为人。"[①]

纵观世界历史，我们清楚地看到：西方近代的崛起，首先得益于文艺复兴、宗教改革和启蒙运动等思想解放运动；用人性取代神性，宣传自由、平等、博爱精神，使人的主体意识觉醒，西方人的精神气质发生了深刻的变化。恩格斯在评价文艺复兴时兴高采烈地写道：

> 这是一次人类从来没有经历过的最伟大的、进步的变革，是一个需要巨人而且产生了巨人——在思维能力、热情和性格方面，在多才多艺和学识渊博方面的巨人的时代。[②]

思想解放成了社会变革的先导，从而引发了工业革命、现代科学、民族国家的形成和资产阶级民主制度的确立，使西方在世界上率先实现

① 《马克思恩格斯选集》（第1卷），人民出版社1972年版，第15页。

② 《马克思恩格斯选集》（第3卷），人民出版社1972年版，第445页。

了现代化。

中国的近现代化是在西学东渐、欧风美雨的洗礼下，由于科学和民主思想的传播，尤其是马克思列宁主义的传入，促使中华民族民主意识的觉醒。从而导致20世纪中华民族实现了两次历史性飞跃：一次是孙中山领导的辛亥革命，推翻了统治中国几千年的封建帝制，使民主共和思想深入人心；另一次是以毛泽东为代表的中国共产党人领导的新民主主义革命，推翻了三座大山，建立了社会主义制度，实现了民族独立和人民解放。

改革开放以来，我国社会主义现代化建设取得了举世瞩目的伟大成就，综合国力迅速提升，人民生活水平有了明显改善，进入全面建设小康社会的新阶段；这仍然得益于真理标准问题的大讨论，打破“两个凡是”的教条主义和个人崇拜，确立了解放思想、实事求是的思想路线。毛泽东思想、邓小平理论、江泽民“三个代表思想”，科学发展观的提出等，标志着我党对社会主义现代化建设规律和执政思想的理性自觉，表现了我党与时俱进的思想理论品质。

新世纪我们已经进入知识经济的时代，全球化和信息社会的到来，使各民族各地区人民的经济文化联系日益密切，不同文明在交流和对话中走向融合。中国如何实现和平崛起，是摆在中国人民面前尤其是中国思想界的重大历史课题。国与国的竞争说到底是思想文化的竞争、科学技术的竞争、人才的竞争。在和平与发展成为时代主题的现代社会，思想文化的发展水平将会成为决定民族前途命运的主要因素。

中国正在由政治时代向经济时代过渡，而人类则已经跨入了文化时代（即知识经济时代，文化因素成为文明进步的决定性因素的时代）的门槛。我国提出“科教兴国”“两个文明”一齐抓、“人才强国”“创新型国家”战略，就是中华民族应对文化时代挑战所做出的积极回应。正像恩格斯早在100多年前所预言的那样“一个民族想要站在科学的最高峰，就一刻也不能没有理论思维”[①]。“思想有多远，我们就能走多远”，正是现时代精神的集中体现；我们要自立于世界民族之林，就必须顺应时代的潮流，在思想文化领域创造出辉煌的业绩。

---

① 《马克思恩格斯选集》（第3卷），人民出版社1972年版，第467页。

（二）人的解放是思想变革的目的，不断创新是思想进步的实质

人的解放是思想变革的目的。中外历史反复证明“思想有多远，我们就能走多远”是颠扑不破的真理。正像马克思所说：

> 批判的武器当然不能代替武器的批判，物质力量只能用物质力量来摧毁；但是理论一经群众掌握，也会变成物质力量。[①]

列宁指出：“没有革命的理论就不会有革命的运动。”[②] 毛泽东同志强调，正确的理论是行动的指南。人类每前进一步都是以思想进步作为先导的，因为没有思想变革就不可能打破已有的思维定式，就不可能突破传统习惯的束缚，就不可能超越现实体制的羁绊，更不会预见未来。如果说西方近代的崛起得益于文艺复兴；那么也可以说中国古代文明的创造得益于春秋战国的百家争鸣；当代中国的和平崛起，也只能首先依赖于中国人在思想文化领域的伟大创造。因为思想变革的根本目的是人的解放，是确立以人为本的理念，是人在世界主体地位的确立和弘扬；而人的解放必然带来生产关系和上层建筑的变革，从而带来生产力的解放和社会的文明进步。

恩格斯指出：

> 自由是对必然的认识。“必然只是在它没有被了解的时候才是盲目的。”自由不在幻想摆脱自然规律而独立，而在于认识这些规律，从而能够有计划地使自然规律为一定的目的服务。[③]

科学的思想是对客观事物规律性的认识，是人类由必然王国向自由王国的探索过程。“思想有多远，我们就能走多远”的精神实质就在于进步思想是不断创新的过程，它不仅能够把握现在，而且可以预见未来；可以指导实践，提高人的行动自觉性；可以打破常规、超越自我，凸显精神价值，提高生活品位，引领时代潮流。一个思想陈旧的民族，注定

---

① 《马克思恩格斯选集》（第1卷），人民出版社1972年版，第9页。

② 《列宁选集》（第1卷），人民出版社1972年版，第241页。

③ 《马克思恩格斯选集》（第3卷），人民出版社1972年版，第153页。

不能开辟未来；在科学文化日新月异的现代世界，思想僵化、不思进取的民族，只能被历史所淘汰；而一个只崇尚物质和虚荣，不追求理想和崇高精神生活的民族也不会有远大的前途。正因为如此，江泽民同志提出了“创新是一个民族的灵魂，是一个国家兴旺发达的不竭动力”① 的著名论断，是有深刻的内涵和远大的意义。

要进行思想理论的创新，就必须克服因循守旧的传统观念，走出“唯书唯上”的思维定式，实现民族思维方式由求同思维向求异思维的根本转变；要养成独立思考的习惯，培养问题意识，敢于探索现时代社会实践所提出的具有前瞻性、全局性的重大课题；要处理好继承、借鉴与创新的关系，继承祖国民族文化的优良传统，积极借鉴外国尤其是西方文化的积极成果，创立具有中国气派、又有全球视野的社会主义新文化。要进行理论思维的训练，运用系统论、信息论、控制论以及突变论、协同论、耗散结构理论等科学思维方法，从定性到定量、从宏观到微观，进行综合创新和重点突破；积极培育学习型社会，为思想理论创新营造良好的社会环境。只有这样，我们才能够在全民族形成积极探索、大胆创新的崭新风尚。

（三）和谐环境是思想繁荣的条件，完善机制是思想发展的动力

思想理论创新是一种精神探险，必须创造宽松的社会环境和条件。由于受生产力发展水平、人的认识能力以及社会文明程度尤其是阶级利益等因素的制约，人类的思想进步是一个极其艰难的过程，有时候甚至要付出惨重的代价。布鲁诺坚持太阳中心说，被宗教裁判所送上火刑；爱因斯坦的相对论长期得不到学术界的承认；马寅初提出新人口理论被打成反动学术权威；“经济市场化”也曾经被列为资产阶级自由化观点。虽然我们的时代已经有了巨大的进步，但是要探索真理、传播新思想仍然要有极大的理论勇气，要有敢为人先的探索精神，要有大无畏的奉献精神。正像马克思所说：“在科学上没有平坦的大道，只有不畏劳苦沿着陡峭山路攀登的人，才有希望达到光辉的顶点。”②

从社会管理的角度来说，我们必须认真落实“百花齐放，百家争鸣”的方针，营造宽松、和谐、自由的社会文化氛围。我国在思想文化领域

① 《毛泽东邓小平江泽民论教育》，中央文献出版社 2002 年版，第 269 页。

② 马克思：《资本论》（第 1 卷），人民出版社 1975 年版，第 26 页。

的落后，在很大程度是由于受“左”倾思想影响，思想钳制太多，缺乏学术自由。反右斗争扩大化和“文化大革命”悲剧使许多知识分子至今仍然心有余悸。要繁荣思想文化事业，就要充分尊重知识分子和人民群众进行思想创造的权利；厘清政治问题与学术问题的界限；落实国家尊重保护人权的宪法原则；积极倡导学术自由，克服把学术研究意识形态化的错误倾向。可以说，我国改革开放以来，由于实现了党的指导思想拨乱反正的任务，随着社会主义民主和法制的日益健全，我国公民在言论自由、学术自由等方面已经有了明显的历史性的进步；这是政治文明的重要表现，也为思想进步创造了良好的社会条件。我们应该珍惜这样的社会环境，进一步消除封建专制主义的影响，为学术自由提供切实的制度和法律保障。要充分重视发展哲学社会科学，提高人文社会科学工作者的社会地位，使我国自然科学与社会科学相互促进、共同繁荣和发展。

完善社会机制是思想发展的动力。马克思曾经指出“‘思想’一旦离开‘利益’就一定会使自己出丑”①。林肯指出：“专利制度是在天才的创造火焰中添加了利益这种燃料。”② 要促进思想发展，必须把实践理性与价值理性结合起来，通过调整利益关系来调动思想主体的积极性、主动性和创造性。我国目前要认真落实科学发展观，树立以人为本的理念，突出解决社会公正问题，不断化解社会矛盾，实现社会和谐发展；建立人才创新激励机制，加大维护知识产权的力度；破除官本位，为人才公平竞争提供制度和法律保障。处理好各种生产要素之间的利益分配关系，尤其要处理好社会各阶层间的利益分配关系，建立和完善现代管理制度；培育尊重劳动、尊重知识、尊重人才、尊重创造的社会氛围，充分发挥劳动者、知识分子在思想创新和发展中的不可估量的重要作用；广大知识分子要提高社会责任感和使命感，关心民族的兴衰和人民的疾苦，代表社会的理性和良知，积极进行思想理论创新。只有调动一切积极因素，发挥人的潜能和聪明才智，才能增强民族凝聚力，创造出前无古人的灿烂思想之花。

（四）敏于行动是思想力量的显现，知行合一是民族文化的精髓

敏于行动是思想力量的显现。“思想有多远，我们就能走多远”，强

---

① 《马克思恩格斯全集》（第2卷），人民出版社1960年版，第103页。

② ［美］吉姆·默克尔：《专利制度与经济繁荣》，《交流》1989年第2期。

调思想理论的重要性和对社会进步的重大推动作用，并不意味着可以忽视实践、认为行动是微不足道的。思想之所以是一种力量，不仅在于它能够揭示事物的本质，能够预见未来；更在于它能够指导实践，提高主体行动的自觉性，促进对现实的变革。正像马克思所说："已往的哲学家们只是用不同的方式解释世界，而问题在于改变世界。"①

强调实践性是马克思主义哲学的突出特征，勇于实践是共产党人的政治本色。如果有了好的思想理论，只是作为炫耀或束之高阁，而不付诸实践，并且在实践中接受检验，不断发展完善，那么就会成为空洞的、僵化的理论，就无法显示思想的力量。思想使行动变得强大，而行动把思想变为现实，思想力与行动力是相互依存、相互促进的辩证统一关系。正像毛泽东同志在《实践论》中所说的"主观和客观、理论和实践、知和行的具体的历史的统一"②。

思想力量要转化为行动的力量，必须把"思维一般"上升为"思维具体"，研究此时、此地的主客观条件；制定正确的战略、策略、方针、政策、方法和步骤，并且在实践中不断积累经验和教训；必须把求实的科学精神与勇敢的探索精神结合起来，既不能急于求成，又不能谨小慎微。而勇敢冒险精神的培养，对于我们这个长期处于农业社会，受小生产影响和封建意识残害的古老民族来说尤为重要，一些不思进取，因循守旧的传统习惯仍然有很大的市场。正如邓小平同志在南巡谈话中所指出的：

> 改革开放胆子要大一些，敢于试验，不能像小脚女人一样。看准了的就大胆地试、大胆地闯。深圳的重要经验就是敢闯。没有一点闯的精神，没有一点"冒"的精神，没有一股气呀、劲呀，就走不出一条好路，走不出一条新路，就干不出新的事业。不冒点风险，办什么事情都有百分之百的把握，万无一失，谁敢说这样的话。③

---

① 《马克思恩格斯选集》（第1卷），人民出版社1972年版，第19页。

② 《毛泽东选集》（第1卷），人民出版社1991年版，第296页。

③ 《邓小平文选》（第3卷），人民出版社1993年版，第372页。

没有冒险精神，哥伦布就发现不了新大陆；没有冒险精神，哥白尼就提不出“太阳中心说”；没有冒险精神，就不会有中国共产党人的奋斗历程和伟大成就。缺乏求实精神，我们就会成为盲动主义者；而缺乏冒险精神，我们就会坐失良机，就根本无法显示思想的力量。

经世致用，知行合一是中华民族的优良传统。春秋战国时期的百家学说都浸透着当时的时代精神，具有强烈的历史责任感，开创了经世致用的学术传统。杰出的中国人都是将个人的命运与国家民族的命运连在一起，具有“天下为公”的大同理想；“人生自古谁无死，留取丹心照汗青”的爱国情怀；“先天下之忧而忧，后天下之乐而乐”的忧患意识；“贫贱不移，威武不屈，富贵不淫”的独立意志；“穷则独善其身，达则兼济天下”的处世哲学；“究天人之际，通古今之变，成一家之言”的学术志趣；“为天地立心，为生民立命，为往圣继绝学，为万世开太平”的远大志向。从而形成了人文化成的创造精神，刚柔相济的辩证精神，究天人之际的探索精神，厚德载物的道德精神，和而不同的文化会通精神和经世致用的责任精神等在内的博大精深的人文精神。[①] 近代以来又引进了西方的科学民主精神、马克思主义的批判和革命精神，形成了独立自主、改革开放精神，这些都是我们发挥思想力、行动力的宝贵历史文化资源。我们要在新的历史条件下与时代精神融合起来，使优秀的民族文化成为激励国人走向未来的精神动力。

知行合一是中国古代哲学思想的精华。孔子在《论语·学而》中最早提出了知行合一思想，“学而时习之，不亦说乎?”这里的“习”有两层含义，一层是温习，一层是实行。“行有余力，则以学文”(《论语·学而》)，实践有了余力，再去研习古代文献。墨子提出检验人的认识的三条标准：“有本之者”“有原之者”“有用之者”，即以历史经验、百姓闻见、实际效用为标准。荀子认为“不闻不若闻之，闻之不若见之，见之不若知之，知之不若行之，学至于行而止矣”(《荀子·儒效》)。强调知来源于行，行高于知，学问的目的在于实行。明代王守仁宣传知行合一，他对“行”的范畴作了宽乏的解释，认为“一念一发动处便是行”(《传习录》下)，强调动机的重要性。王夫子主张“知之非艰，行之惟艰”(《古文尚书·说命》)，强调行重于知，并提出了“知行相资以为用”的

① 张岂之：《中华人文精神》，西北大学出版社 1997 年版，第 1—2 页。

著名命题，主张在行的基础上把知行统一起来。

孙中山亲历了摸索中国革命路线的困苦过程，强调重视革命理论的重要性，提出了“知难行易”的著名命题。中国传统的知行合一学说，在一定意义上揭示了理论与实践的辩证关系。但也有其历史局限性，“行”主要指道德行为，最多涉及政治行为；而“知”也没有达到科学认识的水平。毛泽东撰写的哲学著作《实践论》的副标题是“论认识和实践——知和行的关系”，发展了马克思主义认识论；邓小平支持真理标准问题的大讨论，恢复和发挥了实事求是的思想路线；江泽民、胡锦涛同志倡导求真务实的思想作风，都是对中国古代知行合一思想的继承和发展。“思想有多远，我们就能走多远”著名命题的提出，正是对中华民族知行合一思想在新的历史条件下所作出的理论创新和升华，在理论与实践关系中，突出理论的能动作用；在物质生活与精神生活的关系中，强调精神生活的价值导向；在知识经济时代具有深远的哲学意蕴和崇高的文化价值。

新时代新闻媒体在新思想的传播和实践中具有重要的作用，有责任宣传、倡导、引领人们接受和实践新的思想观念，为新思想实践与发展插上翅膀。

我劝天公重抖擞，不拘一格降人才。中国已经融入全球化的洪流，民族复兴的伟大事业在召唤着我们。在改革开放大潮的冲击下，我们经历了一个崇尚物质、追求财富、讲求虚荣的浮躁年代。进入新世纪“追求公正，崇尚知识，向往和谐”是文化时代的崭新宣言，将成为中国人新的生活方式的主要支点。“思想有多远，我们就能走多远”将成为中华民族新的精神气质的灵魂，它将激励亿万人民的创造热情和伟大实践，使先进思想成为照耀民族未来道路的灯塔，使自觉行动成为创造民族灿烂明天的巨大力量。拥有思想的力量，我们就能引领时代潮流；拥有行动的力量，我们就能创造人间的奇迹！

四　论法律社会

关于社会形态，历史学家提出了古代社会、近代社会、现代社会三形态说。马克思提出了原始社会、奴隶社会、封建社会、资本主义社会、社会主义和共产主义社会五形态说。“三形态说”是根据人类历史的发展进程所做的划分；“五形态说”是根据生产方式所做的划分，这两种划分对人们认识社会发展的规律都有重要的指导意义。

从人类文化学角度，根据调节社会有序性的主要手段，可以将社会形态划分为习俗社会、宗教社会、道德社会和法律社会。这里着重论述法律社会的历史必然性及其基本特征，商品经济是基础，民主政治是保障，科学文化是动力，全球化是方向。法律社会强调平等观念、权利意识、参与意识、科学精神和开放意识。法律文化在现时代成为政治文明的载体，法律社会是文化时代的显著特征。提出法律社会对我们把握现代社会的本质，理解现代社会的特征，认识人类文明的发展趋势，都具有重要的理论意义和现实意义。

（一）法律社会是人类文明进化的必然趋势

美国人类学家摩尔根在《古代社会》中对原始氏族社会的情形进行了科学的研究，恩格斯根据摩尔根的研究成果，在《家庭私有制和国家起源》中指出，在氏族社会“一切问题，都由当事人自己解决，在大多数情况下，历来的习俗就把一切都调整好了”。[①]

氏族社会是以血缘关系为纽带组成的社会群体，人类文明才刚刚萌芽，风俗习惯如氏族内部不能通婚、图腾崇拜、血族复仇、对氏族首领

① 《马克思恩格斯选集》（第4卷），人民出版社1972年版，第92—93页。

的服从、自觉参加战争等[①]，是氏族成员人人自觉遵守的行为规范。我们把氏族社会称为习俗社会，它是人类文明发展的基础，以后的各种形态可以在这里找到根源。

习俗社会基础上产生的是宗教社会。在氏族社会存在图腾崇拜、氏族首领崇拜，存在迷信现象，存在原始宗教。进入奴隶社会以后，真正意义上的宗教产生，统治阶级为了维护其权力，利用宗教对人进行思想控制，宗教成了政治的奴仆。古埃及的法老、中国夏商周社会的天子，还有欧洲中世纪的宗教统治、伊斯兰国家的政教合一就是宗教统治的例证。宗教社会的宗教信条就是在氏族社会风俗习惯的基础上形成的，它把对神的崇拜与对人的崇拜结合起来，对人的社会生活和个人生活进行全面的控制。一方面提高了人类社会的有序性和文明程度，另一方面又禁锢了人的思想和行动，阻碍了社会的进步和繁荣。

道德社会是在宗教社会解体的基础上产生和发展起来的一种文明社会。道德是社会政治生活、经济生活和文化生活的准则。宗教社会依赖于信仰，道德社会依赖于情感；宗教社会讲神性，道德社会讲人性；宗教社会追求一种敬畏精神，道德社会追求一种超越精神。亚里士多德在《政治学》中讲，城邦是“追求最高的、最广的善业的政治团体”[②]。中国古代推崇以德治国，孔子曰：“道之以政，齐之以刑，民免而无耻；道之以德，齐之以礼，有耻且格。”（《论语·为政》）古希腊与中国古代是道德社会的典范。道德社会与宗教社会相比无疑是一种历史进步。

法律社会是在宗教、道德社会的基础上形成的一种现代文明社会。法律成为维系政治生活、经济生活和文化生活的最高准则。法律社会推崇理性，提倡人权，追求平等。

中国古代法家曾经提出“依法治国”的重要思想：“治强生于法，弱乱生于阿。”（《韩非子·外储说右下》）但是在专治统治下不可能真正实施。亚里士多德曾经提出：“法治优于人治”，人是有情感的，“法律恰恰正是免除一切情欲影响的神祇和理智的体现。”[③] 由于城邦奴隶制处于风雨飘摇之中，也没有机会实行；古罗马强调“法律统治”，但在奴隶制条

① 马克思：《摩尔根〈古代社会〉一书摘要》，人民出版社 1956 年版，第 81—86 页。
② ［古希腊］亚里士多德：《政治学》，吴寿彭译，商务印书馆 1965 年版，第 3 页。
③ 同上书，第 169 页。

件下也不可能真正实施。

格老秀斯的法学思想、卢梭的《社会契约论》，尤其是孟德斯鸠的《论法的精神》，论证了法与自由、民主与法治、权力制衡与自由、权利与义务的关系，从而奠定了法律社会的理论基础。孟德斯鸠指出：

> 在自由和政治关系上，建立自由的仅仅是法律，甚至仅仅是基本的法律。①

法律取代宗教和道德在社会生活中赢得了至尊的地位，成为调节社会有序性的主要手段。人类进入法律社会这个理性王国，但是它依然实行宗教信仰自由政策，仍然以诚信等道德规范作为信条，依然强调“依法治国与以德治国的结合”②。这是法律社会文明程度提高的表现。

（二）法律社会的基本特征

法律社会的基础是商品经济。商品经济是在自然经济基础上产生和发展起来的一种先进的经济形态。商品经济遵循等价交换的原则，人与人的关系是一种利益关系，是一种契约关系，是一种平等关系。商品经济使人的主体意识觉醒，摆脱了人对政治权力的崇拜，人权意识崛起；摆脱了宗教对人的禁锢，科学精神高扬。商业是文明进步的酵母，没有商品经济的高度发展，就不会有现代文明的巨大进步，没有发达的商业，也就不会有民主政治和法律社会的迅速崛起，近现代文明实际上是一种商业文明。

法律社会的保障是民主政治。民主政治是在否定专制政治的基础上形成的一种文明的政治制度和政治文化。民主政治的特质是平等政治、公意政治、责任政治和法制政治。③ 只有在民主政治条件下，才可能真正培养起人们的法制意识，做到在法律面前人人平等。民主政治的灵魂是对人的尊重，既尊重多数，也尊重少数；既尊重有信仰的人，也尊重无信仰的人；既尊重党派人士，也尊重无党派人士。民主政治讲权利与义务的统一，国家与公民的统一，法律与道德的统一。这些理念是法律社

① ［法］孟德斯鸠：《论法的精神》（上册），张雁深译，商务印书馆 1982 年版，第 187 页。

② 《公民道德建设实施纲要》，人民出版社 2001 年版，第 16—18 页。

③ 陈鉴波：《现代政治学》，三民书局 1974 年版，第 600—619 页。

会的政治保证。没有民主政治的充分发展，法律社会是建立不起来的。

法律社会的动力是科学文化。科学文化是现代文明的载体，它弘扬的是一种人本主义、理性主义、现实主义的精神。揭示和尊重客观规律、坚持真理，修正错误、注重实践、与时俱进是它的基本品质。“科学技术是第一生产力”,① 现代社会的竞争说到底是科学技术的竞争、教育水平的竞争、人才的竞争。法律社会的进步和发展依赖于科学技术的发展，依赖于文化的进步与繁荣，依赖于人的整体素质的提高。一个民族如果科学文化落后，必然迷信横行，经济落后，政治衰败，文明的法律社会是建立不起来的。

法律社会的发展方向是全球化。全球化是人类社会发展的必然趋势，由经济全球化发展到政治全球化、文化全球化，各种文明体系之间的冲突和融合在加剧。马克思和恩格斯在《共产党宣言》中指出：

> 资产阶级，由于开拓了世界市场，使一切国家的生产和消费都成为世界性的了……过去那种地方的民族的自给自足和闭关自守状态，被各民族各方面的相互依赖所代替了。物质的生产是如此，精神的生产也是如此。各民族的精神产品成了公共的财产。民族的片面性和局限性日益成为不可能，于是由许多种民族的和地方的文学形成了一种世界的文学。②

这是对全球化趋势进行的精辟论述，对我们认识当今世界的形势和发展趋势具有指导意义。

加入 WTO 标志着中国社会已融入全球化的历史进程，标志中国的改革开放和现代化建设进入了一个新的历史阶段，为中华民族的伟大复兴创造了新的历史机遇。加入 WTO 就要按照世贸组织的游戏规则办事，而世贸组织的规则就是现代国际法和国际商法的精华。全球化必将推动法律社会在全球的发展，将把人类社会的文明程度提高到一个新的水平。

（三）法律社会的核心理念

平等观念是法律社会建立的前提。法律社会首先强调平等观念，即

---

① 《邓小平文选》（第 3 卷），人民出版社 1993 年版，第 274—276 页。

② 《马克思恩格斯选集》（第 1 卷），人民出版社 1972 年版，第 254—255 页。

公民在“法律面前人人平等”。等级观念是人类进入阶级社会以后一直存在的传统观念，人们在政治上、经济上、文化上都是不平等的。“王子犯法与庶民同罪”在古代社会只是一个美好的愿望。近代以来由于商品经济的发展，商品经济遵循等价交换的原则，平等观念逐步在经济生活中被培养出来。民主政治讲公民在政治上一律平等，有参与政治生活的平等权利。科学文化，追求在科学理性面前、真理面前，在增进和谐面前人人平等；在遵守国际法面前，国家与国家平等，民族与民族平等，人与人平等。没有法律面前人人平等，就不可能有商品经济的健康发展，也不可能真正实行民主政治，不可能促进文化的迅速发展，更不可能融入全球化的浪潮。“在法律面前人人平等”对于一个主权国家来说，首先是在宪法面前人人平等，在全球化时代强调这一点尤为重要，这涉及处理法律的民族性与国际性的关系问题，不可掉以轻心。①

权利意识是法律社会建立的基础。法律社会讲权利与义务的统一，这是由法律的本质决定的。为什么要强调权利意识呢？因为历史上在专制政治条件下是“义务本位”，老百姓对国家只是讲义务，而很少讲老百姓得到哪些利益。即便国家给老百姓一点好处，也是皇恩浩荡，是统治者的恩赐。这是由于在自然经济条件下，人的主体意识处于沉睡状态，因此王权思想、“官本位”便成为占统治的思想观念。老百姓只有交粮纳税的义务，而没有任何法定权利，这就产生了义务本位的观念。随着商品经济的发展，利益的多元化，权利意识被培养出来。美国的《独立宣言》、法国的《人权宣言》，各国宪法和世界人权组织的文献都把人权作为现代社会的重要理念确立下来。中国也发表了《中国人权状况》白皮书等重要文献，加入了世界人权组织并积极参与世界人权对话，把国家维护和保障人权作为宪法原则确立下来。对中国来说，强调权利本位就是坚持“中华人民共和国的一切权力属于人民”的宪法原则，就是以人民的利益为核心，就是要打破官本位的封建意识和传统。只有在权利本位的基础上把权利与义务统一起来，才能够促进市场经济的发展，促进民主政治的进步，促进科学教育的繁荣，促进全球化的进程，才能使中国最终进入法律社会。

参与意识是法律社会民主化的基石。在自然经济和专制政治条件下，

---

① 编者：《切忌“法律全球化”理念泛滥》，《政治学研究》2002 年第 1 期。

老百姓是一种被动人格，很少有参与政治的机会和热情，他们与国家处于一种疏离状态，要么默默忍受剥削和压迫，要么揭竿而起，同归于尽。参与意识是现代人独立人格的体现、进取精神的体现、主体意识的体现。商品经济为人们参与经济生活提供了极好的机会，无论你是生产者还是消费者，都有参与的途径和机会，有权利也有义务。民主政治的政党制、选举制、代议制、监督制、文官制都为政治参与提供了良好的机会。政治参与的程度是衡量一个国家民主政治发展水平的标志。科学教育的普及为公民参与社会生活创造了良好的主体条件，法律社会之所以强调参与意识，是因为从法律的制定、法律的实施、法律的监督等各个环节都离不开公民的广泛参与。

互联网的普及为公民参与提供了平台，使人类文明结构由金字塔精英政治向网络型共享政治过渡提供了可能。孙志刚事件发生后有上百万网民参与，造成强大的舆论，五名法学博士上书全国人大常委会，要求启动宪法监督程序，迫使国务院废止“城市流浪乞讨人员收容遣送办法”。

参与意识是社会民主化的基础，是法律社会不断完善的重要条件。

科学精神也是法律精神。科学精神首先是一种理性精神，而法律本身体现的就是一种理性精神，这就是科学文化是推动法律社会发展动力的原因所在。科学讲实事求是，法律以事实为根据；科学不承认权威，法律藐视权贵；科学追求真理，法律实现公正；科学崇尚自由，法律带来和谐。人类在近代的一切伟大成就，首先应归功于科学文化的飞速发展，归功于科学教育的普及，归功于科学精神的弘扬。科学精神是一种理性至上的求实精神，是一种超越自然的自由精神，是一种追求真理的探索精神，是一种永不满足的开放精神，是一种博大精深的和谐精神，而这些精神也正是法的精神。唯有弘扬科学精神，法律社会才能有勃勃的生机。

升放意识是法律社会全球化的表现。开放意识就是观察事物的全球视野，研究事物的全球思维，把握世界的全球意识，超越现实的创新精神。系统论认为事物是在系统中生存，系统与外部环境存在各种联系，从环境吸收能量和信息，才能求得生存和发展的机会与条件。地球村意识的提出，就是开放意识的形象表述。在当今世界闭关自守等于放弃生存和发展的机会，对一个民族来说是致命的。开放意识同时也是法律社会的核心理念，因为在全球化时代，随着国际交往的日益频繁，国内法与国际法往往交织在一起。全球化推动法律社会的发展，而法律社会的完善则反过来又推动全球化的进程。

人类千百年来追求的理性王国就是法律社会，只有高扬法的精神，才能使人类过上理想的幸福生活。习近平同志提出“全面依法治国”方略，就是对法律社会的认可。为此必须大力发展商品经济，大力发展民主政治，大力发展科学文化，积极推动全球化；必须积极弘扬平等观念、权利意识、参与意识、科学精神和开放意识。法律社会将把人类文明提高到一个新的水平，这就是高扬人道主义、理性主义、和谐精神的自由王国。

五　马克思主义中国化的本土历史文化渊源

马克思主义作为占主导地位的社会意识形态已经在中国扎下了根。马克思主义的中国化产生了毛泽东思想、邓小平理论和有中国特色社会主义理论，标志着马克思主义与中国实际和时代精神的日益结合，成为推动中国革命、建设和改革的强大思想武器。毛泽东同志在《改造我们的学习》中就曾经号召要把研究马克思主义与研究中国历史结合起来，“不但要懂得中国的今天，还要懂得中国的昨天和前天”①。研究马克思主义中国化的本土历史文化渊源，不仅有助于理解为什么在20世纪中国人接受了马克思主义这个历史现象，而且对于我们坚持和发展马克思主义，促进马克思主义与中国历史文化的融合以及理论创新，促进中国文化的复兴，促进社会主义文化大发展、大繁荣都具有重要的意义。

（一）实践唯物主义与经世致用的无神论传统

马克思主义是一个系统科学的思想体系，辩证唯物主义和历史唯物主义是一种彻底的唯物主义世界观，认为客观世界包括人类社会是按照内在规律性运动发展的，这种规律性是不依人（包括神）的意志为转移的，但人可以认识这种规律，并且利用它为人类服务，从而获得自由。恩格斯指出：

> 自由是对必然的认识。“必然只是在它没有被了解的时候才是盲目的。”自由不在于幻想摆脱自然规律而独立，而在于认识这些规

① 《毛泽东选集》（第3卷），人民出版社1991年版，第801页。

律，从而能够有计划地使自然规律为一定的目的服务。[①]

可见唯物史观的精髓是决定论与意志自由的统一。[②] 正因为如此，马克思在其世界观形成的标志性文献《关于费尔巴哈的提纲》中指出：

> 从前一切唯物主义——包括费尔巴哈的唯物主义——的重要缺点是：对事物、现实、感性，只是从客观的或者直观的形式去理解，而不是把它们当作人的感性活动，当作实践去理解，不是从主观方面去理解。所以，结果竟是这样，和唯物主义相反，唯心主义却发展了能动的方面，但只是抽象地发展了，因为唯心主义当然是不知道真正现实的、感性的活动的本身的。……它不了解“革命的”“实践批判的”活动的意义。[③] “环境的改变和人的活动的一致，只能被看作是并合理地理解为革命的实践。”[④] “哲学家们只是用不同的方式解释世界，而问题在于改变世界”[⑤]。

因此，实践性是马克思主义哲学的基本特征，甚至可以把马克思主义哲学称为实践唯物主义。

马克思主义哲学是变革旧世界、创造新世界的锐利思想武器。正因为马克思主义是革命的实践的科学理论，才被中国人所接受，成为救亡图存、实现民族独立和人民解放的有力武器。从哲学角度探究，实践唯物主义与经世致用的无神论传统的契合，是中国人接受马克思主义的重要原因。

中国社会具有经世致用的无神论传统，早在商周之际，周公就曾经提出了“惟命不常”“敬天保民”（《尚书·康诰》）的重要思想，表明神学世界观开始动摇。春秋战国是中国社会大剧变时期，思想文化领域空前活跃，人本主义成为占主导地位的社会思潮，为经世致用的无神论思想奠定了基础。子产曾提出“天道远，人道迩”（《左传·昭公十八

---

① 《马克思恩格斯选集》（第 3 卷），人民出版社 1972 年版，第 153 页。

② 王世荣：《唯物历史观与意志自由》，《哲学原理》1990 年第 5 期。

③ 《马克思恩格斯选集》（第 1 卷），人民出版社 1972 年版，第 16 页。

④ 同上书，第 17 页。

⑤ 同上书，第 19 页。

年》）；孔子提出“敬鬼神而远之”（《论语·雍也》），“慎终追远，民德归厚”（《论语·学而》），对鬼神取明智态度，并且与经世致用相联系。墨子提出：“言足以复行者常之，不足以举行者勿常。不足以举行而常之，是荡口也。”（《墨子·耕柱》）反对空谈，强调践行的重要性。老子提出：“道法自然”（《老子·二十五章》），“道常无为而无不为”（《老子·三十七章》），道是自然而然产生、推动、成长万物，而不依人的意志为转移。老子的无为哲学虽有消极因素，但他看到了客观规律是不依人的意志为转移的，具有明显的唯物主义倾向。荀子提出了“天行有常，不为尧存，不为桀亡”“制天命而用之”（《荀子·天论》）的重要思想，强调人的主观能动作用。法家提出“亲亲则别，爱私则险”（《商君书·开塞》）“凡治天下，必因人情”（《韩非子·八经》），从社会内部矛盾寻找历史发展的动力，有功利主义倾向。

汉代王充强调主验证、铨轻重，以辨真伪。“凡论事者，违实不引效验，则色甘义繁说，众不见信。”（《论衡·知实》），“天道自然”（《论衡·谴告》），捍卫了唯物主义思想，并提出了实事求是的原则。南北朝时，范缜写了著名的《神灭论》，提出了“形形相即”“形质神用”的命题，对“形神”之辩作了总结。将我国古代朴素唯物主义和无神论提高到了一个新的水平。唐代韩愈用儒家的“道统”说与佛家思想相抗衡；柳宗元著《天说》《天对》；刘禹锡发挥了荀子明天人之分的思想，提出“天人不相预”（《答刘向锡天论书》）、“天与人交相胜”（《天论》）的著名命题，既坚持了唯物论，又强调了人的能动作用。宋代张载著《正蒙》，提出了“太虚即气”“一体两用”的唯物辩证思想。明清之际的启蒙思想家黄宗羲、王夫之、顾炎武等人，倡导用“经世致用”的“实学”来与官方哲学“理学”相对抗。王夫子的知行说，把古代唯物主义思想发展到了新高度。后来颜元和戴震在与唯心主义先验论斗争中也做出了新的贡献。

总之，强调经世致用的唯物主义和无神论思想，在中国具有悠久的历史，在两千多年的封建社会中，虽然有道教和佛教的影响，但是宗教唯心主义始终没有在意识形态领域占取统治地位，占主导地位的儒家思想的精髓是人本主义，而无神论则是中国社会的一种传统思想，这正是以实践唯物主义作为哲学思想的马克思主义能够在中国社会扎根的深层原因。马克思的名言“唯物主义是无所畏惧的”是对中国“人定胜天”

思想的最好诠释。

五四时期李大钊发表《我的马克思主义观》标志着中国进步知识分子接受马克思的唯物史观及其政治学说。毛泽东同志著《实践论》《矛盾论》，提出认识与实践，知与行的统一，强调矛盾是事物发展的根本动力；邓小平同志强调“实践是检验真理的唯一标准”，实事求是；江泽民同志提出“与时俱进”“创新是一个民族进步的灵魂”；胡锦涛同志提出“以人为本”的科学发展观，构建社会主义和谐社会的战略思想。实际上就是把马克思主义的实践唯物主义哲学与中国的无神论传统、与经世致用的唯物主义传统结合起来，在新的历史条件下所进行的理论创新，从而不断开辟马克思主义中国化的崭新道路。虽然在我党的历史上曾经发生过教条主义、唯意志论和片面强调斗争性的错误倾向，但实事求是的唯物主义思想路线是主流，这是应该肯定的。

（二）无产阶级意识与民本思想

马克思主义是无产阶级谋求自由和解放的思想武器，是关于无产阶级革命和无产阶级专政的理论和策略，是无产阶级的世界观和方法论。无产阶级意识是马克思主义学说的基石，离开了这个基石就不会有马克思主义的理论大厦。我们学习和研究马克思主义，强调要站稳阶级立场，就是要站在无产阶级和广大人民群众的立场上，坚持阶级性和党性。民本思想是中国传统政治文化的显著特征，无产阶级意识与民本思想的结合，是马克思主义政治思想中国化的重要媒介。

马克思是平民思想家，是正义之神，是无产阶级的精神领袖。早在学生时期马克思就树立了为人类谋幸福的远大理想。他在《青年在选择职业时的考虑》一文中写道：

> 历史承认那些为共同目标劳动而能变得高尚的人是最伟大人物；经验赞美那些为大多数人带来幸福的人是最幸福的人。如果我们选择了最能为人类福利而劳动的职业，那么，重担就不能把我们压倒，因为这是为大家而献身，那时我们能感到的就不是可怜的、有限的、自私的乐趣，我们的幸福将属于千百万人。①

① 《马克思恩格斯全集》（第 40 卷），人民出版社 1982 年版，第 7 页。

恩格斯在1839年3月《乌培河谷来信》中写道："下层阶级，特别是乌培河谷的工厂工人，普遍处于可怕的贫困境地，梅毒和肺部疾病蔓延到难以置信的地步。"①

恩格斯后来在《英国工人阶级状况》中对工人阶级的悲惨命运和生存现状进行了更加翔实的描写并且寄予极大的同情。

马克思在《1844年经济学哲学手稿》中，从人道主义立场出发，通过分析私有制条件下的异化劳动现象，对工人阶级悲惨命运的根源进行探讨：

> 异化劳动把自我活动、自由活动贬低为手段，也就是把人类生活变成维持人的肉体生存的手段。② 工人生产的财富越多，他的产品的力量和数量越大，他就越贫穷。工人创造的商品越多，他就越变成廉价的商品。物的世界的增值同人的世界的贬值成正比。③

在《黑格尔法哲学批判》导言中，马克思已经接近得出只有消灭私有制，才能使无产阶级获得解放的科学论断。他指出："无产阶级宣告现存世界制度的解体，只不过是揭示自己本身存在的秘密，因为它就是这个世界制度的实际解体。无产阶级要求否定私有财产，只不过是把社会已经提升为无产阶级的原则的东西，把未经无产阶级的协助，作为社会的否定结果而体现在它的身上，即无产阶级身上的东西提升为社会的原则。"④

马克思恩格斯在《共产党宣言》中，运用历史唯物主义原理，揭示了工人阶级的历史使命："工人阶级的解放只能是工人阶级自己的事情"，"如果不同时使整个社会一劳永逸地摆脱任何剥削、压迫以及阶级划分和阶级与阶级斗争，就不能使自己从进行剥削和统治的那个阶级（资产阶级）的控制下解放出来"。⑤

恩格斯后来在《社会主义从空想到科学的发展》中指出，确立无产

---

① 《马克思恩格斯全集》（第1卷），人民出版社1956年版，第498页。

② 《马克思恩格斯全集》（第42卷），人民出版社1979年版，第97页。

③ 同上书，第90—91页。

④ 《马克思恩格斯选集》（第1卷），人民出版社1972年版，第14—15页。

⑤ 同上书，第237页。

阶级是变革资本主义社会的决定性力量和进行革命的道路，是社会主义由空想变为科学的关键。

“资本主义生产方式日益把大多数居民变为无产者，同时就造成死亡的威胁下不得不去完成这个变革的力量。这个生产方式迫使人们日益把巨大的社会化的生产资料变为国家资产，同时它本身就指明完成这个变革的道路。无产阶级将取得国家政权，并首先把生产资料变为国家财产。”①

马克思主义把无产阶级革命和无产阶级专政作为无产阶级争取自由和解放的根本途径。可见无产阶级意识是马克思主义理论的一条红线，无产阶级和全人类的解放是马克思主义终身为之奋斗的伟大事业。

在中国对无产阶级及其劳苦大众命运的关注首先源于传统的民本思想，而民本思想源远流长，影响深远，实际上是中国政治文化的主流思想，而且是带有人民性和民主性的精华。对人民命运的关注成为先进的中国知识分子爱国情结和忧患意识的源头，他代表了社会的理性和良知以及变革和革命思想。

民本思想源于商周之际，据《尚书·盘庚》记载：“重我民”“天依德，求民主”，要体察民情，“知稼穑之艰难”（《尚书·无逸》）。“民惟邦本，本固邦宁”（《尚书·五子之歌》）。

孔子提出了系统的民本思想，他以为君主治理国家，要以爱民、富民、宽民、济民为重，把民众摆在重要的地位上，认真严肃地勤于政事，取信于民，仁爱百姓。“道千乘之国，敬事而信，节用而爱人，使民以时”（《论语·颜渊》）。孟子进一步提出了民贵君轻的政治思想：“民为贵，社稷次之，君为轻。”（《孟子·尽心下》）荀子从君主对人民依赖关系的角度，发挥了民本思想，“水则载舟，水则覆舟。”（《荀子·王制》）民心稳定，君主统治才能稳定。老子说：“圣人无常心，以百姓心为心。”（《老子·四十九章》）管子曰：“政之所兴，在顺民心；政之所废，在逆民心。”（《管子·牧民》）汉代董仲舒说：“天之生民，非为王也，而天之立王，以为民也。”（《春秋雨露·尧舜不擅侈》）明清之际的启蒙思想家更是从民本思想出发，对封建专制制度进行了无情的批判。民本思想是在神权思想动摇的基础上形成的，实际上已经发展成为影响深远的政

① 《马克思恩格斯选集》（第3卷），人民出版社1972年版，第438页。

治文化，以人为本是其逻辑前提，民贵君轻是其价值追求，天下为公是其政治理想，宽民、厚民是其政治策略。①

在民本文化的熏陶下，中国知识分子形成了以天下为己任，“先天下之忧而忧，后天下之乐而乐”，关注苍生民瘼的优良传统，对中国社会进步产生了积极的影响。

陈独秀已经看到民本思想与民主思想的不同，他明确指出：

> 夫西洋之民主主义乃以人民为主体……所谓民视、民听、民重君轻，所谓民为邦本，皆为君主之社稷——君主祖遗之家产为本位，此等仁民爱民，为民之民本主义，皆之根本上取消国民之人格而与以人民为主体，由民主主义之民主政治，绝非一物。②

可以说中国共产党接受马克思主义是在民主思想的基础上，而不是建立在民本思想的基础上。然而文化有民族性和继承性，否认民本思想对现代中国政治文化的影响也不是客观的或者是武断的。

马克思主义中国化的过程中，无产阶级意识与农民思想的结合就是一个典型的范例。由于中国近代资本主义发展不充分，工人阶级虽然命运悲惨，但他们在全国人口中不占多数，所以中国早期的马克思主义者李大钊号召青年到农村去，关注广大农民的命运。

> 我们青年应该到农村去，拿出当年俄罗斯青年在俄罗斯农村宣传运动的精神，来做开发农村的事，是刻不容缓的，我们中国是一个农国，大多数的劳工阶级就是那些农民，他们若是不解放，就是我们国民全体不解放，他们的苦痛，就是我们国民全体的苦痛，他们的黑暗，就是我们国民全体的黑暗，他们生活的利病，就是我们政治全体的利病。③

毛泽东更是高度重视农民问题，他写了《中国社会各阶级的分析》

---

① 王世荣：《民本文化与民主文化的冲突与融合》，《济南大学学报》2003 年第 5 期。

② 《独秀文存》（一），东西图书馆 1922 年版，第 107—110 页。

③ 李大钊：《青年与农村》，《晨报》1919 年 2 月 20—23 日。

《湖南农民运动考察报告》《中国革命的战略问题》等重要著作，确立了建立农村革命根据地，以农村包围城市，最后夺取城市的新民主主义革命路线。把全心全意为人民服务作为中国共产党的根本宗旨，把群众路线作为党领导人民进行伟大斗争的锐利武器。我国宪法把“工人阶级领导的以工农联盟为基础的人民民主专政的社会主义国家”规定为我国的国体，就是无产阶级意识与民本思想融合的产物。邓小平提出“三个有利于”思想；江泽民提出“三个代表”思想，强调执政党要代表绝大多数人民的根本利益；胡锦涛提出“权为民所用，情为民所系，利为民所谋”，既是对马克思主义阶级学说的创新，也是对中国传统民本思想的继承和发展。

在我党历史上，由于紧紧依靠人民群众，取得了新民主主义革命和社会主义革命的胜利。社会主义建设时期由于受“左”倾思想影响，一度忽视发展生产力，影响了人民物质和文化生活的改善。改革开放以来，综合国力迅速提升，人民安居乐业，政通人和。但是由于多种原因，出现了比较严重的腐败现象，地区和居民个人之间贫富差距拉大等问题，从而影响了党群、干群关系，这些问题应该引起我们的高度重视，通过深化改革，逐步解决，才能保证社会的长治久安。

（三）共产主义理想与大同社会

共产主义理想是马克思恩格斯研究人类社会的发展规律，尤其是资本主义社会的基本矛盾所得出的科学结论，是马克思主义的根本出发点和归宿。共产主义理想与大同社会的契合，是马克思主义中国化的深层结构。

人类生活在两个世界，一个是现实世界，一个是理想世界。人类不甘心在现实世界面前俯首称臣，而是企图用理想世界来引领和改造现实世界。因此，一般的社会理论都有对理想世界的建构和追求。马克思、恩格斯在成熟地著作《共产党宣言》中对未来共产主义社会作了如此的描写：

“共产主义革命就是同传统的所有制关系实行最彻底的决裂，毫不奇怪，它在自己的发展进程中要同传统的观念实行最彻底的决裂。”

“工人革命的第一步就是使无产阶级上升为统治阶级，争得民主。无产阶级将利用自己的统治，一步一步地夺取资产阶级的全部资本，把一切生产工具集中在国家即组织成为统治阶级的无产阶级手中，并且尽可能地增加生产力的总量。”

“代替那存着阶级和阶级对立的资产阶级旧社会的，将是这样一个联合体，在那里，每个人的自由发展是一切人自由发展的条件。”① “共产党可以用一句话把自己的理论概括起来：消灭私有制。”②

恩格斯在《社会主义从空想到科学的发展》中指出：“无产阶级将取得社会权力，并且利用这种权力把脱离资产阶级掌握的社会化生产资料变为公共财产。通过这种行动，无产阶级使生产资料摆脱了迄今具有的资本属性，给它们的社会性以充分发展的自由。从此按照预定计划进行的社会生产就成为可能了。生产的发展使不同社会阶级的继续存在成为时代的错误。随着社会生产的无政府状态的消失，国家的政治权威也将消失。人终于成为自己的社会结合的主人，从而也成为自然界的主人，成为自己本身的主人——自由的人。”③

马克思恩格斯对未来共产主义社会的描写：消灭私有制，实行公有制；消灭生产的无政府状态，实行有计划的经济；消灭阶级和阶级差别，建立自由人的联合体；消灭国家把政治权力回归社会，进入自由王国。这些光辉的思想是马克思恩格斯在批判地吸收法国空想社会主义和空想共产主义文献基础上，剖析资本主义社会的基本矛盾，总结无产阶级反对资产阶级斗争的历史进程中得出的科学结论；无产阶级不再只是受苦受难的阶级，而是资本主义的掘墓人，是未来社会主义和共产主义社会的建设者，而且无产阶级只有解放全人类，最后才能解放自己。这是无产阶级的历史使命，从而使社会主义由空想变为科学。科学社会主义和共产主义理论对无产阶级革命具有指导和引领的作用。

恩格斯后来在《家庭、私有制和国家的起源》中引述美国人类学家摩尔根的《古代社会》一书，对未来共产主义社会作了进一步的描述：

> 自从进入文明时代以来，财富的增长是如此巨大，它的形式是如此繁多，它的用途是如此广泛，为了所有者的利益而对它进行的管理也是如此巧妙，以致这种财富对人民来说变成了一种无法控制

① 《马克思恩格斯选集》（第1卷），人民出版社1972年版，第16、271—273页。

② 同上书，第265页。

③ 《马克思恩格斯选集》（第3卷），人民出版社1972年版，第443页。

> 的力量。人类的智慧在自己的创造物面前感到迷惘而不知所措了。然而总有一天，人类的理智一定能强健到能够支配财富，一定会规定国家对它所保护的财产的关系，以及所有者的权利的范围。社会的利益绝对地高于个人的利益，必须使这两者处于一种公正而和谐的关系之中。只要进步仍将是未来的规律，像它对于过去那样，那么单纯追求财富就不是人类的最终的命运了。自从文明时代开始以来所经过的时间，只是人类已经经历过生存时间的一小部分，只是人类将要经历的生存时间的一小部分。社会的瓦解，即将成为以财富为唯一的最终目的的那个历程的终结，因为这一历程包含着自我消灭的因素。管理上的民主，社会中的博爱，权利的平等，普及的教育，将揭开社会的下一个更高的阶段，经验、理智和科学正在不断向这个阶段努力，这将是古代氏族的自由、平等和博爱的复活。但却是在更高级形式上的复活①。

马克思在《人类学笔记》中也表达了同样的思想：共产主义将是真正实现自由、平等和博爱原则的社会。马克思、恩格斯终生奋斗，所追求的理想社会是如此的美好，如此具有感召力，这也正是无产阶级及其共产党人为其抛头颅、洒热血的根本动力所在！

中国共产党从它诞生的那一天起，就以实现共产主义社会作为最终理想，这有着深刻的历史原因，这就是共产主义理想与中国传统的大同理想的契合。

早在中国古代的文献《礼记·礼运》篇就有如下的描述：

> 大道之行也，天下为公，选贤与能，讲信修睦。故人不独亲其亲，不独子其子。使老有所终，壮有所用，幼有所长，鳏寡孤独废疾者皆有所养。男有分，女有归。货恶其弃于地也，不必藏于己。力恶其不出于身也，不必为己。是故谋闭而不兴，盗窃乱贼而不作，故外户而不闭，是谓大同。

《诗经》记载夏商周三代的情形："普天之下，莫非王土，率土之滨，

① 《马克思恩格斯选集》（第4卷），人民出版社1972年版，第174—175页。

莫非王臣。”孔子曰：“不患贫，而患不均；不患寡，而患不安。”（《论语·季氏》）孟子在回答齐宣王时曰：

> 无恒产而有恒心者，惟士为能，若民则无恒产，因无恒心。苟无恒心，故辟邪侈，无不为已；及陷于罪，然后从而刑之，是罔民也。焉有仁人在位，罔民而可为也！是故明君制民之产，必使仰足以事父母，俯足以畜妻子，乐岁终身饱，凶年免于死亡，然后驱而之善，故民之从之也轻。今也制民之产，仰不足以事父母，俯不足以畜妻子，乐岁终身苦，凶年不免于死亡，此惟救死而恐不赡，奚暇治礼仪哉。王欲行之，则盍反其本矣。五亩之宅，树之以桑，五十者可以衣帛矣；鸡、豚、狗、彘之畜，无失其时，七十者可以食肉矣；百亩之田，勿夺其时，八口之家，可以无饥矣；谨庠序之教，申子以孝悌之义，颁白者不负戴于道路矣，老者衣帛食肉，黎民不饥不寒，然而不王者，未之有也。（《孟子·齐桓晋文之事章》）

东晋人鲍敬言《无君论》认为，“曩古之世，无君无臣”，因而也就没有“聚敛以夺民财”的剥削现象和“严刑以为坑阱”的压迫现象。人人“纯白在胸，机心不生”，互相质朴地相待，没有机变诈巧之心。那么君主制度是怎样产生的？他说：“儒者曰：‘天生蒸民而树之君。’岂其皇天谆谆言，亦将欲之者为辞哉？夫强者凌弱，则弱者服之矣；智者诈愚，则愚者事之矣。服之，故君臣之道起焉；事之，故力寡之民制焉”。鲍敬言认为，由于社会上产生了强者和智者，他们以暴力压制别人，以诈巧欺骗别人，于是许多弱者和愚者便成为被压服、被欺骗的对象。在他看来，“君臣之道”是人为的，并非苍天之意。说是天意，这纯系儒家的假托之辞。

鲍敬言指出，君主制度是社会上一切罪恶祸乱的根源。他说，有了君主，就有了“僵尸则动以万计，流血则漂橹（大盾牌。形容流血之多，把大盾牌都漂浮起来了）丹野（血染红了原野）”的战争，就有“剖人心，破人胫”等的刑法，所有这些使得人们的生活陷入贫困。他把君主比为吃鱼的獭，吃鸟的鹰，“夫獭多鱼扰，鹰众则鸟乱，有司设则百姓困，奉上厚则下民贫”。他提出和回答了这个问题，“非鬼非神，财力安出”？社会财富是谁创造的？君主百官是谁养活的？他的回答简洁明确，

是“百姓养游手之人”。因此他断言做君的都是盗贼，像桀、纣那样的暴君固然可恶，像周武王那样的“圣王”亦不值得称颂，两者的区别，犹如盗贼分赃，取多取少而已。

鲍敬言描绘了一个“无君”的社会理想。这种理想的模式是依托于渺茫的远古时代，那时没有劳役，没有赋税，没有军队，没有战争，人人都有土地，有生计，足衣足食，和睦相处。这种理想的理论依据是自然界的天然平等。他认为天地是自然的物质存在，阴气阳气，自然化生万物，天在上，地在下，“各附所安，本无尊卑也；君臣既立，而变化遂滋。”并不是因为有了天尊地卑才有君臣；相反，正是因有了君臣上下，才把尊卑的观念赋予本来无所谓尊卑的天地。在他看来，自然界是自然平等的，人类社会也应当如此。[①]

鲍敬言的《无君论》阐发了和谐的社会理想，陶渊明的《桃花源记》，假借一个渔人的奇遇，描绘了作者向往的世外桃源，没有压迫，没有剥削，人人劳动，平等自由的社会生活。这种理想曲折地反映了中世纪农民反对封建制度、追求安定生活的愿望，也是对当时社会黑暗现实的不满和否定。

黄宗羲在《明夷待访录》首篇石破天惊的怒喊“天下之大害者，君而已矣”！从根本上否定了君主专制制度，他说：“古之人君，不以一己之利为利，而使天下受其利；不以一己之害为害，而使天下受其害。”而后之君则背道而驰，“以天下利害之权皆出于我”，将“天下之利尽归于己”，将“天下之害尽归于人”。“以我之大私为天下之大公”“视天下为莫大之产业”，并传之子孙。

由于君主把自己看作是天下的主宰，所以，当其未得天下之时，以残酷的战争摧残天下之民，离散天下的家庭，以博取个人的产业，当其得到天下之后，便以严刑峻法，敲诈勒索天下之民，以供自己穷奢极欲地享乐。于是给天下造成无穷的祸乱，因之天下怨恶其君，视之为仇寇，这是天下不能安宁的根本原因。从而提出了“天下为主，君为客”（《明夷待访录·原君》）的政治理想。他认为天下之大，非一人之能治，才设立了官与君共治天下，君臣是为天下，是同事，是师友，而不是“君为臣纲”，臣更不是君的“宦客宫妾”。“我之出而仕也，为天下，非为君

① 张岂之：《中国思想史》，西北大学出版社 1993 年版，第 192—193 页。

也；为万民，而非为一姓也。”“出而仕于君也，不以天下为事，则君之仆妾也，以天下为事，则君之师友也。”（《明夷待访录·原臣》）。这是对封建等级制度的批判。顾炎武提出了“以天下之权，寄之天下之人”“天下兴亡，匹夫有责”的思想。王夫之提出了“天下非一姓之私”，只有从根本上改造封建专制制度，才能实现“天下为公”的民本主义理想。①

太平天国领袖洪秀全在设计自己的政治理想时，也是从中国儒家思想寻找资源，他说：“遐想唐虞三代之世，天下有无相恤，患难相救，门不闭户，道不拾遗，男女别途，选贤尚德。”他整段抄录了《礼记·礼运篇》上“大道之行也，天下为公”那段明言，面对日下之世风，大发思古之幽情，认为金灿灿的三代“盛世而今尚可望哉”！（《原道醒世训》）

严复认为，社会组织在行政上应屈私以为公，这是西方诸国之所以强盛的原因之一。而中国社会自秦以来都是家天下的君主专制，这种君主专制常将一己之私置于天下人的利益之上，天下不过是一姓之私产、私仆而已：

> 中国自秦以来，无所谓天下也，无所谓国也，皆家而已，一姓之兴，则亿兆为之臣妾。其兴也，此一家之兴也；其亡也，此一家之亡也。天子之一身，兼宪法、国家、王者三大物。（《法意》第五卷，第十四章按语）

严复的思想与黄宗羲、王夫之如出一辙。

康有为为了变法的需要，根据社会的变化发展，继承了“春秋公羊”的“三世”“三统”思想，认为人类社会发展体现出三种形态，即据乱世、升平世（小康）、太平世（大同）。“《春秋》分三世，有乱世、有升平世、有太平世。”（《南海康先生口说，学术源流七》）“乱世者，文教未明也；升平世，渐有文教，小康也；太平者，大同之世，远近大小如一，文教全备也。”（《春秋董氏学》卷二）

康有为认为，人类社会就是沿着这三种形态向前发展变化的，每一种社会形态都较前一种社会形态有所进步，人类社会沿着这种发展道路，则可从逐渐进入人人平等、人人自立的理想的社会中，“每变一世，则愈

① 王世荣：《周秦政治文化与政治伦理》，三秦出版社2005年版，第237—238页。

进于仁。仁必去其抑压之力，令人自立而平等，故曰升平。至太平而人人平等，人人自立，远近大小若一，仁之至也。”（《春秋笔削大义微言考》卷一）

孙中山是历史进化论者，他相信历史是不断发展、不断进步的。他认为政治制度的变革嬗替是人类社会的一种进化过程，肯定民主共和制度代替君主专制制度是历史的必然趋势，并且强调必须用革命手段来改造旧的政治制度。他以革命的乐观主义精神瞻望历史的发展，相信进步力量必胜，反动力量必败，世界潮流不可阻挡，他说：

> 世界潮流的趋势，好比江河流的水一样，水流的方向，或者有许多的曲折……但流到最后，一定是向东的，无论怎么样，都阻止不住的。

因此，他树立了一个坚定的信念“顺着潮流做去，纵然一时失败，将来一定成功”，反之“倒行逆施，无论力量怎么大，纵然一时侥幸成功，将来一定是失败”（《民权主义》）。孙中山最爱书写的是“天下为公”“博爱”，可见孙中山是将“天下为公”作为自己推行三民主义的最高理想。

十月革命前，先进的中国人为了复兴国家、振兴中华，向西方国家寻找救国救民的真理，多次奋斗都失败了。

> 十月革命帮助了全世界的也帮助了中国的先进分子，用无产阶级的宇宙观作为观察国家命运的工具，重新考虑自己的问题。走俄国人的路——这就是结论。①

从此，中国的先进分子开始研究十月革命的经验，研究马克思主义，产生了一批具有共产主义觉悟的知识分子，马克思列宁主义开始在中国传播。

李大钊是中国传播马克思主义的先驱，他在1918年发表的《法俄革命之比较观》《庶民的胜利》《布尔什维克的胜利》和1919年1月发表的

---

① 《毛泽东选集》（第4卷），人民出版社1991年版，第1471页。

《新纪元》等文章，标志着马克思主义在中国传播的开始。他热情讴歌十月革命：

“是立于社会主义之上的革命”[①]，是世界革命的新纪元，是人类觉悟的新纪元。

> 从今以后，生产制度起一种绝大的变动，劳工阶级要联合他们全世界的同胞，作一个合理的生产者的联合，去打破国界，打倒全世界资本的阶级。
>
> 由今以后，到处所见的都是布尔什维克战胜的旗。到处所闻的，都是布尔什维克凯歌的声。人道的警钟响了！自由的曙光现了！试看将来的环球，必将是赤旗的世界！[②] 中国革命应该适应世界的新潮流。[③]

中国人民应该沿着十月革命照亮的道路前进，即沿着社会主义革命和共产主义理想前进。

毛泽东1921年1月在《新民学会长沙会员大会上的发言》中提出“改造中国与世界”的远大理想，认为：

> 中国问题本来是世界的问题，然从事中国改造不着眼于世界改造，则所改造必为狭义，必妨碍世界。至于启民主[④]用俄式，我极赞成。因俄式系诸路皆走不通了新发明的一条路，只此方法较之别的改造方法含可能的性质为多。
>
> 世界解决社会问题的方法大概有下列几种：
>
> 1. 社会政策；
> 2. 社会民主主义；
> 3. 激烈方法的共产主义（列宁的主义）；
> 4. 温和方法的共产主义（罗素的主义）；
> 5. 无政府主义。

---

① 《李大钊文集》（上卷），人民出版社1984年版，第573页。

② 《李大钊选集》，人民出版社1959年版，第117—121页。

③ 《俄国过激派施行之政略》，载《劳动者》第2号。

④ 启民，陈启民，名陈书民（1898—1970），湖南长沙人，新民学会会员，当时在长沙周南女校教书。

> 我们可以拿来参考，以决定自己的方法。
>
> 社会政策是补苴罅漏的政策，不成方法。社会民主主义借议会为改造工具，但事实上议会的立法总是保护有产阶级的。无政府主义否认权力，这种主义恐怕永世都做不到。温和方法的共产主义，如罗素所主张极端的自由，放任资本家，亦是永世做不到的。激烈方法的共产主义，即所谓劳农主义，是用阶级专政的方法，是可以预计效果的，故最宜采用。①

毛泽东在1921年就认同了马克思列宁的共产主义学说，即用无产阶级专政达到理想社会。毛泽东在《新民主主义论》中明确指出：

> 共产主义是无产阶级的整个思想体系，同时又是一种新的社会制度。这种思想体系和社会制度是区别于任何别的社会制度的，是自有人类历史以来，最完全最进步最革命最合理的。封建主义的思想体系和社会制度，是进了历史博物馆的东西了。资本主义的思想体系和社会制度，已有一部分进了历史博物馆（在苏联）；其余部分，也已"日薄西山，气息奄奄，人命危浅，朝不虑夕"，快进"博物馆"了。唯独共产主义的思想体系和社会制度，正以排山倒海之势，雷霆万钧之力，磅礴于全世界，而葆其美妙之青春。中国自有科学的共产主义以来，人们的眼界是提高了，中国革命也改变了面目。中国的民主革命，没有共产主义去指导是绝不能成功的。更不必说革命的后一阶段了②。

周恩来在青少年时代的诗作中写道："既想共产花开，又不想用血去染它，哪有这等便宜的事情？"夏明翰的诗句："杀头不要紧，只要主义真，杀了夏明翰，还有后来人。"正是共产主义理想的鼓励，才有无数革命先烈为中华民族的自由和解放而斗争。这也是古代"先天下之忧而忧，后天下之乐而乐""天下兴亡，匹夫有责""志士仁人，无求生以害仁，有杀身以成仁"（《论语·卫灵公》）思想的反映。

---

① 《毛泽东文集》（第1卷），人民出版社1993年版，第1—3页。

② 《毛泽东选集》（第2卷），人民出版社1991年版，第686页。

中国共产党自诞生之日起，就将实现共产主义作为自己的最终目的和崇高理想，写进自己的党章。苏东剧变后，共产主义渺茫论甚嚣尘上，邓小平在南巡谈话中指出：

> 我坚信，世界上赞成马克思主义的人会多起来的，因为马克思主义是科学。它运用历史唯物主义揭示了人类社会发展的规律。封建社会代替奴隶社会，资本主义代替封建主义，社会主义经历一个长期过程发展后必须代替资本主义。这是社会发展不可逆转的总趋势。但道路是曲折的。资本主义代替封建主义的几百年间，发生了多少次王朝复辟，所以，从一定意义上说，某种暂时复辟也是难以避免的规律性现象。一些国家出现严重曲折，社会主义好像被削弱了，但人民经受锻炼，从中吸取教训，将促进社会主义向着更健康的方向发展。因此，不要惊慌失措，不要认为马克思主义消失了，没用了，失败了。哪有这回事！①

改革开放以来，中国经济高速发展，在有中国特色社会主义理论的指导下，祖国蒸蒸日上，社会稳定繁荣，社会主义制度显示了蓬勃的生机与活力，更加坚定了中国共产党人的共产主义信念，“北京共识”与“华盛顿共识”相比在国际舞台上更加显示了无限的魅力。在国际金融危机的打击下资本主义制度风雨飘摇，危机四伏，正像英国历史学家汤因比的预言：大同世界是不久将来的事情，不然的话，人类文明就可能走向崩溃和灭亡！中国共产党人，中华民族之所以选择共产主义作为理想的社会制度，就是因为它与中国人民自古就追求的“大道之行，天下为公”的理想是契合的，在于中国人相信，“人之初，性本善”的儒家学说，相信正义必将战胜邪恶，真理必将战胜谬误！与中国知识分子“朝闻道，夕死可矣”的理想追求是一致的。

（四）阶级斗争学说与农民战争

马克思恩格斯在《共产党宣言》第一章开宗明义指出：

> 目前为止的一切社会的历史都是阶级斗争的历史。

---

① 《邓小平文选》（第3卷），人民出版社1993年版，第382—383页。

> 自由民与奴隶，贵族与平民，领主与农奴，行会师傅和帮工，一句话，压迫者和被压迫者，始终处于相互对立的地位，进行不断的、有时隐蔽有时公开的斗争，而每一次斗争的结局都是整个社会受到革命改造或斗争的各阶级同归于尽。
>
> 在过去的各个历史时代，我们几乎到处可以看到社会完全划分为各个不同的等级，看到由各种社会地位构成的多级的阶梯。在古罗马，有贵族、骑士、平民、奴隶；在中世纪，有封建领主、陪臣、行会师傅、帮工、农奴，而且几乎在每一个阶级内部又有各种独特的等第。
>
> 从封建社会灭亡中产生出来的现代资产阶级并没有消灭阶级对立。它只是利用新的阶级、新的压迫条件、新的斗争形式代替了旧的。
>
> 但是，我们的时代却有一个特点：它使阶级对立简单化了。整个社会日益分裂为两大敌对的阵营，分裂为两大相互直接对立的阶级：资产阶级和无产阶级。①

唯物史观认为社会基本矛盾是社会发展的根本动力，社会基本矛盾在人与人的关系中表现为阶级矛盾和阶级斗争，阶级斗争是社会发展的直接动力，阶级斗争学说是马克思主义理论的基础。中国共产党人之所以能够接受马克思主义的阶级斗争学说，其重要原因在于中国哲学中有辩证法的传统，有维新和变法的传统，有农民起义和农民战争的传统。毛泽东指出：

> 阶级斗争，一些阶级胜利了，一些阶级消灭了。这就是历史，这就是几千年的文明史。拿这个观点解释历史的叫做历史的唯物主义，站在这个观点反面的是历史的唯心主义。②
>
> 在阶级社会中，每一个人都在一定的阶级地位中生活，各种思想无不打上阶级的烙印。③
>
> 社会的变化，主要的是由于社会内部矛盾的发展，即生产力和

---

① 《马克思恩格斯选集》（第 1 卷），人民出版社 1972 年版，第 250—251 页。

② 《毛泽东选集》（第 4 卷），人民出版社 1991 年版，第 1487 页。

③ 《毛泽东选集》（第 1 卷），人民出版社 1991 年版，第 283 页。

生产关系的矛盾，阶级之间的矛盾，新旧之间的矛盾，由于这些矛盾的发展，推动了社会的前进，推动了新旧社会的代谢。①

地主阶级对农民的残酷的经济剥削和政治压迫，迫使农民多次举行起义，以反抗地主阶级的统治，从秦朝的陈胜、吴广、项羽、刘邦起，中经汉朝的新市、平林、赤眉、铜马和黄巾，隋朝的李密、窦建德，唐朝的王仙芝、黄巢，宋朝的宋江、方腊，元朝的朱元璋，明朝的李自成，直至清朝的太平天国，总计大大小小数百次的起义，都是农民的反抗运动，都是农民的革命战争。中国历史上的农民起义和农民战争的规模之大，是世界历史上所仅见的。在封建社会里，只有这种农民的阶级斗争、农民的起义和农民的战争，才是历史发展的真正动力，因为每一次较大的农民起义和农民战争的结果，都打击了当时的封建统治，因而也多少推动了社会生产力的发展。②

中华民族不但以刻苦耐劳著称于世，同时又是酷爱自由、富于革命传统的民族。以汉族的历史为例，可以证明中国人民是不能忍受黑暗势力的统治的。他们每次都以革命的手段达到推翻和改造这种统治的目的。在汉族数千年的历史上，有过大小几百次的农民起义，反抗地主和贵族的黑暗统治。而多数朝代的更换，都是由于农民起义的力量才能得到成功的。中华民族的各族人民都反对外来民族的压迫，都要用反抗的手段解除这种压迫，他们赞成平等的联合，而不赞成互相压迫，在中华民族几千年的历史中，产生了很多的民族英雄和革命领袖。所以中华民族又是一个有光荣的革命传统和优秀的历史遗产的民族。③

《诗经》云：“周虽旧邦，其命维新。”留下《伐檀》《硕鼠》《黄鸟》篇。老子曰：“民之饥，以其上食税之多，是以饥。民之难治，以其上之有为，是以难治。民之轻死，以其（上）求生之厚，是以轻死。”（《老子·七十五章》）孔子和弟子经过泰山时发出“苛政猛于虎”的感言！

---

① 《毛泽东选集》(第1卷)，人民出版社1991年版，第302页。

② 《毛泽东选集》(第2卷)，人民出版社1991年版，第625页。

③ 同上书，第623页。

(《礼记·檀弓下》)孟子曰：

> 贼仁者谓之贼，贼义者谓之残。残贼者，谓之一夫。闻诛一夫纣矣，未闻弑君也。(《孟子·梁惠王下》)

可见老子、孔子都反对暴政，而孟子认为人民有推翻暴政的权利。

陈胜曰："王侯将相宁有种乎!"黄巢诗云："待到秋来九月八，我花开后百花杀。冲天香阵透长安，满城尽带黄金甲!"杜甫诗云："朱门酒肉臭，路有冻死骨。"柳宗元有《捕蛇者说》。反抗剥削和压迫是中国文化的优良传统。

中国社会在漫长的历史时期处于农耕文明，农民与地主阶级的斗争是封建社会的主要矛盾。一直到近代中国沦为半封建半殖民地社会，但是由于资本主义生产关系发展不充分，现代工业远远落后于西方列强，产业工人在总人口中所占的比例很小，因此农民问题仍然是中国革命的主要问题。马克思主义与工人运动相结合产生了中国共产党，工人阶级是新民主主义革命的领导阶级，而农民阶级仍然占人口的大多数，是革命的依靠力量。

毛泽东同志在《中国社会各阶级的分析》一文中指出："一切勾结帝国主义的军阀、官僚买办阶级、大地主阶级以及附属于他们的一部分反动知识界，是我国的敌人。工业无产阶级是我们革命的领导力量，一切半无产阶级、小资产阶级是我们最亲近的朋友。那动摇不定的中产阶级其右翼可能是我们的敌人，其左翼可能是我们的朋友——但我们要时常提防他们，不要让他们扰乱了我们的阵线。"①

毛泽东同志具体分析道："半无产阶级。此处所谓半无产阶级，包含：①绝大部分半自耕农；②贫农；③小手工业者；④店员；⑤小贩。绝大部分自耕农和贫农是农村中的一个数量极大的群众。所谓农民问题，主要就是他们的问题。半自耕农、贫农和小手工业者所经营的，都是更细小的小生产的经济。绝大多数自耕农和贫农虽同属半无产阶级，但其经济状况仍有上、中、下三个细别。半自耕农，其生活苦于自耕农，因其食粮每年大约有一半不够，须租别人田地，或者出卖一部分劳动力或

① 《毛泽东选集》(第1卷)，人民出版社1991年版，第9页。

经营小商，以资弥补。春夏之间，青黄不接，高利向别人借债，重价向别人籴粮，较之自耕农的无求于人，自然境遇要苦，但是优于贫农，因为贫农无土地，每年耕地只得收获之一半或不足一半，半自耕农则租于别人的部分虽只收获一半或不足一半，然自有的部分却可全得。故半自耕农的革命性优于自耕农，然而不及贫农。贫农是农村中的佃农，受地主的剥削。其经济地位又分两部分。一部分贫农有比较充足的农具和相当数量的资金。此种农民，每年劳动结果，自己可得一半。不足部分，可以种杂粮、捞鱼虾，饲鸡豕，或出卖一部分劳动力，勉强维持生活，于艰难竭蹶之中，存聊以卒岁之想。故其生活苦于半自耕农，然较另一部分贫农为优，其革命性，则优于半自耕农而不及另一部分贫农。所谓另一部分贫农，则无充足的农具，又无资金，肥料不足，土地歉收，送租之外，所得无几，更需要出卖一部分劳动力，荒时暴月，向亲友乞哀告怜，借得几斗几升，敷衍三五日，债务丛集，如牛负重。他们是农民中极艰苦者，极易接受革命的宣传。”①

在这里毛泽东同志把农民的经济状况描写得如此细致，在中国革命的历史上是绝无仅有的。

毛泽东同志《湖南农民运动考察报告》中写道：“很短的时间内，将有几万万农民从中国中部、南部和北部各省起来，其势如暴风骤雨，迅猛异常，无论什么大的力量都将压抑不住。他们将冲决一切束缚他们的罗网，朝着解放的路上迅跑。一切帝国主义、军阀、贪官污吏、土豪劣绅，都将被他们葬入坟墓。一切革命的党派，革命的同志，都将在他们面前接受他们的检验而决定弃取。”②

“一切革命同志须知，国民革命需要一个大的农村变动。辛亥革命没有这个变动，所以失败了。现在有了这个变动，乃是革命完成的重要因素。”③

农民在中国人口中占多数，中国革命的基本问题是农民问题，经过第一次国内革命战争的失败，以毛泽东同志为代表的中国共产党人，探索了一条农村包围城市、武装夺取政权的革命道路，引导中国新民主主义革命走向胜利。这是马克思主义阶级斗争理论与中国具体国情相结合，

---

① 《毛泽东选集》（第1卷），人民出版社1991年版，第6—7页。

② 同上书，第13页。

③ 同上书，第16页。

与中国历史传统相结合的产物。

毛泽东同志在《正确处理人民内部矛盾的问题》中指出："在我国，虽然社会主义改造，在所有制方面来说，已经基本完成，革命时期的大规模的急风暴雨式的群众阶级斗争已经基本结束，但是，被推翻的地主买办阶级的残余还存在，资产阶级还存在，小资产阶级刚刚在改造。阶级斗争并没有结束。无产阶级与资产阶级之间的阶级斗争，各派政治力量之间的阶级斗争，无产阶级与资产阶级之间在意识形态方面的阶级斗争，还是长期的、曲折的，有时甚至是很激烈的。无产阶级要按照自己的世界观改造世界，资产阶级也要按照自己的世界观改造世界。在这一方面，社会主义与资本主义之间谁战胜谁的问题还没有真正解决。"①

改革开放以来我们放弃了"以阶级斗争为纲"的"左"倾口号，把党和国家的工作重心转移到经济建设上来，确立了"一个中心，两个基本点"的基本路线，取得举世瞩目的成就。但是，由于我们确立了公有制占主导地位、多种经济成分共存的经济制度，剥削现象依然存在；国际上仍然存在两种社会制度的斗争，因此马克思主义阶级斗争学说和阶级分析方法是不能放弃的！

邓小平在《党和国家领导制度的改革》中指出：

> 旧中国留给我们的，封建专制传统比较多，民主法制传统很少，解放以后，我们也没有自觉地、系统地建立保护人民民主权利的各项制度，法制很不完备，也很不受重视，特权现象有时受到限制、批评和打击，有时又重新滋长。克服特权现象，要解决思想问题，也要解决制度问题。
>
> 要有群众监督制度，让群众和党员监督干部，特别是领导干部。凡是搞特权、特殊化，经过批评教育而又不改的，人民就有权依法进行检举、控告、弹劾、撤换、罢免，要求他们在经济上退赔，并使他们受到法律、纪律处分。②

改革开放以来，社会主义民主法制取得了很大进步，用法律解决阶

---

① 《毛泽东选集》（第5卷），人民出版社1977年版，第389页。

② 《邓小平文选》（一九七五——九八二年），人民出版社1987年版，第292页。

级斗争问题引导中国走上了法理化道路，促进了社会稳定和繁荣。但是人民监督制度建设滞后，缺乏权力监督和制约，腐败问题严重，出现了贫富两极分化，工人阶级由领导阶级成了弱势群体，农民阶级维权也缺乏必要的组织形式，这些是需要重视的问题，仍然需要运用阶级斗争的理论，需要运用毛泽东同志《正确处理人民内部矛盾的问题》的精神来研究和解决。

中国的跨越式发展也付出了沉重的代价。“去革命论”是值得反思的，“全盘否定文化大革命”以及“无产阶级专政下继续革命”的理论是必要的。但是，富士康工人十三跳、本田工人罢工事件，说明在中国多种经济成分共同发展的条件下，工人维权机制的严重缺失！在现有体制下工会组织发挥的作用十分有限，难怪富士康工人只能一个个用自杀来捍卫自己的生存权利和尊严！这难道不能引起执政党和社会正义之士的警觉吗？正像有人所指出的那样：“中国正进入马克思所批判的社会!”马克思的《资本论》并没有过时！不能因为否定“阶级斗争为纲”的口号，就全盘否定马克思主义阶级分析方法，不能否认中国社会还存在剥削现象！正确处理劳资矛盾、处理维稳与维权关系，建立产业工人维权机制是当务之急！

（五）人道主义与仁爱思想

20 世纪 80 年代，中国思想理论界掀起了一个人文主义思潮，人性、人道主义与异化问题进入中国人的学术视野。《人民日报》理论部的王若水发表了著名的文章《人是马克思主义的出发点》与真理标准问题的讨论，以及《中国青年报》潘晓的文章《人生的道路为什么越走越窄?》，提出“主观为自己，客观为别人”的命题，张维迎《为钱正名》、马克斯·韦伯的《新教伦理与资本主义精神》、萨特的《存在与虚无》、尼采的《重估一切价值》等现代西方思潮给中国思想界注入一股强劲的思想风暴。

1983 年官方发表了胡乔木的署名文章《人道主义与异化问题》，对这场人道主义和异化问题的讨论做了总结：人道主义作为一种伦理原则和理论得到肯定，在社会主义社会应该弘扬人道主义，人道主义是社会主义道德的重要层次。但是人道主义作为世界观是唯心主义的表现，是资产阶级世界观，应该批判和扬弃。

马克思的异化理论，是分析在雇佣劳动制度下，人的劳动产品，工人创造的剩余价值，让资本家无偿占有，转化为资本又成了压迫和剥削

工人阶级的工具。也就是人的劳动产品却成为奴役人的工具，在大机器生产的今天，人成了传送带上的一个螺丝钉，人成了机器的奴隶；人的个性、自由、价值、兴趣被资本主义社会化大生产所吞没，被冷冰冰的利己主义所吞没，被追求利润最大化的资本家的无穷的欲望所吞没！马克思的《1844 年经济学哲学手稿》的发现以及《人类学笔记》受到重视，成为西方马克思主义、法兰克福学派、存在主义、弗洛伊德主义反复引用的文献。

人道主义与异化问题进入中国人的理论视野，在于中国“文化大革命”时期的“左”倾思想以阶级斗争为纲，用阶级性取代人性，用国家意识形态取代文化建设，自由、平等、博爱、人权、人性被视为资产阶级意识形态，成为资产阶级的专利品！斗争哲学盛行：“与天斗其乐无穷，与地斗其乐无穷，与人斗其乐无穷”“好人斗好人，是误会；坏人斗坏人，是以毒攻毒；好人斗坏人，是应该；坏人斗好人，是暴露”！

在派性斗争中，夫妻反目成仇，父子背道而驰，亲情、友谊、爱情以及乡情等人类最纯洁的感情，却被披上了阶级性的外衣。甚至血统论也甚嚣尘上，“老子英雄儿好汉，老鼠生儿打地洞”。红五类：工人、革命干部、解放军、贫农、中下农；黑五类：地、富、反、坏、右以及走资本主义道路的当权派其及他们的狗羔子（子女）的划分阵线分明，家庭出身定终身，在入党（参加共产党）、参军、推荐上大学、招工（在国营企业当工人）等方面，红五类家庭出身有优先权，黑五类家庭出身的孩子基本上没有资格。后来政策有了调整，允许可教育好的子女给一定的名额，但要与父母及家庭划清界限，而且表现要“非常优秀”。文学作品也是反映阶级性，比如浩然的《金光大道》《艳阳天》即是如此。

认为阶级斗争学说是马克思主义理论的主要组成部分，人道主义在马克思主义理论中是没有地位的。无产阶级专政下继续革命的理论认为，在社会主义时期仍然有阶级斗争，而且“阶级斗争一抓就灵”，要“年年讲，月月讲，天天讲”，这个阶级斗争就是资产阶级与无产阶级的斗争，社会主义道路与资本主义道路的斗争，“资产阶级就在共产党内”“要斗私批修”“狠斗私字一闪念”“灵魂深处爆发革命”！如何看待人道主义在马克思主义学说中的地位？正如马克思在《黑格尔法哲学批判导言》中指出：

思想的闪电一旦射入这块从来就没有触动过的人民园地，德国人就会解放成为人。①

“无产阶级只有解放全人类，最后才能解放自己”。马克思主义学说是解放全人类的理论，应该说马克思主义是彻底的人道主义，“人道主义是马克思主义的出发点”并没用错。马克思在《人类学笔记》中指出：“自由、平等、博爱”是氏族社会的生活方式，共产主义也是真正自由、平等、博爱的社会。人道主义的思想一旦把中华民族的灵魂点燃，就一定会燃成熊熊烈焰，开辟出一个人道的文明的激情和创造的伟大时代。

马克思写作于1843—1844年之际的重要著作《黑格尔法哲学批判导言》表明马克思首先是一个人道主义者，他说：

宗教里的苦难是现实苦难的表现，又是对这种现实苦难的抗议。宗教是被压迫心灵的叹息，是无情世界的感情，正像它是没有精神的制度一样，宗教是人民的鸦片。

废除作为人民幻想的幸福的宗教，也就是要求抛弃那需要幻想的处境，因此对宗教的批判就是对苦难世界——宗教是它的灵光圈——的批判的胚胎。

宗教批判摘去了装饰在锁链上的那些虚幻的花朵，但并不是要人依旧戴上这些没有任何乐趣任何慰藉的锁链，而是要人扔掉它们，伸手摘取真实的花朵，宗教批判使人摆脱了幻想，具有理性的人来思想、来行动，来建立自己的现实性，使他能够围绕着自身和自己现实的太阳旋转。宗教只是幻想的太阳，当人还没有开始围绕自身旋转以前，它总是围绕着人而旋转。

因此，彼岸世界的真理消逝以后，历史的任务就是确立此岸世界的真理。人们自己和异化的神圣形象被揭穿之后，揭露非神圣形象中的自我异化，就成了为历史任务的哲学的迫切任务。于是对天国的批判，就变成对尘世的批判，对宗教的批判就变成对法的批判，对神的批判就变成了对政治的批判。②

“哲学把无产阶级当做自己的物质武器，同样地，无产阶级也把哲学

① 《马克思恩格斯选集》（第1卷），人民出版社1972年版，第15页。

② 同上书，第2页。

当做自己的精神武器。”“德国唯一实际可能的解放是宣布人本身是人的最高本质这个理论出发的解放。在德国，只有同时从对中世纪的部分胜利解放出来，才能从中世纪得到解放。在德国，不消灭一切奴役制，任何一种奴役制都不可能消灭。彻底的德国不从根本上开始进行革命，就不可能完成革命，德国人的解放就是人的解放，这个解放的头脑是哲学，它的心脏是无产阶级。哲学不消灭无产阶级，就不能成为现实，无产阶级不把哲学变成现实，就不可能消灭自己”。①

“批判的武器当然不能代替武器的批判，物质的力量只能用物质的力量来摧毁，但是理论一经掌握群众，也会变成物质力量。理论只要说服人，就能掌握群众，而理论只有彻底，就能说服人。所谓彻底，就是抓住事物的根本。但人的根本就是人本身。德国理论的彻底性及其实践能力证明就是：德国理论是从坚决彻底废除宗教出发的，对宗教的批判最后归结为人是人的最高本质这样一个学说，从而也总结为这样一条绝对命令，必须推翻那些使人成为受屈辱、被奴役、被遗弃和被蔑视的东西的一切关系，一个法国人对草拟中的养犬税发出的呼声，再恰当不过地刻画出这种关系，他说：‘可怜的狗啊！人家要把你们当人看啊’！

即使是从历史的观点来看，理论的解放对德国也有特别实际的意义。德国的革命过去就是理论性的，这就是宗教改革。正像当时的革命是从僧侣的头脑开始一样，现在的革命是从哲学家的头脑开始。

的确，路德战胜了信神的奴役制，只是因为他用信仰的奴役制代替了它。他破除了对权威的信仰，却恢复了对信仰的权威，他把僧侣变成了俗人，但又把俗人变成了僧侣。他把人从外在宗教解放出来，但又把宗教变化了人的内心世界。他把肉体从锁链中解放出来，但又给人的心灵套上锁链。”②

马克思在这里对宗教本质的批判，就是从“人就是人的最高本质”这个人道主义原则出发的。“德国人的解放就是人的解放”“这个解放的头脑是哲学，心脏是无产阶级”。

表明哲学变革是社会变革的前提，而无产阶级不仅是一个受苦受难的阶级，而是社会变革的伟大力量。这已经接近得出无产阶级是资本主

---

① 《马克思恩格斯选集》（第 1 卷），人民出版社 1972 年版，第 15 页。

② 同上书，第 9 页。

义社会掘墓人和新社会建设者的科学社会主义原理。应该指出的是人道主义是马克思对资本主义社会，尤其是对德国专制制度和宗教制度进行批判的理论前提，也是科学社会主义理论的出发点。

马克思在《1844 年经济学哲学手稿》即巴黎手稿中指出：

> 共产主义是私有财产即人的自我异化的积极扬弃，因而是通过人并且为了人而对人的本质的真正占有。它是人对自身、向社会的人的复归。这种复归是完全的、自觉的而且是保存了以往发展的全部财富。①

他的共产主义理论是一种真正的具有人本主义色彩的科学思想。

马克思在巴黎手稿中通过对异化，尤其是资本主义雇佣制度下异化现象的分析，是站在人道主义立场上对资本主义社会的批判，对共产主义原理的阐述。按照西方学者的观点，马克思是对现代性进行批判的思想家的先驱！

《共产党宣言》提出的“自由人的联合体”的思想，解放全人类的思想，无产阶级历史使命的思想都是人道主义思想的进一步发展，应该说共产主义就是彻底的人道主义！

当然马克思的人道主义与资产阶级人道主义既有联系，也有区别，反对专制制度对人性的摧残，对人的蔑视，对人的价值的否定，这是自文艺复兴以来人道主义、人文主义、人本主义思潮所共有的内涵，即肯定人的价值和尊严、人的自由与幸福。马克思的人道主义首先是针对工人阶级及劳动群众的解放，在于否定资本主义的雇佣劳动制度及其造成的异化现象——工人的劳动产品，人的创造物，反过来转化成了资本，成了压迫工人的工具。只有彻底推翻资本主义雇佣劳动制度，工人阶级及其全人类才能获得解放。马克思化费四十年心血研究的《资本论》也在于揭示了劳动异化现象的本质，揭示资本主义剥削的秘密——剩余价值学说：工人劳动创造的超过劳动力价值的价值，被资本家无偿占有！从而为科学社会主义、共产主义理论奠定了政治经济学的基础。

难怪西方社会在 20 世纪末多家媒体让公众推荐千年伟大的思想家，

① 《马克思恩格斯文集》（第 1 卷），人民出版社 2009 年版，第 186 页。

结果惊人的是各家媒体推举的思想家中获票最多的都是卡尔·马克思，这就叫吃水不忘掘井人。难道不是工人阶级高举《资本论》的旗帜，与资本家进行长期殊死的阶级斗争，难道是资本家发善心在西方建设了福利社会吗？驱逐马克思离开祖国的普鲁士王朝怎么也不会想到，那个在《莱茵报》当主编的热血青年和他的战友竟然改变了全世界的面貌，柏林墙就曾经将德国分为两个世界。国际歌是那样的嘹亮，而马克思、恩格斯的墓地也成为德国最著名的旅游胜地。

如果说西方走向近代是以文艺复兴作为起点，从意大利开始的这场伟大的思想解放运动是以人文主义作为旗帜的。这在西方是以反对基督教神学，反对专制制度，弘扬人道主义的伟大运动，直到现在仍然是占主导地位的社会思潮。正像德国哲学家在《人论》中开宗明义指出的那样：

> 认识自我乃是哲学探究的最高目标，这看来是众所公认的。在各种不同哲学流派之间的一切争论中，这个目标始终未被改变和动摇过，它已被证明是阿德来德点，是一切思潮的牢固而不可动摇的中心。即使连最极端的怀疑论思想家也不否认认识自我的可能性和必要性。他们怀疑一切关于事物本性的普遍原理，但是这种怀疑仅仅意味着去开启一种新的更可靠的研究方法。在哲学史上，怀疑论往往只是一种坚定的人本主义的副本而已。①

实际上西方的符号哲学是在阐述人是可以创造文化的动物，是拥有符号的动物，人类依靠符号与世界联系起来。卡西尔指出：

> 人的突出特征，人与众不同的思想，既不是形而上学本性，也不是他的物理本性，而是人的劳作（work），正是这种劳作，正是这种人类活动的体系，规定和划分了“人性”的圆周。语言、神话、宗教、艺术、科学、历史都是这个圆的组成部分和各个扇面，而人的所有劳作都是在特定的历史和社会条件下产生的。②

---

① ［德］恩斯特·卡西尔：《人论》，甘阳译，上海译文出版社 2003 年版，第 1 页。

② 同上书，第 107—108 页。

人创造文化，也就是人的自我本质的肯定，具有社会性的肯定，是人在世界主体地位的确立，这也就是康德所阐述的“人是目的，而不是手段”！

中国人走向近代与西方文艺复兴走着不同的路径。西方是复兴古希腊罗马的文化，中国是批判和否定古代的文化。科学和民主思想成为中国走向近代的主要思潮，因此中国有了“师夷长技以制夷”“中学为体，西学为用”的洋务运动，有康有为、梁启超的维新变法，更有孙中山领导的辛亥革命，推翻了统治中国两千多年的封建帝制，民主共和的思想深入人心。但是，由于《启蒙与救亡的双重变奏》，救亡主题压倒了思想启蒙[①]。

一方面，新文化运动高扬人道主义，讲人的尊严，人的价值，人的个性发展的观念并没有在中国社会扎下根；另一方面，五四新文化运动形成了全面否定中国传统文化的思潮，一直延续到20世纪六七十年代，中国大陆又掀起了“批林批孔”“评法批儒”的政治运动，将中国的传统文化以及西方文化甚至苏联的文化都统称为“封资修”，一棒子打死，从而导致了文化沙漠和知识饥饿症以及个人崇拜，唯意志论、盲从主义、民族文化虚无主义甚嚣尘上。甚至80年代后期的《河殇》虽然提出“中国要面向世界，世界首先要走向中国”的口号，对国人的思想解放发挥过积极的作用，但不可避免的《河殇》仍然有从根本上否定中国本土传统文化的价值取向，认为黄色文化的衰落和蓝色文明的兴起是不可避免的。1988年中国伦理学会在陕西举办的“中国传统道德分析与评价学术讨论会”的主流观点，仍然认为“中国传统道德与现代化是冲突的”。[②]

直到21世纪初期随着中国经济的崛起，孔子学院在世界各地如雨后春笋一般，在国内才掀起了一般强劲的国学热。中国人民大学成立了国学院；于丹的《论语心得》，易中天品《三国》，王蒙、刘心武解析《红楼梦》等在中央电视台持续走红；企业家主导的“传统文化促进会”，在北京、山东、陕西、河南等地兴起；《弟子规》等蒙学教材在企业以及一些中小学持续升温，各地“书院”及“读经班”在中华大地上到处开花，直至孔子的巨幅雕像在新文化运动的发祥地北京天安门广场悄然矗立。

---

① 李泽厚：《中国现代思想史论》，安徽文艺出版社1994年版，第11—52页。

② 王磊、王世荣：《中国的传统道德分析与评价研讨会简记》，《哲学动态》1989年第4期。

中央提出"以人为本"的科学发展观，中共十七大报告提出："弘扬中华优秀传统文化，建设中华民族共有的精神家园"，中共十七届六中全会提出了"文化复兴"的口号，提出了促进社会主义文化大发展、大繁荣，建设社会主义文化强国的重大决策。陕西的一批文化人从20世纪90年代起成立了《文化复兴》丛书编辑委员会，曾经得到西北大学校长、思想史专家张岂之先生，中国哲学史专家张岱年先生和时任陕西省委书记章泽等有识之士的支持。

马克思主义诞生于西方，西方近代思想文化界占主导地位的思潮是人道主义，而人道主义也是马克思主义的出发点和归宿，马克思主义中国化最深刻的根源在于人道主义与仁爱思想的融合。"大道之行，天下为公""仁者爱人""己所不欲，勿施于人""己欲立而立人，己欲达而达人""老吾老以及人之老，幼吾幼以及人之幼"；墨家的兼爱，尚贤，非攻思想；老子"道法自然""上善若水"。中国人相信"人性本善""仇必和而解""和而不同""海纳百川，有容乃大""先天下之忧而忧，后天下之乐而乐""民胞物与"，人民是我的同胞，万物是我的兄弟，这些中国文化中的仁爱理想与马克思主义的人道主义精神是契合的，与共产主义理想是相通的。

我们必须用时代精神挖掘本土历史文化资源中的有益成分，大胆吸收西方文化的优秀成果，继续促进马克思主义中国化的进程以及与中国文化的结合，创造出具有民族风格的开放的生机勃勃的社会主义新文化，促进中国文化的大发展、大繁荣，用实际行动迎接文化时代的到来。

碧水无意出天涯，翠峰有志入云霄。"这是一次人类从来没有经历过的最伟大的、进步的变革，是一个需要巨人而且产生了巨人——在思维能力、热情和性格方面的巨人的时代。"① 这是恩格斯在评价文艺复兴运动时所讲的一段名言。同样，中华的崛起也在呼唤着巨人，呼唤伟大的思想和作品。"究天人之际，通古今之变，成一家之言"，这是司马迁的学术宗旨；"为天地立心，为生民立命，为往圣继绝学，为万世开太平"，这是张载的学术抱负。让我们共同努力，重建民族文化的自信，促进马克思主义与中国文化的融合与创新，为恢复与中国大国地位相适应的曾经在世界上享有的文化领先地位而鸣金击鼓，添砖加瓦！

---

① 《马克思恩格斯选集》（第3卷），人民出版社1972年版，第445页。

六　孔子，中华民族的心灵导师

陕西省孔子学会 2015 年年会暨“儒学价值及其当代意义”研讨会，12 月 19 日在陕西师范大学文澜楼举行。孔子学会会长刘学智先生，著名思想史专家张岂之先生，中国哲学专家赵馥洁先生发表了热情洋溢的学术演讲。

来自全省各界、各地区、高校、企业等各条战线 100 多位致力于弘扬儒学和优秀传统文化的志士仁人，群贤毕至，济济一堂。

会议围绕“陕西孔子和儒学研究如何发展？儒学价值，儒学传承，儒学与马克思主义的关系”四个问题召开讨论，大家各抒己见，畅所欲言。

“孔子，中华民族的心灵导师”！这是作者发表演讲的题目，引起与会专家同人的强烈反响与共鸣。

（一）习近平出席纪念孔子诞辰 2565 周年国际学术研讨会开幕式并发表热情洋溢的讲话，弘扬祖国优秀传统文化对提升我国软实力意义重大

习近平强调，不忘历史才能开辟未来，善于继承才能善于创新。只有坚持从历史走向未来，从延续民族文化血脉中开拓前进，我们才能做好今天的事业。推进人类各种文明交流交融、互学互鉴，是让世界变得更加美丽、各国人民生活得更加美好的必由之路。

今年是孔子诞辰 2565 周年。孔子创立的儒家学说以及在此基础上发展起来的儒家思想，对中华文明产生了深刻影响，是中国传统文化的重要组成部分。儒家思想同中华民族形成和发展过程中所产生的其他思想文化一道，记载了中华民族自古以来在建设家园的奋斗中开展的精神活动、进行的理性思维、创造的文化成果，反映了中华民族的精神追求，是中华民族生生不息、发展壮大的重要滋养。中华文明，不仅对中国发

展产生了深刻影响，而且对人类文明进步做出了重大贡献。

中国传统文化，尤其是作为其核心的思想文化的形成和发展，大体经历了中国先秦诸子百家争鸣、两汉经学兴盛、魏晋南北朝玄学流行、隋唐儒释道并立、宋明理学发展等几个历史时期。从这绵延2000多年之久的历史进程中，我们可以看出这样几个特点。一是儒家思想和中国历史上存在的其他学说既对立又统一，既相互竞争又相互借鉴，虽然儒家思想长期居于主导地位，但始终和其他学说处于和而不同的局面之中。二是儒家思想和中国历史上存在的其他学说都是与时迁移、应物变化的，都是顺应中国社会发展和时代前进的要求而不断发展更新的，因而具有长久的生命力。三是儒家思想和中国历史上存在的其他学说都坚持经世致用原则，注重发挥文以化人的教化功能，把对个人、社会的教化同对国家的治理结合起来，达到相辅相成、相互促进的目的。

从历史的角度看，包括儒家思想在内的中国传统思想文化中的优秀成分，对中华文明形成并延续发展几千年而从未中断，对形成和维护中国团结统一的政治局面，对形成和巩固中国多民族和合一体的大家庭，对形成和丰富中华民族精神，对激励中华儿女维护民族独立、反抗外来侵略，对推动中国社会发展进步、促进中国社会利益和社会关系平衡，都发挥了十分重要的作用。

当今世界，人类文明无论在物质还是精神方面都取得了巨大进步，特别是物质的极大丰富是古代世界完全不能想象的。同时，当代人类也面临着许多突出的难题，比如，贫富差距持续扩大，物欲追求奢华无度，个人主义恶性膨胀，社会诚信不断削减，伦理道德每况愈下，人与自然关系日趋紧张，等等。要解决这些难题，不仅需要运用人类今天发现和发展的智慧和力量，而且需要运用人类历史上积累和储存的智慧和力量。

世界上一些有识之士认为，包括儒家思想在内的中国优秀传统文化中蕴藏着解决当代人类面临的难题的重要启示，比如，关于道法自然、天人合一的思想，关于天下为公、大同世界的思想，关于自强不息、厚德载物的思想，关于以民为本、安民富民乐民的思想，关于为政以德、政者正也的思想，关于苟日新日日新又日新、革故鼎新、与时俱进的思想，关于脚踏实地、实事求是的思想，关于经世致用、知行合一、躬行实践的思想，关于集思广益、博施众利、群策群力的思想，关于仁者爱人、以德立人的思想，关于以诚待人、讲信修睦的思想，关于清廉从政、勤勉奉公的思想，关于俭约自守、力戒奢华的思想，关于中和、泰和、求同存异、和而不同、和谐相处的思想，关于安不忘危、存不忘亡、治不忘乱、居安思危的思想，等等。中国优秀传统文化的丰富哲学思想、人文精神、教化思想、道德理念等，可以为人们认识和改造世界提供有益启迪，可以为治国理政提供有益启示，也可以为道德建设提供有益启发。对传统文化中适合于调理社会关系和鼓励人们向上向善的内容，我们要结合时代条件加以继承和发扬，赋予其新的含义。希望中国和各国学者相互交流、相互切磋，把这个课题研究好，让中国优秀传统文化同世界各国优秀文化一道造福人类。①

习主席的讲话充分肯定儒学以及中华文化在民族发展和新时代的价值，提出弘扬和复兴优秀传统文化在我国现代化建设中的战略地位，这是一个重大历史事件，一个历史转折，对中华民族未来发展走势有重大影响，彰显东方文明特色。

孔子是中国古代伟大的思想家、教育家，是中华民族的心灵导师。重新恢复孔子的圣人地位，对于我国思想道德建设，提升国家文化软实力，实现民族伟大复兴都是非常重要的。

经过100年的历史阵痛，中国人终于走出“全盘西化”的误区，从彻底否定传统到孔子学院遍布全球，国学热方兴未艾，弘扬祖国优秀传统文化，重建民族文化的自信，中华文化亦呈复兴之势。

（二）马克思主义学说与儒家文化的基本精神是相通的，中华优秀传统文化是马克思主义中国化的本土历史文化渊源

共产主义与儒家大同思想是一致的。马克思主义是人类解放的学说，共产主义与“大道之行也，天下为公，选贤与能，讲信修睦”的大同理想是一致的。汤因比说，“大同世界是不久将来的事情”！

马克思的平民思想与儒家的民本思想是一致的。马克思是平民思想家、是无产阶级的精神领袖。儒家主张民本思想，孔子“博施于民”；孟子“民为贵，社稷次之，君为轻”；荀子“水则载舟，水则覆舟”，人民有反抗暴政的权利。

马克思的人道主义与儒家的仁爱思想是一致的。马克思主义首先是

① 习近平：《在纪念孔子诞辰2565周年国际学术研讨会上的讲话》，《新华网》2014年9月24日。

一种人道主义，讲人的解放，人的自由，人的尊严，人的价值。儒家讲“仁者爱人”“己所不欲，勿施于人”“己欲立而立人，己欲达而达人”“敬人者人恒敬之”。

马克思的批判精神与儒家的忧患意识是一致的。马克思是对现代性批判最深刻的思想家，赢得了世界人民的尊敬，被推举为“千年最伟大的思想家”。孔子在“礼崩乐坏”的社会，“知其不可而为之”！“高山仰止，景行行止；虽不能至，然心向往之！”

马克思的幸福观与儒家的精神境界是一致的。马克思在《青年在选择职业时的考虑》中指出：

> 历史承认那些为共同目标劳动因而自己变得高尚的人是伟大人物，经验赞美那些为大多数人带来幸福的人是最幸福的人。宗教本身也教诲我们，人人敬仰的理想人物，就曾为人类牺牲了自己——有谁敢否定这类教诲呢？
>
> 如果我们选择了最能为人类幸福而劳动的职业，那么，重担就不能把我们所压倒，因为这是为人类而献身。那时，我们所感到的就不是可怜的、有限的、自私的乐趣，我们的幸福将属于千百万人。我们的事业是默默的，但她将永恒地存在，并发挥作用。面对我们的骨灰，高尚的人们将洒下热泪。①

路漫漫其修远兮，吾将上下而求索；穷则独善其身，达则兼济天下；天下兴亡，匹夫有责；先天下之忧而忧，后天下之乐而乐；为天地立心，为生民立命，为往圣继绝学，为万世开太平。

（三）文化复兴是民族伟大复兴的标志和驱动力，只有传统文化的复兴，我们的民族才能真正站立起来

思想文化变革是社会变革的前奏和先导，西方近现代文明得益于文艺复兴、宗教改革和启蒙运动，中国明清之际黄宗羲、王夫之等人是思想启蒙家，五四新文化运动、新时期真理标准问题大讨论引发的思想解放运动，对中国现代化发挥了不可替代的促进作用。

但是中国现代化走着与西方不同的路径，西方是复兴希腊罗马的文

---

① 《马克思恩格斯全集》（第40卷），人民出版社1982年版，第7页。

化，中国是西学东渐，否定传统的道路。现在反思新文化运动提出“打倒孔家店”的口号有失偏颇，“全盘西化”，导致中国传统文化的断裂，传统美德和文化自信的丧失。

必须把中国优秀传统文化从封建专制主义中剥离出来，剔除封建性糟粕，弘扬民主性精华；古为今用，洋为中用；百花齐放，百家争鸣；把弘扬传统与时代精神结合起来；把民族文化与学习借鉴人类文明成果结合起来，把继承与创新结合起来。

只有中国文化复兴，才能使这个民族真正站立起来，中国人才会有尊严。张岂之先生讲弘扬祖国优秀传统文化，根本上说可以提高民族整体素质，可以提高民族凝聚力和自信心。

道路自信与文化自信相联系，中国现在选择的制度和发展理念与中国传统历史和文化紧密相关，要增强道路自信，就必须从传统文化中寻找灵感。

这是一个文明对话、交流、融合的伟大时代，文化交流是我国对外开放的重要平台。“科学技术是第一生产力”“知识经济”“软实力”概念的提出，标志人类已经进入文化时代。①

这是文化或文明成为社会进步的主要因素的时代。科学技术成为第一生产力，精神文明对物质文明、政治文明、社会文明、生态文明，以及人的生活方式、心灵、境界都产生深刻影响的时期。

（四）孔子，是全民族敬仰的圣人，是中华民族的心灵塑造者，心灵哲学是中国文化的精髓

孔子是中国古代伟大的思想家、教育家、哲学家，是儒家文化的开创者，是光照千秋的文化巨匠，是民族的圣人、教化者，民族心灵的塑造者。

> 太史公曰：诗有之：“高山仰止，景行行止。”虽不能至，然心乡往之。余读孔氏书，想见其为人。适鲁，观仲尼庙堂车服礼器，诸生以时习礼其家，余祗回留之不能去云。天下君王至于贤人众矣，当时则荣，没则已焉。孔子布衣，传十余世，学者宗之。自天子王

① 王世荣：《论文化时代》，《安康师专学报》2003年第4期。

侯，中国言六艺者折中于夫子，可谓至圣矣！①

恢复孔子的圣人地位，建立中国的文化信仰是民族进步的必然选择。刘家全先生认为目前中国一切乱象的根源在于信仰的缺失。西方的“人本”文化是建立在“神本”文化基础上的，这个基础现在也没有动摇。

中国文化是一种人文精神，对真善美的追求与向往，说到底是一种心灵哲学，告诉我们在这个物欲横流的世界，怎样安顿我们这颗动荡的心灵。

刘学智先生认为，儒家教我们问心无愧地生活，道家教我们心旷神怡地生活，佛家教我们心平气和地生活。

温文尔雅的乐感文化，是一种礼乐文明，是一种心灵哲学，一种审美文化。《论语》开宗明义：“学而时习之，不亦说乎；有朋自远方来，不亦乐乎；人不知而不愠，不亦君子乎！”不同于西方的罪感文化和近代的功利文化。

“孝悌为本”“仁者爱人”，是孔子心灵哲学的出发点，是儒家人文精神和东方价值观的集中体现。“为仁由己”；“我欲仁，斯仁至矣”；百善孝为先，汉唐以孝治天下。重视家庭的价值，可以克服原子主义带来的孤独感。汉唐盛世与以孝治天下有没有关系？值得深思。

“三军可夺帅，匹夫不可夺志”，彰显独立人格，这是心灵主体性、自觉性的体现。“当仁不让于师”“见义不为，无勇也”“志士仁人，无求生以害仁，有杀身以成仁”！

推己及人，“忠恕之道”“万物一体，息息相通”这是心灵哲学的核心。“己所不欲，勿施于人”“己欲立而立人，己欲达而达人”与佛家“慈悲为怀”交相辉映，培养了民胞物与、兼济天下的伟大胸怀。

“朝闻道，夕死可矣”，孔子的忧患意识是教化民族心灵的责任感和使命感的体现。“发愤忘食，乐以忘忧，不知老之将至”“岁寒知松柏之后凋也！”知其不可而为之！这是一种自强不息、坚韧不拔的献身精神。

孟子曰：“天将降大任于斯人也，必先苦其心志，劳其筋骨，饿其体肤，空乏其身，行拂乱其所为，所以动心忍性，增益其所不能。”

---

① 司马迁：《史记》，中州古籍出版社 1991 年版，第 333 页。

学而不厌，诲人不倦！孔子的教育实践和教育思想是心灵哲学的生动体现。有教无类，因材施教。“知之为知之，不知为不知，可谓真知也”“学而不思则罔，思而不学则殆”“学之者不如好之者，好之者不如乐之者”“三人行必有我师，择其善者而从之，其不善者而改之”。

“如切如磋，如琢如磨”，人格修养是践行孔子心灵哲学的途径。“文质彬彬，然后君子。”“刚毅木讷，近仁”“讷于言，而敏于行”“君子坦荡荡，小人长戚戚”“不义而富且贵，于我如浮云”“君子之德风，小人之德草，草上之风必偃”。子在川上曰：“逝者如斯夫，不舍昼夜！”

儒家教我们问心无愧地生活，这是儒家倡导的生活方式。曾子曰：“吾日三省吾身：为人谋而不忠乎？与朋友交而不信乎？传不习乎？”（《论语·学而》）孔子曰：“仁者不忧，知者不惑，勇者不惧。”（《论语·子罕》）司马牛问君子，子问：“君子不忧不惧。”曰：“不忧不惧，斯谓之君子已乎？”子曰：“内省不疚，夫何忧何惧？”（《论语·颜渊》）

孟子有三乐：“父母俱存，兄弟无故，一乐也。仰不愧于天，俯不怍于人，二乐也。得天下英才而教育之，三乐也。”（《孟子·尽心上》）“仰不愧于天，俯不怍于人”与孔子“内省不疚，夫何忧何惧”如出一辙，是儒家问心无愧、心安理得地生活。我把孟子的三乐概括为天伦之乐、良心之乐、智慧之乐。也可以称为心灵的快乐。

（五）文艺复兴以来人类走出禁欲主义的黑夜，却陷入了纵欲主义的泥潭；在物欲横流的现代社会，应当提出心灵建设的任务

什么是中国传统文化的基本精神？张岱年先生认为：“自强不息、厚德载物”是中华民族精神的集中体现。[①] 王磊先生认为：“自强不息的进取精神，和而不同的包容意识，推己及人的仁爱情怀，独立自主的健全人格。”[②] 梁漱溟先生认为“人心正是宇宙生命本原的最大透露。”[③]

中国传统文化说到底是一种心灵哲学，在浩瀚宇宙、大千世界、尘世间如何安放我们这颗动荡不安的心灵？雨果说：

> 世界上最宽阔的是海洋，比海洋更宽阔的是天空，比天空更宽

---

① 张岱年：《文化与价值》，新华出版社 2004 年版，第 226—227 页。

② 王磊主编：《周秦伦理文化概论》，陕西师范大学出版社 2008 年版，序，第 3 页。

③ 梁漱溟：《人心与人生》，载《梁漱溟全集》（第 3 卷），山东人民出版社 1990 年版，第 634 页。

阔的是人的心灵。

我们比以往任何时候都更加迫切地需要建立一门相对独立于灵魂学和心理学的专门研究心灵的人文科学，这就是——心灵哲学。

心灵哲学旨在使我们进一步认识心灵的本质，心灵的特征，心灵的存在、变化方式，更重要的是使我们懂得如何净化自己的心灵，升华自己的心灵，涵养自己的心灵，保护自己的心灵；如何使自己的心灵纯洁、自由、独立、宁静而崇高，进而升华自己的人生境界，完美地走过自己人之为人的一生。①

中国传统文化自古以来就重视人的心灵，西方心灵哲学重视学理和体系架构，中国文化则重视践行和心灵境界的提升。

心灵是宇宙的中心，世界因心灵而生动；天地与我为一，万物与我并生；吾心即宇宙，宇宙即吾心。

心灵可以包藏宇宙，可以盛载万物。心外无物，万物皆备于我；万物一体，息息相通；一体之仁，民胞物与；境由心生，精诚所至，金石为开。

淡泊以明志，宁静以致远；海纳百川，有容乃大；壁立千仞，无欲则刚！

不仅从哲学史、思想史、教育史看，更要从文学史、文化人类学看，中国圣贤、志士仁人、文人雅士更关心人的精神生活，讲究气节情操，也就是关注人的心灵。

从先秦散文，到王羲之的《兰亭序》、陶渊明的《桃花源记》、刘禹锡的《陋室铭》、周敦颐的《爱莲说》；从《诗经》到楚辞、乐府、唐诗、宋词、元曲、明清小说，沐浴着中国人的心灵。

关关雎鸠，在河之洲；窈窕淑女，君子好逑。知我者为我心忧，不知我者谓我何求？

忽如一夜春风来，千树万树梨花开；飞流直下三千尺，疑是银河落九天。

明月松间照，清泉石上流；野旷天低树，江清月近人；月上柳

① 高新民：《广义心灵哲学论纲》，《华中师范大学学报》2000年第4期。

梢头，人约黄昏后；云想衣裳花想容，春风拂槛露华浓；身无彩凤双飞翼，心有灵犀一点通；东边日出西边雨，道是无晴却有晴。

莲出淤泥而不染；等闲识得东风面，万紫千红总是春；问渠那得清如许，为有源头活水来；先天下之忧而忧，后天下之乐而乐；不识庐山真面目，只缘身在此山中。

这些闪烁着东方智慧的格言和诗句，是中华文化的璀璨明珠，是民族心灵的动人旋律。

自从文艺复兴以来人类走出禁欲主义的黑夜，却陷入了纵欲主义的泥潭。天下熙熙皆为利来，天下攘攘皆为利往！

狄更斯在《双城记》的开头说：

这是最好的时代，这是最坏的时代；这是智慧的时代，这是愚蠢的时代；这是信仰的时期，这是怀疑的时期；这是光明的季节，这是黑暗的季节；这是希望之春，这是失望之冬；人们面前有着各样事物，人们面前一无所有；人们正在直登天堂，人们正在直下地狱。这是一个什么样的时代，有时让人觉得有无限期待，有时又让人陷入无限的绝望。这个时代所奉行的是实用主义原则，你所做的一切，只要不与实际利益相连，你就是一个傻瓜。

莎士比亚说："人所具有的我都具有！""人，半是天使，半是魔鬼！"尼采说，"上帝死了"，要"重估一切价值"！人类孤零零被抛弃在孤岛上！

人类目前的一切生存困境归结起来，无非两个问题，一个是生态问题，一个是心态问题，心态决定生态！是人类贪婪的欲望破坏了生态平衡，引发了战争和人际关系的紧张，导致心理失衡和幸福感下降！

我们不禁要问工业化、城市化、现代化、全球化福兮？祸兮？

尼克松在逝世前留下遗言："我们美国作为世界上最发达的国家，年轻人没有责任感，缺乏道德意识，这才是最令人担忧的啊！"

今年 7 月初在第三届国际周秦伦理文化学术讨论会上，韩国伦理学会副会长洪容熹先生指出："韩国人们普遍缺乏信任感，政府与国民之间也没有信任感！"

刘家全先生在《中国精神论纲》中认为，中国一切乱象的根源，就在于整个社会缺乏信仰。既缺乏宗教意识，也缺乏对传统文化的信仰。[1]

西方哲学家詹姆斯在《信仰的意志》中认为“没有信仰的人，迟早要被有信仰的人排挤到角落里去。”

沙特在《存在与虚无》中揭示了现代文明一方面是巨大的物质存在，一方面是心灵的沙漠。

荣格写下了《现代人寻求灵魂》，亚斯贝尔斯写下了《当代的精神处境》；雨果认为没有信仰的世界就是“悲惨世界”，海明威《太阳照常升起》，成了迷茫的一代；贾平凹写下了《浮躁》和《废都》，而写下《丰乳肥臀》的莫言，竟然获得诺贝尔文学奖。

要拯救人类必须先拯救人类心灵，重建民族文化的自信，用“心灵主义”取代“物质主义”，用审美文化取代功利文化。

① 刘家全：《中国精神论纲》，科学出版社 2006 年版，第 1—11 页。

七　中国需要有一场文艺复兴

中国应该有一场文艺复兴，复兴春秋战国百家争鸣的自由理性和创造精神，复兴大唐文化海纳百川的胸怀和气度，复兴诗的王国的审美文化和超越意识，让中国文化精神以崭新的姿态走向世界。

一

文化时代是文化高度发展和繁荣的时代，是东西方文化走向融合的时代，是彰显知识经济和文化软实力的时代，也是中国文化复兴和走向世界的伟大时代。习近平《在文艺座谈会上的讲话》，可以说是中国共产党人、中华民族热情迎接文化时代的宣言书；是呼唤中国文艺复兴的号角；是热情地拥抱人类文明，赞美文学艺术，颂扬中华优秀传统文化的华章，充满民族自豪感和自信心。

文化是民族生存和发展的重要力量。人类社会每一次跃进，人类文明每一次升华，无不伴随着文化的历史性进步。中华民族有着5000多年的文明史，近代以前中国一直是世界强国之一。在几千年的历史流变中，中华民族从来不是一帆风顺的，遇到了无数艰难困苦，但我们都挺过来、走过来了，其中一个很重要的原因就是世世代代的中华儿女培育和发展了独具特色、博大精深的中华文化，为中华民族克服困难、生生不息提供了强大精神支撑。

德国哲学家雅斯贝尔斯在《历史的起源与目标》一书中写道，公元前800年至公元前200年是人类文明的“轴心时代”，是人类文明精神的重大突破时期，当时古代希腊、古代中国、古代印度等文明都产生了伟大的思想家，他们提出的思想原则塑造了不同文化传统，并一直影响着人类生活。这段话讲得很深刻，很有洞察力。古往今来，中华民族之所

以在世界有地位、有影响，不是靠穷兵黩武，不是靠对外扩张，而是靠中华文化的强大感召力和吸引力。我们的先人早就认识到“远人不服，则修文德以来之”的道理。阐释中华民族禀赋、中华民族特点、中华民族精神，以德服人、以文化人是其中很重要的一个方面。

历史和现实都证明，中华民族有着强大的文化创造力。每到重大历史关头，文化都能感国运之变化、立时代之潮头、发时代之先声，为亿万人民、为伟大祖国鼓与呼。中华文化既坚守本根又不断与时俱进，使中华民族保持了坚定的民族自信和强大的修复能力，培育了共同的情感和价值、共同的理想和精神。

没有中华文化繁荣兴盛，就没有中华民族伟大复兴。一个民族的复兴需要强大的物质力量，也需要强大的精神力量。没有先进文化的积极引领，没有人民精神世界的极大丰富，没有民族精神力量的不断增强，一个国家、一个民族不可能屹立于世界民族之林。

文艺是时代前进的号角，最能代表一个时代的风貌，最能引领一个时代的风气。“文变染乎世情，兴废系乎时序”，在欧洲文艺复兴运动中，但丁、彼特拉克、薄伽丘、达·芬奇、拉斐尔、米开朗琪罗、蒙田、塞万提斯、莎士比亚等文艺巨人，发出了新时代的啼声，开启了人们的心灵。在谈到文艺复兴运动时，恩格斯说，“这是一个需要巨人而且产生了巨人——在思维能力、热情和性格方面，在多才多艺和学识渊博方面的巨人的时代”。在我国发展史上，包括文艺在内的文化发展同样与中华民族发展紧紧联系在一起。先秦时期，我国出现了百家争鸣的兴盛局面，开创了我国古代文化的一个鼎盛期。20 世纪初，在五四新文化运动中，发端于文艺领域的创新风潮对社会变革产生了重大影响，成为全民族思想解放运动的重要引擎。

鲁迅先生说，要改造国人的精神世界，首推文艺。举精神之旗、立精神支柱、建精神家园，都离不开文艺。当高楼大厦在我国大地上遍地林立时，中华民族精神的大厦也应该巍然耸立。我国作家艺术家应该成为时代风气的先觉者、先行者、先倡者，通过更多有筋骨、有道德、有温度的文艺作品，书写和记录人民的伟大实践、时代的进步要求，彰显信仰之美、崇高之美，弘扬中国精神、凝聚中国力量，鼓舞全国各族人民朝气蓬勃迈向未来。①

---

① 习近平:《在文艺座谈会上的讲话》,《新华文摘》2015 年第 23 期。

“中华民族在长期实践中培育和形成了独特的思想理念和道德规范，有崇仁爱、重民本、守诚信、讲辩证、尚和合、求大同等思想，有自强不息、敬业乐群、扶正扬善、扶危济困、见义勇为、孝老爱亲等传统美德。中华优秀传统文化中很多思想理念和道德规范，不论过去还是现在，都有其永不褪色的价值。我们要结合新的时代条件传承和弘扬中华优秀传统文化，传承和弘扬中华美学精神。中华美学讲求托物言志、寓理于情，讲求言简意赅、凝练节制，讲求形神兼备、意境深远，强调知、情、意、行相统一。我们要坚守中华文化立场、传承中华文化基因，展现中华审美风范。”①

传承中华文化，绝不是简单复古，也不是盲目排外，而是古为今用、洋为中用，辩证取舍、推陈出新，摒弃消极因素，继承积极思想，“以古人之规矩，开自己之生面”“实现中华文化的创造性转化和创新性发展。”②

二

思想文化变革是社会变革的先导。中国近现代社会变革，就思想文化领域而言，最早发端于明清之际的启蒙思想家对封建专制制度的批判。黄宗羲在《明夷待访录》中石破天惊地怒喊：“天下之大害者，君而已矣！”“天下为主，君为客”。顾炎武提出“为民而立之君”“天下兴亡，匹夫有责！”（《日知录》）王夫之提出：“事随势迁，而法必变。”“一姓之兴亡，私也。而民之生死，公也。”“救天地之祸，非大反孤秦、陋宋之为不得延。”（《黄书·宰制》）

梁启超在《中国近三百年学术史》中称《明夷待访录》是当时“刺激青年学生最有力之兴奋剂”，并作为“宣传民主主义的工具”。资产阶级革命家陈天华把黄宗羲奉为“中国的卢梭”，他的《明夷待访录》“虽不及《民约论》之完备，民约之情，却已包括在内”（《陈天华集·狮子吼》）。

---

① 习近平：《在文艺座谈会上的讲话》，《新华文摘》2015 年第 23 期。

② 《坚持“创造性转化、创新性发展”方针，弘扬中华传统文化——认真学习习近平同志在纪念孔子诞辰 2565 周年国际学术研讨会上的重要讲话精神》，《光明日报》2014 年 10 月 10 日。

中国的四大名著，《红楼梦》曹雪芹自述“满纸荒唐言，一把辛酸泪”！具有明显反封建、反礼教的色彩，被称为贵族社会的挽歌。施耐庵的《水浒传》逼上梁山，招安后英雄们的悲惨命运，揭露了封建制度的残暴和虚伪。吴承恩的《西游记》中孙悟空大闹天宫，颂扬了人民的反抗精神，而孙悟空被压在五指山下，表明统治阶级对人民的镇压。而如来佛被玉皇大帝利用，则表明宗教是统治人民的工具。罗贯中的《三国演义》，揭示“久合必分，久分必合”的历史规律，揭露了统治阶级“宁要我负天下人，绝不让天下人负我”的强盗逻辑，揭示“战争是流血的政治，政治是不流血的战争”。

龚自珍发出“我劝天公重抖擞，不拘一格降人才”的呐喊；而关汉卿的戏剧比莎士比亚早300年，对人性刻画入木三分；蒲松龄的《聊斋志异》，描写鬼狐比人更善良；还有“三言两拍”，都具有反封建、解放人性的作用，这是中国人的文艺复兴。

鸦片战争以后中国逐步丧失了独立和主权，被沦为半封建半殖民地社会。为了救亡图存，先进的中国人向外国学习救国救民的真理。从洋务运动到维新变法，西学东渐，提出“师夷长技以制夷”“中学为体，西学为用”；严复翻译了大量西方学术著作，把进化论、天赋人权等思想介绍到中国，仿佛盗天火给人类的普罗米修斯，促进了国人的觉醒。孙中山领导的辛亥革命，推翻了统治中国几千年的封建帝制，使民主共和思想深入人心。

三

耿云志认为五四新文化运动有两个重要贡献，一个是世界化，一个是个性主义，这是近代文化发展的两大趋势，而且对中国现代化和民主化有重大影响。

中国人知道中国之外有世界，中国文化之外有很高等的西方文化，是从清末开始的。首先是林则徐、魏源，再到冯桂芬、郭嵩焘等，尤以严复和梁启超贡献最大。但是新文化运动以前，对西方文化被动介绍的多，主动选择的少；表层接受的居多，深入理解的较少。其中除郭嵩焘、严复等极少数人真正亲身接触过西方文化，梁启超只有短期游历，其他人皆不曾对西方文化有切实的了解。但是到了新文化运动起来的时候，已经有大批的留学生自欧美归国，他们皆有西方生活、学习数年之久。有些人，例如胡适，还颇能深入到纯粹西方人圈子内的生活，包括其私人生活中，有的甚至与西方人结婚。他们对西方文化的了解，远非前人可比。所以新文化运动时期，文化运动的领袖们的世界观念，以及世界化的文化意识，已经相当明晰而确定。

第一次世界大战拉近了中国与世界的距离。特别是中国参战以后已经是以比较主动的姿态参与世界事务。因此，在文化上，中国人也开始自觉地体认中国文化作为世界文化的一部分的事实，而不再自外于世界，不恰当地自命为高出于世界文化之上，甚至根本不同于世界文化的另类文化。而开始意识到，只有置身于世界文化之中，不断地与之互动，吸收我们所需要而又较缺乏的，同时又贡献我们自己的优秀文化，我们才能更快地进步和发展。所以，陈独秀在《新青年》发刊词中指出："居今日而言锁国闭关之策，匪独立所不能，亦且势所不利。……于此而执特别历史国情之说，以冀抗此潮流，是犹有锁国之精神，而无世界之智识。国民而无世界在智识，其国将何以图存于世界之中?"在陈独秀看来，发展中国的近代教育、实业，根本目的是"求适世界在生存"。今日在世，世界已经大同，各国各民族互相依存，任何国家不能自外于世界，孤立地生存。所以，必须以世界化的眼光来看待问题，来图谋未来之发展。

胡适明确地肯定，人类文化具有无法否认的共同性，大家都在谋求物质与精神的满足，区别只是所用的方法、手段不同。然而，随着世界大同，方法、手段不断地互相借鉴。所以，从大趋势看，文化的世界化是不可抗拒的。这当然不是说简单地归于同一，而是说，各民族的差别、特点，只是引起互相观摩、互相借鉴的兴趣，而不再是阻隔文化交流的障碍。胡适在留美时，即已立下沟通中西文化的使命。胡适成为民国时期引导中西文化沟通、结合、创造中国新文化的最重要领袖之一。

给新文化运动以有力支持的是蔡元培，他所主张的著名的大学教育宗旨："循思想自由原则，取兼容并包主义"深得世界化之精义。

另一位著名教育家蒋梦麟坚信，中西文化本质上是相通的。即人道的原则，中国人讲"忠"与"恕"，西方人也同样讲究，"各国的真正士君子，莫不如此的"。其他如对待知识的诚实态度，观察经济生活与政治、伦理之关系，也都是基本相同的。因此，他积极倡导翻译西方经典论著，促进中西文化结合，使中国文化、思想学术发扬光大。在世界化的文化大潮中，每一个民族都是贡献者，也是受益者。

鲁迅讲"拿来主义"，是深切了解文化世界化的大潮，勉励国人，不

可犹豫彷徨，凡人家文化上的好东西，我们尽可以学习、借鉴，久之，自能推陈出新，创造出中国的新文化。

第一次世界大战以后，世界化的趋势更加明显。新文化运动以后，也有越来越多的人认识到这种大趋势。所以，自中国封闭的大门被打开以后，接近80年中，人们在感受屈辱、极不情愿的情况下，渐渐知道一些西方世界的情景。如今，第一次拿出主动的精神、态度，欢迎西方文化，并加以拣择。同时，也以现代态度和方法来整理固有的文化遗产，为中西文化的结合创造中国新文化建立之基础。有了这种认识，国人得以渐渐改变屈辱与不自在的心态，渐渐尝试在世界化的文化交流中分享人类文明成果，同时贡献自己民族文化的精华，从而不断增强自信。

新文化运动最能使青年们兴奋的是“个性解放”的口号，亦即“个性主义”的观念。

梁漱溟先生曾说：“中国文化最大的缺失，是个人不被发现。”这是梁先生一个极有价值的见解。

陈独秀在《敬告青年》中，第一点就提出“自主的而非奴隶的”，要求青年务必“完其自主自由在人格”。他说：

> 盖自认为独立自主之人格以上，一切操行，一切权利，一切信仰，唯有听命各自固有之智能，断无盲从隶属他人之理。

青年有了独立的人格，便不再是家长、族长的私有物；也不再是师长和官僚的仆从，要能自断是非，自决弃取。

胡适说：

> “真的个人主义，就是个性主义。”又指出：“发展个人的个性，须有两个条件。第一，须使个人有意志自由。第二，须使个人担干系，负责任。”“个人若没有自由权，又不负责任，便和做奴隶一样。”①

高一涵在《共和国家与青年之自觉》这篇长文中，第一次向中国人系统深入地说明个人和国家的真实关系。他指出：

---

① 胡适：《易卜生主义》，《新青年》第4卷第6号。

> 共和国民其蕲向之所归不在国家，乃在以国家为凭借在资，由之以求小己之归宿者也。国家为达小己之蕲向而设，乃人类创造物之一种，以之保护小己之自由权利，俾得以自力发展其天性，进求夫人道之完全。质言之，盖先有小己后有国家，非先有国家后有小己。

高氏此说，真乃石破天惊之论。

在个人与国家的关系上，认识个人的独立地位，认识个人的价值，这一点十分重要。传统意义上的国家，是伦理意义上的最高主体，隶属其下的所有臣民，都必须无条件地效忠于它。个人被视为无物，自然谈不上什么个人的欲求和权利。《新青年》的作者们要大家明白，先有个人，后有国家，国家是个人集合而成，没有个人就没有国家，个人先于国家；而且千千万万的个人之所以要组成国家，是为了保障每个个人的利益。每个个人的利益得到保障，国家才会安定。反过来，既然国家能够保障每个个人的利益，因而每个个人也就愿意贡献自己的力量去保卫国家和建设国家。认清这个道理，一方面使广大青年摆脱奴性的国民心理，自觉主人的地位与权利；另一方面更因而意识到自己的责任和使命，努力提升自己，运用自己的知识、能力去改善社会、改善国家。

中国文化自独尊儒术以后，“人”这个词，就总是作为一个类概念而存在，是个抽象的东西，绝少有人把“人”作为具体的、个体的人来对待。既然是抽象的人，则谈他们的欲望和权利，同样是抽象的。脱去抽象，还原具体，人是一个一个的真实存在，一个一个真实的“我”。

近代中国第一个把真实的个人凸显出来的思想家是严复。他解释中国人的“恕”与“絜矩”，是“专以待人及物而言；而西人自由，则为及物之中，而实寓所以存我者也”。“存我”，便是“个人”的独立被确认。以后梁启超在大力阐发他的新民学说的时候，指出：“吾以为不患中国不为独立中国，特患中国今无独立之民。故今日欲言独立，当先言个人之独立，乃能言全体之独立。”到新文化运动起来，陈独秀、胡适、高一涵等把“个性主义”“个人的解放”的道理说得明晰而透彻。个性、个人，当然包括占中国人口一半的中国女子。女子解放是新文化运动一个非常突出的亮点。

发现“个人”，具有无比深刻的意义。它从抽象的人提升到具体的

人。中国古代思想家，尤其是儒家一派的思想家，往往都以为“类”高于个体。人所禀赋的本质，在普通个体的身上，总是不完全地有缺陷的。所以，他们总是强调个人要克制自身的种种欲望，力求达到他们说的玄之又玄的普遍人性。他们以抽象的人性来罩住每一个人，任何个人都没有机会展示自己的个性。而真实的人性，其实只有在具体的个体身上才能展示出来。抽象的人，作为一个类概念的人，是无从展示其人性的。个人的发现，突破抽象的人对所有真实的个人的笼罩，迷雾散去，具体的个人则鲜活地独立起来。人性、人的权利，都被要求在具体的个人的身上彰显起来。守旧的人，常常以为，以强调“个性”“个人”，就会酿成人欲横流的局面，这完全是多虑。真的个性主义，实际就是自利利他主义。因为个人要自立、自尊，要维护个人的权利，就必须尊重别人有同样的权利。人总是要与别人相处，有利于别人，有利于大家的，也毕竟有利于自己；相反，损害别人、损害大家的，最终也必定损害到自己。

个人的发现，对个人独立自主的人格、对个人权利的强调，是《新青年》倡导的核心概念之一，它既是现代民主政治的出发点，也是现代民主政治的落脚点。①

四

五四新文化高举科学和民主两面旗帜，是近代以来一次伟大的思想解放运动，一个伟大的历史功绩在于为马克思列宁主义传播开辟了道路。毛泽东在《论人民民主专政》中指出：

> 十月革命一声炮响，给我们送来了马克思列宁主义，从此中国革命的面貌焕然一新。

以李大钊、陈独秀为代表的激进的民主主义者，热烈欢迎俄国革命，欢迎马克思列宁主义。1918 年，李大钊在《新青年》发表了《庶民的胜利》和《布尔什维克主义的胜利》两篇著名文章，指出 1917 年的俄国革命，是 20 世纪中世界革命的先声：

---

① 耿云志：《心事浩渺话当年：纪念〈新青年〉与新文化运动一百周年》，《新华文摘》2015 年第 24 期。

俄国革命，不过是使天下惊秋的一片桐叶罢了。

1917年5月，李大钊在主编《新青年》时，出版了马克思研究专号。介绍马克思的生平和学说，掀起了学习和宣传马克思主义的思想运动，马克思、恩格斯和列宁的著作中译本也开始出版。

李大钊的《我的马克思主义观》介绍了马克思主义的唯物史观、政治经济学和科学社会主义，指出阶级斗争学说，“恰如一条金线把三大原理联络起来。”“只有马氏的唯物史观，才把历史学提到与自然科学同等的地位。此等功绩，实为史学界开一新纪元。”

十月革命以前，陈独秀一面讴歌自然科学和西方的“立宪共和制”，一面又对这种制度表示怀疑。他1915年在《法兰西人与近世文明》一文中说，自从西方“竞争人权之说兴，机械之本之用广”。资本主义私有制的危害日益加深“政治之不平等，一变而为社会之不平等，君主贵族之压制，一变而为资本家之压制”。他认为这是“近世文明之缺点”。他声称“欲去此不平等与压制……社会主义是也”。

简要介绍了圣西门、傅立叶的空想社会主义思想，以及马克思的科学社会主义学说。十月革命以后，陈独秀逐步成为很有影响的马克思主义宣传家。在他介绍马克思主义的文章中，区别了资产阶级民主与无产阶级民主，并说明无产阶级如果不掌握政权，那么“德谟克拉西必然永远是资产阶级底专有物，也就是资产阶级永远把持政权，抵制劳动阶级的武器”。

在五四新文化运动的推动下，学习和宣传马克思列宁主义学说影响逐步扩大，一部分人接受了马克思主义，转变为具有初步共产主义世界观的知识分子，李大钊、毛泽东、周恩来同志就是其中的杰出代表，从而为1921年中国共产党的成立准备了思想条件和干部条件，开辟了反帝反封建的新民主主义革命，这是五四新文化运动的又一历史功绩[①]。

经过二十八年艰苦卓绝的斗争，在中国共产党的领导下，推翻了三座大山，建立了新中国，实现了民族独立和人民解放，开辟了中国历史新纪元。

古老的中国焕发了青春，中国文化亦呈复兴之势。毛泽东指出：“我

---

① 侯外庐主编：《中国思想史纲》（下册），中国青年报出版社1981年版，第371—379页。

们不仅善于破坏一个旧世界，我们还将善于建设一个新世界。”“社会主义制度的建立为我们开辟了一条到达理想境界的道路，而理想境界的实现，还要靠我们的辛勤劳动。”“世间人是最宝贵的东西，只有有了人，什么人间奇迹都可以创造出来。”

“百花齐放、百家争鸣的方针，是促进艺术发展和科学进步的方针，是促进我国的社会主义文化繁荣的方针。艺术上不同的形式和风格可以自由发展，科学上不同学派可以自由争论。”

“我们的目标，是想造成又有集中又有民主，又有纪律又有自由，又有统一意志、又有个人心情舒畅、生动活泼，那样一种政治局面。”①

但是，由于受“左”倾思想的影响，错误估计了阶级斗争形势，双百方针没有很好贯彻，还是发生了1957年反右斗争扩大化，1959年错误批判彭德怀，直到发生“文化大革命”，十年浩劫，思想僵化，迷信盛行。

20世纪80年代中国大陆以真理标准问题的讨论和改革开放为契机，掀起了一场伟大的思想解放运动，这是经过十年“文化大革命”动荡和以“阶级斗争为纲”左的思想禁锢之后，中国人的又一次政治觉醒；是中国自鸦片战争国门被打开之后，主动融入世界，是中国文化主动吸收外来文化，大胆借鉴人类文明成果，融入世界文明潮流，实现民族伟大复兴的历史壮举。

> 一个党，一个国家，一个民族，如果一切从本本出发，思想僵化，迷信盛行，那它就不能前进，它的生机就停止了，就要亡党亡国。②

这是党的十一届三中全会公告上的话，三十八年过去了，这振聋发聩的声音仿佛还在耳畔。

“实践是检验真理的唯一标准”，这个马克思主义哲学原理，像一道闪电让中国在个人崇拜、思想僵化中徘徊的民族惊醒。一切理论、一切学说、一切言行正确与否，是否有真理性都要经受实践的检验。打破“两个凡是”（“凡是毛主席做出的决策，我们都坚决维护；凡是毛主席的指示，我们都始终不渝地遵循。”）才能把我们党和民族从教条主义的束缚中解放出来，才能开辟社会主义现代化的新局面。

---

① 《毛泽东选集》（第5卷），人民出版社1977年版，第386、388、456—457页。

② 《邓小平文选》（一九七五——一九八二年），人民出版社1983年版，第133页。

邓小平1980年在《党和国家领导制度的改革》中指出：

> 旧中国留给我们的封建专制传统比较多，民主法治传统比较少。解放以后，我们也没有自觉地、系统地建立保障人民民主权利的各项制度，法治很不完备，也很不受重视，特权现象有时限制、批判和打击，有时又重新滋长。
>
> 斯大林严重破坏社会主义法治，毛泽东同志说过，这样的事情在英、法、美这样的西方国家不可能发生。他虽然认识到这一点，但是由于没有在实际上解决领导制度问题以及其他一些原因，仍然导致了“文化大革命”的十年浩劫。这个教训是极其深刻的。不是说个人没有责任，而是领导制度、组织制度问题更带有根本性、全局性、稳定性和长期性。
>
> 我们进行了二十八年的新民主主义革命，推翻封建主义的反动统治和封建土地所有制，是成功的，彻底的。但是，肃清思想政治方面的封建主义残余影响这个任务，因为我们对它的重要性估计不足，以后很快转入社会主义革命，所以没有能够完成。现在应该明确提出继续肃清思想政治方面的封建主义残余影响的任务，并在制度上做一系列切实的改革，否则国家和人民还要遭受损失。①

这实际上是继五四新文化运动之后，更加广泛深入的思想启蒙运动。李泽厚讲“启蒙与救亡的双重变奏”，因为救亡主题很快压倒启蒙，中国的思想启蒙的历史任务远远没有完成。王若水《人是马克思主义的出发点》，引发人道主义与异化问题大讨论，人性与阶级性、真理有没有阶级性？《人民日报》评论员文章《真理没有阶级性》；胡乔木《人道主义与异化问题》，认为人道主义作为历史观是资产阶级思想，但是可以作为社会主义道德的重要层次，这就是我党认识的一种进步。高尔泰在《人民日报》发表文章《文学的当代意义》指出，“当代文学的主题仍然是启蒙”“美是自由的象征”。这实际上是一种人道主义、人文主义思潮，对人性、人的价值、人的权利的肯定。

民主与科学是五四新文化运动的主要口号，改革开放以后成为基本

① 《邓小平文选》（一九七五——一九八二年），人民出版社1983年版，第292—295页。

国策和全民族共识。自从郭沫若发表《科学的春天》，徐迟报告文学《哥德巴赫猜想》，恢复高考制度，为中华崛起而读书，从我做起，从现在做起！“老三届”有些人已经有三四个孩子，还上大学读书，电视大学、自学考试、夜大，人们如饥似渴地学习科学文化，尊重知识，尊重人才。“科学技术的第一生产力”，科教兴国，实现“四个现代化”，振兴中华，成为一代人的口号。

邓小平1992年的南巡谈话把全民族思想解放推向高潮。“社会主义要赢得与资本主义相比较的优势，就必须大胆吸收和借鉴人类社会创造的一切文明成果，吸收和借鉴当今世界各国包括资本主义发达国家的一切反映现代社会化大生产规律的先进经营方式、管理方法。”

> 计划多一点还是市场多一点，不是社会主义与资本主义的本质区别。计划经济不等于社会主义，资本主义也有计划；市场经济不等于资本主义，社会主义也有市场。计划和市场都是经济手段。社会主义的本质，是解放生产力，发展生产力，消灭剥削，消除两极分化，最终达到共同富裕。

改革开放中判断是非的标准，“应该主要看是否有利于发展社会主义社会的生产力，是否有利于增强社会主义国家的综合国力，是否有利于提高人民的生活水平”。[①]

宋惠昌提出“国家以社会为本位，社会以个人为本位”[②] 的政治伦理，就是对五四新文化运动、个性主义思潮的回应，也是中国政治和社会改革的重要指导思想。

新时期解放思想，为中国社会和政治变革提供了思想资源和动力。全党全民解放思想，总结“文化大革命”的教训，加强社会主义民主和法制，“没有民主就没有社会主义”及“社会主义市场经济体制”的确立，中国加入世贸组织，融入全球化的大潮，为中国社会主义现代化建设、大国崛起奠定了基础。

---

① 《邓小平文选》（第3卷），人民出版社1993年版，第372—373页。

② 宋惠昌：《当代政治伦理学的一个基本问题——关于国家、社会、个人关系的政治伦理学思考》，《江西师范大学学报》2005年第4期。

五

中国现代化走着与西方不同的路径，西方是复兴希腊罗马文化，而中国是批判和否定传统文化，五四新文化运动提出“打倒孔家店”的口号就是标志。

“文化大革命”有“批林批孔”运动，“破四旧，立四新”，一直到改革开放思想解放运动，认为中国传统文化与现代化相冲突的观点，仍然是主流意识。

《河殇》主张“中国要走向世界，世界必须先走向中国”！对思想解放有积极作用，但是它认为“蓝色文明一定会取代黄色文明”，这是全盘西化论的翻版。与此相反，法国启蒙思想家伏尔泰等人崇尚中国的科举制度，雨果、福楼拜等文学家对中国文化也非常推崇。拿破仑拜读了《孙子兵法》后，发出：“中国是一头沉睡的狮子，当它醒来的时候，整个世界都会震惊!”

英国著名科学史专家李约瑟博士，经过长期研究推出《中国科学技术史》，认为中国在公元3世纪到13世纪之间，“保持一个西方望尘莫及的科学知识水平”。科学学奠基人贝尔纳在《历史上的科学》中指出：中国在“许多世纪以来，一直是人类文明和科学的巨大中心之一”。“在西方文艺复兴时期——明代初期——从希腊的抽象数理科学转变为近代的机械、物理的科学过程中，中国之技术上的贡献——指南针、火药、纸和印刷术——曾经起过作用，而且也许是有决定意义的作用。”

美国历史学家拉铁摩尔的《中国简明史》对中国古文明的世界意义，做出了如下表述：

> 如果用另一种方法来研究历史，那中国历史便可以对整个人类的历史投射出鲜明的光亮和揭示出它的许多隐秘——从人类最原始的活动（其中有些活动就在亚洲），一直到人类的哲学、宗教、文化和艺术方面发展的顶峰。就思想和哲学而言，还未曾有过别的文化能超过中国在各个伟大创造时期的文化。就物质文化而言，虽然我们把我们自己的文明的根源看成全部来自欧洲，但是我们也曾从亚洲学到许多东西，如纸、印刷术、火药、指南针、生

丝、茶和瓷器。①

德国历史学家斯宾格勒出版了《西方的没落》，而英国历史学家汤因比在巨著《历史研究》中认为，“大同世界”是不久的将来的事情，西方文化讲进取、有活力，中国文化讲秩序与和谐，只有把中西文化结合起来，人类才有前途！

20 世纪 80 年代初，西方一百多位著名科学家在欧洲聚会，讨论人类的生存困境和出路，最后发表了“现代世界需要孔夫子”的著名宣言。

随着中国对外开放和国际地位的日益提升，中国文化在世界上的影响越来越大，世界宗教大会在《全球伦理宣言》中，把孔子的“己所不欲，勿施于人”确立为“金规则”。联合国教科文组织设立“孔子教育奖”。而孔子学院如雨后春笋，遍布世界各地。

21 世纪以来大陆国学热兴起，传统文化首先引起企业家的重视，《弟子规》进课堂，大学国学班、各种类型的“读经班”、传统文化大讲堂、道德大讲堂、文化书院、孔子学会、传统文化促进会纷纷成立。

央视百家讲坛“论语心得”“庄子心得”“品三国”“说红楼”，“汉字听写大会”“中国诗词大会”持续火爆。“全国道德模范”评选，“感动中国”人物评选，全国“孝心少年”评选，“我的家风”，“什么是孝顺?”传统文化似一股春风，在神州大地上回荡。

五四新文化运动至今已经百年，中国人终于觉醒，走出了“全盘西化”，否定传统文化的历史虚无主义。弘扬祖国优秀传统文化，重建民族文化的自信，文化复兴成为民族复兴的标志和动力，成为增强国家软实力、增强道路自信和民族凝聚力的源泉，成为执政党和全民族的共识。

六

中国之所以需要一场文艺复兴，是因为中国的现代性困境具有双重意蕴，一方面是现代性不足，需要继续启蒙；另一方面是现代性问题凸显，需要道德重建。

西方近现代的崛起，得益于文艺复兴、宗教改革、启蒙运动等持续几个世纪的人文主义思潮，把人性从中世纪神权和封建等级观念下解放

---

① 转引自黄留珠主编《周秦汉唐文明》(简本)，陕西人民出版社 2006 年版，第 8—9 页。

出来。

中国有几千年的封建专制制度，官本位、特权思想、唯书唯上观念根深蒂固；“文化大革命”期间个人崇拜，“句句是真理”，“一句顶一万句”，导致迷信盛行，思想僵化。在我们的社会生活中，权力就是真理，依附性人格，“听话”就是好学生。不鼓励独立思考，不倡导标新立异。

中国现代化的赶超型发展付出了较大的精神代价，理想迷失、信仰倾斜、道德失范、艺术颓废、意志薄弱等已绝非盛世危言；科技至上主义、经济沙文主义、自我中心主义和享乐主义等的合流更使一系列现代性问题空前凸显，它们都逐步成为当代中国人当下遭遇的情景；在积极意义上，无论是发展市场经济还是建设民主政治，都依赖于培育相对独立的、成熟的利益主体和意志主体，以充分调动公众的积极性、主动性和创造性。①

他山之石，可以攻玉。我们讲中国文艺复兴，既要继承五四新文化运动科学和民主的思想，又要把传统文化的精华与封建糟粕相分离，复兴春秋战国百家争鸣的自由理性和创造精神，复兴大唐文化海纳百川的胸怀和气度，复兴诗的王国的审美文化与和谐精神。

自从文艺复兴以来，人类走出禁欲主义的黑夜，却陷入了纵欲主义的泥潭。人类的生存困境归结起来就两个问题，一个是生态问题，一个是心态问题，心态决定生态，是人类贪婪的欲望，破坏了生态环境，引发了掠夺、冲突和战争。

西方哲学家海德格尔提出“人是大自然的建设者”，而不是征服者和主宰者。人类的悲哀就在于本身是大自然之子，却在刻意追求超自然的存在。征服自然、主宰自然表明人类的狂妄和无知，敬畏自然、呵护自然、回归自然才是人类的明智选择！

美国科学家卡逊《寂静的春天》，罗马俱乐部《增长的极限》，给人类敲响了警钟。可持续发展，生态文明成为超越工业文明的新的文明形态，成为全人类的共识！

梭罗的《瓦尔登湖》表达了人类回归自然的愿望。中国古代“天人合一”“道法自然”“因任自然”“返璞归真”“民胞物与”，人与自然和谐相处的思想，能够为人类生态文明建设提供重要的思想资源。

---

① 张明仓：《当代中国意志论研究：进展与问题》，《哲学研究》2001 年第 2 期。

第二次世界大战结束已经七十年，和平的阳光普照大地，人类渴望实现永久和平。但是战争的达摩克利斯之剑依然高悬在人类头上，在拥有核武器的时代，人类在同一条船上，人类的生存意志高于一切！

中国文化崇尚“和谐”“和合”“和平”“和为贵”“仁者爱人”“和而不同”“协和万邦”“仇必和而解”的理念。中国领导人提出合作共赢，构建“和谐世界”，构建“人类命运共同体！”为全球化时代人类和平发展提供了重要思路。

毛泽东在《新民主主义论》中指出：“中国的长期封建社会中，创造了灿烂的古代文化。清理古代文化的发展过程，剔除其封建性的糟粕，吸收其民主性的精华，是发展民族新文化、提高民族自信心的必要条件；但是决不能无批判地兼收并蓄。”[①]

据记载，1958年毛泽东在审阅陆定一所写《教育必须与生产劳动相结合》的文章时，加写了这样一段话：

> 中国教育史有人民性的一面。孔子的有教无类，孟子的民贵君轻，荀子的人定胜天，屈原的批判君恶，司马迁的颂扬反抗，王充、范缜、柳宗元、张载、王夫之的古代唯物论，关汉卿、施耐庵、吴承恩、曹雪芹的民主文学，孙中山的民主革命，诸人的情况不同，许多人并无教育专著。然而上举那些，不能不影响对人民的教育，读中国教育史，应该提到他们。[②]

这段话可以说是关于中国优秀传统文化的非常精辟的论述，对于我国文化教育事业具有十分深刻的理论意义。

“人诗意地栖居在大地上！”这是人类反思近代以来功利主义、享乐主义生活方式，这是自文艺复兴以来新的人性觉醒。中国是一个诗的王国，从诗经、楚辞、乐府，到唐诗宋词、元曲、明清小说。

中国的哲学首先是自然哲学，是心灵哲学。中国文化首先是一种审美文化。在大千世界怎样安放我们这颗动荡不安的心灵？要拯救人类首先要拯救人类的心灵，在物欲横流的社会，必须提出心灵建设的任务。

---

① 《毛泽东选集》（第2卷），人民出版社1991年版，第707—708页。

② 《毛泽东文集》（第7卷），人民出版社1999年版，第398页。

心灵是宇宙的中心，宇宙因心灵而生动；天地与我并生，万物与我为一，万物皆备与我；心外无物，心外无理；吾心即宇宙，宇宙即吾心；神由心造，境由心生。

中国需要一场文艺复兴，复兴中国文化是历史的大趋势。不仅是中国现代化的需要，而且是人类文明进步的需要。具有五千年灿烂文化的文明古国，已经崛起在世界的东方，她也将以青春中国的英姿，创造出光耀千秋的文化艺术。

一个民族不仅在政治上、军事上、经济上变得强大，而且在思想文化上能够走在世界的前列，伸张公平和正义，彰显人的价值和尊严，热爱自由和创造；一个具有文化自信和自觉的民族，才能真正自立于世界民族之林。

八　在人类相互依存的时代，宽容比自由更重要

“生命诚可贵，爱情价更高，若为自由故，两者皆可抛。”视自由高于生命和爱情，这是资产阶级革命时代的旗帜；宽容比自由更重要，是人类相互依存的全球化时代的生存之道。追求自由与解放是人类的终极目标，伯林认为“公民自由得到尊重、舆论信仰的多样性得到宽容的时代与社会是极端稀少的——在人类整齐划一、不宽容与压迫的沙漠中，是罕见的绿洲”。①

中国道家的自然主义哲学，儒家的“和而不同”的宽容意识，中华民族多元一体格局的历史演进，对和平发展时代合作共赢、打造人类命运共同体，建设生态文明，走出人类生存困境具有重要启示意义。强调“宽容比自由更重要”，在现时代不仅是人生智慧，也是一种政治思维和政治价值观，是中华文明对人类的重要贡献。

一

宽容比自由更重要。因为没有宽容，就不会建立自由与秩序。而自由是人的天性，是人的存在方式，自由而自觉的活动是人的本质；自由内在就包含宽容，宽容为自由开辟道路，自由是宽容的目的。

人是作茧自缚，画地为牢！“人是生而自由的，但却无往不在枷锁之中。”（卢梭）“不自由，毋宁死！”（帕特里克·亨利）“虽然我不赞成你的意见，但是我誓死捍卫你说话的权利！”（伏尔泰）

自由、平等、博爱是法国启蒙运动的口号，是人类千百年来追求的理

① ［英］以赛亚·伯林：《自由论》，胡传胜译，译林出版社2003年版，第247页。

想和信念。《独立宣言》:“人人生而平等,他们都从他们的造物主那里被赋予了某些不可转让的权利,其中包括生命权、自由权和追求幸福权。”

马克思主义是解放全人类的学说,《共产党宣言》指出:“代替那存在着阶级和阶级对立的资产阶级旧世界的,将是这样一种联合体,在那里,每个人的自由发展是一切人自由发展的条件。”①

奴隶暴动,农民起义,资产阶级革命,无产阶级革命,就是人类争取自由与解放的壮举。普罗米修斯,夸父逐日,后羿射日,精卫填海,愚公移山,也是人类争取自由的脚步。中国的四大发明,文艺复兴与科学技术的发展、大工业的兴起,也是人类自由创造的奇迹。泰戈尔在《渡》中写道:

> “解放我吧,让我自由得像旷野上的鸟儿,那看不见的小径上的漫游者。
>
> 解放我吧,让我自由得像滂沱大雨,像摇晃着一绺绺头发、奔向未知终点的暴风雨。
>
> 解放我吧,让我自由得像森林大火,像高声大笑着向黑暗挑战的雷霆!”②

二

万类霜天竞自由,自由自在、无拘无束地生活,是人的天性,人和自然界是相通的。童稚是人性纯度的标志,儿童是原汁原味的人性。试问哪一个儿童不是天真烂漫,随心所欲地生活,从不喜欢别人干涉和阻拦。这个世界一切都是新鲜的,充满着好奇心、想象力和求知欲,因而也最富于创造性。在儿童眼里,石头也会做梦,地狱与天堂同样好玩。所谓自古英雄出少年,初生牛犊不怕虎。

随着年龄和知识、阅历的增长,我们变得理智、成熟,文化与濡化让我们变得“温文尔雅”,使我们学会了见风使舵,趋炎附势,圆滑世故,循规蹈矩。我们天真烂漫的自由天性,一往无前的探索精神,坦率

① 《马克思恩格斯选集》,人民出版社 1972 年版,第 237 页。

② [印度]《泰戈尔散文诗全集》(下卷),中国检察出版社 1995 年版,第 257 页。

纯洁的心灵世界，被冷酷无情的利害计较打得粉碎。这就是所谓成长的代价，成长意味着成熟，也意味着烦恼。

席慕蓉在《独白》中写道：

> 在一回首间，才忽然发现，原来我这一生中的种种努力，不过是为了周遭的人对我满意而已，为了博得他人的称许和微笑，我战战兢兢地将自己套入所有模式的桎梏。走到途中才发现我只剩下一副模糊的面目和回不去的路。

而烦恼的根源在于自由的丧失，因为成长的过程就是社会化的过程，我们要融入社会，必须习得该社会的风俗习惯、道德法律制度。常言道，“无规矩，无以成方圆”。

文明首先是一种约束，一种限制，没有规矩，人们就会相互冲突，也就没有自由。孔子曰：“七十而随心所欲，不逾矩。”孟德斯鸠说：“自由就是做法律所许可的一切事情的权利。”[①] 也就是说，自由是以自律为前提的。

唐代思想家刘禹锡在《天论》中认为：“天之道在生殖，其用在强弱。人之道在法制，其用在是非。”赫胥黎在《天演论》中讲，“天择”与“人治”的对立，认为自然界生物都是恃强凌弱；而在社会中，不是由强弱所决定，社会保护的往往是弱者。

刘禹锡也认为生物都是天所生的，生殖万物是“天之道”。天的作用表现在强弱。就是说，生物既生以后，能否存在，要看它的体力是强是弱。在人类社会中，人组织了社会，其中就要维持社会存在的规章制度，这就叫法制。人生在社会中，是社会的成员。谁能存在，不是靠他的体力强弱，而是靠他的行为能合乎法制。法制是人所立的，是人之道，人之道的作用表现为是非。合乎法制的就是是，不合乎法制的就是非。体力强弱出于天，一只鸡怎么也打不过老虎；法制是非出于人，人可以在社会范围内改变体力强弱相胜的自然状态，这就是“人之道”战胜了“天之道”。[②]

莎士比亚也认为纪律对人类的自由与秩序是至关重要的。他说：

---

① ［法］孟德斯鸠：《论法的精神》（上册），张雁深译，商务印书馆1963年版，第154页。

② 冯友兰：《中国哲学史新编》（第四编），人民出版社1986年版，第329—330页。

纪律是达到一切雄图的阶梯，要使纪律发生动摇，啊！那时候事业的前途也就变得暗淡了。只要把纪律的琴弦拆去，听吧！多少刺耳的噪声就会发出来，一切都相互抵触；江河里的水会泛滥得高过堤岸，淹没整个世界；强壮的欺凌老弱，不孝的儿子打死他的父亲；威力将代替公理，没有是非之分，没有正义存在。那时候权力便是一切，而凭着权力，便可以逞着自己的意志，放纵天厌的贪欲；欲望，这一头贪心不足的饿狼，得到意志和权力的双重辅佐，势必把全世界让它馋吻，然后，把自己也吃下去。①

三

自由是超越外在束缚、无拘无束地生活，是自觉自律地生活。自由是人的天性，是人的本质的生成和自我肯定，是人的尊严和生命力的释放，是一种理想和创造，一种自适的生存状态，人的自由与解放是千百年来人类追求的终极价值目标。

自由是生命体的本然状态，拥有自由是人的天赋权利，是神圣不可侵犯的尊严和人格，在遵循自然法则和法律的前提下，人们享有充分的自由，包括人身自由、思想和信仰自由、表达自由等。自由的基本含义是选择自己喜欢的生活方式、情感方式、思维方式和价值观念。

自由不仅是人的处境、一种本然状态，更是生命的一种提升和超越。如果说现实的自由是相对的、有限的，那么，理想的自由则是绝对的、无限的。而自由的可贵之处，也正在于这种绝对的精神和心灵自由成为提升人的境界、使人类拥有无限的想象力和创造力、拥有批判和超越现实、追求理想生活的无穷动力。

自由甚至是人的存在方式，是人的精神家园。马克思认为自由自觉活动是人的本质特征。威廉·黑兹利特说：“自由是唯一真正的财富。”海德格尔说，物是“在”，人是“存在”。萨特说，“存在先于本质”，物的本质特性是既定的，遵从自然法则，是不可改变的；而人的本质是在自己的生命历程中自己赋予的，也就是说人是可塑造的，人的本质是自

① ［英］莎士比亚：《莎士比亚全集》（第 4 卷），朱生豪译，人民文学出版社 1994 年版，第 267 页。

我生成的，自由自主是人的本质，人应该主宰自己的命运，为自己负起责任。

自由而自觉，是一种理性精神，自觉性、主动性与创造性是自由精神的精髓；独立自主是彰显自由精神的前提，是健全人格的标志。康德说：所谓启蒙，就是改变离开他人就不会思考、不会行动的习惯，就是作独立自主的人。孔子曰："三军可夺帅也，匹夫不可夺志"（《论语·子罕》）；"不降其志，不辱其身"（《论语·微子》）孟子曰："富贵不能淫，威武不能屈，贫贱不能移，此谓之大丈夫也！"（《孟子·滕文公下》）"穷则独善其身，达则兼济天下"（《孟子·尽心上》）。儒家的自由观是一种自强不息的进取精神，注重道德人格的塑造和激励，中庸而极高明。

"知其不可奈何而安之若命，德之至也"（《庄子·德充符》），承认人之不自由，而又极力追求人之自由，承认自由与必然之间始终存在着紧张关系，这并不是庄子的深刻之处。庄子的深刻之处在于，他所采取的达到自由的途径，正是以对于不自由之认可为基本前提的，承认不自由成了达到自由的基本方法。"知其不可奈何而安之若命"，此"安"之字颇有深意。既不可奈何，而后方能安然处之；既已安然处之，则心灵则威压亦顿然释之；心灵威压已不复存在，随之而来则即是自由自在的状态。所以，以不可奈何的态度来对待命运，并不是一种无为的表现，更不是一种颓废的态度，而是"德之至"的表现，是精神修养达到极致的表现。

儒家讲知命，道家也讲知命，但所知者有所不同。孔子强调知命，是把它看作一种君子之德。"不知命，无以为君子。"（《论语·尧曰》）所以，孔子于知命之处，又大力主张"知其不可而为之"。道家则不同，庄子则所谓知命，是知命之无可奈何，人亦应以一种无可奈何的态度来对待。所以庄子于知命之外，知教人安命，教人"安时而处顺"。表面看来，以庄子为代表的道家，是消极以致颓废的，然庄子所倡导者，是一种精神，是一种追求心灵自由的境界。庄子所突出者是人对现实世界的超越。

道家所倡导的是一种自然而恬淡的精神生活，道家所追求的是人的自由、自主与超越，道家所强烈反对的是物对人的凌辱、摧残和统治，每个人都是自己的，每个人的精神都应当是自由的。人与外界自然应当是和谐的，人与人之间应当是和睦的，人的精神生活

> 应当是合适的。自然、自在而自由，和谐和睦而合适，这就是道家心性论的基本内容。[①]

中国人所谓自由，是心灵的宁静、良心的宁静，活得堂堂正正、坦坦荡荡，心安理得，心无挂碍。“淡泊以明志，宁静以致远。”“不以情累其生，不以生累其神。”“千江有水千江月，万里无云万里天。”不为私欲和身外之物所役使，就会海阔天空，怡然自得。刘学智先生说，儒家教我们心安理得地生活，道家教我们心旷神怡地生活，佛家教我们心平气和地生活。

四

《大英百科全书》解释宽容（源自拉丁文 tolerare）：

> 准许他人有判断和行动的自由，心平气和、不执偏见地容忍有别于自己或传统的观点。

房龙著有《宽容》，带给我们真实的历史画卷：欧洲对早期基督徒的迫害，宗教裁判对所谓“异端”的骇人听闻的折磨，天主教对新教绞尽脑汁地镇压，对胡格诺教徒毫不留情的圣巴多罗里昂大屠杀，以及个人的、种族的、社会的种种不宽容。

这本宽容的历史确切地说应该叫“不宽容的历史”，房龙在书中认为：“恐惧是所有不宽容的根源”[②]，因为我们对不了解的人和事物而产生恐惧，所以用不宽容来进行自卫。

穆勒在《自传》中指出：

> 给人性以完全的自由，向无数相互冲突的方向扩展自身……对于人与社会的重要性。

以赛亚·伯林指出：

---

① 罗安宪：《中国心性论第三形态：道家心性论》，《人文杂志》2006 年第 1 期。

② ［美］房龙：《宽容》，李强译，西苑出版社 2004 年版，第 269 页。

> 在一个人权未被践踏，人们不因其所信所是而相互迫害的世界里，宽容的事业是不需要捍卫的。然而，这并不是我们的世界。与我们的一些文明的祖先相比，我们离这种值得向往的状态更加遥远；而且在这方面非常不幸的是，我们过于遵从人类经验的通常模式了。公民自由得到尊重、舆论信仰的多样性得到宽容的时代与社会是极端稀少的——在人类整齐划一、不宽容与压迫的沙漠中，是罕见的绿洲。①

这段话一针见血指出了我们这个标准化时代的悲哀。

詹姆斯·穆勒与边沁相信教育与立法是通往幸福的道路。但是，如果更便捷的道路被发现，就像药片、催眠或其他一些在我们这个世纪得到长足发展的制约人类的手段被发现那样，那么，由于极端追求“一以贯之”，他们会放弃自己所提供的方法，接受这些比较好的办法，因为这些方法更有效、成本更低。约翰·斯图亚特就像他在其生活和著作中表明的，从两个方面反对这种解决办法。他可能谴责它使人性退化。对他来说，人之有别于动物的首要之处，既不在于拥有理性，也不在于发明了工具与方法，而在于选择，人在选择而不是被选择时才最终成为自己；人是骑士而非马匹；人是目的的寻求者（而不仅仅是手段），并以他自己的方式追求目的；可想而知，追求的方式越多，人的生活就变得越丰满；个体间相互影响的领域越广，新的和预料之外的机会就越多；他沿着新鲜而未被探索的方向改变其自身性格的可能性越多，展示在个体面前的道路也就越多，他的行为与思想的自由就越宽广。

伯林认为，与外表相反，这才是穆勒最关心的。他口头上赞成对幸福的绝对追求。他深刻地相信公正，但是当他描述个人自由的光辉，或抨击任何试图剥夺或消灭他的努力时，他的声音才是他自己的。与他相信道德与科学的专家前辈不同，边沁也曾经宣称每个人都是他自己的幸福的最好判断者。不过，即使每一个活着的人都服下安乐丸，社会也会因此而上升或退缩到一个牢不可破、整齐划一的极乐状态，对边沁来说他的原则也仍然成立。对于边沁，个人主义是一个心理学的论据；对于穆勒，它却是个理想。

---

① ［英］以赛亚·伯林：《自由论》，胡传胜译，译林出版社2003年版，第247页。

穆勒是喜欢异端、独立与孤独的思想家，他藐视既成的东西。在他发表于18岁的一篇文章中，呼吁宽容一个现在几乎已被遗忘的无神论者查理·卡利勒，他表达了一个在其毕生著作中一再出现的思想：

> 那些丧生于地牢，作为异端、叛教者和渎神者而身处险境的基督教改革者；那些其宗教与博爱、自由、仁慈相一致的基督徒们；在他们取得他们一直是其牺牲品的权力的时候，却以同样的方式使用它……进行报复性的迫害，这乃是骇人听闻的。

穆勒终其一生，他都是异端、叛教者和渎神者的斗士，自由与仁爱者的斗士。

穆勒曾经为妇女、工人、殖民地人民的权利辩护，因而成为英格兰受侮辱与压迫者的最富激情也最有名的斗士。他以文章和演说倡导比例代表制，因为他认为只有它才能让少数派（并不必然是品德高尚的或理性的少数派）的声音被听到。他并不反对一般的国家干预；他欢迎在教育劳动立法方面的国家干预，因为他认为若非如此，最弱者就会受到奴役与碾压。因为国家干预将增加大多数人的选择的范围，虽然也有可能限制有些人的选择的范围。这些事情的共同之处并非它们可能与被称作“最大幸福”原则（即边沁“最大多数人的最大幸福，是对与错的尺度，是道德和立法的基础”）的东西的直接关联，而是这样一些事实：它们触及了人权的问题，也就是说触及了自由与宽容的问题。

当然，我并不想暗示在穆勒心目中不存在这种关联。他似乎常常基于这样的理由倡导自由：没有自由，真理就不会被发现——我们既不可能在思想中也不可能“在生活中”进行那些唯一能为我们揭示新的、意想不到的使快乐最大化并使痛苦最小化的方法的实验，而快乐的最大化和痛苦的最小化正是价值的唯一源泉。因此，自由仅是手段，而不是目的。

但是当我们问穆勒什么是他所说的快乐和幸福时，答案远不会明确。按照穆勒的看法，不管什么是幸福，他都不是边沁所认为的那样：因为边沁对人性的理解明显是狭隘的，根本不合适的；他对历史、社会和个人心理学没有任何想象性的把握；他不理解是什么且应该是什么东西使社会联结在一起——共同的理想、忠诚、民族性；他意识不到荣誉、尊

严、自我修养或美、秩序、权力与行动之爱；他只理解生活的“事务”方面。所有这些目标（穆勒正确认为是核心性的）只是唯一普遍的目标即幸福的手段吗？或者它们是幸福的亚种？

穆勒从没有明确地告诉我们这些。他说幸福或功利不能用作行为的标准，这就一举摧毁了边沁体系中最自大的主张，其实也是其核心学说。

> 我们认为，功利或幸福，是一个太复杂或不确定的目的，除了以许多次一级的目的为中介外难以追寻；而关于这些次一级的目的，那些在终极标准上存在着差异的人们，可能且往往存在着一致意见。①

这对于边沁是简单而确定的；但穆勒拒绝边沁的公式，因为这个公式建立在一种关于人性的错误观念之上。在穆勒那里它是“复杂”而“不确定”的，因为他在其中加进了许多实际上人们因其自身之故而追求的不同（也许并不总是不相容的）目的：爱、恨、公正、行动、自由、权力、美、知识、自我牺牲的需要。对于这些目的，边沁要么无视，要么将其错误地归类为快乐。在穆勒的著作中，“幸福”常常意味着某种与“一个人的欲望的实现”类似的东西，而不管这种愿望是什么。

穆勒缺乏任何预言的天赋。与他同时代的人马克思、布克哈特和托克维尔不同，他对20世纪将会是什么样子没有预见，对于工业化的政治与社会后果没有预见，对人类行为中非理性和无意识因素的发现，以及这些发现正在导致和可能导致的可怕的技术，没有任何预见。社会的巨变导致了种种支配性的、世俗化的意识形态的产生以及它们间的战争，非洲和亚洲的觉醒，民族主义与社会主义的奇怪结盟，而所有这些都处于穆勒的视野之外。但是，如果说对未来的轮廓缺少敏感，他却对作用于他那个时代的那些毁灭性的力量有着敏锐的意识。他厌恶与害怕标准化。他意识到在仁爱、民主与平等的名义下，造成了这样一种社会，在其中的人的目标变得越来越狭隘、渺小，人群的大多数，根据他可敬的

---

① ［英］以赛亚·伯林：《自由论》，胡传胜译，译林出版社2003年版，第255页。

朋友托克维尔的想象，被改造成纯粹的工作的羔羊；在其中，用他自己的话说，“集体平庸”将逐渐窒息创造性和个人天赋。

他反对被称作“组织人”的人类，而这种东西边沁可能从原则上无法做出合理的反驳。他知道、害怕也痛恨胆怯、中庸、天生的顺从、对人类的问题缺乏兴趣。这是他和他的不太真实的朋友，怀疑论者托马斯·卡莱尔的共同之处。除此之外，他奋力反抗这些人：他们为了可以和平地培育自己的花园而准备在公共生活领域出售他们的基本人权——自治权。

我们今天生活于其中的这些社会特征，他可能已经带着恐惧认识到了。他视人类的团结为理所当然，也许看得太理所当然了。所以他并不害怕个体或群体的孤立，不害怕导致个体异化、社会解体的那些因素。他所关注的是与之相反的社会化与齐一化的罪恶。他渴望人类生活与性格的最广泛的多样性。他说如果不能防止个体之间相互伤害，特别是如果不能防止个体受到可怕的社会压力的伤害，这种多样性是无法获得的；这使他坚定而持续地主张宽容。

宽容，赫伯特·巴特菲尔德曾经告诉我们，暗示着某种不尊敬。我容忍你荒唐的信念与愚蠢的举动，虽然我知道它们是荒唐与愚蠢的。穆勒也会同意这种看法。他相信深刻地坚持一种意见就是将我们的感情投入其中。他曾经宣称当我们真正执着于某种观点时，我们肯定会憎恨那些持相反观点的人。他宁愿要这种情绪也不要冷漠的情绪与意见。他并不要求我们必须尊重别人的意见，恰恰相反，他只要求我们试图容忍他们——不赞同、反感，甚至嘲笑或轻视，但是容忍！

因为没有信念，没有某种同情感，不可能有某种深刻的信念；而没有深刻的信念，也就不存在生活的目的，于是他自己曾经面临的可怕的幻灭感就会来到我们眼前。但是没有宽容，理性批评和合理责难的条件就会被摧毁。他因此强烈呼吁理性与宽容。

理解并不必然导致谅解。我们有可能带着激情与仇恨争辩、攻击、拒绝、责难。但是我们不会压制或者倾轧；因为压制与倾轧将毁灭善恶，这等于是集体性的道德与理智自杀。怀疑地尊重我们反对者的意见在他看来似乎要好于冷漠与犬儒主义。但是，即使是冷漠与犬儒主义态度，其为害也要轻于不宽容或扼杀理性讨论的、强

加于人的教条。①

这就是穆勒的信念，在《论自由》中得到了经典的阐释。也是伯林对自由与宽容关系的发挥。人类历史上发生过太多的不宽容的历史悲剧：商鞅被车裂，苏格拉底被处死，耶稣被钉死在十字架上，布鲁诺被宗教裁判所烧死，普希金被流放西伯利亚，张志新被割断喉管……如果没有宽容，怎么会出现诸子百家，怎么会有文艺复兴与宗教改革？怎么会有新文化运动与改革开放？科学与民主、幸福与尊严、自由与宽容，是人类近现代文明最重要的成就与标志。

五

王磊先生认为，“和”是我国周秦时期形成的极有价值、极具特色的哲学和文化观念。“和而不同”的宽容意识则是非常重要的价值取向和伦理原则。

老子说：“道生一，一生二，二生三，三生万物。”万物的丰富性、多样性、差异性是人必须面对的现实。不论普通人还是哲学家，都要思考人在自己生存发展中如何与自然、社会及他人共生共处的问题。在人类历史上，常见的有两种态度。一种是只顾自己发展，不尊重自然、社会、他人，不允许多样性、差异性的存在，要么消灭异类，要么把异类变成和自己一样的同类。这就是人们常说的独断专行，顺我者昌、逆我者亡。另一种态度是在自己发展的同时也充分尊重自然、社会、他人的生存发展权，尊重多样性、差异性，以宽容的心态寻求与万物共生共处、共同发展之道。这就叫天地人和。其结果是自己能得到持久稳定的发展。

“和而不同”是人类逐步走向成熟的表现，是中国人生存智慧的结晶。西周末年担任太史的史伯明确提出“和实生物，同则不继”（《国语·郑语》）的哲学观点，可以说是“和而不同”思想的首创者。这里的“和”，事物在丰富性、多样性、差异性的基础上求得和谐、平衡和统一，这样才有利于万物的生成、发展和繁荣。“同”则是排斥多样性和差异性的单一化倾向，必然导致停滞和衰败。在史伯看来，西周当初的兴盛是由于先王和而不同，广纳贤才，善纳忠言。而周幽王改变了这一传统，弃和

① ［英］以赛亚·伯林：《自由论》，胡传胜译，译林出版社2003年版，第247—260页。

而取同，必然导致国势的衰败。

晏婴是春秋时期齐国著名政治家，公元前522年，晏婴和齐景公有一段关于“和”与“同”的对话。齐国一个叫梁丘据的大臣，很会逢迎拍马，深得齐景公宠爱。齐景公对晏婴说，梁丘据与自己的关系很和谐。晏婴指出这种关系是“同”而不是“和”。“同”与“和”是两个截然不同的概念。晏婴以烹饪菜肴和音乐演奏为例，说明美味大餐和动听的乐曲都是多种成分、各种因素和谐共济的结果。治国也需要听取多方面的不同意见，君臣之间的不同看法能相辅相成、相反相成。“今据不然。君所谓可，据亦曰可；君所谓否，据亦曰否。若以水济水，谁能食之？若琴瑟之专一，谁能听之？同之不可也若是。”（《左传·鲁昭公二十年》）

如果都像梁丘据那样，在君王面前只会应声附和，朝堂变成一言堂，只许有一种声音，那后果必然是国家衰亡。

与晏婴同时代的孔子，也主张“和而不同”。孔子与晏婴的身份不一样。晏婴是政治家，所以只要着眼于治国，从君臣关系讲“和而不同”。孔子虽然也非常关心政治，但他主要是思想家、道德家、教育家。他的一个重要贡献就是创造了“君子”这个理想道德的人格化形象，作为人们道德修养的目标和榜样。在孔子那里“君子”与“小人”就是道德与不道德的同义语。他说：“君子和而不同，小人同而不和。”（《论语·子路》）“和”是君子具有的美德，“同”则是小人的作为。孔子认为君子处世待人的态度是“和而不同”，既有自己的原则立场、独立人格和坚定信念，又胸怀博大，能包容差异性、多样性和不同观点、意见，尊重他人，不固执己见、独断专行，也不谋求私利，以大局和社会利益为重。也就是说，君子是一个有个性、有原则而又善于与人和谐相处的品德高尚者。小人则相反，他们没有独立人格，没有原则和立场，为了一己私利，可以趋附于权势者，点头哈腰，人云亦云，或结党营私，党同伐异，排除异己，打击持不同观点的人。小人在失意时是哈巴狗，在得意时是中山狼。小人掌了权，就会顺我者昌、逆我者亡。所以“同而不和”是小人的特点。儒家还在另一层意义上肯定了“和”的价值，即“礼之用，和为贵”（《论语·学而》）。这里的“和”指适度、恰当、和谐。万物在发展变化中，各种事物的位置、程度、相互关系都恰到好处，平衡协调。

这是一个彰显软实力的全球化时代，东西方文化在碰撞、交流和对话中走向融合，这是人类文明大走向。在多元文化背景下，不同种族、

信仰、文化的人们如何相处就显得尤为重要。如果说争取自由和解放是革命时代的主要目标，那么提出宽容比自由更重要，强调“和而不同”，维护文化多样性，就是和平发展相互依存时代人类的生存之道。

事物的多样性决定了相互间的共生关系。人是群体性生存的社会动物，不仅要处理好与自然万物的关系，还要处理好人与人的关系。凡是有人群的地方，都存在人与人是否和谐相处的问题。在现时代，“和而不同”对我们今天的社会具有更加迫切的意义。在多元文化背景下，人与人之间、群体之间，民族和国家之间的竞争、矛盾、冲突往往难以避免，如何协调关系，创造一个共同发展的良好秩序和环境，就成了全人类必须解决的重大问题。提出宽容比自由更重要，是人类文明发展的现实需要。

现代社会的发展趋势是对人的权利、人格、个性越来越重视，1948 年联合国《世界人权宣言》强调“人人生而自由”“人人有思想、良心和宗教自由的权利”“人人有权享有主张和发表意见的自由”“每个人作为社会的一员，有权享受社会保障，并享有他的个人尊严和人格的自由发展所必需的经济、社会和文化方面各种权利的实现”“教育的目的在于，充分发展人的个性并加强对人权和基本自由的尊重”。1993 年世界宗教议会《全球伦理普世宣言》庄严声明：“每一个人拥有不可剥夺和不可侵犯的尊严，个人、国家和其他社会实体均有责任尊重并保护每一个人的尊严。”并把孔子的“己所不欲，勿施于人”称为“金规则”，是奠定全球伦理的基本原则。

科学家已经证明生物多样性对维护生态平衡和生物的持续发展有着极其重要的意义。同样，人类社会的持续健康发展也基于每个人的自由发展和文化的多样性。尊重人的自由，就意味着尊重不同的个性、生活方式、思想观念、兴趣爱好等。也就是“和而不同”，尊重多样性。人们常用“个性化时代”“多元化时代”来概括当今社会的特点。确实，社会越发达、越先进，也要求人们有更高的民主、自由、人权意识，更宽容地面对多元化的世界，学会与各种不同人相处。如果不容忍多样性和差异性，不能以宽容、平和的心态接人待物，排斥一切与你不同的东西，那就会变得孤立自闭，很难健康地生存下去。①

我们说“宽容比自由更重要”，并不是否定自由的价值，而是为了更加理性地张扬个性与自由，因为宽容是自由实现的前提和条件，没有宽容自由就不复存在。

宽容是胸怀宽广与境界高远，是人性的拓展与文明的教养，是对他人生活方式的接纳，是人与世界的和解。宽容是理解与沟通，是信任与包容，是豁达与潇洒，是秩序与和谐。自由与宽容是文明进步的内在因素，也是衡量社会文明程度的尺度。

“海阔凭鱼跃，天高任鸟飞”是对“宽容比自由更重要”命题的最好诠释。飞鸟游鱼是自由的象征，海阔天空是宽容的象征。这表达的是对自由的向往，更是对宽容的赞美。你的胸怀境界越宽广，你的自由之鹰就会飞得越高远。

雨果说：“世界上最宽阔的是海洋，比海洋更宽阔的是天空，比天空更宽阔的是人的胸怀。”飞流直下三千尺，疑是银河落九天；曾经沧海难为水，除却巫山不是云；千江有水千江月，万里无云万里天；沉舟侧畔千帆过，病树前头万木春。这就是人的心灵境界。

世界因心灵而生动，心灵是宇宙的中心。天地与我同在，万物与我为一，万物皆备于我；吾心即宇宙，宇宙即吾心。境由心生，神由心造。精诚所至，金石为开，异想天开，心想事成。

六

费孝通先生认为，中华民族是数千年逐步融合起来的多民族统一国家，多元一体格局的基本特征。中华民族作为一个自觉的民族实体，是在近百年来中国和西方列强对抗中出现的，但作为一个自在的民族实体则是几千年的历史过程所形成的。回溯中华民族多元一体格局的形成过程。它的主流是由许许多多分散孤立存在的民族单位，经过接触、混杂、联结和融合，同时也有分裂和消亡，形成一个你来我去、我来你去，我中有你、你中有我，而又各具个性的多元统一体。这也许是世界各地民族形成的共同过程。中华民族这个多元一体格局的形成还有它的特色：在相当早的时期，距今三千年前，在黄河中游出现了一个由若干民族集

① 王磊主编：《周秦伦理文化概论》，陕西师范大学出版社 2008 年版，第 23—33 页。

团汇集和逐步融合的核心，被称为华夏，像滚雪球一般地越滚越大，把周围的异族吸收进了这个核心。它在拥有黄河和长江中下游的东亚平原之后，被其他民族称为汉族。汉族继续不断吸收其他民族的成分而日益壮大，而且渗入其他民族的聚居区，构成起着凝聚和联系作用的网络，奠定了以这个疆域内许多民族联合成的不可分割的统一体的基础，成为一个自在的民族实体，经过民族自觉而称为中华民族。①

由此可见，“和而不同”“多元一体”，不仅是一种哲学思想和价值观，而且是中华民族形成的内在规律，中国这样一个多民族超大型社会的形成，五千年文明从未中断在人类文明史上本身就是一个奇迹，也可以说中华民族融合发展为人类在全球化时代相互依存、共生共处以重要启示。

2015 年 9 月，习近平主席在联合国总部出席第七十届大会一般性辩论重要讲话中指出：“当今世界，各国相互依存、休戚与共。我们要继承联合国宪章的宗旨和原则，构建以合作共赢为核心的新型国际关系，打造人类命运共同体。”

世界格局正处在一个加快演变的历史性进程之中，和平、发展、进步的阳光足以穿透战争、贫穷、落后的阴霾，经济全球化、社会信息化极大解放和发展了社会生产力，创造了前所未有的发展机遇；同时，恐怖主义、金融动荡、环境危机等问题愈加突出，给我们带来前所未有的挑战。面对全球性挑战，没有哪一个国家可以独善其身，世界各国需要以负责任的精神同舟共济、协调行动。人类生活在一个地球村，各国相互联系、相互依存、相互合作、相互促进空前加深，国际社会日益成为一个你中有我、我中有你的命运共同体。

打造人类命运共同体，要建立平等相待、互商互谅的伙伴关系，营造公道正义、共建共享的安全格局，谋求开发创新、包容互惠的发展前景，促进和而不同、兼收并蓄的文明交流，构筑崇尚自然、绿色发展的生态体系。世界各国一律平等，不能以大压小、以强凌弱、以富欺贫；坚持多边主义，走出一条对话而不对抗、结伴而不结盟的国与国交往新路。

习近平指出：“要跟上时代前进步伐，就不能身体已进入 21 世纪，而脑袋还停留在过去，停留在殖民扩张的旧时代里，停留在冷战思维、零和

---

① 费孝通：《中华民族多元一体格局》，《北京大学学报》1989 年第 4 期。

博弈老框框内。”各国应该共同推动建立以合作共赢为核心的新型国际关系，各国人民应该一起维护世界和平、促进共同发展。各国和各国人民应该共同享受尊严、共同享受发展成果、共同享受安全保障。尊重各国人民自主选择发展道路的权利，反对关涉别国内政，维护国际公平正义。

中国是维护世界和平、促进共同发展的重要力量，是国际社会可以信赖的伙伴和朋友。“一带一路”就是中国人民与各国人民合作共赢、和平发展的范例。中国将高举和平、发展、合作、共赢的旗帜，牢牢把握和平发展、促进民族复兴这条主线，维护国家主权、安全、发展利益，为和平发展营造良好的国际环境。中国将加强同各国人民友好往来，扩大同世界各国利益交汇点，为促进人类和平和发展的崇高事业做出积极贡献。①

可见，强调“和而不同”的宽容意识，也是一种政治思维和政治价值观，是相互依存时代的人类生存之道，也是中国文明对人类的伟大贡献。

---

① 《习近平系列重要讲话读本》，学习出版社2016年版，第261—265页。

九　人类迈向持久和平的曙光

在抗战胜利70周年大阅兵前夕，2015北京田径世界锦标赛刚刚落下帷幕。这是和平的较量，一个天才的构想诞生了！“用竞技体育取代战争”，这是中国梦的拓展和延伸，这是人类迄今为止最大胆、最富想象力、最美好的预言和愿景！

（一）第二次世界大战历史昭示：人类依靠相互征服为自己开辟道路历史的终结！人类迈向持久和平的曙光：用竞技体育取代战争

第二次世界大战的硝烟熄灭已经70年了，和平的阳光普照大地，战争与和平，是人类两种截然不同的生存方式。人类的进化史充满血腥和屠杀。

怎样让人类永久和平相处，是对人类文明和智慧的最大考验。

诺贝尔奖获得者奥地利科学家、现代行为学奠基人康罗·洛伦兹在《攻击与人性》中研究表明：

> 攻击性是人性的重要特征，与动物是相通的！我们知道大多数的动物甚至包括人类，都有攻击性。①

比如进取心、妒忌心、争强斗勇，这是人类进化的内在动力，又包含着兽性，是野蛮行为与战争的根源。

“如何把人类的攻击性吸引和规范在合理与秩序的范围内?”这是对人类文明最大的挑战。

以奥林匹克运动为标志的竞技体育，吸引了全世界的目光，通过全

① ［奥］康罗·洛伦兹：《攻击与人性》，王守珍等译，作家出版社1987年版，第290页。

人类共同参与的公平的较量，可以将人们相互征服的野心和能力得到释放，仿佛将泛滥的洪水导入汹涌澎湃的江河，这是人类迈向持久和平的曙光。

习近平指出：“正义必胜，和平必胜，人民必胜！这是历史昭示的真理。”① 人类依靠相互征服为自己开辟道路的历史必须终结，用正义与和平重铸人类文明，而进入和平较量的文明时代。

我和你，心连心，同住地球村，为梦想，千里行，相会在北京。来吧！朋友，伸出你的手，我和你，心连心，永远一家人。

这动人的旋律，表达了美好的憧憬！

就让天安门城楼抗战胜利大阅兵的隆隆炮声，作为人类永久和平时代诞生的礼炮吧！

（二）中国体育的迅猛发展：体育成为大国崛起的象征和助推器

竞技体育是一个民族竞争力、综合实力和软实力的重要组成部分，体育成为大国崛起的象征和助推器。竞技体育是一个民族进取精神、超越意识与合作精神的集中体现，是激情与速度、勇气与智慧、力量与美的融合。

2015 北京田径世锦赛的成功举办，中国队取得总成绩与英国并列第五的优异成绩！女子竞走披金戴银，苏炳添率领的团队 4×100 米接力赛创造新的亚洲成绩，鸟巢沸腾啦！

东京又传来捷报，中国女排间隔 11 年再夺世界冠军！不由使人想起 20 世纪 80 年代，女排五连冠，举国欢腾，万巷皆空的动人局面。

朱建华三次跨越世界新的跳高纪录！许海峰的那一枪，在洛杉矶让全世界重新认识了中国人的志向！王军霞创造了女子万米世界纪录！

雅典奥运会，110 米栏的跑道上，刘翔成为世界飞人，黄种人的骄傲！姚明继巴特尔、王治郅之后，成为火箭队的超级明星！

乒乓球长盛不衰，羽毛球、体操、举重、游泳、跳水被誉为梦之队！2008 年北京奥运会盛况空前，中国体育代表团破天荒获得奖牌总数第一！

---

① 习近平：《在纪念中国人民抗日战争暨世界反法西斯战争胜利 70 周年大会上的讲话》，《人民日报》2015 年 9 月 4 日第 2 版。

太极拳、中国武术、中国功夫，自从北京奥运会之后更加引起全世界人民的广泛兴趣，随着孔子学院在世界各地纷纷建立，它们与中国传统文化一起兴盛起来，成为世界体育一道亮丽的风景。

北京·张家口获得冬奥会的主办权，中国竞技体育的迅猛发展，全民健身运动的蓬勃兴起，中国已经从体育大国迈向体育强国。

中国足球事业一波三折，女足曾经在世界上崭露锋芒，打入世界杯决赛，成为中国人的骄傲。但是男足却成为中国体育的软肋，让国人一再失望。没有哪一项活动能够像足球那样在球迷中掀起排山倒海般的狂热。

足球是一个团队，是个人技术、意志、合作精神、智慧、谋略的较量，仿佛是一场生死攸关的战争，不过是有规则的“战争”。由于受场地等条件制约，中国的足球事业普及率并不高，从邓小平时代就强调“从娃娃抓起”。

习近平执政以来把足球事业的振兴列入全面深化改革的重要内容，这是有战略眼光的，它可以明显提升国家软实力，中国足球振兴之日，就是中华民族再一次扬眉吐气之时。

80年代中国人就是被中国女排、长江黄河漂流、哥德巴赫猜想和张海迪自强不息的精神鼓舞起来的。体育精神已经成为民族精神的集中体现，在现时代体育成为大国崛起的象征和助推器！

（三）体育传播的是一种先锋文化，是时代精神的集中体现

在和平发展时期，体育从来没有像今天这样光彩夺目、引人入胜，体育已经成为现代人生活的有机组成部分。竞技体育甚至成为现代文明一道亮丽的风景，是一个民族进取精神、文明素质、精神风貌的集中展示。

在传统意义上，体育与德育、智育、美育相对应，属于教育学的研究范畴。毛泽东在“体育之研究”中提出“野蛮其体魄，文明其精神”。“发展体育运动，增强人民体质。”

体育是一种先锋文化，现代体育不仅属于教育文化，而且成为民族精神和时代精神的集中体现，甚至成为国家软实力的重要组成部分。

体育精神成为一个民族发展繁荣的强大动力，是民族凝聚力的重要源泉，是国家发展对外合作与交流的重要平台，是促进各民族、各国文化交流，促进世界和平的重要力量。

体育运动，重在参与。大众体育与竞技体育相互促进，中国乒乓球运动之所以久盛不衰，就是因为老少皆宜，有广泛的群众基础。

体育搭建了一个平等竞争的平台，优胜劣汰。改革开放以来，中国人在体育事业上蒸蒸日上，不断创造辉煌的业绩，原因就在这里。

1990年北京亚运会，中国队以绝对优势取得奖牌总数第一，亚洲雄风吹遍大江南北、长城内外，给正在走向现代化的中国打了一支兴奋剂。

在和平发展时期，竞技体育是一个民族竞争意识与合作精神、超越意识与创新精神的体现。

冒险精神与科学意识、规则意识与法治精神、人才观念与价值意识、民族精神与开放意识的完美统一，体育文化就是全球化时代精神的集中体现。

（四）体育项目的均衡化打破了已有的思维定式，为人类不断超越开辟了途径

一切皆有可能；出人意料，充满变数；这真是竞技体育的魅力所在，黄种人苏炳添率领的团队，也可以成为世界飞人！

在田径跑道上人们原以为是黑种人的天下，现在黄种人和白种人也可以一展雄风。

2005北京田径世锦赛，荷兰运动员希佩尔斯在黑人高手云集的情况下，一马当先，勇夺200米女子冠军，破世锦赛纪录。郁金香在鸟巢绽放，光彩夺目。

肯尼亚在世界田径赛场上，以中长跑见长，谁能料到2015北京田径世锦赛，肯尼亚选手叶果竟然在标枪项目上，一鸣惊人，他投出了92.72米的好成绩，摘取金牌，而且打破世锦赛纪录。

这成为体育竞赛项目均衡化的标志，对打破人们已有的思维定式，发挥了冲击波效应。

比较而言，中国人在田径不少项目上往往处于劣势，而这一次世锦赛上，中国运动员咄咄逼人的态势，让人们对中国田径运动的前景产生了新的希望。

中国人也不是只会玩乒乓球、羽毛球、游泳、跳水、体操这些技巧性的项目，在110米栏、女子10000米、竞走、4×100米接力赛等项目上，也可以一展雄风！

（五）对人类体能极限的不断突破，为人类潜能和价值的开发展示了光明前景

“更快，更高，更强”的奥运精神，代表了人类不断超越、不断进

取、不断创造的精神追求。

在田径比赛中百米跑道始终吸引着人们的目光，很早就有人遇见10秒是人类的极限，不久还是被人突破了。跳高纪录、万米纪录、马拉松纪录一个个被突破。

残疾人奥林匹克运动的发展，是世界体育事业发展的一个突出的成就，既是残疾人自强不息精神的体现，也体现了人道主义精神，是对残疾人的尊重。

“刀锋战士”在田径赛上创造的奇迹，是人类对身体极限的又一次突破！残疾人能够创造令人难以置信的成就，我们四肢健全的人有什么困难不能克服？

“因为山，就在那里！”新西兰登山家希拉里的一句名言，回答你为什么登山？多么举重若轻却又耐人寻味的答案却蕴意无限，既有对高山的肃然起敬，也透出要与高山一决雌雄的雄心。

中国登山队自从1960年、1975年登上世界屋脊喜马拉雅山，队员潘多已经是三个孩子的母亲，已经前赴后继多次完成登顶。而王勇峰已经征服了七大洲所有高峰和南极北极，展示了中国人大无畏的英雄气概！

听说外国人准备漂流我们的母亲河，1985年西南交通大学教师尧茂书只身漂流长江，在金沙江段壮烈牺牲。1986年由中国人自己组建的漂流探险队首次全程漂流长江成功，成为人类漂流史上的千古绝唱。

1987年一群正处在“精神青春期”的年轻人自发组织河南黄河漂流探险队，与北京青年黄河漂流队、安徽马鞍山黄河漂流探险考察队协作共进，成功首漂黄河，填补了世界探险史的空白。7名勇士壮烈牺牲，其中4位是河南人，但黄漂与中国女排冲出亚洲走向世界并称为当时中华民族的两支精神催化剂。

钱学森说：“自然界是大宇宙，人体是小宇宙，都是巨系统、开放系统，二者发生信息能量交换。在功能态下人体可以接收到更多的宇宙能量。”①

在人的大脑细胞中，本身就包含人类亿万年积累的经验和智慧的密码。人体科学、脑科学、生命科学的发展，是21世纪人类最具魅力的科学前景。

---

① 参见钱学森等《论人体科学》，四川教育出版社1989年版。

竞技体育为人的潜能和价值的开发提供了可能，人体科学和生命科学对体育科学的发展提供了新的方法和途径。中国功夫的“轻功”“日行八百里”，很值得我们去研究。

一支铅笔有多少种用途？可以写字、绘画、化妆、作张贴画、燃烧取暖、防卫武器……实际上有无数种用途，我们人被称为万物之灵，最起码能够做到自食其力。你看“刀锋战士”、十项全能运动员，我们要知道去开发我们的小宇宙。体育是开发人类的自然力、模仿动物、回归自然的途径，是人类返璞归真、天真烂漫情怀的表现。

体育使人产生自豪感、力量感和美感，对人生和人类未来充满信心和希望。竞技体育是激情与速度、力量与技巧、动作与美的融合，也是意志、心态与谋略的较量。

那位戴花姑娘，每次比赛总是第一个冲过终点，成为本次田径世锦赛一道亮丽的风景，这就是自信与美的胜利。

朱建华之后，这一次张国伟果然不负众望摘取一枚银牌。人们记住的还有他那舞姿优美的太极拳。

赤脚少年与长跑王同台竞技，优胜者赢得了荣誉，落伍者也获得了掌声，这就是和平的曙光。

体育是人模仿动物，回归大自然。像鱼儿一样在江河湖泊中畅游，像猴子一样灵巧，在山崖上攀援，像猎豹扑食一般迅跑。

体育是一种文明的生活方式，一种文明的生存方式。在体育运动和较量中，人们可以尽情地享受大自然的美好和人性之美。王勇峰说：

> 每次下山后，地面上的每一棵绿草都让我感动。有时，我真想紧紧拥抱一棵大树；有时，我甚至觉得在街上骑自行车的人是幸福的。生命最可贵，平安最幸福。经受的死亡考验越多，我对此的感受便越真切。①

（六）体育精神是全人类的宝贵财富，是民族精神与人类意识的融合

各个国家具有不同的种族和民族、不同风俗习惯和文化传统、不同的制度和意识形态。

---

① 《中国登山队队长王勇峰：山峰丈量的是生命的高度》，《燕赵都市报》2011年11月1日。

但是热爱生活、热爱运动、希望拥有健康的体魄，是全人类共同的兴趣与追求。体育精神是全人类的宝贵财富，是民族精神与人类意识的融合。

“顽强拼搏，坚持不懈”的女排精神是中华民族“刚健有为、自强不息”民族精神的生动体现。

体育精神是一种人类精神，超越意识形态、种族、民族、信仰，是人类友好交往，文明较量，不断进步的桥梁。

奥林匹克运动在全世界的广泛开展，不断地吸收各民族优秀体育项目，促进了民族体育的世界化，这是人类文化融合的重要途径。

比如北京马拉松赛，吸引了五大洲体育爱好者的广泛参与，我国参与的人数越来越多，男女老少，甚至残疾人也乐于参加，服装五彩缤纷，成为中国人的狂欢节。

篮球运动在中国也非常普及，是乒乓球之外中国人最喜欢的健身项目之一，我们向 NBA 先后输送了巴特尔、王治郅、姚明，展示了中国体育运动的水平。

竞技体育所体现的体育精神，是全人类共同参与的精彩纷呈的公平较量，是和平与正义的精神。

（七）体育合作与交流，闪动着人性的光辉，为人类和平发展开辟了新的路径

现代奥林匹克运动在全世界的开展和普及，是全球化时代的文明奇观，夏季奥运会持续火爆，冬奥会精彩纷呈，残运会令人肃然起敬。田径世锦赛，世界杯足球赛，NBA 吸引了全世界的目光。

体育合作与交流，与政治、经济、军事领域的合作与交流相比，具有更大的超越性，超越了国家、民族、种族、信仰、意识形态的界限。

闪电博尔特取得三枚金牌，他却说：

> 全能王伊顿，才是田径场无所不能的英雄！

这就是人性的光辉。

通过竞技体育这个公平的平台，展示各个国家民族的文明成果，在相互学习、交流、借鉴中，推动人类共同进步繁荣。

中国女排铁榔头郎平，曾经担任美国女排教练；中国足球、冬奥会

和田径项目也请外国人做教练；本次世锦赛前苏炳添率领的团队曾经在美国集训。体育领域各个国家和地区的合作与交流应该是最广泛的。教练、运动员和技术的交流愈来愈频繁，比如非洲长跑、短跑运动员对外输出，中国乒乓球运动员的对外交流。

中国的“乒乓外交”曾经被传为佳话。1971 年我国与美国乒乓球队互访，乒乓外交实际上推动了 20 世纪 70 年代中美两国的外交恢复。

体育交流成为推动国家关系以及国际关系发展的重要桥梁和动力。新世纪体育事业已经成为国家间合作交流的重要领域！

竞技体育为人类文明对话与交流、促进文明融合的崭新途径，体育成为全人类共同经营的崇高而伟大的事业，为人类走向大同社会开辟了道路。

（八）奥林匹克等竞技体育本身就是全人类的盛事，把人类对地球村的梦想化为美好的现实

战争与和平是人类两种截然不同的生存方式。千百年来人类智慧的大脑苦苦地思索，怎样走出“文明的陷阱！”——战争的阴影，把人类相互征服的野心规范在秩序的范围内，现在终于找到了。

古希腊科学家阿基米德说：

> 给我一个支点，我可以撬动整个地球！

用竞技体育取代战争，这是人类最伟大的梦想和理想，是中国梦的延伸和拓展，这就是人类迈向持久和平的曙光。

和平、进步、超越！这是奥林匹克精神的灵魂，也是全人类共同追求的价值理想。竞技体育，展示了全人类友好相处、同台竞技、和平共荣的美好图景。

在奥林匹克竞技场上，各民族可以尽展英姿，文明在这里交汇，人性在这里升华。

在跑道上，肯尼亚、牙买加这些小国，可以与美国这个超级大国一决高下，竞技体育闪动着正义的光芒。

体育文化成为先锋文化，成为时代精神的集中体现；成为民族精神与人类意识的融合，凝聚和平与正义的磅礴之力，锻造人类新的文明形态。

> 奥林匹克运动虽然起源于西方，是西方文明的产物。但是，现代奥林匹克运动所倡导的人文精神，包含着现代文明的基本价值，反映了超越地域、种族、文化的人类共同价值观和共同利益，成为奥林匹克运动与当代世界和中国发展的契合点。①

竞技体育是新人类文明形态的雏形，是人的力量、智慧与美的融合，是人向自然的回归，是绚烂的和平之花。竞技体育是文明的较量，是有规则的“战争”，可以让人类永葆青春与活力，是光荣与梦想的摇篮。

洛伦兹在《攻击与人性》中指出：“运动代表着人类无敌视的特殊形态，它被一些文化发展出来的规则严格限制。”“运动的最大功能是替那些最不可或缺但又最危险的攻击类型——战斗热情——加上了一个安全的活门。奥林匹克运动会是唯一的当某一国国旗升起时不会引起他国敌视的场合。”②

恰如将泛滥的洪水引向奔腾的江河，这就是人类文明结构最伟大、最深刻、最富于诗意的变革。人类的科技、智慧、文化，将由军事、经济领域向竞技体育、艺术、休闲娱乐领域转移，用竞技体育取代战争，是人类迈向持久和平的曙光。

---

① 蒋效愚：《奥林匹克运动中的人文精神及其在中国的实践》，《求是》2008 年第 16 期。

② ［奥］康罗·洛伦兹：《攻击与人性》，王守珍等译，作家出版社 1987 年版，第 293—294 页。

第二编

中国新型政治文明正在兴起

一　政治是一种文明的生存方式

政治理念的进步是政治文明程度提高的重要表现，现代学术视野中的政治理念展示了丰富的内涵，极富时代精神和理性色彩。汤因比《历史研究》从文明角度研究世界史，亨廷顿《文明冲突与世界秩序的重建》，使“文明”进入国际政治视野；我们提出“政治是一种文明的生存方式”，在相互依存、和平发展的全球化时代是一种崭新的政治理念，对我们社会主义政治文明建设和政治学理论创新都具有重要的意义。

（一）文明的生存方式是政治追求的目标

政治是一种文明的生存方式，这是一种理想的政治，崇尚妥协的政治，有规则与秩序的政治，摆脱了野蛮和血腥的政治，人类正在朝这个方向努力。

英国历史学家汤因比认为，文明是社会内部各要素之间的和谐关系。

> 文明乃整体，它们的局部彼此相依为命，而且都发生牵制作用。……它们的社会生活的一切方面和一切彼此调和成为一个社会整体。在这个整体里，经济的、政治的、文化的因素都保持着一种美好的平衡关系，在这个正在成长中的社会的一种内在的和谐进行调节。①

政治是一种文明的生存方式，只有政治与经济、文化等因素之间保持一定的张力与和谐，才可以说是一种文明的政治。汤因比从文明角度审视人类历史，这是全球化时代文明的交流和对话日益频繁的产物，我

---

① ［英］阿诺德·汤因比：《历史研究》（下册），曹未风等译，人民出版社 1986 年版，第 463 页。

们只有把政治现象放在社会文明系统中进行综合分析，才能走出就政治谈政治的认识误区，从而对政治现象进行科学的诠释。

摩尔根在《古代社会》中将人类社会划分为蒙昧时代、野蛮时代和文明时代。

> 蒙昧时代是以采集现成的天然产物为主的时期；人类的制造品主要是用作这种采集的辅助工具。野蛮时代是学会经营畜牧业和农业的时期，是学会靠人类的活动来增加天然产物生产的方法的时期。文明时代是学会对天然产物进一步加工的时期，是真正的工业和艺术产生的时期。①

而国家的出现是人类进入文明时代的主要标志。随着生产力的进步和社会分工的发展，人类社会的组织化程度进一步提高，以血缘关系作纽带的氏族社会被利益共同体——政治国家所取代，政治生活成了人类文明生活的重要组成部分，因为它关涉价值的权威性分配和群体生活难题的解决，尤其引起人们的重视。古希腊思想家亚里士多德认为：

> 城邦出于自然的演化，而人类自然是趋向于城邦生活的动物（人类在本性上，也还是一个政治动物），凡人由于本性或由于偶然不属于任何城邦的，他如果不是一个鄙夫，那就是一个超人。②

文明的生存方式是建立在社会的有序性基础之上的，也就是说政治的首要目的在于追求一定的社会秩序，使社会处于一定的稳定状态，才能使人类过一种优良的生活，或者是一种善的生活。“既然一切社会团体都以善业为目的，那么我们也可以说社会团体中最高而包含最广的一种，它所求的善业也一定是最高而最广的：这种至高而广涵的社会团体就是所谓‘城邦’（πδλLs），即政治社团（城市社团）。”③ 如果社会长期处于一种无序状态，就很难说是一种政治，更谈不上是一种理想的政治。

---

① 《马克思恩格斯选集》（第4卷），人民出版社1972年版，第23页。

② ［古希腊］亚里士多德：《政治学》，商务印书馆1965年版，第7页。

③ 同上书，第3页。

恩格斯指出："国家是社会在一定发展阶段上的产物；国家是表示：这个社会陷入了不可解决的自我矛盾，分裂为不可调和的对立面而又无力摆脱这些对立面。而为了使这些对立面、这些经济利益相互冲突的阶级，不致在无谓的斗争中把自己和社会消灭，就需要有一种表面上驾于社会之上的力量，这种力量应当缓和冲突，把冲突保持在'秩序'的范围内。这种从社会中产生但又自居于社会之上并且日益同社会脱离的力量，就是国家。"①

在原始氏族社会，社会的有序性是靠习俗来维持的。

> 一切问题，都由当事人自己解决，在大多数情况下，历来的习俗把一切都调整好了。②

氏族社会是以血缘关系为纽带组成的社会群体，人类文明才刚刚萌芽，风俗习惯如氏族内部不能通婚、图腾崇拜、血族复仇、对氏族首领的服从、自觉参加战争等，是氏族成员人人自觉遵守的行为规范。我们把氏族社会称之为习俗社会，③ 习俗即是政治文化的前文明形态。进入阶级社会以后，由于经济利益的冲突、社会矛盾和斗争的加剧，习俗已经不能约束社会成员的行为，于是政治国家诞生了。而国家的使命就是"缓和冲突，把冲突维持在秩序的范围内。"也就是说政治国家成了调节社会有序性的主要手段。原始社会的风俗习惯便演化成了政治意识和文化。

过去我们强调"政治就是各阶级之间的斗争"④，这是为了适应无产阶级反对资产阶级斗争的需要，这对社会变革是必要的。人类进入文明社会以后就是在阶级斗争中不断走向进步的，正是从这个意义上马克思主义认为阶级斗争是社会进步的直接动力。但是另一方面只讲斗争，不注意社会秩序的建立和维护，我们就难以维持一种和谐稳定的生活。事物发展有一个显著变动状态，有一个相对稳定状态，这两种状态交替出现，而且相对稳定状态是一种常态，显著变动状态是一种非常态。对于

① 《马克思恩格斯选集》（第4卷），人民出版社1972年版，第166页。

② 同上书，第92—93页。

③ 王世荣：《论法律社会》，《社会科学研究》2002年法学专辑。

④ 《列宁选集》（第4卷），人民出版社1970年版，第370页。

人类而言，显著变动状态并不是目的，建立新的稳定态，使事物获得新质的才是目的。中国人由革命到建设，由强调“阶级斗争为纲”到提出构建“和谐社会”，表明对社会发展规律认识的深化。强调“政治是各阶级之间的斗争”在革命年代是真理，在建设年代坚持“斗争哲学”就是谬论。因为真理是具体的，离开了它产生和存在的历史条件就会走向反面，中国“文化大革命”的教训就是很好的说明。我们必须认识到政治国家的出现是为了缓和斗争和冲突，维持社会有序性与社会和谐是政治以及政治文化的题中应有之义。

（二）政治是一门妥协的艺术

要建立社会的有序性，就要缓和阶级矛盾，而要缓和阶级矛盾就需要妥协，正是从这个意义上说政治是一门妥协的艺术。中国历史研究中有人曾提出地主阶级的“让步政策”，即认为经过农民战争，封建王朝曾采取使农民休养生息的政策，缓和与农民的矛盾和冲突，促进了社会的稳定和发展，这实际上就是地主阶级对农民的一种妥协，因为明智的封建君主也懂得“水可以载舟，亦可以覆舟”的道理。妥协、让步使地主阶级丧失了一些暂时的利益，却巩固了经济基础和国家政权，得到的是长远利益。资本主义社会采取的“福利政策”也是一种妥协，一方面是无产阶级斗争的结果，另一方面也是为了经济发展的需要，因为如果工人阶级长期处于“绝对贫困化”的境地，社会购买力相对于社会财富的增长就会不断下降，生产过剩的经济危机就是证明，于是诞生了主张国家调节和社会福利的凯恩斯主义。由于这些政策的实施缓和了阶级矛盾和冲突，使资本主义社会获得了新的发展空间。

特别是在民主政治中，对公民权利的尊重、对非暴力方式解决冲突的强调更凸显了政治妥协的必然与必要。从一定意义上说，民主政治是建立在协商、讨价还价、尊重多样性的基础之上的；不同的利益集团、不同的政治派别和政党能够在一个政治共同体下生存发展，这是政治文明的重要表现。正因为如此，英国历史学家、政治思想家阿克顿勋爵说：

> 妥协是政治的灵魂，——如果说不是其全部的话。[①]

① ［英］阿克顿：《自由史论》，胡传新等译，译林出版社2001年版，第181页。

英国资产阶级革命中资产阶级与贵族妥协，被称为光荣革命；日本也采取了与英国类似的君主立宪政体。发达资本主义国家实行的两党制、多党制（政党竞争制）也是不同政治派别进行妥协的结果；通过政党竞争制，分权与制衡制与普选制使政府获得合法性，使不同集团和群体的利益得到表达和调节，从而缓和了矛盾和冲突。

中国在抗日战争以后曾经出现过一次政治妥协的良机。毛泽东同志撰写了《论联合政府》，指出：

> 中国急需把各党各派和无党派的代表人物团结在一起，成立民主的临时的联合政府，以使实行民主的改革，克服目前的危机……然后，需要在广泛的民主基础上，召开国民代表大会，成立包括更广大范围的各党派和无党派代表人物在内的同样是联合性质的民主的正式的政府，领导解放后的全国人民，将中国建设成为一个独立、自由、民主、统一和富强的新国家。①

但是由于中国缺乏民主和政治妥协的传统，执政的国民党不愿意与共产党和其他民主党派分享政权，没有抓住政治妥协的良机，从而推迟了中国民主化的历史进程，也把人民推入内战的深渊。大陆与台湾经过五十六年的分割和对抗，为了粉碎台独分子的分裂阴谋，2005 年我国通过了《反分裂国家法》，中国国民党主席连战受中国共产党总书记胡锦涛之邀，率团访问大陆，从而揭开了两党交往历史的新篇章，可见政治妥协是大势所趋，是文明潮流。

“和而不同，求同存异”是中国古代的政治智慧，20 世纪 50 年代在处理国际关系上我国就提出和倡导和平共处五项原则。改革开放以来，邓小平提出和平与发展是当今时代的主题，倡导在和平对话基础上建立国际政治新秩序；积极发展同世界各国的关系，尤其是注意发展同发达资本主义国家的合作与交流，加入 WTO，自觉融入全球化潮流；用“一国两制”方针实现了香港澳门的顺利回归和繁荣稳定；取消“阶级斗争为纲”的错误口号，积极发展人权对话和人权事业；培育协商政治，发展共产党领导的多党合作等，都是运用政治妥协艺术的生动体现。随着

① 《毛泽东选集》（第 3 卷），人民出版社 1991 年版，第 1029—1030 页。

市场经济的发展，人们利益意识的觉醒和权利意识的增强，社会矛盾和冲突甚至危机的可能性在增长，发展妥协政治就成为构建和谐社会的必然选择。

（三）政治是一种国家治理方式

恩格斯说："国家是文明社会的概括。"[①] 现代政治是一种以近现代国家为中心的政治，是一种国家治理方式，其兴起与发展的原因则来自于现代市民社会的兴起与发展。[②] 正是市民社会的兴起和发展才从各方面侵蚀了传统政治的基础，提出了以私人利益为基础而结成现代国家的需要，并进而形成了近现代国家与社会的辩证关系，政治内涵中正由此而被赋予经济的含义。国家治理的目的在于调节人们的经济利益关系，在于对价值的权威性分配的合理化。

近代市民社会的兴起是西方社会发展中具有根本意义的事件。私人利益的兴起和发展使公共利益不再是大家的共同利益，共同利益在近代变成了私人利益的总和。私人利益在近代的发展首先遇到的阻力来自封建状态下分封割据，市民阶层在利益的驱动下与王权结盟而摧毁了居于王权和市民之间的贵族阶层。近代西方首先产生的近现代国家便是专制主义的王国。社会契约论者则从资产阶级理论的角度论证了在私人利益的基础上组建政府的必要性，并进行了必要的制度设计。而一旦新的市民阶层的进一步发展受到来自王权的阻挠之时，强大的资产阶级便推翻了旧王权而按照以私人利益为基础的共和制理念建立现代资产阶级国家。现代国家的建立意味着私人利益进入了公共领域，意味着经济生活对政治生活的驾驭和控制。古代是政治决定经济，近现代是经济决定政治，经济时代取代了政治时代而登上了历史舞台。交换原则从经济领域扩展到了政治领域，政治本身再也不具有独立的意义，而变成了社会的功能活动之一，政治本身从经济生活中去寻求自己的合法性支持，现代政治的职能也成了维护经济生活的正常开展。所以，马克思才说，政治是建立在一定经济基础之上的上层建筑，是经济的集中体现。在这里，马克思一针见血地指出了共和国在资本主义社会中已不是一种真正的共和制，而只能是现代资本主义政治的一个外壳。隐蔽在这个外壳之下的、是赤

① 《马克思恩格斯选集》（第4卷），人民出版社1972年版，第172页。

② 孙关宏等主编：《政治学概论》，复旦大学出版社2004年版，第5—7页。

裸裸的经济剥削，试图维护和打破这种经济剥削而展开的各阶级之间的斗争，正是现代资本主义政治活动的本质。

现代国家政治的第一特征是以主权为核心的权力政治。国家（State）一词，其本义是指统治者的职位或位置，其引申义为政权，[①] 最先出于意大利。因为此时在意大利出现了一种原有市民共和国的解体，一些精于谋略的权术家建立起了僭主统治。政治运作的方式出现了权术化的趋势。马基雅维利在《君主论》中已经透露了这样一种信息：善作为政治价值的核心在新的时代下已经失去了意义，新时代的政治活动者们已经不再关注道德问题，政治变成了围绕着权力的竞取而展开的谋略和阴谋活动。

中世纪末期的思想家要解决的另一个问题，是自从宗教改革打掉教会在现世之中的最高权威之后，人间还有没有最高权力和这个最高权力该归谁所有的问题。布丹为此第一次得出了主权概念并将人间的最高权力赋予君主。在实践中，欧洲各国君主间所签订的威斯特伐利亚条约正式确立了各国君主在一国之内的现实政治中的最高权威，各国之间也按照自己的统治范围而第一次划定了边界。1789 年爆发的法国大革命对现代政治所产生的两个最重要的影响是，一方面作为最高权力的政权和作为民族共同体的国家开始融为一体，国家在政权的基础上开始具有了民族利益共同体的意义；另一方面，君主主权开始被人民主权所替代。来源于人民做主的主权在国内成了最高的统治者与管辖者，在国际上成了本国人民私人利益总和的国家利益的最高代表。人民主权成了现代政治文明的核心理念，成为民主政治的基本原则，只有人民主权成了一个国家的宪法制度设计和政治生活的灵魂，才可以说是一种真正文明的政治和文明的生存方式。

“政治是对社会价值的权威性分配”[②]，是关于公共利益的决策、分配和治理活动。列宁指出：

> 政治就是参与国家事务、给国家定方向，确定国家活动的方式、任务和内容。[③]

---

① ［美］布鲁斯·拉西特等：《世界政治》，王玉珍等译，华夏出版社 2002 年版，第 50 页。

② ［美］伊斯顿：《政治体系》，马新槐译，商务印书馆 1993 年版，第 123 页。

③ 《列宁选集》（第 4 卷），人民出版社 1970 年版，第 234 页。

孙中山说“政就是众人之事，治就是管理，管理众人之事，便是政治”[①]。中国古代有“道洽政治、泽润生民”（《尚书·毕命》）、“掌其政治禁令”（《周礼·地官·遂人》），都把政治看作一种权威治理活动，与其他人类行为和社会活动相比，政治行为和政治活动具有根本性、公共性、全面性和权威性四个显著特征。首先，政治活动具有根本性。马克思说，人类所有奋斗争取的一切都与利益有关。政治事关人类的根本利益，它涉及重要利益关系的调整和分配，特别是阶级、阶层、集团、国家、民族、政党、派别等群体利益的分配。其次，政治具有公共性。政治所涉及的利益是社会的公共利益，与此相适应，政治活动是一种公共管理活动，政治空间属于社会的公共空间，任何政治行为者，在其履行法定职能时，代表的都是公共权力和公共利益。再次，政治具有全局性。由于政治活动涉及根本性的公共利益，所以活动范围具有最大的广泛性。规范政治行为和政治关系的政治制度，其效力所及的范围也比其他制度更为广泛，其他社会制度只有上升到政治制度时，才具有最大的效力。最后，政治活动具有权威性。政治活动必然与权力和权威相关，政治活动最终是为了夺取权力或巩固权力。任何其他人类活动，要拥有最大的权力和权威，都必须直接或间接与政治相关。[②] 在现代社会，对价值的权威性分配必须体现人民主权的原则，按照民主和法律的程序进行，[③] 并且体现协商和妥协的原则，才可能使不同利益关系得到协调。

（四）政治是正义的实现

政治是正义的实现。这是一个古老而常新的命题。中国古代孔子认为“政者，正也。子帅以正，孰敢不正？”（《论语·颜渊》）。这里的“正”，就是正义、公正的意思。古希腊思想家柏拉图在《理想国》中把理想国描绘成为各个等级的人们各司其职，互不僭越的“正义之国”，并用它来观照不理想的现实世界。亚里士多德认为正义是以拥有平等公民权的人的自足存在和公共生活为目的的，是规范人的社会行为和保持社会秩序的原则，要实现正义就必须做到守法、均等和中道。

---

① 《孙中山选集》（下），人民出版社 1981 年版，第 661 页。

② 俞可平：《政治与政治学》，社会科学文献出版社 2005 年版，第 2—3 页。

③ ［美］布鲁斯·拉西特等：《世界政治》，王玉珍等译，华夏出版社 2002 年版，第 50 页。

> 所以，公正不是德性的一部分，而是整个德性；相反，不公正也不是邪恶的一部分，而是整个邪恶。①

罗尔斯在《正义论》开篇就说，正义是社会制度的首要德性，优先于效率、稳定等，一个好的制度，首先要看道德上是不是公正的。

孟德斯鸠认为，从自然法的观点来看，凡是维护和平、保障人的生存，使人愿意过社会生活的行为都是合法的，因而也是正义的；凡是保障自由、民主和平等的人为法律也都是正义的。康德把自然状态看作是与社会状态相对的没有法律的状态，法律应当平等地保护人们的普遍权利。他说："法律状态是指人们彼此的关系具有这样的条件：每个人只有在这种状态下方能获得他们应得的权利。按照普遍立法意志的观念来看，能够让人真正分享这种权利的可能性的有效原则，就是公共正义。"②

黑格尔把国家和国家政治生活看作是伦理精神或绝对观念发展的最高阶段。他认为，伦理精神的第一阶段是家庭，家庭的自然延伸和扩张构成市民社会，但市民社会是一个"私利的战场"，因而需要国家来调节私利之间的矛盾和扩张，于是就产生了高于市民社会的政治生活。政治是伦理精神的外化形式，或是最高形式。人们只有在国家政治生活中才能实现意志的真正自由和社会的正义。功利主义把"最大多数人的最大幸福"看作是判断正义与非正义的标准，实际上是把保证资本主义自由契约、自由竞争和自由贸易当作社会正义的基本内容。

19 世纪末以来，随着实证主义思潮的兴起，注重经验证实和具体问题研究日益取代哲学思辨，以行为主义为合流的政治科学在 20 世纪前半期取代了政治哲学而居于支配地位。行为主义的"价值无涉"的主张使包括"正义理论"在内的传统政治哲学的内容受到抨击甚至摒弃。第二次世界大战结束后，西方各主要资本主义国家进入到一个新的发展时期，经济、社会和政治生活中出现了新的情况、特点和问题，而注重事实考察和经验分析的行为主义的政治科学则开始暴露出自身的弱点，其解释

---

① ［古希腊］亚里士多德：《尼各马可伦理学》，廖申白译，商务印书馆 2004 年版，第 131 页。

② ［德］康德：《法的形而上学原理》，沈叔平译，商务印书馆 1991 年版，第 132—133 页。

功能和说服力日益捉襟见肘。1971 年哈佛大学教授罗尔斯（John Bawis）出版了《正义论》一书，由于这本书力图解决关系到人们对当代西方民主社会本质、模式和发展方向的理解和期望。很快在西方思想界引起了巨大的反响，许多思想家都加入到以“正义论”为轴心的政治哲学的讨论中来，政治哲学在沉寂了半个多世纪后又迎来了它的繁荣时期，行为主义也在此背景下开始关注“价值问题”，从而发生了后行为主义转向。[①]“政治是正义的实现”的古老命题被赋予新的时代精神。

罗尔斯明确地规定，在他的正义论中，正义的对象是社会的基本结构——用来分配公民的基本权利和义务，划分由社会合作产生的利益和负担的主要制度。他认为，人们的不同生活前景受到政治体制和一般的经济、社会条件的限制和影响，也受到人们出生伊始所具有的不平等的社会地位和自然禀赋的深刻而持久的影响，然而这种不平等都是人们无法自我选择的。换言之，正义原则主要通过调节社会制度，来从全社会的角度处理这种出发点方面的不平等，尽量排除社会历史和自然方向的偶然任意因素对于人们生活前景的影响。

为此，罗尔斯通过进一步概括以洛克、卢梭、康德为代表的契约论，使之上升到更高的抽象水平而提出了他的“作为公平的正义”理论。在此，契约的目标并非是选择建立在某一特殊的制度或进入某一特定的社会，而是选择确立一种指导社会基本结构设计的根本道德原则（正义原则）。罗尔斯的契约论是完全与社会历史分开的。他认为，订立契约的“原初状态”（origind position）纯粹是一假设的状态，一种思辨的设计，对它可以有各种旨在引出不同结论的不同解释，我们可以合理地设置原初状态的条件，使一个人任何时候都能进入这种假设状态，模拟各方进行合理的推理而作出对正义原则的选择。这些选择是在“无知之幕”（the veil of ignorance）后进行的。原初状态中相互冷淡的各方除了有关社会理论的一般知识，不知道有关个人和所处社会的特殊信息。这时，各方运用游戏理论中最大的最小值规则（maximinmle）是恰当的，即选择那种其最坏结果相比于其他选择对象的最坏结果来说是最好结果的选择对象。这样，这一规则马上就排除了功利主义的选择对象，因为功利主义在产生最大利益总额（或平均数）的前提下容许对一部分人的平等自由

① 宋惠昌：《政治哲学》，中共中央党校出版社 2003 年版，第 98 页。

的严重侵犯。罗尔斯认为：各方将选择的原则处在一种“词典式序列”(Ierical order)[①] 中的两个正义原则，第一个原则是平等自由的原则，第二个原则是机会的公平平等原则和差别原则的结合。其中第一个原则优先于第二个原则，而第二个原则中的机会公正平等原则又优先于差别原则。这两个原则的要义是平等地分配各种权利和义务，同时尽量平等地分配社会合作所产生的利益和负担，坚持各种职务和地位平等地向所有人开放，只允许那种给最少受惠者带来补偿利益的不平等分配，任何人或团体除非以一种有利于最少受惠者的方式谋利，否则就不能获得一种比他人更好的生活。

> “所谓作为公平的正义”即意味着社会合作条件是在公平的条件下一致同意的，所达到的是一公平的契约，所产生的也将是一公平的结果。[②]

罗尔斯的正义论确实具有一种平等主义的倾向，它对纠正目前社会利益分配上的严重不公现象有借鉴意义。

马克思主义认为，正义是人们社会实践的要求和反映。人类社会的发展是有规律的，人们在社会实践中总是处在相互依赖、分工协作又相互矛盾冲突的社会关系之中，协调人们之间社会关系使之符合客观规律要求的原则就是正义。正义原则的普遍性根源于现实的合理性。政治是正义的实现，是政治的价值目标，也是政治统治合法性的基础。

（五）政治是理性对非理性的引导

尼布尔说：“政治的全部艺术都在于对人的非理性进行理性引导。”[③] 这大概是对政治所作的最富于哲学意蕴的诠释。在人类的精神世界中始终存在着理性与非理性两种力量（因素）。文艺复兴是西方历史上第一次自觉的人文主义运动，用理性取代信仰，用人性取代神性，用人权取代神权。法国启蒙思想把人文主义原则具体化为“自由、平等、博爱”的政治口号，明确指出“天赋人权”，反对“君权神授”，要求在政治上的

---

① “词典式序列”即一种编辑词典时的次序排列。比如，只有列举完所有需列举的以 A 为单字母的单词，才能考虑以 B 为首字母的单词。

② ［美］约翰·罗尔斯：《正义论》，中国社会科学出版社 1988 年版，序，第 5—7 页。

③ 转引自伍天冀、杜红卫《政治的智慧》，警官教育出版社 1992 年版，第 9 页。

平等和自由，他们高举理性的旗帜，宣传人人生而平等。主张自由来自天赐，主权在民，力主建立“三权分立”的资产阶级共和国。他们的努力极大地震撼了当时的社会和人民，对于人民的思想解放和社会的迅速发展起了十分积极的先导作用。而以康德为代表的德国古典哲学则提出和论证了人的主体性和主体性原则，深化了主体论思维方式，深化了理性主义的思想变革。

费尔巴哈认为人不能像黑格尔那样理解为纯粹抽象的理性，而应当被看作感性与理性的统一、思维与存在的统一。只有将人理解为这个统一和基础的主体的时候，才有意义，才有价值。而人本身本不是纯粹抽象的理性存在物，而是现实的感性存在物，要吃、穿、住、行，有自己的爱和恨，有自己的实践和生活；趋利避害，扬善抑恶，追求幸福，捍卫自己的个性、尊严、权利和自由。在此基础上奉行生活中的利己主义。他希望能够通过某种超阶级、超阶层的互爱来消除现实生活中的罪恶，来建构起人本主义的理想社会。

人文关怀承认理性的作用，但传统的理性主义无法解决对人的关怀问题，于是转而求之于非理性因素。现代非理性主义是以传统理性主义充分发展为基础的，是理性的自我反思和自我批评的一种特殊方式，理性既需要在人类精神的整体上加以把握，同时更需要进行自我反思和自我批判，这正是现代西方非理性主义思潮的生长点。叔本华以唯意志论反对传统理性主义观点，开了现代非理性主义的先河，叔本华认为崇高理性是人类有史以来的巨大谬误，他断言人的本质是生存意志，意志是世界的基础，意志高于理性，理性只不过是意志的工具。克尔凯郭尔认为，以黑格尔为代表的西方传统哲学无助于解决每个人的个体生存问题。他把“孤独的个体”作为自己哲学的研究对象，把人的恐怖、厌烦、忧郁、绝望等非理性情绪作为“孤独的个体”的基本特征和自己的哲学内容。

19世纪后半期，德国哲学家尼采和柏格森进一步推进了叔本华和克尔凯郭尔的现代非理性主义，对非理性主义思潮起了承前启后的作用，尼采继承并发展了叔本华的唯意志论，创立了强力意志和超人哲学理论。尼采宣称客观世界及其规律都是幻象，否定传统的理性主义以及与之相关的道德价值观念。他认为世界的本质就是强力意志，“超人”是强力意志的最高体现。超人“重估一切价值”并创造新的价值。柏格森则认为：

世界的真正本质是“生命冲动”，“生命冲动”又是一种盲目的、非理性的永恒的运动，理性概念难以完全把握世界上的一切生命现象，因为生命现象是个体性的存在形式，要把握生命的真谛，只能依靠非理性的秘密的直觉。

20世纪上半叶，非理性主义的影响进一步增强，其主要流派有弗洛伊德主义和存在主义。弗洛伊德强调非理性的本能冲动——“本我”是人的活动和社会历史发展的决定性因素，他通过对人的心理结构中本我、自我与超我三部分的相互制动的分析来探讨非理性与理性的关系，力求实现个体生命本能和社会理性原则之间的协调一致。在弗洛伊德看来，“本我”是人的本能冲动，按“快乐原则”活动。“自我”是人的自我意识，按“现实原则”活动，调节外界与“本我”之间的矛盾，使无意识的欲望冲动得到缓解、升华和一定程度的满足。“超我”是道德化的自我，它调节“本我”与“自我”之间的关系，指导“自我”去限制“本我”的无限欲望和冲动。正常人的精神活动意味着这三个部分之间的相互协调和平衡，而这三部分之间失去了平衡，就会导致人格异常和精神病症。存在主义注重个人的具体存在及其意义，认为“恐怖”“烦恼”与“孤独”等非理性主观情绪是人的存在的基本形式，人的存在不同于物的存在，物是存在与本质同在，人是存在先于本质的存在，由人的存在揭示世界的存在。

在当代，非理性主义思潮开始走向衰落，理性主义和非理性主义交汇融合的趋势日益增长。这种趋势体现在符号文化学、现代解释学、结构主义等哲学形式中。其共同点是：第一，丰富和拓展了理性的内涵和外延，赋予理性概念以张力机制，强调理性的包容性和涵盖面，它们以为，人的理性不仅有工具理性，而且有价值理性，人的理性不排除人的非理性，相反应该包括非理性又超出非理性，非理性被纳入理性观的视野，被整合进拓宽了的理性概念中。第二，从人论层面来统摄理性和非理性，强调包括理性和非理性在内的完整人性。第三，强调科学与人文的交融互补，主张科学人文化、人文科学化；心理学“情感智商”（理智驾驭情感、控制情绪的能力）概念的提出就是例证。①

自文艺复兴以来，人的主体意识觉醒，功利主义成为占主导地位的

① 欧阳康：《人本论思维方式的历史演进》，《人文杂志》1999年第1期。

价值观，非理性主义思潮逐步取得主导地位。一方面，人类按照理性原则建构了民主自由的社会政治制度，使人类享受到了现代文明带来的福祉；另一方面，由于工具理性的膨胀破坏了人与自然的和谐关系，工业体系与国家主义导致在20世纪爆发了两次世界大战，宣扬人道主义的欧洲成了杀人的战场，强力意志成了法西斯主义的护身符。一方面是巨大的物质财富的创造和积累，一方面是贫穷的积累和精神生活的沙漠，信仰危机、道德滑坡、“烦”、无聊、吸毒、凶杀、性放纵成了当代普遍的精神状态；极权政治、民族沙文主义不断将人民推入战争的深渊。人类政治生活的逻辑在呼唤理性的引导，用和谐取代征服，用秩序取代战乱，用法治取代强权，用文明取代野蛮。

正像摩尔根所指出的那样：

> 自从文明时代开始以来所经历过的时间，只是人类已经经历过的生存时期的一小部分，只是人类将要经历的生存时期的一小部分，社会的瓦解，即将成为财富唯一的最终目的的那个历程的终结，因为这一历程包含着自我消灭的因素。管理上的民主，社会上的博爱，权利的平等，普及的教育，将揭开社会的下一个更高的阶段，经验、理智和科学正在不断向这个阶段努力。这将是古代氏族的自由、平等和博爱复活，但却是在更高形式上的复活。[①]

这就是人类所追求的真正的文明的生存方式。

人性中本来就包含理性和非理性两种因素，而社会中的每一个人都从自身的需要和利益出发决定自己的行为取向，在个人看来是理性的行为在整个社会看来就可能是非理性的行为，这就需要用制度、法律和一定的权威来约束人类的行为，把经济利益相互冲突的人们规范在秩序的范围内。这就是理性对非理性的引导，是政治之所以长期存在，以及人是政治动物最深刻的根源。从这个意义上，可以说政治是与人类社会共始终的，只是存在阶级社会的政治与无阶级社会的政治之分。

---

① 《马克思恩格斯选集》（第4卷），人民出版社1972年版，第175页。

二　开辟“复兴”和“变革”的新时代

——“四个全面”战略布局的政治学解读

历史总是在应对挑战中展开其波澜壮阔的画卷。马克思说：“理论在一个国家的实现程度，总是决定于理论满足这个国家的需要程度。”① 伟大的时代产生伟大的理论，伟大的理论引领伟大的变革。

习近平总书记适应历史潮流，用实现中华民族伟大复兴中国梦引领改革和现代化建设，外展雄风，内惩腐恶；顶层设计，依法为纲；大刀阔斧，不畏艰险；文治武略，长袖善舞。“四个全面”战略布局的提出，标志新一届党中央治国理政总体框架更加完整，日臻成熟，给中国特色社会主义理论注入新的内涵，开辟了一个复兴和变革的新时代。

从政治思维和政治发展角度审视，有助于我们深刻理解“四个全面”战略布局的辩证关系，揭示当代中国正在经历伟大变革的内在逻辑，让经济变革与政治社会变革相互促进、相得益彰。

（一）“四个全面”战略布局，适应历史潮流，用民族伟大复兴中国梦引领改革和发展，总结毛泽东、邓小平两个时代历史经验，开辟“复兴”和“变革”的新时代

2013年春，美国《时代》周刊将习近平评为“最有影响力人物”，人们感到，中国甚至世界都进入一个“新的时代”。美国前大使评价，习近平“将会成为中国首位真正的全球领袖”，这就是一个复兴和变革的伟大时代。

党的十八大刚刚闭幕不久，习近平就提出实现中华民族伟大复兴的中国梦。“中国梦的本质是国家富强、民族振兴、人民幸福。”实现中国

① 《马克思恩格斯选集》（第1卷），人民出版社1972年版，第10页。

梦，意味着中国的经济实力和综合国力、国际地位和国际影响力大大提升，意味着中华民族以更加昂扬向上文明开放的姿态屹立于世界民族之林，意味着中国人民过上更加幸福安康的生活。

中国梦的提出，立刻在海内外引起巨大反响。“中国梦对世界有吸引力”“中国的梦想不仅关乎中国的命运，也关乎世界的命运”，成为国际社会对中国梦的主流认识。中国梦不是像一些人曲解的“强权梦”“扩张梦”“霸权梦”，而是“和平、发展、合作、共赢的梦，与世界各国人民的美好梦想相通”①。

“改革开放是决定当代中国命运的关键一招，也是决定实现‘两个一百年’奋斗目标、实现中华民族伟大复兴的关键一招。”习近平总书记履新不到一个月就去“得风气之先”的广东考察，宣示“改革不停顿，开放不止步”。强调“改革开放只有进行时没有完成时”，有“冲破思想观念障碍，突破利益固化藩篱”的勇气，有“敢于啃硬骨头，敢于涉险滩”的决心。

纵观世界，变革是大势所趋，人心所向，是浩浩荡荡的历史潮流。特别是新一轮技术革命和产业革命正在兴起。我们必须认清形势，居安思危，奋起直追，停顿和倒退没有出路，思想僵化，故步自封，必将被淘汰。

2014 年 12 月，习近平总书记在江苏考察调研时提出：“主动把握和积极适应经济发展新常态，协调推进全面建成小康社会、全面深化改革，全面推动依法治国、全面从严治党，推进改革开放和社会主义现代化建设迈上新台阶。”

如果说改革开放是当代中国最鲜明的特色，那么以更大的政治勇气和智慧推进改革，用全局观念和系统思维谋划改革，就是党的十八大以来深化改革最鲜明的特征。②

习近平认为，正确认识改革开放前后两个三十年的关系，决定着能否正确评价中国共产党九十多年的历史，能否正确评价新中国六十多年的历史，事关中国特色社会主义事业兴衰成败。

---

① 《习近平总书记系列重要讲话读本》，学习出版社 2014 年版，第 25—35 页。

② 《“四个全面”学习读本》，人民出版社 2015 年版，第 111—115 页。

> 这是两个相互联系又相互区别的时期，如果没有1978年我们党果断决定实行改革开放，坚定不移把握改革开放的正确方向，社会主义中国就不可能有今天这样的大好局面。同时，如果没有1949年后新中国进行社会主义革命和社会主义建设，积累了重要的思想、物质、制度条件，积累了正反两方面的经验，改革开放也很难顺利进行。①

我们现在依然运作的人民代表大会制度，共产党领导的多党合作制度，政治协商制度，民族区域自治制度，就是毛泽东时代创立的；在一穷二白基础上建立了工业体系和国民经济体系，大兴水利，提出实现“四个现代化”的目标；抗美援朝和“两弹一星”，奠定了中国的大国地位；倡导“和平共处五项原则”，提出“三个世界划分”的理论，恢复中国在联合国的合法席位，尼克松访华、缓和中美关系，实现中日邦交正常化，为后来的改革开放创造了条件。

邓小平开辟了改革开放的新时代，确立了市场化改革方向，推进社会主义民主与法制，实现国家领导任期制，把中国引上了法理化轨道。加入世贸组织，使中国经济融入了全球化进程。确立了国家尊重和保障人权的宪法原则，提出建设社会主义法治国家和政治文明的目标。江泽民的“三个代表”重要思想，胡锦涛的科学发展观、构建和谐社会思想，进一步丰富和发展了中国特色社会主义理论。

从习近平的执政风格来看，明显具有综合毛泽东、邓小平两个时代的特征，提出实现民族伟大复兴中国梦，发挥意识形态引领作用。从群众路线教育、八项规定，反腐倡廉持续高压态势，彰显中央权威。大刀阔斧，简政放权，表现了中央深化改革的决心。顶层设计、系统推进，突出了科学态度和务实精神。文治武略，展示了正在崛起大国的英姿。

从政治思维和政治发展的角度看，“四个全面”战略布局与“民族复兴”战略共同构成“国家制度建设”的思维向度；注重公平正义，彰显法治思维；提出“市场在资源配置中的决定性作用”，重新界定政府与市场关系；提出全面深化改革与全面依法治国“如鸟之双翼，车之两轮”；提出“把权力关进制度的笼子”“建设良好政治生态”“正确处理维稳与

① 《习近平总书记系列重要讲话读本》，学习出版社2014年版，第25—35页。

维权的关系”“国家治理体系和治理能力现代化”的总目标，使政治发展和政治现代化的思路更加清晰。

有人说，中国的希望在于政治改革。那么我们也可以说，经过几代人的努力和渐进性改革，“四个全面”战略布局的提出，标志当代中国政治思维的历史性飞跃，即通过改革与法治思维，以及执政党的自我约束机制，为社会繁荣与稳定提供制度保障。标志我党对共产党的执政规律、对社会主义现代化建设规律、对人类社会发展规律认识的新境界。

习近平适应历史潮流，用实现民族伟大复兴的中国梦引领改革发展。如果说“全面深化改革”是我党主要围绕经济领域进行的社会变革，那么“四个全面”战略布局的提出，就是包括经济政治社会诸领域的全面变革，强调维护社会公平正义，提出国家治理体系和治理能力现代化的战略目标，开辟了一个复兴和变革的新时代。

如果从民族复兴和社会变革的意义上来说，我们可以将中国近现代划分为三个时代，即孙中山领导的辛亥革命，推翻了统治几千年的封建帝制，开辟了民主共和时代；毛泽东领导的新民主主义革命，推翻了三座大山，实现了民族的独立解放，开辟了独立自主建设社会主义的时代；邓小平果断结束“以阶级斗争为纲”的“左”倾错误，把党和国家工作重心转移到经济建设上来，确立了市场化的改革目标，开辟了改革开放、建设中国特色社会主义的新时代。

郑永年在《习近平的政治路线图》中认为，“中国进入后邓小平时代”，习近平是继毛、邓之后的第三代领导人，他可能开启未来中国三十年的道路。①

（二）“四个全面”战略布局，顺应民心，强调把“权力关进制度的笼子”，破解处理治国与治党关系，营造良好政治生态，重塑执政合法性

合法性，最初含义是指国王有权即位是由于他们的“合法”出身。中世纪以来，合法性的意思增加了，它不再只是指“统治的合法权利”，而且是指统治的“心理权利”。现在的合法性意指人们内心的一种态度，这种态度认为政府的统治是合法的和公正的。②

苏东剧变给我们敲响了警钟，共产党领导的社会主义国家，搞得不

① 郑永年：《习近平的政治路线图》，《凤凰大讲堂》2014 年 10 月 18 日。

② ［美］迈克尔·罗斯金：《政治学》，林震等译，华夏出版社 2002 年版，第 5 页。

好也存在合法性危机。早在延安时期，黄炎培和毛泽东进行过一段著名的"窑洞对"，黄炎培提出如何跳出"其兴也勃焉，其亡也忽焉"的"历史周期律"？毛泽东说，我们已经找到"这条新路就是民主"，让人民监督政府，就不会"人亡政息"。

习近平指出："如果管党不力，治党不严，人民群众反映强烈的党内突出问题得不到解决，那么我们迟早就会失去执政资格，不可避免被历史淘汰，这绝不是危言耸听。"①

> 一个政党、一个政权，其前途命运取决于人心向背。人民群众反对什么，痛恨什么，我们就要坚决防范和打击。人民群众最痛恨腐败现象，我们就必须坚定不移反对腐败。②

正是从巩固执政合法性的高度，提出全面从严治党的战略思想。

治国与治党的关系，是国家治理体系首先要解决的问题，"治国必先治党，治党务必从严"，这就是历史的教训。中国共产党与中华民族的前途命运，构成当代中国最关键的"命运共同体"。

习近平提出"把权力关进制度的笼子"。权力有一种不断向外扩张的趋势，所谓权力的任性。孟德斯鸠认为没有制约的权力必然导致腐败，这是一条千古不变的规律，因此主张用权力制约权力。西方在此基础上建立了三权分立相互制衡的政权结构。政党竞争制，文官制度，舆论监督制度，形成了一套比较成熟的权力约束机制。

我国是社会主义国家，一切权力属于人民，采取议行合一体制，有自身优越性。党的领导、人民当家做主、依法治国相统一的制度体系还在形成之中。毛泽东时代依靠群众监督，"三反五反""社教""四清"直到"文革"，干部相对比较廉洁。

改革开放以后，汲取"文革"教训，我党宣布不再搞群众运动，加强社会主义民主和法制，依靠制度建设解决权力监督问题。主要依靠体制内监督，地方各级纪委在同级党委领导下工作，缺乏独立性，工作难以开展。领导只对上级负责，不对下级负责，群众监督缺乏有效途径；

① 《习近平总书记系列重要讲话读本》，学习出版社 2014 年版，第 175 页。

② 《"四个全面"学习读本》，人民出版社 2015 年版，第 274 页。

其他监督渠道在实践中也存在不少问题。

在市场经济条件下，领导干部手中握有很大的权力，不少人理想信念动摇，在缺乏制度刚性约束的情况下，有的领导干部权力观扭曲，搞特殊化，享受做官当老爷的“尊荣”；有的把权力看成牟取个人或少数人私利的工具，搞权钱交易；有的权力过分集中。邓小平说：“旧中国留给我们的，封建专制传统比较多，民主法治传统很少。”提出“领导制度、组织制度问题更带有根本性、全局性、稳定性和长期性”①。

要形成科学有效的权力制约和协调机制，要强化权力运行公开。要健全和完善党内监督、民主监督、法律监督和舆论监督体系。要加强对领导干部特别是一把手的监督，加强领导班子内部监督，加强行政监察、审计监督、巡视监督，形成对领导干部的严格约束，保证领导干部始终保持如履薄冰、如临深渊的警觉，做到位高不擅权，权重不谋私。习近平说：“我们共产党人决不能搞封建社会‘封妻荫子’‘一人得道，鸡犬升天’的腐败之道！”②

探索体制内监督与体制外监督相结合，是一个崭新的政治课题。“自然生态要山清水秀，政治生态也要山清水秀。”“加强党的建设，必须营造一个良好的从政环境，也就是要有一个好的政治生态。营造良好从政环境，要从各级领导干部首先是高级干部做起。”③

政治生态是一个国家或地方政治生活现状以及政治发展环境的集中反映，是党风、政风、社会风气的综合体现。法国哲学家爱尔维修有句名言：“人是环境的产物。”一个好的环境可以引导人积极向上，一个坏的环境则可能让好人腐蚀堕落。环境好了、健康了、向上了，党内的“害群之马”“不良分子”就不会有生存发展的土壤和空间。净化政治生态就是营造风清气正、吏治清明、公平正义、干事创业的良好氛围。④

党的十八大闭幕不到一个月，中央就出台“八项规定”，发出正风律纪、从严治党的强烈信号，全党全社会为之一振。“开弓没有回头箭”，提出“把权力关进制度的笼子”，“老虎”“苍蝇”一起打。深入推进反腐倡廉建设，深入开展群众路线教育，使广大党员干部受到“猛击一掌”

---

① 《邓小平文选》（一九七五——一九八二年），人民出版社 1983 年版，第 292—293 页。

② 《习近平总书记系列重要讲话读本》，学习出版社 2014 年版，第 85—87 页。

③ 《“四个全面”学习读本》，人民出版社 2015 年版，第 273—274 页。

④ 石平：《要有一个好的政治生态》，《求是》2014 年第 18 期。

的警醒。从严管理干部，完善党的建设制度、党内法规体系，全方位、高标准地管党治党举措，净化政治生态，刷新了党风政风，正义得到伸张，人民群众欢欣鼓舞。

党风廉政建设，从根本上说就是密切党和人民群众的血肉关系，改善干群关系，赢得党心民心，巩固执政党的社会基础。以人为本的科学发展观，就有巩固执政合法性的意蕴①；而“四个全面”战略格局的提出，则是为民族伟大复兴和社会变革提供系统制度，彰显社会公平正义，重塑执政合法性，保证国家社会繁荣稳定长治久安。

（三）“四个全面”战略布局，重新调整“政府与市场”“国家与社会”的关系，提出“建设国家治理体系和治理能力现代化”的战略任务

国家与社会、政府与市场的关系，是当代中国政治发展的重要课题，也是中国变革和现代化过程中必须面对的重大现实问题，是国家治理体系和治理能力的现代化问题。

在自由资本主义初期，流行自由放任主义，“干涉越少的政府，越是好的政府”，社会经济活动是按照“看不见的手”即市场来调节的，政府起“守夜人”的作用，为经济发展提供良好的“法律和秩序”等外部环境。

随着资本主义的发展，特别是向垄断资本主义的过渡，内部固有矛盾不断尖锐，政府只管“法律和秩序”，已经不能保证资本社会运动的正常运行。

特别是20世纪30年代，各主要资本主义国家的政府为了对付当时面临的前所未有的大危机，必须扩大对经济生活进行干预。

凯恩斯主义兴起，政府通过财政政策，增加政府支出，刺激需求，制止失业；通过税收政策，鼓励投资；通过货币政策，运用利息率升降的杠杆，控制货币供应量，间接影响资本和个人消费量等。这些情况表明资本主义国家的职能进一步扩大和加强。第二次世界大战后，由于科技革命使资本主义经济发展有了一个新的飞跃，国家干预经济和管理社会的深度和广度都进一步加强。②

中国是一个中央集权制国家，“普天之下，莫非王土，率土之滨，莫非王臣”。西汉《盐铁论》，决定盐铁等关系国计民生的大宗商品由国家

① 王世荣：《科学发展观与执政合法性的重塑》，《体制改革》2005年第5期。

② 王邦佐等：《新政治学概要》，复旦大学出版社2009年版，第81页。

经营。中国历史上的“重农抑商”政策，首先是政治上的考量。汉袭秦制，到“罢黜百家、独尊儒术”，建立了政治经济文化高度一体化体制，也就是所谓“大一统天下”。可见，中国的“国营经济”源远流长，近代就有所谓“官督商办”，新中国成立以后，我们受苏联模式的影响，这大概与中国历史上高度集权的体制相契合。

党的十一届三中全会以来，推行改革开放战略，实现由计划经济向社会主义市场经济转变，这是一次伟大的社会变革，传统农业社会向现代工商业社会转变，人治社会向法治社会转变，官本位社会向公民社会转变。延续几千年的“政治经济文化一体化”高度集权型社会结构开始松动。这是国家与社会、政府与市场、政府与公民关系的大调整、大变革。

在世界金融危机影响下，中国由成长期经济过渡到成熟期经济增速放慢，也就是进入新常态面临双重压力，一方面要摆脱计划经济体制的历史惯性，需要“简政放权”的自由放任主义，提供“法律与秩序”；另一方面需要凯恩斯主义，加强宏观调控，健全社会保障体系，提高社会福利，以及正确处理发展与廉政、维稳与维权、变革与法治的矛盾，使中国社会变革的复杂性凸显。

虽然我国市场经济已经初步建立，但市场体系还不健全，市场发育还不充分，特别是政府与市场的关系还没有理顺。主要是市场秩序不规范，以不正当手段谋取经济利益的现象广泛存在；产生要素市场发展滞后，要素闲置和大量有效需要得不到满足并存；市场规则不统一，部门保护主义大量存在；市场竞争不充分，障碍优胜劣汰和结构调整。①

十八届三中全会把市场在资源配置中的“基础性作用”修改为“决定性作用”。要统筹发挥政府和市场作用，划清政府与市场界限，凡属市场发挥作用的，政府要简政放权，要松绑支持，不去干预；凡属市场不能有效发挥作用的，政府应当主动补位，该管的应当坚决管、管到位、管出水平，避免出问题。要找准市场功能和政府行为的最佳结合点，使“看不见的手”和“看得见的手”都要用好，切实把市场和政府的优势都充分发挥出来，让企业和个人有更多活力和更大空间去发展经济、创造财富。

---

① 《习近平总书记系列重要讲话读本》，学习出版社2014年版，第61—64页。

“全面深化改革的总目标是完善和发展中国特色社会主义制度，推进国家治理体系和治理能力现代化。”必须适应国家现代化总进程，提高党科学执政、民主执政、依法执政水平，提高国家机构履职能力，提高人民群众依法管理国家事务、经济社会文化事务、自身事务的能力，实现党、国家、社会各项事务治理制度化、规范化、程序化，不断提高运用中国特色社会主义制度有效治理国家的能力。

“改革发展到今天，各项改革举措的关联性、耦合性越来越强，进一步加强顶层设计，建构起一整套更加系统完备、科学规范、运行有效的制度体系，已成当务之急。更需要从治理结构、治理机制、治理理念、治理效率等更深层面上全方位优化。如果说，过去我们对制度建设和制度执行能力的要求时常是不平衡的，或者在执行环节重视不够，或者忽视了对制度科学性、规范性的要求，那么今天，将治理体系与治理能力有机结合，共同完善，已是势在必行，解决事关党和国家长治久安的制度现代化问题。”①

“国家治理体系和治理能力现代化”，是一种全新的政治理念，表明我们党对社会政治发展规律有了新的认识，从统治走向治理，是人类政治发展的普遍趋势。治理的主体是多元的，除了政府外，还包括企业组织、社会组织和居民自治组织等；治理可以是强制的，但更多是协商的；治理的来源除了法律外，还包括契约；治理的权力运行可以是自上而下的，但更多是平行的；统治所及的范围以政府权力领域为边界，而治理以公共领域为边界，后者比前者要宽广得多。善治就是公共利益最大化的治理过程，其本质特征就是国家与社会处于最佳状态，是政府与公民对社会政治事务的协同治理。② 由“四个现代化”到制度现代化，是一个历史的跨越。

（四）中国的希望在于政治改革，“四个全面”战略布局，彰显法治思维，维护社会公平正义，强调人民幸福与尊严，正确处理维稳与维权关系，文治武略实现社会繁荣与稳定

中国的希望在于政治改革，这是顺应时代潮流、破解中国难题、引领社会变革的中心环节，也是中国历史发展的必然逻辑。中华民族五千

---

① 《“四个全面”学习读本》，人民出版社 2015 年版，第 123—125 页。

② 俞可平：《推进国家治理体系和治理能力现代化》，《前线》2014 年第 1 期。

年文明史就是一部变革史，政治改革是中国近现代史的主题。政治改革可以解决渐进性改革积累的问题和瓶颈。是全面深化改革、实施“四个全面”战略布局的关键，是围绕国家治理体系和治理能力现代化的系统协调改革。只有政治改革，才能为国家长治久安、繁荣稳定创造良好的制度和法律环境，才能最终实现民族伟大复兴。几十年经济持续高速增长，政通人和，睦邻友好，国际地位明显提升，千载难逢，机遇不可错过。

民主宪政、依法治国是现代政治文明的重要标志，也是国家治理系统和治理能力现代化的重要特征。履新不到一个月，习近平在首都各界纪念现行宪法颁布实行30周年大会上庄严宣示，“依法治国，首先是以宪治国；依法执政，关键是以宪执政。”刚刚当选国家主席，习近平向全国人民郑重宣誓，“我将真实履行宪法赋予的职责”。全面深化改革与全面依法治国，被视为“鸟之两翼，车之两轮”。彰显法治思维，成为习近平为总书记的新一届中央治国理政的显明特征。

商鞅说：“古之民朴以厚，今之民巧以伪。故效于古者先德而治，效于今者前刑而法。”（《商君书·开塞》）古今民性各异，治当今之民须用刑法。法家讲治理乱世，法治为上；政令统一、令行禁止；赏罚分明，“法不阿贵”“以吏为师”，这些思想在今天仍然有借鉴意义。

但是古代讲法治，主要指“刑罚”，是治民之器。现代法治，主要指政府治理，规范和限制政府权力和官员行为，强调依法治国、依法执政，“把权力关进制度的笼子”，这正是习近平新政，强调法治思维的社会变革和进步意义。

全面依法治国，对于中国这样一个有数千年人治传统的国家来说，无疑是国家治理领域一场广泛而深刻的革命。历史经验证明，什么时候重视法治、法治昌明，什么时候就国泰民安；什么时候忽视法治、法治松弛，什么时候就国乱民怨。而今天的中国，面对发展的形势、发展任务完全不同了。一个利益多元、观点多样、充满活力的社会已然形成。快速发展期，面对多元利益诉求如何定纷止争，促进公平正义？改革深水区，面对多样实践探索如何划定边界，掌握改革航向？社会转型期，面对多变思想观念如何调和鼎鼐，凝聚广泛共识？

在我们这样一个地域辽阔、民族众多、国情复杂的大国执政，要保证国家统一、法制统一、政令统一、市场统一，必须秉持法律这一准绳，

用好法治这个手段。全面推进依法治国，是深刻总结我们社会主义法治建设经验教训作出的重大抉择，是全面建成小康社会和全面深化改革的重要保障。

“全面推行依法治国是关系我们党执政兴国、关系人民幸福安康、关系党和国家长治久安的重大战略问题，是完善和发展中国特色社会主义制度、推进国家治理体系和治理能力现代化的重要方面。”①

积极维护社会公平正义，强调人民的幸福与尊严，是习近平新政的鲜明特征。从庄严承诺“人民对美好生活的向往，就是我们的奋斗目标”，到告诫“让人民群众在每一个司法案件中都感受到公平正义”。“要把促进社会公平正义、增进人民福祉作为一面镜子，审视我们各方面体制机制和政策规定，哪里有不符合促进公平正义的问题，哪里就需要改革；哪个领域哪个环节问题突出，哪个领域哪个环节就是改革重点。”②

罗尔斯在《正义论》，强调“作为公平的正义”，“权利义务平等”和“机会平等”，“给最少受惠者带来补偿”原则③，对我们有现实意义。中国目前出现了利益固化和阶层固化问题比较突出，有违公平正义原则，我们在深化改革中必须着力加以解决。

维稳与维权的关系，是政治发展必须解决的重大课题。习近平多次强调要“处理好维稳与维权的关系”，中国社会历来有“不患寡而患不均，不患贫而患不安”（《论语·季氏》）的观念。现代民主不仅具有人民主权、自治等传统内涵，更强调利益表达和利益调节机制。目前，中国被称为世界工厂，劳资矛盾十分突出，产业工人尤其是农民工维权机制亟待完善。需要进一步贯彻“以人为本”的科学发展观，落实国家维护和保障人权的宪法原则。

李景鹏在《政府职能与人民利益表达》中认为，在市场经济下大众往往处于弱势群体的地位，政府应该扶持他们组织起来，使他们有能力与强势集团进行博弈，政府担当调解人角色，使之达到妥协。不然的话，大家有矛盾都直接找政府，政府就难以应付，从而影响社会的稳定与和谐。这是一个很好的思路。④

---

① 《“四个全面”学习读本》，人民出版社2015年版，第175—185页。

② 同上书，第165页。

③ ［美］罗尔斯：《正义论》，何怀宏等译，中国社会科学出版社1988年版，第6—7页。

④ 李景鹏：《政府职能与人民利益表达》，《中共中央党校学报》2006年第3期。

亚里士多德认为，政治和法律是为人们幸福生活创造良好的社会条件。[①] 我们是人民主权的社会主义国家，人民利益高于一切，维护人民的利益与权利，增进人民的幸福与尊严，维护社会的公平与正义，是社会主义制度的本质要求，也是社会主义制度优越性的集中体现。应该树立“国家以社会为本位，社会以个人为本位”的新政治伦理观念。[②]

文治武略是中国政治思维和政治智慧的集中体现，文能安邦，武可定国。我国坚定走和平发展道路，但是为了国家的安定与人民的幸福，在现时代内政与外交，经济建设与国防建设必须齐头并进，缺一不可。习近平指出：

> 当前，世界主要国家都在加快推进军队改革，谋求军事优势地位的国际竞争加剧。
>
> 军事上的落后一旦形成，对国家安全的影响将是致命的。
>
> 要为建设一支听党指挥、能打胜仗、作风优良的人民军队而奋斗。[③]

应对美国“亚太再平衡”战略，我国调整“韬光养晦”为“积极防御”战略，巩固与俄罗斯的战略伙伴关系。坚持“与邻为善、以邻为伴”推进周边外交，巩固发展中非关系，加快推进与欧洲的合作与交流，加快军事现代化进程，钓鱼岛巡航，“东海防空识别区”的划定，在南海岛礁建设机场，彰显了我国政府坚决捍卫国家主权的坚强意志。

这是“几千年未有之变局”，经过几代人的浴血奋斗，古老的祖国焕发了青春，已经傲然崛起在世界的东方，义无反顾融入世界文明大潮。“现在，我们比历史上任何时期都更接近中华民族伟大复兴”的梦想，“一带一路”“亚投行”，给中国插上了腾飞的翅膀，展示了中国的雄心和英姿，对国际政治经济格局以深刻影响，开辟了国际关系的“中国时代”，习近平“将会成为中国首位真正的全球领袖”。

整肃吏治，廉政风暴，赢得了党心民心。全面深化改革与全面依法

---

① ［古希腊］亚里士多德：《尼各马可伦理学》，廖申白译，商务印书馆 2004 年版，第 311—318 页。

② 宋惠昌：《当代政治伦理学的一个基本问题——关于国家、社会、个人关系的政治伦理思考》，《江西师范大学学报》2005 年第 4 期。

③ 《“四个全面”学习读本》，人民出版社 2015 年版，第 103—104 页。

治国相互推动，“四个全面”战略布局的形成，开辟出一个复兴和变革的新时代。这是继毛泽东、邓小平之后又一个伟大的时代，这是一个展示中国智慧和雄风的时代，是一个彰显法治思维和公平正义的时代，是风清气正、“把权力关进制度的笼子”、打造廉洁政府的时代，是一个创造幸福与尊严、人民群众欢欣鼓舞的时代，是一个推进“国家治理体系和治理能力现代化”、文治武略实现国家繁荣稳定长治久安的新时代。

三　全球化视野下加快中国民主化进程的现实思考

文明是在迎接挑战中走向新生的。以加入世贸组织为标志，中国主动融入了全球化进程，给中国的市场化改革和加快中国民主化的进程带来新的历史机遇。中国的民主化是一个关系党和国家前途命运的伟大变革，是一项艰难而复杂的系统工程。如何更好地顺应全球化进程中的世界民主化潮流，加快中国民主政治建设的步伐，是当今中国面临的重大现实问题。从中国的国情出发，大胆借鉴人类政治文明的积极成果，是中国迎接全球化、民主化挑战的基本选择。同时，加快中国的民主化进程，需要深入探讨其国际国内环境、战略选择、现实道路和长期任务等重要具体问题。这既是中国特色社会主义民主政治建设的现实需要，也是中国社会主义政治文明建设的战略要求。

（一）积极加入全球化进程，为加快中国民主化进程带来新的历史机遇

全球化指人类经济、政治、文化活动突破民族国家界限，在全球范围内相互交流、相互依存、相互融合的发展趋势。新大陆的发现，世界市场的形成，就开启了全球化的进程。20 世纪全球化的进程明显加快，表现为市场经济向全球范围内的扩展，贸易、金融、投资等经济活动区域化和国际化，国际政治地位的凸显和世界范围民主化浪潮的不断高涨，以及科学文化的普及和各文明体系之间交流和对话的日益加强。中国民主化的进程本身就是在全球化浪潮的推动下开启并日益深化的。虽然开始并不是自愿的，而是对全球化挑战的一种被动回应。但毕竟促使国人开始睁眼看世界，逐步抛弃封闭的夜郎自大心理。

从鸦片战争开始，中国人为了救亡图存的需要掀起了洋务运动、维

新变法，甚至清王朝的统治集团也不得不在内外压力下开始试图仿效西方政治制度的某些形式，实行“新政”和宪政改革。孙中山领导的辛亥革命，使民主共和观念逐步在中国的土地上生根；以科学和民主为旗帜的新文化运动，既是进步人士对封建传统保守势力的一次扫荡，也是中国人在应对全球化挑战进程中一种新的抉择，中国人对全球化中的进步趋势开始有了较为深刻的认识。中国共产党领导的新民主主义革命，则更是应对全球化挑战的一种革命性回应，逐步走向理性和自觉。

改革开放政策的推行以及加入 WTO，使中国开始真正参与到全球化进程中去，表明中国这个具有悠久文化传统的古老民族由被动到自觉逐步融入了全球化浪潮，回归人类文明进步的大道，呈现勃勃生机和复兴之势。中华民族从来都不是保守的民族，她本身就是多民族在冲突中不断走向融合的产物。凡是先进的东西都被中国人所吸收，并发扬光大。中国主动融入全球化进程，同样也是一个伴随着文化冲突与融合的过程，这可能对我国的民族经济、国家主权和安全、民主化道路的选择以及政治稳定等带来挑战。但它又可以促使市场经济体系的完善，为我国民主政治发展提供新的文化资源和国际条件，使人们在与先进国家政治文明发展的比较中，提高政治参与意识、提升社会的法制化程度，推动政治体制改革的深入，给中国民主政治发展提供新的动力，从而逐步克服政治现代化的结构性冲突。所以，我们说，加入全球化进程为中国加快民主化进程带来了新的历史机遇。

全球化是资本主义向世界各地扩展的过程，是资本主义社会内部新的社会因素孕育和发展的过程，同时也是对资本主义进行批判和变革的社会主义思想和运动形成、发展和传播的过程，是社会主义对全球化的发展方向不断给以校正的过程。因而全球化从一定意义上也是资本主义和社会主义较量、竞争和互动的过程，这在 20 世纪以来世界的发展中表现得更为明显。如果说 20 世纪上半叶是社会主义运动在全球化进程中不断走向高涨，在一定程度上主导了全球化发展方向的时期，那么，20 世纪下半叶则是社会主义运动遭遇坎坷和重大挫折的时期，社会主义未能很好发挥其对全球化发展的校正作用。苏东剧变作为 20 世纪社会主义运动和社会主义民主遭遇重大挫折的标志性事件，其发生从根本上讲，在于未能很好把握全球化进程中的新趋势和新要求，从而使其政治、经济体制以及意识形态逐步走向僵化，成为与全球化、民主化、市场化发生偏离的另一种发展模式，其民主政治的挫折在一定程度上是苏东共产党长期以来忽视民主政治建设，忽视执政能力建设，拒斥文明进步潮流的必然结果。

苏东剧变既是国际共产主义运动的重大挫折，也是一笔巨大的财富。因为人类总是在失败和挫折中日益走向成熟和进步。虽然邓小平的改革开放是在总结“文革”的惨痛教训中，开启了现代化的航船；但南巡谈话所提出的市场化、民主化、法制化改革思路，则是在苏东剧变后所作出的明智选择。中国的改革开放，作为对全球化趋势的一种积极回应，从一开始就注意把握世界发展的潮流。市场经济的发展及其向全球范围的扩展是全球化的主要特征；而随着市场经济的发展，人们的平等意识、自由意识、契约意识、参与意识、利益意识、权利意识、法制意识、公民意识和市民社会被孕育出来，这将会成为民主政治进一步发展的良好土壤。中国的改革从一开始就有明显的市场化趋势，市场化改革为中国的民主化改革创造了有利的社会条件。

随着市场化改革的深入，中国社会阶级阶层日益分化，单位体制有些已经解体，有些正在松动；民营经济发展势头强劲，利益正在重新调整；地区和城乡国民收入差距的拉大，使社会矛盾和危机逐渐由隐性变为显性；当前腐败现象尚未有效遏止，党群干群关系还较紧张。这些问题的解决，各种社会关系的协调，需要进一步深化体制改革，通过政治体制改革，推进民主政治的发展。按照现代民主理念，民主不仅是人民的统治，是人民选择执政党和政府的权利，而且是利益的表达机制和调节机制。正在崛起的利益集团和社会阶层，如民营企业和一些弱势群体，都在寻求政治表达和利益表达的载体和机制。如果不加快政治民主化的进程，那么这股力量就可能寻求非常态的政治参与形式，从而对社会发展产生负面影响，甚至造成政治和社会动荡。从国际经验来看，人均国民生产总值在1000—3000美元是个危险期，搞得不好，就会出现有增长而无发展，经济、政治、社会发展不相协调的“拉美现象”。而我国经济建设的有关指标正在向此区间推进，因而不能不有所警惕。

总之，全球化使中国社会融入世界文明潮流，给中国的政治改革带来新的历史机遇和挑战，苏联解体为中国民主化改革提供了重要的鉴戒。我们既不能盲目冒进，又不能无所作为。市场化改革促进了中国社会分化与利益的重新调整，公平问题的凸显和腐败问题日趋严重，迫使我们

必须加快政治民主化进程。正像邓小平同志所说的那样："不搞政治体制改革，经济体制改革难于贯彻。"①

（二）以宪政精神和宪政思维为指导，把坚持党的领导、人民当家做主与依法治国有机结合起来，是加快中国民主化进程的战略选择

全球化趋势的发展既是市场经济向全球扩展的过程，也是人类政治文明进入民主政治阶段和民主政治在世界范围走向胜利的过程。近现代以来的民主政治从一开始又是和宪政紧密联系在一起的。宪政在世界范围的发展虽有不同的具体形式，但宪政精神和宪政思维的贯彻则是其共同主题。以人民主权、自由、人权、法治、有限政府等为基本内容的宪政精神和依宪治国、按宪政原则办事的宪政思维，是宪法得以贯彻、宪政实施和民主政治发展的重要保障。

20世纪社会主义民主发展的曲折，实际是宪政意识薄弱和宪政思维缺乏的结果，其"核心就在于宪政精神未能在全社会真正树立并扎根于人们的内心"。② 一些发展中国家民主化过程中的曲折和反复，既反映了宪政实施的诸多困难，也是宪政精神和思维与传统政治思维尤其是人治和专制政治思维的冲突。近代以来，中国人在民族危亡之际，虽有两次大的宪政运动，以回应世界民主发展潮流，但最终都以失败告终，其根本原因在于统治集团自身未能树立起宪政精神，形成宪政思维。人民主权、基本人权、法治和有限政府等并未成为宪政试验的指导原则，其结果只能是宪政迟迟不能实施，最终以空洞的宪法包装君主专制或国民党军事独裁的内核。

新中国成立后，随着人民政权的建立和巩固，社会主义宪政实践开始起步，人民作为国家主人的地位通过宪法和各项基本政治制度得以确立；人民代表大会制度成为人民当家做主、行使国家权力的基本途径；基本法律的颁布实施成为宪政实践的初步保障。但我们同样可以看出，中国像其他社会主义国家一样，由于未能形成系统成熟的宪政理论，更由于宪政精神未得树立和宪政思维的缺乏，宪政发展相当缓慢，人治、个人专断、政府权力膨胀、党政不分等长期存在，民主政治的发展坎坎坷坷，未能将共产党的领导、人民当家做主与依法治国很好地结合起来。

---

① 《邓小平文选》（第3卷），人民出版社1993年版，第177页。

② 王晓敏：《20世纪社会主义民主的兴衰及其反思》，《社会主义论丛》2004年第2期。

改革开放以来，随着对法治的大力倡导和法制建设的加强，依法治国作为治国方略得到确立，并广泛深入人心。但社会主义宪政和民主的发展，还需要巩固人民当家做主的地位，即充分保障人民主权，改善和加强共产党的领导。因而，坚持党的领导与人民当家做主和依法治国的有机统一，成为中国社会主义宪政实践的重要特色，也是促进民主政治建设的战略选择。这实际是对宪政精神的浓缩和体现，也是在新形势下对全球化进程中政治文明发展趋势的响应和第三波民主化浪潮兴起以来世界民主潮流的应变。但由于传统政治文化的制约和历史的惯性，宪法至上和依宪办事的思维习惯还有待进一步养成。

自中共十四大确立依法治国，建设社会主义法治国家的重要目标以来，中国社会主义宪政和民主政治发展的思路与轮廓愈来愈明确、清晰。中共十六大报告明确指出，“发展社会主义民主，最根本的是要把坚持党的领导、人民当家做主和依法治国有机统一起来。党的领导是人民当家做主和依法治国的根本保证，人民当家做主是社会主义民主的本质要求，依法治国是党领导人民治理国家的基本方略。”[①] 十六届四中全会又进一步作出关于加强党的执政能力建设的决定，对党自身作出了更为明确具体的执政要求。所有这些，使当代中国在应对全球化带来的政治挑战和推进民主建设方面更具理性和自信，体现了中国的民主政治建设将在中国与世界、中华政治文明与人类政治文明的交流、互动中发展的特点和趋势。

总结20世纪世界三种主要类型民主兴衰的经验教训和一些政党执政的经验教训，当代中国的民主政治建设应在宪政精神和宪政思维的指导下，认真研究和借鉴其他国家政治文明的有益成果，尤其是政党的执政能力建设、民主的制度化建设、权力制约和监督等方面的具体长处，以利于改善共产党的领导、完善人民代表大会制度、丰富人民当家做主的具体实现形式，实现法治国家的目标。

总之，借鉴国外政治文明的成果，在推进宪政的过程中，加快制度创新，把党的领导与人民当家做主、依法治国有机结合起来，把科学执政、民主执政与依法执政有机结合起来，这就是中国共产党总结五十多

---

① 江泽民：《全面建设小康社会，开创中国特色社会主义事业新局面》，人民出版社2002年版，第31页。

年的执政活动所作出的历史结论。

（三）积极推进政治体制改革，用党内民主推动人民民主发展，增强执政合法性，是加快中国民主化进程的现实道路

民主制度在世界范围的传播和发展，是全球化进程中的重要现象。全球化不仅把资产阶级兴起后走在世界前列的欧美发达国家的民主思想传播到世界其他地域和国度，也把作为现代民主制度重要内容之一的政党制度传播到世界各地。当今世界，大多数国家都有政党、实行政党政治，并形成众多具体的政党制度。在一定意义上，政党政治的发展水平，政党制度是否合理、稳定和成熟，是衡量一国民主政治发展水平的重要标准。

20世纪以来，在欧风美雨的吹拂下，许多殖民地半殖民地国家获得独立后，纷纷实行政党政治，开始其政治现代化的进程。然而一些发展中国家的政治现代化和民主建设进程，几经起伏，并未因诸多政党的存在、竞争而达其目标。政党和政党政治一度时期成为各派政治力量争夺权益的新式工具，党派倾轧、党内专断、党国一体是一些国家长期存在的事实；一些国家因对多党竞争的盲目崇拜而产生无序和过度竞争，导致社会秩序的长期混乱和经济衰退。简言之，许多发展中国家并未因多党局面的形成、政党制度的建立而形成真正的民主制度，或者说只是照搬了西方民主的某些形式，而未有民主事实。同样，近代以来的中国，也曾在挽救民族危亡的过程中逐渐产生了政党和政党政治，尤其是民国初年多党局面的出现，成为中国开始走上民主道路的一种表象。这种昙花一现的多党政治之后，便是国民党几十年的一党专制，民主并未长成。发展中国家和近代以来中国政党政治的经验教训表明，政党制度作为民主制度的重要组成部分，能否真正有益于民主制度的确立和发展，既要看它能否体现民主政治的基本原则和政党政治运行的内在规律，也要看其政党政治能否体现本国社会发展的要求，符合其国情。

新中国成立后，中国政党政治的发展焕发了生机，建立了共产党领导，其他政党积极参政、协作的多党（合作）制，成为中国社会主义民主制度的重要特色之一。几十年的历史表明，这种政党制度既符合中国国情，又有利于中国民主政治的发展。但也应看到，随着社会主义建设和人民群众民主要求的进一步发展，当代中国的政党制度还需改进和完善，尤其是忽视执政党的执政能力建设，对执政规律的认识和把握。共产党如何扮演好执政角色，仍是一个重大的现实课题。苏东国家共产党执政地位的丧失，社会主义政权的瓦解，在相当大的程度上与其政党制度不能适应社会发展要求，尤其是执政党自身建设密切相关，社会主义民主也因此发生挫折。这再次证明，政党政治的发展和政党制度建设是民主政治建设不可或缺的重要内容。

在当代中国，由于历史和现实的国情，民主政治的发展在相当程度上需要政党政治的发展来推动，而政党政治发展的关键又在于执政党自身的民主建设，也即党内民主的发展。中国的民主政治的实质是人民民主，这种人民民主又离不开共产党的领导，需要党来领导和支持人民建立、完善民主制度，行使当家做主的权力。虽然这一思想是一贯的，但以往由于党内民主发展不够，制约了人民民主的发展。因而，改革开放以来，党内民主建设成为党的建设的重要内容。自改革以来，中国共产党一直强调党要在宪法和法律范围内活动，发展党内民主。这既是总结历史经验得出的结论，也是切合实际的选择，是加快中国民主化进程的现实道路。自中共十四大以来，依法治国、依法执政、民主执政等要求的提出，实际也都是对发展党内民主的最基本的规范要求，也适应了近年来全球化进程中世界政党形势发展的趋势和要求。实现党由革命党到执政党的角色转变，增强执政合法性，加强执政能力建设，遵循执政规律，成为促进党内民主发展和推动人民民主发展的重要任务，而这些任务的完成，又有赖于政治体制改革的进一步深化。

中国改革开放30余年来，政治体制改革取得了不少进展。在政治权力的宏观运作中，宪法的权威性获得了提高，政治权力特别是中共政治权力运作的制度化有了相当的发展，这是中国政治发展最具实质的特征；在政治权力的微观运行中，我们可以清楚地看到，尽管权力的行使还存在着许多越轨现象，但政治体制中规范化因素正在增长；个人权利与自由的发展是体现政治进步最明显的方面，也是近些年来中国政治体制改革成果最为直接的表现。[①] 同时我们还要看到，政治体制中对权力的约束和监督机制还有许多欠缺；利益的表达和调节机制正在形成之中；公民权利的保障机制和实现形式还不够充分；人治因素在政治体系中尚未清除其影响；特权思想、官本位、腐败等现象还严重地侵蚀着党和国家的

① 王邦佐：《中国政治体制改革的成就和发展路径》，《政治学研究》2003年第2期。

肌体，对执政党的合法性构成威胁。对这些问题从根本上予以解决，是社会发展进步的迫切要求，因而深化政治体制改革也显得相当紧迫。

政治体制改革的一个重要指导思想就是要坚持和改善党的领导，加强社会主义民主和法制。中共十六大的一个重要思想就是用党内民主来推动人民民主，认为“党内民主是党的生命，对人民民主具有重要的示范和带动作用”。[①] 十六届四中全会进一步发展了十六大的思想，将党内民主与人民民主统一起来，提出民主执政和不断提高发展社会主义民主政治的能力的重要思想，明确指出要推进社会主义民主的制度化、规范化和程序化，保证人民当家做主；贯彻依法治国基本方略，提高依法执政水平；改革和完善决策机制，推进决策的科学化、民主化；加强对权力运行的制约和监督，保证把人民赋予的权力用来为人民谋利益；按照党总揽全局、协调各方的原则，改革和完善党的领导方式。[②]

坚持和发展人民民主，是中国共产党执政为民的本质要求和根本途径，党内民主是人民民主的内在要求和重要条件，只有充分发扬党内民主才能推动人民民主健康发展。这一方面是由共产党的执政地位决定的，另一方面是因为共产党既是工人阶级的先锋队，又是中华民族的先锋队，党员的政治素质较高，所以党内民主可以先行一步，从而对人民民主起示范和带动作用。比如党内普选制、竞选制等就可以在一定的层次和范围逐步推开。政治体制改革，用党内民主推动人民民主发展，加强执政能力建设的一个重要目的是为了增强执政党的合法性。

在传统观念中，共产党是社会主义国家的缔造者，可以一劳永逸地拥有执政地位，不存在合法性问题，苏东剧变的血的教训打破了这个神话。巩固和加强共产党的执政合法性应从三个方面入手。一是共产党要自觉实现从革命党向执政党的转变，增强执政意识，实现执政活动的制度化、规范化。要树立对合法性的忧患意识，不仅要重视人民群众对党的领导地位的历史选择，而且更应重视社会发展对于执政地位的现实要求。二是要实现合法性模式的转变。即把合法性的维护从主要依靠领袖威望、意识形态和政绩转向民主制度，通过创新和完善社会主义民主的

---

① 江泽民：《全面建设小康社会，开创中国特色社会主义事业新局面》，人民出版社 2002 年版，第 52 页。

② 《中共中央关于加强党的执政能力建设的决定》，人民出版社 2004 年版，第 14—19 页。

各项制度，发挥制度的刚性作用，来克服和避免合法性危机。三是注意发展和加强执政党自身的民主建设，以党内民主制度化推动和促进国家政治生活的民主化。① 总之，深化政治体制改革，用党内民主推动人民民主发展，巩固执政合法性是加快中国政治民主化进程的现实道路。

（四）清除封建意识，培育公民社会，实现社会和谐发展，是中国民主政治建设的长期任务

全球化的开始与资本主义的兴起紧密相连，因而在一定意义上，全球化的发展也是资本主义在世界范围内冲破一切封建罗网的过程。尤其是资本主义生产方式及其上层建筑在欧美等地确立以后，全球化的发展就更突出地表现为资本主义的生产方式、政治制度、思想文化等向世界落后地区的传播，与当地的前资本主义体制，尤其是封建体制发生冲突，促使了封建制度的崩溃。但由于历史发展的复杂性，自20世纪以来，由殖民地半殖民地演变而来的发展中国家，虽然在经济、政治等方面具有了不少现代形式和色彩，但封建思想和意识仍是阻滞社会发展尤其是民主政治建设的重要因素。

一些国家的政治制度长期具有一定的封建色彩（如家长制、个人专断、家族统治、终身制等），旧中国国民党以共和制之名行专制独裁之实，其实质也是封建思想在作祟。当代社会主义国家虽有过反封建的举措，但长期未能清除封建思想的影响。在这方面，无论苏东还是中国，都未能例外。在人类政治文明已获巨大发展，民主政治愈加成为世界潮流的当今，清除封建思想影响，为民主政治的发展进一步扫清障碍已显紧迫。

社会主义民主制度多数是在东方建立的，受亚细亚生产方式影响，商品经济不发达，小生产为基础的农业文明占主导地位，家长制、宗法等级制度、皇权思想影响深远，具有集权主义传统，臣民文化源远流长；公民意识、权利意识淡薄。② 苏东剧变的一个深层原因就是因为这些国家长期以来对封建主义残余清除不够，对全球化和民主化浪潮应变不力所发生的一个重大历史变局。这一历史教训需要我们深刻汲取。“坚持反对封建主义，是保证社会主义民主健康发展的长期任务。”③

---

① 王晓敏：《20世纪社会主义民主的兴衰及其反思》，《社会主义论丛》2004年第2期。

② 王世荣：《20世纪世界不同类型民主消长的内在因素透析》，《社会主义论丛》2004年第2期。

③ 王晓敏：《20世纪社会主义民主的兴衰及其反思》，《社会主义论丛》2004年第2期。

改革开放之初邓小平同志就深刻地指出：“旧中国留给我们的，封建专制传统比较多，民主法制传统很少。”① “我们进行了二十八年的新民主主义革命，推翻封建主义的反动统治和封建土地所有制，是成功的，彻底的。但是，肃清思想政治方面的封建主义残余影响这个任务，因为我们对它的重要性估计不足，以后很快转入社会主义革命，所以没有能够完成。现在应该明确提出继续肃清思想政治方面的封建主义残余影响的任务，并在制度上做一系列切实的改革，否则国家和人民还要遭受损失。”② 封建主义之所以根深蒂固，不仅是因为历史的文化积淀，而且是因为小农经济这个社会基础从根本上没有动摇。中国是小农的汪洋大海，小农的“生产方式不是使他们互相交往，而是使他们互相隔离”。因此“他们不能代表自己，一定要别人来代表他们。他们的代表一定要同时是他们的主宰，是高高站在他们上面的权威，是不受限制的政府权力，这种权力保护他们不受其他阶级侵犯，并从上面赐给他们雨水和阳光。所以，归根到底，小农的政治影响表现为行政权力支配社会。”③

虽然经过30多年改革开放，市场经济得到迅速发展，小农的人数有所减少，“市民”在迅速扩大，中间阶层正在成长（这个阶层是民主的中坚力量和社会稳定的基础），由臣民社会向公民社会发展的社会基础正在加强。但封建思想在现实生活中还有诸多表现，不易很快消除，应该保持高度的警惕。

清除封建意识，旨在为民主政治的发展创造良好的社会环境，其具体表现就是公民社会的培育。公民社会译自“Civil Society”，又译“市民社会”“民间社会”。它是与商品经济相伴而生的观念，黑格尔在《法哲学原理》中就明确从市场经济出发来分析市民社会，把它理解为“处在家庭和国家之间的阶段”，是私人自律的商品交换领域。马克思则进一步将其理解为“物质的交换关系”。现代后自由主义者约翰·格雷把市场经济看作是市民社会的主要成分，认为市民社会的本质是经济自由和人身自由。市场经济通过经济制约体系的自我构建，将社会成员以内在和外在两种方式整合成为经济有机共同体，并通过对企业、利益集团、社会

① 《邓小平文选》（第2卷），人民出版社1994年版，第332页。

② 同上书，第335页。

③ 《马克思恩格斯选集》（第1卷），人民出版社1972年版，第693页。

组织、社区这些不同的组织机构的结构性整合，而使之形成一个形态完整的社会共同体，这就是市民社会（公民社会）。公民社会组织的多元化、自主化发展，形成对国家权力的分割与制衡。公民社会多元利益的冲突、互动和整合衍生了理性规则秩序，具有自由理性精神的公民意识成了法治的非制度化要素。中国要真正走向法治，就必须重新构建国家与公民社会的关系，确立多元权利基础、公共权威和良善之法。①

中共十六届四中全会提出了构建社会主义和谐社会的重要思想。英国历史学家汤因比认为文明是政治、经济、文化之间的一种和谐关系。中国文化的基本精神就是和谐精神，是人与自然的和谐（天人合一、道法自然、民胞物与）、人际和谐（和为贵、仁者爱人、谦让）、身心和谐（文质彬彬、知足者常乐）。要建设和谐社会必须在发展市场经济的同时，落实科学发展观，着重解决社会公正问题和腐败问题，使广大人民群众真正分享到改革的成果。要创建平等竞争的社会机制、社会财富的再分配机制以及社会保障机制。按照 WTO 的要求使企业、公民享有平等的国民待遇，尤其要克服农民的无组织状态和权利残缺问题。所有这些都需要在政治思想上进一步肃清封建思想的影响，尤其是在制度创新方面迈出实质性步伐。归结起来，必须实现物质文明、政治文明和精神文明的协调发展。在发展市场经济的过程中，积极培育公民社会，增强公民参与意识和民主法制意识，积极构建和谐的文明社会，这是一项长期的任务。

政治是一种文明的生存方式，是对秩序和有规则的社会生活的诉求，是理性对非理性的引导，是一门妥协的艺术。五千年文明史本身就是一部变革史，政治改革可以解决渐进性改革积累的问题，可以突破全面深化改革的瓶颈，为国家治理体系和治理能力现代化开辟路径。

全球化与民主化是走向现代化的民族不可避免的历史选择，中国人民已经明智地走上全球化这个既有风险而又光明的道路，同时也选择了通过民主化来推动现代化的和平崛起之路。世界史和中国近现代史昭示我们，中国的希望在于政治改革。只有这样才能使中国人民真正把握和主宰自己的命运，这是复兴民族的必由之路。

而全球化和人类政治文明的发展史又警醒我们，必须积极主动地吸取和借鉴他国他民族文明的有益成果。西方发达国家民主政治的合理之

① 李熠煜：《当代中国公民社会问题研究评述》，《政治学》2004 年第 7 期。

处、发展中国家民主化的有益经验、社会主义民主自身兴衰的教训，都需要我们深入研究，作为建设中国特色社会主义民主政治的重要参考。全球化视野下，中国应该加快民主化的进程，在宪政下，把党的领导、人民当家做主与依法治国统一起来，把人民民主与协商民主融合起来的中国新型政治文明正在兴起。

注释：1000—3000 美元这一数字概念是亨廷顿在分析第三波民主化的原因时提出的，意在说明经济发展与民主化的相关性，认为经济发展将为民主政权创造基础。从短期看，迅速的经济增长和经济危机会瓦解威权政权。参见《第三波》，上海三联书店 1998 年版，第 68—83 页。

（本文与王晓敏合作）

四　20世纪世界不同类型民主消长的内在因素透析

民主化是20世纪与全球化和现代化相互促进的世界性潮流，或者说是全球化和现代化潮流的重要组成部分。民主化是指从传统社会向现代社会转型过程中，政治的形式和内容从非民主走向民主，特别是从专制走向民主的过程。从20世纪世界政治发展的历程看，存在发达资本主义国家、社会主义国家和发展中国家三种类型的民主消长兴衰的历史景观。探析其内在因素不仅是国际政治发展的需要，而且对我国社会主义民主和政治文明建设具有借鉴意义。

（一）全球化与民族化的互动是民主消长的内在动力

全球化指人类经济、政治、文化活动突破民族国家界限，在全球范围内相互交往、相互依赖、相互融合的发展趋势。民族化指民族国家的形成、民族意识的觉醒、民族利益的凸显、民族发展道路的独特性等。全球化是在民族国家基础上推进的，对民族国家的发展带来了新的机遇，两者有内在统一性。由于政治经济发展不平衡，各民族国家在全球化过程中的利益分配具有不平等性，这就使全球化与民族化成为一对矛盾。二者的互动既为民主化创造了条件，又成为民主制度兴衰消长的内在动力。

全球化首先指“经济全球化”，指贸易、金融、投资等经济活动和经济过程的全球化。经济全球化实质上是大工业和商品经济向全球扩展的过程。正如自然经济是专制政体的基础，商品经济也为民主政治创造了条件。随着全球化进程的加快和深化，自然经济走向崩溃，与之相适应的人身依附关系和等级制度瓦解，从而推动了建立在平等自由基础上的现代民主政治在全球成为不可阻挡的历史潮流。从这个意义上，可以

说全球化内在地包含民主化，或者说政治全球化是以民主化作为基本标志的。

20 世纪世界三种类型民主发展的历史进程与全球化进程是一致的。随着资本主义生产方式和商品经济在全球范围的扩展，20 世纪初在西欧和北美主要资本主义国家已经确立了民主制度。但是为了推销产品、掠夺原料、输出资本、争夺势力范围，资本主义国家之间爆发了两次世界大战。意大利、德国一度走上了法西斯独裁道路，这是发达资本主义国家民主制度遭受的重大挫折，是资本主义制度内在矛盾国际化和全球化进程中民族利益冲突的集中表现。第二次世界大战结束后，随着新科技革命的兴起及其向纵深发展，经济全球化的进程逐步加快。发达资本主义国家在此过程中，逐步完善民主的各项具体制度，丰富其实现形式，实现了从近代民主向现代民主的转型，成为 20 世纪下半叶世界民主发展的新亮点。

1917 年十月革命爆发，俄国确立了社会主义民主制度，既反映了帝国主义阶段全球化发展的新要求、新趋势，也揭示了克服资本主义制度各种主要矛盾的根本出路，开创了人类历史的新纪元。苏维埃民主对广大劳动人民权利的真实保障，不仅与当时资本主义民主的危机形成鲜明对照，并从外部促使了一些资本主义国家的民主改革，而且对许多国家政治道路的选择产生了巨大的吸引力。第二次世界大战后，社会主义民主扩展到东欧、亚洲和拉美，成为世界民主化潮流中一面鲜艳的旗帜。但是，由于大多数社会主义国家在建国前自然经济仍然占有很大的比例，商品经济不发达，经济文化落后，缺乏民主传统，法制很不健全。加之又受到以计划经济为特征的苏联模式的深刻影响，未能紧紧抓住新科技革命的机遇，积极参与全球化进程，经济、政治发展趋于封闭，民主建设的进程减缓，并出现了个人崇拜、集权专断等背离民主原则的现象。一些国家在后来的改革，尤其是 20 世纪 80 年代开始的新一轮改革浪潮中，又对全球化的要求表现出盲目倾向，忽视本国国情和民族性，民主建设急于求成，照搬西方模式，放弃共产党的领导地位，从而导致政权易手，社会主义民主制度被抛弃，国际共产主义运动出现空前挫折。

第二次世界大战后，亚非拉许多国家摆脱殖民统治，实现了民族独立。在全球化浪潮的推动下，采取自由市场经济，为了实现以经济振兴为核心的现代化目标，在政治领域掀起了民主化改革浪潮。从 20 世纪 70

年代开始，许多发展中国家都走上了民主化道路。不仅有经济获得一定发展的亚洲和拉丁美洲国家，而且包括非洲一些经济极其落后的国家。发展中国家的政治发展和民主化不仅与经济发展水平相联系，而且与这些国家实行自由市场经济相联系，说明经济结构形式的变化是民主化的内在根源，这正是全球化推动的必然结果。① 当然，不同发展中国家民主化的结果也存在很大差异，这又与各国的国情和民族性密切相关。民主政治的成长和生根，在很大程度上又取决于探寻反映全球化和世界民主潮流要求的民族形式和途径。

近现代以来，工业体系向全球的扩展过程就是全球化的过程，而与全球化紧密联系的是民族化的过程，民主化又与民族化有着不可分割的联系。资产阶级民主革命的过程是民族国家的形成过程，社会主义国家和广大发展中国家民主政权建立，也必须以摆脱帝国主义或其殖民统治，实现民族独立为先决条件。同时，民主制度的建立和巩固必须与不同文明国度民族传统相结合，选择不同的民主制度模式，像英国采取议会制，而美国则选择了总统制；苏联是苏维埃制，中国是人民代表大会制；印度的民主制与韩国的民主制也具有不同的特点。采用民主制度根源在于，可以为民族经济的振兴铺平道路，可以充分利用各种政治资源，整合各种政治力量，以便在全球化的进程中使本民族占据有利地位。

总之，全球化和民族化的互动促使市场经济和民主政治在全球范围扩展。同时，由于各民族国家政治经济发展不平衡，因而在全球化中的地位和分享的利益不同，这又会导致和加剧国际冲突与社会动荡；一些国家背叛了民主制度，一些国家对民主制度产生了怀疑或者发生了民主转型，使不同类型的民主制度都遭受了挫折。但从发展趋势看，它增强了文明之间的交流，促使传统社会的变革，加快了民主文化的传播及其与本土文化的结合，促使不同政治发展道路的选择，因而是民主发展的内在动力。

（二）政治发展与政治稳定的相互制约是民主消长的内在逻辑

政治发展指现代化过程中的政治变迁。政治稳定指政治生活的秩序性和政治局势的稳固性。政治民主化的过程也是政治发展的过程，它必然要打破传统社会的政治秩序，从而带来政治不稳定。但是，如果政治

---

① 丛日云：《当代世界的民主化浪潮》，天津人民出版社 1999 年版，第 76 页。

局势长期动荡不安，民主制度就难以立足，因而政治发展也会遭受挫折。因此，只有在政治稳定基础上推进政治发展，在政治发展中寻求政治稳定，才能促进民主制度健康发展。可见，政治发展与政治稳定的相互制约是民主消长的内在逻辑。

政治发展作为政治学的一个重要范畴和研究领域，虽是20世纪50年代首先由西方学者针对发展中国家的现代化和政治变革提出来的，但人类政治演进的历史和现实表明，政治发展及与之紧密联系的政治稳定问题并不只存在于当代发展中国家，而是具有普遍性。只不过在不同国家及其不同时期具有不同的具体表现和特点。在人类历史上，当一个社会遇到新旧两种社会结构转型时，都会发生政治不稳定和无序状态，这是由“过渡政治”的性质决定的。尤其是近现代以来，现代化的一些主要成果，如工业化、城市化、识字率提高、经济增长、社会动员等，往往加深了政治体系的负荷，政治体系也难以满足不断扩大的参与要求，这就增加了政治动荡的可能性。而只有在现代化达到较高程度，政治体系的现代化水平大大提高的情况下，政治体系才可能从不稳态走向稳态。对此，亨廷顿提出一个著名的论断，即现代性产生稳定性，而现代化却产生不稳定性。如果说穷国显得不稳定的话，并非因为它们穷，而是它们想致富。正是因为现代化容易导致政治不稳定，因而如何在现代化进程中寻求政治稳定就显得颇为重要了。“我在这里所做的努力，是探索在什么样的条件下，那些在经济和社会方面经历着急剧的、分崩离析的变化的社会，也有可能在一定程度上实现政治稳定的目标。”①

20世纪以来，发达资本主义国家的民主制度经过危机、重建和改革后日益巩固，其根本原因在于政治发展带来的政治稳定，使政治体系步入良性发展的轨道。作为最早启动现代化进程的国家，英法等发达资本主义国家的政治发展大体经历了国家建设（通过王权专制完成了现代民族国家的建设过程）、民主化（通过资产阶级革命和渐进式改革建设民主政治的体制）和福利化（国家职能或政治参与扩大，建立了现代意义的福利国家）三个阶段，并较好地解决了各阶段突出的政治稳定问题。由于发达国家垄断资本主义的发展，阶级矛盾更趋尖锐化，统治阶级内部

---

① ［美］塞缪尔·亨廷顿：《变动社会的政治秩序》，张岱云译，上海译文出版社1989年版，第1页。

的矛盾也在加剧，因而影响了政治稳定。于是，第二次世界大战后西方国家普遍采用凯恩斯主义，加强国家对经济生活的干预，推行社会福利政策；通过立法扩大公民参与政治的权利，为利益表达和利益调节提供制度保障；在完善普选制的同时，推进多元民主、发展自治组织以及实行全民公决等直接民主措施，从而使工人阶级及一般劳动群众生活水平显著提高，促进了经济的繁荣，缓解了社会矛盾和阶级冲突，维系了社会政治稳定。这样，一方面是经济的繁荣，另一方面是政治的发展；一方面是政治发展水平的提高，另一方面是社会政治的稳定，从而使民主制度也得以发展和巩固。

社会主义国家的政治发展直到苏东剧变以前，总体来讲，较好地保持了政治稳定，民主政治的基本制度得以确立并通过政治体制的某些改革有所完善，如苏联从直接民主制向间接民主制的过渡、南斯拉夫代表团制的实行和社会自治模式的确立等，使民主的实现形式更切合国情，也保持了政治稳定。但在后来经济政治进一步发展过程中，由于种种困难和内外复杂因素的影响，社会主义国家也存在一些不稳定因素，制约了经济和政治的健康、有序发展。在集权与分权关系上的极端思维，对阶级斗争形势的错误估计，以及惯于“阶级分析”和强调阶级对立与斗争的思维定式，使执政党未能很好地从革命后巩固政权和开展建设的需要出发，通过社会妥协、合作确立和维护政治秩序，通过推进法制和民主建设来实现政治稳定。苏联长期存在民族分裂分子的活动、持不同政见者等，都影响了政治稳定。尽管多次对反对派、反党集团反击、驱逐等，也是为了实现稳定和政权巩固，但其所采取的非民主方式、非法制举措难以起到在全社会范围内通过必要的政治妥协、合作实现社会整合的作用，因而也不能实现政治稳定的连续性和发展性。政治发展过程中接连不断的政治运动、破坏法制的做法等不仅使社会主义民主制度的具体实现面临障碍，也使各种不稳定因素长期潜伏。20 世纪 80 年代苏东国家在改革中，大多企图通过加快民主建设步伐来打破原来的僵化模式，但其以“人道的民主的社会主义”为指导的民主化和政治改革举措，如“公开性”、放弃共产党的领导地位、无序的多党竞争等，远远超出原有体制及社会承受能力，造成政治体系和政治秩序的断裂，从而使长期以来潜伏的社会矛盾、民族矛盾、地区冲突和政治斗争空前尖锐起来，终于导致政权垮台，民主制度转轨。

社会主义民主制度遭受严重挫折，这是社会主义政治发展中出现的问题。中国的政治发展虽然也出现过像“文化大革命”那样的重大挫折，使民主和法制建设一度遭到破坏。但是改革开放以后，由于采取了比较稳健的政治发展战略，使政治体制改革与经济体制改革相互配合，使政治改革与经济文化发展水平相适应。在政治权力的宏观运作中，宪法的权威性得到了提高；政治权力特别是中央政府的权力运作的制度化程度有了相当的发展；在政治权力的微观运作中，尽管权力的行使还存在许多越轨现象，但政治体制中规范化因素正在增长；个人权利和自由发展有了显著的进步。[①] 从而在总体上保持了政治稳定，推动了经济和社会的繁荣和发展。

发展中国家多数政治发展水平较低，自然经济占有很大的优势，一些国家部族力量强大，军人干政严重，社会整合性不强。实行民主制度以后反而助长了地方势力和分散主义倾向，从而导致了政治动荡。冷战时期，军事政变频繁是发展中国家政局不稳的主要表现。据统计从1960年到1976年，在亚非拉地区约有30个国家发生了40次成功的军事政变。[②] 冷战后，政局不稳主要是在民主运动中进步与反动、革新与保守两股政治势力斗争所造成的政治动荡，以及发达国家将民主制度强加于一些发展中国家所引起的内乱。

在民主制度比较巩固的国家，要么在殖民化时期商品经济和民主观念有了一定的发展，在民族独立运动中现在的执政党建立了权威；要么是现政权采取了比较稳健的政治发展战略，在由集权政治向民主政治的过渡中，注意部族、种族和各派政治力量和解、妥协；注意在发展经济中推进政治改革；注意民主文化与本土政治文化的结合；注重国家制度建设，协调不同阶层的经济和政治利益，化解社会矛盾；进而在经济获得较大发展和公民民主意识成熟时采取普选等手段，确立民主制度，从而较好保持了政治稳定。

总之，发达资本主义国家由于政治发展程度较高，尤其是采取国家福利政策，扩大公民政治参与，缓和了阶级矛盾，从而保持了政治稳定，使民主制度得到巩固和发展。发展中国家政治发展水平较低，一些国家

① 王邦佐：《中国政治体制改革的成就和发展路径》，《政治学研究》2003年第2期。

② 畅征、刘青建：《发展中国家政治经济概论》，中国人民大学出版社2001年版，第73页。

在发展道路的选择上脱离了国情，从而导致了政治动荡，影响了民主化的健康发展。社会主义国家一度忽视民主和法制建设，加快民主化进程时又急于求成，从而导致了民主制度的挫折；中国在政治稳定中推进政治发展是一个成功的范例。由此可见，正确处理政治发展与政治稳定的关系是民主化的核心问题。

（三）社会制度和意识形态的差异和矛盾是民主消长的现实因素

社会制度和意识形态的差异和矛盾，首先表现为专制政治与民主政治的斗争，其次表现为资本主义与社会主义的斗争，以及发达资本主义国家与发展中国家的斗争。因为民主政治是在商品经济取代自然经济、公民文化取代臣民文化、法治取代人治的条件下确立的一种文明的政治制度，消除封建专制因素在政治领域的影响就是首要任务。社会主义国家与资本主义国家是两种性质不同的国家形态，社会制度、意识形态的差异和矛盾导致了长期的对立与冲突，一方面影响了两种民主制度的相互借鉴，另一方面又成为各自完善民主制度的重要动力。发达资本主义国家与发展中国家由于经济政治发展水平上的差异，也存在社会制度和意识形态的矛盾和冲突，存在干涉与反干涉、侵略与反侵略，以及强行推行西方民主模式与发展中国家自主选择民主道路之间的矛盾。可见，社会制度和意识形态的差异和矛盾是民主消长的现实因素。

民主化是近现代人类政治文明的主要成就，它首先是在与封建专制制度的斗争中发展起来的。资本主义制度与封建制度的斗争首先在经济领域里展开。而资产阶级思想家们所创立的自然法、天赋人权、人民主权、三权分立等政治理论，以自由、平等、博爱为核心的政治意识形态，则成为资产阶级战胜封建地主阶级和资本主义制度得以确立的有力思想武器。经过英国革命、美国的独立战争和法国大革命，资本主义社会制度和意识形态在全世界范围内确立了自己的统治地位。20世纪发达资本主义国家的民主制度之所以比较成熟和巩固，就是因为这些国家经过了漫长的反封建斗争，在经济、政治和思想文化领域进行了深刻的革命性变革，使民主制度和民主思想在这些国家扎下了根。

社会主义国家和发展中国家经济文化落后，资本主义生产方式发展不够，一般没有经过深刻的资产阶级革命或者资产阶级革命很不彻底。因而政治领域封建制度及其意识形态的残余影响就比较大，直接影响这些国家的民主化进程。家长制、等级制、特权思想、官本位、官僚主义、

个人崇拜以及政治腐败等现象比较严重。在社会主义国家，实际上存在着专制制度与民主制度及其意识形态的长期较量和斗争，对封建制度残余的清除程度往往决定着民主政治的发展水平。民主的成长和封建意识的清除要靠制度才能长久，社会主义国家不少具有封建色彩的做法能够出现和延续最根本的在于民主的法制化严重不足。因此，邓小平指出："斯大林严重破坏社会主义法制，毛泽东同志就讲过这样的事件在英、法、美这样的西方国家不可能发生。他虽然认识到这一点，但由于没有在实际上解决领导制度问题及其他一些原因，仍然导致了'文化大革命'的十年浩劫。这个教训是极其深刻的。"①

在标榜实行民主政治的发展中国家，领导人物推行强权专断统治，政府官员肆无忌惮地贪污腐化，任意侵犯公民权利，从而导致政局不稳的事例屡见不鲜，其根源就是专制主义传统有着深厚的土壤。虽然一些国家政治强人现象的出现有一定的历史必然性，而且也可能在一定历史阶段是推动现代化和民主政治发展的重要力量。然而从长远来看，随着现代化进程的推进和公民政治参与意识的增强，强人政治就会成为进一步推动民主化进程的障碍，甚至成为一些民主制度走向覆灭的主要因素。强人政治从一定意义上说，是专制政治的继续，它把社会的治乱寄托在强力人物的贤明上，现实证明是不可靠的。而在一些伊斯兰国家更是出现了所谓"民主的悖论"：权威主义的松动释放出神权政治的魔鬼，民主化改革指向非民主的前景。② 20世纪末，中东政治发展出现两大奇观——大众政治参与浪潮与伊斯兰复兴同时兴起，两者相互渗透融合，相互推动激荡。青年中宗教热情高涨，伊斯兰组织政党化，并企图把未来政治体制建立在伊斯兰法基础上。

资本主义与社会主义两种社会制度和意识形态的对立和斗争，是20世纪人类政治生活的重大现实，对两种民主制度发展产生了重要的影响。自从共产主义这一"怪影"在欧洲徘徊以来，资产阶级世界便感到极大的恐慌并对它充满了敌意。随着社会主义运动的发展，无产阶级与资产阶级之间的对立愈来愈深，而且双方都愈来愈自觉地意识到这种对立。这就在心理上造成极大的裂痕，从而就持续地产生着敌对的行动。互相

① 《邓小平文选》（一九一五——一九八二年），人民出版社1982年版，第293页。

② 丛日云：《当代世界的民主化浪潮》，天津人民出版社1999年版，第333页。

破坏、互相毁灭对双方来说变成理所当然的事了。在无产阶级时刻牢记“打碎旧世界”的信念的同时，资产阶级也极力破坏无产阶级的任何革命成就——从扼杀巴黎公社，到十四国武装干涉苏联，到参与苏东剧变以及目前对社会主义国家渗透和平演变等。这种历史形成的深刻的意识形态和政治上的对立，并不因在现代化方式上双方的逐步接近而有所消除，也不因社会主义国家采取的任何缓和与友好姿态而有所改变。这也迫使社会主义国家在做任何一件具有人类共同性的事情时，都必须加上一个社会主义的标签以示区别，例如社会主义现代化、社会主义市场经济等。同时也使我们在借鉴资本主义发展所体现的人类共同经验时，不能不保持极高的警惕和抱有很大的疑虑。[①] 两种制度和意识形态的对立和斗争，妨碍了两种民主制度的相互借鉴，西方国家宣布社会主义是独裁统治，而社会主义则批评资本主义是虚伪的民主，认为人权、法治、责任政治等这些民主政治的重要因素是资产阶级的专利品而予以拒斥，从而对两种类型的民主制度都造成了损害。

同时，我们还要看到两种社会制度和意识形态的差别和矛盾，又成为民主发展的重要动力。资本主义国家采取政府干预经济生活和社会福利政策，扩大普选权和公民政治参与的范围，是对社会主义民主制度某种程度的借鉴。社会主义国家进行政治改革，加强民主和法制建设，加强廉政建设和舆论监督，以及推行依法治国方略，也是在国际斗争中对发达资本主义国家政治文明成就的借鉴。新中国第一部宪法的诞生就与斯大林提请中国同志注意敌人的宣传有关。这个历史事实告诉我们国际政治斗争也是促进民主发展的重要动力。冷战结束以后，虽然两种制度和意识形态的斗争有所缓和，双方在民主制度的借鉴方面会有进一步的发展，但是这种斗争并没有消除，尤其是在目前国际共产主义运动处于低潮的形势下，西方国家借全球化加速发展之际推行其民主模式更为起劲，双方的较量也不会停息。

两种制度和意识形态的斗争，在西方人看来实际上是民主政治与权威政治的斗争。比如亨廷顿依据“人民通过竞争性的选举来选择领袖”[②]

---

① 李景鹏：《中国政治发展的理论研究纲要》，黑龙江人民出版社 2000 年版，第 110—112 页。

② ［美］塞缪尔·亨廷顿：《第三波——20 世纪后期民主化浪潮》，刘军宁译，生活·读书·新知三联书店 1998 年版，第 4 页。

为标准来规定民主政治，从而将社会主义国家和许多发展中国家都划入权威国家。西方国家不仅对社会主义国家实行和平演变政策，而且通过经济援助或制裁、人权外交、宣传西方价值观甚至发动武装侵略（像最近爆发的伊拉克战争）等，来促使发展中国家由权威政治向民主政治的转变。

总之，资本主义与封建主义的斗争促使民主制度在西方得以确立；社会主义国家和发展中国家清除封建残余的程度制约着民主制度的发展水平；资本主义与社会主义的斗争既使社会主义民主制度受到空前挫折，也促使两种类型民主制度的自我完善；民主政治与权威政治的斗争是 20 世纪民主化的重要因素。

（四）东西方文明和文化的冲突与融合是民主消长的深层结构

资本主义国家与社会主义国家，发达国家与发展中国家在民主制度和民主发展水平上的差异，从深层结构来看是东西方文化的差异，是民族传统的差异，是文明模式和发展程度的差异。但从 20 世纪人类社会发展趋势看，东西方文明和文化在冲突中走向融合，从而促使世界不同类型民主制度的消长和相互借鉴，促使民主文化与东方本土文化的融合，促使各民族国家对政治发展道路的探索和选择。

汤因比在《历史研究》中曾对小型社会的希腊模式、大一统的中国模式、流散社会的犹太模式进行了比较研究，认为不同的文明模式决定人们的生活方式和对社会制度的选择。[①] 亨廷顿则进一步指出，冷战结束后，文化因素和文明冲突将取代意识形态斗争而成为国际间新的对抗和协调模式。[②] 虽然亨廷顿的“文明冲突论”过分强调冲突，而忽视了文明的融合，有其片面性，但他提出的分析框架仍然不失为一种新的理论视野，对我们分析 20 世纪不同类型的民主消长具有借鉴意义。

民主作为一种政治文化起源于西方，而西方文明的源头在希腊。尤其是雅典的民主政治实践，使民主作为一种政治文化即公民文化在西方社会扎下了根。古罗马曾经实行过共和制，罗马帝国时期在公民文化的基础上产生了比较完善的法律体系，使罗马法成为西方文明的重要标志。

---

① ［英］阿诺德·汤因比：《历史研究》，刘北成等译，上海人民出版社 2000 年版，第 33—49 页。

② ［美］塞缪尔·亨廷顿：《文明的冲突与世界秩序的重建》，周琪等译，新华出版社 1999 年版，第 1—2 页。

即使在中世纪的神学政治观中，托马斯·阿奎那也有反对暴政统治的民主思想，由于王权与教权的共存及相互制约，使商人阶层成为一种独立的政治力量，并且最终发展成为代表新的生产方式——资本主义的革命阶级而登上历史舞台。欧洲在产生资本主义生产方式的同时，在思想文化领域产生了文艺复兴、宗教改革和启蒙运动，使民主、平等、自由为基本价值理想的政治文化成为西方社会占主导地位的意识形态，从而推动了资产阶级革命和资本主义民主制度的确立。

东方社会受亚细亚生产方式的影响，氏族制度变革不彻底，商品经济不发达，小生产为基础的农业文明占主导地位，家长制、宗法等级制度、种姓制度、政教合一制度、皇权思想影响深远，具有专制主义和集权主义的传统，臣民文化占主导地位，公民意识、权利意识、法治意识淡薄。近代以来由于受西方列强的侵略和掠夺，多数国家沦为殖民地或半殖民地，丧失了独立主权。随着全球化进程的加快，市场经济的扩展，民主政治文化作为救亡图存的思想武器被东方民族所接受。20 世纪东西方文化在冲突中走向融合，开始是西学东渐，东方集权政治中融进了民主文化的基因，民主制度逐步在一些国家确立，形成社会主义民主与发展中国家民主两种模式。同时，西方民主政治中也借鉴了东方社会包括社会主义国家民主制度中的秩序性与和谐性，扩大了政治参与和政府的权威性，促使发达资本主义国家民主制度的完善。东西方文化融合成为 21 世纪人类文化基本走向。①

民主政治适应商品经济和科学文化发展的需要，符合人类文明进步的潮流，因而有极强的生命力和示范效应。但是西方民主化的道路并不是人类实现民主化的唯一道路，就连美国当代著名的政治学者亨廷顿等人也对普世文明表示怀疑。② 对于人类来说，与全球化相联系的是文明与文化的多元化，民主化必须与各个国家的国情相结合，与民族传统、文化模式相结合。像伊斯兰国家具有政教合一的历史传统，而西方近代实行了政教分离，所以土耳其的民主化道路在伊斯兰国家并不具有普遍性。非洲国家经济文化落后，地区政治文化占主导地位，部落成员只是酋长

---

① 王世荣：《略论 21 世纪人类文化的基本走向》，《文化研究》2000 年第 3 期。

② ［美］塞缪尔·亨廷顿：《文明的冲突与世界秩序的重建》，新华出版社 1999 年版，第 43—71 页。

的属民，对共同体感情强烈，对政治体系没有明确的意识，社会整合力量较弱，在这些国家推行西方民主模式只能导致政治动荡。东南亚国家大都受儒家文化的深刻影响，它们选择了依靠权威性政府实现经济发展，积极培育政党制度和公民文化，在条件成熟时推进民主制度，为发展中国家实现现代化和民主化提供了成功的范例。

社会主义民主制度多数是在东方建立的，具有浓厚的集权色彩，在民主政治建设中必须把民主文化与本土政治文化结合起来。既要反对宣传全盘西化的民族虚无主义，又要反对拒斥接受人类政治文明成果的狭隘民族主义。社会主义国家曾一度忽视借鉴西方政治文明成果，制约了民主建设的步伐。而苏东国家在"新思维"指导下，用西方民主化的模式进行激进的政治改革，脱离了本国国情和文化传统，使社会主义民主制度遭受了空前的挫折。

近代以来，民主政治在中国试验和确立的过程，实际也是一个西方民主文化与本土文化冲突和融合的过程。孙中山的三民主义、五权宪法，实际就是西方民主思想在中国的再铸。而毛泽东提出的人民民主专政理论，邓小平提出的有中国特色的社会主义理论，江泽民提出的"三个代表"思想，依法治国与以德治国相结合，建设社会主义政治文明，实现政治文明与物质文明、精神文明协调发展的战略思想等，则标志着在马克思主义指导下民主文化与民本文化的融合。① 中国在社会主义建设时期，受"左"倾思想和两极思维定式的影响，一度拒斥借鉴西方政治文明的成果，对传统政治文化也没有采取科学的态度，从而使社会主义政治民主化进程遭受挫折。苏东剧变再一次使我们警醒，必须从中国实际出发走中西融合之路。

新世纪全球化的趋势继续加快，人类文明和文化将在冲突中进一步走向融合，而民主化也是不可逆转的历史大趋势。只有在全球化的潮流中注意民族特色，在政治发展过程中保持政治稳定，不断清除封建残余，相互借鉴不同民主制度中的文明因素，把民主文化与本土文化的优良传统结合起来，努力探索和选择正确的发展道路，才能减少历史发展中的阵痛。

---

① 王世荣：《民本文化与民主文化的冲突与融合》，《济南大学学报》2003 年第 5 期。

五　当代中国政治思维的历史性嬗变

改革开放30多年来，我国在社会各个领域的发展加快，取得了举世瞩目的成就，社会生活和人们的思想观念也发生了许多变化，“中国道路”和“中国模式”正在成为许多人解读的热词。我们在关注和探讨这些变化之时，也不能不注意到这些变化与执政党的治国思想和政治思维有着密切关联。当代中国的政治思维发生了历史性的嬗变，更加符合世界文明潮流和我国国情，标志我党执政能力和治国思想的发展与成熟。探讨和总结我党政治思维发展的经验教训，对于推动中国的政治发展和社会主义现代化建设，无疑有着重要的意义。

（一）政治思维从“革命”到“建设”的历史性转折

自近代以来，为了摆脱半殖民地、半封建社会的悲惨命运，中国人民进行了不屈不挠的斗争。从农民起义到资产阶级民主革命再到新民主主义革命，在某种程度上，可以说“革命”是中国近现代史的主题。如果没有这些艰苦卓绝的革命斗争，就不会实现真正的民族独立和解放，也不会为中国的现代化建设奠定坚实的制度基础。但是长期的革命斗争也会使人们养成依靠群众运动、片面强调阶级斗争、忽视经济建设和制度建设等思维定式，从而影响我国由革命时期向建设时期的历史转折。

新中国的成立标志我国社会主义革命和建设时期的开始。毛泽东同志指出，我们不但要善于破坏一个旧世界，我们还要善于建设一个新世界。我党适时提出过渡时期“一化三改”（实现国家工业化和三大改造）的总路线，在进行肃反斗争、抗美援朝和三大改造的同时，开始了第一个五年计划，兴建了156个重大建设项目，奠定了我国工业和国民经济的基础。

1956年生产资料所有制改造结束，社会主义制度在我国建立起来，

标志社会主义革命的任务已经基本完成。毛泽东同志发表了《论十大关系》，对社会主义建设的规律进行了有益的探索，在《关于正确处理人民内部矛盾的问题》中指出“革命时期的大规模的急风暴雨式的群众阶级斗争基本结束”,[①] 社会主义社会政治生活的主题是正确处理人民内部矛盾。

党的八大正确地分析了社会主义改造基本完成以后中国阶级关系和国内主要矛盾的变化，确定把党的工作重点转向社会主义建设。大会提出，生产资料私有制的社会主义改造基本完成以后，国内的主要矛盾不再是工人阶级和资产阶级之间的矛盾，而是人民对于建立先进的工业国的要求同落后的农业国的现实之间的矛盾，是人民对于经济文化迅速发展的需要同当前经济文化不能满足人民需要的状况之间的矛盾。这一矛盾的实质，在中国社会主义制度已经建立的情况下，也就是先进的社会主义制度同落后的社会生产之间的矛盾。解决这个矛盾的办法是发展社会生产力，实行大规模的经济建设。为此，大会作出了党和国家的工作重点必须转移到社会主义建设上来的重大战略决策。党的八大对政治思维由革命向建设转变具有重要的历史意义。

从 1956 年到 1965 年的十年，虽然政治上有“反右”斗争扩大化、批判彭德怀、“大跃进”、浮夸风等错误，但党中央很快意识到这些失误，通过“七千人大会”予以纠正，经济建设、国防建设和科学文化建设都取得了很大的成就。“两弹”就是这个时期搞起来的，中国的综合国力和国际地位有了很大的提高，人民生活水平明显改善。

然而，由于受“匈牙利事件”、赫鲁晓夫“非斯大林化”等国际因素的影响，毛泽东同志错误地估计了阶级斗争形势。1962 年提出了党在社会主义历史阶段的基本路线，认为无产阶级与资产阶级两个阶级、社会主义与资本主义两种制度之间的斗争，是社会主义社会的主要矛盾，阶级斗争要“年年讲、月月讲、天天讲”。

到“文化大革命”时期提出了“以阶级斗争为纲”的口号和“无产阶级专政下继续革命”的理论。对“革命”的机械和狭隘理解，使“革命”成了那个年代的口头禅，“革命工作”“革命同志”“革命战士”“革命队伍”“革命委员会”比比皆是。历史上有问题的人被打成“历史反革

---

① 《毛泽东选集》（第 5 卷），人民出版社 1977 年版，第 375 页。

命”，现实中有问题的人被打成“现行反革命”。虽然当时也提出“抓革命，促生产”的口号，但抓革命是重点，是前提，生产不但没有促上去，而且遭到大破坏。十年动乱，国民经济走到了崩溃的边缘。这也是我党政治思维由革命向建设转变遭遇的严重挫折。

党的十一届三中全会实现了政治路线的拨乱反正，这是最根本的拨乱反正。全会认为，新中国成立之初党就要求各项工作必须以发展生产力为中心。党的八大确定要以在新的生产关系下保护和发展生产力为主要任务。以后的失误归根到底就是背离了八大路线，搞了“以阶级斗争为纲”，没有集中力量进行经济建设。三中全会果断地做出把全党工作着重点和全国人民的注意力转移到社会主义现代化建设上来的战略决策。这是八大正确路线的恢复和发展，是在新的历史条件下对建设有中国特色社会主义道路的探索。全会做出了实行改革开放、加强社会主义民主和法制等战略决策，从而开启了改革开放的新时期，为我国的现代化建设和民族振兴指明了方向，是我党发展史上的里程碑，也标志着中国自近代以来政治思维由革命向建设转变的真正实现。

在当代中国，所谓建设就是社会主义建设，发展生产力和经济建设是其核心和基础。“社会主义的本质，是解放生产力，发展生产力，消灭剥削，消除两极分化，最终达到共同富裕。”① 以经济建设为中心是邓小平治国思想的一个显著特征，也是中国共产党人从执政的经验教训中得出的重要结论。发展是硬道理，无论是要巩固社会主义制度、巩固国防，还是要改善人民生活，都要把经济建设放在首位。“建设”包括经济建设、政治建设、文化建设、社会建设和生态文明建设等，但基础是经济建设，没有经济的迅速发展，其他建设就无从谈起。

三中全会以来，“以经济建设为中心，坚持四项基本原则，坚持改革开放”逐步被确立为我党在社会主义初级阶段的基本路线。在此基础上形成了邓小平理论、“三个代表”思想和科学发展观等战略思想，标志我党对中国特色社会主义建设规律的认识不断深化。随着我党政治思维由革命向建设的转变，党的社会角色加速由革命党向执政党的转变，确立了科学执政、民主执政和依法执政的新理念，提出加强执政能力建设的新任务。在深化经济体制改革的同时，稳步推进政治体制改革，正确处

---

① 《邓小平文选》（第3卷），人民出版社1993年版，第373页。

理改革、发展与稳定的关系。推行独立自主的和平外交政策，加强对外合作与交流，为我国的现代化建设创造良好的国际环境。这些都是“建设性”政治思维的集中体现，也是我党执政经验日益成熟的重要标志。

然而，政治思维由革命向建设的转变，并不意味着我们要否定中国近代以来的革命历史，放弃优良的革命传统。在社会主义现代化建设的伟大实践中，也需要发扬革命战争年代那样一种奋斗精神。我们说改革也是一场革命，是因为它要变革生产关系，消除上层建筑中束缚生产力的因素，解放和发展生产力，而改革所遇到的阻力也是空前的，因此需要用革命的勇气和毅力来进行改革。但改革毕竟不同于以往的革命，它是在坚持社会主义基本制度的前提下，在社会主义现代化建设实践中进行的，需要理性的、科学的精神和态度，仍然没有超出“建设性”思维的特征。

（二）从理想主义到现实主义的痛苦抉择

社会主义建设是前无古人的伟大事业。在经历两千多年封建历史、经济文化十分落后的国家，怎样建设社会主义，怎样实现国家的富强、民族的振兴，是一个巨大的历史难题。

新中国成立初期，西方国家封锁和孤立我国，我们不得已采取了所谓的“一边倒”的政策，也就是全面学习和借鉴苏联老大哥的经验。我们学到了什么？一个是计划经济，一个是优先发展重工业，一个是政治上高度集权。可以说，在当时这些做法对我国的经济建设和政权巩固曾经发挥过积极的作用。那时我们依靠国家政权的力量，把全国的财力、物力集中起来，优先发展了重工业，是必要的。没有这个基础，轻工业、国防工业以及农业现代化都是不可能的。另外，计划经济对于经过长期战乱的中国，对于分散的国民经济来说，是必要的，可以提高国民经济的整体水平。政治上的集权，对于克服中国的分散主义、地方主义来说也有其合理性，当时强调中央的权力、强调党的一元化领导都是必要的。这正如黑格尔所说的“凡是现实的，都是合理的”。我们必须从当时的历史条件来看中国领导人做出的决策和选择的合理性。

但是计划经济体制也有很大的局限性，有浓厚的理想主义色彩。一个是在对公有制的认识上，认为公有制的程度越高越好，并且认为社会主义就是消灭私有制，不容许其他经济成分存在；在公有制的实现形式上，所有权和经营权不分，所以当时叫“国营经济”而不叫“国有经济”。另一个是认为有计划、按比例发展是社会主义经济的基本规律，而忽视市场和价值规律的作用。诺贝尔经济学奖获得者哈耶克曾经指出，计划经济是一个“伟大的乌托邦”，必然导致短缺经济和集权政治。[①] 苏东剧变标志计划经济体制的彻底破产。邓小平在南巡谈话中提出，计划和市场不是资本主义与社会主义的根本区别，资本主义也有计划，社会主义也有市场。此后，随着党的十四大召开，中国才最终放弃了计划经济这种具有浓厚理想主义色彩的经济体制。

实事求是，一切从实际出发，是毛泽东同志倡导的思想路线。新中国成立以后，我们党的路线、方针、政策在一定时期是切合中国国情的，所以取得了革命和建设的重大成就。但是建设社会主义的道路还在探索之中，发生失误是在所难免的，而失误的一个重要思想根源就是“理想主义”。搞“一大二公”“穷过渡”“大跃进”，提出“赶英超美”“快步进入共产主义”，批判“三自一包”，提出“宁要社会主义的草，不要资本主义的苗”，开展“斗私批修”，倡导“灵魂深处爆发革命”等，都是理想主义的重要表现。理想主义是“左”倾思想的重要特征，其基本特征是思想超越了社会发展的历史阶段，也是小资产阶级“狂热性”的表现。在近代史上中国人民深刻体会到“落后就要挨打”，因此有着急于改变“一贫二白”面貌的迫切愿望，这就使理想主义政策的推行有一定社会土壤。但是实践使我党认识到，这种政策严重脱离了中国的国情，背离了社会主义建设的正确道路。

邓小平治国思想的一大特色是现实主义，是务实。首先表现在对社会主义发展阶段的认识上，提出了社会主义初级阶段的理论。认为我国经济文化落后，生产力发展水平不高，还处于社会主义的初级阶段，我们制定路线方针政策必须从这个基本的国情出发。中国是一个农业大国，农业人口占全国人口的70%以上，农业发展了，农村稳定了，就为中国社会的稳定和发展奠定了基础。因而先在农村启动了以联产承包责任制为基本形式的改革，调动了广大农民的生产积极性，解决了全国人民的温饱问题。

城市改革启动后，重点进行了所有制领域的变革，建立了公有制为

---

① ［英］哈耶克：《通往奴役之路》，王明毅等译，中国社会科学出版社1997年版，第29—36页。

主体、多种经济成分共同发展的经济结构；形成以按劳分配为主，多种分配形式并存的分配制度；以所有权与经营权相分离为特征的现代企业制度改革，收到很大的成效。邓小平提出“三个有利于”作为衡量改革和各项事业成效的标准，肯定中央关于建设深圳等经济特区的政策。党的十四大确定把建立社会主义市场经济体制作为我国经济体制改革的目标，根据我国国情确立了“三步走”的发展战略；十六大提出全面建设小康社会的目标；新一届党中央提出科学发展观、构建和谐社会的战略思想，开展社会主义新农村建设，着力解决民生问题，积极维护社会的公平和正义，表明党的政策更加科学和务实。

邓小平提出“一国两制”的方针，胜利解决了港澳回归祖国的问题，体现了很高的政治智慧。我们国家在对外政策方面，也体现出很大的务实性。以民族利益为重，坚持独立自主的外交政策，维护国家主权和国际正义，但一般不陷入国际争端。如苏东剧变后，我国就采取灵活务实的政策，韬光养晦，有所作为，从而为改革开放和社会主义现代化建设创造了良好的国际环境。

中国共产党是以解放全人类、实现共产主义为崇高理想的无产阶级政党。但党的最终目标的实现需要若干代人的长期奋斗，其前提是社会主义优越性的充分发挥。采取现实主义的政策，并不是要放弃党的历史使命和理想追求，而是要党制定的政策更加切合中国国情，更加符合社会主义建设的规律和人类社会的进步潮流。

（三）从人治到法治的历史转变

从人治到法治是中国由传统社会向现代社会发展的历史趋势，依法治国是现代民主政治的基本特征。孙中山领导的辛亥革命虽然失败了，但它推翻了帝制，使民主共和的思想深入人心。国民党政府虽然打着三民主义的旗号，但实行的是独裁统治，并没有真正实行过民主和法治。

在新民主主义革命阶段，毛泽东同志就曾倡导新民主主义的宪政，“宪政是什么呢？就是民主的政治”。[①] 新中国成立以后，毛泽东同志在《关于中华人民共和国宪法草案》中指出：

> 一个团体要有一个章程，一个国家也要有一个章程，宪法就是

① 《毛泽东选集》（第2卷），人民出版社1991年版，第732页。

> 一个总章程，是根本法。用宪法这样一个根本大法的形式，把人民民主和社会主义原则固定下来，使全国人民有一条清楚的轨道，使全国人民感到有一条清楚的明确的和正确的道路可走，就可以提高全国人民的积极性。①

讲法治就要搞民主政治，就要搞宪政。新中国成立后我国召开了第一、二、三届全国人民代表大会，制定了1954年宪法和一系列法律文件，在法制建设方面迈出了可喜的第一步。

但是，由于我们党犯了“左”的错误，由于封建残余思想的影响，权力过于集中，党政不分、官僚主义、特权思想、权大于法的现象还严重存在，人治思想在中国的政治生活和一些领导人的思想中还有很大的影响。也可以说，毛泽东时期的政治还是具有很浓厚的人治色彩。领导人不受法律和制度的约束，有着超越法律的特权，从而严重影响了中国社会由人治向法治过渡的历史进程。

邓小平在《党和国家领导制度的改革》中指出：“旧中国留给我们的，封建专制传统比较多，民主法制传统很少。解放以后，我们也没有自觉地、系统地建立保障人民民主权利的各项制度，法制很不完备，也很不受重视，特权现象有时受到限制、批评和打击，有时又重新滋长。克服特权现象，要解决思想问题，也要解决制度问题。”②“斯大林严重破坏社会主义法制，毛泽东同志就说过，这样的事件在英、法、美这样的西方国家不可能发生。他虽然认识到这一点，但是由于没有在实际上解决领导制度问题以及其他一些原因，仍然导致了‘文化大革命’的十年浩劫。这个教训是极其深刻的。不是说个人没有责任，而是说领导制度、组织制度问题更带有根本性、稳定性和长期性。”③ 在《关于政治体制改革》的讲话中，邓小平进一步指出：“进行政治体制改革的目的，总的来讲是要消除官僚主义，发展社会主义民主，调动人民和基层单位的积极性，要通过改革，处理好法治和人治的关系，处理好党和政府的关系。”④

改革开放以来，我党在深化经济体制改革、建立社会主义市场经济

---

① 《毛泽东选集》（第5卷），人民出版社1977年版，第129页。

② 《邓小平文选》（一九七五——一九八二年），人民出版社1983年版，第292页。

③ 同上书，第293页。

④ 《邓小平文选》（第3卷），人民出版社1993年版，第177页。

体制的同时，加强社会主义民主和法制建设，稳步推进政治体制改革，使宪法在国家政治生活中的地位明显提高，权力运作的规范性得到明显加强。人民代表大会制度、政治协商制度、民族区域自治制度和基层群众自治制度日益完善。1982 年宪法规定：国家领导人连选连任不得超过两届，从而废除了党和国家领导制度实际上存在的终身制，使我国领导人的选拔和任用制度走上了法理化的轨道。正如美国学者泰韦斯所指出的那样，邓小平政治变革的意义就在于把中国“从毛泽东超凡魅力的合法性权威引导到强调法定——理性型权威”的轨道上来。[①]

党的十五大把依法治国、建设社会主义法治国家作为民主政治建设的重要目标和党领导人民治理国家的基本方略。江泽民同志在党的十五大报告中指出：“依法治国，就是广大人民群众在党的领导下，依照宪法和法律的规定，通过各种途径和形式管理国家事务，管理经济文化事业、管理社会事务，保证国家各项工作都要依法进行，逐步实现社会主义民主的制度化、法律化，使这种制度法律不因领导人的改变而改变，不因领导人看法和注意力的改变而改变。依法治国是党领导人民治理国家的基本方略，是发展社会主义市场经济的客观需要，是社会文明进步的重要标志，是国家长治久安的主要保障。”[②] 可以说，明确提出建设社会主义法治国家，是实现人治思维向法治思维转变的重要标志。

在当代中国，法治目标的实现，不只是法治思维方式的形成，更需要法治精神的普及和实践的推进。但法治思维在治国方略层面上的彰显，无疑为法治目标的实现奠定了重要的基础。今后，我们要进一步肃清封建残余思想的影响，克服特权思想和长官意志；要完善立法，加强执法，依法行政，强化监督，注意解决权大于法的问题。在保持社会稳定的前提下，加大政治体制改革的力度，加快民主化步伐，才能为依法治国提供应有的制度和体制支撑。

人治社会把国家治理的希望寄托在出现贤明的政治家身上，对政治家缺乏宪法和制度的约束，从人治到法治是国家治理方式的历史性转变。但是，邓小平提出政治体制改革应该“处理好法治与人治的关系”，也是

---

① ［美］弗雷德里克·C. 泰韦斯：《从毛泽东到邓小平》，王红续等译，中共中央党校出版社 1991 年版，第 8 页。

② 《江泽民论有中国特色社会主义（专题摘编）》，中央文献出版社 2002 年版，第 326—327 页。

一个重大的政治课题。

依法治国，弘扬法治思维是现代政治文明的重要原则和标志，法治高于人治，必须用法治约束和规范人治。但是，“人治”作为政治家治理国家所采取的战略、方针和政策，也是非常重要的。柳宗元在《封建论》中提出制度不同于政治，封建制与郡县制是两种不同的制度，同样制度下政治有好坏之分，有清明的政治与昏庸的政治。中国历史上强调法治与人治结合，这是优良的政治传统。在法治前提下，把法治与人治结合起来，把国家制度建设与政治家能动作用结合起来，是中国政治发展道路的重要特色之一。

（四）从封闭到开放的历史觉醒

马克思、恩格斯在《共产党宣言》中指出：“资产阶级，由于开拓了世界市场，使一切国家的生产和消费都成了世界性的了。”“过去那种地方的和民族的自给自足和闭关自守状态，被各民族的各方面的互相往来和各方面的互相依赖所代替了。物质的生产是如此，精神的生产也是如此。各民族的精神产品成了公共的财产。民族的片面性和局限性日益成为不可能，于是由许多种民族的和地方的文学形成了一种世界的文学。”① 可见，世界近代化、现代化的过程也是全球化的过程。中国近代落伍的一个重要原因是采取闭关锁国的政策。

鸦片战争以后，清政府卖国求荣，与列强签订了一系列丧权辱国的不平等条约，被迫打开国门，使中国陷入半殖民地半封建的境地，辛亥革命后国民党政府也没有实现民族独立。新中国成立以后，结束了近代以来的长期战乱局面，实现了国家的独立和统一，中国人民从此站起来了。独立自主是我国的基本国策和外交政策的基石。虽然我们愿意同世界上的一切友好国家发展关系，但是美国和西方封锁我们。后来苏联搞霸权主义，中苏关系恶化，我们只能依靠自己的力量发展经济和文化。虽然就主观上来讲，当时中国并不想自我封闭，但客观上因各种限制还是具有一定的封闭性。当然毛泽东时期曾改善了中美关系，实现了中日邦交正常化，中国也加入了联合国，为新时期的对外开放奠定了基础。

十一届三中全会开辟了对外开放的新时期，中国以面向世界、面向未来、面向现代化的崭新姿态出现在世界的东方。实行对外开放政策可

---

① 《马克思恩格斯选集》（第 1 卷），人民出版社 1972 年版，第 254—255 页。

以为我国的现代化建设创造良好的外部环境，一方面改善与周边国家和其他国家的关系，可以为我国经济建设创造和平的国际环境，使我们集中精力从事现代化建设。可以减少国际上的压力和军费开支，集中财力、物力进行经济建设。另一方面，可以利用外资，学习利用外国尤其是发达国家的先进管理经验，扩大对外贸易和交流，促进经济的发展和中国的文明进步。邓小平在南巡谈话中指出：

> 社会主义要赢得与资本主义相比较的优势，就必须大胆吸收和借鉴人类社会创造的一切文明成果，吸收和借鉴当今世界各国包括资本主义发达国家的一切反映现代社会化生产规律的先进经营方式、管理方法。①

这是一种全球意识，是全球化时代的政治思维。我国采用市场经济体制，就是在对外开放的情况下，借鉴资本主义国家的现代管理经验并做出重大决策，实现了中国经济与世界经济的接轨，从而为我国融入全球化进程创造了条件。

我国申请加入世贸组织，经过二十年的艰苦努力，终于如愿以偿，表明中华民族有自立于世界民族之林的气概。虽然当初有“利大于弊，还是弊大于利”的争论，但是从世界近代史来看，没有一个民族是在封闭的状况下走向现代化的，不是主动地开放，就是被动挨打，就是落后。只有将中国市场融入世界市场，使中国经济和企业经受国际大循环、大市场的锻炼，才能最终成长起来，缩小与发达国家的差距，从而赶上世界先进水平。“入世”是一个机遇，同时也是一个挑战，是要冒风险的，要付出一定代价。但是为了实现民族的复兴，实现现代化的目标，这个风险也值得去冒，这个代价也值得去付。因为中国要走向世界，世界首先要走向中国，这是历史的大趋势，是不可逆转的。改革开放30多年，中国经济快速增长、综合国力明显增强的历史事实，已经证明我国对外开放、加入全球化进程的决策是完全正确的。中国现代化的航船是在救亡图存、抗击列强的血雨腥风中开启的。从近代提出“师夷长技以制夷”“西学东渐”“全盘西化”，到我党提出“改革开放”的基本国策，自觉

① 《邓小平文选》（第3卷），人民出版社1993年版，第373页。

融入全球化进程，并提出“和平崛起”、构建“和谐世界”的战略思想，表明我国政治思维由封闭到开放的历史觉醒，标志中华民族自信心的增强以及追踪和回归人类进步潮流的伟大气概。

（五）从单极思维到辩证思想的理性飞跃

毛泽东同志写了《矛盾论》和《实践论》，用唯物辩证法思想指导中国革命取得了胜利；在社会主义时期写了《关于正确处理人民内部矛盾的问题》《论十大关系》等重要著作，对社会主义建设的基本规律进行了初步的探索。《论十大关系》研究了重工业和轻工业、农业的关系，沿海工业与内地工业的关系，经济建设与国防建设的关系，国家、集体与个人的关系，中央与地方的关系，汉族与少数民族的关系，中国与外国的关系等。涉及经济、政治、军事、民族、文化等领域，是对我国治国方略的初步总结，充满着辩证思维的精神，对社会主义社会基本矛盾的分析也充满了辩证法。

但是，由于社会主义是前无古人的事业，在中国这样一个东方大国建设社会主义，遇到这样那样的困难，是在所难免的。由于受到国际和国内局势变化的影响，毛泽东同志错误地估计了阶级斗争形势，使他在1956年前后形成的正确的治国思想和“八大”路线，在后来的实践中没有得到坚持和发展，从而出现了一系列的失误。比如重视独立自主，而忽视了对外开放；重视阶级斗争，忽视了民主法制建设；提出了工业化的目标，而忽视了社会全面进步和发展；重视反“右”，而忽视了“左”倾思想对党和国家的危害。这些片面性，表现了我党政治思维和治国方略具有单极思维的特点。

毛泽东同志是思想家、哲学家，但在他的政治实践中却犯了单极思维的错误，这与他所处的时代、国际环境、中国的历史文化等都有关系。而由单级思维向辩证思维发展要有一个历史过程，比如国家建设目标的设计，中国是一个农业大国，实现工业化就可以改变中国贫穷落后的面貌，所以我党最初提出了工业化的目标。后来四届人大提出了实现农业、工业、国防和科学技术四个现代化的目标，就进一步发展了这个思想。再到党的十一届三中全会提出了建设富强、民主、文明的社会主义现代化国家的目标，国家建设中包括经济建设，也包括民主、法制等制度建设。以胡锦涛同志为总书记的党中央提出科学发展观，构建社会主义和谐社会，把经济建设、政治建设、文化建设和社会建设统一了起来，表

明我党治国思想由单极思维到辩证思维的新的飞跃。

经过新中国成立以来我党几代领导人的努力，尤其是改革开放30多年来的积极探索，已经形成了具有辩证思维特色的系统的治国思想体系，党的执政水平不断提高和成熟。这一思想体系主要包括如下内容：

1. 坚持科学发展观，努力构建和谐社会。科学发展观是以胡锦涛同志为总书记的党中央总结我国社会主义建设的基本经验所提出的重大战略思想。“科学发展观，第一要义是发展，核心是以人为本，基本要求是全面协调可持续，根本方法是统筹兼顾。”[①] 和谐社会是中国特色社会主义的本质属性，其基本要求是“民主法治、公平正义、诚信友爱、充满活力、安定有序、人与自然和谐相处。”[②] 坚持科学发展观，构建和谐社会，对发展中国特色社会主义的伟大实践和国家治理具有根本的指导意义。

2. 坚持社会主义初级阶段的基本路线。以经济建设为中心，坚持四项基本原则，坚持改革开放。邓小平讲坚持这个基本路线一百年不动摇，党的基本路线是党和国家的生命线，是实现科学发展的政治保证。以经济建设为中心是兴国之要，四项基本原则是立国之本，改革开放是强国之路，是我们党我们国家进步的活力源泉。坚持党的基本路线不动摇，是改革开放30多年来的基本经验。

3. 正确处理改革、发展和稳定的关系。改革是社会主义制度的自我完善，是社会主义社会发展的动力。发展是硬道理，用改革来推动发展。稳定是改革和发展的条件和保证。积极推进改革，建立社会主义市场经济体制，加强民主法制建设，促进经济和社会全面进步和发展，使改革成果为广大人民群众所享有，从而促进社会的稳定和繁荣。正确处理改革、发展和稳定的关系，是治理当代中国必须解决的重大问题。

4. 物质文明、精神文明、政治文明和生态文明协调发展。十一届三中全会以后我党认识到社会主义物质文明和精神文明可以互相促进。发展生产力，以经济建设为中心，努力建设物质文明，提高综合国力，改善人民生活，是我们必须着力抓好的中心工作。但精神文明也要抓，一是思想道德建设，一是科学文化建设，实施科教兴国和人才强国战略。

---

① 胡锦涛：《高举中国特色社会主义伟大旗帜　为夺取全面建设小康社会新胜利而奋》，人民出版社2007年版，第15页。

② 同上书，第17页。

随着现代化建设的深入发展，党又提出了社会主义政治文明和生态文明的建设问题，着力推动社会主义民主政治和生态环境的建设，这就使我国现代化建设的内容更加丰富和科学。

5. 依法治国与以德治国相结合。党的十五大提出了依法治国，建设社会主义法治国家的战略目标，并且把它写进了宪法，作为党领导人民治理国家的基本方略。这是总结当代中国治理国家的经验教训，吸收外国政治文明的有益经验，做出的科学结论。依法治国是现代民主政治和制度文明的重要标志，以德治国是中国政治的优良传统，只有把二者有机地结合起来，才能保证国家的长治久安。

6. 坚持独立自主方针，加强对外合作与交流。独立自主作为中国对外政策的基本方针，就是要积极维护国家的独立和主权的完整，中国的事情由中国人说了算，不受外国的干涉，主权不受侵犯。内政与外交是紧密联系在一起的，“弱国无外交”是中国近代史的深刻教训。我们必须把自己的事情做好，同时加强对外合作与交流，建设“和谐世界”，这样才能为我国的现代化建设与“和平崛起”创造良好的国际环境。

7. 以“三个代表”思想为指针，把治国与治党结合起来。共产党是执政党，党的建设关系到国家的生死存亡。我党在领导现代化建设的过程中显示了高超的智慧和巨大的组织能力，只有坚持中国共产党的领导，才能保持国家的统一和稳定，从而实现民族的伟大复兴。同时，我们也要清醒地看到，党也在经受着改革开放和市场经济的考验。只有从严治党、继续加大惩治腐败的力度，才能取信于民。我们必须坚持以“三个代表”重要思想为指针，保持党的先进性，发展党内民主，促进人民民主，积极探索权力监督制衡体系。

政治思维是政治文化和政治思想的深层结构，政治思维演进水平表现一个民族政治发展和政治文明的程度。改革开放以来，我党在发展社会主义市场经济的过程中，稳步推进社会主义民主和法治，积极探索和完善适合中国国情、又符合世界文明潮流的治国之道，使中国政治思维发生了深刻的历史性变革。这表明我党对社会主义建设规律、人类社会的发展规律和党的执政规律的认识达到了新的高度，从而使政治权力运作的规范性明显增强，人民所拥有的自由和权利越来越广泛，党和政府的政策受到人民的衷心拥护，社会的稳定和谐更有保证，社会主义制度的生命力有了进一步的显示。

六　科学发展观与执政合法性的重塑

党的十六届三中全会明确提出了“坚持以人为本，树立全面、协调、可持续的发展观，促进经济社会和人的全面发展”；强调“按照统筹城乡发展、统筹区域发展、统筹经济社会发展、统筹人与自然和谐发展、统筹国内发展和对外开放的要求”。这样完整地提出科学发展观，是我党对社会主义现代化建设指导思想的新发展。

从政治文明的角度来说，它是我党对执政理念的深刻把握和对执政合法性的重塑。深入研究和领会科学发展观，不仅对于全面建设小康社会进而实现现代化的宏伟目标具有重大而深远的意义，而且在新的历史条件下对于巩固中国共产党的执政地位、巩固社会主义制度、实现社会的长治久安都有着重要的现实意义。

（一）科学发展观是我党在新的历史条件下，防止合法性危机所做出的积极努力

合法性是现代政治科学中最重要的概念之一。它的最初含义是国王有权即位是由于他们的“合法”出身。中世纪以来，合法性的意思增加了，它不只是指“统治的合法权利”，而是指“统治的心理权利”。现代的合法性意指人们内心的一种态度，这种态度认为政府的统治是合法的和公正的。① 合法性是民众对既定的政治制度或政治秩序的认同、支持或拥护，是民主政治发展和政治文明的重要标志。

现代文明国家的执政党或政府都以获得合法性作为制度设计、制定政策的主要依据和根本前提，一旦发生合法性危机，不仅政策的推行会遇到严重障碍，而且会发生执政权力的更替，甚至导致社会动荡。而该

① ［美］迈克尔·罗斯金：《政治学》，林震等译，华夏出版社2002年版，第5页。

社会应对合法性危机的能力，则是检验政治制度文明水平的重要尺度。在现代社会执政党或政府合法性的获得一般通过两个途径：一个是通过民主选举制度取得合法统治权力；另一个是实行反映民意的政策，得到民众的支持。在发达资本主义国家一般是两者兼用，而通过政党竞争和权力制衡等制度安排来克服合法性危机，从历史来看这种方法还是比较有效，既克服了合法性危机，又维护了社会秩序的稳定。

社会主义国家与资本主义国家政党制度不同，共产党的领导是社会主义国家政治制度的根本特征。在实行多党合作制的国家，也不允许别的政党与共产党平等竞争，取得执政地位。共产党在社会主义国家的执政地位的取得：一是靠在革命战争和夺取政权的斗争中树立的崇高威望；二是靠共产党执政以后推行适合本国国情和民意的政策。在我们的教科书上，在论证党的领导地位时，一般是说共产党的领导是历史的必然选择，是由共产党的阶级属性和社会主义国家的性质决定的，似乎共产党可以一劳永逸地成为社会主义国家的执政党，不会出现合法性危机。苏联解体、东欧剧变给我们一个极好的教训，打破了社会主义国家不会出现合法性危机的神话。血的教训使我们党认识到必须在理论和体制上大胆创新，寻找克服合法性危机的思路。体制僵化、经济长期得不到发展、人民生活得不到改善，会导致合法性危机；权力高度集中、专制独裁、官僚主义盛行、腐败蔓延、党群关系恶化，会导致合法性危机；忽视社会公正、社会贫富悬殊、两极分化严重、忽视人权发展、社会治安恶化、生存环境破坏严重，也会导致合法性危机。虽然，新中国成立尤其是改革开放以来已经取得了举世公认的伟大成就，党和政府在人民心目中的地位基本上是巩固的；但是，苏联解体给我们敲响了警钟，我们绝不能掉以轻心。

苏联作为世界上第一个社会主义国家经过几十年的跨越性发展，成为与世界上头号资本主义国家相抗衡的超级大国，成就不能说不大，但还是解体了。苏联解体是一个复杂的社会历史现象，但是与苏联共产党在执政生涯中，长期缺乏合法性自觉有很大的关系。[①] 斯大林的“个人崇拜”和“大清洗”表面维护了苏共执政的合法性，但个人集权、民主缺失、法制破坏、思想僵化等体制性障碍，对苏共执政造成深重的潜在的

① 周尚文、郝宇青：《合法性危机积重难返》，《社会科学报》2004年4月22日第4版。

合法性危机；赫鲁晓夫上台后，批判了“个人崇拜”，在克服执政合法性危机方面有积极意义，但他并未对苏联执政理念、执政体制和执政方式加以检讨；勃列日涅夫以“停滞”和“稳定”而著称于世，并未对原有体制进行真正的改革，相反，不断加强和加深了体制性的腐败和危机。戈尔巴乔夫上台后，面对苏联合法性资源陷于枯竭的困境，采用公开性、民主化让体制性弊端获得能量释放的机会，给病入膏肓的苏联致命一击；企图引进西方体制挽救危机，终于导致苏共垮台、苏联解体。

苏东剧变以后，国际共产主义运动处于低潮，发达资本主义国家加紧对我国的和平演变策略的推行，并且宣扬中国威胁论，企图扼制中国的发展。我国经济已融入了全球化的浪潮，加入 WTO 虽然对我国的发展带来新的历史机遇，但同时对我国主权和民族经济甚至民族文化也是一个极大的挑战。虽然我国经济有了很大的发展，社会结构和经济发生了深刻的变革，为民族振兴奠定了良好的经济基础和社会基础。但是，国有企业改革步履艰难，城乡差别、地区差别明显拉大，生态环境破坏严重、腐败现象蔓延滋长、党群干群关系紧张、社会风气不正、道德滑坡、治安秩序不好。虽然这些都是发展中的问题，但是作为执政党的中国共产党人还是重视这些问题的。为此，江泽民同志提出了“三个代表”的重要思想；新一届党中央提出了科学发展观、加强执政能力建设和建构社会主义和谐社会；这些就是我党在和平发展成为时代主题的新的历史条件下，防止合法性危机，进一步推动社会主义现代化建设事业所做出的积极努力，表明新一届党中央的远见卓识和务实精神。

（二）科学发展观是我党对执政合法性规律所做的重大探索

早在延安时期，毛泽东在回答民主人士黄炎培先生怎样走出“其兴也勃，其亡也速”的历史周期律时，认为我们依靠人民民主监督是根本方法。这时已经开始思索克服执政合法性危机问题。解放前夕，毛泽东在党的七届二中全会上向全党提出警告，要求全党警惕资产阶级糖衣炮弹的进攻，不要在糖衣炮弹面前打败仗。“夺取全国胜利这是万里长征走完了第一步”“务必使同志们继续地保持谦虚、谨慎、不骄不躁的作风，务必使同志们继续地保持艰苦奋斗的作风。”[①]《论人民民主专政》的发表；1954 年新宪法的颁布；《关于正确处理人民内部矛盾的问题》以及

① 《毛泽东选集》（第 4 卷），人民出版社 1991 年版，第 1438—1439 页。

《论十大关系》等著名文章的发表，是我党执政合法性意识清醒的体现，也是对社会主义建设规律的初步探索，从而开辟了国家建设的黄金时期，党在人民心目中树立了崇高的威望。但是，由于我党在指导思想上一度发生了“左”的倾向，错误地估计阶级斗争形势；1957 年反右斗争扩大化，1959 年对彭德怀的错误批判，一直到发动“文化大革命”，用群众运动——“大民主”的方式来解决党内矛盾，使民主和法制遭到破坏，国民经济到了崩溃的边缘，党在全国人民中的威信也受到了很大的挫折。可以说在毛泽东时代，我们国家的建设取得了伟大的成就，但是个人崇拜、权力高度集中、人民生活水平提高不大、政治上采取高压手段，仍然存在党的执政合法性危机的隐患。

十一届三中全会结束了“以阶级斗争为纲”的左倾路线，把党和国家的工作重点转移到经济建设上来，完成了党的指导思想上拨乱反正的任务，平反冤假错案，取消阶级成分，提出了社会主义初级阶段的理论，确定了“一个中心，两个基本点”的基本路线，把建设富强民主文明的社会主义现代化国家作为我们党和国家的奋斗目标。改革开放以来，我们国家发生了翻天覆地的巨大变化，综合国力进一步增强，人民生活水平显著提高。1980 年邓小平在《党和国家领导制度的改革》一文中就着手从制度层面，总结“文革”的教训，明确指出：

> 从党和国家的领导制度、干部制度方面讲，主要弊端是官僚主义现象、权力过分集中的现象、家长制现象、干部领导职务终身制现象和形形色色的特权现象。①

在改革经济体制的同时，着手政治体制的改革；提出加强民主和法制建设，“两个文明”一起抓，确定两步走的发展战略，恢复宪政体制，走法理化的道路。虽然发生了 1989 年春夏之交的政治风波，但是由于改革开放以来我国取得的巨大成就，以及体制改革使执政合法性的资源得到了有效的开发，社会主义制度的优越性得到了体现，党和政府的合法性基础得到了巩固。

以江泽民为核心的党的第三代中央领导集体应对亚洲金融危机；深

---

① 《邓小平文选》(一九七五——一九八二年)，人民出版社 1983 年版，第 287 页。

化改革，确立社会主义市场经济的改革目标，加入 WTO 使中国经济融入全球化的浪潮；正确处理改革发展稳定的关系；提出依法治国，建设社会主义法治国家，法治与德治相结合；从严治党，加大反腐败的力度；提出“三个代表”的重要思想以及物质文明、政治文明与精神文明协调发展的战略思想，以及可持续发展战略的确定，是对我国社会主义建设规律的进一步探索，也是对党和政府执政合法性资源的进一步开发。

我国正处于由传统社会向现代社会的转型期，随着我国现代化建设的深入发展，体制的弊端日益暴露，在实现跨越式发展的进程中，各种社会问题和矛盾不断出现，经济繁荣并不必然或自动导致社会公平、社会公正和社会稳定。从中国历史来看，严重的社会危机往往发生在社会繁荣时期；从许多发展中国家的经验看，不公平、不公正的增长往往会突然因社会危机而停滞、衰退甚至崩溃。当前，中国再次进入社会不稳定时期，突出表现为：世界上最大规模的经济结构调整；世界上最大规模的“下岗洪水”和“失业洪水”，世界上最显著的城乡差别和地区差别；世界上基尼系数（收入分配公平性）增长最快的国家之一；世界上最严重的腐败及最大的经济损失；世界上最大范围的生态环境破坏。邓小平同志曾经就警告，“如果中国搞两极分化，情况就不同了，民族矛盾、区域矛盾、阶级矛盾都会发展，相应的中央和地方的矛盾也会发展，就可能出乱子”。[①] 党的执政合法性的主要意义并不在于作为执政党给人民带来正面利益，受到人民的支持和拥护，而在于其不能给人民带来积极利益的时候，甚至是产生负面的和消极的利益的时候，人民能够与之达成谅解，不起来推翻其统治。[②] 不要以为蛋糕做大就能化解一切矛盾和危机。随着经济市场化和全球化，政府控制国民经济的能力会愈来愈弱，如果继续将合法性建立在经济增长上，无异于把自己的命运托付于其他的力量。

正是基于对党和政府执政合法性的上述认识，为了及时化解社会主义现代化建设中的各种社会矛盾和可能出现的合法性危机，新的一届中央在邓小平理论和“三个代表”重要思想指导下，按照党的十六大精神，根据新的形势和任务，特别是抗击“非典”重要启示，明确提出

① 《邓小平文选》(第 3 卷)，人民出版社 1993 年版，第 364 页。

② 胡鞍钢等：《第二次转型：国家制度建设》，清华大学出版社 2003 年版，第 3 页。

了科学发展观，把坚持以人为本和经济社会全面协调可持续发展统一起来，并强调按照“五个统筹”的要求推进改革和发展。这标志我们党对社会主义现代化建设规律认识得更加深入，[①] 标志对执政合法性规律认识上的深化。

（三）以人为本是科学发展观的核心理念，也是执政合法性的根本要求

坚持以人为本，这是科学发展观的本质和核心。以人为本就是要把人民的利益作为一切工作的出发点和落脚点，不断满足人们的多方面需求和促进人的全面发展。具体地说，就是要求在经济发展的基础上，不断提高人民群众物质文化水平和健康水平，就是要尊重和保障人权，包括公民的政治、经济、文化权利，就是要不断提高人们的思想道德素质、科学文化素质和健康素质；就是要创造人们平等发展、充分发挥聪明才智的社会环境。马克思说过：未来的新社会是“每个人自由发展是一切人自由发展的条件”[②] 的社会形式。我们从事的建设有中国特色的社会主义的伟大事业，理应当然必须坚持以人为本，一切为了人民，一切依靠人民。坚持以人为本是贯彻“三个代表”的重要思想，坚持立党为公、执政为民的本质要求，也是进一步发扬党的优良传统的具体体现。

坚持以人为本，既是经济社会发展的长远指导方针，也是实际工作中必须坚持的重要原则，要注意处理好人民群众根本利益和具体利益、长远利益和眼前利益的关系。当前必须着力解决关系人民群众切身利益的突出问题，进一步做好增加就业，加强社会保障工作。认真解决“三农”问题，进一步加大反腐败力度，落实尊重和维持人权的宪法原则。

“以人为本”在中国典籍中最早源于《管子》：“夫霸王之所始也，以人为本，本理则国固，本乱则国危。”与儒家的民本思想是一致的，但是在封建社会民本思想——是为皇权政治服务的，与近代的民主思想还有根本的区别。欧洲文艺复兴时期，兴起了人文主义思想，“以人为本”观念确立是推翻封建性宗教神学的统治地位。“以人为本”还有批判某些社会异化现象，像“以钱为本”以及工具理性的意义。马克思主义认为，

---

① 温家宝：《提高认识　统一思想　牢固树立和认真落实科学发展观》，《新华文摘》2004年第9期。

② 《马克思恩格斯选集》（第1卷），人民出版社1972年版，第273页。

人们自己创造自己的历史，真正的历史观应该是以人为本，而且人不仅仅是手段，而且是目的。

毛泽东指出："人民，只有人民，才是创造人类历史的动力。"把全心全意为人民服务确立为我党的根本宗旨。邓小平提出"三个有利于"；江泽民提出"三个代表"；胡锦涛强调立党为公、执政为民。用"以人为本"的执政理念代替"阶级斗争为纲"的口号，在党和国家生活中开始关注人的尊严、人权的维护，人性不被扭曲，……都是属于以人为本的其中应有之义。伦理学倡导人道主义，管理学提出满足人的需要，教育学提出人性化走向，直到将"以人为本"作为根本的执政理念，标志我党对执政合法性和发展观认识上的深化。

作为执政党，其实行的政策必须获得人民的支持和拥护，才能不断巩固合法性基础。在资本主义国家，由于采用政党竞争制，一个执政党的政策发生失误，可以由另一个政党上台来加以纠正。人们对基本制度的合法性基础一般不会动摇，社会主义国家共产党是唯一的执政党，一旦发生失误就可能对执政党以及社会制度本身的合法性产生影响。因此，党必须不断在理论和体制上与时俱进，在执政理念和发展战略策略上不断创新，采取积极稳妥的政策，才能不断开发合法性资源。用"以人为本"作为科学发展观的根本理念，也是执政合法性的根本要求。因为随着我国社会变革的深化，社会阶层和利益群体日益分化，社会公正问题被提上议事日程，公众的参与意识和人权意识普遍增强，如果不确立"以人为本"的执政理念，并且把其认真地落实到发展战略中，就会使潜伏的社会矛盾日益激化，甚至酿成合法性危机。因此，我们从执政合法性的高度来把握以人为本的理念，就会有危机感和紧迫感。为此，我们不仅要在观念上大胆创新，破除封建等级观念、特权思想、官本位、金钱至上、忽视人的尊严和价值的观念，而且必须加快政治体制改革的步伐，不断扩大公民政治参与的水平，落实"国家尊重和保障人权"的宪法原则，进一步加大反腐败的力度，建立权力制约机制，使以人为本的理念获得制度支撑。

（四）统筹兼顾是科学发展观的着眼点，又是重塑执政合法性的战略选择

提出"统筹城乡发展、统筹区域发展、统筹经济社会发展、统筹人与自然和谐关系，统筹国内发展与对外开放"的要求，促进改革和发展。

“五个统筹”的提出，统筹兼顾方针的确立是科学发展观的着眼点，是我党对社会主义发展战略进行不断探索所进行的综合创新；是对社会主义现代化建设规律认识的深化；是抓住和平发展的战略机遇，全面建设小康社会和实现现代化的重要方针。同时，也是不断解决社会矛盾，化解社会危机和风险，重塑执政合法性的战略选择。

中国正由传统社会向现代化社会转型，城乡二元结构、地区发展不平衡、经济社会发展不同步、资源和生态问题突出，又遇到全球化带来的挑战。这些问题出现在发展中国家具有一定的普遍性，对于实现跨越性发展的国家来说具有不可避免性。但是这些问题的积累已经成为中国社会文明进步和进一步发展的严重障碍，甚至存在激化社会矛盾，产生执政危机的隐患，到了必须解决的时候。

统筹城乡经济社会发展，逐步改变城乡二元结构，是我党从全面建设小康社会全局出发做出的重大决策。农业是国民经济的基础，没有八亿农民的小康，就不可能实现全面的小康，没有农村的现代化就不可能有全社会的现代化。全面建设小康社会，重点在农村，难点也在农村。改革开放以来，城乡差别、工农差异呈现不断扩大的趋势。农业基础薄弱，农村发展滞后，农民收入增长缓慢，“三农”问题已经成为我国经济社会发展中亟待解决的突出问题。要调整国民经济收入分配结构和政策，加大对农业的支持和保护；加快农业和农村的自身发展，推进城镇化；城市发展要与农村发展相协调，充分发挥城市对农村的带动作用；统筹推进城乡改革，消除体制性障碍。要在立法和政策上解决农民的权利残缺问题，给农民以平等的国民待遇。

我国幅员辽阔，地区发展不平衡。改革开放以来各地区都有很大的发展，但各地区发展的差距也在不断扩大，逐步扭转地区差距扩大的趋势，促进地区协调发展，不但是重大的经济问题，而且是重大的政治问题，不仅关系现代化的全局，而且关系社会稳定、民族团结和长治久安。统筹区域发展就要继续发挥各地区的优势和积极性，逐步扭转地区差距继续拉大的趋势，实现共同发展。国家要在宏观政策上支持欠发达地区加快发展。坚持推进西部大开发、振兴东北等老工业基地，促进中部地区崛起。鼓励东部地区加快发展，形成中西互动、优势互补、相互促进、共同发展的新格局。

坚持可持续发展，就是要统筹人与自然和谐关系，处理好经济建设、

人口增长与资源利用、生态环境保护的关系，推动整个社会走上生产发展、生活幸福、生态良好的文明发展道路。我国人口众多，资源相对不足，生态环境承载能力弱，这是基本国情。随着经济快速增长和人口不断增加，资源不足矛盾越来越尖锐，生态环境形势十分严峻。高度重视资源和生态环境问题，增强可持续发展的能力，是全面建设小康社会的重要目标之一，也是关系中华民族生存与长远发展的根本大计。统筹人与自然和谐关系，必须坚持计划生育、保护环境、保护资源的基本国策，坚持经济社会发展与环境保护、生态建设相统一；坚持资源开发与节约并举；加大投入，标本兼治，创新机制；实行政府调控和市场机制相结合，从体制和机制上促进可持续的发展，建设生态文明。

统筹国内发展与对外开放，是落实科学发展观的重要内容，在新的发展阶段，必须适应经济全球化深入发展和我国加入 WTO 的新形势，在更大范围和更高层次上参与国际经济技术合作和竞争，提高对外开放水平。要把利用外部有利条件和发展自身优势结合起来，利用国内国际两个市场、两种资源，充分发挥我国市场广阔、劳动力资源丰富的优势。我国作为发展中大国，必须把扩大内需作为经济发展的立足点和长期战略目标。要处理好内需与外需、利用外资与利用内资的关系。引进先进技术管理经验和人才，提高自主创新能力。在扩大开放中自觉维护我国企业利益和经济安全。

坚持经济社会协调发展。经济发展是社会发展的前提和基础，也是社会发展的根本保证；社会发展是经济发展的目的，也为经济发展提供精神动力、智力支持和必要条件。随着社会的发展，人们对精神文化、健康安全方面的需求也日益增长，更加要求经济与社会共同发展。改革开放以来社会事业虽然有了明显进步，但经济发展与社会发展存在不同步的现象。社会发展包括科技、教育、文化、卫生、体育等社会事业的发展，也包括社会就业、社会保障、社会公正、社会秩序、社会管理、社会和谐，还包括社会结构、社会领域体制和机制的完善等。必须加大对教育的投入力度，认真落实科教兴国、人才强国的战略，普及和弘扬科学精神，建立和完善社会保障体系，大力发展先进文化。逐步理顺收入分配关系，化解社会矛盾；加快民主和法制建设，建设社会主义政治文明，促进物质文明、政治文明与精神文明协调发展。

按照统筹兼顾的方针调整和完善我国的发展战略和基本政策，就能够使我们的党和政府掌握社会主义现代化建设的主动权，把“三个代表”重要思想落到实处，就能不断克服改革开放过程中出现的各种社会矛盾，化解冲突和风险，不断塑造党和政府立党为公、执政为民的良好形象，并且通过理论创新、体制创新不断开发执政合法性资源，使我们的党和国家立于不败之地。这是对我党执政合法性的重塑，是执政理念的重新定位，也是执政机制的一次革命性变革。

（五）人与社会、自然和谐发展是科学发展观的终极目标，也是现代文明对执政合法性的价值诉求

科学发展观的终极目标是实现人与社会、自然和谐发展，这是我们党在现代化的历史进程中，根据人类文明发展的大趋势，对我国发展观的理性升华和科学把握。同时也是现代文明对执政合法性价值诉求的集中体现。

英国历史学家汤因比指出：“文明乃是整体，它的局部彼此相依为命……在这个整体里，经济的、政治的和文化的因素，都保持着一种非常美好的平衡关系。”① 由于社会发展受到内部尤其是外部的挑战，有些文明消失了，有些文明诞生了。马克思也指出：“人们在自己生活中发生一定的、必然的、不依他们的意志为转移的关系，即同他们的物质生产力相适应的生产关系。这些生产关系的总和构成社会的经济结构，即有法律的政治的上层建筑竖立其上并有一定社会意识形式与之相适应的现实基础。”②

可见，文明是社会内部各要素之间的一种和谐关系。只是文明在不同发展阶段表现形式不同，现代文明是建立在高度发达的商品经济（市场经济）、民主政治和科学文化基础之上的，是人与社会、自然和谐发展的统一。以人为本、社会文明、可持续发展成为现代人类共同追求的价值理想，这是人类文明进步的高度体现，是历史发展的大趋势。中国的现代化自然有自己的特色和国情，但必须与人类历史发展的潮流相一致。恩格斯曾经引用摩尔根对新文明图景的描写：“管理上的民主、社会中的博爱、权利的平等、普及的教育，将揭开社会下一个更高阶段，经验、

① ［英］阿诺德·汤因比：《历史研究》（下），曹未风等译，上海人民出版社 1986 年版，第 463 页。

② 《马克思恩格斯选集》（第 2 卷），人民出版社 1972 年版，第 82 页。

理智和科学正在不断向这个阶段努力。这将是古代民族的自由、平等和博爱的复活，但却是在更高形式上的复活。”[①] 科学发展观的确立实际上是中华民族向人类文明大道的回归。

我们正处于文明交流、对话和更新的关节点上，历史把复兴中华的光荣重任交在了中国共产党的肩上，也放在了当代中国人民的肩上。认真落实科学发展观，实现人与社会、自然的和谐发展，重塑执政合法性就一定能够实现几代人的宏伟理想，我们对党和民族的前途抱有忠诚的愿望和信心。

---

① 《马克思恩格斯选集》（第4卷），人民出版社1972年版，第175页。

七　社会主义政治文明的价值向度

十六大在中国共产党的历史上第一次提出了建设社会主义政治文明的任务，这对于继续积极稳妥地推进政治建设和政治体制改革，发展社会主义民主政治，完善社会主义政治制度具有长远的指导意义。社会主义政治文明的提出是“三个代表”思想的逻辑必然，研究政治文明的价值向度，对于深刻理解政治文明与“三个代表”思想的内在统一关系，把握社会主义政治文明的科学内涵具有重要的理论和实践意义。

（一）先进性是社会主义政治文明的价值基础

政治文明是人类政治生活的进步状态，是人类在争取自由和解放的斗争中取得的积极政治成果，是政治系统各要素之间及其与社会系统其他要素之间的和谐关系，是社会文明的核心和保障。政治文明的价值就是政治文明在社会文明体系中的地位和作用，以及对人的生存和发展的意义。

文明是相对于野蛮、愚昧、落后而言，指人类社会的进步状态，政治文明首先指社会系统中政治子系统的进步状态。在一个时代，总有某些政治系统先进一些，某些政治系统落后一些，这才有政治文明问题的提出。中国共产党在提出政治文明概念以前，曾在十五大提出了依法治国方略，并且认为这是人类文明的标志，实际上是政治文明的重要标志，这是全人类的财富，可以为全人类共享。也就是说，我们谈政治文明，必须承认政治文明有共同的价值基础，这就是先进性，或者叫时代性，也就是它符合人类社会的发展潮流，符合人类政治的发展规律。现代社会讲民主、讲法治、讲人权、讲责任政治，这是全人类的价值认同，也是政治文明的价值基础。有人认为文明有一元性，也是从这个意

义上讲的。[①] 先进性之所以是政治文明的价值基础，就在于只有适应现时代的先进生产方式，符合现代人的价值理念，推动社会文明进步的政治体系，才具有生命力和远大前途，才可以称为政治文明。

先进性是各民族国家政治系统互相借鉴的基础。从世界历史看，人类进入文明社会以后经历了神权政治、专制政治和民主政治等历史阶段。在血与火的斗争中，人类在争取自由和解放的道路上，取得了历史性的进步。虽然还有强权和战争，有愚昧和落后，然而从总体上讲人类已经不是跪伏在神权政治下的战战兢兢的幽灵，也不是在专制统治下的谨小慎微的臣民，而是在民主和自由的阳光普照下拥有人权的公民。民主和法治成了全人类的政治追求，和平与发展成为时代的主题，这是世界历史的巨大跨越，是政治文明给人类带来的福祉。

邓小平在南巡谈话中指出要借鉴人类社会所创造的全部文明成果，为我国的现代化建设服务。中共十六大明确提出了建设社会主义政治文明的发展目标，这标志着中国共产党人执政思想和治国思想的历史性飞跃。只有借助于政治文明才能推动物质文明和精神文明的大发展，实现社会的长治久安和可持续发展，没有政治文明中国就不可能最终实现整个社会的现代化。这不仅是全人类的经验，更是中国近现代历史的经验和教训。从洋务运动到戊戌变法；从孙中山领导的资产阶级民主革命到中国共产党领导的新民主主义革命；从“文革”的历史悲剧到改革开放以来的民主法制建设，这是中国人接受先进政治文明成果的艰苦历程。历史的经验一再告诉我们，只有政治文明的发展，才会有中国社会的进步和发展。政治文明建设的提出正是中国共产党人顺应全球化时代的历史潮流，以“三个代表”思想为指针所做出的明智的历史性选择。只有坚持政治文明的先进性这个价值基础，我们才能把握社会主义政治文明的时代特征。

当然，我们强调政治文明的先进性和时代性，也不能忽视政治文明的阶级性和民族性，在借鉴和吸收国外政治文明的先进成果的同时，也要反对欧洲中心论和强行推行西方的政治价值观。同时，又要防止“左”倾思想的影响，批判封建主义在政治领域的影响。邓小平同志指出：“旧

---

① 陈炎：《“文明”与“文化”》，《新华文摘》2002 年第 6 期。

中国留给我们的，封建专制传统比较多，民主法制传统很少。”① 我们处于社会主义初级阶段，经济文化落后，虽然社会主义基本政治制度是优越的，但是具体制度很不完善，也就是说政治发展水平还不高，建设社会主义政治文明任重而道远。

（二）“三个代表”是社会主义政治文明的价值取向

政治是经济的集中体现，而经济的发展从根本上说取决于生产力的进步。按照历史唯物主义的原理，生产力的进步和发展是引起经济基础和上层建筑变革和发展的根本原因，是社会发展的根本动力。一种社会制度（包括政治制度），是先进还是落后从根本上说取决于能否适应并促进生产力的发展。可见，能否代表先进生产力的发展要求不仅是检验一个政党是否先进的根本标准，而且是检验一个国家政治体系是否先进的标准，也是检验政治文明的首要标准。

政党制度是现代民主政治的重要组成部分，执政党的路线、方针、政策只有以发展生产力作为根本指导思想，才能够抓住政治文明建设的核心，才能在国家和社会生活中起统揽全局的政治核心作用。只有从发展生产力的角度不断改革和完善政治制度、经济制度和文化制度，才能在富有挑战的现代社会不断巩固自身的合法性基础，巩固执政地位，保证国家的长治久安。

共产党是社会主义国家的领导核心，能否持久地解放和发展社会生产力，推动社会的文明进步，是关系党和国家前途命运的根本问题。“文革”是我们的惨痛教训，苏联解体与东欧剧变也是前车之鉴。改革开放以来，我党确立了“一个中心、两个基本点”的基本路线，明确了发展是硬道理，取得了令人惊叹的辉煌成就。能够促进生产力发展的政治体系，才是文明的政治体系，离开了发展生产力这个中心任务，空谈政治文明建设，就会把民族和国家引向邪路，就会犯历史性的错误。由此可见，代表先进生产力的发展方向是政治文明追求的首要价值理念。

先进文化尤其是先进的政治文化，不仅是社会进步的精神动力，而且是政治文明的价值灵魂。科学文化是现代文化的主要标志，科学技术是第一生产力，是现代文明进步的助推器。没有科学和文化的进步就没有人类近现代文明的飞速发展，也不会有政治生活的进步与人类的自由

① 《邓小平文选》（一九七五——一九八二年），人民出版社 1982 年版，第 292 页。

和解放。西方在近代捷足先登率先实现现代化，固然有很多原因，然而与文艺复兴、宗教改革、启蒙运动等思想文化领域的深刻变革，推动了人的思想解放和科学技术的巨大进步，引起了西方人精神气质的变化也有直接关系。

中国的近现代化，由于明末清初思想启蒙的中断，新文化运动被救亡主题压倒，思想文化的落后，影响了中国的现代化进程。[①] 改革开放以来，由于真理标准问题的大讨论和西方文化的大量传入，使中国人再一次思想解放；由于我国实行科教兴国战略和两个文明一起抓的方针，推进了科学文化的发展和繁荣，为现代化建设创造了重要的思想文化条件。只有代表先进文化的发展方向，才能持久地推动生产力的进步和社会的全面发展，这不仅是对中国共产党的要求，而且是政治文明的价值灵魂。就政治文化而言，只有弘扬民主意识、法治意识、平等意识、权利意识、责任意识和开放意识，在马克思主义理论指导下，把西方民主文化的精华与中国民本文化的优良传统结合起来，创造出适合中国国情的社会主义政治文化，才能推动政治文明建设的健康发展。[②]

人的解放和自由是政治文明追求的永恒主题和价值理想。但是人的解放和自由是通过人的利益来体现的，主要是通过人民的利益来体现的。在剥削阶级占统治地位的社会，劳动人民是受压迫、受剥削的对象，统治阶级主要代表的是本阶级的利益。当然随着社会的进步和发展，在人民群众的英勇斗争下人民的利益实现程度在逐步提高。如果一个政治体系不在一定程度上代表和体现人民的利益，它就失去了合法性的基础，就很难说是一种政治文明。否认这一点也不是一个历史唯物主义者。

社会主义社会是人民当家做主的社会，共产党是人民利益的忠实代表，全心全意为人民服务是共产党的宗旨。国家是为人民谋利益的，政治体系是人民利益和人民意志的实现者。只有真正代表人民的利益，才能最大限度地调动人民群众的积极性和创造性，才能不断地完善我们的制度，推动政治文明沿着健康的道路发展。因此，代表绝大多数人民的根本利益不仅是对共产党的要求，而且是社会主义政治文明的价值核心。为此，就要把尊重人、维护人民的利益、体现人民的意志放在党和国家

---

① 李泽厚：《中国现代思想史论》，安徽文艺出版社 1994 年版，第 11—52 页。

② 王世荣：《民本文化与民主文化的冲突与融合》，《济南大学学报》2003 年第 5 期。

工作的首位。

由此可见，代表先进生产力的根本要求是社会主义政治文明的价值标志，代表先进文化的发展方向是其价值灵魂，代表人民的根本利益是其价值核心；社会主义政治文明是三者的有机统一，“三个代表”是其价值取向。只有坚持“三个代表”才能把握社会主义政治文明的精神实质，实现物质文明、政治文明和精神文明的协调发展。

（三）和谐发展是社会主义政治文明的价值目标

英国历史学家阿诺德·汤因比在《历史研究》中认为，文明是政治、经济、文化之间的一种和谐关系。由于社会发展受到内部尤其是外部的挑战，有些文明消失了，有些文明诞生了，这是人类的文明史。马克思也指出：

> 人们在自己生活的社会生产中发展一定的、必然的、不以他们的意志为转移的关系，即同他们的物质生产力的一定发展阶段适应的生产关系。这些生产关系的总和构成社会的经济结构，即有法律的政治的上层建筑竖立其上并有一定的社会意识形式与之相适应的现实基础。物质生活的生产方式制约着整个社会生活、政治生活和精神生活的过程。不是人们的意识决定人们的存在，相反，是人们的社会存在决定人们的意识。社会的物质生产力发展到一定阶段，便同它们一直在其中活动的现存生产关系或财产关系（这只是生产关系的法律用语）发生矛盾。于是这些关系便由生产力的发展形式变成生产力的桎梏。那时社会革命的时代就到来了。随着经济基础的变更，全部庞大的上层建筑也或慢或快地发生变革。[①]

这是马克思对人类社会发展规律的精辟论述。从人类进步的角度看，文明是生产力与生产关系、经济基础与上层建筑之间的内在统一关系，也就是各种社会基本要素之间的和谐关系，社会基本矛盾运动的结果导致了文明形态之间的更替。与汤因比相比，马克思重视文明内部的矛盾，汤因比重视文明之间的冲突，但他们都认为文明是社会内部各系统之间的一种和谐关系。

---

① 《马克思恩格斯选集》（第2卷），人民出版社1972年版，第82—83页。

政治与经济、文化是一个整体，政治文明实际上是政治系统与社会其他系统的和谐关系以及政治系统内部各要素之间的和谐关系。毛泽东指出："一定的文化（当作观念形态的文化）是一定社会的政治经济的反映，又给予伟大影响和作用于一定的政治和经济；而经济是基础，政治则是经济的集中表现。"① 这是对政治、经济和文化内在关系的精辟论述，对我们认识政治文明的价值目标具有指导意义。

社会系统从大的方面可以划分为政治、经济、文化三个子系统。与之相适应，文明可以分解为政治文明、物质文明和精神文明。现代文明社会是建立在市场经济、民主政治和科学文化高度发达的基础之上，凡是这三者和谐发展文明程度就高，反之文明程度就低。全球化和现代化的纵深发展推动了市场经济和民主化的进程，同时加剧了文明的冲突以及发达国家与发展中国家的差距及其带来社会的动荡。科学技术的广泛应用，提高了物质文明水平，却破坏了人与自然的和谐；工具理性导致了精神空虚和信仰危机。对于中国社会来说，物质文明进步显著，精神文明问题不少，政治文明才刚刚提出，政治改革任务艰巨。如果不从人类文明发展的规律和内在矛盾的高度来认识问题，就不能把握政治文明的发展趋势。

从政治文明内部来看，存在政治制度、政治文化、政治关系之间的和谐发展问题。其中政治制度是核心，只有先进的政治制度才能保证政治文明的发展方向。对于中国来说，基本的政治制度是好的，民主集中制是我们的政治优势。但具体制度还很不完善，权力约束和监督的机制还不完善，人民当家做主的实现途径还不够畅通，依法治国方略还有待进一步法律化、制度化、程序化，政治体制改革需要进一步深化。

政治关系是政治文明调整的重要对象，政治关系包括阶级关系、政党关系、民族关系、中央与地方的关系、官民关系、阶层关系，以及改革发展与稳定的关系等。在发展市场经济的条件下，利益关系调整是政治关系调整的关键。现在已经出现了比较严重的腐败问题、失业问题、东西部差距、分配不公、贫富悬殊、地方保护主义等社会问题，有可能激化、加剧政治关系和社会关系的矛盾与冲突，影响社会的稳定和发展。

① 《毛泽东选集》（第2卷），人民出版社1991年版，第663—664页。

因此，党和国家工作的中心要实现“第二次转型：从经济建设为中心到制度建设为中心”。①

政治文化是政治文明的灵魂，在政治文化建设中首先要批判封建残余思想的影响，破除人治思想、官本位思想、特权思想。同时要借鉴中国古代德治与法治相结合的治国思想、爱国主义思想、民本思想、尚贤思想、求同存异、顾全大局的政治意识等政治文化传统。对西方平等、自由、人权、法治等民主政治文化也要加以借鉴，同时要批判霸权主义、强权政治，防止西方利用人权等口号干涉我国内政。

在全球化时代，我们还要处理好各文明体系之间的相互关系。在当今和平发展的全球化时代，我们要实现现代化，就要进一步扩大对外开放，加强与外国尤其是发达国家的合作与交流，同时要借鉴别国政治文明的优秀成果，不断推进我国的政治建设，提高我国政治文明发展水平。这是一个多种文明冲突和两种制度竞争的时代，我们必须有清醒的头脑，坚持独立自主与对外开放相结合的方针，采取灵活的战略策略。

恩格斯指出：“自由是对必然的认识。‘必然只是在它没有被了解的时候才是盲目的。’自由不在于幻想摆脱自然规律而独立，而在于认识这些规律，从而能够有计划地使自然规律为一定的目的服务。”② 人类对政治文明的追求，也就是对社会发展规律性的把握和对自由的追求。当然世界还不太平，人类的政治生活道路充满艰辛和斗争，但是人类追求政治文明、追求自由与解放的脚步不会停息。我们建设社会主义政治文明的价值目标就是实现社会的和谐发展。我国在政治改革方面已经积累了一定的经验，只要我们以“三个代表”思想为指针，努力搞好社会主义政治文明建设，稳步推进现代化，就一定能够在21世纪实现民族的伟大复兴。

---

① 胡鞍钢等：《第二次转型：国家制度建设》，清华大学出版社2003年版，第1—22页。

② 《马克思恩格斯选集》（第3卷），人民出版社1972年版，第153页。

八　拓展民主理念　培育公民文化

党的十七大报告把“加强公民意识教育，树立社会主义民主法治、自由平等、公平正义理念”[①] 确定为发展社会主义民主政治的一项重大任务。这是我们党根据全球化时代的新形势，总结我国政治建设的实践经验，借鉴人类政治文明的有益成果，对我国社会主义民主政治建设作出的又一重要部署，是对社会主义民主政治理论的重大创新，充分体现了我们党对共产党执政规律、社会主义建设规律、人类社会发展规律的认识达到了新的高度和新的境界。这一新的表述大大拓展了社会主义民主价值理念的科学内涵，对于培育公民文化、建设社会主义民主政治具有重要的理论和实践意义。

（一）树立社会主义民主法治、自由平等、公平正义理念，是我党对全球化时代人类普世价值的确认

实现民主法治、自由平等、公平正义，是人类社会的共同理想和普遍追求，是全人类在政治建设和政治发展中共同创造的文明成果，是人类政治智慧的结晶。全球化在迅速发展，大众传媒和交通工具日益便捷的时代，文化之间隔绝的区域性障碍不复存在，不同文化的接触越来越频繁，即使过去与世隔绝的部落文化也与外界有了联系。然而普世价值是文化多样性资源优势的价值前提。文化多样性一如大自然的生物多样性是宝贵的财富和资源。既然多样性意味着选择的机会和余地，那么一个消除了多样性因而没有选择余地的世界就是没有更新机会、无法应对

① 胡锦涛：《高举中国特色社会主义伟大旗帜　为夺取全面建设小康社会新胜利而奋斗》，人民出版社 2007 年版，第 30 页。

变化和挑战的世界，因而也是停滞的、没有希望的世界。但是问题的另一面是如果人类文化只有多样性而没有统一性，或者只有差异而没有共性，只有特殊性而没有普遍性，将是一个四分五裂、冲突无穷、随时可能招致毁灭命运的世界。然而，多种文化背后的共性并不是人类为了避免毁灭而产生的主观诉求，而是本身存在着但需要去发现和尊重的事实。温家宝指出：

> 要尊重文化的多样性。现在世界上有两千多个民族，人类文明随着民族的相互交往而不断丰富和发展。世界文化的多样性，不但过去存在，现在存在，将来也会长期存在。科学、民主、法制、自由、人权，并非资本主义所独有，而是人类在漫长的历史进程中共同追求的价值观和共同创造的文明成果。①

党的十七大报告进一步把“加强公民意识教育，树立社会主义民主法制、自由平等、公平正义理念”确定为发展社会主义民主政治的一项重大任务。这就是我们党根据全球化时代的新特征，在尊重文化多样性的前提下，对人类普世价值的确认，是我们党和国家追踪和回归人类文明大道和进步潮流的具体体现。

中国共产党的创始人陈独秀和李大钊在五四新文化运动中，就曾经高举“科学”和“民主”两面旗帜，倡导自由、平等和人权，提出全面变革中国传统政治文化的历史任务。在新民主主义革命时期，我们党领导全国人民浴血奋战，推翻了帝国主义、封建主义和官僚资本主义三座大山，就是为了建设一个民主自由的社会主义新中国。新中国成立后，我们确立了人民代表大会制度、共产党领导的多党合作和政治协商制度、民族区域自治制度等社会主义民主政治制度，为民主法制、自由平等、公平正义的实现奠定了制度基础。但是受“左”倾思想影响，我们在相当长的时间内，将自由、平等、人权等思想作为资产阶级的专利品，予以全盘否定，拒斥借鉴西方政治文明的有益成分。改革开放以来，我们确立了市场经济的改革取向，加强社会主义民主和法制建设，邓小平提

---

① 温家宝：《关于社会主义初级阶段的历史任务和我国对外政策的几个问题》，《新华网》2007年2月26日。

出："没有民主就没有社会主义，就没有社会主义现代化。"[①] 随着我国自觉融入全球化的进程，社会主义市场经济的发展，社会结构和阶层分化、利益多元化，公民主体意识、民主参与意识明显增强。在此基础上，十七大将"民主法治、平等自由、公平正义"作为社会主义民主理念确立下来，标志我党对民主价值理念认识的逐步深化，体现了我党与时俱进的理论品质，以及建设社会主义政治文明的坚定信念。

（二）树立民主法治、自由平等、公平正义理念，是社会主义民主理论的重大创新

十七大指出："人民民主是社会主义的生命。发展社会主义民主政治是我党始终不渝的奋斗目标。""社会主义愈发展，民主也愈发展。"这是我党根据科学社会主义原理，总结国际共产主义运动尤其是我国社会主义革命和建设的历史经验做出的科学结论。而要发展社会主义民主政治，必须树立科学的民主理念，正确处理民主与法治、民主与自由、民主与平等，以及民主与公平正义等关系。在民主与法治的关系上，我们党曾走过一段弯路，搞所谓不要法律秩序的"大民主"："大鸣、大放、大字报、大辩论"，导致了十年内乱，使国民经济走到了崩溃的边缘。邓小平讲："旧中国留给我们的，封建专制传统比较多，民主法制传统很少。"[②] 除了历史原因以外，在理论上由于我们对民主与法治关系的认识上存在误区，在新民主主义革命时期，我们党领导人民进行艰苦卓绝的革命斗争，尽可能发动群众、依靠群众、开展武装斗争，"革命是暴动，是一个阶级推翻一个阶级的暴烈的行动"，必然要打破反动统治阶级的法制秩序，这是政治革命的性质决定的，不仅社会主义革命是如此，资产阶级革命也是如此。但是社会主义制度确立以后，我们已经建立了人民民主制度，建立了社会主义法律制度，就应该在法治的轨道上拓展和规范人民民主。然而我们依然采取"群众运动"的方式，进行"无产阶级专政条件下的继续革命"，而没有实现从"革命"向"法治"政治思维的根本转变。民主与法治是内在的统一，现代民主政治是一种法治政治，必须遵循一定的政治规则，实现民主的制度化和法律化；没有以民主为基础的法治，是一种专制政治；而不依法治进行规范的民主，是一种无政

① 《邓小平文选》（一九七五——一九八二年），人民出版社 1983 年版，第 154 页。

② 同上书，第 292 页。

府状态。孟德斯鸠认为民主与法治的结合，以及对政治权力的相互制衡是人类政治生活理性化的结果，是人类政治经验的集中体现，“文革”的历史教训也证明了这一点。正因为如此，邓小平提出“加强社会主义民主和法制”“实现社会主义民主的制度化、法制化”；十六大提出“建设社会主义政治文明，必须把党的领导、人民当家做主与依法治国结合起来”；十七大提出“推进社会主义民主政治制度化、规范化、秩序化”“扩大公民有序政治参与”，并把“民主法制”作为公民意识的核心内容，标志我党对民主与法制关系的认识上升到一个新的水平。

追求自由与平等是人类千百年以来的共同理想。但是，由于生产力发展水平低下，由于宗教思想的束缚，尤其是专制政治对人民的压迫，只有少数特权人物才拥有自由，而专制制度本身就是一种等级制度，根本谈不上“平等”二字。欧洲中世纪，神权高于王权，神学窒息了科学，任何自由思想都被视为异端。文艺复兴提出用人性取代神性，用人权取代神权，高扬人的尊严和价值。宗教改革提出用“现世幸福”取代“来世幸福”，尤其是启蒙运动高扬理性主义，明确提出了“自由、平等、博爱”的口号，这在人类历史上掀起了一场空前的思想解放运动。民主制度的确立，一方面是由于商品经济的发展，使人们摆脱了人身依附关系，独立意识、平等意识、契约意识得以孕育和发展；另一方面得益于自由、平等、人权等新价值观的确立。没有思想文化变革就不会有民主制度的确立，因为只有这些新的价值观才能确立公民在社会政治生活中的主体地位，使之成为国家和社会的主人。

中国明清之际的启蒙思想家就曾经以民本思想为武器，批判君主专制政治，喊出了“帝王皆贼”的口号，提出“以天下之权，寄天下之人”的卓越思想。五四新文化运动的先贤们，高举科学与民主两面旗帜，倡导民主、自由、平等、人权思想。中国共产党和民主党派在新民主主义革命时期，就曾经批判国民党的“一党专政”，提出建立“民主自由的新中国”的主张。改革开放以来，思想理论界打破禁区，使中国人的思想观念发生了深刻的变化，“人们的思想活动的独立性、选择性、多变性、差异性明显增强”，十七大把“自由平等”作为公民意识的重要内容，表明我党对民主理论认识的又一历史性进步。社会主义是真正的人民民主，人民拥有广泛的自由和平等权利，是社会主义民主制度的内在要求和重要标志。

社会主义制度是人类历史上最理想、最合理的社会制度，它是对剥削制度尤其是对资本主义制度的积极扬弃。《共产党宣言》指出：

> 代替那存在着阶级和阶级对立的资产阶级旧社会的，将是这样一种联合体，在那里，每个人的自由发展是一切人的自由发展的条件。①

马克思把公平正义的实现同人的解放和人的全面发展结合起来，阐明人的解放是社会公平正义的标志，人的自由和全面发展是构筑未来社会公平正义原则的基石，人的劳动是社会公平正义的尺度，人民是推动社会发展、促进和实现公平正义的主体力量。中国共产党领导的新民主主义革命，从根本上改变了旧中国社会制度的不公正，使人民真正成为社会和国家的主人，自己掌握自己的前途命运。新一届党中央提出科学发展观，构建社会主义和谐社会的战略思想，坚持以人为本，突出解决民生问题，强调执政为民，突出解决公平和正义问题；使社会主义民主体现在权利公平、机会公平、规则公平、分配公平为主要内容的公平保障体系上。十七大又把“公平正义”上升到发展社会主义民主政治的高度，标志我党对民主本质认识的深化。

（三）积极培育民主法治、自由平等、公平正义的公民意识，是发展社会主义政治文化的重要内容

公民文化是建立在市民社会和民主制度基础上的一种参与型政治文化。公民文化的特征在于，第一，公民具有较强的政治参与意识，关注政治系统的输入和输出，尤其是输入功能取向的具备；第二，具有较强的政治认同感和效能感；第三，公民政治活动的频率较高，但这种活动的主要特征是高理性基础上的高参与。随着我国市场经济和民主政治的发展，十七大适时提出了“加强公民意识教育，树立社会主义民主法治、自由平等、公平正义理念”的重要战略思想，对我国公民意识的发展和社会主义政治文化建设具有重要的指导意义。

邓小平指出：“我们进行了二十八年的新民主主义革命，推翻封建主义反动统治和封建土地所有制，是成功的，彻底的。但是，肃清思想政治方面的封建主义残余影响这个任务，因为我们对它的重要性认识不足，

---

① 《马克思恩格斯选集》（第1卷），人民出版社1972年版，第273页。

以后很快转入社会主义革命，所以没有能够完成。”① 民本君主、家国同构、义务本位、政治伦理化、依附性人格等，构成中国传统政治文化的基本特征。社会主义政治文化建设的一个重要任务，就是要实现传统政治文化的现代转型，也就是要实现由臣民文化向公民文化的历史转变，包括由依附性人格向自主性人格的转变，由义务本位向权利本位的转变，由追求清官意识向政治合法性诉求的转变，以及政治社会化方式由政府主导向政治参与的转变等丰富的内涵。为此，必须大力发展社会主义市场经济，培育市民社会，完善社会主义民主政治，要继续借鉴西方民主思想，并且对我国传统的民本思想进行改造和利用，才能建设具有中国气派又能面向世界的社会主义政治文化。十七大把“民主法治、自由平等、公平正义”作为进行公民意识教育的主要内容，为我国实现政治文化的历史转型指明了方向。

社会主义政治文化建设必须坚持正确的政治方向，坚定不移地走中国特色社会主义政治发展道路，而“加强公民意识教育、树立社会主义民主法治、自由平等、公平正义理念”是核心价值观。十七大把公民意识教育提高到推进社会主义民主政治的战略任务的高度来认识，这在我党的历史上还是第一次。公民意识的培养不仅关系民主政治的发展，而且关系国家的长治久安。我们要着力解决诸如民主渠道不够畅通，民主制度不够完善，民主形式不够丰富；有法不依、执法不严以及侵犯公民人身权利和民主权利的违法犯罪现象时有发生；社会保障制度不够健全，收入差距过大，教育、医疗、住房等关系群众切身利益的突出问题，为公民意识教育创造良好的制度和社会环境。

把公民意识教育提升到我国国民教育和学校教育的突出地位，这是十七大一个重要的战略思想。因为我国有几千年的封建历史，缺少公民意识，老百姓习惯于做臣民，渴望“青天”大老爷为民做主，官本位、特权思想根深蒂固，权力崇拜、依附性人格、“唯书唯上”等文化心理仍然严重地束缚着中国人的政治意识。直到今天不少人仍然把“在家听父母的，在学校听老师的，在单位听领导的”顺从性人格作为教育的基本准则，可见传统政治文化影响之深。康德说，所谓启蒙就是改变离开他人就不会思考、不会行动的习惯，就是做独立自主的人。从这个意义上

① 《邓小平文选》（一九七五——一九八二年），人民出版社 1983 年版，第 295 页。

讲，五四新文化运动的启蒙任务还没有完成。

随着市场经济和民主政治的发展，我国已经大步迈入公民社会的门槛，但是公民意识教育在原有的教育体制中并没有给予足够的重视。现在是我们大力发展公民教育的时候了。公民是国家和社会的主人，有独立的人格和尊严，有参与国家政治生活的权利和责任，也有较强的国家认同感，追求“民主法治、自由平等、公平正义”是公民意识的主要内容，也是社会主义的政治价值观，以此为核心来构建社会主义政治价值体系，就能使社会主义政治文化发展到一个新的水平。

九　当代中国治国方略论衡

20世纪是中华民族由衰败走向振兴的伟大转折。首先是孙中山领导的辛亥革命推翻了统治中国2000多年的封建帝制，使民主共和思想深入人心。其次是中国共产党领导的新民主主义革命，推翻了帝国主义、封建主义、官僚资本主义三座大山，确立了社会主义制度。经过60余年的艰苦奋斗和党的几代领导的不懈努力，已经初步建成了一个繁荣昌盛的社会主义新中国，古老的中华焕发了青春，踏上了复兴的伟大道路。

中国共产党是中国唯一的执政党，在领导全国人民进行社会主义革命、建设和改革的过程中，对治国方略进行了艰苦的探索，付出很大的代价。运用马列主义、毛泽东思想、邓小平理论和江泽民"三个代表"重要思想，总结和研究这些治国方略及其相互关系，既是政治家的责任，又是政治理论家的使命。这对推进国家治理体系和治理能力现代化，对政治文明和现代化建设都具有重要的意义。本书拟从九个方面对这个问题做初步探讨，希望能够起到抛砖引玉的作用。

（一）治国必先治党

政党政治是近现代民主政治的重要组成部分。社会主义国家，共产党是唯一的执政党，党的路线、方针、政策是否正确，党的组织和作风状况既关系到党的命运，更关系到国家民族的生死存亡。从毛泽东处理共和国第一大案——刘青山、张子善因贪污案被枪决，到成克杰、胡长清等腐败分子被揭露和处决，表明中国共产党是坚定地站在人民的立场上的，表明党惩治腐败的决心。

我们现在处于社会转型期，适应社会主义市场经济的法律、制度正在形成和完善之中。加之有些党员及其领导干部信仰缺失、意志薄弱，

受到拜金主义、个人主义、享乐主义的影响，以权谋私，拼命聚敛财富；有些领导干部不仅自己腐败，而且连同自己的部下、亲属也卷入腐旋旋涡，湛江走私案和厦门走私案就是例证。腐败蔓延滋长，来势凶猛，其势头并没有得到有效扼制，且有愈演愈烈之势。《生死抉择》不仅是一部文学作品，而且是党和国家实实在在的现实，腐败问题是当代中国遇到的三大难题、三大挑战之一（另两个难题和挑战是国企改革和国家安全问题），治国必先治党，治党必须从严，这是党内外有识之士和全国人民的强烈愿望，也是首要的治国方略。

怎样治党，毛泽东在延安跟民主人士黄炎培先生有一段耐人寻味的对话，要走出“其兴也勃焉，其亡也忽焉”的周期律，毛泽东答：“我们找到了方法——这就是民主，就是人民监督。”新中国成立以后，毛泽东领导全党全国人民开展了全民整风、“三反五反”“四清”“社教”和“文化大革命”，都是用人民来监督政府、党和干部，那时运动多，党员干部只能夹紧尾巴做人，想腐败也不敢腐败，毛泽东时代的政府确实是清廉的政府，共产党是廉洁的党。虽然“文革”被“四人帮”利用，把民族推入灾难的深渊，这种用“大鸣、大放、大字报、大辩论”四大作为主要形式的“大民主”，偏离了现代的法治精神，所以是不可取的。但是依靠群众监督我们的党和干部，这一条不能丢啊，从现在查处的腐败案件看，人民群众的举报占了70%以上。邓小平在南巡谈话中指出：“中国要出问题还是出在共产党内。”“在整个改革开放过程中都要反对腐败。对干部和共产党员来说，廉政建设要作为大事来抓。还是要靠法制，搞法制靠得住些。”① 如果社会风气坏下去，道德滑坡，贿赂成风，那么现代化实现了又有什么意义呢？

江泽民同志提出“三个代表”重要思想，即：“中国共产党始终代表中国先进生产力的发展要求，始终代表中国先进文化的发展方向，始终代表最广大人民群众的根本利益。”按照“三个代表”作指导来建设我们的党，治理我们的党。同时，完善监督机制，用权利来制约权力，建议在全国人民代表大会设立监察委员会，对“一府两院”和各政党、各人民团体进行监督。另外，建议党中央、全国人民代表大会、全国政协召开一次代表会议，就反腐败问题进行专门研究和决策，完善有关制度和

① 《邓小平文选》（第3卷），人民出版社1993年版，第379—380页。

法律，从总体上扼制腐败的蔓延和滋长，在党的领导下，在法制前提下，在全国全党来一场惩治腐败的政治斗争，以振民心、党心，如果党治理不好，就根本谈不上治理国家。

（二）独立自主与改革开放

改革开放30多年来，中国社会发生了深刻的变化。改革开放是我们这个时代的特征，也是最响亮的口号，“改革是一场革命”。改革是社会主义的自我完善，是改变生产关系和上层建筑中不适应生产力发展要求的方面。其根本目的是为推动生产力的发展和社会的全面进步。现在还比较落后的地方一个重要原因是思想观念落后。所以邓小平说：“改革要胆子大一些，步子快一些。”另外，经济体制改革和政治体制改革应同步发展，互相促进，现在问题是政治体制改革滞后，因而影响了经济体制改革的深化。比如国有企业、厂长、经理应对谁负责，并没有搞清楚。企业家之上有党委、董事会、职工代表大会以及主管部门领导，他们究竟应该听谁的，对谁负责，这就涉及政治体制方面的问题、政府与企业的关系问题。一方面是企业家无法有效地行使权力，另一方面对企业家缺乏有效的制约机制，致使有些企业家侵吞大量的国有资产，这个问题不解决，现代企业制度就无法真正确立。国家采取宏观调控、降低利率、刺激消费等手段促使企业取得一定的经济效益，这是外因，企业内部的潜力并未挖掘出来，政出多门，是现代管理的大忌，也是中国国有企业步履维艰的一个重要原因。

对外开放是我国的一项基本国策，在经济全球化时代，任何一个民族都不可能完全孤立于世界民族之外。实行对外开放，可以大胆吸收外国先进的科学技术、资金、管理经验，学习世界上一切民族的优秀文化来提高我们的综合国力。改革开放是以邓小平为首的第二代领导集体提出的治国基本方略，具有鲜明的时代特征。它给这个古老的民族、崭新的共和国注入新的生机和活力，这是谁也否定不了的历史事实，就连西方的政治家、观察家也无法否认这一点。

在改革开放原则之上还有一个原则，这就是独立自主原则。独立自主既是毛泽东思想活的灵魂，同时又是我国外交政策的核心内容。只有在坚持独立自主的原则基础上，才能谈得上改革开放政策。或者说独立自主原则高于改革开放原则。只有在坚持中华人民共和国主权独立，不受外来侵犯的前提下，方能更好地实行改革开放政策。那种认为实行改

革开放可以不要独立自主的观点是幼稚的，也是危险的。苏东剧变后，美国打出“人权高于主权”的新霸权主义口号，以此干涉别国内政，这是我们所不能接受的。美国炸我驻南斯拉夫使馆，导致我人员伤亡，在南海撞毁我巡航飞机，王伟同志壮烈牺牲，不间断向台出售先进武器，在中美关系上制造事端，这是对我主权的严重挑战。我国应修正中美关系的战略，学会在斗争中求合作，在斗争中求生存，在斗争中求发展，同时，又要讲究斗争艺术和策略。因为绝大多数美国人民和世界人民是站在正义一边的，“得道者多助，失道者寡助”。

正确处理独立自主与改革开放的关系，也就是把内政和外交统一起来，把毛泽东思想与邓小平理论统一起来。这一方面我们既有经验也有沉痛的教训，要么片面强调独立自主，从而导致闭关自守；要么强调改革开放，而忽略了独立自主的立国地位。邓小平说：“独立自主不是闭关自守，自力更生不是盲目排外。科学技术是人类共同创造的财富，任何一个民族、一个国家，都需要学习别的民族、别的国家的长处，学习人家的先进科学技术。”①

邓小平同志会见加拿大前总理特鲁多时说：“中国永远不会接受外国干涉内政。我们的社会制度是根据自己的情况决定的，人民拥护，怎么能够接受外国干涉加以改变呢？国际关系新秩序的最主要的原则，应该是不干涉别国的内政，不干涉别国的社会制度。”② 由此可见，独立自主与改革开放是内在统一的，是不能偏废的，是相辅相成的。只有把二者有机地结合起来，才能构成完整的治国方略。

（三）改革、稳定与发展

正确处理改革、稳定与发展的关系是中国社会主义现代化建设取得伟大成就的基本经验。改革是全方位的改革，包括政治、经济、文化的体制改革。发展也是全面的发展，包括政治文明、物质文明与精神文明。稳定是指要有一个安定团结的国内政治、经济环境。从政治发展的角度来看，改革是对政治体制中不适合生产力的部分的变革，对旧有的利益结构的调整，打破原来的政治秩序，这就意味着环境的稳定是一个动态的稳定，不是一潭死水。改革、发展、稳定三者的辩证关系中，改革是政治发展、经

① 《邓小平文选》（一九七五——一九八二年），人民出版社 1983 年版，第 88 页。

② 《邓小平文选》（第 3 卷），人民出版社 1993 年版，第 359 页。

济发展的强大动力，是解放发展生产力的关键。发展是改革的目标所在，稳定则是改革和发展的前提基础，也是改革和发展的一种结果。①

稳定大于发展，这是中国传统政治思维的显著特征。其要害是维护封建统治的政权和既得利益，是政治活动的核心。这种传统的思维求稳、怕乱，不思进取的政治心态，是导致中国封建社会长期缓慢发展的思想根源。中国历史上长期采用“重农抑商”的政策，盐铁等重要物资实行国营。“普天之下，莫非王土，率土之滨，莫非王臣。”有人认为中国封建社会从来就没有真正实行过土地私有制，这是有一定道理的。商人在中国历史上从汉朝起就没有什么地位，商人再有钱，也不能乘驷马之车，穿丝绸之衣，子弟不能为官，盐铁官营的目的是害怕商人成为地方实力派的经济后盾，从而威胁中央的权威。中国的商业在宋、明已经有了很大的发展，甚至出现上百万人口的城市，这在世界城市发展史上也是罕见的，但是中国却未因此走上资本主义道路。这是困扰历史学家的一个难题，我想这大概与中国实行大一统的中央集权制及稳定大于发展的政治思维，以及打击商人的政策和相对稳定封闭的地理环境有着重要的关系。

商业是人类文明进步的酵母，商业本身不创造价值，但它对价值的创造与实现有巨大的推动作用。亚当·斯密在《国富论》中阐述了商业这只无形的巨手和利益对人们的驱动，使国家变得富强起来。在西方经济史上曾经出现过重商主义学派，古希腊、古罗马文明都是建立在商业高度文明的基础之上的。欧美近现代文明也可以说是一种商业文明，在它的驱动下，人类跳出了农耕时代，迎来了工业时代的曙光。什么地方商业最发达，什么地方文明程度就高，这是不争的事实。

发展才是硬道理，这是邓小平同志的名言。社会的繁荣、人民的幸福、祖国的强大都要靠发展。首先是经济发展，同时包括政治发展和文化发展，发展经济最关键的是发展社会主义市场经济（即发达的商品经济）。

稳定是发展的前提和条件。改革开放以来人们的收入差距在拉大，不同地区、不同社会阶层积累的社会矛盾在日益增多，存在着不少不稳定的因素，但是“人心思治、人心思定”是当代中国人的普遍心态。党和国家应该很好地处理各种矛盾，尤其是劳资矛盾、干群矛盾、地区发展不平衡矛盾、民族矛盾。西部大开发战略的提出和实施既是发展的必

① 王邦佐等主编：《新政治学概要》，复旦大学出版社 2009 年版，第 268 页。

然要求，同时又是解决上述矛盾的有效手段。惩治腐败力度的加大，对社会的稳定起到重大的作用。国家实行的扶贫政策，劳动保险制度的推行，解决下岗职工的生活保障问题，对维护社会的稳定也发挥了重要的作用。

正确处理改革、发展与稳定的关系，改革是时代主题，是发展的强大动力，也是实现长治久安的重要条件。中国实行渐进性改革，在稳定中求发展，在发展中求稳定，现在看来是正确的。既要抛弃中国传统的稳定大于发展的政治思维模式，又要防止为发展而牺牲稳定的片面性，既讲稳定，又讲发展，这是两点论，同时强调发展是硬道理，这是重点论。现在的问题是很多人的思想还不够解放，改革发展的思路还没有放开，应该像小平同志说的那样胆子更大一些。

（四）依法治国与以德治国

在中国历史上，法家主张依法治国，儒家主张以德治国。但是，在中国封建社会是把二者结合起来的。以德治国的思想源于周代的“敬德保民”思想，孔子明确地提出了德治思想，墨子的“尚贤、兼爱”也有德治的倾向，孟子把民本思想与孔子的德治思想结合，形成儒家德治思想的理论体系。但是，德治思想在春秋战国时并不为统治者重视，连孔子都认为自己是知其不可而为之。推崇法家思想的秦国统一了六国，但是秦二世而亡，贾谊在《过秦论》中总结秦灭亡的原因时指出：“仁义不施而攻守之势异也。”到了汉武帝时期，采纳了董仲舒的意见“罢黜百家，独尊儒术”。德治思想得以弘扬，但是法家思想已经制度化了，这就是历史上所谓的“外儒内法”，也就是说，把法家的法治思想和儒家的德治思想有机地结合了起来。唐宋把这二者结合得更加紧密，从而创造了辉煌的封建文明。

党的十五大把依法治国提到治国方略的高度来认识，同时把依法治国、建设社会主义法治国家写进了宪法，这在中国历史上具有深远的意义。民主和法治是一个钱币的两面，现代法治是以民主政治为前提的，是民主的制度化和法律化，依法治国是现代政治文明的首要标志，所谓民主国家也就是法治国家。现代法治与古代法治根本不同在于前者是针对老百姓的，后者首先是针对当官的，是保障人权的。前者是“人治”社会的政治手段，后者是民主社会的法律保证，依法治国方略的确立，标志中国政治改革进入实质性阶段，依法治国的提出标志着道德主义的终结。依法治国的实施需要以下要素条件：法制完善、主权在民、人权保障、权力制衡、法律至上、依法行政、司法独立、程序正当、党要守法。目前，特别要重视建立适应社会主义市场经济的法律体系，完善权力监督机制，加强依法行政。

法治与德治是紧密地联系在一起的，江泽民同志强调要把德治与法治结合起来，这是对中国古代政治文明的继承和扬弃，是对马克思主义国家学说的重大发展。法治属于制度文明的范畴，德治属于精神文明的范畴，二者的结合必将推动中国政治现代化发展的步伐。以德治国，首先要求党员、领导干部要做全民族的道德典范，要求积极的舆论支持，弘扬社会正气，振奋民族精神。法治是德治的保障，德治是法治的基础，二者相互依存，相得益彰，这是两点论。在德治与法治的关系问题上，还应指出：在依法治国的前提下把德治与法治结合起来，这又是重点论。唯物辩证法既强调两点论，又强调重点论，强调抓主要矛盾和矛盾的主要方面。现在有一种观点认为，依法治国与以德治国平起平坐，无主次之分，这是理论上的一个失误，对于当代中国政治建设来说，没有哪一个比稳步推进依法治国更为重要的事情了。

（五）科教兴国与计划生育

当今世界国与国之间的竞争，就实质而言是科学教育水平的竞争，人才的竞争，民族、人口素质的竞争。邓小平根据当今世界的特点提出“科学技术是第一生产力”的著名论断，我们党把科教兴国和计划生育均列为基本国策，具有深远的现实意义。前者在于提高人口素质和民族的创新能力，后者在于限制人口数量，提高人口质量。邓小平指出：“从长远看，要注意教育和科学技术。否则，我们已经耽误了二十年，影响了发展，还要再耽误二十年，后果不堪设想。最近，我见胡萨克时谈到，马克思讲过科学技术是生产力，这是非常正确的，现在看来这样说可能不够，恐怕是第一生产力。将来农业问题的出现，最终要由生物工程来解决，要靠尖端技术。对科学技术的重要性要充分认识。科学技术方面的投入、农业方面的投入要注意，再一个就是教育方面。我们要千方百计，在别的方面忍耐一些，甚至于牺牲一点速度，把教育问题解决好。”①

科技兴国战略的实施要求我们加快科学教育改革的步伐，加大对科

① 《邓小平文选》（第3卷），人民出版社1993年版，第274—275页。

学教育的投入力度。改革开放30多年来，我国科教发展水平有了很大的提高，促进了现代化建设的步伐。成绩显著的“876”计划、“星火计划”“211”工程以及义务教育法的实施和高等教育的加快发展，对我国综合科技实力的增强和人口素质的提高起了重要的作用。但是从目前的教育和科技水平看，还远远落后于发达国家，科技和教育投入在国民生产总量中的比例不仅落后于发达国家，而且落后于许多发展中国家，这是很不正常的。这种状况必须得到扭转，不然科教兴国的战略就成为一句空话，正像小平同志说的那样，别的地方我们可以省一下、压一下，对科技教育应该多一些投入。

科技教育体制改革应该深化，要创造一个使人才脱颖而出的社会环境和氛围。现在人才外流现象严重，这一方面是由于我国的生活水平和科研条件有限所致，另一方面与我国科技体制本身有很大关系，压制人才、浪费人才现象时有发生，这就不能不引起我们的深思。从教育领域来说，虽然国家提出素质教育的口号，但应试教育的体制和影响依然存在，使素质教育步履维艰。中国教育的落后，首先是教育理论和观念的落后，新中国成立60多年，中国未曾出现过具有世界级影响的教育家，这不能不说是一种悲哀。21世纪人类教育的中心理念是个性教育、创造教育和幸福教育，由求同思维向求异思维的转变是中国教育改革的灵魂。科教兴国战略的实施，不仅是政治家的事情，是资金投入问题，还应包括一系列体制理念方面的转变，是全党、全国人民的大事。

前北大校长马寅初在20世纪50年代就提出了计划生育主张，后来受到了错误的批判，被称为中国的马尔萨斯，成为“资产阶级学术权威”，这一批判使中国错过了控制人口的大好时机，使共和国多生了几亿公民。改革开放以来，我国的计生工作取得了很大的成就，控制住了人口的膨胀，一对夫妻只生一个孩子，已经在城市变成了公民的自觉行为，农村人口也得到比较有效的限制，上海率先在全国实现了人口零增长。这说明国民素质越高，越有利于计划生育。

随着中国老龄化社会的来临，计划生育政策会有所松动，生育二孩政策已经放开，但是不能否认计划生育国策的历史功绩。习近平最近指出：“人口问题始终是我国面临的全局性、长期性、战略性问题。在未来相当长时期内，我国人口众多的基本国情不会根本改变，人口对经济社会发展的压力不会根本改变，人口与资源环境的紧张关系不会根本改变，计划生育基本国策必须长期坚持。”[①] 科教兴国和计划生育是互相联系、互相促进的，没有计划生育国策的推动，要实现科教兴国战略是不可能的。

（六）责任政治与唯才是举

责任政治是现代民主政治的特质之一。因为国家主权属于人民，国家政治决定于人民公意，因此，公职人员行使职权时，如有违法背职等情节，须负责任。此种责任一般为政治责任与法律责任两种。依照一般国家法律之规定，公务人员如发生失职等政治责任时，则人民可依照法律程序，采用直接或间接（由议会行使）方式，实行罢免权或不信任投票权，或弹劾权等方式，迫其离职，或予以纠正，以资改进。公务人员若有违宪违法等情事，而发生法律责任时，则执掌弹劾权的机关及其他主管机关等，得追究其法律责任，以维护国家法治之尊严与秩序。[②] 有人把政府责任划分为道德责任、政治责任、行政责任、政府的诉讼责任、政府的侵权赔偿责任。[③]

我国宪法规定，各级人民代表大会对一府两院领导人有选举权、罢免权和监督权。这是责任政治的法律依据。国务院推行的重大工程领导追究制，安全生产、重大事故领导追究制，都是行政责任的具体化，收到了良好的社会效果。我们还应出台廉政责任制、政府目标管理责任制，两院也要有相应责任制，要在人民监督下才不会人亡政息。

毛泽东同志在领导新民主主义革命的过程中反复强调：“政治路线确定之后，干部就是决定的因素。”[④] 实践证明，中国共产党因造就了一大批优秀干部，他们是有政治远见，襟怀坦白、忠诚、积极、正直，不谋私利，充满斗争精神与牺牲精神，唯一的为着民族与社会的解放而英勇献身，才取得了民族解放的伟大胜利。唯才是举、德才兼备是我党组织路线的集中体现。江泽民同志“三个代表”思想的提出，为我们选拔和使用干部提出了更高的要求和标准。改革开放以来，特别是党的十四大以来，全国绝大多数省市和一些中央、国家机关在一定范围内面向社会，采取公开推荐与考试考核相结合的办法选拔领导干部，取得了明显成效，产生了积极的社会影响，得到了广大干部群众的支持和拥护。实践证明，

---

① 习近平：《计划生育基本国策必须长期坚持》，据《新华社凤凰网》2016 年 5 月 16 日。

② 陈鉴波：《现代政治学》，三民书局 1974 年版，第 601 页。

③ 张成福：《责任政府论》，《中国人民大学学报》2000 年第 1 期。

④ 《毛泽东选集》（第 2 卷），人民出版社 1991 年版，第 526 页。

这项改革是成功的，应该进一步扩大公开选拔干部的范围，使之成为选拔干部的主渠道。

责任政治与唯才是举是互相关联的，公开选拔、唯才是举是解决选拔录用问题，而责任政治则是对政府及其领导干部的政绩及其责任履行情况进行考核和追究。这是中国现代干部制度的两个重要方面的内容，是中国当代的吏治。孙中山在“五权宪法”中把考试权作为一个重要内容，对今天仍有启迪意义。《公务员法》的出台，对规范公务员选拔、使用、考核、奖惩等工作发挥了积极作用，使责任政治与唯才是举上升成国家意志。

（七）民族区域自治与“一国两制”

我国是统一的多民族的单一制国家。以毛泽东为首的中国共产党第一代领导集体，根据马克思主义关于民族问题的理论，结合中国的历史情况和条件，实行民族区域自治方略和制度。即在国家统一领导下，以少数民族聚居区为基础，实行区域自治，设立自治机关，行使自治权。

新中国成立后，国家通过一系列方法把民族区域自治制度以法律形式固定下来，使之成为中国的一项基本政治制度。1949 年 9 月制定的具有临时宪法作用的《共同纲领》，首先确定新中国在“各少数民族聚居的地区，应实行民族的区域自治，按照民族聚居的人口多少和区域大小，分别建立各种民族自治机关”。1954 年通过的新中国第一部宪法第一次以根本大法规定：“民族自治地方分自治区、自治州、自治县三级。”1984 年 5 月 31 日，第六届全国人民代表大会根据新宪法的规定，在总结 30 多年实践经验的基础上，制定了《中华人民共和国民族区域自治法》，这个基本法涉及政治、经济、文化多个方面，对民族区域自治地方的建立、自治机关的组成、自治机关的自治权、民族自治地方内部的民族关系、上级机关的领导和帮助等民族区域自治中的重大问题作了较具体之规定，把民族区域自治由治国方略上升成政治制度和法律制度。

实行民族区域自治制度，有利于保障少数民族自己管理本民族的事务；有利于国家统一与安全；有利于发展社会主义民族关系；有利于加快发展民族经济和文化，促进了民族共同繁荣。

民族区域自治作为治国方略上升成为制度和法律，其根本出发点是维护国家和民族的统一，即在实行单一制国家结构形式的前提下，给民族区域自治地方以更大的自治权，这体现了毛泽东为首的第一代中国领导集体原则性和灵活性相结合，表现了超人的政治智慧和领导艺术。

“一国两制”的核心也是祖国的统一。1982 年 9 月，邓小平在会见英国首相撒切尔夫人时，阐明了中国政府准备用“一国两制”的办法来解决香港的回归问题。1984 年 2 月邓小平在会见乔治城大学国际问题研究中心代表团时，再次明确使用了“一国两制”的构想，他说：“统一后，台湾仍然搞它的资本主义，大陆搞社会主义，但是是一个统一的中国。一个中国两种制度。”“一国两制”作为治国方略具有科学的内涵，台湾、香港、澳门是中华人民共和国不可分割的部分，它们作为特别行政区，保持原有的资本主义制度和生活方式不变。在“一国两制”方略的指引下，我们已经胜利实现了香港和澳门的主权回归。

1995 年 1 月 28 日，江泽民发表了《为促进祖国统一大业的完成而继续奋斗》的重要讲话。讲话根据“一国两制”构想，就现阶段发展两岸关系，促进祖国和平统一进程的若干问题，提出了一系列重要看法和主张：必须坚持一个中国的原则，这是实现和平统一的基础和前提；对于台湾同外国发展民间经济文化关系我们不持异议；进行海峡两岸和平统一谈判，是我们的一贯主张；努力实现和平统一，中国人不打中国人；大力发展两岸经济交流与合作，以利于两岸经济共同繁荣，造福整个中华民族；两岸同胞要共同继承和发扬中华文化的优秀传统；充分尊重台湾同胞的生活方式和当家做主的愿望，保护台湾同胞一切正当权益；欢迎台湾当局的领导人以合适的身份前来访问，我们也愿意接受台湾方面的邀请，前往台湾。① 江泽民的八项主张是一国两制构想的具体化，在海内外产生了强烈的反响，对推动两岸关系和祖国统一进程产生了深远的影响。

但是，我们也必须看到，两岸隔绝已久，隔阂很深，真正实现统一尚待时日。另外，还有台独势力的破坏，美国不顾中国政府的强烈抗议，不断向台湾地区出售先进武器，这是不容忽视的重要因素。在和平统一的原则下，通过“一国两制”方略来解决祖国统一问题。同时，我们也不承诺放弃武力。台湾的前途系于祖国的统一，分裂是绝对没有出路的。中国人民完全有决心、有能力最终完成祖国统一大业。

---

① 《江泽民论中国特色社会主义（专题摘编）》，中央文献出版社 2002 年版，第 499—502 页。

（八）文治武略

文治武略是中国政治思维的优良传统。文治包括德治、仁政、文明、文官当政、教育、教化等内容，现代社会讲的文治主要指用民主政治来治理国家，用制度文明来推动物质文明和精神文明的发展。武略指武装力量，军队、法院、监狱、警察，首先是为了保护领土和主权不受侵犯，其次是为了镇压破坏社会主义的敌对分子和破坏分子，维护国家安全和正常的工作秩序、生活秩序。武略还包括国家战略方针、国防意识和国防教育等内容，武略主要指国家的专政职能。

毛泽东同志在《新民主主义论》中指出“建立工人阶级领导的以工农联盟为基础的人民民主专政的国家”。① 在生产资料的社会主义改造完成之后，我国由新民主主义社会发展为社会主义社会，毛泽东在《关于正确处理人民内部矛盾的问题》中指出社会主义时期急风暴雨式的阶级斗争已经结束，正确处理人民内部矛盾成了政治生活的主题。在《论十大关系》中提出：“十大关系围绕着一个基本方针，就是要把国内外一切积极因素调动起来，为社会主义服务。”② 这些思想实际上是要用文治、民主办法治理国家。但是，后来毛泽东同志犯了“左”的错误，错误地估计阶级斗争形势，最终导致无产阶级“文化大革命”，甚至提出了“全面专政”的口号，把国家推入十年内乱的深渊。

党的十一届三中全会宣告，结束了“文化大革命”，停止使用“以阶级斗争为纲”的错误口号，把党的工作重心转移到经济建设上来，提出了“一个中心，两个基本点”的基本路线。形成了邓小平建设有中国特色的社会主义理论，江泽民同志提出了“三个代表”重要思想，也是文治思想的进一步展开。文治思想从根本上说就是不断发展和完善社会主义民主政治，通过完善政治制度、经济制度和文化制度，通过制度文明来推动建设富强、民主、文明的社会主义现代化国家。

当今世界和平发展成为时代的主题，争取一个和平发展的环境是可能的。然而苏东剧变以后，美国提出了“人权高于主权”的新霸权主义理论，在中美关系上制造事端。日本首相参拜靖国神社、篡改历史教科书，公开否认侵华历史。还有印度在军事上的强大，从地缘政治上都对

① 《毛泽东选集》（第4卷），人民出版社1991年版，第1472页。

② 《毛泽东选集》（第5卷），人民出版社1977年版，第267页。

我国有重要的影响，使我国不得不在发展经济的同时注意军事工业和国防现代化建设。鉴于苏联解体的原因之一就是美苏军事竞赛给拖垮了，我们不会跟哪一个国家搞军备竞赛，但是，对一个政治大国来说，国防现代化是一定要搞的，而且要有紧迫感。另外，国防意识和国防教育也一定要搞好，笔者在一所小学做过调查，六年级有一个班47名同学，没有一个同学愿意长大参军，这是一个危险的信号，应该引起我们的警觉；我们必须用战略眼光来处理经济建设与国防建设、国民教育与国防教育的关系。

人民民主专政要加强，一手抓改革开放，一手抓打击犯罪；一手抓党的建设，一手抓惩治腐败；一手抓物质文明，一手抓精神文明；一手抓经济建设，一手抓国防建设；把文治与武略结合起来才能显我国威。

（九）以国为本与人民为本

邓小平同志在南巡谈话中指出判断改革成效的标准“应该主要看是否有利于发展社会主义社会的生产力，是否有利于增强社会主义国家的综合国力，是否有利于提高人民的生活水平”。这就提出了一个以国为本和人民为本的关系问题，江泽民“三个代表”思想中明确提出了代表最广大人民群众的根本利益问题。

“以国为本”就是以中华民族和国家利益为本，当国家利益与地方利益、个人利益与民族利益发生矛盾的时候，以国家利益和民族利益为重。天下兴亡，匹夫有责。陆游诗《示儿》：“死去原知万事空，但悲不见九州同，王师北定中原日，家祭无忘告乃翁。”中华民族具有强烈的爱国主义光荣传统，产生了许多可歌可泣的民族英雄，近现代革命史上无数革命先烈前赴后继，为民族自由解放和新中国的诞生献出了自己宝贵的生命。社会主义建设和改革开放以来，我国人民锐意改革，积极进取，使我国综合国力大大增强，我国已经踏上了复兴的伟大道路。我们要进一步加大改革开放的步伐，发扬艰苦奋斗的光荣传统，以民族国家利益为重，要看到我们在发展，世界也在发展，我们必须要有紧迫感和忧患意识，才能自立于世界民族之林。

我国宪法规定“中华人民共和国的一切权力属于人民”。人民是国家的主人，“以人民为本”是国家的社会主义性质决定的，是不可动摇的根本理念。唯物史观认为人民群众是历史的创造者，毛泽东明确指出，“人民，只有人民，才是创造世界历史的动力”，他把“全心全意为人民服

务”规定为中国共产党的根本宗旨，群众路线既是毛泽东思想的活的灵魂，又是党的思想路线和组织路线的集中体现。

邓小平指出：“我们过去几十年艰苦奋斗，就是靠用坚定的信念，把人民团结起来，为人民自己的利益而奋斗，没有这样的信念，就没有凝聚力，没有这样的信念，就没有一切。”① 为人民自己的利益而奋斗，而不是为某一个党派、某一部分人的利益而奋斗，中国共产党始终代表绝大多数人民群众的根本利益，才赢得了人民的衷心拥护和爱戴，才取得了革命、建设和改革的伟大胜利，这是治国方略中最根本的一条，只有坚持人民为本，才可能做到以国为本。如果我们的路线、方针、政策背离了人民的愿望，那么，怎样获得人民的拥护，怎样落实以国为本的方略呢?!

江山秀丽焕祖国青春魂灵，道路康庄建民族千秋功业。中国共产党诞生95年，执政67年，经过几代领导集体的艰苦探索，形成了一整套治国方略，政治上已经走向成熟，执政水平不断提高。只要我们在社会主义民主和法治的道路上稳步前进，不断完善制度，就一定能够振兴中华，实现民族的伟大复兴。

① 《邓小平文选》(第3卷)，人民出版社1993年版，第190页。

十　加快中国政治改革步伐的重要契机

——防治“非典”工作的政治学思考

防治非典工作已经过去十多年了。当时也引发了思想界、知识界、新闻界对防治“非典”工作前期失误的原因，对如何建立我国政府应对突发事件的预警和防范机制，对公民健康权、生命权、知情权、责任政治等问题的理性思考。《南方周末》《经济观察报》等重要媒体对这场讨论曾经进行了初步的报道。专家们的观点归结到一点就是：防治“非典”斗争是加快中国政治改革步伐的重要契机。①

（一）保障公民的健康权和生命权是政府的重要职责，应受到高度重视

专家们认为，由于防治“非典”前期工作中的失误，使我国失掉了控制疫情扩散的最佳时机，致使广东的疫情迅速扩散全国，北京、内蒙古、山西等地成为疫情高发区，并且引起了国际社会的广泛关注。为此，中央作出决定，撤换了卫生部部长和北京市市长的职务，并且将防治“非典”工作纳入了法治化的轨道。这表明中国政府开展防治“非典”斗争的决心，受到了全党和全国人民的衷心拥护，得到世界卫生组织和国际社会的肯定和欢迎。

从政治学角度讲，政府能否及时准确地向社会报告传染病疫情，首先涉及维护公民的健康权、生命权、知情权问题。健康权和生命权属于公民人身权利中的人格权。人格，在法律上就是指任何权利和义务主体

① 林楚方：《中央党校教授的非典观察》，《南方周末》2003 年 5 月 1 日第 1 版；陆建华等：《SARS 危机是一次契机吗？》，《经济观察报》2003 年 4 月 28 日—5 月 5 日第 B3、B2、B4 版。

必须具有的资格。人格权是20世纪以来各国普遍重视的一项基本权利。随着社会文明程度的逐步提高，各国通过立法和司法的实践，不断地扩展了人格权的内容和范围。第二次世界大战以来，许多国家在立法中将人身自由权、健康权、荣誉权、命名权、肖像权、个人意见权、隐私权等列入了人格权而加以保护。人格权是我国现行宪法新增的内容之一。我国的刑法和民法进一步对生命权、健康权等基本权利的保护做了规定，这是中国人权保护的历史性进步。①

我国是人民当家做主的社会主义国家，维护人民的生命和健康是各级政府的首要责任。健康权和生命权是生存权的核心内容，而维护生存权是中国人权保护的首要原则。这次防治“非典”工作前期有些政府官员和工作人员知情不报，欺上瞒下，封锁消息。这种官僚主义作风和所表现出的对人民生命健康问题的冷漠，不光是个人品质问题，更是具体制度和体制问题。因为我国民主政治发展水平不高，我们的民主集中制很不健全，领导干部的任用和提拔主要取决于上级组织，尤其是主要领导人的意见，缺乏自下而上的选拔和监督机制，这就造成了某些领导干部对上级组织负责，而不对人民群众负责的局面。②

法律虽有维护健康权和生命权的规定，党中央提出代表绝大多数人民根本利益的重要思想，但一些领导干部依然我行我素，他们把自己的升迁、名利、地位看得高于一切，因此人民的生命和健康问题当然是小事，可以知情不报了，还美其名曰：“维护社会稳定！”多么动听的借口。如果不是“非典”在世界上开始流行，引起国际社会的关注，那么这场“天灾”加上“人祸”也可能更加惨烈！值得庆幸的是，党中央和国务院很快采取了果断措施。我们坚决拥护中央防治“非典”所采取的各项措施，感谢战斗在第一线的广大医护人员的无私奉献和大无畏精神，也庆幸赶上了全球化时代。

如果不从制度和体制的角度来思考健康权和生命权的保护问题，那么我们还会像过去那样只寄希望于领导干部的思想觉悟。血的教训使我们惊醒：只有在依法治国方略的指导下，完善我们的制度和体制，用真正切实可行的民主监督制度来保障人民的健康权和生命权。

---

① 蒋碧昆主编：《宪法学》，中国政法大学出版社1999年版，第228页。

② 艾狄：《高扬社会主义民主的旗帜》，《新华文摘》2002年第10期。

（二）建立和完善对公民知情权的制度保障，是完善我国政治体制的紧迫任务

知情权是公民的政治权利，即公民有从政府取得有关国家、社会公共事务以及有关自身利益方面信息的权利。知情权是公民维护自身利益、行使民主监督权的前提。我国宪法虽然没有明确规定公民有知情权，但宪法规定公民有民主监督权。《宪法》第41条规定："中华人民共和国公民对于任何国家机关和国家工作人员，有提出批评和建议的权利；对于他们违法失职行为，有申诉、控告或检举的权利；公民因国家机关和国家机关工作人员侵犯自己的合法权利而受到损害时，有依法取得赔偿的权利。"公民行使民主监督权的前提是必须首先要拥有知情权。没有知情权，民主权和监督权的行使就会因为政府信息的稀缺而大打折扣，这正是中国民主监督制度的一个严重缺陷。

公开性原则是现代民主政治的重要原则，列宁曾明确指出，没有公开性而谈民主是可笑的。民主政治首先是平等政治，公民在法律面前人人平等，公民都有参与政治的平等权利。民主政治又是公意政治，政治是价值的权威性分配，是公民利益和意志的反映。民主也是利益表达机制和利益调节机制。如果不提高政府工作的公开性和透明度，那么在瞬息万变的信息时代，公民就很难获取与自身利益相关的必要信息，无从依靠政府来维护自身的利益。

中国历史上封建统治阶级一直实行愚民政策，孔子曰"不在其位，不谋其政"，"民可使由之，不可使知之。"（《论语·泰伯》）虽然也有民本思想，如孟子提出"民为贵，社稷次之，君为轻"（《孟子·尽心下》）。但那只是一种理想，从来就没有真正实行过。管子的《牧民》篇，实际是不把老百姓当人看待。正像马克思所说的那样，专制制度的本质就是不把人当人看待。中国老百姓只有纳税交粮的义务哪里还谈得上知情权？邓小平同志指出："旧中国留给我们的，封建专制传统比较多，民主法制传统很少。"[①] 受封建思想的影响，我国的人权意识发展不够，没有完成由义务本位向权利本位的历史性转变，这是制约民主政治发展的一个深层原因，也是知情权在立法和司法实践中发展不够的重要原因。

还是这些落后传统的影响，以及现实政治体制运转中公开性的不够，

---

① 《邓小平文选》（一九七五——一九八二年），人民出版社1983年版，第292页。

使不少公职人员在突发事件面前不能以人民的生命和利益为重，及时通报情况，而是以所谓稳定为大棒“捂盖子”。这次防治非典工作初期一些地方的失误，正是这种惯常做法造成的恶果。这一沉痛教训再次警醒我们，政治体制的公开性如何落实，公民的知情权如何保障应立即提上日程。

我们认为，应尽快首先从立法上保证公开性和公民的知情权，建议将知情权作为公民的一项基本权利写进我国宪法。国务院2007年4月颁布了《政府信息公开条例》，全国人大制定的《监督法》也于2007年7月1日起正式实施。为知情权的落实提供制度保障和法律保障，这是中国民主法治建设的重要进步。

（三）实现责任政治的系统化、规范化和权威性，是完善我国政治体制的突出任务

为了推动防治“非典”工作的顺利开展，中国政府采取断然的组织措施，撤换了不负责任的有关高级官员的职务，产生了良好的社会效果。既表明中国政府对人民的负责精神和防治“非典”工作的决心，又显示了责任政治的强大威力。

责任政治是现代民主政治的重要特征。因为国家的主权属于人民，政治表达的是社会公众的利益和意志，政府必须对公民和代议机关负责。所以公务人员行使职权时，如有违法背职等事情发生，须负责任。此种责任，通常分为政治责任及法律责任两种。依照一般国家法律之规定，公务人员如发生失职等政治责任时，则人民得依照法定程序，采用直接或间接（由议会行使）方式，实行罢免权，或不信任投票权，或弹劾权等方式，迫其辞职，或予以纠正，以资改进。

公务人员，如有违宪违法等事情，而发生法律责任时，则执掌弹劾权的机关及其他主管机关等，得追究法律责任，以维护国家法治的尊严和秩序。我国宪法规定人民代表大会常务委员会是国家权力机关，对“一府两院”行使监督权。

改革开放以来，尤其是近几年我国政府制定了廉政建设责任制、安全生产责任制、重大事故领导责任追究制等，在责任政治建设方面迈出了可喜的步伐。但是总的来说，中国责任政治主要还是一种行政措施，缺乏规范性、系统性和权威性；还没有通过人大上升为国家意志，人大的监督权因为缺乏具体的法律支撑相对比较弱化，虽然政府及其官员的

失职时有发生，但很少有人大组织主动行使改组和罢免权。

这次防治“非典”工作，在中国责任政治建设的历史上开了一个好头。中央领导同志讲中国政府是一个负责任的政府，这也表明中央有推动责任政治的决心。但是要把这句话真正变为现实，就必须对中国的责任政治进行系统的思考，把它上升成为国家法律，而且要按照责任政治的原则进行制度创新和体制改革。不然的话，防治“非典”工作结束，责任政治就会被人们束之高阁，如若再度发生类似突发事件，吃亏的还是人民，受损失的还是国家。这样的教训，难道我们还少吗？

谈到责任政治，谈到对政府的监督，中国古代法家早就提出严刑峻法、赏罚分明的原则，中国古代建立的御史制度也是一笔可贵的政治遗产；西方近代以来在代议制度基础上建立起的一套相互制衡、相互监督、责任明确、法律健全、程序完善的责任政治体系，是人类政治文明的重要组成部分，可供我们借鉴。我国有条件在推进责任政治方面取得实质性的进步。

（四）“非典”事件是推进政治改革深入的难得机遇，不可错失

1980年邓小平同志发表了《党和国家领导制度的改革》的重要讲话，提出：“为了适应社会主义现代化建设的需要，为了适应党和国家政治生活民主化的需要，为了兴利除弊，党和国家的领导制度以及其他制度，需要改革的很多。”[①]“从党和国家的领导制度，干部制度方面来说，主要的弊端就是官僚主义现象，权力过分集中的现象、干部领导职务终身制现象和形形色色的特权现象。”[②] 鉴于“文化大革命”的教训，他明确提出了清除政治领域封建残余影响的任务，把民主和法制建设作为我国现代化建设的重要组成部分，为确立建设富强民主文明的社会主义现代化国家的宏伟蓝图奠定了基础。

1986年邓小平同志又发表了《关于政治体制改革问题》的谈话，明确指出：

> 我们提出改革时，就包括政治体制改革。现在经济体制改革每前进一步，都深深感到政治体制改革的必要性。不改革政治体制，

① 《邓小平文选》（一九七五——一九八二年），人民出版社1983年版，第281—282页。

② 同上书，第287页。

> 就不能保证经济体制改革的成果，不能使经济体制改革继续前进，就会阻碍生产力的发展，阻碍四个现代化的实现。①
>
> 进行政治体制改革的目的，总的来讲是要消除官僚主义，发展社会主义民主，调动人民和基层的积极性，要通过改革处理好法治和人治的关系，处理好党和政府的关系。②

从而为党的十三大提出政治体制改革方案指明了方向。但是，由于1989年政治风波，为了维护社会的稳定，中国政治体制改革不得不放慢脚步，这使我们错过了一次进行政治改革的良好机遇。

1992年邓小平发表了著名的《南巡谈话》，对社会主义的本质和规律进行了新的理性探索和阐发，继真理标准问题讨论之后，又一次推动了中国人的思想大解放和改革的历史进程。

党的十四大确立了建立社会主义市场经济体制的改革目标，推进了经济体制改革的深化和对外开放。党的十五大提出依法治国，建设社会主义法治国家的政治改革目标。根据江泽民提出的“三个代表”重要思想，党的十六大进一步提出了建设社会主义政治文明，实现物质文明、政治文明与精神文明协调发展的战略思想，标志我党对社会主义建设规律认识的深化和治国思想的成熟。

中国已经加入WTO，融进全球化的浪潮。全球化是人类社会发展跨越民族、国家、地域的狭隘性，实现资源、人才、科技、信息共享，使文明在冲突中走向融合的大趋势。

全球化包括经济全球化、文化全球化，也包括政治全球化，民主化、法治化和国际化就是政治全球化的重要表现。改革开放以来中国在民主和法制建设方面取得了显著的进步，保持了社会的稳定和快速发展，这是举世公认的。同时，我们也必须看到国企改革步履维艰，廉政建设形势依然严峻，官僚主义、形式主义、地方保护主义以及分配不公、东西部差距拉大、农民收入增长缓慢等利益矛盾十分突出。尤其是这次防治“非典”工作前期由于官僚主义作风导致的失误，几乎造成严重的社会危机，使我们不得不对改革进程进行反思，归结到一点就是中国政治体制

---

① 《邓小平文选》(第3卷)，人民出版社1993年版，第176页。

② 同上书，第177页。

改革严重滞后，也不够深入。如果不从总体上思考中国的改革问题和发展战略，尤其是对政治体制进行系统深刻的改革，那么就可能断送经济改革的成果，也可能引发更大的社会危机和社会动荡。

多难兴邦，坏事也可以变成好事，机遇往往青睐有准备的人。“非典”是一场灾难，然而防治“非典”的艰苦斗争，不仅可以锻造新的民族精神，使我们民族更加坚强不屈，更加奋发有为，而且可以以此为契机，顺应全球化潮流，在完善社会主义市场经济体制的同时，积极推进中国的政治改革和政治文明，从具体制度上保障人民当家做主权利的充分实现；保障人民健康权、生命权、知情权和其他权利的实现；保障社会的长治久安和全面进步，从体制上筑起一道防止各种突发事件蔓延的坚固屏障。这才是落实“三个代表”思想的明智之举。我国已经错过了防治“非典”蔓延的最佳时机，但不能再次错过推进政治改革的难得机遇。何去何从，就看我们的认识，在于我们的气魄和胆识。

我们必须在中国共产党的领导下，在依法治国、建设社会主义政治文明的框架内，加快中国政治改革的步伐。必须高扬社会主义民主的旗帜，提高公民的民主意识、人权意识和法律意识；增强政治的透明度和公开性，加强自下而上的民主监督，建立权力约束和制衡机制；积极推行责任政治和廉政建设，实现由全能政府到有效政府的转变。重新认识改革、发展和稳定的关系，在改革中求发展，在发展中求稳定；用政治文明来推动物质文明和精神文明的发展，推动社会的全面进步和协调发展。我们对战胜“非典”的斗争，对新一代中央领导的能力和改革决心，对中国的政治文明建设和中华民族的前途抱有充分的信心和忠诚的愿望。

十一　我国农业出路的政治经济学思考

中国是农业大国，农业关系社会稳定和发展，因此“三农”问题首先是一个政治问题，必须进行政治经济学思考。资本主义原始积累阶段所采用的掠夺农民的发展战略在中国是行不通的；以家庭为主的小规模经营方式也已经成为生产力进一步发展的障碍。建立在股份制基础上的农业规模化经营是当代中国农业现代化道路的必然选择。它既可以把一家一户分散经营的土地集中起来，提高农业经济的集约化程度、机械化程度、商品化程度和经济效益，同时又可以保证广大农民的基本生活，有利于国家的安定团结。

（一）

加入 WTO 对我国农业是一个良好的发展机遇，但首先是一种挑战。从我国目前农业生产力发展水平、经营规模、产品质量、经济效益等方面来说，与发达国家有很大的差距；与一部分发展中国家相比较也有一定的差距，这是谁也无法否认的。对此，我们必须有清醒的认识，我国与外国在农业发展水平方面的差距不在农业科技发展水平，也不在机械化水平，而在于我国现有的以家庭经营占主导地位的小规模经营方式，限制了大型农业机械的使用，使农业的集约化经营难以推行；浪费了大量的农业劳动力，使农业仍然处于很低的发展水平。在许多地方农民种粮食是亏本的，这种情况极大地影响了农民的生产积极性，使增产不增收成为中国农业的一个怪胎。对这个问题，党中央、国务院十分关切，已经采取了很多措施来扭转这种局面，然而收效并不令人满意。经济学家提出了各种方案、社会学家提出了各种问题、社会各界议论纷纷，表明农村、农民、农业即“三农”问题是关系中国社会稳定发展的核心问题之一。因为中国到目前为止仍然是一个农业大国，在农村的人口占全国总人口的75%以上，即有九亿多人生活在农村。只要农村稳定了，中国才能安宁；只要农村发展了，中国才能繁荣；只要农村富裕了，中国才能腾飞。

江泽民同志提出的“三个代表”思想对发展农业也具有根本的指导意义。对农业问题的思考，我们既要从发展先进生产力的高度来认识改革我国农业经营体制的紧迫性，又要从代表最广大人民群众根本利益的高度来认识保护广大农民群众利益的重要性，这是我国农业改革步履维艰的根本原因所在。如果采用资本主义原始积累阶段掠夺农民的发展战略，那么势必就会导致大量的中国农民破产，涌向城市。如果强行将中国的土地集中起来进行规模化经营，这在很短时期内就可能使中国的农业发展水平有一个质的飞跃，以便适应加入 WTO 后参与全球农业竞争的需要，这是借鉴西方现代化的经验所做出来的选择。这种选择是否可行？在笔者看来是行不通的。它不符合中国的国情，如果像美国那样只有 4%的人进行农业生产，96%的人涌入城市，那么中国的城市就要接纳 12 亿以上的人。如果让 80%农民破产涌入城市，那么将有 7 亿多人涌入城市，这在中国目前城市发展水平来看是难以承受的。它将导致社会的动荡甚至暴乱、战争。那么中国的现代化进程将由此中断、受阻，甚至夭折！

（二）

以家庭联产承包责任制为基本形式的农业改革，是总结了毛泽东时代“一大二公”的经营模式的教训后所做出的理智选择。它极大地调动了广大农民的生产积极性。改革开放 30 多年来，农业连年丰收，解决了 13 亿人的吃饭问题，用占世界 7%的耕地养活了占世界 22%的人口，这在人类发展史上也是一个奇迹。从邓小平时代到江泽民时代，党中央国务院所关心的第一件大事就是农业问题。“民以食为天”“手中有粮，心中不慌”[①]，对于农业大国来说，“三农”问题不仅是经济问题，更是政治问题。毛泽东是这样看待的，邓小平是这样看待的，江泽民和朱镕基也是这样看待的。邓小平南巡谈话：“肯定农村家庭联产承包责任制不变，一变就人心不安，人们就会说中央的政策变了。”[②] 这是有深刻政治内涵的。然而，我们不是教条主义者，当代马克思主义应当是与时俱进的模

① 《毛泽东文集》（第 8 卷），人民出版社 1999 年版，第 84 页。

② 《邓小平文选》（第 3 卷），人民出版社 1993 年版，第 371 页。

范。客观地讲，中国农业目前的经营水平依然停留在小农经济时代，大规模的现代化农业机械无法使用、集约化经营无法施展、科学种田无法深化、商品意识无法渗透、全球理念无法深入、经济效益无法提高、活劳动无法节约、有效能源无法合理使用。如果依然保持这种以家庭小规模经营为主要形式的农业发展道路，那么就注定不能在全球化时代迎接农业科技革命的挑战；就注定不能实现我国国民经济第二步发展战略；就注定不能为民族的伟大复兴奠定坚实的基础。

中国农业的发展要走规模化经营的道路，这是历史的必然选择，是谁也无法改变的客观规律，也是加入 WTO 后中国农业必须走的最现实的道路。问题并不在于这条道路要不要走，而是怎么走？这既是政治家思考的问题，也是经济学家应该思考的问题。这就是中国农业问题的深邃性、边际性与严重性所在。一要发展，二要稳定，两者必须兼顾起来。

“中国农业规模化经营”这个中国现代的哥德巴赫猜想，令思想家、政治家、经济学家、社会学家伤透脑筋的难题，在它的上空布满了各种疑云，但是当我们拨开疑云从中国国情的现实出发，我们就会发现一个最简单的真理——股份制。这个在中国工业、商业、金融业等诸多领域发挥了神奇作用的现代企业制度是解开中国农业规模化经营这道难题的唯一钥匙。它既可以把农民手中的土地集中起来，又可以保护广大农民的利益不受损害，是中国农业现代化的根本道路。

（三）

笔者的思路是，在继续巩固完善联产责任制的前提下，农民自愿将手中的小规模的土地以股份的形式集中于种田能手或农业经营家；土地分红，保证农民的基本生活；经营者选择部分农民参与经营，其余农民组织从事其他产业，比如农业深加工、养殖业、畜牧业、建筑业、运输业、民俗文化、民间工艺、劳务输出等，即走农业产业化的道路，将农村的剩余劳力组织起来，提高我国农业的综合竞争能力。

股份制是现代企业制度的精华，它的精髓在于有清晰的产权、有权利与义务的统一、有所有权对经营权的制约。用股份制的形式来规范拥有土地使用权的农民与农业经营家的经营权之间的关系，是再恰当不过的好形式。它既可以把广大农民手中的土地集中起来，形成规模效益，克服了一家一户经营土地所带来的人、财、物的巨大浪费，又可以保护广大农民的利益，使他们有基本的生活保障，同时又可以利用他们自己掌握的股权对经营者的经营状况进行有效的监督，保护自己的正当利益，体现当家做主的权利。上面提到的“自愿”二字尤为重要，我们所进行的农业股份制改革必须汲取人民公社化的教训，真正地做到自觉自愿、两相情愿，因地制宜不搞“一刀切”。必须要强调的一点是土地绝对不能买卖，如果买卖土地就会使一部分比较贫困的农民丧失掉土地，从而失去基本的生活保障，这是十分危险的。

农业股份制改革的一个中心环节是融资问题，可以采取各种方式，土地入股、资金入股、技术入股、人才入股。富裕起来的农民可以入股，一般农民也可以入股；农村人能入股，城里人也可以入股；中国人能入股，外国人也可以入股。只要政策合适，融资问题是可以解决的。

农业股份制改革的推行有一个关键，就是土地的经营者必须保障持有土地股权的农民的基本生活，要做到这一点，从目前来看是具有一定困难的。因此，在推行此项改革的初期国家必须给农业经营者一定的补贴。从西方国家农业现代化的道路来看，对农业的补贴政策是不可缺少的，比如从欧盟来看，尽管这些国家农业现代化的水平已经很高，农业的科技发展水平也不低，在国际市场上已经有了很强的竞争力，但是他们仍然对农业有很大的补贴。这不仅是因为农业的基础地位、农村的稳定、农民的利益，而且是因为农业提供的是工业、商业和其他产业的最初级的产品，农业是人类的衣食父母，其地位是不可小觑的。因此，我国在实现农业现代化的过程中、在实行农业规模化经营的过程中、在农业股份制改革的过程中同样需要国家在政策方面的倾斜，需要对农业进行补贴。而过去的大量的补贴都被人为地因素尤其是被以往农业小规模经营所带来的低效益白白消耗掉了，太可惜了。如果把国家现有的对农业方面的各种补贴用于支持农业股份制规模化经营的起动和初期阶段的发展，那么国家不用花费更多的钱就可以使最富有生命力的农业现代化改革得以实现。

农业股份制改革中最令人担心的事情是土地经营者如果破产怎么办？难道让农民永远失去土地不成？对于这个问题必须未雨绸缪。因为农村改革关系重大，政策性强，国家对这类股份公司必须专门立法，规范其行为，其中最重要的一条是规定此类公司如果破产，必须首先保证持股农民的利益不受损害和社会的稳定。

农业股份制改革要处理的一个重要关系是与家庭联产责任制之间的

关系问题。我们说农业股份制是在农村家庭联产责任制基础上形成的，同时又是对这种责任制的超越和发展。家庭联产责任制是从我国是个农业大国的基本国情出发，农业问题不仅是发展生产力的问题，而且关系到整个国家的稳定，还是个政治问题，这个政策目前不会改变。家庭联产责任制界定的是国家与公民之间的权利与义务关系；而农业股份制界定的是公民与公民之间的权利与义务关系。前者是所有权与经营权的划分，后者是经营权的再转让；前者是国家行为，后者是公民行为。

农业问题关系到国家的长治久安，农业股份制改革是一场革命，它将引起中国农村、农业、农民的生活和精神世界发生一次深刻的变革。像任何革命一样，其阻力是不言而喻的，但是我们不能因为有困难、有阻力就不去变革、不去革命。历史总是在它需要变革的时候提出问题，历史也总是在它能够变革的时候孕育了解决问题的答案。正像家庭联产承包责任制产生于20世纪70年代末一样，农业规模化经营产生于中国加入WTO的年代便是必然，这就是历史的辩证法。[①]

农业的股份制改革关系到千家万户，关系到亿万农民的切身利益，关系到整个国家的繁荣稳定。所以我们必须把困难估计得多一些，把存在的问题估计得足一些，把方案准备得稳妥一些。急于求成是致命的！必须在认真调查研究的基础上提出完备的方案，经过科学的论证，然后分地区进行试点，在总结经验教训的基础上逐步在全国推开。

实际上，从20世纪90年代以来，在我国广东、山东等农业发达地区已经出现了不少农村规模化经营的典型事例，从而大大地提高了农业的经济效益，其经验很值得加以总结和推广。实践是检验真理的唯一标准，人民群众的伟大实践就是政治经济学的最好学校，只要我们善于学习，就一定能够使股份制——农业规模化经营这支奇葩在神州大地上绽放出异彩。

① 杨润广：《农业规模化经营是必由之路》，《中国国情国力》2004年第1期。

十二　人民民主与协商民主的融合塑造中国新型政治文明

——我国政治文明建设应该着重处理好几种关系

江泽民2001年《在全国宣传部长会议上的讲话》中指出："对于一个国家的治理来说，法治和德治，从来都是相辅相成、互相促进的。二者缺一不可，也不可偏废。法治属于政治建设，属于政治文明，德治属于思想建设，属于精神文明。二者范畴不同，但其地位和功能都是非常重要的。"①

所谓政治文明，简单地说，就是人类社会政治生活的进步状态。从静态的角度看，它是人类社会政治进程中取得的全部进步成果；从动态角度看，它是人类社会政治进化发展的具体过程。政治文明包括政治意识文明、政治制度文明、政治行为文明三个组成部分，由这三个组成部分组成的有机整体。② 理想的政治，是一种文明的生存方式。中共十六大明确提出建设社会主义政治文明的任务，我国政治文明建设应该着重处理好如下几种关系。

（一）继承、借鉴和创新的关系

政治文明既有历史性和民族性，又有时代性和普遍性；中国是文明古国，有几千年封建统治的历史；我国是社会主义国家，在全球化时代正在进行现代化建设，面临复杂的国内外环境，因此我们的社会主义政治文明建设必须首先处理好继承、借鉴和创新的关系。

我们首先要继承中国共产党人自五四新文化运动以来，接受马克思

① 《江泽民论有中国特色社会主义（专题摘编）》，中央文献出版社2002年版，第337页。

② 虞崇胜：《政治文明论》，武汉大学出版社2003年版，第123页。

主义政治思想，进行新民主主义革命、社会主义革命、社会主义建设和改革开放以来积累的光荣传统和政治建设的成就。诸如高举科学和民主两面旗帜，批判封建专制主义和国民党一党专政，建设自由民主国家的光荣传统；毛泽东关于新民主主义论，宪政思想，正确处理人民内部矛盾，论十大关系；邓小平关于加强社会主义民主与法制，关于社会主义初期阶段基本路线，关于党和国家领导制度的改革，关于党政分开，关于经济体制改革与政治体制改革相结合，正确处理改革、发展与稳定的关系，"三个有利于"，关于社会主义本质的论述，关于借鉴人类文明成果的论述。

江泽民论"三个代表"重要思想，"三个创新"；关于建设社会主义政治文明，国家维护和保障人权；法治与德治相结合；党的领导、人民当家做主与依法治国相统一；物质文明与政治文明、精神文明协调发展。胡锦涛提出科学发展观，构建社会主义和谐社会，加强党的执政能力建设，构建和谐世界。习近平提出实现中华民族伟大复兴的中国梦，"四个全面"战略布局，"五个发展"理念，"把权力关进制度的笼子"，正确处理"维稳与维权关系""构建人类命运共同体"，标志我党对人类社会发展规律、社会主义建设规律、共产党执政规律认识的新境界。这是一笔宝贵的政治财富，必须加以继承和发展，对我国政治文明建设具有指导意义。

毛泽东指出："今天的中国是历史的中国的一个发展，我们是马克思主义的历史主义者，我们不应当割断历史。从孔子到孙中山，我们应当给以总结，继承这一份珍贵的遗产。这对于指导当前的伟大的运动是有重要的帮助的。"① 对中国传统政治文明成果哪些是民主性精华，哪些是封建性糟粕，哪些已经过时，哪些还有时代价值，要认真甄别，具体分析；从政治制度到政治文化、社会治理到权力运作，都要认真清理，比如中央集权、文官制度、御史制度、科举制度、民本文化、法治与德治的结合，有许多合理成分可以批判地加以继承。

西方是近代最先实现现代化的国家，其政治发展模式对发展中国家有示范效应。人类政治文明有普遍性，因此对西方政治发展成果可以借鉴。对平等、自由、人权、民主、法治、责任政治、权力制衡，舆论监

① 《毛泽东选集》（第2卷），人民出版社1991年版，第534页。

督，政治参与，公民文化等，有利于实现人民主权、实现公平正义，促进社会稳定、繁荣和发展，就要大胆吸收、改造和利用。

社会主义政治文明的创新，必须建立在对中国政治现代化历史方位清醒认识的基础上。可以说，中国近现代社会处于由高度集权政治向民主政治的发展和过渡时期，也就是说中国政治制度和体制还处于转型期，中央提出制度创新和政治文明建设的任务，就是着力加强国家制度建设的步伐。在肯定中国近现代政治发展成就基础上，继承中国传统政治的合理因素，借鉴发达国家政治文明的有益成分，建立有中国特色社会主义政治文明体系是我们的艰巨任务。

继承和借鉴的目的是为了创新，创新是在继承和借鉴的基础上进行的，而继承、借鉴和创新都必须从中国国情出发，也要符合时代精神和文明潮流。既要克服历史虚无主义，又要克服崇洋媚外思想。中国不搞多党制和三权分立，发挥社会主义制度的优越性，我们要把民主和法治、民主和集中、法治与德治结合起来，把党的领导，人民当家做主与依法治国统一起来，把人民民主与协商民主结合起来，在独立自主基础上走中西文明融合之路。

（二）全球化、现代化与民主化的关系

"世界潮流，浩浩荡荡；顺之者昌，逆之者亡!"全球化、现代化与民主化被称为是20世纪世界潮流。正确认识和处理三者关系，是中国政治文明建设必须面对的重大课题。

孙中山领导的辛亥革命，推翻了统治中国两千多年的封建帝制，使民主共和思想深入人心；中国共产党领导的新民主主义革命，推翻了帝国主义、封建主义和官僚资本主义，建立了中华人民共和国，确立了社会主义制度，实现了民族独立与人民解放，实现了中国政治文明的历史性跨越。

全球化指人类经济、政治、文化活动突破民族国家界限，在全球范围内相互交往、相互依赖、相互融合的发展趋势。全球化首先指"经济全球化"，指贸易、金融、投资等经济活动和经济过程的全球化。20世纪经济全球化，主要表现为贸易自由化的范围迅速扩大，各国经济相互依存，相互影响的程度加深；金融国际化进程明显加速，投资全球化、对外投资迅速增长，生产网络的全球化体系逐步形成，国际分工进一步提高，跨国公司作用不断加强，全球化是以西方国家主导，并给世界以广

泛影响。现在全球化已经向政治、文化等领域渗透。

现代化是由传统社会向现代社会的深刻变革，诸如工业化、城市化、普及教育、科学技术的发展、市民社会的形成、社会分工和职能的分化、法律秩序的建立、公民政治参与的提高等。现代化运动是发展中国家和民族独立国家，追赶发达国家，实现民族自强的运动，也是和平发展这个时代主题的集中体现，全球化的发展进一步推动了现代化的历史进程。

民主化是由集权政治向民主政治发展的世界性潮流。一方面，在经济全球化的推动下，西方将民主、自由、人权以及代议制、三权分立、普选制等民主制度理念和模式作为“普世文明”加以推广，成为民主化的主要推动者。另一方面，广大发展中国家为了实现现代化和经济振兴，也以西方民主制度作为榜样加以模仿，企图以民主化为核心的政治发展作为现代化的动力和制度保障。发端于20世纪70年代的所谓第三波民主化浪潮，由于苏联解体、东欧剧变向西方民主制度转型，而呈现方兴未艾之势。社会主义民主制度受到空前挑战和挫折。然而民主化作为世界性潮流这是人类政治文明的历史性成就，从总趋势看应该得到肯定。

我国社会主义政治文明建设就是在全球化、现代化和民主化的历史大背景下进行的。随着我们现代化建设的深入发展，我国加入了世贸组织，中国经济已经融入了全球化进程，这对中国的政治发展是挑战也是机遇。经济全球化实质上是大工业和商品经济向全球扩展的过程。正如自然经济是专制政体的基础，商品经济也为民主政治创造了条件。随着全球化进程的加快和深化，自然经济走向崩溃，与之相适应的人身依附关系和等级制度瓦解，从而推动了建立在平等自由基础上的现代民主政治在全球成为不可阻挡的历史潮流。从这个意义上，可以说全球化内在地包含民主化，或者说政治全球化是以民主化作为基本标志的。

邓小平说：“没有民主就没有社会主义，就没有社会主义的现代化。”①胡锦涛在十七大提出“人民民主是社会主义的生命”。② 汲取苏联解体、东欧剧变的历史教训，走中国特色社会主义政治发展道路，认真研究现代化与政治建设、执政党建设的关系，研究国际民主化潮流得失和中国

① 《邓小平文选》（一九七五——一九八二年），人民出版社1983年版，第154页。

② 胡锦涛：《高举中国特色社会主义伟大旗帜　为夺取全面小康社会新胜利而奋斗》，人民出版社2007年版，第28页。

民主政治建设的经验教训，拓展民主渠道，扩大公民有序政治参与，建立和完善利益表达和调节机制，才能使我国的政治文明建设适应现代化建设的需要，又具有全球视野，符合人类进步潮流。

（三）政治发展、政治稳定与政治改革的关系

正确处理改革、发展与稳定的关系是我国社会主义现代化建设取得巨大成就的一条基本经验。在政治文明建设中实际上也存在一个怎样正确处理政治发展、政治稳定和政治改革的关系问题。

政治发展就广义而言，指政治体系向更高级形态的变迁；狭义而言，政治发展特指现代化过程中的政治变迁，是传统社会向现代社会发展过程中在政治上所发生的变化。政治稳定是指政治关系、政治体系和政治运作的秩序性。而政治改革则是有计划、有目的地对政治体制和制度所做的调整、建构和变更。在政治文明建设中，政治发展是目标，政治稳定是基础，政治改革是动力。

政治变迁的有序化，是政治发展追求的重要目标。亨廷顿在《变动社会中的政治秩序》中指出："我在这里所做的努力，是探索在什么样的条件下，那些在经济和社会方面经历着急剧的、分崩离析的变化的社会，也可能在一定程度上实现政治稳定的目标。"① 政治稳定是政治发展的前提和基础；邓小平说，"在中国压倒一切的是稳定""中国如果照搬西方的多党制、三权鼎立那一套，肯定是动乱局面"。②

政治发展又可以促进政治稳定。政治发展可以破解中国困境，实现公平正义，促进社会和谐。正确处理维稳与维权的关系，是推动政治发展、保持政治稳定的关键；政治发展与政治稳定相互制约、相互促进，是政治现代化的内在逻辑。

中国现代化和改革进程采取了稳步推进战略，实践证明是正确的。苏联激进改革所付出的代价是前车之鉴。在政治建设中，我们采取了在政治稳定中推进政治改革，也就是渐进性改革的思路，就是通过政策调整，而不是在政治体系上伤筋动骨。使政治体制与经济体制改革相配合，避免政治参与的盲目扩大，而打破政治秩序和社会稳定。针对东西部发

---

① ［美］塞缪尔·亨廷顿：《变动社会中的政治秩序》，王冠华等译，上海译文出版社 1989 年版，第 1 页。

② 《邓小平文选》（第 3 卷），人民出版社 1993 年版，第 244 页。

展不平衡，城乡二元结构，两极分化，适时提出科学发展观。现在是否可以将政治文明建设的思路调整为，在政治改革中推进政治发展，在政治发展中维护政治稳定；习近平推出“正确处理维稳与维权的关系”，对破解中国政治发展难题是一个重要的思路。

中国的希望在于政治改革，政治改革是破解中国难题、引领社会变革的中心环节，也是中国历史发展的必然逻辑；政治改革可以解决渐进性改革积累的问题和瓶颈；是全面深化改革、实施“四个全面”战略布局的关键；是围绕国家治理体系和治理能力现代化的系统改革。只有政治改革，才能为国家长治久安、繁荣稳定创造良好的制度和法律环境，才能最终实现民族伟大复兴。几十年经济持续高速增长，政通人和，睦邻友好，国际地位明显提升，千载难逢，机遇不可错过。

（四）执政党建设、国家制度建设和政治文化建设的关系

毛泽东在中华人民共和国第一届全国人民代表大会第一次会议开幕词中指出：“领导我们事业的核心力量是中国共产党，指导我们思想的理论基础是马克思列宁主义。”在我国共产党是执政党，我国实行共产党领导的多党合作制，而不是西方的多党竞争制，民主党派是参政党，而不是在野党。因此，共产党自身建设关系到国家治理兴衰存亡。1949 年 3 月，毛泽东在中国共产党在西柏坡召开的七届二中全会上郑重指出：“务必使同志们继续地保持谦虚、谨慎、不骄、不躁的作风，务必使同志们继续地保持艰苦奋斗的作风。”① 新中国成立初期，我党对刘青山、张子善的处决，表明我党反腐倡廉的决心。

邓小平说，“中国要出问题，还是出在共产党内部。对这个问题要清醒，要注意培养人，要按照‘革命化、年轻化、知识化、专业化’的标准，选拔德才兼备的人进领导班子。我们说党的基本路线要管一百年，要长治久安，就要靠这一条。真正关系大局的是这个事”。“在整个改革开放过程中都要反对腐败。对干部和共产党员来说，廉政建设要作为大事来抓。还是要靠法制，搞法制靠得住。”②

江泽民指出：“我们党取得执政地位以后，获得了更好地为人民服务的条件，也增加了脱离群众甚至腐败变质的危险。在改革开放和发展商

---

① 《毛泽东选集》（第 4 卷），人民出版社 1991 年版，第 1438—1439 页。

② 《邓小平文选》（第 3 卷），人民出版社 1993 年版，第 379—380 页。

品经济条件下，这种危险会更大，如果放松警惕，带来的后果也会更严重。”“党风是关系到党的生死存亡的问题，如果听任腐败现象发展下去，党就会走向自我毁灭。”[①]

胡锦涛指出：“各级领导干部要树立正确的世界观、人生观、价值观、利益观、地位关，自觉做到权为民所用、情为民所系、利为民所谋，常修为政之德、常思贪欲之害、常怀律己之心，自觉抵御拜金主义、享乐主义、极端个人主义等消极腐朽思想文化的侵蚀。以自己的优良作风和优良形象带领群众做好各项工作。”[②]

习近平指出：“以猛药去疴、重典治乱的决心，以刮骨疗毒、壮士断腕的勇气，坚决把党风廉政建设和反腐败斗争进行到底。”有的领导干部权力观扭曲，搞特殊化，享受做官当老爷的“尊荣”；有的把权力变成牟取个人或少数人私利的工具，搞权钱交易；有的权力过于集中，随意性很大；等等。制度问题更带有根本性、全局性、稳定性、长期性，保证权力正确行使，必须把“权力关进制度的笼子”，坚持用制度管权管事管人。要建立决策科学、执行坚决、监督有力的权力运行体系。[③]

关于国家制度建设，邓小平指出，“从党和国家的领导制度、干部制度方面来说，主要的弊端就是官僚主义现象、权力过分集中的现象、家长制现象、干部领导职务终身制现象和形形色色的特权现象”[④]。按照邓小平党政分开的改革思路，健全了国家机构，恢复了民主集中制；废除了领导职务终身制，1982 年宪法规定国家领导人连选连任不得超过两届，这对中国政治发展和稳定具有至关重要的意义。

“文化大革命”之所以发生，有很多原因，国家领导体制方面的缺陷是重要原因之一。1954 年宪法规定国家主席统率军队，担任最高国务会议主席，是实位元首。毛泽东担任第一届国家主席，党政军权集于一身，中央领导是稳固的。后来毛泽东主动提出退居二线，研究国内外大事。选举刘少奇担任第二届国家主席，但是宪法并没有修改。按照我们国家的领导体制，共产党领导国家政权是根本原则，党中央的领导人是当然的国家元首。这就出现了两个国家元首，从而出现了党中央主席

① 《江泽民论有中国特色社会主义（专题摘编）》，中央文献出版社 2002 年版，第 425 页。

② 胡锦涛：《科学发展观论述摘编》，中央文献出版社 2008 年版，第 88 页。

③ 《习近平总书记系列重要讲话》，学习出版社 2014 年版，第 170、85 页。

④ 《邓小平文选》（一九七五——一九八二年），人民出版社 1983 年版，第 287 页。

领导全国人民打倒国家主席的历史悲剧。后来毛泽东主张不设国家主席。1982年宪法重新设立国家主席，但是汲取教训，不再统率军队，是虚位元首。经过几十年发展，党中央总书记、国家主席、中央军委主席由一人担任，党和国家领导选拔和任期制已经成熟，这是国家长治久安的根本保证。

在社会主义民主制度化、程序化和法制化方面迈出坚实的步伐，弘扬法治思维，落实国家尊重和保障人权的宪法原则，拓宽民主渠道，加强民主监督，巩固基层民主。进一步理顺党政关系，加快人民代表大会制度改革，发展协商民主，扩大公民有序政治参与，对政府决策、执行和监督职能的划分，加强舆论监督，人民群众监督要形成制度。

中央巡视制度在反腐倡廉中发挥了显著作用，应该把巡视制度与自下而上的监督制度结合起来，建立权力约束和制衡机制，把权力关进制度的笼子；处理好维稳与维权的关系，建立和完善产业工人及其他劳动者维权机制，拓宽利益表达和调节机制，改革司法制度，使老百姓在每一个案件上都能感受到公平正义，使我国民主法治建设走上良性发展轨道。

政治文化是政治的深层结构，具有民族性和继承性，对执政党建设和国家制度建设具有制约性。政治文化建设在我国是一项十分艰巨的历史任务。邓小平1980年在《党和国家领导制度的改革》中指出："旧中国留给我们的，封建专制传统比较多，民主法制传统很少。解放以后，我们也没有自觉地、系统地建立保障人类民主权利的各项制度，法制很不完备，也很不受重视，特权现象有时受到限制、批判和打击，有时又重新滋长。克服特权现象，要解决思想问题，也要解决制度问题。"①

在我国官僚主义、特权思想、等级观念、家长制、官本位，甚至皇权思想都有深刻的影响。新中国成立后我们忽视了对思想政治领域封建残余的清除，终于导致个人崇拜，发生了"文化大革命"十年浩劫。中国具有五千年封建专制历史，邓小平讲继续清除封建思想影响是我国思想文化战线的一项艰巨任务，这个思想仍然具有现实指导意义。同时，我们必须看到中国古代的民本思想，是中国近代接受民主思想的桥梁，应该把民本文化与民主文化融合起来，把依法治国与以德治国结合起来，把法治与人治结合起来，实现由臣民文化向公民文化转变。十七大把

① 《邓小平文选》（一九七五——一九八二年），人民出版社1983年版，第292页。

“民主法治、自由平等、公平正义”作为进行公民意识教育的主要内容，中共十八大社会主义核心价值观的确立，为我国实现政治文化的历史转型指明了方向。

（五）利益关系、政治关系和国际关系

政治文明系统必须协调好利益关系、政治关系和国际关系，这是全球化背景下政治发展必须解决的重大关系，是保持政局稳定和社会繁荣的重要条件。

现代民主理念有了新的拓展，民主不仅指人民主权与自治，是维护自由、平等、人权的制度安排，而且是一种利益表达和调节机制。调节利益关系，不仅是企业家的事情，更是政治家的头等大事。

孔子曰：“不患贫，而患不均；不患寡，而患不安。”（《论语·季氏》）亚里士多德说：“所以，公正不是德性的一部分，而是整个德性；相反，不公正也不是邪恶的一部分，而是整个邪恶。”[①] 罗尔斯强调“作为公平的正义”。政治是价值的权威性分配，通过完善利益表达和调节机制，弥补市场经济的缺陷。正如李景鹏所主张的，目前最重要的是政府有责任把弱势群体组织起来，让他们有力量与强势群体进行博弈，政府回归调解人角色，才能实现社会和谐。[②]

西方发达资本主义国家的政治发展经历了三个阶段：一是国家建设阶段，即通过君主集权从封建主义、诸侯割据到建立现代民族国家的过程；二是民主化，即通过资产阶级革命渐进性改革确立公民权利，扩大政治参与，建立民主的政治体制，如代议制、普选制、政党制、现代官僚制和司法独立制度；三是福利化，即随着资本主义发展的深入，国家的职能和政府的干预扩大，国家承担了大量的社会职能，建立了现代意义上的福利国家。[③] 而福利国家的建设正是国家对社会财富的再分配，是对利益关系的再调整，中国目前出现了比较严重的两极分化、阶层固化、既得利益集团，必须通过深化改革加以解决。中国改革进入深水区，阻力可想而知，必须“敢于啃硬骨头、敢于涉险滩”。

马克思恩格斯指出：“以一定方式进行生产的个人，发生一定的社会

---

① ［古希腊］亚里士多德：《尼各马可伦理学》，廖申白译，商务印书馆 2004 年版，第 131 页。

② 李景鹏：《政府职能与人民利益表达》，《中共中央党校学报》2006 年第 3 期。

③ 孙关宏、胡雨春主编：《政治学》，复旦大学出版社 2002 年版，第 254 页。

关系和政治关系。"[①] 政治主体在政治活动中为实现各自政治利益形成的相互关系就是政治关系。政治关系包括政党关系、党政关系、中央与地方的关系、国家与公民的关系、民族关系、党群关系、干群关系、阶级（阶层）关系以及国际关系等。随着现代化进程的推动，中国社会结构和利益关系的调整，政治关系多元化，怎样认识和处理这些政治关系值得很好地研究。

十一届三中全会之后，按照邓小平党政职能分开的原则，健全国家机构，使党的机关与立法机关、行政机关、司法机关各司其职，这是党政关系的重大调整。恢复和完善共产党领导的多党合作制度，民主协商制度经常化制度化，把民主党派机关纳入公务员系列，这是政党制度的改革和完善。

20 世纪 90 年代我国推行"分税制"改革，是中央与地方关系的重大调整；十八大以来"简政放权"，赋予设区的市以立法权，这是中央与地方关系的又一次重大调整。发展社会主义市场经济，发展民营经济，打破"单位"所有制，颁布《物权法》，是国家与公民关系的重大调整。"八项规定"，令行禁止；整肃吏治，加大反腐败力度，净化政治生态，使党群关系、干群关系得到明显改善。

国际关系在全球化时代显得尤为重要，这是一个和平发展的时代，各个国家相互依存、相互借鉴，同时矛盾也更加凸显。一方面，我们要扩大对外开放，加强与各国的合作与交流，积极参与全球化进程；另一方面，又要防止西方国家借人权问题干涉中国内政，而且内政与外交往往交织在一起。中国坚持独立自主的外交政策，同时积极参与国际事务，树立负责任的大国形象。

习近平执政以来，提出"一带一路"战略、亚洲投资银行，得到国际社会的积极响应和参与。抗战胜利日大阅兵，国际舆论评价"这是大国崛起的标志"，"正义必胜、和平必胜、人民必胜！这是历史昭示的真理。"中国裁军 30 万，表达了中国人民维护世界和平、走和平崛起之路的决心和信心。我国政府提出在联合国宪章的框架内，合作共赢，积极维护国际新秩序，打造人类命运共同体，得到爱好和平的世界人民的欢迎。但是，我们也要看到，世界并不太平，中国威胁论、文明冲突论、

---

① 《马克思恩格斯选集》（第 1 卷），人民出版社 1972 年版，第 29 页。

强权政治、霸权主义、冷战思维，仍然有一定的市场。美国在中国南海不断挑起事端，日本修改和平宪法，军国主义有所抬头，我们必须保持高度警惕。

（六）政治文明与物质文明、精神文明、社会文明、生态文明的关系

在我国现代化历史进程中，第四届人大周恩来总理做政府工作报告，提出“四个现代化”的发展蓝图：工业现代化、农业现代化、国防现代化和科学技术现代化。改革开放以后邓小平提出“物质文明与精神文明”两手抓，两手都要硬！江泽民提出“政治文明与物质文明、精神文明协调发展”；胡锦涛提出科学发展观、建设社会主义和谐社会；习近平提出“经济建设、政治建设、文化建设、社会建设、生态建设”五位一体发展战略。正确认识和处理政治文明与物质文明、精神文明、社会文明、生态文明的关系，是中国特色社会主义政治文明建设的重大课题，标志我党对人类社会发展规律、社会主义现代化规律、共产党执政规律认识的逐步深化。

英国历史学家汤因比认为，文明是社会内部各要素之间的和谐关系。“文明乃整体，它们的局部彼此相依为命，而且都发生牵制作用。……它们的社会生活的一切方面和一切彼此调和成为一个社会整体。在这个整体里，经济的、政治的、文化的因素都保持着一种美好的平衡关系，对这个正在成长中的社会的一种内在的和谐进行调节。”① 政治是一种文明的生存方式，只有政治与经济、文化等因素之间保持一定的张力与和谐，才可以认为是一种文明的政治。

列宁说：“政治是经济的集中表现。”② 管子讲：“仓廪实，则知礼节；衣食足，则知荣辱。”“礼义廉耻，国之四维；四维不张，国乃灭亡。”（《管子·牧民》）孔子曰：“为政以德，譬如北辰，居其所而众星共之。”“道之以政，齐之以刑，民免而无耻；道之以德，齐之以礼，有耻且格。”（《论语·为政》）“君子之德风，小人之德草，草上之风，必偃。”“政者，正也，子帅以正，孰敢不正？”（《论语·颜渊》）“其身正，不令而行，其身不正，虽令不从”！（《论语·子路》）

---

① ［英］阿诺德·汤因比：《历史研究》（下册），曹未风等译，上海人民出版社1986年版，第463页。

② 《列宁选集》（第4卷），人民出版社1972年版，第441页。

习近平指出："实现我们的发展目标，不仅要在物质上强大起来，而且要在精神上强大起来。""一个国家、一个民族的强盛，总是以文化强盛为支撑的，中华民族伟大复兴需要以中华文化发展繁荣为条件。对历史文化特别是先人传承下来的道德规范，要坚持古为今用、推陈出新，有鉴别地加以对待，有扬弃地予以继承。"[①] 要弘扬祖国优秀传统文化，弘扬社会主义核心价值观，弘扬社会正气，打击歪风邪气。培育良好政治生态，精神文明建设关键在领导干部要起带头作用，为政清廉、为人师表，要用党风、政风带动民风、社风。

中国处于剧烈的社会转型期，由计划经济向市场经济变革，引起社会结构阶层的深刻变化，中国社会科学院重大研究项目——"当代中国社会阶层研究"课题，经过数十位社会学学者历时 3 年调查研究，已取得重大研究成果。专家们通过大量翔实的调查数据，对当代中国社会阶层进行了分析，划分出了"十大阶层"：国家与社会管理阶层、经理阶层、产业工人阶层、私营企业主阶层、专业技术人员阶层、办事人员阶层、个体工商户阶层、商业服务人员阶层、农业劳动者阶层和城市无业、失业和半失业阶层。

新中国成立以后，我国逐步形成了工人阶级、农民阶级和知识分子阶层组成的社会结构。改革开放 30 多年来，中国社会发生了深刻变化，其中阶层的变化是中国社会转型和经济转轨的最核心内容。这一变化包括：农业劳动者不断向其他社会阶层流动，农业劳动者阶层正在逐步缩小；商业服务业员工的数量有所上升，产业工人随着农村工业化有明显上升；社会中间阶层的扩张迅速，使得中国社会阶层结构由原先的金字塔形逐渐向橄榄形转变；掌握和运作经济资源的阶层正在兴起和壮大。

总的来看，目前中国社会阶层结构已经不再是简单的工人阶级、农民阶级和知识分子阶层，原来的阶层正在发生分化，新的阶层正在形成和壮大，更重要的是出现了一个不断扩大的社会中间层和企业家阶层。与发达国家相比，现代化社会阶层结构的基本构成部分在中国已经具备。凡是现代化国家所具备的社会阶层，都已经在中国出现。今后，中国社会阶层结构在构成成分上不会有大的变化，可能变化的主要是各个阶层

---

① 《四个全面学习读本》，人民出版社 2015 年版，第 79—81 页。

的规模，其中专业技术人员阶层、商业服务人员阶层、经理阶层和私营企业主阶层会大大扩张。[①] 而有的人把干部、工人、农民称为老阶层；企业家、城市白领、农民工称为新阶层。

社会阶层的变化将带来政治生态和政治关系的深刻变革，尤其是新生社会阶层的崛起以及政治参与的扩大，对中国未来政治文明和政治发展将产生深刻影响。而中国的社会文明建设也面临艰巨的任务，怎样打破阶层固化，促使社会阶层的合理流动；怎样消除两极分化，实现共同富裕；怎样进一步完善社会保障制度，在就业、教育、医疗、住房、养老等民生领域取得显著进步。落实国家尊重和保障人权的宪法原则，正确处理维稳与维权的关系，捍卫社会公平正义，让人民群众特别是弱势群体也能分享改革开放的成果，感受到社会主义制度的优越性，必须创新社会管理体制，加快国家治理体系和治理能力现代化，形成政府、社会组织、公民共同治理的新格局，共建社会主义和谐社会。

生态文明建设在我国是一项刻不容缓的艰巨任务，用生态文明超越工业文明是历史大趋势，这将引起人类文明结构的大变革、大调整。人类必须反思近代以来的发展思路，人类中心主义、功利主义甚嚣尘上。文艺复兴以来人类走出禁欲主义的黑夜，却陷入了纵欲主义的泥潭。这是造成生态环境恶化的根本原因。征服大自然、主宰大自然表明人类狂妄与无知，敬畏自然、回归自然才是人类的唯一出路。

党的十八大提出中国特色社会主义事业五位一体总体布局，把生态文明建设放在更加突出的位置，强调要实现科学发展，要加快转变经济发展方式。“生态环境保护是功在当代、利在千秋的事业。要清醒认识保护生态环境、治理环境污染的紧迫性和艰巨性，清醒认识加强生态文明建设的重要性和必要性。”“建设生态文明，关系人民福祉，关乎民族未来。”“树立尊重自然、顺应自然、保护自然的生态文明理念、坚持节约资源和保护环境的基本国策。”“正确处理好经济发展同生态环境保护的关系，牢固树立保护生态环境就是保护生产力、改善生态环境就是发展生产力的理念，更加自觉地推动绿色发展、循环发展、低碳发展，决不

① 《社科院对当代社会划分十大阶层》，《南方网》2001年12月13日。

以牺牲环境为代价去换取一时的经济增长。”①

政治文明建设是统领，物质文明建设是基础，精神文明建设是动力，社会文明建设是抓手，生态文明建设是方向。经过几代人的浴血奋斗和不懈努力，古老的中华民族已经崛起在世界的东方。中国的希望在于政治改革，根本上说就是走中国特色社会主义政治发展之路，实现党的领导、人民当家做主与依法治国的统一，推进社会主义民主的与法制，用党内民主带动人民民主发展，积极推进国家治理体系和治理能力现代化，使社会主义政治文明充满生机与活力。

（七）人民民主与协商民主的融合塑造中国新型政治文明

习近平指出：“在95年波澜壮阔的历史进程中，中国共产党紧紧依靠人民，跨过一道又一道沟坎，取得一个又一个胜利，为中华民族做出了伟大历史贡献。这个伟大历史贡献，就是我们党团结带领中国人民进行28年浴血奋战，打败日本帝国主义，推翻国民党反动统治，完成新民主主义革命，建立了中华人民共和国。这一伟大历史贡献的意义在于，彻底结束了旧中国半殖民地半封建社会的历史，彻底结束了旧中国一盘散沙的局面，彻底废除了列强强加给中国的不平等条约和帝国主义在中国的一切特权，实现了中国从几千年封建专制政治向人民民主的伟大飞跃。”②

人民民主是中国社会主义政治制度的本质特征，协商民主是中国社会主义民主的独有形式和独特优势，人民民主与协商民主的融合，既体现了人民当家做主，又体现了中国共产党领导的多党合作制，发展统一战线，参政议政、集思广益，有利于调动社会各方面的积极性。

坚持中国特色社会主义政治发展道路，关键是要坚持党的领导、人民当家做主、依法治国有机统一，以保证人民当家做主为根本，以增强党和国家活力、调动人民积极性为目标，扩大社会主义民主，发展社会主义政治文明。发展人民民主，尊重人民主体地位，保证和支持人民当家做主，是彰显人民幸福与尊严的制度保障。

习近平指出：“保证和支持人民当家做主不是一句口号、不是一句空话、必须落实到国家政治生活和社会生活之中。”实行人民民主，保证人民当家做主，必须坚持国家一切权力属于人民的宪法理念。要广泛地动

① 《四个全面学习读本》，人民出版社2015年版，第95—96页。

② 习近平：《在庆祝中国共产党成立95周年大会上的讲话》，《新华网》2016年7月1日。

员和组织人民依照宪法和法律规定，通过各级代表大会行使国家权力，通过各种途径和形式管理国家和社会事务、管理经济和文化事业，共同建设、共同享有、共同发展，成为国家、社会和自己命运的主人。

扩大人民民主，健全民主制度，丰富民主形式，拓宽民主渠道，从各层次各领域扩大公民有序政治参与，发展更加广泛、更加充分、更加健全的人民民主。要贯彻党的群众路线，密切同人民群众的联系，倾听人民呼声，回应人民期待，不断解决好人民群众最关心、最直接、最现实的利益问题，凝聚起最广大人民的智慧与力量。

实行人民民主，保证人民当家做主，要求治国理政大政方针在人民内部各方面进行广泛协商。协商民主是中国社会主义民主政治的独有形式和独特优势，是中国共产党的群众路线在政治领域的重要体现，既坚持了中国共产党的领导，又发挥了各方面的积极作用；既坚持了人民主体地位，又贯彻了民主集中制的领导制度和组织原则；既坚持了人民民主的原则，又贯彻了安定和谐的要求。中国社会主义协商民主丰富了民主的形式，拓展了民主的渠道，加深了民主的内涵。

实行人民民主，保证人民当家做主，实行形式是丰富多彩的，不能拘泥于刻板的形式，更不能说只有一个放之四海而皆准的评判标准。保证和支持人民当家做主，通过依法选举，让人民代表来参与国家和社会生活的管理是十分重要的，通过选举以外的制度和方式让人民参与国家生活和社会生活的管理也是十分重要的。人民只有投票的权利而没有广泛参与的权利，人民只有在投票时被唤醒、投票后进入休眠期，这样的民主是形式主义的。人民通过选举、投票行使权利和人民内部各方面在重大决策之前和决策实施之中进行充分协商，尽可能就共同性问题取得一致意见，是中国社会主义民主的两种重要形式。这两者形式相互补充、相得益彰，共同构成中国社会主义民主政治的制度特点和优势。

实行人民民主，保证人民当家做主，必须具体地、现实地体现在中国共产党执政和国家治理上来，具体地、现实地体现到党和国家机关各个方面、各个层级的工作上来，具体地、现实地体现到人民对自身发展利益的实现和发展上来。民主不是装饰品，不是用来摆设的，而是要用来解决人民需要解决的问题的。党的一切执政活动、国家的一切治理活动，都要尊重人民主体地位，尊重人民首创精神，拜人民为师，把政治智慧的增长、治国理政本领的增强深深扎根于人民的创造性实践之中，

使各方面的真知灼见能够运用于治国理政。[①]

经过几代人的努力，中国共产党从中国国情出发，遵循人类社会发展规律，探索中国特色社会主义政治发展道路：党的领导、人民当家做主和依法治国相统一，法治与德治相结合，改革、发展与稳定相协调，人民民主与协商民主相融合为特征的中国新型政治文明正在兴起，给中国社会带来了稳定与繁荣，这是中国人民的伟大创造，显示了社会主义制度的巨大优越性和勃勃生机。

① 《习近平总书记系列重要讲话》，中央文献出版社2014年版，第170—172页。

第 三 编

中国传统政治文明的历史光芒

一　“以德配天”与“以人为本”

西周初期在中国思想史上是一个富于建树的时代。周人“以德配天”观念的提出，首先来源于对殷商“有命在天”的天命观的怀疑和改造，旨在为周代商政权的合法性寻找根据，然而却开启了神权政治观向道德政治观的转变。到春秋战国时期，随着社会阶级矛盾和政治斗争的尖锐化，奴隶制度瓦解，人的主体地位上升，“以人为本”的政治伦理观念和民本思想得以确立，从而使中国政治文化和政治伦理具有人本主义色彩。

（一）

西周时期的天命观明显地赋予神（周人的“天”）以“敬德保民”的道德属性。“天”之好恶与人之好恶一致，“天命”与“人事”息息相通，“皇天无亲，惟德是辅”。道德规范是有人格意志的“天”为“保民”而赐予人间的。人服从天是一种道德行为，天就会赏赐人；否则，天就会降罚于人，这就说明“天人合一”的思想在西周天命观中已经萌芽。周公提出的“以德配天”思想更是这种思想的明确表达①。

周人“以德配天”观念的提出首先来源于对殷商“有命在天”的天命观的怀疑和改造。殷王认为自己“有命在天”，而天命是上帝决定的，是永远不能改变的，所以竭力侍奉上帝与祖先神祇。《墨子》说：

> 于《太誓》曰：“纣……乃曰：吾民有命，无廖排漏。天亦纵弃之而弗保。”此言武王所以非纣执有命也。（《非命上》）
>
> 《太誓》之言然，曰：“纣……曰，我民有命，毋僇其务。”……

① 张世英：《中国古代的“天人合一”思想》，《求是》2007年第7期。

此言纣之执有命也，武王以《太誓》非之，有于《三代不［百］国》有之曰："女毋崇天之有命也，命三代不［百］国。"亦言命之无也。于召公之《执令》亦然："且敬哉，无天命！惟予二人，而无造言，不自降天之哉得之。"（《非命中》）

《太誓》之言也，于《去［太子］发》曰："恶乎君子，天有显得，其行甚章，为鉴不远。在彼殷王，谓人有命，谓敬不可行……"昔纣执有命而行，武王为《太誓·去［太子］发》以非之，曰："子胡不尚考之乎商周虞夏之记，从十简之篇以尚（上），皆无之。……"（《非命下》）

依《墨子·非命》上中下三篇所引古本《太誓》的内容来看，周武王在《太誓》之文中对殷王纣所谓的天命观作了激烈的批判、非难，认为天命不变的观念是不可靠的。并且说"从十简之篇以尚"的"商周虞夏之记"都是没有记载的。"商周虞夏之记"可能是虞夏商代以及先周时代古史书之类。周武王在讨伐殷商之前的誓师大会上发表否定天命的誓词，其用意是十分清楚的，就是彻底扫除人们对殷王"有命在天"的迷信，彻底否定殷人的天命不变的观念。古本《太誓》的这些内容也正与《尚书·西伯戡黎》遥相呼应，《尚书·西伯戡黎》载："（纣）王曰：'呜呼，我生不有命在天！'祖伊反曰：'呜呼，乃罪多参在上，乃能责命于天！"殷王纣相信"有命在天"，于是周武王在墨子所见的《太誓》中对天命思想进行了彻底的否定，把殷人认为天命素定的观念矫正过来了，这种否定与批判是当时形势的需要，是完全必要的。实际上，这也是一场思想大解放，一场意识形态领域的大革命，没有这种思想解放和思想革命，无论是殷人，还是周武王所联合的方国诸侯，甚至周人自己，都不可能从当时殷王所控制的极其浓厚的神权崇拜中彻底解放出来，又怎么去推翻纣王的统治呢？

实际上，周人提出"天命靡常"思想的酝酿大概在周文王时代。这种思想首先是从哲学层次上加以深入的思考，并且以"变易"观反映在《周易》之中。《系辞上》说："富有之谓大业，日新之谓盛德，生生之谓易。"《系辞下》说："《易》穷则变，变则通，通则久。"既然天地开辟以来，天地日月在变，五行四时在变，阴阳寒暑在变，万物群类都在变化；那么君臣关系也会"变节相移"，发生一定的变化。在这个"新新

不停，生生相续”的世界里，君臣之间“能消者息，必专者败”，于是便为周人革殷王之命的夺权斗争建立了一种有力的哲学思想武器。这种思想很清楚地表现在《周易·革卦》九四爻辞“晦亡，有孚；改命，吉”当中，《革卦》九四象辞说“改命之吉，信志也”。顾炎武在《日知录》卷一《改命吉》条十分明确地指出了其中的内涵意义：《革》之九四犹《乾》之九四，诸侯而进乎天子，汤武革命之爻也，故曰“改命，吉”。成汤放桀于南巢，惟有惭德，是有悔也。天下信之，其悔亡矣！四海之内皆曰：非富天下也，为匹夫匹妇复仇也。故曰：“信志也。”这里的“改命”就是“汤武革命之爻”，是指由“诸侯而进乎天子”，所以说“改命，吉”。其实不止《革卦》九四爻辞是宣传革命主张，整个《革卦》都是宣传改命思想、革命主张。《周易·革卦·象辞》说：“革，水火相息，二女同居，其志不相得，曰革。巳日乃孚，革而信之，文明以说，大亨以正，革而当，共悔乃亡。天地革而四时成，汤武革命，顺乎天而应乎人，革之大矣哉！”因此说《周易》的主题思想就是“改命”或“革命”思想，是为发动向殷人的革命制造理论根据①。

周初的统治者们，又告诫周朝的贵族们，使他们认识到，要保持他们的地位，必须“有德”，专靠天命是不行的。《尚书·大诰》说：“天难谌”，又说“天不可信”（《尚书·君奭》），“天不可信”不是说天的存在不可信，而是说不可专信赖天的保佑。天保佑不保佑，要看统治者有德无德。“皇天无亲，惟德是辅”（《左传·僖公五年》），“天命”是时常变的，他随时可以“改厥元子”（《尚书·召诰》），“惟天时求民主”（《尚书·多方》），这就是所谓的“天命不于常”（《尚书·康诰》）。有天命还要统治者自己的德去配合，所谓“聿修厥德，永言配命，自求多福”（《诗经·大雅·文王》）。“自求多福”并不是否认“福自天申”，而是说，统治者只有在自己有德的条件下，才能与天命相配合。周人以德配天的观念可以说是对殷人天命不变观念的改造和修正，强调了人为的力量，在当时具有一定的进步性。

周公旦等从商朝统治者的灭亡中得到教训，认为维持统治并不是容易的事，弄得不好就会被推翻。所以他们说：“惟王受命，无疆惟休，亦无疆惟恤，呜呼，曷其奈何弗敬！”（《尚书·召诰》）意思是说，“今王

---

① 王晖：《商周文化比较研究》，人民出版社2002年版，第152—153页。

受命，固有无穷之美，然亦有无穷之忧。”（蔡沈注）所以谨慎注意（“敬”）。注意于“德”，即同一篇中所谓“敬德”。他们所谓的“德”当然是统治者的“德”。“德”的具体内容，就是敬天保民，就是说，统治阶级要维护他们的统治，一方面要“敬天”，借天的权威来维护统治阶级内部的团结和约束他们不要干危害统治阶级利益的事。另一方面还要“保民”，所谓“保民”并不是真正地要保护老百姓，而是要保护统治阶级的统治不被推翻而讲究统治和剥削老百姓的方法。这就需要“明德慎罚”（《尚书·康诰》），“知稼穑之艰难”“知小民之依”（《尚书·无逸》）。“依”就是“隐”，也就是“痛”。要尽心为国家办事，不要贪图享乐、安逸，要尽心使老百姓安定。“人无于水监，当于民监”（《尚书·酒诰》），他们认为只要老百姓不反抗，天命就可以长保。这就是所谓“以小民受天永命”①。

《易传》提出“大人与天地合德”的理想，是周人“以德配天”思想的进一步发挥。《文言传》云：

> 夫大人者，与天地合其德，与日月合其明，与四时合其序，与鬼神合其吉凶，先天而天弗违，后天而奉天时。天且弗违，而说于人乎？况于鬼神乎？

“与天地合其德，与日月合其明，与四时合其序”，即与自然界的条理秩序相契合。这里“德”字指本性而言。“先天”意为在自然变化尚未发生之前加以引导。“后天”意为在自然变化发生之后注意适应。“天”“人”不相违，就是人与自然互相协调。

《中庸》提出“尽性参天”之说。《中庸》以诚为天之道，又以诚为圣人的精神境界，圣人的行为完全合乎原则，亦称为诚。这也是一种“天人合一”的观点。《中庸》认为圣人达到诚的境界，就能“尽性”，能“尽性”就可以赞天地之化育。《中庸》云：

> 自诚明，谓之性；自明诚，谓之教。诚则明矣，明则诚矣。唯天下至诚，为能尽其性；能尽其性，则能尽人之性；能尽人之性，

① 冯友兰：《中国哲学史新编》（第1册），人民出版社1982年版，第67—68页。

则能尽物之性；能尽物之性，则可赞天地之化育；可以赞天地之化育，则可以与天地参矣。

所谓“自诚明”，即先达到诚的境界，然后才有对于诚的理解。所谓“自诚明”，即是先对诚有所理解，然后达到诚的境界。既诚且明，就能尽量理解自己的本性，尽量理解人的本性，尽量理解物的本性，就可以赞助天地产生万物的过程，就可以与天地并而为三了。这就是《中庸》所提出的最高理想。《中庸》提出“与天地参”，充分肯定人的能动作用，认为“能尽物之性”然后才能“赞天地之化育”，这是比较深刻的观点。①

西周时期提出“以德配天”“敬天保民”的政治伦理观念，破除了殷人天命不变的传统观念，强调人的力量。《易传》提出“大人与天地合其德”、《中庸》提出“尽性参天”，这里的天已经成了自然之天，而不是意志之天，可见到了春秋战国神权政治观已经基本动摇。

（二）

“以人为本”思想的提出和弘扬，一方面是由于生产力的进步，人的主体性增强，表明神权政治观已经基本动摇；另一方面，表明随着奴隶制度的瓦解，民众在政治生活中的地位日益重要，也有打破奴隶制贵族垄断政治权利的意蕴。尤其是民本思想的提出，把道德政治观上升为一种治国方略，是以人为本思想的集中体现。

郑国的子产提出“天道远，人道迩”的著名命题。一次郑国发生水灾，郑人要求祭龙，子产不答应，他说：“吾无求于龙，龙亦无求于我”（《左传·召公十九年》）。又一次，巫者裨灶预言郑国将遭火灾，要挟郑人祀禳，子产斥责说：“天道远，人道迩，非所及也，何以知之?”（《左传·召公十八年》），可见子产是以人道来对抗天道。而管子明确提出“以人为本”的政治观，《尚书·五子之歌》提出了“民惟邦本，本固邦民”的民本思想。

孔子有明显的人本主义思想。他的学生子路向他问“鬼神”，他说：“未能事人，焉能事鬼。”子路又问死，他说：“未知生，焉知死?”（《论语·先进》）就是说，人，你还伺候不了，怎么能伺候鬼？生，你还不知道，怎么能知道死？他说：“敬鬼神而远之，可谓知矣。”（《论语·雍也》），他敬鬼神，但是又要“远之”，这算是“智”，那么不远之就是不

① 张岱年：《中国伦理思想研究》，上海人民出版社1989年版，第192—193页。

智了。孔子的学生曾参说："慎终追远，民德归厚"（《论语·学而》），不论是丧礼还是祭礼都是为了使人民知道儒家所说的孝悌之道，并发展之至于仁。"樊迟问仁，子曰：爱人"（《论语·颜渊》）；"子贡曰：'如有博施于民而能济众，何如？可谓仁乎？'子曰：'何事于仁！必也圣乎！'尧舜其犹病诸！夫仁者己欲立而立人，己欲达而达人，能近取譬，可为仁之方矣"（《论语·雍也》）。"博施""济众"，岂止于仁道，那简直是圣德了！尧舜也许还难以做到呢！孔子讲爱人、立人、达人就是一种人道主义精神，是以人为本的集中体现。

孔子已经产生了民本思想。孔子曰："道千乘之国，敬事而信，节用而爱人，使民以时。"（《论语·学而》）主张君主治理国家，要以爱民、富民、宽民、济民为重，把民众摆在重要的地位上，认真严肃地勤于政事，取信于民，仁爱百姓。孔子提出的"有教无类""学而优则仕"也有打破奴隶主贵族垄断政治权利的进步意义。

孟子宣传"亲亲而仁民，仁民而爱物"（《孟子·尽心上》），进一步发挥了孔子的人本思想。孟子认为"仁"的起点也是孝，"仁之实，事亲是也"（《孟子·离娄上》），在此基础上推及人，"以其所爱及其所不爱"，"老吾老，以及人之老；幼吾幼，以及人之幼"（《孟子·梁惠王上》）。最终结果是"仁者无不爱""君子之与物也，爱之而弗仁，于民也，仁之而弗亲。亲亲而仁民，仁民而爱物"（《孟子·尽心上》）。仁虽然始于亲，却不终于亲，这是仁能够成为人类最普遍的道德原则的关键。由"亲亲"推展到"仁民"，再由"仁民"扩展到"爱物"，清楚地表达了仁的层次渐进性的思想①。

王道政治的宗旨是王者"与民同乐同忧"。其具体政治是施仁政，即"制民之产，取于民有制"，而且要教民。孟子进一步把仁政和王道思想发展为民本思想，提出"民为贵，社稷次之，君为轻"（《孟子·尽心下》）；"桀纣之失天下也，失其民也""失其民者，失其心也。得天下有道，得其民，斯得天下矣；得其民有道，得其心，斯得其民"（《孟子·离娄上》）；"君子视臣如手足，则臣视君如腹心；君子视臣如犬马，则臣视君如国人；君子视臣如土芥，则臣视君如寇仇"（《孟子·离娄上》）；"贼仁者，谓之贼，贼义者谓之残。残贼者谓之'一夫'。闻诛一夫纣矣、

① 白奚：《孟子对孔子仁学的推进及其思想史意义》，《哲学研究》2005年第3期。

未闻弑君也”（《孟子·梁惠王上》）。孟子认为，民、社稷、君三者的关系，民最为重要，没有民心的安定，就没有社稷的稳定，也就没有君主的权位，从而提出了民贵君轻的思想。孟子认为暴君丢天下，在于背弃了仁义，从而失去了民心；他甚至认为人民推翻像纣这样的暴君，也是正义的行为；在君臣关系上，也打破了愚忠观念，表现了一种追求人格平等的意识，这些是孟子民本思想的革命性和民主性成分，也是表明孟子的人本主义思想在同时代思想家中更为激进。

《孝经》说：“天地之性，人为贵。”荀子说：“水火有气而无生，草木有生而无知，禽兽有知而无义。人有气有生有知且有义，故最为天下贵。”（《荀子·王制》）荀子从人与万物相比较的角度肯定人在世界中的价值。荀子还从君主对人民依赖关系的角度，发挥了民本思想。他说：“庶人安政，然后君子安位。传曰：‘君者，舟也；庶人者，水也。水则载舟，水则覆舟。’……故君人者，欲安则莫若平政爱民矣。”（《荀子·王制》）“天之生民，非为君也。天之立君，以为民也。”（《荀子·大略》）荀子认为君民关系犹如舟与水的关系，“水则载舟，水则覆舟”，民心稳定，君主的地位才能稳定，作为君主，要想统治好国家安于君主之位，必须勤于政事，以爱民利民为务。

荀子的人本思想还表现在他的义利观上。他说：“义与利者，人之所两有也，虽尧舜不能去民之欲利，然而能使其欲利不克其好义也。虽桀纣不能去民之好义，然而能使其好义不胜其欲利也，故义胜利者为治世，利克义者为乱世。上重义，则义克利；上重利，则利克义。”（《荀子·大略》）他认为任何人都不能不考虑个人利益，然而应该使个人利益的考虑服从道德原则的指导，在这方面，统治阶级的行为对全社会有价值导向作用。《荀子·富国》篇认为统治阶级的“仁义”，就是给广大人民带来实际利益，要裕民富民，只有民富而且厉行节约的原则，国家才能富足起来。庇护民众就是遵守礼义道德，这样统治阶级才能富有天下，因此“节用裕民”是富国之道，也是重要的政治伦理规范。

老子“无为而治”的政治观具有强烈的现实感，来自对现实暴政的反抗和对社会邪恶的指控，也是以人为本的政治观，且听他的正义呼声：

> 民之饥，以其上食税之多，是以饥。
>
> 民之难治，以其上之有为，是以难治。

民之轻死，以其（上）求生之厚，是以轻死。

《老子》第七十五章中的这三句话，就已经把当时统治阶层的根本弊端揭发出来。在中国历史上，老子首次能由广泛的背景上透视了作为人类政治核心的权力问题，他十分敏锐地观察到人民的疾苦和社会的不安，是起因于在上位者的予取、予求及横加干涉。政治上的各种扰民是引起上下之间紧张关系的主因。无为的政治主张，最主要的目的就是要化解这个政治上的核心问题。下面这段话，可以很清楚地看出无为思想的现实背景以及无为的意义和效果。

以正治国，以奇用兵，以无事取天下。吾何以知其然哉？夫天下多忌讳，而民弥贫；民多利器，国家滋昏；人多伎巧，奇物滋起；法令滋彰，盗贼多有。故圣人云："我无为而民自化，我好静而民自正，我无事而民自富，我无欲而民自朴。"（《老子》第五十七章）

在上位者施行权谋（利器）、智巧、滥用权力，结果弄得天下不宁。要根本解决这个问题，必须先由统治者本身着手。一个理想的统治者（圣人）要先自己做到无为，无为就是要爱好清静，不搅扰百姓，彻底清除嗜欲；自化、自正、自富、自朴，就是无为的效果，也就是"无为而无不为"（《老子》第四十八章）的意思[①]。可见，老子政治思想具有明显的人本色彩，只是它披着自然主义的外衣，骨子里却浸透着对人类命运的深切关怀。

庄子从追求自由、反对专制的角度，提出了"无治为治"的政治观，是老子以人为本政治观的进一步发挥。庄子认为"游心于淡，合气于漠，顺物自然而无容私焉，而天下治矣"（《庄子·应帝王》）。治者应把自己的心神遨游在虚静恬淡之内，把形气弛合在寂静无为之中，让万物顺应自然，不怀半点私心，天下自然太平。这里的"顺物自然"可以理解为顺应人民自然性、自由性、自主性；"无容私焉"可以理解为统治阶级不以自己一人的私意、一家的私情、一姓的私利去强行统治人民。这是庄子"无治为治"的思想核心，是反对专制之治。庄子《应帝王》以混沌

① 韦政通：《中国思想史》（上），上海书店出版社 2003 年版，第 110 页。

之死的故事，透彻地阐述了“无治为治”主张的精神内涵。混沌七窍开而死的寓言告诉我们以纷繁的政举只能置民于死地，表现出对人类命运的关切，同时又揭示出自然与文明之间的内在矛盾，给现代人类以重要启迪。

墨子的政治思想具有鲜明的以人为本色彩。他从普通劳动者的立场出发，以“兴天下之利，除天下之害”（《墨子·兼爱下》）作为衡量一切思想和行为的价值标准。提出：“发以为刑政，观其中国家百姓人民之利”（《墨子·非命上》）。他所谓的“利”就是“国家之富，人民之众，刑政之治”（《墨子·尚贤上》）也就是国家的富足，人民的繁庶，政治的清明。

墨子针对当时攻伐侵凌的动荡局面，提出了“兼爱”“非攻”“尚贤”的政治主张。墨子认为社会动乱的根本原因是人们之间的不相爱，必须放弃“交相别”，即亲疏远近之分，彼此利益之别，而导致“交相恶”的思维定式，而代之以“兼相爱，交相利”（《墨子·兼爱中》），“视人之国若视其国，视人之身若视其身；是故诸侯相爱则不野战，家主相爱则不相篡，人与人相爱则不相贼，君臣相爱则惠忠，父子相爱则慈孝，兄弟相爱则和调，天下之人皆相爱，则强不执弱，众不劫寡，富不侮贫，贵不傲贱，诈不欺愚”（《墨子·兼爱中》）。怎样实现兼爱，墨子提出了尚贤思想，“尚贤使能为政”（《墨子·尚贤中》），“故官无常贵，而民无终贱，有能则举之，无能则下之”（《墨子·尚贤上》）。墨子的尚贤思想有打破贵族等级制度的积极意义，也是以人为本的体现。

《管子》明确提出“以人为本”的思想：“夫霸王之始也，以人为本，本理则国固，本乱则国危”（《管子·霸言》）；“齐国百姓，公（齐桓公）之本也”（《管子·霸行》）“士、农、工、商四民者，国之石民也”（《管子·小匡》）。所谓石民，也就是基础、根基之民。以人为本的人指的是士、农、工、商等普通百姓。认为民众是国家的基础，民众稳定，则政权稳固。“政之所兴，在顺民心；政之所废，在逆民心。……故刑罚不足以畏其意，杀戮不足以服其心。故刑罚繁而意不恐，则令不行矣；杀戮重而心不服，则上位危矣”（《管子·牧民》）。把政之兴废与民心顺逆联系起来，具有深切的意义[①]。

《韩诗外传》卷首有一段话说齐桓公问管仲：“‘王者何贵?’曰：

① 张岱年：《文化与价值》，新华出版社2004年版，第165页。

‘贵天’，桓公仰而视天。管仲曰：‘所谓天者，非苍莽之天也；王者以百姓为天。百姓与之则安，辅之则强，非之则危，倍（背）之则亡’。”明确提出了“王者以百姓为天”的民本思想。《管子·牧民》提出“仓廪实，则知礼义；衣食足，则知荣辱”的著名命题。是讲治国首先要解决人民的生计问题，使人民做到丰衣足食，这样人民自然会产生礼节荣辱等道德观念，有了礼义廉耻（四维）这些道德观念，君主的政令就能通行无阻。这是对孟子“有恒产才有恒心”的民本思想的进一步发挥。《管子》思想具有综合诸子思想的意义，“以人为本”观念的提出表明先秦政治观的深刻变化。

实际上，在春秋战国时期，由于铁器的使用新的生产方式开始出现，中国社会由奴隶制向封建制过渡。“公室衰微”，天子地位动摇又使人们对神权政治产生怀疑，人性从神性中解放出来，“以德配天”思想发展成为“以人为本”的理念并成为儒、墨、道、法等各家思考社会政治问题的理论前提，也成为中国传统政治伦理的重要原则，为民本思想奠定了基础。这使中国传统政治文化和政治伦理具有人本主义色彩，对今天进行社会主义政治文明建设具有重要的借鉴意义。

（三）

“以德配天”，这里的意志之天在现代人的信仰中已不复存在。现代政治是法理型政治，依法治国是基本的治国方略，是政治文明的重要标志。宪法和法律是政治行为的基本准则，市场经济和民主政治都离不开法律的规范作用，因此必须树立宪法和法律至上的信念，也可以说现代人的政治信念是“以法为天”。法治社会重在制度建设和权力制衡，在于对公权力的限制和对私权利的维护，在这方面我们仍然有很长的道路要走。但是同时我们也要以道德建设相配合，培养公民的良好道德习惯，尤其要培养良好的官德，惩治腐败，整肃吏治，重视政治伦理建设，也就是要把“依法治国”与“以德治国”结合起来；管子说：“礼义廉耻，国之四维。四维张，则君令行；四维不张，国乃灭亡。”（《管子·牧民》）如果官场腐败下去，就会失信于民，从而丧失执政的合法性。周公提出的“明德慎罚”“知稼穑之艰难”“知小民之依”，勤政爱民，“人无于水监，当于民监”，仍然有借鉴的必要。

“以人为本”在春秋战国时期提出，是西周“以德配天”思想的发展，同时也标志着神权政治观的基本动摇。作为政治伦理规范，在现代

中国提出“以人为本”观念，旨在打破官本位和特权思想，冲破人对人的依附关系和人对物的依附关系，把社会进步与人的全面发展结合起来。彰显人的尊严，人的价值和人的自由，在于人道主义精神的弘扬和人在政治生活中主体地位的提升。中国经历了两千多年的封建历史，缺乏民主和法制的传统。随着市场经济的发展，公民的民主参与意识、独立自主精神、权利本位观念有了较大的提升，确立以人为本的和谐政治理念具有鲜明的时代价值。先秦诸子的“人本思想”，如，孔子的“己所不欲，勿施于人”“己欲立而立人，己欲达而达人”；孟子强调的独立人格；庄子的张扬个性；墨子的“兼爱”“非攻”“尚贤”；《孝经》中的“天地之性，人为贵”，都能给我们确立“以人为本”信念以重要启迪。

民本思想是道德政治观的发展，也是以人为本观念的集中体现，是中国古代政治文化中最具有民主性精华的优良传统。它讲民众是政权的基础，只有民心稳定，政权才能稳固，因此治国以安民、富民、宽民为要务。当然民本思想不等同于民主思想，前者是在君主专制制度框架内产生的治国思想，虽然对暴政有抑制作用，但本质上仍然是典型的臣民文化①；后者是在人权平等基础上，按照人民主权原则形成的制度安排和理论。中国的政治发展必须走政治民主化和法制化的道路，这是谁都难以阻挡的历史潮流。但是中国的民主化必须与本土化相结合，包括借鉴西方政治文明的有益成果，也包括挖掘和利用中国传统政治文化的优良传统，其中民本文化就是应该认真清理和继承的一笔宝贵财富。

① 王世荣：《周秦政治文化与政治伦理》，三秦出版社 2005 年版，第 236 页。

二　秦人政治文化的特色

秦文化在东周时期属于亚文化，秦统一中国后秦文化上升为主流文化。从政治文化的角度看，周人推崇“明德慎罚”“敬天保民”的政治思想，其政治文化具有天人合一、德治主义色彩。秦人推崇以法治国、奖励耕战的政治主张，其政治文化是一种法治文化和功利文化，其特色是积极进取的精神状态，务实功利的价值取向，崇尚法制的政治意识，变革制度的理性自觉。秦朝建立后，将自己的政治文化上升为政治制度，对中国封建社会历史以及中华民族的形成和发展都产生了深远的影响。

（一）积极进取的精神状态

秦人的发展史就是一部积极进取的壮丽史诗。相传秦民族最早兴起于中国东海之滨，因战乱被周人驱赶至今陇西天水一带。西周晚期国力衰微，为了抵御西北戎狄侵略，重用秦人遂得以发展之机。公元前770年秦襄公护送周平王东迁洛邑有功，受封诸侯，名义上成为与齐、晋平等的大国。公元前659年，秦穆公上台，多方收揽人才，重用百里奚，经数年秦晋战争并扩大战果，消灭了十二戎国，开地千里，独霸西戎。公元前359年，秦国用商鞅变法加强秦的国力，成为各国畏惧的富强国家，为秦的帝业开辟了道路。公元前246年秦王嬴政立，公元前230年首先灭韩，此后九年之间，先后灭了赵、魏、楚、燕、齐。公元前221年统一中国，建立了中央集权制的大秦王朝。它使黄河中下游、长江中下游和珠江流域，基本上都属于一个政权之下，形成了自商朝以来最大规模的统一局面，对中华民族的发展和繁荣做出了不可磨灭的贡献。秦自商鞅变法起，立志改革，励精图治，广招人才，征战伐谋，用了138年时间，终于扫平各诸侯，成就帝业。

司马迁浓墨重彩地评论道：“秦孝公据殽函之固，拥雍州之地，君臣

固守而窥周室。有席卷天下，包举宇内，囊括四海之志，并吞八荒之心。”“秦王积六世之余烈，振长策而御宇内。吞二周而亡诸侯，履至尊而制六合，执捶拊以鞭笞天下。威震四海，南取北越之地……北筑长城而守藩篱，却匈奴七百余里，胡人不敢南下而牧马，士不敢弯弓而报怨。”（《史记·秦始皇本纪》）这是对秦人进取精神精辟而生动的描写。

秦起初是游牧民族，在经济、文化及典章制度方面与楚文化、鲁文化等地域文化相比并不占优势，为什么能取得如此辉煌的成就，这一直是历史学家探讨的一个热点问题。实际上在中国历史上还有蒙古人入主中原建立元朝，满族人战胜汉人建立清朝；世界史上有德意志人战胜罗马人等落后民族战胜先进民族取得统治地位的事实。美国是一个只有二百余年历史的年轻国家，现在却成为全球最发达的超级大国，而历史悠久、文化发达的古老民族和国家却仍然处在发展中国家的行列，或者成为美国的随从，这种现象作何解释？

实际上历史和文化愈悠久的民族，虽然蕴藏着发展的巨大潜力和资源，但是历史和文化高度发达也会产生巨大的优越感，思想框框也就比别人多，反而放不开手脚。历史拖住了现实的后腿，死人缠住了活人的灵魂。落后民族、新兴民族历史短，文化落后，没有多少思想框框，又不大受历史因素的制约，往往能够轻装上阵，反而进取精神更强一些。自知落后，就善于向别人学习、反而后来者居上。人类历史就是多民族竞相发展，不断有落后民族赶超或者战胜先进民族，才使人类历史书写出波澜壮阔的动人乐章。这是文化发展与历史进步的二律背反，也是重要的历史规律。

秦人生产方式落后，但他们较早进行了封建制度改革，打破贵族等级界限，采取奖励耕战等措施促进生产力发展，增强了军事力量。在用人方面，秦穆公起用百里奚，秦孝公起用商鞅，秦始皇重用李斯。百里奚出身奴隶，商鞅是没落贵族，李斯出身也不高贵，在秦国却得以展示才华，秦国也得益于这些贤能之士而变得日益强大。虽然后来商鞅被车裂，李斯也有被驱逐的危险，表明在用人问题上，也存在阶级斗争和政治斗争，但与楚国的屈原相比，在秦国知识分子的命运要好得多。用人上的大度，表明秦人的进取精神和秦文化的包容性、进步性。能不能接纳新的思想和新的人才是检验一个民族政治文化是否先进、有没有发展前途的重要标准。

（二）务实功利的价值取向

春秋战国时期既是中国社会由奴隶制向封建制度变革的历史时期，也是中国文化群星灿烂百家争鸣的重要时期。从政治文化角度看，出现了重视德治和王道的儒家，讲兼爱、非攻、尚贤的墨家，主张变革、以法治国的法家，主张无为而治的道家，擅长外交伐谋的纵横家，以及博采众家之长的杂家。可以说这些政治哲学就政治智慧而言，都是中华民族政治文化宝库的珍品，对民族进步发展产生了深远的影响。但是对于当时社会发展而言，并不是每一家思想都是救世良方。实际上他们产生于不同的地域文化或社会阶层，因而具有不同的价值取向。儒家学说产生于周文化底蕴深厚的鲁国，有浓厚的伦理色彩。道家产生于楚国具有明显的保守色彩。墨子出生一说是宋，一说是鲁，他反映的是小生产者的理想，兼爱主张有空想性，非攻主张有保守性。这些主张都不符合秦国统治者开拓疆土、统一国家的政治需要。秦人最后选择法家思想作为基本的治国方略，吸收了墨家尚贤尚同思想，直接重用了张仪等纵横家，而杂家的代表人物吕不韦本身就是秦国的丞相。从秦国对政治思想的选择性可以看出，秦人政治文化具有明显的务实和功利色彩。

战国初期儒墨是显学，道家思想次之，后来法家学说崛起，以德治国与依法治国成了争论的焦点。商鞅变法之初，就有过一场大辩论，争论的关键是旧的礼治德治还要不要维持最后是法家思想取得了决定性胜利。商鞅主张“治世不一道，便国不法古”（《商君书·更法》），这是一种历史进化论思想，而“便国不法古”的主张明显带有务实功利色彩，用现在的话讲就叫实事求是，与时俱进。对于秦国人来说，不管你讲的道理是深还是浅，有没有文化底蕴，只要能达到富国强兵，能在战争中取胜就是好的主张。商鞅变法鼓励成年男子们分家，设立二十级军功爵位；按军功大小给予不同的爵位和田宅，并贬抑没有军功的宗亲贵戚。秦国在政治斗争中要担很大的风险，被指责为不仁不义之举。但商鞅的主张符合秦国的发展要求，秦孝公还是支持并积极推行了他的变法主张。

秦国被敌国斥为虎狼之国、不讲信义，秦用张仪到处游说，今天跟这个国家结盟，明天拆散那个国家建立的同盟。用欺诈手段，玩弄权术，耍尽阴谋诡计，就连文艺复兴时期主张君王应该是狮子和狐狸的意大利思想家马基雅弗利大概都会自弗不如。

秦人当然对政治哲学的研究还没有达到把政治与道德彻底分家的水

平。但在政治和战争的激烈斗争中，已经完成了政治学领域最深刻的革命性变革。从本质上讲政治家是现实主义和功利主义者，而道德家则是理想主义和唯美主义者。政治家在于推动社会和历史的进步，道德家在于追求社会的完善和人性的纯洁。在和平时期，教育家、宗教家、道德家的作用日显，而革命时期则需要务实的思想家和功利的政治家。秦国政治家与法家思想家的联姻，体现了秦人政治文化的务实和功利色彩，也是当时中国历史发展的必然选择。

价值观是文化的深层结构，对人们的行为有直接的导向作用，秦人选择实用功利作为价值取向。这种价值观有淡化道德作用的片面性，但在当时不失为明智现实的价值选择，并对中国人的文化心理结构的形成起了很大的作用，从而解放了生产力，推动了历史发展。中国文化的特质是功利论与道义论的融合，而不纯粹是儒家主张的道义论，中国人的实用理性就是明证。正因为如此中国文化才没有陷入空谈道义的理想主义和禁欲主义。这是中国文化生命力的源泉，也是解开中华文明在中世纪如此繁荣历史之谜的一把钥匙。[①]

（三）崇尚法制的政治意识

中国历史上的确存在儒法斗争，儒家从性善论出发，主张以德治国，法家从性恶论出发主张以法治国。法家以为个人对利益的追求是无穷无尽的，而且个人利益与他人的利益以及社会整体利益存在矛盾和冲突，就应该给个人利益的追求限制一定的界限。在法家看来这个界限就是法，以法制利是法家思想的一个显著特征。

商鞅从社会治乱角度阐明了法治的重要性。他认为处于兼并时代百姓朴实品质已经丧失，要想使其行为纳入正轨，只能依靠法律约束。他说："夫民忧则思，思则出度；乐则淫，淫则生佚；故以刑治则民威，民威则无奸，无奸则民安其所乐。以义教则民纵，民纵则乱，乱则民伤其所恶。吾所谓利者，义之本也；而世所谓义者，暴之道也。夫正民者，以其所恶，必终其所好；以其所好，必败其败恶。"（《商君书·开塞》）

韩非是法家思想的集大成者，其学说以专制主义中央集权理论为核心，代表新兴地主阶级的政治和经济要求。他强调君主必须把法、术、势三者结合起来，缺一不可，形成了完整的法治理论。他的著作《孤愤》

① 王世荣：《法家功利主义及其历史命运》，《宝鸡师院学报》1991年第3期。

《五蠹》传到秦国，秦王读后大加赞赏。虽然他入秦后遭人陷害，死于狱中，但他的法治思想还是作为治国方略，在秦国得以推行。秦统一全国后，贯彻“法令由一统”的原则，“始定刑名，显陈旧章，初平法式，审别职任，以立恒常”（《史记·秦始皇本纪》），确立了法治。

韩非指出，统治者与老百姓的关系是建立在利害关系的基础上的，所以主张以法治国。“君上之于民也；有难，则用其死；安平，则用其力。”故明主对老百姓“不养恩爱之心，而增威严之势”（《韩非子·六反》）。统治者在打仗时让老百姓替他卖命，在平常让老百姓供养他们，因此，必须用暴力、用权威加以治理。韩非深刻地看出了法律包含的内在利益冲突，主张依法治国就把人们的功利心规范在符合封建统治者阶级利益的范围内，从一定意义上揭示了封建法制思想的阶级本质。

秦人崇尚法制，完全是从功利角度考虑的，因为只有依靠法制，才能达到迅速富国强兵的政治目的。商鞅先在魏国求仕，因得不到梁惠王信任而离开魏国。入秦后，受到秦孝公重用，由左庶长、大庶长升为大良选（相当于相国兼将军）。秦孝公六年（前356年）和十二年（前350年），两次进行变法改革。变法的主要内容是：废井田，开阡陌，承认土地私有合法；重农抑商，奖励耕织；颁布度量衡标准器，统一度量衡；奖励军功，废除世卿世禄制；公布法令，宣布贵族犯法与庶人一样要受制裁；推行郡县制，以君主直接任命的官吏取代世袭贵族；革除戎狄旧俗，禁止父子、兄弟同室居住。为了推行变法，提出了“以刑去刑”的严刑峻法理论。新法推行第一年内，秦国就有数千人反对，“行之十年，秦民大悦，道不拾遗，山无盗贼，家给人足。民勇于公战，怯于私斗，乡邑大治”（《史记·商君列传》）。

从出土的云梦秦简看，截至秦始皇三十六年，除《六律》以外，有正式名称的法律、法令就有近三十种。如《田律》《厩苑律》是关于农田水利、山林保护、牛马饲养方面的法律；《仓律》《金布律》《藏律》是关于国家粮食物资贮存、保管、发放和货币流通、市场交易方面的法律；《徭律》《司空律》《屯表律》《戍律》是关于徭役征发、工程兴建、刑徒管理的法律；《置吏律》《除吏律》《中劳律》《除子弟律》《军爵律》《效律》和《内史杂》是关于官吏任免、奖惩、职责及军爵赏赐方面的法律；《游士律》《傅律》是关于户籍管理方面的法律；《公车司马猎律》是关于猎狩的法律；《传食律》《行书》是关于驿站传递文书的法律；《工

律》《工人程》《均工》是关于手工劳动者及劳动量计算的法律。这些法律几乎涵盖了政治、经济、军事、文化以及人们的政治行为等所有方面，在中国法律史上有着突出的地位，对中国封建社会的法制建设产生了深远的影响[①]。可见秦人推崇法制思想，不仅在理论上有建树，而且在法制实践中做出了独特的贡献，这也是秦人开拓、务实精神的又一体现。

法家主张以法治国思想在当时有一定的进步意义，但他是建立在封建专制主义基础上的，与现代建立在民主平等政治基础上的依法治国的思想有很大的区别，但在当时提出这一思想已经是很先进的政治智慧了。秦人推崇法制，却淡化道德的作用，因此贾谊在总结秦灭亡的教训时说："仁义不施，攻守之势异也。"（《过秦论》）后来的统治阶级实际上是把以法治国与以德治国结合起来，表明政治上的进一步成熟，但秦人当时接受以法治国作为治国方略，对稳定发展起了很大作用。对秦国来说，当时要整合多种社会力量，要使用强力推行自己的政策和主张，法律的作用就显得尤为突出。

历史是片面性发展的，我们不应苛求古人。

（四）变革制度的理性自觉

从秦国发展的历史来看，秦穆公、秦孝公都曾经积极进行变革变法，以商鞅变法影响最大。而秦始皇统一中国以后，推行郡县制为中心的封建政治和社会制度。秦以后各王朝虽然在制度方面有一定的发展和完善，但基本的制度框架还是延续了秦制。秦人在制度创新方面表现出的理性自觉精神在中国历史上是有突出地位的。

白寿彝先生在评论商鞅变法的意义时指出：变法采取的奖励耕战等措施，"都是以行政的力量促进奴隶主阶级和地主阶级间的消长，并促进新生产力和封建土地所有制的发展"。[②]

可见秦实行变法，不能仅仅看作权宜之计，他是用新的生产关系和上层建筑取代旧的生产关系和上层建筑，是一场深刻的革命性变革。唯有如此，才能持久地推动生产力和社会稳定发展，而其他诸侯国没有进行类似的深刻变革或者变法不彻底，旧制度依然束缚着人们的手脚，所以秦人胜就胜在制度的变革方面，胜在变革制度的理性自觉精神。可见

---

① 钱大群：《中国法制史教程》，南京大学出版社 1987 年版，第 112—113 页。

② 白寿彝：《中国通史纲要》，上海人民出版社 1980 年版，第 98 页。

制度创新具有根本性和全局性。

秦始皇统一中国以后，采取了一系列巩固统一的措施。政治上废封国、置郡县，“建皇帝号，立百官之职”（《汉书·百官公卿表》），使“海内为郡县，法令由一统”（《史记·秦始皇本纪》），创立了封建专制主义中央集权的政治体制。在经济上，颁布了“令黔首自食田”的法令，在全国范围内确立了封建地主阶级土地所有制；修驰道，筑水渠，统一车轨，统一度量衡，统一货币，统一文字，为经济文化的发展开辟了道路。思想上，严禁私学，焚书坑儒、“以吏为师”，实行文化专制主义，以加强对人们的思想控制。这些措施的实行，对促进统一国家的经济文化发展和加强各民族之间的融合起了很大作用。

在政治制度方面首创皇帝制度：包括皇帝的名号制度，皇帝行使权力的朝议、朝令、奏事制度，内廷制度。中央和地方行政管理制度：中央行政管理体制——三公九卿制，地方行政管理体制——郡县制。官吏任用管理制度：以忠君、德才为选官标准，实行俸禄制度，国家统一调动，严格的奖惩制度。御史监督制度：设置了以御史大夫为首的从中央到地方的监察机关，主要职权是正法度，掌制律令；纠弹违失，察举非法；考课百官，荐举人才；治理大狱，审理疑案。军事制度：皇帝是军队的最高统帅，握有军队的最高指挥权、调动权，军官任免权，严格执行符玺制度，中央掌管军事的是位列三公的太尉和列卿的卫尉、中尉，地方上有郡尉，重新划分武装力量，实行征兵制。法律制度：“明法度，定律令”（《史记·李斯列传》），结束了战国以来“律令异法”的局面，主要内容包括：保护封建土地所有制，强迫农民缴纳贡赋和从事无偿的劳役，维护地主阶级对农民的政治压迫。[①] 这些制度中，尤以推行郡县制意义最大。郡县制跟西周封国制不同，其一，封国的君位和贵族职位是可以世袭的，而郡县制的首长可以随时由朝廷任免；其二，郡县必须直接接受朝廷的命令和监督，而封国的诸王却不一定。郡县制是适应封建专制政体之要求而出现的，对封建社会的政治体制有突出的影响。这些政治制度的创立，标志中央集权君主专制制度的确立，在中国政治制度发展史上是一个重要的里程碑。

虽然秦人创建的政治制度不是很完善，比如太强调中央集权，忽视

① 史远芹《中国政治制度史》，中共中央党校出版社 1995 年版，第 35—46 页。

地方积极性的发挥，用暴力解决意识形态问题，强调法制和军事统治，忽视德治，缺乏柔性和灵活性等。但秦人在创建制度中表现出的创新精神和理性自觉，表明秦人政治文化的生命力是值得肯定的。

秦人政治文化在当时具有一定的独创性和先进性，而且在秦统一中国的历史中发挥了突出的推动作用。但是秦王朝建立不久便被农民起义的硝烟吞没，有人便得出结论说秦文化也是短命的，没有生命力，不值得借鉴。我以为这种看法有失偏颇。秦灭亡有其深刻的社会历史原因，秦通过激烈的兼并战争统一中国，创立了中央集权的封建制度，但各种社会矛盾和政治矛盾并没有得到解决，也不可能在短期内得到解决。从政治上统一，到经济上、文化上以及民族的统一，需要一个漫长的过程。新制度完善有一个过程，人们对新制度适应也有一个过程，而秦王朝却急于求成，用高压政策来强行整合社会力量，企图缩短这个过程或者就不要这个过程，反而激化了社会矛盾，从而导致了秦王朝的短命。从历史上看凡经过长期动荡而建立的王朝，历史都不会久远，如南北朝分裂战争后建立的隋朝是短命的，就像大地震之后，还会有余震一样是不可避免的，这就是历史的辩证法。秦文化的进取精神和理性精神，给中国文化注入了新的活力，并最后发展为秦汉文化，对汉民族的形成以及文化发展和成熟做出不可磨灭的贡献。历史可以成为陈迹，但有生命力的文化精神却可以代代相传。

秦人政治文化的这些特点，无论功过如何，它们都已经融入中国政治文化的历史长河之中，成为中华民族政治智慧和传统的一部分。今天研究它不仅有学术价值，而且对我国社会主义政治文明建设、对实现民族的伟大复兴具有借鉴意义。

三　法家功利主义及其历史命运

春秋战国时期的法家，在当时已经形成了系统的功利主义思想体系。人本主义是其逻辑前提；人性自私论是其哲学基础；重视人们对利益的追求是其思想核心；以法制利是其显著特征。汉代以后，儒家的道义论地位上升，但法家的功利论并没有夭折。道义论与功利论的融合成为中国文化的特质之一。

（一）人本主义是法家功利主义思想的逻辑前提

春秋战国时期，随着铁的使用，新的生产方式开始出现，中国社会由奴隶制向封建制过渡。新兴地主阶级要求从奴隶制的束缚下解放出来，“公室衰微”，天子地位动摇，人们对神权统治产生了怀疑，人性从神性的束缚下解脱出来，成为诸子研究的重要课题。人们开始认识到，人的吉凶祸福是人自己的事，与“天”没有关系。“祸福无门，唯人自召”（《左传·襄公二十三年》），政治意识形态领域的这些变化，使人本主义思想的出现成为可能。

在法家思想体系中，管仲是第一位明确提出“以人为本”的思想家，他说：“夫霸王之始也，以人为本”（《管子·霸言》）；“齐国百姓，公（齐桓公）之本也”（《管子·霸形》）；“士、农、工、商四民者，国之石民也”（《管子·小匡》）。所谓石民，也就是基础、根基之民。以人为本的人指的是工、农、士、商等普通百姓。管子的人本主义思想既是功利主义思想的出发点，又是功利主义思想的表现。管子认为：“一年之计，莫如树谷；十年之计，莫如树木；终身之计，莫如树人。一树一获者，谷也；一树十获者，木也；一树百获者，人也。”（《管子·权修》）可见管子的树人，以人为本仍然是从功利角度提出来的。这里最早体现了中国人的实用理性。

郑国的子产提出了“天道远，人道迩”的著名命题。一次郑国水灾，郑人要求祭龙，子产不答应，他说：“吾无求于龙，龙亦无求于我”（《左传·召公十九年》）。又一次，巫者裨灶预言郑国将遭火灾，要挟郑人祀禳，子产斥责说：“天道远，人道迩，非所及也，何以知之？”（《左传·召公十八年》）可见子产是以人道对抗天道，以人为本的思想是很明显的。

晋法家的代表郭偃说：“吾观君夫人也，若为乱，其犹隶农也。虽获沃田而勤易之，将弗克良食，为人而已。”（《国语·晋语一》），隶农即农奴。由于受奴役、压迫，虽然劳动不少，土地也肥沃，但收的粮食不能自己享用，只是为了别人。这种奴隶制度极大地压制了人的劳动积极性。他推行一系列改革措施“公属百官，赋职任功，弃贵薄敛，施舍分寡，救令振滞、匡困资无，轻点易通，通商宽农、懋穑劝分，省用足财，利器明德，以厚民性”（《国语·晋语四》）。他采取的这些措施，发展生产，争取劳动力，都是以“以厚民性”的人本主义思想为出发点的。

商鞅亦有人本主义思想，他针对顽固派甘龙的“圣人不易民而教，知者不变法而治。”杜挚“法古无过，循礼无邪”的观点，反驳说：

> 法者所以爱民也，礼者所以便事也。是以圣人苟可以强国，不法其故，苟可以利民，不循其礼。（《商君书·更法》）

韩非是法家思想的集大成者，他的人本主义思想更加系统。韩非从人本主义思想出发，把历史分为上古、中古和近古三个时期，并指出了各个时期的特点。他说：“上古之世，人民少而禽兽众；人民不胜禽兽虫蛇；有圣人作，构木为巢，以避群害，而民悦之，使王天下，号之曰有巢氏。民食果、蓏、蜯、蛤、腥臊恶臭，而伤害腹胃，民多疾病；有圣人作，钻燧取火，以化腥臊，而民悦之，使王天下，号之曰燧人氏。中古之世，天下大水，而鲧禹决渎。近古之世，桀、纣暴乱，而汤、武征伐。”（《韩非子·五蠹》）韩非认为，有巢氏解决了人民的居住问题；燧人氏解决了人民的吃饭问题；鲧禹解决了水灾；汤武解决了对人民的暴乱统治，所以受人尊敬和爱戴，“使王天下”。这实际上是用人道主义解释历史现象，对人的关注达到了前所未有的程度。

法家在当时的历史条件下，看到了奴隶制对人的压迫，对人的利益的无情剥夺。尤其不满意奴隶主贵族对新兴地主阶级的压迫，因而提出了“以人为本”的人本主义思想，与以“天”为本、以贵族等级制度为本的思想相抗衡，虽然“以人为本”的口号主要是为新兴封建地主阶级争平等、争人权、争利益，但由于他们处于上升阶段，代表着历史的发展方向，因而具有明显的人民性，成为法家功利主义思想的逻辑前提。

（二）人性自私是法家功利主义思想的哲学基础

在中国思想史上，杨朱曾提出过“为我”思想，包含有人性自私论的因素。孟子说：“杨子取为我，拔一毛而利天下，不为也。”（《孟子·尽心上》）杨朱虽然不属于法家，但对法家的人性自私论有一定的影响。

管子最早提出了“人心悍”的著名命题，这是人性自私论的雏形。他说：

> 人故相憎也，人心之悍，故为之法。法出于礼，礼出于治，治、礼、道也。万物待治、礼而后定。（《管子·枢言》）

就是说，人心都是恶的，是自私的，所以需要法律的制裁，而法规又是基于维护贵族尊卑差别的礼制，治理礼的就是道，所以万事靠人道才有固定的秩序。

商鞅说：“古之民朴以厚，今之民巧以伪。故效于古者先德而治，效于今者前刑而法。”（《商君书·开塞》）可见商鞅的变法思想是以性恶论为前提的，而他的性恶论建立在历史进化论的基础上，这是深刻的。商鞅认为人性都是趋利避害：“民之性，饥而求食，劳而求逸，苦则求乐，辱则求荣，此民之情也。”（《商君书·称地》）

战国时期从道家分化出来的著名法家慎到提出了“自为”说。他说：“人莫不自为也，他而使之为我，则莫可得而用矣。是故先王不得其所以自为也。则上不取用矣。此之谓固。”（《慎子·因循》）在这里，“自为”就是替自己打算，为“我”的“我”字是统治阶级就他自己说的，就是说，强者用人，不靠人为他尽力这种道德，而靠的全是人替自己打算，趋利避害这种私心，用“刑”“赏”把人组织起来，为他服务，这就叫“用人之自为”。

韩非综合了法家以及荀子人性恶的理论，明确提出了人性自私论。他说：“人无羽毛，不衣则不犯寒；上不属天而下不着地，以肠胃为根本，不食则不能活。是以不免于欲利之心，欲利之心不除，其身之忧

也。”（《韩非子·解老》）韩非从人与动物区别的角度提出了人性自私论，并从多角度进行了论述。

从父子关系看，“人为婴儿也，父母养之简，子长则怨。子盛壮成人，其供养薄，父母怒而诮之。子父至亲也，而或谯或怨者，皆挟相为而不周于己也。”（《韩非子·外诸》）父母与子女为至亲，可是都希望对方为自己，即“皆挟相为”，而不愿自己出力，如果对方不愿养自己，就要怨恨和责难；他又说：“且父母之于子也，产男则相贺，产女则杀之。此俱出父母之怀衽，然男子受贺，女子杀之者，虑其后便，计之长利也。故父母之于子也，犹用计算之心以相待也，而况无父母之泽乎！”（《韩非子·六反》）就是说：“生男则相贺”“生女则杀之”是因为女孩长大出嫁，对父母来说无利可图。“以计算之心相待”，即出于私心私利的考虑。

韩非认为，君臣关系也是建立在利害关系的基础上的：“臣尽死力以与君市，君垂爵禄以与臣市，君臣之际，非父子至亲也。计数之所出也。”（《韩非子·难一》）不仅君臣父子关系以计算之心相待，人与人的其他关系，也是以利害之心相往来。在《备内》篇他说，越王勾践爱人，是为了替他打仗；医生吸病人脓疮，是为了赚钱；造车的人希望人害足疾，造棺材的希望人早死，非其性有爱憎，利之所在，不能不如此。同样后妃夫人为了其子继承王位，都希望国君早死，并非是厌恶其君，而是因为国君早死对其子继承王位有利。

法家的人性自私论到韩非已经发展到比较系统的地步。当然他没有也不可能从私有制的角度来解释这种现象，而是从人的生存需要出发来解释人性自私论，并且绝对化了，这是他们的时代局限性决定的。但法家对当时现实人性的揭露是十分深刻的。这是法家功利主义思想的哲学基础，也是人本主义思想的进一步发展。

（三）重视人对利益的追求是法家功利主义思想的核心

法家从人本主义和人性自私论出发，认为必须重视人对利益的追求，利用人对利益的追求，大胆进行社会变革。

齐国法家对人的物质利益的重视表现在“仓廪实而知礼节”的著名命题上。管子说：“凡有地牧民者，务在四时，守在仓廪。国多财，则远者来，地辟举则民留处。仓廪实则知礼节，衣食足则知荣辱。”（《管子·牧民》）管子认为只有关心人民的物质利益，发展农业生产，减轻税负，民富足了，就会追求礼仪道德。管子这一观点，同孟子“无恒产者，无恒心”的说法有类似之处。但孟子是从人性善出发论证仁政。而管子从发展农业生产出发，说明人性改造不能脱离经济条件，讲道义必须以功利为前提，这个思想已经看到了道德对利益的依赖关系是非常深刻的。

管子深深地懂得必须把重视人的物质利益放在首位，一反当时许多诸侯国多把用兵之道摆在首位的政治思维。他认为“与其厚于兵，不如厚于人。”(《管子·大匡》)“厚于人”就是给人民以实际的利益。“得人之道，莫如利之。”(《管子·五辅》)也正因为他充分利用了人的功利心，因势利导，而采取了“相地而衰征”的变革措施，“厚其生”“输之以财”“遗之以利”“宽其政”“匡其急”“赈其穷”(《管子·五辅》)。“宽惠爱民”，发展生产，才使齐国很快地强盛起来。

商鞅主张用功利主义作指导进行社会改革，即用人对利益的追求，采取奖励耕战的改革措施，主张按功大小重新确定等级制度。他说：

> 凡人主之所以劝民者，官爵也。国之所以兴者，农战也。今民求官爵，皆不以农战，而以巧言虚道，此谓劳民。劳民者，其国必无力；无力者，其国必削。(《商君书·农战》)

他认为只有奖励耕战，才能国富民强，在德与力的关系问题上，他极力主张重力轻德，认为儒家的文人骚客，只会崇尚空谈，既无助于作战，又不能增加农业收入，只能使国力更加贫弱，最终被强者吞并。

慎到把法家的功利主义思想与道家的无为思想结合起来，提出了“君道无为，臣道有为”的主张。慎子说：

> 民杂处而各有所能，所能者不同，此民之情也；夫君者，太上也，兼畜下者也；下之所能不同，皆上之用也。是以大君因民之能为资，尽包而畜之无能去取焉。是故不使一方以求于人，故所求者无不足也。大君不择其下故也。不择其下，则易为下矣。易为下，则莫不容；莫不容故多下，多下之谓太上。(《慎子·民杂》)

统治者在社会中的地位，就好像道在自然界中的地位。万物都“有所可”，人们也都“有所能”。虽然所能不同，但都可以为“上”之用；都是“上”的凭借（资），道尽包万物，无所选择；统治者也应该“兼

畜”老百姓，“无所选择”，也就是说使老百姓休养生息，使统治者和老百姓都高兴，这样才能巩固统治阶级的正常秩序。

韩非和其他法家人物一样，清醒地认识到对利益的追求是当时社会人性的基本特征。人与人的关系是一种利害关系，有利则全，无利则散，无任何仁义、恩爱可言。那种要求“去求利之心，出相爱之道”（《韩非子・六反》）是根本办不到的，“以义为上”“先义后利”的思想在现实社会中是行不通的，用之于人则弱，用之于国则亡。

韩非在功利问题上明确提出公私之辩，看出了公与私的冲突和矛盾。他说：“古者仓颉之作书也，自环者谓之私，背私谓之公，公私之相背也，乃仓颉固以知之矣。”（《韩非子・五蠹》）韩非认为背私谓之公，主张人为了获得长远利益不得不放弃眼前的暂时利益，只顾眼前利益，而忽视长远利益是不明智的。

法家重视人的利益，提出了“仓廪食，则知礼节”等著名命题，阐明了利益与道德的正确关系，并且采取了“相地衰征”“初税亩”、奖励耕战等社会变革措施，发展生产，以满足人们对利益的需要，从而达到维护新兴地主阶级根本利益的目的。说明法家是当时真正的务实派，因而其变革获得巨大的成功。

（四）以法制利是法家功利主义思想的显著特征

法家重视和利用人对利益（经济利益和政治利益）的追求，推行改革措施，但法家也理智地看到：人对利益的追求是没有限度的，而且个人利益与整体利益、暂时利益与长远利益往往处于矛盾和冲突中，因此必须有一个东西来制约它，这就是法。以法制利、以法治国是法家功利主义思想的显著特征和归宿。管子主张德法并举，他说：

> 厚爱利足以亲之，明智礼足以教之，上身服以先之，审度量以闲之，乡置师以说道之，然后申之以宪令，劝之以庆赏，振之以刑罚。故百姓皆说为善，则暴乱之行无由之矣。（《管子・权修》）

管子认为在尊重人的利益的基础上，德法并举，对维护社会秩序、防止暴乱行为都是不可缺少的。管子认为礼义廉耻，“国之四维”“四维张，则君令行”“四维不张，国乃灭亡”（《管子・牧民》）。可见，管子思想中道义论与功利论并存，德治与法治并举，这是全面而深刻的。儒家和管子以后的法家从两极发展了管子的这个思想。

商鞅从社会治乱的角度阐明了以法制利的思想，并对儒家的道义论进行了批判。他认为，处于兼并的时代，人民朴实的品质已经丧失，要想使其行为纳入正轨，只能依靠法律约束。他说：

> 民忧则思，思则出度；乐则淫，淫则生佚；故以刑治则民威，民威则无奸，无奸则民安其所乐。以义教则民纵，民纵则乱，乱则民伤其所恶。吾所谓刑者，义之本也；而世所谓义者，暴之道也。夫正民者，以其所恶，必终其所好；以其所好，必败其所恶。（《商君书·开塞》）

认为人都追求欲望的满足和自身的利益，但这种追求不节制反而就会损伤自身的根本利益。怎样节制呢？他认为，就是要靠刑治，使民畏（威）之，不敢为奸，结果能安其所乐。认为以仁义治民，反而使民追求不到仁义，而以法制利，虽然实行了暴力，不废民之所恶，表面上看好像不近情理，不仁不义，但实际上正是爱护人民，使其归于正义。所以他说，人君以法治国，“天下行之，至德复立”。推行法治，人民高尚的品德才能建立起来。

慎到从维护公共利益的角度论证了以法制利的重要性。慎到主张“君道无为”就是要利用人的自私心，但是，如果私心无限扩张，就会导致社会生活的无政府状态，所以，在实际政治生活中，还要有一个标准，以表示什么是公、什么是私，这个标准在慎子看来就是法，他说：“法制礼籍，所以立公义也。凡立公所以弃私也。”（《慎子·威德》）认为法是维护公共利益的行为标准，而要推行法，统治阶级就必须有绝对的权威。“法虽不美，犹愈于无法，所以一人心也。”（《慎子·威德》）可见慎子不仅重法，而且重势，把法与势结合起来这是深刻的，如果没有权威，法的推行就是不可能的。

韩非指出，统治者与老百姓的关系是建立在利害矛盾的基础上的。主张以法治国。他说：“君上之于民也，有难则用其死，安平则尽其力……故明主知之，不养恩爱之心，而增威严之势。”（《韩非子·六反》）统治者在打仗的时候叫老百姓替他卖命，在平常叫老百姓老老实实供养他们，必须用暴力，用权加以强迫。他又说：“夫严家无悍虏，而慈母有败子，

吾以此知威势之可以禁暴，而德厚之不足以治乱也。”（《韩非子·显学》）看到了统治阶级与劳动人民在利益上的冲突主张以法治国，从而把人们的功利心规范在符合封建统治阶级利益的范围内，这个思想非常明显地点破了法家功利主义思想的阶级本质。韩非同时认为人在追求功利时不仅应受法约束，而且必须受“道”与“理”的制约，要审时度势，缘道循礼。韩非看到了人对功利的追求是受自然规律、社会条件等因素的制约，这个思想是深刻的。

在韩非那里法、势、术三者是统一的。韩非说：

> 治强生于法，弱乱生于阿。（《韩非子·外储说右下》）
> 势者，胜众之资也。（《韩非子·八经》）

臣民生性好利，绝不会自愿臣服于国家的法律，只不过“缚于势而不得不事也。”（《韩非子·备内》）韩非论证说：

> 桀为天子，能制天下，非贤也，势重也。尧为匹夫，不能正三家，非不肖也，位卑也。千钧得船则浮、锱铢决船则沉，非千钧轻而锱铢重也，有势之与无势也。（《韩非子·功名》）

人主之所以能统治天下完全靠权力，与他的道德无关。因此，必须尽一切可能保持权力。君主掌握着全国财富的支配权，掌握着国家机器，这就是他所先天具有的“自然之势”，关键是如何运用自然之势造就绝对有利于君主的“人为之势”（《韩非子·难势》）。这种人为之术核心就是要使好利的臣民不得不为君主所用，不仅要“使天下不得不为己视，使天下不得不为己听”（《韩非子·奸劫弑臣》），而且还要造成臣民生计和幸福完全仰赖于君主的局面。

造就绝对有利于君主的人为之势，是韩非所谓法治的根本目的。但是仅有法治还是不够的，还要懂得统治臣下的方式方法，讲究“术治”。“人主之大物，非法则术”（《韩非·八经》）。法强调的是制度，要让臣民去一丝不苟地遵守，讲究公开性；术则强调君主个人权力运用中的技巧，绝不能让别人摸到痕迹。在韩非看来应该把法与术有机地结合起来，申不害“徒术而无法”招致失败，商君擅用法而不知术，对法家理想的统治术而言，也是一大缺点。“公孙鞅之治秦也，设告坐而责其实，连什伍而同其罪，赏厚而信，刑重而必。是以其民用力劳而不休，逐敌危而不却，故其国富而兵强；然而无术以知奸，则以其富强也资人臣而已矣。”（《韩非子·定法》）“术以知奸”，是术的作用之一。术是专为人主所执的，“君无术则蔽于上”，所以术的主要作用，一方面固在尊君，“人主者不操术，则威势轻，而臣擅名”（《韩非子·外储说右下》）；另一方面，则又在驾驭群臣，“术者，藏于胸中，以偶众端，而潜御群臣者也。”（《韩非子·难三》）驾驭群臣之“术”，一则曰“藏于胸中”，再则曰“不欲见”，表现于君的具体行为，有两个要点，一是不可信人，一是不能与臣子沟通，必须尽量隐藏自己，使自己变得神圣不可侵犯的样子，这就是所谓“隔塞而不通，周密而不见”（《韩非子·八经》）。人主要做到这点，必须消除好恶，“去好去恶，群臣见素，则人君不蔽矣。”（《韩非子·二柄》）韩非术治的目的在于造成臣对君的绝对依附关系。

法家的功利主义思想，建立在人本主义和人性自私论的基础上，强调对人的利益的尊重，并利用人的功利主义思想，推动社会改革。同时强调个人利益服从于整体利益，强调法的作用，用法来规范人的行为，限制人的功利心的恶性膨胀，以维护正常的社会秩序。在先秦思想史上形成了一个系统的功利主义思想体系。但法家强调的功利主义的实质是维护新兴地主阶级的利益，巩固君主专制统治，而不是人民大众的利益；法家的人性自私论具有一定的先验论色彩，认识不到私有制对人性的影响。法家以法制利，以法治国，忽视了道德的社会作用，并且把法制理解为刑罚，没有与民主联系起来，这是它的阶级局限性和时代局限性决定的。

（五）法家功利主义的历史命运

法家的功利主义思想，是新兴地主阶级推翻奴隶制度的思想武器，是一种政治思维，而不纯粹是一种伦理学说，对于当时社会变革确实发挥了实际的指导作用。率先利用法家功利主义思想的齐国和晋国比较早地建立了封建制，成了当时的霸主。而秦国则比较彻底地推行了法家的功利主义，变法比较彻底，因此最终完成了统一中国的伟业。春秋战国时期法家的功利论、儒家的道义论、墨家的兼爱论和道家的无为论等思想并举，而唯有法家的功利论受到推崇，管子、商鞅、吴起、李斯等法家人物受到重用，这与其思想适应时代需要有很大关系。同时，我们也

要看到，法家功利主义思想的实行，冲击的是奴隶主贵族统治，这就必然会触动贵族的利益和特权。商鞅被车裂表明功利主义思想的实行必须付出代价。

法家功利主义思想作为变革时代的理论也存在片面性，过于强调功利，强调力和法的作用，而忽视了德的作用。事实上，法与功利本身就有矛盾和冲突。贾谊在《过秦论》中把秦灭亡的原因归结为一句话，就是“仁义不施而攻守之势异也”。我们说秦的统一一方面得益于利用功利主义，那么我们也可以说秦的灭亡同样是因为片面地利用功利主义，从而走到了人本主义思想的反面，这就是先秦法家既幸运又悲惨的历史命运。

汉取代了秦以后，从秦的灭亡中汲取了很深刻的教训。一度曾采取黄老无为的政治思想作指导，同样是慎到“君道无为”思想的应用。但是，汉武帝采纳了董仲舒的“罢黜百家，独尊儒术”的主张以后，儒家思想逐渐取得了统治地位，道义论地位上升。但是法家思想并没有销声匿迹。汉代思想家王充在谈社会治乱时指出：“传曰：仓廪实，民知礼节；衣食足，民知荣辱。让生于有余，争起于不足。谷足食多，礼义之心生；礼丰义重，平安之基立矣。”（《论衡·治期》）可见他有把功利论与道义论统一的思想倾向。魏晋之际的思想家鲍敬言，在汉末农民起义的影响下，提出了“无君论”，认为统治阶级对于老百姓“劳之不休，夺之无已”（《抱朴子·诘鲍》）。他认为满足老百姓的物质生活需要“内足衣食之用”（《抱朴子·诘鲍》），他们就不会反抗。唐代思想家、文学家柳宗元认为古代的圣王或者后世的君王，都是解决了“生人之患”才获得了人民的拥戴，并不是因为“天命”，是由其“仁德”而使人心归附。有仁德的人就是关心老百姓的切身利益，减轻人民的赋税。北宋李觏的“利欲可言”“循公而不私”；王安石的“理财乃所谓义也”；南宋陈亮的“功利成处便是法”；叶适的“以利与人，而不自居其功，故道义光明”；清初颜元的“正其谊（义）以谋其利，明其道而计其功”；戴震的“道德之盛，使人之欲无不遂”，都体现了道义论与功利论的统一与融合。

从儒家学说本身来说，我们认为它属于道义论，强调道义，以礼义治天下，但也并不完全排斥功利。孔子就认为“富与贵，是人之所欲也”（《论语·里仁》）；荀子认为人“有义，故为天下贵”（《荀子·王制》），同时提出了“节用裕民”的主张，“下贫则上贫，下富则上富”（《荀子·富国》)。“君者，舟也；庶人者，水也，水则载舟，水则覆舟”（《荀子·哀公》)。荀子的这些思想对他以后的法家和政治家有深刻的影响。贾谊提出了“国以民为安危”“国以民为存亡”，国君的“功和力”都是民创立的或者给予的。所以必须重视老百姓的利益。同时，他很重视“礼”与“法”的作用，“礼者，禁于将然之前，法者，禁于将然之后”（《汉书·贾谊传》)。唐代韩愈说：“博爱之谓仁，行而宜之为义”（《原道》)，强调统治阶级要照顾老百姓的利益，“行而宜”，不要剥削得太过火。宋代哲学家张载说：“子之不欲，虽尝之不窃，欲生于不足，则民益，能使无欲，而盗必息矣。”（《正蒙·有司》）为政在于足民，人民生活无所不足，就对身外财富没有希求的欲念了。

中国思想史上长期存在着义利之辩、理欲之辩，虽然一些思想家各执一端，有重义轻利，重理轻欲的人；也有重利轻义，重欲轻理的人，而“正其谊不得其利，明其道不计其功”（《汉书·董仲舒传》)，“存天理、灭人欲”（《朱子语类》卷十一）等极端的思想，在封建社会前期和中期并不占主导地位。总体而言，中国传统的政治伦理思想中既存在着道义论，也存在着功利论，其基本精神是二者的融合。传统的中国人既讲仁义道德，又重视物质利益，而功利主义思想甚至积淀成为中国人的实用理性。汉以后统治阶级推崇儒家的道义论，但是在政策上还是要考虑到老百姓的切身利益，运用功利论，所以才有“让步”政策的出现，这就是史学上所说的“外儒内法”“阳儒阴法”。道义论与功利论的融合成为中国传统文化的特质之一，与欧洲中世纪完全陷入宗教禁欲主义形成了鲜明的对照。正因为如此，才有西汉帝国、大唐帝国，一直到清初的“康熙之治”。只有从中国传统文化的价值观这个深层结构出发，才能真正解开中国封建社会为何如此繁荣这个历史之谜。而封建社会的衰落，与其晚期倡导禁欲主义、片面强调道义论有一定的关系。

四　水能载舟，亦能覆舟

“君舟民水”之说是古代民本思想的形象表达，诠释了君权的相对性以及君主应当具备的对待民众的政治道德责任。从巩固统治阶级长远利益的角度出发，必须畏民、利民、足民，使百姓得到实惠和生活安定，这样君主才能坐稳江山。隋唐时期统治者非常重视“水能载舟，亦能覆舟”的古训，给我们留下一笔宝贵的历史遗产，给当代政权建设以重要启示。

（一）

《贞观政要》关于君民的舟水关系的论述，可谓语重心长，共有五处：

> 《君道》：“怨不在大，可畏惟人，载舟覆舟，所宜深慎。”
>
> 《政体》：“君舟也；人，水也。水能载舟，亦能覆舟。”
>
> 《君臣鉴戒》：“君，舟也，民，水也。水所以载舟，亦所以覆舟。”

这三处均见于魏征给唐太宗的奏疏中。此外，记载唐太宗教戒太子李治：

> 《教戒太子诸王》：“舟所以比人君，水所以比黎庶。水能载舟，亦能覆舟。尔方为人主，可不畏惧！”
>
> 《灾祥》：“君犹舟也，人犹水也。水所以载舟，亦所以覆舟。”

在《君臣鉴戒》一章中，还有魏征引用孔子的一句话：“鱼失水则死，水失鱼犹为水也。”进一步论述君对民的依赖关系。

隋唐时期，尤其是唐初由于唐太宗君臣的努力，将民本思想具体化为治国之道和政策，从而创造了“开皇之治”和彪炳史册的贞观之治。《隋书》评价隋文帝：“躬节俭，平徭赋，仓廪实，法令行，君子咸乐其生，小人各安其业，强无凌弱，众不暴寡，人物殷阜，二十年间天下无事，区宇之内晏如此。”这里虽然不免有溢美之处，但也在一定程度上反映了所谓“开皇之治”的实际情况。

隋文帝汲取北周灭亡教训，推行民本政策，他留意民间疾苦，即位以后，关中一带发生饥荒，他得知百姓所食皆豆粉拌糠，于是命宫廷撤销常膳，不吃酒肉，并让洛阳附近的灾民到城里就食，令卫士不得驱迫。他也要求下级官吏要“至诚待民”，他曾下诏书说：只要官有慈爱之心，民并非难教之人。

> 开皇三年十一月，发使巡省风俗，因下诏曰：“朕君临区宇，深思治术，欲使生人从化，以德代刑，求草莱之善，旌闾里之行。民间情伪，咸欲备闻。已诏使人，所在赈恤，扬镳分路，将遍四海。”（《隋书》卷一《高祖纪》上）

实行德政，关注民生是文帝立国的根本。隋文帝治国方略中最重要有两条：一是节俭，二是廉洁。文帝在位二十四年，这两条始终贯注在他的全部行政事业之中，因而使宫廷内外节俭成为风习，对民众的强取豪夺大为减轻。豪强官吏不敢胡作非为。他曾训诫太子杨勇：自古帝王没有一个好奢侈而能久坐天下，你为太子，首当崇尚节俭。隋文帝身体力行，勤于政事，俭以自奉。他首先在宫中提倡“以俭素为美”，严禁妃嫔锦衣玉食。当时一般士人，便服多用布帛，饰带只用钢铁骨角，不用金玉。并在法律上规定，对挥霍无度者严惩不贷。

隋文帝除了提倡廉政外，对待民众也比较宽平。他执政开始，即制定隋律，废除了周宣帝时期颁布的《刑经圣制》的种种酷刑。规定民众有冤屈，当地县官不理，允许向州郡上告，甚至投诉到朝廷。并下诏，诸州被判处的死囚不得在当地处决，须送当时的最高司法机关——大理寺复按。按毕，还要送尚书省奏请皇帝裁决。同时规定，死罪囚要经三次奏请方能行刑。这些严格规定在当时确实起到了保护民众的作用，减

少了冤假错案的发生。[①]

为了防止平民造反，隋文帝在开皇三年春大赦天下，并禁止民间用大刀长矛，“十五年二月丙辰，收天下兵器，敢有私造者，坐之。关中缘边，不在其例。”（《隋书》卷二《高祖纪》下）隋炀帝更进一步：大业“五年正月乙丑，制民间铣叉、搭钩、矛刃之类，皆禁绝之，太守每岁密上属官景迹。”（《隋书》卷三《炀帝纪》上）畏民、利民与防民、治民是统治的两手，都是出于对“水则载舟，水则覆舟”古训的敬畏。

隋炀帝执政初期还想继续推行其父隋文帝以民为本的基本国策。他派八使巡省风俗，下诏曰：

> 昔者哲王之治天下也，其在爱民乎？既富而教，家给人足，故能风淳俗厚，远至迩安。治定功成，率由斯道。……今既布政惟始，宜存宽大。可分遣使人，巡省方俗，宜扬风化，荐拔淹滞，申达幽枉。孝悌力田，给以优复。鳏寡孤独不能自存者，量加振济。义夫节妇，旌表门阁。高年之老，加其版授，并依别条，赐以粟帛。笃疾之徒，给侍丁者，虽有侍养之名，曾无赒赡之实，明加检校，使得存养。若有名行显者，操履修洁，及学业才能，一艺可取，咸宜访採，将身入朝。所在州县，以礼发遣。其有蠹政害人，不便于时者，使还之日，具录奏闻。（《隋书》卷三《炀帝纪》上）

但是，实际上隋炀帝却言行不一，他席丰履厚，奢侈无度。即位之初，就大兴土木，营建东都洛阳。虽然声言“俭、德之共；侈、恶之大。”“民为邦本，本固邦宁，百姓足，孰与不足！今所营构，务从节俭”（《隋书》卷三《炀帝纪》上）。可是，为了修这座都城，每月都要征发丁夫两百万人，星夜赶修，十个月就建成了。在营建东都的同时，他又在洛阳城西修建显仁宫和西苑。显仁宫南接皂涧，北跨洛滨，周围十余里。崇峦曲涧，异草奇花，极园林之胜。西苑周围两百里。苑内有称海的人工湖，海上造蓬莱、方丈、瀛洲三神山（岛），高出水面百余丈，台观殿阁，分布其间，掩映生姿。海的北面有龙鳞渠，迂回曲折，流注海内。沿小渠立十六院，每院设一个四品夫人的妃子以主管院事，苑中楼

① 贺海：《廉洁恤民的君主隋文帝》，《炎黄春秋》1996 年第 12 期。

堂花木，穷极华丽。隋炀帝最爱乘夜景，携宫女数千，跨马来游，往往玄歌达旦。[①] 东都的修建虽然是为了巩固隋政权对全国的统治，但其奢侈和华丽完全违背了节俭原则和民本思想。

隋炀帝又用了短短的六年修通大运河，为此他征用几百万劳动人民，栉风沐雨，忍饥耐劳，日夜不停地工作，甚至“丁男不供，始役妇人”（《资治通鉴》卷一八一）。以洛阳为中心，北起涿郡，南至余杭，长达四千八百多里。这是一个举世罕见的伟大工程，它一方面加强了漕运，能够交流南北物资，另一方面在军事上也有利于加强对东南和东北地区的控制，对后来中国经济、文化的发展起了重大作用。但修运河的目的却是为了炀帝个人的巡游享乐，而且为了大运河开通，动员了如此规模的人力、物力，加重了徭役和负担。与这些兴建相伴而来的是隋炀帝的到处巡游。在位十四年，他通计居京不到一年。每次出游“从行宫掖，常十万人，所有供需，皆仰州县”（《隋书·食货志》）。还按照州县官吏贡献的多少加以奖罚，“丰厚者进擢，疏俭者获罪。”（《隋书》卷四《炀帝纪》下）致使百姓遭受“逆折十年之租的惨祸”（《旧唐书·李密传》）。

隋炀帝自恃国富兵强，“慨然慕秦皇汉武之事”（《隋书》卷四《炀帝纪》下），即位之后就对周边各族不断发动军事、外交活动，进一步扩大隋朝国势。尤其是连年发动对高丽的战争，进一步加重了人民的痛苦。无名氏在《挽舟者歌》中写道：

我兄征辽东，饿死青山下。
今我挽龙舟，又困隋堤道。
方今天下饥，路粮无些小。
前去三千程，此身安可保。
寒骨枕荒沙，幽魂泣烟草。
悲损门内妻，望断吾家老。
安得义勇儿，烂此无主尸。
引其孤魂回，负其白骨归。

这首诗对隋朝征辽战争和朝廷腐败给人民带来的灾难和痛苦给予无

① 白寿彝总主编：《中国通史》（第6卷下），上海人民出版社2005年版，第1162—1163页。

情的揭露。“寒骨枕荒沙，幽魂泣烟草”是对冤死者死不瞑目的控诉。大业七年，邹平县民王薄首先起义于长白山，反对用兵高丽，于是义军蜂起。隋炀帝一开始就采用严厉残酷手段镇压人民的反抗，王世充镇压刘元进领导的起义军时，一次竟坑杀三万人。但屠杀只能激起人民群众更大的愤怒，起义队伍越来越多，越来越强大。隋朝终于在农民起义的打击和内部政治斗争中覆灭了。事实证明了“水能载舟，亦能履舟”是颠扑不破的真理。

（二）

唐太宗对民本思想的重视和发挥，在整个封建社会都是非常突出的。贞观二年，太宗向侍臣们强调，“凡事皆须务本。国以人为本。”（《贞观政要·务农》）并在此基础上推行安民政策，体恤民苦，节己顺民，与民休息，轻徭薄赋，他把中国传统重民思想发展到一个新的高度，以维护唐王朝的长治久安。唐太宗反复对侍臣说：国以人为本，国以民为本。“治天下者以人为本。”（《贞观政要·择官》）“怨不在大，可畏惟人”（《贞观政要·君道》）。魏征也曾引古训“临深履薄”“奔车朽索”警告最高统治者，意思是说，置身于人民群众之上，犹如站在深渊之岸，走在薄冰之上，乘坐在朽索奔车之中，应当小心谨慎，时刻提防坠陷倾覆的危险。亲身经受过隋末农民大起义的唐太宗君臣，深深领教过人民群众的巨大威力，在暴风雨过后仍然心有余悸。他们在夺取全国政权以后，也不敢恣意妄为、倒行逆施。“民为国本”的思想把人民群众看作封建国家的基础和施政方针的根本，比起视百姓为草芥的虐民暴政来说，无疑是符合历史前进趋势的，也是贞观治国取得成功的根本原因。贞观初，唐太宗对大臣们说：

> 为君之道，必须先存百姓。若损百姓以奉其身，犹割股以啖腹，腹饱而身毙。（《贞观政要·君道》）

他举例说：

> 末代亡国之主，为恶多相类也。齐主深好奢侈，所有府库，用之略尽，乃至关市无不税敛。朕常谓此犹如馋人自食其肉，肉尽必死。人君赋敛不已，百姓既弊，其君已亡，齐主即是也。（《贞观政

要·辩兴亡》)

唐太宗认为，老百姓是君主赖以生存的基础，用损害老百姓的方法来满足君主一己之私欲无异于“割股啖腹”。唐太宗对君民一体关系的清醒认识，对于历史上封建帝王而言应该是前无古人的。①

魏征说：帝王之起，是由于“百姓乐推，四海归命”，即一代皇帝地位的确立，是民心归顺的结果。那么，皇帝为人民群众拥戴或倾覆的原因是什么呢？在于皇帝的“有道”与“无道”。天子者，“有道则人推而为主，无道则人弃而不用，诚可畏也”(《贞观政要·政体》)。

在民本思想的指导下，唐太宗采取发展生产、与民休息的政策。他说：“国以人为本，人以衣食为本，凡营衣食，以不失时为本。夫不失时者，在人君简静乃可致耳。若兵戈屡东！土木不息，而欲不夺农时，其可得乎？”(《贞观政要·务农》)唐太宗下诏，停修劳民伤财的洛阳乾元殿。多次下诏要求臣下“以农为本”。并就恢复和发展农业生产提出具体措施，如招抚流亡，广辟荒田；奖励男女婚嫁生育人口；用重金赎回流落于北方各族中的汉民，让其返乡劳动以增加社会生产力；还大力推行北魏以来的均田制，以调动农民生产积极性。为了不误农时，还把太子举行冠礼的日子由二月改到十月。当有人提出“二月为胜”的时候，他又明确表示“农时甚要，不可暂失”(《贞观政要·务农》)，这说明唐太宗重视农业生产，接受了隋炀帝大量征发徭役、迫使农民走投无路，从而暴动的历史教训。另外，他还尽量减轻农民负担，反对竭泽而渔。他说：

> 人君之患，不自外来，常由身出。夫欲盛则费广，费广则赋重，赋重则民愁，民愁则国危，国危则君丧矣。(《资治通鉴》卷一二九，高祖武德九年)

有鉴于此，他多次下诏减免赋税。贞观元年(627年)，山东大旱，免当年租赋。贞观二年(628年)，关中旱灾，有卖子为生者，他命出御府金帛代为赎回。贞观三年，免关中两年租税，关东给复一年。此外，

---

① 陈飞：《贞观政要民本思想概述》，《中共青岛市委党校学报》2009年第5期。

他还竭力防止统治集团内部骄奢淫逸。在他看来，“崇饰宫宇，游赏池台，帝王之所欲，百姓之所不欲。帝王之所欲者放逸，百姓所不欲者劳敝。”也就是说，统治者的奢侈可以激化阶级矛盾。因此，他下诏要厉行节俭，使“奢侈者可以为戒，节俭者可以为师矣”（《贞观政要·俭约》）。唐太宗的这些措施有利于发展农业生产，收到了“积富于民”的效果，最终出现了中国历史上少有的政通人和、经济繁荣、国家强大的贞观之治。

皇帝这样提倡，官僚们也努力这样做。当时的薛大鼎任沧州刺史，他的管界内先有一条棣河，隋末时被填塞，薛大鼎上奏朝廷开通河道，引鱼盐于海。百姓写歌谣颂之：

新河道通舟楫利，
直至沧海鱼盐至，
昔日徒行今驰马回，
美哉薛公德滂被。

薛大鼎又决长卢及漳、衡等三河，分别排泄夏季洪水，境内再也没发生水害（《大唐新语》四）。与此同时，当时的瀛洲刺史郑德本、冀州刺史贾敦颐，也具有美政，河北称为“铛脚刺史”（《独异志》上）。得民心者得天下，唐时有了这样一批为民造福的官员，他们自然得到人民的拥护和爱戴。

（三）

唐代虽然主张以民为本，然而官与民的界限依然是分明的，官员仍然高踞于百姓头上，作威作福。例如百姓逢官吏要避，不避则予杖。《剑侠录》载：

黎干为京兆尹，时曲江涂龙祈雨，观者数千。黎至，老人植杖不避，干怒杖之。

又，《隋唐嘉话》：

贾岛初赴举，在京师。一日于驴上得句云：“鸟宿池边树，僧敲

> 月下门。”初欲作“推”字，炼之未定，于驴上吟哦……时韩退之权京兆尹，车骑方出，岛不觉行至第三节，尚为手势未已。俄为左右拥止尹前。岛具对所得诗句……退之立马久之，谓岛曰：“‘敲’字佳。”

又，《灵鬼志》：冲撞官吏出门舆前之仪仗，要受到剃去头发的刑罚。《诺皋记》也记载：“京宣平坊，有官人夜归入曲，有卖油者，张帽驱驴，驮桶不避，导者搏之。”是官人虽夜行坊曲中，商民亦须回避。①

中唐时期著名思想家、文学家柳宗元，生活在唐代由盛转衰的过渡时期，当他被贬出朝廷之后，深切地了解到下层人民的苦难，写出《捕蛇者说》这则关心民众疾苦、批判苛政的千古名篇。文章以永州郊外一家三代为了免除赋役，宁愿去捕毒蛇而相继惨死的经历，揭露了当时直至偏僻“南荒”的暴政酷役之害，最后发出了“苛政猛于虎”的激愤呼号。“殚其地之出，竭其庐之入，号呼而转徙，饥渴而顿踣，触风雨，犯寒暑，呼嘘毒疠，往往而死者相藉也。”仅用二十几字，农民之疾苦、悍吏之横暴跃然纸上。

同样处于安史之乱时期的诗圣杜甫怀着“穷年忧黎元，叹息肠内热”的感情，写下了“朱门酒肉臭，路有冻死骨”的千古名句，对中唐社会的残酷现实进行了无情的揭露。安史之乱中两京收复后，乱军仍然盘踞河北，战争还在进行，杜甫由东都赶赴华州，根据途中所经历之事，创作了“三吏三别”的名篇。且看《无家别》：

> 寂寞天宝后，园庐但蒿藜。我里百余家，世乱各东西。
> 存者无消息，死者为尘泥。贱子因阵败，归来寻旧蹊。
> 久行见空巷，日瘦气惨凄。但对狐与狸，竖毛怒我啼。
> 四邻何所有，一二老寡妻。宿鸟恋本枝，安辞且穷栖。
> 方春独荷锄，日暮还灌畦。县吏知我至，召令习鼓鞞。
> 虽从本州役，内顾无所携。近行止一身，远去终转迷。
> 家乡既荡尽，远近理亦齐。永痛长病母，五年委沟溪。
> 生我不得力，终身两酸嘶。人生无家别，何以为蒸黎？

---

① 尚秉和：《历代社会风俗事物考》，中国书店2001年版，第346页。

这位士兵在刚刚成年时，就遭遇了安史之乱，迫使他必须抛下孤苦无依、体弱多病的母亲，离家去服兵役。多年之后经死里逃生，终于得以返家。正当士兵怀着激动的心情期待着与母亲团聚时，却发现家乡早已在战乱中变成了一片废墟，只剩下空空的巷子，杂乱的藜草，能寻到的乡亲也只有"一二老寡妻"，而他那可怜的母亲也早在五年前就因为贫病交加而丧生沟壑化为了尘泥。一个个打击向士兵袭来，他虽然悲痛但并不绝望，因为他终于回到了自己的家园，于是他又开始了辛勤的耕耘，期望从此能过安稳的生活，然而这点可怜的愿望最终又被统治者无情地剥夺了，县吏的命令又让他再一次踏上了戍守的征程。他本想用本州服役来安慰自己，然而当他回顾四壁空空、无人辞别的家，想起自己悲惨死去的母亲，他终于抑制不住悲愤的感情，发出了"何以为蒸黎"的血泪控诉![1]

大诗人白居易在《卖炭翁》中无情揭露了当时"宫市"制度的罪恶：

卖炭翁，伐薪烧炭南山中。
满目尘灰烟火色，两鬓苍苍十指黑。
卖炭得钱何所营？身上衣裳口中食。
可怜身上衣正单，心忧炭贱愿天寒。
夜来城外一尺雪，晓驾炭车辗冰辙。
牛困人饥日已高，市南门外泥中歇。
翩翩两骑来是谁，黄衣使者白衫儿。
手把文书口称敕，回车叱牛牵向北。
一车炭，千余斤，宫使驱将惜不得。
半匹红绡一丈绫，系向牛头充炭直。

白居易自注："苦宫市也。"炭之类的皇宫所需物品，本来该由官吏以钱采买。然而中唐时期宦官专权，横行无忌，他们连这种采购权也抓了过去，经常有数十百人分布在长安东西两市及热闹街坊，以低价强购货物，甚至不给分文，还勒索"进奉"的"门户钱"及"脚价钱"。名为"宫市"。这位卖炭翁的一车炭，只给了半匹红绡一丈绫就被抢走，实

① 马建国：《论杜甫民本思想》，《清华大学学报》2009 年第 2 期。

际上是一种公开的掠夺。

中晚唐时期广大农民破产，农民遭受的剥削更加惨重，以致颠沛流离，无以生存。新乐府运动的倡导者之一李绅的《悯农二首》，则表达了对农民艰苦劳动和悲惨命运的同情。可与李绅《悯农二首》前后辉映的，还有聂夷中的《伤田家》：

> 二月卖新丝，五月粜新谷。
> 医得眼前疮，剜却心头肉。
> 我愿君王心，化作光明烛。
> 不照绮罗筵，只照逃亡屋。

二月蚕种始生，五月秧苗始插，这时候竟然出现“卖”和“粜”，这种交易其实是“卖青”——将未产出的农产品预先赋价抵押。迫于赋敛，不得不“挖肉补疮”，这是何等惨痛的形象。“我愿君王心，化作光明烛”，委婉指出当时君王之心还不是“光明烛”，盼望统治者“不照绮罗筵，只照逃亡屋”，客观反映出他们一向只代表豪富的利益而不恤民病，这首诗用反笔揭露皇帝昏聩，世道不公。

杜牧的名作《阿房宫赋》，表面上写的是秦始皇，实际上是讽刺唐敬宗的大修宫室。在《上知己文章启》中他承认说：“宝历大起宫室，广声色，故作《阿房宫赋》。”在文章最后，他发出感言：

> 呜呼！灭六国者，六国也，非秦也；族秦者，秦也，非天下也。嗟夫！使六国各爱其人，则足以拒秦。使秦复爱六国之人，则递三世可至万世而为君，谁得而族灭也。秦人不暇自哀，而后人哀之。后人哀之而不鉴之，亦使后人而复哀后人也。

这是历史经验的科学总结，也是“水能载舟，亦能覆舟”民本思想的深刻表达。由于封建地主阶级与农民阶级根本利益是冲突的，封建社会里不可能真正做到以民为本，唐与隋一样最后还是由清明走向衰败。今天我们已经进入社会主义时代，人民当家做主，但是仍然存在执政党与人民群众的关系问题，“得民心者得天下”！王朝兴衰，苏东剧变，前车之鉴，不可不察。

五　重耳复国的启示

《晋文公重耳之亡》（《左传·僖公二十三年、二十四年》），记载了晋文公重耳出奔、流亡到回国夺取政权的经历。春秋时期重耳复国的故事在民间也流传甚广，今天读来却感触良多，大概因为近来观看《大秦帝国》，勾起笔者对历史兴亡、世道人心的思考。

今天的世界难道不像春秋战国的鼎足之势？沧海桑田，两千多年过去了，人性竟然没有丝毫改变。就像太阳每天从东方升起，从西方落下；就像满天星斗守护着宁静的夜晚，奔腾的江河不知疲倦，春夏秋冬不期而至。

重耳是晋国的公子，流亡在外十九载，费尽千辛万苦，终于完成了复国大业。重耳复国的故事委婉曲折，成为千古美谈。重耳之所以能够复国，对我们有如下启示。

（一）重耳得益于春秋战国造成的大争之势，列国抗衡，有政治回旋之余地

所谓乱世出英雄，流亡公子重耳在晋国不得志，却可以在狄国、齐国、楚国成为座上宾，得到秦穆公鼎力相助，终于登上王位。因为晋是大国，扶持重耳，各国企图谋取自身的利益。

正如楚成王在宴请时对重耳开玩笑说，公子要是回到晋国，怎么报答我啊？重耳笑着说，金银财宝这些东西，你有的是，我一时倒想不出拿什么来报答你。

楚王也笑了起来：不过多少总得报答一点啊。重耳道：要是托你的福，我能够回到晋国去，愿跟贵国交好，让两国人民都过着太平日子。要是万一发生战争，我当退避三舍，来报答你的恩典。可见楚王善待重耳是有所图谋的，重耳毕竟是一个有作为的政治家，虽然落魄而不失大

国国君风范，回答得很有分寸，让人肃然起敬。

而秦穆公扶持重耳，是因为穆公原来帮助夷吾复国，哪知他忘恩负义，和秦国闹翻了，夷吾的儿子圉留在秦国做人质，最近也私自逃回国去。秦穆公还把女儿怀嬴嫁给重耳，这就是秦晋之好。秦晋是邻国，在春秋时期实际上是同盟关系，保持这样的同盟对秦国未来的发展很重要，秦穆公不愧是春秋一霸，是有战略眼光的。

而重耳作为不在位的一位政治家，能够因势利导，左右逢源，在各国之间周旋，积蓄力量，观察动静，选择时机，完成复国大业，也显示了其超人的政治智慧和胆识。如果没有春秋战国的鼎足之势，列国抗衡，有政治回旋余地，重耳也不可能有所作为，很可能早早就被赶尽杀绝。

（二）重耳身边有一帮有勇有谋的人才，忠心耿耿，前仆后继

常言道：一个好汉三个帮，一个篱笆三个桩。公子流亡，有趋炎附势之徒，亦有忠心耿耿之士！

听说夷吾派人刺杀，重耳准备离开狄国，收藏小吏头须却拿着所有金帛溜走，让大家身无分文，把个头须恨透了。但是，孤毛、孤偃、赵衰、介子推、魏犨、颠颉、壶叔却不离不弃。在饥寒交迫中，介子推竟然割自己腿上的肉给公子充饥。

一天楚王与重耳在云梦地方打猎，重耳与他的臣子们猎的东西特别多，楚王称赞道：相从公子的，文武兼备，我楚国万万及不得啊。重耳流亡十九载，千难万险，关键环节全凭这些忠勇之士出谋划策，患难与共，才完成了复国大业。

人才是国之宝，能否吸引和团结一批杰出的人才，是事业成败的关键。重耳素有贤名，所以在他身边凝聚了一批杰出人才，才会有后来的作为。

“景春曰：公孙衍、张仪，岂不诚大丈夫哉？一怒而诸侯惧，安居而天下熄。”（《孟子·滕文公下》）虽然孟子不把他们看作大丈夫，但是在战国大争之世，公孙衍、张仪的确是叱咤风云的人物。他们原来都是魏国人，得不到重用，在秦国却大显身手，建功立业。

百里奚，楚人，早年家境贫困，在妻子杜氏支持下出游列国求仕，历经宋国、齐国等诸侯国。后在其好友蹇叔的举荐下，做了虞国的大夫。公元前655年，晋国（献公）灭掉虞国。百里奚拒绝在晋国做官，被充作媵人（奴隶），后逃回楚国牧牛。秦穆公闻奚贤，后派人以五张黑公羊

皮将百里奚换回，拜为上大夫，故世人称为“五（公羊）大夫”。在主持秦国国政期间，百里奚“谋无不当，举必有功”，辅佐秦穆公倡导文明教化，实行“重施于民”的政策，让人民得到更多的好处，并内修国政，外图霸业，开地千里，称霸西戎，统一了今甘肃、宁夏等地区，开始了秦国的崛起。“发教封内，而巴人致贡；施德诸侯，而八戎来服”，使秦国成为春秋五霸之一。

商鞅，卫国国君的后裔，公孙氏，故称为卫鞅，又称公孙鞅。后因在河西之战中立功获封商於十五邑，号为商君，故称为商鞅。商鞅通过变法将秦国改造成富裕强大之国，史称“商鞅变法”。政治上，商鞅改革了秦国户籍、军功爵位、土地制度、行政区划、税收、度量衡以及民风民俗，并制定了严酷的法律；经济上商鞅主张重农抑商、奖励耕织；军事上商鞅作为统帅率领秦军收复了河西。商鞅变法，为秦统一六国奠定了基础（《史记·商君列传》）。

李斯，楚人，秦朝丞相。协助秦始皇统一天下；秦统一之后，李斯参与制定了秦朝的法律和完善了秦朝的制度，力排众议主张实行郡县制、废除分封制，提出并且主持了文字、车轨、货币、度量衡的统一。李斯在中国历史上产生了深远的影响，奠定了中国两千多年政治制度的基本格局。

百里奚、商鞅、张仪、李斯这些旷世奇才，英雄豪杰，都不是秦人，却能为秦人所用，建立功勋，名垂青史。用人上的不拘一格，是大秦帝国崛起的重要因素之一。

春秋战国时期也就是德国哲学家雅斯贝尔斯所称的轴心时代，在中国周天子的地位动摇，礼崩乐坏，列国争雄，出现了百家争鸣的局面；在希腊城邦奴隶制没落，出现了苏格拉底、柏拉图、亚里士多德；在印度出现了释迦牟尼。这是一个群星灿烂、人才辈出的时代，这些伟大思想家的出现，为解决当时人类社会所遭遇的种种危机，提出各种方案和主张。人类思想的太阳从这里升起，后来人类遭遇的危机都从这里寻找思想资源。

（三）要留住人才既要恩怨分明、疾恶如仇，又要宽宏大量、不计前嫌

只有恩怨分明，才能让追随你的人充满信心；只有不计前嫌，才能让有识之士看到希望。

勃鞮受惠公派遣曾经几次刺杀重耳，重耳复国后勃鞮说：我有机密事报告，要救一国人性命，必须面见主公。重耳开始很气愤，不想见。在孤偃等人的劝解下，最后还是见了勃鞮，才避免了一场灾难，粉碎了吕省、郤芮发动的叛乱，稳固了政局。

有一天，文公正在洗头，守门的卫士报告道：有个名叫头须的人，在宫门求见。文公听说是头须，就想起那个拿了行李盘费潜逃的人，不禁生气道：他害我们吃尽了苦头，今天还有脸见我吗？

卫兵照着传话。头须仍不肯走。他说：主公能宽恕勃鞮，因而没有被吕、郤杀害。怎么就不能宽恕我头须呢？我来自然有道理啊。

卫兵再去传话，文公自语道：是我的量小啊。立即叫头须进宫相见。头须先向文公赔罪，然后说道：吕、郤手底下的人很多，他们自知罪重，不敢相信主公的话。主公要早点想些办法啊。

于是文公发布公告：吕省、郤芮发动叛乱，已经伏法，手下之人既往不咎。重耳能够原谅勃鞮和头须，对他们宽宏大量，如此局势很快稳定下来。

由此联想到管仲相齐，孔子曰：“管仲相桓公，霸诸侯，一匡天下，民到于今受其赐。”（《论语・宪问》）鲍叔牙开始是公子小白的人，管仲是公子纠的人；后来小白即位为齐桓公，管仲被囚；鲍叔牙举荐管仲，齐桓公不计前嫌重用管仲为相，使齐国成为春秋一霸。

魏征与唐太宗的故事也是历史美谈。魏征刚直不阿，据理谏诤，累犯龙鳞，唐太宗从谏如流，才铸就了彪炳史册的贞观之治。魏征死后，唐太宗对侍臣说：“人以铜为镜，可以正衣冠；以古为镜，可以见兴替；以人为镜，可以知得失。魏征没，朕亡一镜矣！”（《旧唐书・魏征传》）岂知魏征原来是太子的谋臣，玄武门兵变后，李世民敬重他的才干和耿直，任谏议大夫，君臣共治，为大唐帝国的崛起奠定了基础。

美国政治家林肯，也是在南北战争期间，不计前嫌，重用曾经污蔑诽谤过自己的政敌，彰显人性的光辉，被历史所称颂。

可见政治家的眼光和胸襟，在用人上的不拘一格、宽宏大量，是决定国家兴衰成败的关键因素。重耳复国是这样，大秦帝国、大唐帝国的崛起也是如此。

（四）重耳不仅有文武能臣追随，而且幸运有见识的女人相助

姻缘在古代贵族生活中往往是出于族群、邦交的需要，譬如昭君出

塞，文成公主和番，成为千古美谈。莎士比亚戏剧“安东尼与克莉奥佩特拉”中凯撒就将自己的妹妹奥克泰维亚许配给安东尼为妻。拿破仑与奥地利女大公玛丽·路易莎的婚姻，也是政治姻缘。日本电影《华丽家族》反映贵族成员往往因为家族利益牺牲爱情生活。现代社会也有平民为了争取政治前途与有社会地位的人攀亲。

秦晋之好也是尽人皆知，重耳逃亡中的爱情故事着实让人感动。

重耳虽然是一个逃亡的公子，但是他素有贤名，有能臣武将追随左右。在有远见的列国君主看来仍然是一个值得投资的对象，而与重耳结亲就成了最有效的拉拢方式。重耳在狄国、齐国和秦国先后有三位妻子，幸运的是他遇到的女人一个个都通情达理，不因私情阻挡他的复国大业，甚至有谋略和见识，关键时候能够助他一臂之力，这就更令人刮目相看。

重耳开始逃亡在狄国已经有十二年，娶当地女子季隗为妻，季隗的妹妹叔隗，嫁给了赵衰。他们都已经生了儿子。听说夷吾派人来行刺，重耳对妻子说：我打算逃到齐国去，请你用心抚养孩子。我要是二十五年不回来，你就另嫁别人吧。季隗虽然悲伤，但还是鼓励他前去。

重耳一伙人颠沛流离来到齐国，得到齐桓公的礼遇。桓公知道重耳没带家眷，便挑选了本家的一位美貌女子齐姜，嫁给重耳，还送给他二十辆车子，八十匹马。重耳非常感激。

重耳在齐国生活很安乐，一住就是七年。这时候，桓公去世，孝公即位，一连与好几个国家弄坏了关系。重耳却不管这些，还是照样过自己的舒适生活。

赵衰和孤毛商议看来指望齐国帮助复国不行了，还不如与公子一起离开，结果一次次被回绝。魏犨发火道：我们看他有出息，才不怕吃苦受罪跟着他。他到舒舒服服一住就是七年，难道我们一辈子住下去不成？

齐姜也觉得公子长久住在这儿不是办法，劝他早作打算。重耳却十二个不愿意，说：人生在世，只要安乐就是了。我是一辈子待在这儿了，无论如何是不走的。后来还是齐姜想办法把重耳用酒灌醉，让赵衰、魏犨一帮人把公子连人和被褥一起抬到车上去。

齐姜想到公子这一去，不知哪一天才能相见，忍不住眼泪像断了线似的掉下了。常言道，一个成功的男人背后一定有一位贤惠的女人。像齐姜这样有情有义、明事理懂大局的女人，真是难能可贵。重耳之所以能够完成复国大业，齐姜功不可没。

（五）追求享乐是人的本性，但是，如果要有所作为，就不能满足于享乐

长期颠沛流离的生活磨损人的意志。像重耳这样有远大志向的人，也渴望过正常人的安定生活。

重耳对妻子齐姜说：人生很短促啊，只要过得舒服，还出去忙碌干什么？齐姜正色道：你还是走吧！一个人只顾怀恋妻子，贪图安乐，是成不了大事的。重耳幸运的是有忠心耿耿的大臣、贤惠明理的妻子相助，才使他的复国大业没有中途夭折。

可以说，贪图安乐是人的本性，国人有句话："宁为和平犬，不作离乱人！"普通百姓渴望太平盛世，安居乐业，传统农耕社会"日出而作，日入而息""三十亩地一头牛，老婆娃娃热炕头"就是所谓的小康生活。当然现代社会人们的生活水平提高了，不满足于温饱，物质文化生活更加丰富，但是追求安乐依然是人们的基本需要。

但是要有所作为，就不能满足于享乐。人们都知道三国刘禅"乐不思蜀"，也知道越王勾践卧薪尝胆的故事。常言道，"吃得苦中苦，方为人上人！"苏轼："古之成大事者，不惟有超世之才，亦必有坚忍不拔之志"！孟子曰："天将降大任于斯人也，必先苦其心志，劳其筋骨，饿其体肤，空乏其身，行拂乱其所为，所以动心忍性，增益其所不能。"（《孟子·告子下》）罗曼·罗兰说："苦难犁破了我的心，但它却掘出来生命新的源泉。"

自古圣贤多磨难。很多时候，往往没有经历磨难，难成大器。表面上看，磨难的日子是苦涩的、可怕的，它可以使一些人意志低迷、消沉，无法奋起。磨难可以说又实在是我们生活中最真诚的朋友。因为真正促使你成熟，促使你坚强，再接再厉，百折不挠，能够鞭策你取得更大进步的不是别人，在一定的意义上正是我们生活中所经历的磨难。

有时候，人生中有价值的事，并不是人生的美丽，而是人生的酸苦，司马迁在备受曲折、遭到宫刑的情况下，发愤著书，写下经典史书《史记》，被称为"史家之绝唱，无韵之离骚"；李时珍如果不是三次落榜，决心从医，他可能就不会写下医学巨著《本草纲目》；小仲马也是在多次退稿再投、受挫不馁的情况下，终于撰写出世界名著《茶花女》。

古今中外，在事业上有建树、成功的人士，他们成名之前大多数都经历着生活中的各种磨难。我们每一次战胜磨难的过程，其实就是超越

自我的过程。由此可见，我们应该感谢生活中的磨难，给我们带来成功的机会和胜利的奇迹。

“苦心人，天不负，三千越甲可吞吴!”这是上苍对越王勾践卧薪尝胆的奖赏；重耳君臣逃亡十九载，终于完成了复国大业，给我们留下许多思考。

对于古人的业绩我们应该有一份敬畏之心，然而他们也是人，有儿女情长，喜怒哀乐，让我们感受到人性的温暖。重耳复国的故事给我们以历史的启迪，几千年过去了人性好像没有丝毫改变。

六　中国传统政治文化的历史转型

中国政治文化的历史转型即由专制政治文化向民主政治文化的历史变迁。民本思想作为中国政治文化中包含人民性和民主性精华的优良传统，早在明清之际就成为启蒙思想家批判封建专制主义的重要思想武器。近代以来随着西学东渐，民本思想成为我国接受西方民主思想的中介和桥梁。五四新文化运动高举科学和民主两面旗帜，是一场深刻的人性解放运动，提出了全面改造中国传统政治文化的历史任务。随着全球化进程的加快，我国提出了建设社会主义政治文明的战略思想，改造和利用民本思想，并与民主文化相融合，成为实现中国政治文化历史转型的重要途径。目前随着“国学热”的兴起，国内却出现了一股否定五四民主启蒙精神的错误思潮，说明中国政治文化变革任重而道远。

（一）明清之际启蒙思想家就是以民本思想作为批判封建专制主义的重要武器，开启了中国政治文化历史转型的先声

关于中国政治文化的历史转型或近现代转型，学术界一般认为起始于鸦片战争，但笔者认为正像西方近代思想应该从文艺复兴算起一样，明清之际启蒙思想家对封建专制主义的批判标志着中国政治文化历史转型的开启。早在20世纪初，梁启超就以西学作参照系概括清代学术为：“对于宋明理学之一大反动”“其动机及其内容，皆与欧洲之‘文艺复兴’绝相类”，[①] 杜国庠从中国学术史的角度分析明清之交时写道：“经过他们的批判，理学是决定的终结了，绝没有死灰复燃的可能。”[②] 而侯外

① 梁启超：《清代学术概论》，上海古籍出版社1998年版，第3页。

② 杜国庠：《杜国庠文集》，人民出版社1962年版，第377页。

庐等进一步通过对明清之际历史和哲学进行研究，提出了“启蒙说”，认为黄宗羲等人的思想是近代民权主义的先驱。冯天瑜和谢贵安近期撰写的《解构专制——明末清初“新民本”思想研究》则提出了“新民本”说。认为它来源于传统民本思想，但又打上了时代的烙印，在某些方面突破旧的民本意识，走到近代民本主义的边缘，却又未能迈入近代民主的门槛。台湾学者萧公权不同意“启蒙说”，认为黄宗羲、唐甄等人反君主思想仍然属于传统的民本思想。而张师伟最新出版的《民本的极限——黄宗羲政治思想新论》，也认为黄宗羲的思想仍然没有超出传统思想的范畴，即“只能是传统的王权主义专制统治。”“民本极限说”受到李存山的批驳。[①] 应该看到黄宗羲等人批判君主专制主义，提出“天下为主，君为客”的命题，得出“天下之大害者，君而已矣”；倡导君臣、君民平等的思想，在那个时代确实发挥了思想启蒙的作用，但他并不包含人权观念，没有“主权在民”的观念。因此，认为启蒙思想家是近代民权主义的先驱，是值得推敲的。在目前比较流行的“启蒙说”中，有把启蒙思想家的反君主思想等同于民主思想的倾向，应该引起注意。而“传统民本说”或“民本极限说”，则忽视了明清之际思想家的民本思想与传统民本思想的不同，传统民本思想是在君主专制制度的框架内强调“国以民为本”，而黄宗羲等人则是在批判君主专制制度的过程中展开民本思想，因此“民本极限说”有贬低启蒙思想家历史地位的倾向。“新民本说”的看法比较客观。虽然中国的启蒙思想家依然是站在封建士大夫的营垒中，以中国传统的民本思想为武器对封建政治文化所作的批判，但他们已经揭示了民本思想与封建君主政体的内在矛盾和冲突，显然还没有达到民主思想的水平，但已经包含了若干民主思想的成分和因素，推动了中国人的政治觉醒，并成为中国近代接受民主文化的重要思想武器。

启蒙思想对君主专制制度的根本否定，是对传统民本思想中尊君观念的重大突破。无论是“民贵君轻”，还是“民水君舟”，都是以维持君主的统治地位为前提，因为只有民心稳定，君主的统治才能稳固。孟子只是反对暴君，反对苛政，并不从一般意义上反对君主制。古典儒家一

---

① 李存山：《从民本走向民主的开端——简评所谓“民本的极限”》，《华东师范大学学报》2006年第6版。

方面主张民本，一方面主张尊君，把实现天下为公理想的希望寄托在君主施仁政上。而黄宗羲在《明夷待访录》首篇中石破天惊地怒喊“天下之大害者，君而已矣”！人君与天下人的关系是“天下为主，君为客”。现今的人君敲诈勒索天下之民，以供自己穷奢极欲地享乐，这是天下不得安宁的根本原因。王夫子在《周易外传中》提出“君以民为基”“无民而君不立”“不以天下私一人”的反专制思想，认为君主一家一姓之兴亡是君王个人的私事，而天下百姓的生死安危是天下之公事。唐甄在《潜书·室语》中大胆提出“帝王皆贼”的口号，“自秦以来，凡为帝王者皆贼也。”他认为历代帝王对社会动乱有不可推卸的责任，帝王是一切祸乱的根源。启蒙思想家已经认识到民本思想与君主制度的内在矛盾，主张只有从根本上改造封建专制制度才能实现“天下为公”的民本主义理想，这是对传统民本思想的重大突破。

启蒙思想家主张君臣平等、君民平等，是对传统民本思想中等级观念的重大突破。孟子、荀子、董仲舒等作为阐发民本思想的重要人物，他们一方面以“民贵君轻”“舟水关系”“天人关系”等来论证君以民为本、立君为民的重要性；另一方面又从不同角度强调君民之间治与被治的等级关系。这实际上是把等级观念融入民本思想之中。而明清之际的启蒙思想家则对此作了批判，提出了君、臣、民的平等主张。黄宗羲对君臣关系作了全新的解释，认为设官与立君的目的是一致的，那就是为天下万民服务。他在《原臣》中说：“天下之大，非一人能治，则分治以群工。”君与臣是为天下，是同事是师友，而不是“君为臣纲”，臣更不是君的“宦官宫妾”。他认为孔子讲“以道事君”就是“以天下万民为事”。顾炎武认为君是为民的需要而设立的，天子也是一个爵位，公、侯、伯、子、男也是一个爵位，没有贵贱之分，并非天子最高贵，所以天子不应把自己凌驾于民众之上。唐甄在《潜书·抑尊》中认为秦汉以来“君日益尊，臣日益卑”，于是上骄下谀，君主更加无道。这种君民、君臣关系必然导致“贤人退，治道远矣”。他主张君主要广开言路，以臣民为师。启蒙思想家批判秦汉以来“君为臣纲”的等级观点，倡导君臣平等、君民平等，这是对建立在封建等级观念基础上的民本思想的重大突破，也是对封建专制主义批判的深化。

启蒙思想家提出了“道之在人”的道统观、“万民忧乐”的治乱观和“事迁法变”的历史发展观，突破了“天不变，道亦不变”的传统民本思

想。历史观是民本思想建立的基石，孔子主张历史是循序渐进的，而董仲舒则提出了历史循环论。他说："道之大原出于天，天不变，道亦不变。"（《汉书·董仲舒传》）具体而言，这个道体现为"大纲、人伦、道理、政治、教化、习俗、文义"这些统治秩序和纲常名教的内容是恒久不变的，"故王者有改制之名，无易道之实。"当然他也主张"有道伐无道""屈民而伸天"，来实现"王者民之所往，君者不失其群者也"的民本理想。受董仲舒历史观的影响韩愈提出了道统说来维护儒家的正统地位。而李贽则提出了"道之在人"的新思想来批判宋明理学家津津乐道的"道统说"。其《藏书·德业儒臣后论》中说："道之在人，犹水之在地也；人之求道，犹掘地而求水也。然则水无不在地，人无不载道也，审矣。而谓水有不流，道有不传，可乎?"道学家认为，自孟轲死后，其道不得其传，其是大谬也。果真如道学家所言，汉、唐无道，那汉、唐何以延续千年百年？如果说宋重新接续了道统，那宋为何"奄奄如垂绝之人"，反不如失道的汉、唐呢？黄宗羲从民本思想出发明确提出了"万民忧乐"的治乱观。他在《原臣》中指出："盖天下之治乱，不在一姓之兴亡，而在万民之忧乐。是故桀、纣之亡，乃所以为治也；秦政、蒙古之兴，乃所以为乱也。"这种"以天下万民起见"的治乱观，完全超越了以某个具体王朝的治乱兴衰来论说历史兴衰的传统观念，把民众摆在评价治乱兴衰的历史天平上。王夫之则在《读通鉴论》中提出了"事迁法变"的历史发展观。"事随势迁，而法必变""汉以后之天下，以汉以后之法治之。"王夫之认为，人类历史是一个理势统一的自然过程，它的规律性可以从历史发展的必然趋势中见到。他说："迨已得理，则自然成势，又只在势之必然处见理。"这些进步的历史观是对"天不变，道亦不变"的正统历史观的突破，而黄宗羲"万民忧乐"的治乱观甚至是对帝王史观的大胆否定，从而为中国社会变革制造理论依据。

启蒙思想家不再以"阴阳灾异"和"正心诚意"来警示和要求人君，而是开始考虑如何从政治制度上以权力来制约权力的问题，这是对传统民本思想的又一突破。黄宗羲主张用"天下之法"取代"一家之法"，"有治法而后有治人"，主张用制度来约束王权，也是对荀子"有治人无治法"政治文化传统的否定。尤其是提出"学校论政"的重要思想，"必使治天下之具皆出于学校""天子之所是未必是，天子之所非未必非”，这是对封建大一统思想的重大突破。顾炎武在《日知录·守令》中主张“分权众台”，限制君主“独权”。实行“以天下之权寄天下之人”“分天子之权以各治其事”，并提出“寓封建之意于郡县之中”的具体改革方案。顾炎武提出“天下兴亡，匹夫有责”，强调民众的社会责任，突破了传统民本思想把民众命运仅仅寄托在开明君主施仁政的传统观念。

启蒙思想家提出“工商皆本”，突破了传统民本思想“重农抑商”的政治思维。传统思想将农业视为根本，将商业视为末业，认为只有采用重农抑商政策，才能稳定民众，巩固政权。黄宗羲根据当时社会工商业发展的现实提出了“工商皆本”的思想。《明夷待访录·财计三》指出：“世儒不察，以工商为末，妄议抑之。夫工固圣王之所欲来，商又使其愿出于途者，盖皆本也。”发展工商业是圣王所希望，是国富的根本。虽然黄宗羲还不可能揭示“商赋人权”的理念，但他的“工商皆本”却符合当时社会发展的方向。①

启蒙思想家对宋明理学“存天理、灭人欲”观念的批判，超越了传统民本思想的义利观和理欲观。李贽认为“私”是人的本心。“夫私者，人之心也，人必有私而后其心乃见”。“趋利避害，人人同心”，谋利而做就是正义，就是世间“千人共由，万人共履”的“荡平大道”。就连圣人也不能没有势利之心。李贽对封建正统的是非观、善恶观、义利观、贵贱观等进行了全面否定。黄宗羲认为现今人君“使下人不敢自私、不敢自利，以我之大私为天下之大公”，实际上是肯定民众自私自利的正当性，民众的利益即“天下之大公”。王夫子在《读四书大全说》中主张“人欲之所得，即天理之大同”“人欲之大公，即天理之至正”“饮食男女之欲，人之大共也”。即主张理欲统一，肯定人欲的普遍性和合理性。启蒙思想家的这些思想是对儒家“重义轻利”和道学“存天理、灭人欲”观念的颠覆，发挥了解放人性的进步作用。

明清之际的启蒙思想家，在新的历史条件下进一步深化了民本思想的内涵，对君主专制主义进行了无情的批判，这是对中国传统民本思想的理性超越，即由在专制制度的框架内谈论民本思想，转变为在批判和否定专制制度的过程中展开民本思想。这是因为经过两千多年专制统治，

① 王世荣：《民本文化与民主文化的冲突与融合》，《济南大学学报》2003 年第 5 期。

中国人已经认识到专制制度才是实现民本思想的最大敌人，不否定这种制度，民本思想只能永远是一种理想、一种幻想。虽然这些思想家还没有直接得出革命的结论，但他们提出的发展历史观，提出“天下为主，君为客”，君臣是“师友”关系，君民贵贱平等，“分权众治”，“工商皆本”，理欲统一等观念，已经突破了传统民本思想的局限性。他们对传统价值观的全面否定，对儒家意识形态的怀疑，对人性以及平等、自由的呼唤，提出改造社会的种种主张已经具有民主文化的一些因素，为中国社会变革起了舆论先导作用，对后世产生了重大影响。[①] 梁启超在《中国近三百年学术史》中称《明夷待访录》是当时“刺激青年学生最有力之兴奋剂”，并作为“宣传民主主义的工具”。资产阶级革命家陈天华在《狮子吼》中把黄宗羲奉为“中国的卢梭”，认为他是中国人的“大圣人，是孟子之后第一人”；他的《明夷待访录》“虽不及《民约论》之完备，民约之理，却已包括在内”。明清之际启蒙思想家批判封建专制文化，开启了中国政治文化历史转型的先声。

（二）近代以来民本思想成为我国接受西方民主思想的中介和桥梁，而五四新文化运动，则提出了从根本上改造传统政治文化的历史任务

鸦片战争打破了“天朝上国”的梦境，中国出现了“数千年来未有之变局”。西学东渐，建立在天赋人权和人民主权基础之上的民主思想开始传到中国，这是与封建专制主义政治文化根本对立的新型政治文化。但是民主思想作为一种外来文化，要被中国人接受就必须在民族文化中寻找基因。当时先进的中国人就是从中国传统的民本思想中寻找民主思想的根据，或者用民主思想来解释民本思想，也可以说民本思想成为中国政治文化历史转型的中介和桥梁，起了沟通西方民主文化与中国传统政治文化的历史进步作用。

康有为就是用西方的民主思想来解释孟子的民本思想，赋予“三世说”新的时代内容，提出了历史进化论。在《孟子》“所谓故国者，非谓有乔木之谓也”这一节下，他注曰：“此孟子特明升平授民权开议院之制，盖今之立宪体君民共主法也。”在“民为贵，社稷次之，君为轻”节下注曰：“此孟子立民主之制，太平之法也。”（《孟子微》卷一）很明显，康有为是以封建君主制为“据乱世”，以资本主义君主立宪为“升平

---

① 王世荣：《民本文化与民主文化的冲突与融合》，《济南大学学报》2003 年第 5 期。

世”，而以资本主义民主共和国为“太平世”。康有为认为中国社会必然要从封建君主专制向资产阶级民主共和制过渡，为变法维新提供了理论依据。梁启超则称许孟子的民贵君轻说，在《读孟子界说》中认为“泰西诸国今日之政治庶近之”。对于黄宗羲的民本思想，梁启超则更多地援引、利用。他说：“梁启超、谭嗣同辈倡民权共和之说，则将其书（指《明夷待访录》——引者）节抄，印数万本，秘密散布，于晚清思想之骤变，极为有力。”严复在介绍西方近代思想方面功绩甚伟，也称颂孟子的“民贵君轻说”是“古今之通义也”，并认为孟子的这一提法与西洋关于“国者，斯民之公产也”的思想别无二致。

维新派对传统民本思想中君民关系进行了重新定位，超出了“民本君主”的思维定式，提出了“民主君仆”“主权在民”的新思想。康有为在《孟子微总论》中认为君民关系，是被雇者与雇佣者的关系，“民者如店肆之东人，君者乃聘雇之司理之耳，民为主而君为客，民为主而君为仆”。严复认为君与民的关系是一种委托与被委托的契约关系。君主和国家都是根据人民的需要而从事管理公共事务的。“是故君也臣也，刑也兵也，皆缘卫民之事而后有也。”既然如此，那么君民之间的关系，自应当以民为主。所以严复说只有人民“斯天下之真主也”。“国者，天下之公产也。王侯将相者，天下之公仆隶也”。[①] 严复用建立在社会契约论基础上的民主思想改造“民本君主”思想，提出了“民主君仆”“主权在民”的新思想。

维新派突破了传统民本思想侧重于“重民”“富民”“仁民”等民生问题，提出“兴民权”“设议院”“开民智”等主张。康有为在《上清帝第二书》中提出“富国”“养民”“教民”的具体措施；在《孟子微》中更强调“人人独立、人人平等、人人自立、人人不相侵犯”的天赋人权。梁启超提出设议院、开民智的民权思想，认为“今日欲伸民权，必以广开民智为第一义”。戊戌变法失败后，梁启超引进了“国民”概念，发展了民权思想。他认为，中国几千年以来，只有“国家”，没有“国民”。“国民”与“国家”的区别在于“国家者，以国为一家私产之称也”“国民者，以国为人民公产之称也”。在以家为国的专制统治下，中国人的最大特点是“曾不知天地间有所谓民权二字”，所以，几千年来中国只有奴

---

① 严复：《戊戌变法》（第3册），神州国光社1953年版，第81页。

隶，没有国民。梁启超还认为，中国人要成为享有主权的国民，必须树立权利和义务观念，这也是对臣民文化的重要突破。

维新派突破了传统民本思想与专制主义和纲常名教合流的特点，倡导自由、破除“心奴”“冲决网罗”，为变革封建意识形态制造舆论。严复在《辟韩》等文中提出：“民主自由，天之所畀”“自由为体，民主为用”“身贵自由，国贵民主”等思想。他认为中国要富强，首先要像西方社会那样实现个人自由。在《原强》中指出：“夫所谓富强云者，质而言之，不外利民云尔。然政欲利民，必自民各能自利始。民各能自利，又必自皆得自由始。”梁启超认为精神自由比人身自由更为重要，提出“破心奴说”。在《新民说》中提出“若欲求真自由者乎，其必除心中奴隶始”。谭嗣同在《仁学》中指出“三纲”给人们带来的祸害，“不惟关其口，使不敢昌言，乃并锢其心，使不敢涉想。……三纲之慑人，足以破其胆，而杀其灵魂”，成为千百年来套在中国人民身心的无形网罗。为此他勇敢地提出“冲决君之网罗”“冲决伦常之网罗”！①

维新派虽然倡导“民主君仆”“兴民权”，但仍对“君权”抱有幻想；主张设议院，却担心“民智未开”；鼓吹自由、“冲决网罗”，却不敢触犯“圣人”。维新派从民本思想中引申出民权思想的“大义”，企图用“君末民本，以仁养民”观点来构筑新的君民关系，使其宣传的民主主义实际上包含着许多非民主主义的政治观念。比如其要建立的议院，更多是为了重民意、达下情，其中应包含的民主自主内容则大打折扣。

孙中山提出三民主义，是中国资产阶级民主革命思想的最高成就，但他在宣传民权思想的过程中，也非常重视从中国古代民本思想中寻找根据。1895 年孙中山拟订的《香港兴中会章程》便引述《尚书》“民为邦本，本固邦宁”的古训阐发民权说。他说：

> 中国进化比欧美还要先，民权的议论在几千年以前老早就有了，不过当时只是见于言论，没有形于事实。现在欧美既是成立了民国，实现民权，有了一百五十年，中国古人也有这种思想。②

---

① 转引自曹德本主编《中国政治思想史》，高等教育出版社 1999 年版，第 350 页。

② 《孙中山选集》，人民出版社 1981 年版，第 701—702 页。

孙中山十分向往儒家的大同理想，在他的理解中，大同理想就是民主思想，“两千多年前的孔子、孟子便主张民权”，孔子说：“大道之行也，天下为公，便是主张民权的大同世界。”清末革命派不少人都有类似的运思逻辑。像陈天华把黄宗羲的《明夷待访录》与卢梭的《民约论》相提并论，刘光汉、林獬合著《中国民约精义》，也把《孟子》到《明夷待访录》中的民本学说当作民约论、民权学说加以阐述。①

与维新派相比，孙中山提出的三民主义和五权宪法更具独创性，包含用民主思想改造和利用民本思想的意蕴。孙中山是把民本思想纳入民主制度的框架内进行阐发，主张用民主共和制来取代君主专制；主张“民权革命”，依靠民众的力量来实现民权；把民权落实在“民治”上，民权被定义为“民众主动地积极地治理国家的权利”；用民有、民治、民享来解释三民主义，就是“国家是人民所共有，政治是人民所共管，利益是人民所共享”。民本思想是民权主义的思想渊源，而且民权主义与民族主义、民生主义紧密联系，民众不仅要当家做主，而且要在民族关系上实行平等，经济上实行“平均地权，节制资本”。他认为西方“近世各国所谓民权制度，往往为资产阶级所专有，适成为压迫平民之工具”，因而不愿步欧美之后尘，立志把中国改造成为一个“全民政治”的国家，一个“最新式的共和国”。孙中山在《民权初步》中主张对民众进行民权启蒙。传统民本思想具有民有、民享之义，但没有民治观念，孙中山的三民主义是对其的重大突破。虽然孙中山的民主革命思想具有“精英主义”，民权思想具有弱于消极权利、弱于个人权利、弱于规范化和制度化等局限性。但资产阶级革命派创立民主共和、宪政、政党政治，使中国政治文化进入制度转型的新阶段。

继民主革命的领袖们及其领导的辛亥革命宣传和阐释民主、民权，创立共和，使民主观念在中国逐步树立之后，新文化运动所具有的思想启蒙作用使民主观念进一步传播，并开启了改造包括民本思想在内的传统政治文化，实现政治文化现代化的进程。新文化运动的旗手们从不同角度指出了民本思想的局限性，对传统政治文化的专制本质进行了批判。胡适认为“中国古代民本思想具有民权思想的意味，却没有民主民权的

---

① 冯天瑜：《近代民主主义的民族文化渊源》，《近代史研究》1999 年第 4 期。

制度”[①]。李大钊在《民彝》创刊号上发表长篇政论文章《民彝与政治》也是引古代民本思想来表达对民主共和制度的礼赞和对封建专制制度的鞭笞。

> 书曰：“天视自我民视，天听自我民听。”视听之器，可以惑乱于一时，秉彝之明，自能烛照夫万物。……向之盗劫民彝罔惑民彝者，终当听命于民彝而伏诛于其前，则信乎正义之权威，可以胜恶魔，天理之势力，可以制兽欲也。诗云：“天生烝民，有物有则。民之秉彝，好是懿德。”[②]

他这里的“民彝”就是人民的心理、人民的意志。他认为政治的好坏，就在于为政者能否适应和发扬人民的自由意志。他说：“兹世文明先进之国，莫不求适宜之政治，以信其民彝，彰其民彝。”当代能够表达人民意志的政治就是“惟民主主义为其精神，代议制度为其形质之政治”，“盖民与君不两立，自由与专制不并存，是故君主生则国民死，专制存则自由亡。”可见，李大钊从民本思想出发，却得出了民主主义的历史结论，并且揭示了民主自由与君主专制的根本对立。

陈独秀指出：“袁世凯之废共和立帝制，乃恶果而非恶因，乃枝叶之罪恶，非根本之罪恶。若夫别尊卑，重阶级，主张人治，反对民权思想之学说，实为制造专制帝王之根本恶因。吾国思想界不将此根本恶因铲除净尽，则有因必有果，无数废共和复帝制之袁世凯当然接踵应运而生，毫不足怪。”[③] 新文化运动的领袖们认为中国的帝制复辟及民主共和不能建立的重要原因之一，在于中国长达数千年的专制思想和蒙昧文化的遗毒。[④] 因而也就提出了从根本上变革中国传统政治文化的历史任务。他们认为只有把专制主义思想从国民的心理中彻底铲除出去，代之以自由、平等、民主的新观念，真正民主共和政治才有望实现。

陈独秀认为三纲说是“礼教之根本教义”：

---

① 胡适：《中国中古思想史长编》，华东师范大学出版社1996年版，第52页。

② 《李大钊选集》，人民出版社1959年版，第36页。

③ 陈独秀：《袁世凯复活》，《新青年》第2卷第4号。

④ 耿云志：《西方民主在近代中国》，中国青年出版社2003年版，第351页。

君为臣纲，则民于君为附属品，而无独立自主之人格矣；父为子纲，则子于父为附属品，无独立自主之人格矣；夫为妻纲，则妻于夫为附属品，而无独立自主之人格矣。率天下之男女，为臣、为子、为妻，而不见有一独立自主之人者，三纲之说为之也。①

三纲是专制主义政治赖以存在的社会基础。陈独秀在《东西民族根本思想之差异》中，指出宗法制度的四大恶果："律今日之文明社会之组织，宗法制度之恶果有四焉：一曰损坏个人独立自尊之人格；一曰窒息个人意见之自由；一曰剥夺个人法律上平等之权利（如尊长卑幼、同罪异罚之类）；一曰养成依赖性，戕贼个人之生产力。"陈独秀所谓"今日文明社会之组织"，即西方近代的民主制度。在这种制度下，所奉行的独立、自由、平等的"人权说"，与中国的纲常名教恰恰相反。

光升对儒家民本思想中的仁政理论进行了剖析，揭示了仁政的专制主义本质。指出中国"未尝离国家而认个人之存在"，不论是儒家还是法家，都不承认个人之价值。其于儒家仁政分析更为精到：

"一方尊君，一方又策君爱民""自政治真义言之，民亦何所用其爱哉？人民对于国家有应尽之义务，有应享之权利。""夫爱之云者，特恩惠之名词。人而为人所爱，惟立于依赖地位，而必不有其权利之可以主张。康德曰：以仁爱为国，则其政治为专制，而视人民为孩提、为未成年者，遂使其自由销归乌有矣，此之谓也。若是，则儒家之爱民，与法家之弱民，虽有暴仁宽狭之不同，而其根本不认有个人之自由则一也。"②

光升关于儒家德治主义与现代法治格格不入，批评贤人政治以及国民对圣君贤相的依赖心理等都极其深刻。

五四时期民主思想发展的最重要的成果，是"人"的发现。在儒家宗法思想与宗法制度长期统治之下，中国向来"只承认人民是民，不承

---

① 陈独秀：《一九一六年》，《青年》杂志第1卷第5号。

② 光升：《中国国民性及其弱点》，《新青年》第2卷第6号。

认人民是人”。① 这应该看作是对中国民本思想本质的深刻揭示。民的观念在我国古已有之。古时，民、氓相通，民即是“蚩蚩之民”、不知不觉，必得由王者或官吏来管理。所谓“牧民”（《管子》有牧民篇）即是管理民，犹如牧羊一样。如果任何一只羊有什么特别的要求、特别的举动，对于牧羊者来说，是不可设想的，是不能允许的，必须用鞭打以纠正之，使其放弃任何特异的行动而融入大群之中。中国的统治者们正是以牧者对待羊的态度去对待民的，在中国的传统里，特别忌讳“个人”的字眼，公私之分、义利之辩成为国人严守的道德疆界，在中国树立个人主义观念是一件大逆不道的事。但五四时期的启蒙思想家，强调个性自由，强调个人价值与尊严，主张个人要享有独立的权利，个人不依附任何其他个人和势力，在任何时候都享有以自己的独立思想进行自由选择的权利。个人主义作为自由民主社会的价值基点，对民主思想的深入发展与民主制度的最终确立起着特殊意义。可以说，个性解放与个人主义思想是五四民主思想最突出的特色，也是五四民主思想突破民本思想局限性的关键点之一。

中国近代思想家在救亡图存的历史潮流推动下，受到“西学东渐”和欧风美雨的洗礼，开始接受西方的民主思想。但无论是维新派还是革命派都企图在中国传统的民本思想中寻找民主思想的基因，甚至胡适、李大钊也有此类思想倾向。但是总体而言，五四时期的思想家陈独秀、胡适、李大钊等人，已经认识到以儒家为代表的传统政治文化包括民本思想，其本质是为君主专制制度服务的，宣扬的是封建专制主义和蒙昧主义。他们对封建纲常礼教的根本否定，对自由、民主、平等、人权的呼唤，尤其是强调个性自由、强调个人的尊严和价值，提出用个人本位取代家族本位，提出用近现代民主思想全面改造中国传统政治文化的历史任务，与维新派重视政治思想变革、革命派重视政治制度变革不同，新文化运动更重视政治心理变革，其意义更加深远。

（三）弘扬新文化运动的启蒙精神，在消除封建残余思想的同时，改造和利用民本思想，并与民主文化相融合，是实现中国政治文化历史转型的重要途径

中国近代政治文化的历史转型经历了曲折艰难的历程。新中国成立

① 陶履恭：《我们的政治生命》，《新青年》第5卷第6号。

以后，由于长期受苏联计划经济模式影响，传统集权型的政治体制长期居于主导地位；受左倾思想影响，拒绝借鉴西方政治文明的成果，并未真正形成与市场经济、信息化和全球化时代公民社会相适应的现代政治文化。至今，五四时期的政治文化的启蒙目标并未完全实现。邓小平指出："推翻封建主义的反动统治和封建土地所有制，是成功的、彻底的。但是肃清思想政治方面的封建主义残余影响这个任务，因为我们对它的重要性认识不足，以后很快转入社会主义革命，所以没有能够完成。"[①] 中国政治文化历史转型任重而道远，反封建型文化仍然是民主政治文化建设亟待解决的一大难题。

中国目前正在进行社会主义现代化建设的伟大工程，社会主义政治文明建设任务的提出是一项重大的战略选择。面对全球化的机遇和挑战，中国必须走民主化的道路，这是任何人都难以阻挡的历史潮流，但全球化和民主化必须与民族化和本土化结合起来，才是政治文明建设的必由之路。为此，必须研究中国传统政治文化，挖掘这份宝贵的本土文化资源，并且与时代精神结合起来。民本思想在明清之际和近代以来政治思想变革中的积极作用表明，它是我们在政治文化建设中可以挖掘的本土政治文化资源。但我们必须同时看到，民本思想主要是在封建社会君主专制制度的框架内形成的，虽然对专制制度有一定的制约作用，但其本质是为了封建社会的长治久安，是为封建专制制度服务的。

> 中国传统政治思想的根本出发点就是"民本君主"，即把政治体看作是君王和臣民这两个部分组成的统一整体，君王和臣民作为整个政治体的组成要素，它们密不可分。[②]

民本君主，家国共构，权力本位，政治伦理化，依附性人格等构成中国传统政治文化的基本特征。因此，在建设社会主义政治文明的过程中，必须继续弘扬新文化运动的启蒙精神，高举民主和科学的旗帜，批判和消除封建政治文化的影响。那种否定五四新文化运动的思潮并不是

---

① 《邓小平文选》（第2卷），人民出版社1994年版，第335页。

② 俞可平：《中国传统政治文化论要》，载马德普《中西政治文化论丛》（第1集），天津人民出版社2001年版，第108—109页。

一种理性的态度。而对民本思想的历史局限性也须有清醒的认识而加以根本的改造，以适应社会主义民主政治建设。

从中国政治文化的历史转型角度看，实现从臣民文化向公民文化转变是根本标志。我们必须看到，民本思想与民主思想有本质的不同，民本思想是在君主专制制度的框架内形成的，民为邦本，君为民主，它只是服务于王权政治的一种治国策略。“民本思想”推崇君王，主张“好皇帝”“清官”“青天”，而把人民贬抑为“百姓”“黎民”“风土”“小民”，强化了人民的唯命是从的服从意识。在民本思想的长期熏陶下，作为群众的中国人习惯于“唯书、唯上”，把自己的命运交给统治者来主宰，通常都麻木、冷淡地自居于政治权力体系之外。民本思想说到底是一种臣民文化，在这种文化下，人民习惯于人身依附，缺乏公民意识。

中国人缺乏公民意识的一个突出表现就是重道德、轻法律，重义务、轻权利，不懂得或不习惯运用法律武器来争取生存和发展必须拥有的权利，更谈不上积极地通过法律诉讼冲破各种面纱与障碍去达到义务与权利的真实平衡。中国传统社会从未在制度上触动宗法关系根基，宗法关系、宗法制度始终像一张巨网，把王权、族权乃至神权纽结在一起，构成严格的家长式君主专制政治制度，社会调节、社会秩序的维持普遍借助于人与人之间的血缘和身份，借助于家长的绝对权威和家庭内部的伦理纲常。法律贬值，伦理道德则被提升为规矩人事、主宰天地和纲纪宇宙的绝对本体。政治关系伦理化，个人对专制制度的服从，已不再具有强制性的外在束缚，而被理解为自我主动承担的义务。由此，个人完全消融于社会整体之中，接受家庭和国家的完全支配和统治，主体意识丧失殆尽。权利与义务分离，并最终被义务吞噬。① 民本思想把希望寄托在明君贤臣实行德政上，而没有形成行之有效的制约机制，从而形成了人治的政治传统和体制。

由于自然经济在我国长期占优势，而民本思想主张采取重农抑商政策，也阻碍商品经济的发展。可以说中国的民本思想就是在小农自然经济基础上产生的。虽然历史经验使统治者不能小觑民众的力量，把民众看成政权的根基，但是民众却没有力量来保护自己，只能崇拜权力而祈盼明君贤臣来为民做主，这是产生“民本君主”政治文化的经济根源。

---

① 万斌、诸凤娟：《论民本思想对中国民主进程的影响》，《学术界》2004 年第 3 期。

公民文化是建立在市民社会和民主制度基础上的一种参与型政治文化。公民文化的特质在于：第一，公民具有较强的政治参与意识，关注政治系统的输入和输出，尤其是输入功能取向的具备；第二，具有较强的政治认同感和效能感；第三，公民政治活动的频率较高，但这种活动的主要特征是高理性基础上的高参与。① 随着我国市场经济的发展，中国社会结构发生了深刻的变化，社会阶层的分化和利益多元化促使市民社会得到一定发展，公民的主体意识、平等意识、契约意识、民主参与意识等有了历史性的进步和增强。这就迫切要求我们在完善民主制度的同时，积极培育公民文化，实现对以臣民意识为特征的民本文化的改造和转变。

由臣民文化向公民文化的转变，包括由依附性人格向自主性人格的转变，由义务本位向权利本位的转变，由追求清官意识向政治合法性诉求的转变，以及政治社会化方式由政府主导向政治参与的转变等丰富的内涵。而要实现中国政治文化的历史转型不仅要大力发展商品经济（市场经济），培育市民社会，完善社会主义民主政治，而且要继承吸收和借鉴西方的民主思想，并且对我国传统民本思想进行改造和利用，建设适应中国国情的社会主义政治文化。而政治文化建设的核心是培养和发展社会主义民主文化，也就是说必须用民主思想来改造民本思想，而不是用民本思想来取代民主思想。那种把近年来党和政府关注民生、注重民意、执政为民的种种政策努力称为“新民本”思想并以此作为社会主义政治文化建设目标的认识和想法，不仅缺乏充分的依据，而且实际上是一种历史倒退。改造民本思想，当从以下方面展开。

其一，必须用人民主权观念来改造“民本君主”观念，破除官本位和“青天”意识，确立人民当家做主的信念，培养公民参与意识。在传统民本思想里，民众是国家的根基，是政权巩固的基础，民心向背决定政权兴衰，所以统治阶级必须重视民众的利益，安定民心，这在民主时代也是应该重视的治国之道，正因为如此，民本思想才有现实价值。但是在传统民本思想里只是把民众看作政权的基础，而不是看作政权的主体，“国以民为本”而“民以君为主”，民众并不能自己主宰自己的命运，只能渴望贤明的君主和“青天”大老爷来为民做主，这实际上是不可靠

① 张华青、邱柏生：《公民文化：政治文明的表征之一》，《探索与争鸣》2002年第12期。

的。在社会主义社会，人民是国家的主人，国家的一切权力属于人民。人民不仅是政权巩固的基础，人民更是行使国家主权的主体，由人民自己决定国家大事，决定由谁来从事国家事务的管理，政府和官员向人民负责，是人民的公仆，而不是人民的主人。“官本位”和青天意识是封建专制时代的产物，是必须破除的。如果仅仅把人民看作政权的基础，由官员代表他们的利益，主宰他们的命运，那么这种“民本思想”就仍然停留在“民本君主”的思维定式之中，而不利于公民主体意识和参与意识的培养。

其二，必须用人权观念来改造民本思想的“义务本位”理念，破除宗法家长制、等级观念和特权思想，实现权利与义务的平衡。民本思想侧重于社会本位和国家本位，个人只是被作为社会整体的构件纳入国家、家族的网络系统。社会作为一个整体，无论是表现为国家、家族，君王、家长，都是凌驾于个人之上的绝对的独立实体，而个人是他的附属物。封建政治伦理中最主要的是“忠孝”二字，大臣对君主要尽忠，儿子对父亲要尽孝，忠孝是义务。“君为臣纲、父为子纲、夫为妻纲”是不平等的服从关系，臣对君、子对父、妻对夫只有服从的义务，没有权利可言。因此五四时期思想家说“三纲”是奴隶哲学，也可以说中国传统政治伦理是一种义务本位。在治理国家的宏观层面上讲“国以民为本”，而在社会组织的微观层面上，是国家本位、家庭本位、义务本位，或者说民本思想是建立在君主专制、宗法等级制度基础上的，这是民本思想的内在矛盾。而现代民主思想是建立在平等人权基础上的，个人拥有独立、自由、平等的人权和尊严，有参与国家政治生活的平等权利，国家存在的根本目的是保障和维护人权。当然公民也有遵守宪法和法律、自觉维护社会利益和公共秩序的义务。用现代人权观念改造民本思想的“义务本位”观念，破除宗法家长制、等级观念和特权思想，才能使人民真正成为国家和社会的主人，实现权利与义务的平衡。

其三，必须用现代法治观念来改造“民本思想”的人治传统，完善对权力行使的制约机制，克服“权大于法”，单纯依靠德政而使权力任性化的局限，实现依法治国与以德治国的结合。传统民本思想所含的德政思想仅仅是停留在道德说教的层面上，没有也不能在中国传统社会促成一种制约君主实体权力的产生。在中国传统社会里，不乏体恤民情、推行德政的君主，但昏庸无道，实行暴政的君王更不在少数。因为没有权力制约的权力终究是一种任性的权力、一种专制的权力，民本思想的治国方式没有超出“人治”的窠臼。而人治是依靠个人的意志和偏好治理国家的形式，是封建专制主义的重要特征。法治是依靠制度和法律来治理国家，讲分权和以权力制衡权力，以权利制约权力。中国有悠久的人治传统。重“人治”轻“法治”，权大于法，使个人崇拜和个人专制不断升级，不能够从制度和法律上来维护和规范社会主义民主，从而导致了“文革”的历史悲剧。改革开放以来我们重视民主和法制建设，维护了社会稳定，促进了现代化建设。但是也出现了比较严重的腐败现象，关键在于没有形成有效的权力制约机制。依法治国方略虽然已经确立，但是要真正落实并不是一件十分容易的事情。必须树立宪法和法律至上的原则，坚决克服权大于法的现象，同时加强道德建设，尤其是党风和整肃吏治，把依法治国方略与以德治国传统结合起来，才能实现国家的长治久安。

其四，必须用启蒙精神来改造“民本思想”的政治社会化方式，破除人身依附关系和“唯书唯上”的观念，培养独立自主的公民精神。儒家特别重视政治教化的功能。“有子曰：‘其为人也孝弟，而好犯上者，鲜矣；不好犯上，而好作乱者，未之有也。君子务本，本立而道生。孝弟也者，其为仁之本与！’”传统家庭教育在于培养人的孝悌观念，而孝悌观念的养成其目的是使人民成为不犯上作乱的顺民。

孔子的“克己复礼为仁”“非礼勿视，非礼勿听，非礼勿言，非礼勿动”，要求人们克制自己的欲望，自觉地服从宗法等级秩序。“君子有三畏，畏天命，畏大人，畏圣人之言。”甚至主张“民可使由之，不可使知之”的愚民政策。在中国享有强制合法权利的不仅有君臣关系，而且有父子、夫妻、师生关系。直到今天我们在教育子女时，仍然以“在家听父母的，在学校听老师的，在单位听领导的”顺从性人格作为教育的基本准则，可见传统政治文化的影响之深。康德认为，所谓启蒙就是改变离开他人就不会思考、不会行动的习惯，就是做独立自主的人。我们必须继承五四启蒙精神，继续解放人性，培养独立、自由、平等的人格和具有参政意识和能力的公民精神。拓宽公民有序参与渠道，提高自主参与程度。从根本上改变“唯书唯上”的经学式教育方式，把现代公民教育提上日程。如果我们一方面强调人民当家做主，另一方面又鼓励逆来顺受、唯唯诺诺的依附性人格，中国的民主化何时才能实现？

由于我国处于社会主义初级阶段，受社会经济和文化发展程度的限制，社会主义民主政治发展水平不高，公民的参与意识和能力的提高有一个过程。而传统的民本思想仍然在社会民众中有较大的影响力，所以弘扬民本思想的精华，塑造亲民形象，坚持执政为民的信念，着力解决民生问题，对于维护社会的稳定和发展、巩固执政合法性基础仍然是现实的政治选择。正因为如此，有人提出了“新民本”思想来概括当今共产党人“执政为民”的政治思想和实践。然而从长远来看，我们必须用民主思想来改造和利用民本思想，在建设社会主义民主政治文化的前提下把二者融合起来：就是要把一切权力属于人民的主权理念与“国以民为本”的民本意识结合起来；把自由、平等的人权意识与“民为贵”的价值观结合起来；把权利本位观念与“爱民”“富民”、执政为民的执政意识结合起来；把为人民服务的公仆精神与“天下为公”的责任意识结合起来；把依法治国与以德治国结合起来；把社会本位与个人本位结合起来；把民主与集中结合起来。民主是社会主义的内在要求，没有民主就没有社会主义。我们坚信经过几代人的努力，社会主义民主政治一定能够展示光辉的前景。而民本思想与民主思想的融合一定能够推动中国政治文化的历史转型，从而成为加快中国民主化进程的强大思想力量。

目前国内兴起了“国学热”，国学是相对于西学而言的，这是继近代西学东渐、新文化运动和新时期思想解放运动以来国内掀起的一次民族文化复兴运动。因为在全球化的推动下，文化多样性问题凸显，异质文化的碰撞和交流，使后现代化国家的民族文化受到西方强势文化的巨大冲击，“国学热”的兴起正是对这种挑战的应对。而西方人企图在中国文化中寻找克服现代性危机的努力，以及随着综合国力的迅速提升，国民自信心大为增强，发展民族文化，增强国家“软实力”都成为推动国学热的重要因素。

应该看到“国学热”的兴起，有其必须性与合理性。因为各民族文化都有其独特性和优秀成分，欧洲中心论早就受到人们的怀疑。弘扬祖国文化的优良传统，是以承认文化多样性为前提的，因为这是一个“和而不同”的文化融合与对话的时代。但是在“国学热”掀起的同时，国内却出现了一股否定五四新文化运动的错误思潮，他们认为新文化运动的领袖们全盘否定中国传统文化的价值，是导致中国传统文化危机的直接原因；认为新文化运动是激进的，而不是理智的。应该说，总结历史的经验教训是无可厚非的，但问题是我们不能采取历史虚无主义的态度，新文化运动的先贤们所面临的形势，是怎样冲破封建文化对人的束缚，怎样从封建纲常礼教下解放人性，使人成为独立、自由和有尊严的新人。也可以说五四新文化运动提出了全面改造中国政治文化的历史任务。虽然新文化运动对传统文化的批判有偏颇之处，但他们高举科学和民主两面旗帜，对中国人的精神启蒙作用是谁也难以否认的。而且从目前中国社会发展状况来看，由于受封建残余思想的影响和经济文化发展水平的限制，公民的科学和民主素质总体水平仍然不够理想，五四精神启蒙的历史任务并没有完成。

“国学热”中存在着“民本热”，虽然对挖掘本土政治文化资源有积极作用，但也存在忽视民本思想的历史局限性，把中国共产党人的政治思想归结为“新民本”思想，甚至主张用“新民本”思想作为社会主义政治文化建设目标的倾向。

民本思想作为中国传统政治文化的优良传统，在现时代可以加以改造和利用，但绝不能用民本思想来取代民主思想，而“新民本”思想也仍然没有超出臣民意识的思维定式，这是我们应予以警惕的思想倾向。

第四编

心灵哲学引导人类开发无限精神宇宙

一　唯物史观与意志自由

意志自由是哲学、伦理学长期争论的问题之一。马克思主义唯物史观的创立，为我们研究社会历史、道德现象提供了科学的世界观和方法论，对意志自由问题也作出了自己的回答。然而，唯物史观是否完全否认意志自由，在这个问题上理论界还存在着分歧。台湾学者王臣瑞著的《伦理学（理论与实践）》就把唯物史观看作是反对意志自由的学说之一，我们大陆伦理学界也有类似观点，这就需要从理论上讨论一下唯物史观与意志自由的关系。

（一）

意志自由论首先是一种社会历史观，即认为人们的意志或上帝的意志具有绝对的自由，可以自由地创造历史，决定社会历史的发展进程，而不受社会发展规律的制约，这是典型的唯心史观。马克思、恩格斯正是透过人们的动机、意志、愿望这些精神性的因素，看到了生产方式这种物质性因素在社会发展中的决定性作用，揭示了生产力与生产关系、经济基础与上层建筑的矛盾运动是社会发展的动力，生产力是社会发展的最终决定因素，这就把社会历史观建立在物质一元论的基础上。这一发现从根本上动摇了唯心史观的基础，否定了把意志自由的历史作用绝对化的传统观念。唯物史观认为社会发展有自身的客观规律性，是一种特殊的物质运动形态，人的意志不可能有超越社会历史条件、摆脱社会发展规律的绝对自由，这是唯物史观关于意志自由问题的理论支点。

王臣瑞说：

马克思的经济决定论建基于他的历史辩证唯物论上，他认为人的历史就是物质循着正反合路线的发展史，这种发展史纯粹是一种

> 物质的力量，不为人力所控制，因此，不是人的意志决定生活，而是生活决定人的意志。[①]

他把唯物史观归结为经济决定论，进而推出唯物史观是完全否定意志自由作用的结论。

实际上恩格斯很早就批驳过这种观点。

> 根据唯物史观，历史过程中的决定性因素归根到底是现实生活的生产和再生产。无论马克思或我都从来没有肯定过比这更多的东西，如果有人在这里加以歪曲，说经济因素是唯一决定性的因素，那么他就把这个命题变成毫无内容的、抽象的、荒诞无稽的空谈。[②]

马克思、恩格斯在创立唯物史观的时候，为了批驳唯心史观片面强调精神性因素作用的错误观点，着重强调经济状况是基础，是历史发展的决定性因素，但是他们并没有否定上层建筑、意识形态对社会发展也有一定的能动作用，社会基本矛盾的运动和发展推动着历史的前进，所以唯物史观既坚持了唯物主义的一元论，又坚持了历史发展的辩证法，是两点论而不是一点论。

意志属于人类精神生活的范畴，说到底是社会存在的反映和表现，但是意志又可以促使人认识社会发展规律，指导人们去改造社会，从而对历史发展起推动或延缓作用。也就是说唯物史观在否定意志自由决定历史的唯心史观的同时，并没有完全否认意志的存在，并没有完全抹杀意志的历史作用。恩格斯指出：

> 历史是这样创造的，最终的结果总是从许多单个的意志的相互冲突中产生出来的，而其中每一个意志又是由许多特殊的生活条件，才成为它成为的那样。这样就有无数互相交错的力量，有无数个力的平行四边形，而由此就产生出了一个总的结果，即历史事变。……每个

① 王臣瑞：《伦理学（理论与实践）》，台北学生书局1980年版，第61页。

② 《马克思恩格斯选集》（第4卷），人民出版社1972年版，第477页。

意志都对合力有所贡献，因而是包括在这个合力里面的。[①]

人类社会不同于自然界，社会是由有意志的人组成的有机体，生产力、经济基础对社会的推动作用是以人的意志行为作为中介，以人的社会实践活动作为桥梁的。否认意志的作用，否认人类改造社会的历史主动性和主体性，就会重新陷入旧唯物主义，陷入历史发展的宿命论。

17—18 世纪的唯物主义哲学，由于受形而上学方法的影响，把社会和人完全看成是受因果必然性支配。笛卡儿把动物看成是机器，拉美特利甚至把人也看成是机器。这样人的主体性、人的意志自由就被忽视了。"按照斯宾若莎的意见，一切事物都受着一种绝对的逻辑必然性支配。在精神领域中既没有所谓自由意志，在物质界也没有什么偶然。凡发生的事物是神的不可思议的本性的显现，所以，各种事件按逻辑讲来不可能异于现实状况。"[②] 斯宾若莎完全否认人的意志自由，从而导致了泛神论是不奇怪的。

唯心主义，尤其是德国古典哲学家们一致认为世界的本质是精神性的，精神、自我意识、意志自由在他们的哲学中占有中心地位，他们要求克服主客体的对立，使主客体统一起来，统一于主体，主体在统一中占主导地位。康德是近代系统地从哲学高度论证人的主体性的哲学家，他限制知识和必然性的范围，为人的自由本质即人的主体性留有地盘。也正由于他是首创者，也就难免过分强调了人的自由意志的一面，而有分裂自由与必然关系的弊病。黑格尔也讲人的自由本质和主体性，讲个人自由与社会、国家的统一，但他的意志自由只是绝对观念的外化和表现。正是基于对近代哲学关于人的主体性、自由意志的深刻反思，马克思在自己的新世界观的第一篇光辉著作中写道：

从前的一切唯物主义——包括费尔巴哈唯物主义——的主要缺点是：对事物、现实、感性，只是从客观的或直观的形式去理解，而不是把它们当作人的感性活动，当作实践去理解，不是从主观方

① 《马克思恩格斯选集》（第 4 卷），人民出版社 1972 年版，第 478—479 页。

② ［英］伯特兰·罗素：《西方哲学史》（下卷），何兆武等译，商务印书馆 1982 年版，第 95 页。

面去理解。[①]

马克思主义哲学即辩证唯物主义和历史唯物主义，是一个完整科学的思想体系，既坚持物质第一性，精神第二性，又坚持精神的反作用，强调人的主观能动性，强调实践的作用，从而既克服了唯心主义、唯心史观片面强调主体性的缺点，又克服了旧唯物主义忽视和抹杀人的主体性的缺点。唯物史观认为社会发展是客观规律性与人们创造世界的历史主动性的统一，社会发展是有规律可循的，与生产力发展的不同阶段相适应的有各种不同的生产方式和社会形态，这是不以人们的意志为转移的客观规律。但是这个客观规律的展现过程却是通过偶然性、通过人们的社会实践来实现的。因此，马克思、恩格斯关于阶级斗争是阶级社会发展的直接动力，关于人民群众是历史的创造者，关于个人在历史中的地位和作用，关于革命理论对革命运动的指导作用等原理的提出，正是基于对人类创造历史的主动性，对人类在遵循客观规律的前提下具有意志自由的确认为前提的。正因为有不同意志的人自觉或不自觉地参与了社会历史的创造性活动，才会有社会运动的激动人心的复杂斗争，才有社会历史的丰富内容，历史才不至于仅仅是几条干巴巴的教条。

（二）

意志自由和责任问题，是以这种方式进入伦理学视野的。在这里，决定论的主张是：包括人类的选择和意志力在内的每一事物，都是由其他事件的影响或结果，都是由其他事件所引起的。非决定论则否认这一点，它认为人类选择和意志力中的某些事件，其发生不需要任何原因或解释。美国现代著名伦理学家威廉·K. 弗兰克纳认为：

> 坚持下述主张具有决定的意义，即在拥有足够的社会自由去奉行一种道德的社会里，正常人能够或至少可能在上述意义上按照自己的选择去行动。我们必须坚持：拥有这种自由，对于道德的目的来说已经是足够了，因此无须再有不受因果关系限制的自由。[②]

① 《马克思恩格斯选集》（第 1 卷），人民出版社 1972 年版，第 16 页。

② ［美］弗兰克纳：《伦理学》，关键译，生活·读书·新知三联书店 1987 年版，第 161 页。

伦理学所说的意志自由首先指人们“有按照自己的欲望、信仰和品质去行动、去选择的自由”。[①] 对决定论来说唯一需要满足的条件，就是必须坚持：我们的信仰、愿望和品质特征都是有其原因的。从这个意义说，决定论与意志自由并不是完全对立的。

唯物史观认为社会存在决定社会意识，一个社会的道德观念是由该社会的生产方式决定的，一个人的信仰、愿望和品质与个人在社会中的经济、政治地位、阶级倾向性密切关联。“人们自觉地或不自觉地，归根到底是从他们阶级地位所依据的实际关系中——从他们进行生产和交换的经济关系中吸取自己的道德观念”。[②]

唯物史观主张从经济生活入手解释人类的道德现象，在道德生活中人们没有不受社会历史条件制约、不受经济关系影响的绝对的意志自由。唯物史观揭示了道德的社会本质，找到了不同社会、不同阶级道德观念产生的社会根源，对我们研究道德现象提供了新的方法论。但是道德作为一种独立的社会意识现象，其发展有其相对的独立性，经济关系、政治关系对道德生活的影响和制约作用是间接进行的，一个人的道德生活面貌是主体在社会生活中依据一定的经济利益、阶级立场、世界观和价值观进行选择的结果：不但不同阶级在道德选择中具有阶级差异，就是同一个阶级中的个体在道德选择中也有个性差异，这样才有道德生活的丰富性、复杂性。从这个意义说，唯物史观的精髓是决定论与意志自由的统一。

道德生活是人类精神生活的一部分，是人们对美好生活（善的生活）的一种追求。人类除了对功利、审美、知识的追求，还有对和谐的人际关系、理想人格的追求，这是人能够保持良心宁静、精神愉悦的主要手段之一。当然道德具有规范性、约束性，但这种规范性、约束性只有内化成人的信念、情操、品性这些内在因素，才能持久地发挥作用。一个人的经济地位、阶级立场影响着一个人的道德生活，一个人的经历、环境、修养、性格等个体因素也影响着一个人的道德水准。人们在实践中、在现实生活中自觉地选择着、创造着一定的道德生活，作为一个人的安身立命之地。有了这个安身立命之地，人们无论在按部就班的和平日子，

---

① ［美］弗兰克纳：《伦理学》，关键译，生活·读书·新知三联书店 1987 年版，第 157 页。

② 《马克思恩格斯选集》（第 3 卷），人民出版社 1972 年版，第 133 页。

还是枪林弹雨的战斗里，无论是和风细雨之下，或是惊涛骇浪之中，他都能心安理得地生活下去。如果人们的道德生活仅仅是对外部规范的一种遵从，而不是出于主体意志自由选择的结果，不是一种道德自律，那么这种生活最多只能说是一种守德行为，而不能说是一种善的生活。马克思主义强调人的主观能动性，强调人有选择善恶的能力，强调人的任何一个行为都可以存在几种可能性中进行选择的自由，在道德生活中尤其是如此。强调道德生活中人有一定程度的意志自由，这是马克思主义哲学区别于旧唯物主义的一个显著特征。

唯物史观所说的意志自由不是脱离历史必然性的随心所欲。

> 意志自由只是借助于对事物的认识来做出决定的那种能力。因此，人对一定问题的判断愈自由，这个判断的内容所具有的必然性就愈大。而犹豫不决是以不知为基础的，它看来好像是在许多不同的和相互矛盾的可能性的决定中任意进行选择，但恰好由此证明它的不自由，证明它被正好应该由它支配的对象所支配。①

恩格斯并没有否认意志自由的存在，而是把意志自由与人们对必然性的认识统一了起来。在道德生活中，如果脱离了必然性的制约，片面地武断地夸大意志自由的作用，就会把道德生活引入歧途。

叔本华的哲学认为，世界只是意志和表象，求生的意志造成了一切争斗、痛苦和罪恶，生活就是盲目的渴望。因此，追求人生目的和意义是毫无根据的，人活着就像一只钟表，上了弦就走而不知为什么，也不存在为什么，一切都是听命于意志的偶然表现。存在主义哲学关于人的本质完全是由人的意志自由创造和选择的观点，就片面夸大了意志的作用，把绝对的个体自由作为追求的终极目标，必然得出反社会反群体的结论——“他人是地狱”。可见片面夸大意志自由的作用，使之脱离了必然性的制约，就会导致悲观主义，使人们在道德生活中迷茫，无所适从。

（三）

正确认识意志自由是伦理学研究行为善恶的责任问题，是进行道德评价、道德教育的理论前提，因此，在伦理学中占有重要地位。恩格斯

---

① 《马克思恩格斯选集》（第3卷），人民出版社1972年版，第154页。

指出："如果不谈谈所谓自由意志，人的责任、必然和自由的关系等问题，就不可能很好地讨论道德和法的问题。"①在我国现行的伦理学教科书中，虽然都谈到意志自由问题，但没有专章来论述这个问题，这不能说不是一个缺陷。就伦理学的完整体系而言，台湾学者王臣瑞所著的教科书《伦理学（理论与实践）》对意志自由问题有专章论述，尽管一些观点我们不能苟同，但就体系而言对我们有一定的启发。

按照唯物史观，我们一方面要研究社会经济关系、经济利益、阶级关系对道德的制约作用，从而揭示一定社会道德的社会本质、阶级本质，而不要把一切都推给意志自由。我们要提高整个社会的道德水准，就必须着力改造社会的经济政治结构，正因为如此，马克思、恩格斯并不空谈道德问题，而是把道德问题与无产阶级改造资本主义社会的革命斗争联系起来。对于我们今天来说对道德问题的思考，必须与改革和建设实践结合起来，与完善社会制度结合起来，这是我们必须坚持的一个重要思想原则。另一方面，我们必须承认个人有选择善恶的自由，个人必须为自己的行为负责，社会可以依据一定的道德标准对人们的行为进行道德评价，而进行道德教育的核心在于培养人们树立良好的道德责任感，在于帮助人们树立正确的世界观、价值观，培养正确的理想、信念、品质，这是搞好道德建设的重要内容。

坚持唯物史观的意志自由学说，对于确立伦理学的主体性原则具有重要意义。道德作为人类追求自由幸福的重要手段，只是在阶级社会才成为追求阶级利益的工具，剥削阶级的道德成为压抑人的个性、自由和尊严的锁链。

> 在不再有任何阶级差别，不再有任何对个人生活资料的忧虑，在这种制度下第一次能够谈到真正的人的自由，谈到那种同被认识的自然规律相协调的生活。②

在恩格斯看来，在彻底消灭了阶级和阶级差别的共产主义社会，脱离阶级局限性的意志自由才能出现。社会主义社会的建立，已经基本上

---

① 《马克思恩格斯选集》（第3卷），人民出版社1972年版，第152—153页。

② 同上书，第154页。

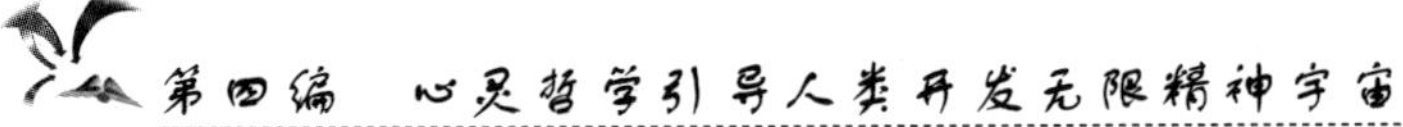

消灭了阶级剥削，为人们在道德领域进行自由选择创造了良好的社会条件，社会主义道德应该成为既促进社会整体利益和谐发展，又充分尊重个人的尊严和价值，体现道德的主体性和人的意志自由，从而使道德成为激发人的主动性、创造性的重要手段。

正确理解意志自由，对于我们继承和发扬中华民族的优秀道德传统具有重要的意义。中国传统的道德文化中，有宣传人们对封建道德规范“三纲五常”盲目遵从、以理制欲、压抑个性发展的特征，这是应该给予批判的。传统道德中又有强调独立意志、独立人格和重视个人修养的重要思想，在中国古人看来意志自由是一个人道德修养程度的标志，是独立人格的表现。

中国古人说的“三军可夺帅，匹夫不可夺志”，强调“威武不能屈，富贵不能淫，贫贱不能移”的独立人格，追求一种高尚的精神境界，这种精神境界是人们在社会生活中磨炼、修养的结果，是主体意志自由的表现，有了这种境界的人才能至大至刚，无所畏惧，而独立于天地之间。在中华民族的文明史上，有无数这样的民族英雄和道德典范，文天祥在《正气歌》中写道：“是气所磅礴，凛烈万古存。当其贯日月，生死安足论。”这些人的高尚道德情操和浩然正气不是用墨汁写的，而是用鲜血写的。正是这种独立人格和浩然正气培育着一代又一代中华儿女，创造了辉煌的民族文化，今天唯有弘扬民族文化的这种威武不屈、积极进取的独立精神，才能真正实现民族文化的复兴。

二　唯物史观与认识论的统一

——《实践论》对马克思主义认识论的发展

毛泽东在《实践论》这篇光辉著作中，把唯物史观与认识论有机地统一起来，作出了一系列新的科学论断，丰富和发展了马克思主义的认识论。

（一）

马克思主义哲学是一个完整科学的思想体系，是“一整块钢铁”。各组成部分是有机的统一，也就是说是相互联系、相互渗透、不可分割的。唯物史观与辩证唯物主义认识论亦是如此。列宁曾经指出：

> 马克思和恩格斯的学说是从费尔巴哈那里产生出来的，是在与庸才们的斗争中发展起来的；自然他们所特别注意的是使唯物主义哲学向上发展，也就是说他们所特别注意的不是唯物主义认识论，而是唯物主义历史观。①

唯物史观的创立是“科学思想中的最大成果”，引起了哲学社会科学的革命。马克思和恩格斯虽然没有写出关于认识论的系统著作来，但是，他们把创立唯物史观的成果：科学的实践观引入认识论，把辩证法引入反映论，从而奠定了辩证唯物主义认识论的基础。

“社会生活在本质上是实践的。”② 这是马克思科学论证了以生产劳动为基础的实践活动，在整个社会生活中的地位和作用问题以后得出的科

---

① 《列宁选集》（第2卷），人民出版社1972年版，第336页。

② 《马克思恩格斯选集》（第1卷），人民出版社1972年版，第18页。

学结论，对社会生活的历史唯物主义的解释。离开了历史唯物主义的基本原理，我们就无法解释清楚这个问题。可见，实践不仅仅是个认识论的范畴，否则就会降到魔术的水平；既然它是社会生活的本质，就首先应该是社会历史观研究的对象。马克思和恩格斯也正是从实践入手，揭示了社会历史发展的内在本质，提出了社会存在决定社会意识的基本原理，从而创立了唯物史观。马克思在《关于费尔巴哈的提纲》这个“包含着新世界观的天才萌芽的第一个文件”中，把实践首次作为检验真理的标准、认识的目的来看待。恩格斯后来在《反杜林论》《费尔巴哈论》等著作中进一步发挥了马克思的这些思想。

列宁在新的历史条件下，提出了“实践第一”的观点，指出“生活、实践的观点，应该是认识论的首先的和基本的观点”。① 并进一步提出了实践标准的确定性和不确定性的著名论断。在《哲学笔记》中，对实践的内容、特征以及在认识中的地位和作用等问题，作出了一系列精辟的论述，把马克思主义的认识论发展到了一个新的水平。可见，在实践的基础上把唯物史观与辩证唯物主义认识论统一起来，是马克思、恩格斯和列宁的一贯思想。

《实践论》的历史功绩在于，把唯物史观与辩证唯物主义认识论相统一的思想，贯穿到分析认识运动的整个发展过程中，一方面系统地论述了实践和认识的辩证关系，发挥了实践第一的观点，揭示了认识运动的总规律；另一方面明确提出了实践的社会性、认识与实践统一的条件性等著名命题，并把这一思想运用于我党的实际工作，奠定了群众路线的基本思想。对于前一个方面的内容文章论述较多，本书拟就后一方面的几个观点提出一些粗浅的见解，就教于哲学界的同人们。

（二）

马克思、恩格斯和列宁在他们的著作中，虽然把实践当作社会实践来看待，但没有明确提出社会实践这个概念，并进而对于实践的社会性进行系统的论述，《实践论》首次做到了这一点。

列宁在《哲学笔记》中谈到实践的特性时指出：“实践高于（理论的）认识，因为实践不仅有普遍性的品格，而且还具有直接现实性的品格。”②

---

① 列宁：《唯物主义和经验批判主义》，人民出版社 1950 年版，第 134 页。

② 同上书，第 230 页。

就是说实践不仅具有同理论一致的普遍性这样的共性，而且还具有把理论在现实中实现出来的特殊性。这个概括无疑是正确的，它揭示了实践能够把主客观统一起来，从而发挥中介和桥梁作用这样的特殊品质，也是实践能够作为检验真理标准的根本原因所在。但是，直接现实性并不是实践特性的全部，毛泽东同志从中国革命斗争实践受中国历史发展、中国国情等社会历史条件制约的哲学思考中，进一步提出了实践的社会性这个新的论断，因而在《实践论》中多次把实践表述为社会实践，这是有深刻含义的。《实践论》开宗明义地指出：

> 马克思以前的唯物论，离开人的社会性，离开人的历史发展，去观察认识问题，因此不了解认识对社会实践的依赖关系，即认识对于生产和阶级斗争的依赖关系。①

也就是说了解人、人的实践的社会历史性，是理解认识对于实践依赖关系的前提。

历史唯物主义认为："人的本质并不是单个人所固有的抽象物。在其现实性上，它是一切社会关系的总和。"② 离开社会性去空谈抽象的人，就只能陷入唯心主义的云雾之中。而实践活动则是人的本质的直接现实，人们只能在改造客观世界的活动中将其本质对象化，将社会关系物化出来。正如马克思指出的那样，工业、工业的"对象性存在"，是"一本打开了关于人的本质力量的书"③，这里的工业和工业的"对象性存在"就是指人们的生产实践，由于这样的实践活动，才使人的本质力量显示出来。由于人的本质在于社会性，而社会性又是在实践的过程中表现出来的，因而实践也就必然具有社会性，是社会的实践。也就是说人的实践活动总是在一定的社会关系中进行的，受一定的社会历史条件的制约。

人们为了生存，总要首先解决衣食住行等生活资料，因此，"人类的生产活动是最基本的实践活动，是决定其他一切活动的东西。"④ 人们在生产斗争中，不仅要和自然界发生一定的关系，而且人与人之间要结成

① 《毛泽东选集》（第1卷），人民出版社1991年版，第282页。
② 《马克思恩格斯选集》（第1卷），人民出版社1972年版，第18页。
③ 《马克思恩格斯全集》（第24卷），人民出版社1972年版，第127页。
④ 《毛泽东选集》（第1卷），人民出版社1991年版，第282页。

一定的关系，在这种生产关系的基础上，又要结成其他社会关系，阶级和阶级斗争只是生产发展的一定历史阶段的产物。人们在改造自然和改造社会的过程中，并不是消极被动的，而是积极主动的，即具有目的性、有意识的，也就是说有认识活动参与其中，并随着实践活动的发展而发展。但是，实践活动并不是主观任意的、绝对自由的，无论是实践的对象、范围、规模和方式，都是社会的历史的产物。[①] 而认识发展的水平，说到底也是受社会历史条件制约的。可见，承认认识对实践的依赖关系是以承认人和人的实践活动的社会历史性为前提的。

旧唯物主义，由于他们在社会历史领域里仍然坚持唯心主义观点，不懂得人的本质的社会性，因此不可能在认识论中进行彻底变革。像费尔巴哈这样的杰出人物，也只是把人的本质看作生物学上的类关系，他认为“人类的一切交往都是建立在人们感觉的相同性这一前提之上的”[②]。从这种人本主义感觉论出发，把人类社会也仅仅理解为与自然界等同的东西，而把实践理解为人的生理活动，也就不可能真正了解以生产活动为基础的人类实践活动的意义，自然不会看到认识对于实践的依赖关系，这是费尔巴哈认识论的保守性的根源所在。

实践的社会性，在阶级社会中还突出地表现在阶级斗争对于其他形式的实践活动的制约以及对认识的深刻影响。《实践论》指出：

> 人的认识，在物质生活以外，还从政治生活文化生活中（与物质生活密切联系），在各种不同程度上，知道人和人的各种关系。其中，尤以各种形式的阶级斗争，给予人的认识发展以深刻的影响。在阶级社会中，每一个人都在一定的阶级地位中生活，各种思想无不打上阶级的烙印。[③]

历史唯物主义认为阶级斗争是推动阶级社会发展的直接动力，因此对社会生活产生着很大的影响，其他形式的实践活动，在很大程度上受阶级斗争的制约。阶级斗争，一方面本身作为一种实践活动，是认识的

---

① 王世荣：《唯物史观与意志自由》，《哲学原理》1990 年第 5 期。

② 列宁：《哲学笔记》，人民出版社 1974 年版，第 439 页。

③ 《毛泽东选集》（第 1 卷），人民出版社 1991 年版，第 283 页。

基本来源之一，另一方面它又是通过制约其他形式的实践活动，间接地影响着认识的发展。在这里毛泽东把唯物史观关于任何社会占统治地位的思想，都是统治阶级的思想的著名原理，推广到认识领域。这里所说的“各种思想”是指世界观、政治观点、社会意识等，而不是指一切知识、理论和观点。不能因为否定“以阶级斗争为纲”的错误口号，便将阶级分析的科学方法也予以否定。

《实践论》从实践的社会性出发，进一步解决了实践和认识的主体性问题。“社会实际生活的一切领域都是社会的人所参加的”①，处于社会关系中的人，都从各自所处的经济地位和政治态度出发参加实践活动，但是在任何社会，劳动人民都是最基本的实践活动的直接参加者，是社会中最革命的因素，因此，以劳动人民为核心的人民群众是社会实践的主体。劳动人民不仅创造着物质财富，而且同时还创造着精神财富，因此，他们也是认识的主体。“社会发展到今天的时代，正确地认识世界和改造世界的责任，已经历史地落到了无产阶级及其政党的肩上。”② 这是毛泽东同志对当代社会实践和认识主体的明确规定，也从哲学认识论的高度向无产阶级提出了历史使命。

（三）

毛泽东同志在《实践论》中指出：“我们的结论是理论和实践、知和行的具体的历史的统一，反对一切离开具体历史条件的‘左’的或右的错误思想。”③ 这个论断实际上解决了主客观、理论与实践统一的条件性问题。

历史唯物主义认为，社会存在决定社会意识，有什么样的社会存在就有什么样的社会意识。实践具有社会性，受社会历史条件的制约，同样在实践基础上产生的认识也不可能离开现存的社会历史条件，在原始社会人们就是绞尽脑汁也不会发现“相对论”的，同样，马克思在自由资本主义阶段也不可能提出社会主义可以首先在一个国家取得胜利的结论的。可见，主客观、理论与实践的统一是受当时当地的社会历史条件制约的。

---

① 《毛泽东选集》(第1卷)，人民出版社1991年版，第283页。

② 同上书，第296页。

③ 同上。

在很长的历史时期内，大家对社会的历史只能限于片面了解，这一方面是由于剥削阶级的偏见经常歪曲社会的历史，另一方面则由于生产规模的狭小，限制了人们的眼界。①

可见唯心史观的产生和存在是有其深刻的社会历史根源的，而唯物史观的发现则是以大工业和近代无产阶级与资产阶级的斗争实践为其社会历史背景的。

世界到了全人类都自觉地改造自己和改造世界，那就是世界的共产主义时代。②

这个论断从哲学认识论的角度预见了实践和认识高度发展的历史趋势，也说明了认识和实践的高度统一，是以共产主义社会作为社会历史条件的。

理论和实践统一的具体历史性原则，一方面要求人们在从事认识活动的时候，必须从特定历史条件下的具体实践活动出发，条件变化了认识也要随着变化，实践发展了理论也要随着发展；另一方面人们运用理论指导实践活动的时候，也要考虑到社会历史条件，绝不能把彼时彼地的理论死搬硬套在此时此地的实践中，教条主义正是犯了这个错误，结果给中国革命造成了严重的损失，这是深刻的历史教训。

在人类认识发展的长河中，从总的趋势看，主观和客观、认识和实践是具体的历史的统一在一起的，这是被认识史所证明了的。然而，并不是任何一个具体的实践和认识过程都与具体历史条件结合得那样紧密、天衣无缝，相反背离具体的社会历史条件的错误却是常常发生的。这一方面是由于人类的认识活动是一个从感性能动地上升到理性，又从理性认识能动地指导实践，即由实践—认识—实践的无限发展过程，如果夸大其中的某一个环节的作用或者在某一个阶段主观地背离社会历史条件（在阶级社会中，剥削阶级往往带有一定的阶级偏见），都是违背主客观统一的条件性的原则；另一方面，由于历史条件并不是僵死不变的，实

① 《毛泽东选集》（第1卷），人民出版社1991年版，第283页。

② 同上书，第296页。

践也是发展的，如果认识不能及时地随之变化发展，错误的认识就不可避免。在社会历史领域，我们把认识落后于实践和社会历史条件而产生的错误称作右倾错误，把认识超越社会历史条件、跨越事物发展阶段性的错误称作“左”倾错误，无论右的还是“左”的错误，都是“以主观和客观相分裂、以认识和实践相脱离为特征的”①，都是违背了主观与客观、认识与实践统一的具体历史性原则的结果。具体情况具体分析，是马克思主义活的灵魂。主观与客观、认识与实践统一的具体历史性原则正是马克思主义活的灵魂在认识论中的光辉体现。遵循这条原则，毛泽东同志进一步提出了把马克思列宁主义的普遍真理与中国革命的具体实践相结合的思想，从而克服了党内的各种主观主义尤其是教条主义的错误，指导中国革命走上了胜利的道路。历史证明《实践论》的这一思想是完全正确的。

（四）

毛泽东同志把唯物史观关于人民群众是历史创造者的原理与辩证唯物主义认识关于认识与实践的辩证关系的原理结合起来，提出了党的群众路线等原则，从而把马克思主义认识论的基本原理具体化、通俗化，变为群众手里的锐利武器。在《实践论》中毛泽东同志虽然还没有把群众路线明确地表述出来，然而，他正确地解决了实践和认识的主体性问题，他关于马克思主义对群众实践的巨大指导作用的论述，关于思想、理论和观点要在群众实践中不断修改和完善的论述，都为后来提出群众路线准备了理论前提。

人民群众是历史的创造者，是社会实践和认识的主体，尤其到了近代，无产阶级这一劳动阶级成了先进生产力和生产关系的代表，成了社会发展方向的代表，克服了阶级偏见，因此，在认识和改造世界中发挥着巨大的作用。共产党人的一切活动都是为了广大人民群众，相信和依靠群众是历史唯物主义所要求的基本原则。而从群众中来、到群众中去的群众路线，则是把这个原则与实践—认识—实践的认识运动规律统一起来，贯穿到我党的实际工作中。与此同时，毛泽东同志还提出了调查研究、一切从实践出发、实事求是等著名原则，用具有中国风格的语言，把辩证唯物主义认识论具体化为我们党的思想路线，实事求是也成为统

① 《毛泽东选集》（第1卷），人民出版社1991年版，第295页。

率毛泽东思想的精髓。正如邓小平同志指出的那样：

> 毛泽东同志所以伟大，能把中国革命引导到胜利，归根结底，就靠这个。①

毛泽东同志的《实践论》是马克思主义哲学宝库的光辉文献，它极大地丰富了辩证唯物主义的认识理论。但是，哲学界对于《实践论》在运用唯物史观方面的功绩注意不够，我们认为开展这方面的讨论和研究，不仅在理论上是必要的，而且对于深刻理解邓小平建设有中国特色的社会主义理论和江泽民同志“三个代表”的重要思想，也是具有重要意义的。

---

① 《邓小平文选》（一九七五—一九八二年），人民出版社 1983 年版，第 121 页。

三　论张载哲学的主体意识

张载是我国宋代杰出的唯物主义哲学家。对张载哲学思想的研究，过去比较注重他对唯物论、辩证法的贡献，而对其哲学的主体意识注意不够，本书拟就这方面做些尝试性的探讨，以求教于学术界。

（一）

张载提出“天能为性，人谋为能”的命题，明天人之际、讲人与天的区别，这是他在总结我国以往哲学家关于人与自然关系思想的合理成分作出的精辟表述。汉代史学家司马迁自述其学术旨趣：“欲以明天人之际，通古今之变，成一家之言。”明天人之际，研究人与自然的关系一直是中国学术界，尤其是中国传统哲学着力研究的一个重要课题。

春秋时期的著名政治家子产曾提出：“天道远，人道迩，非所及也，何以知之。”（《左传昭公十八年》）对占星术表示怀疑，强调人道与天道的区别，具有从天道即神的意志中解放人性的作用，这是中国人最早喊出的人本主义口号。

孔子比较推崇子产，所以他着重于对人性问题的思考。他提出“性相近也，习相远也”（《论语·阳货》）；“务民之义，敬鬼神而远之，可谓知也”（《论语·雍也》）；“慎终、追远、民德归厚”（《论语·学而》）；季路问事鬼神，子曰：“未能事人，焉能事鬼？”曰：“敢问死”，子曰：“不知生，焉知死？”（《论语·先进》）；“仁者爱人”，樊迟问仁，子曰：“爱人”（《论语·颜渊》）；“我欲仁，斯仁至矣”（《论语·述而》）；“君子务本，本立而道生。孝悌也者，其为仁之本与！”（《论语·学而》）；“人能弘道，非道弘人”（《论语·卫灵》）；认为人性主要是后天环境实践的产物，人发挥主观能动性就可以具有仁的品德，仁这种品德就是对人普遍的爱，而爱父母尽孝道是做人的根本。对鬼神采取一种理智的态度，敬而远之，而不是一味地迷信，这是一种人文主义价值取向。

孟子则把天与人的心性联系起来，他说："尽其心者，知其性也，知其性则知天矣。"（《孟子·尽心上》）以为尽心即能知性，知性就知天了。老子以道、天、地、人为"四大"，宣称"人法地，地法天，天法道，道法自然"（《道德经》二十五章），把人作为"四大"之一，有强调人作用的一面，但他最终还是用自然把人与天地统一了起来，要求"见素抱朴"回到自然。庄子更把人与天对立起来，主张"不以心捐道，不以人助天"（《庄子·大宗师》）。所以荀子批评庄子"蔽于天而不知人"，荀子强调人与天的区别，"明于天人之分"（《荀子·天论》），并提出"制天命而用之"的重要命题。《易传》提出："范围天地之化而不过，曲成万物而不遗，通乎昼夜之道而知。"既强调尊重自然规律性，又强调发挥人的主观能动性，这在天人关系上是一种比较全面的观点。王充攻击董仲舒"天人感应"的迷信思想，断言"天本而人末""天至高大，人至卑"（《论衡·变动》），提出"天享元气，人受元精"（《论衡·超奇》），把天与人统一于元气。唐代柳宗元强调"天人不相预"（《天对》），刘禹锡提出"天人交相胜"（《天论》）的命题。

张载正是在总结历史上思想家对人与自然关系的探索，尤其是继承了荀子、王充等人区别人与自然，强调人的作用的卓越思想，在唯物主义基础上提出了自己关于天人关系的论述。张载说："天能为性，人谋为能，故曰：'天地设位，圣人成能。'"（《正蒙·诚明》）意思是说，天的本能叫"性"，人的思勉叫"能"，大人深知性，故不把天能叫能，而把人谋为能，所以说"天地设位，圣人成能"。"天地设位"就是自然界有它自身运动的固有规律，这是不以人的意志为转移的，但人能发挥自身的主观能动性，靠思勉能够有所成就。张载还说："气与志，天与人，有交胜之理"（《正蒙·太和》），把物质和精神、自然与人作为一对矛盾来看待，具有明显的主体意识。

张载针对佛教"以人生为幻妄"的主观唯心主义，提出了"天人合一"的命题。他说：

> 释氏语实际，乃知道者所谓诚也，天德也。其语到实际，则以人生为幻妄，以有为为疣赘，以世界为荫浊，遂厌而不有，遗而弗存。就使得之，乃诚而恶明者也。儒者则因明致诚，因诚致明，故

> 天人合一，致学而可以成圣，得天而未始遗人，《易》所以不遗、不流、不过者也。(《正蒙·乾称》)

佛教否定现实世界的实在性，视人生为幻妄，割裂了天与人的关系，宣扬一种消极遁世的哲学，张载用《中庸》中的诚明学说加以批判。所谓诚指天道，又指“不勉而中、不思而得、从容中道”的圣人境界。以诚为天道，即认为天是真实而具有一定规律的。诚这种境界即是天人合一的境界，这种境界是人通过努力可以达到的，“致学而可以成圣”即强调人的主体能动性。

张载提出“天人合一”的命题，强调天道与人道的统一，有调和人与自然关系的倾向这是不言而喻的。但他是用儒家的进取精神和入世态度来论述“天人合一”的，既强调了现实世界的真实性，强调了现实世界具有一定的客观规律，但人可以发挥主观能动性，“因明致诚，因诚致明”，可见张载的“天人合一”学说仍然是以“天能为性，人谋为能”的命题作为基础，体现了他对主体能动性的肯定。

（二）

张载对主体自身的认识主要表现在两个方面，一个是在人性问题上提出了“天地之性”和“气质之性”，一个是在认识论上提出了“见闻之知”和“德性之知。”

张载说：“形而后有气质之性，善反之，则天地之性存焉。故气质之性，君子有弗性者也焉。”（《正蒙·诚明》）就是说人在气聚而有形之后，所以可以称为我的那一部分或那一部分的性，是为他所受的那一部分气所决定的，这是“气质之性”。气尚未聚成为他的形体以前就在太虚中存在的是“天地之性”，张载认为，只有天地之性，对君子来说才是性。

“气质之性”又叫“攻取之性”。张载说：

> 湛一，气之本，攻取，气之欲。口腹于饮食，鼻舌于臭味，皆攻取之性。知德者，属厌而已，不以嗜欲累其心，不以小害大，未丧本焉尔。(《正蒙·诚明》)

认为饮食、男女等都是气质之性的表现，这种性能对付着满足就可以了，不要以其累其心。气质之性是个人自身的欲求，是替自己打算的欲望，是自私的。张载说：

> 性者，万物之一源，非有我之私也。唯大人为能尽其道，是故立必俱立，知必周知，爱必兼爱，成不独成。彼自蔽塞而不知顺吾理者，则亦未如之何矣。(《正蒙·诚明》)

他认为人人物物，都是一气聚结而成，都具有同一本性，所以必须爱一切人，爱一切物，立必立己而且立人，知必周万物而知，这种“爱必兼爱”的品性才是天地之性的表现，克服了为我的私心，破除蔽塞，方能“尽性”。用气一元说解释人性问题，有一定的神秘色彩，但他看到了理与欲、义与利的矛盾，这是他对主体自身认识的深化。

张载强调天地之性，强调仁义和克己，这与儒家的传统思想是相通的。但他并不完全排斥个人利益和欲望的满足。张载说：

> “富而可求也，虽执鞭之士”吾亦为之，不惮卑以求矣，求之有可致之道也，然得乃有命，是求无益于得也。(《正蒙·三十》)

君子好财，取之有道，他看到了主体不仅有道义方面的需要，还有追求利益和满足欲望的需求，追求正当利益是无可非议的。对于统治阶级则应该重视解决人民的物质利益问题，才能保证社会的稳定。他说：

> 欲生于不足，则民盗；能使无欲，则民不为盗。……故为政者在乎足民，使无所不足，不见可欲，而盗必息矣。(《正蒙·有司》)

在封建社会想做到使民“无所不足”是不现实的，但张载主张足民以息盗，与他对现实人性的深刻理解有关，也是其兼爱思想的进一步体现，体现了他对主体现实利益的关注。张载作为道学的奠基人之一，其学说并没有陷入“存天理、灭人欲”的禁欲主义，这是他与程朱学说的重要区别之一。

张载对主体自身认识的另一个重要方面，是对主体认识能力的分析，即认为人的认识可以分为“见闻之知”和“德性之知”，这与他把人性分解为“气质之性”和“天地之性”相联系。

张载说："见闻之知，乃物交而知，非德性所知，不萌于见闻。"(《正蒙·大心》)由感觉所得的知识，是主观与客观联系的产物，是内外之合，合这是合于见闻之内，德性所知是见闻之外。天下之物是无限的，而人的见闻则是有限的，人的认识应超越见闻的界限，而直接与天下之物同其广大。他说：

> 大其心则能体天下之物，物有未体，则心为有外。世人之心，止于见闻之狭。圣人尽性，不以见闻梏其心。(《正蒙·大心》)

张载已经认识到感性认识的局限性，要求人们超越这种局限性，提出了"大其心"的著名命题。虽然他的"德性之知"还不能上升到理性认识水平，是一种消除内外、主客观界限的精神境界，这种精神境界与"天地之性"相联系，即"圣人尽性"，但他强调主体应超越感性认识的局限性，不断提高精神境界，提高认识能力的思路是难能可贵的，体现了张载对人的认识能力的探索。

在认识论中，张载还探讨了主体的寤梦等精神现象，因为在古代科学不发达的情况下，对梦境的错误解释往往成为唯心主义思想产生的一个重要根源，张载对梦的解释进一步坚持了唯物主义观点。他说：

> 寤，形开而志交诸外也，梦，形闭而气专乎内也。寤所以知新于耳目，梦所以缘旧于习心。医谓饥梦取，饱梦与，凡"寤""梦"所感，专语气于五藏之变，容有取焉尔。(《正蒙·动物》)

张载分析了人的寤梦两种精神现象，认为"寤"即人的清醒状态，直接与外界事物交流，感知而获得知识，用今天的语言表述就是获得信息，"梦"则是过去感觉的复现，即"缘旧于习心"，他借用医学"饥梦取，饱梦与"进一步解释梦来源于自身的身体状况。这里进一步论证了认识来源于感觉的唯物论的反映论，为其无神论思想奠定了基础，这也是张载对主体自身认识的一个重要方面。

（三）

张载对主体能动作用的认识，主要反映在"为天地立心，为生民立道，为往圣继绝学，为万世开太平"（《张子语录中》）这四句名言中。

这不仅是张载哲学的学术旨趣，而且是其哲学主体意识的集中表现。

“为天地立心”，即强调人可以认识自然规律，哲学可以把握宇宙的本源。天地本无心，张载说：

> ……大抵言天地之心者，天地之大德曰生，则以生物为本者，乃天地之心也。……天则无心无为，无所主宰。（《易说·复卦》）

天地的本性是产生万物，但天地生万物并不受任何东西主宰，从而否定了以为天有意志有思虑的唯心主义观点，从而为确定人的主体地位奠定了基础。他认为人有心，人的心可以认识天，认识自然规律。“‘凡合能尽性’‘人能弘道’也，性不知检其心，‘非道弘人’也。”（《正蒙·诚明》）心可以认识性，所以说“人能弘道”，性不会来检验心，所以说“非道弘人”。什么是道和性呢？“太和所谓道，中涵浮沉、升降、动静、相感之性，是生细缊、相荡、胜负、屈伸之始。其来也几微易简，其究也广大坚固。”（《正蒙·太和》）张载认为天地统一于气，气有自己固有的规律，浮沉、升降、动静、相荡、胜负、屈伸是气变化的性质，叫作天性，人能认识这些规律，就叫“为天地立心”，也叫“弘道”，这是人的主体能动性的体现。

张载认为人能认识天，但却无法改变天性，无法改变自然规律，只能顺应自然规律。他说：“性其总，合尔也；命其受，有则也；不极总之要，则不至受其分，性尽穷理而不可变，乃吾则也。天所自不能已者谓命，物所不能无感者谓性。虽然，圣人犹不以所可忧而同其无忧者，有相之道存乎我也。”（《正蒙·诚明》）事物因都有自己的对立面，故都有内在变化的功能，有变化的规律，能穷理尽性的人也不能改变事物的变化规律，只是以规律为准则。天无法控制自己的规律叫命，不能不和外界事物相感的这种特征叫性。圣人常有忧，那是欲尽相辅之道，而不能像天地一样无忧。人的主观能动性是认识自然规律，尽相辅天地的责任，但无法改变自然规律。这是《易传》“载成天地之道，辅相天地之宜”思想的进一步发挥。张载在这里探讨了主观能动性与客观规律性的关系问题，把二者有机地结合了起来，这个思想在古代是非常卓越的。

“为生民立道”，就是使社会有秩序、有规范。张载所倡导的“道”即“民胞物与”。他说：

乾称父，坤称母，予兹藐焉，乃混然中处。故天地之塞，吾其体；天地之帅，吾其性。民吾同胞，物吾与也。大君者，吾父母宗子；其大臣，宗子之家相也。尊高年，所以长其长；慈孤弱所以幼吾幼。圣其合德，贤其秀也。凡天下疲癃残疾，独惸鳏寡，皆吾兄弟之颠连而无告者也。……知化则善述其事，穷神则善继其志。……富贵福泽，将厚吾生也；贫贱忧戚，庸玉汝于成也。存吾顺事，没吾宁也。(《正蒙·乾称》)

张载肯定人是天地所生的，以父母比喻天地，人人都是天地所生，所以都是同胞，人要爱人，而且要爱物，“物吾与也”，这是一种博爱思想，具有反对等级制度的进步意义。但张载同时又肯定大君是当兄，即肯定了君权的正当性，这是他的阶级局限性决定的。要求对天地尽孝，要“善述其事，善继其志”，顺从天命，“乐且不忧”。富贵福泽，贫贱忧戚，各有好处，应服从命运的安排，这是儒家大同理想的进一步发挥。一方面强调个体对社会规范的遵从，尽自己的一份责任，同时强调人的独立意志，“厚吾生”“玉汝于成”，都是以人为中心、为人服务的。强调社会规范必须为人的幸福生活服务，这是哲学主体意识的一个显著特点。“民胞物与”的思想对我们今天培养健康的人格、保持与自然的和谐关系，有一定的借鉴意义。

“为往圣继绝学”，表述了张载哲学的远大志向。哲学作为人类精神的反思，必须反映时代精神，敢于创新。张载说：“义理有碍，则濯去旧见，以来新意。”(《张子语录中》)张载认为，由孔孟创立的古代儒学，由于受到佛教、道教的冲击，基本精神已经中衰了，他从哲学高度批判了佛教唯心主义世界观和道教消极无为的人生观，继承和发展了中国哲学中“以气为本”的唯物主义传统和朴素辩证法思想，创立了气一元论的唯物主义哲学系；恢复了儒学积极进取、刚健有为、“乐且不忧”的人生观，他把儒家的“仁爱”思想与墨家的“兼爱”精神结合起来，倡导“民胞物与”的道德理想，从而成为宋明新儒学的奠基人之一，在中国思想史上占有重要地位。王夫子在评价张载时指出：

张子之学，上承孔孟之志，下救来兹之失，如皎日丽天，无幽不烛，圣人复起，未有能易焉者也。(《张子正蒙注》)

哲学既要继承又要创新，要有发展哲学的强烈使命感，这是张载对我们的重要启示。

“为万世开太平”，这是张载哲学的最高使命。儒家追求“内圣外王”，具有强烈的社会责任感，这在张载身上得到了集中的体现。张载认为哲学家应该具有崇高的社会责任感，要“大其心”有很高的精神境界，要有为人类幸福生活服务的远大理想，才能无愧于时代。当然，张载针对当时社会土地兼并、贫富悬殊的社会问题，提出实行“井田制”“足民”“均平”的治世方略，在理论上不免陈腐，在实践上也难以实行，但他关心民间疾苦，救民于水火的胸怀实为难能可贵。在当今世界，和平与发展成为两大主题，人类的生存问题越来越受到各国的关注，哲学家如果不把人类的命运问题在哲学的视野内加以重视，那么就会成为时代的落伍者，张载提出的“为万世开太平”在今天则具有更加迫切的现实意义。

要实现“为天地立心，为生民立道，为往圣继绝学，为万世开太平”的理想和使命，发挥主体的能动性，不仅在言，而且在行，所以张载也很重视实行。他说：“人生固有天道。人之事在行，不行则无诚，不诚则无物，故须行实事。惟圣人践行为实之至，得人之行，可离非道也。”（《张子语录中》）人生贵在实践，才能弘道，因为气的本性是运动的、刚健有为的，只有勇于实践，贵于实行，才能达到诚的境界，这里包含着知行合一的思想。虽然张载的“行”与现代意义的“实践”概念还有很大的距离，但他重视实行本身来说，对于发挥主体的能动作用，却是一个十分可贵的思想。

四　心灵哲学的诗意诠释

雨果说，世界上最宽阔的是海洋，比海洋更宽阔的是天空，比天空更宽阔的是人的胸怀。

万物有灵，心灵是宇宙的中心，世界因心灵而生动！天地与我为一，万物皆备于我。天高任鸟飞，海阔凭鱼跃。

（一）

莎士比亚说："人类是一件多么了不起的杰作！多么高贵的理性！多么伟大的力量！多么优美的仪表！多么文雅的举动！在行为上多么像一个天使！在智慧上多么像一个天神！宇宙的精华！万物的灵长！"①

心灵是生命主体最宽广、最深邃、最灵敏、最神秘的心理、状态和境界。身无彩凤双飞翼，心有灵犀一点通。"心灵即宇宙，宇宙即心灵"，山川河流、日月星辰、大千世界，银河宇宙，我们的心灵都容得下，都承载得起！

"天高任鸟飞，海阔凭鱼跃。"这蓝天上飞翔的鸟，这海洋中畅游的鱼就是我们的心灵。

"飞流直下三千尺，疑是银河落九天。"这激情澎湃的瀑布，这浪漫神秘的银河就是我们的心灵。

"君不见黄河之水天上来，奔流到海不复回。君不见高堂明镜悲白发，朝如青丝暮成雪。人生得意须尽欢，莫使金樽空对月。天生我材必有用，千金散去还复来。五花马，千金裘，呼儿将出换美酒，与尔同销万古愁"。

---

① ［英］莎士比亚：《莎士比亚全集》（第5卷），朱生豪译，人民文学出版社1994年版，第327页。

“长风破浪会有时，直挂云帆济沧海”“两岸猿声啼不住，轻舟已过万重山”。这纵酒高歌的李白就是我们的心灵。

（二）

万物有灵，“云想衣裳花想容，春风拂槛露华浓”“等闲识得东风面，万紫千红总是春”“忽如一夜春风来，千树万树梨花开”“春风得意马蹄疾，一日揽进长安花”。

万物有灵，而人是万物之灵。“山不在高，有仙则名；水不在深，有龙则灵。斯是陋室，惟吾德馨”“吾志在删述，垂辉映千春”。心灵是何等的自信。

孔子曰：“朝闻道，夕死可矣。”高山仰止，景行行止，虽不能至，然心向往之。不鸣则已，一鸣惊人，不飞则已，一飞冲天。心灵的志向多么崇高。

“海到无涯天做岸，山登绝顶我为峰”。心灵的疆域无边无际，天涯海角任我游，心灵的脚步多么豪迈，无限风光在险峰。会当凌绝顶，一览众山小。

“碧水无意出天涯，翠峰有志入云霄”。心灵像这清澈欢快的溪流，奔腾向前，不知不觉就到了天涯。心灵像这一座座雄壮、挺拔的山峰，它们是有志向才纵入云霄吧。

“千江有水千江月，万里无云万里天”。皓月是向往这千江的水而来，而这万里蓝天只有摆脱云雾的纠缠，才给我们展示了动人的英姿，它们的灵魂是多么纯洁。

“曾经沧海难为水，除却巫山不是云”。心灵领略过浩瀚沧海，心灵见识过巫山云雨，它是多么自豪，又是多么谦逊。

“横看成岭侧成峰，远近高低各不同。不识庐山真面目，只缘身在此山中。”心灵就仿佛这庐山，从不同的角度观察具有不同的气象。只有站在它的外面，才能发现它的英姿与雄奇。

（三）

王勃《滕王阁序》：“物华天宝，地灵人杰，老当益壮，不坠青云之志。”心灵就是天之光华、地之灵气。

采天地之精华，借日月之光辉，才会有这天之骄子，万物之灵长。

只要我们呵护得好，心灵就能永葆青春，愈老反而更加健壮。曹孟德诗：“老骥伏枥，志在千里；烈士暮年，壮心不已。”

“野旷天低树，江清月近人”。心灵就仿佛这广袤无际的旷野中的大树，没有人干扰，悠闲自得。

天也仿佛低下了头，与它亲切交谈。心灵恰似这江边欣赏秋月的佳人，水愈清，这月儿也变得亲近。

“明月松间照，清泉石上流”，这就是心灵境界，多么美妙啊。明月伴着松风，清泉亲吻岩石，这林泉之音，这温柔之乡，谁不向往？

“采菊东篱下，悠然见南山。山气日夕佳，飞鸟相与还。此中有真意，欲辨已忘言。”

陶渊明遇到了菊花、南山、飞鸟，禅动诗心，情真意切。然而想表达却已经忘记。

“云来雾往迷山秀，飞瀑流泉暗回首。夕阳瞩目呵不退，百灵欲语还怕羞”。云来雾往都迷恋这秀美的山峰，飞瀑流泉已经败下阵来，还是不甘心回首观望。

夕阳目不转睛，就连别人的呵斥都没有听见，这个时候百灵鸟驾到，她是歌唱家，却羞于没有恰当的语言表达。

“层峦叠嶂山不尽，溪水悠悠情自真。路边玫瑰君莫折，留给彩蝶作嫁妆”。这心灵就仿佛生机勃勃的丛林，这层出不穷的山峦，这清澈真纯的溪流。

这心灵就仿佛纯洁高贵的玫瑰、翩翩起舞的蝴蝶，容不得半点虚伪，更不能肆意亵渎。

这蝴蝶不像蜜蜂，在百花丛中匆匆忙忙采集花粉，她来这幽静的山谷干什么呢？噢！她远离闹市，是想会会这里的仙人，还是给她的姐妹们寻找嫁妆呢？

（四）

“天行健，君子以自强不息。地势坤，君子以厚德载物”。子在川上曰：“逝者如斯夫，不舍昼夜！”

“沉舟侧畔千帆过，病树前头万木春”。心灵的勇敢，源于坚定的信念和希望。

信仰是心灵的灯塔，理想是心灵的风帆。借着这鼓起的帆，人生之舟乘风破浪，驶向幸福的彼岸。

“本有冲天志，扶摇云海间。朝辞蓬莱岛，暮栖昆仑山。神龙相与舞，凤凰为之歌。虽遭风雷摧，依然向青天。”

心灵有一种愈挫愈奋、坚韧不拔的志向！“尔曹身与名俱灭，不废江河万古流”，这是心灵的豁达。

赫拉克利特说：“人不能两次踏进同一条河流。”朱熹诗“问渠那得清如许，为有源头活水来”。心灵之河清澈荡漾、奔流不息，就是因为不断注入新鲜血液。

孔子曰：“岁寒知松柏之后凋也。”“沧海横流，方显英雄本色”。心灵是那样坚强，心灵是那样勇敢。

《诗经》：“如琢如磨，如切如磋。”“宝剑锋从磨砺出，梅花香自苦寒来”。曾子曰：“士不可以不弘毅，任重而道远！”

郑板桥诗：“咬定青山不放松，立根原在破岩中。千磨万击还坚劲，任尔东西南北风。”陈毅诗：“大雪压青松，青松挺且直。要知松高洁，待到雪化时！”

（五）

我们的心灵充满了好奇。屈原写下了《天问》，《离骚》：“路漫漫其修远兮，吾将上下而求索！”

周恩来诗：“大江歌罢掉头东，邃密群科济世穷。面壁十年图破壁，难酬蹈海亦英雄！”

太史公自述：“究天人之际，通古今之变，成一家之言。”这苍茫之天，究竟有没有主宰？人的命运难道天能够左右？历史变迁究竟有没有规律？我这一家之言可否成立？

“借神来之笔，蘸三江之水，写万代春秋，画丑陋魂灵”。画卷西风苍天远，笔走龙蛇任逍遥。秦地自古多雄才，挥毫泼墨亦有情。这是心灵的情怀。

“为天地立心，为生民立命；为往圣继绝学，为万世开太平”。这是张载的伟大理想。天地本无心，人心即天心；人心比天高，人心比地广。

关注苍生民瘼，知民生之艰辛。民众的心愿就是我的使命。古圣先贤的道德学问早已荒芜了，我要把它发扬光大，开辟一条永远太平的道路，就是我最高的理想吧！

历史证明那种强权政治，以暴易暴的方法，只能自食其果！两次世界大战就是血的教训！

“9·11”事件更是触目惊心，即使再强大的国家，也是防不胜防。中东战争硝烟弥漫，冤冤相报何时休？

恐怖主义愈演愈烈，人类应该反思根源何在？历史证明文明冲突论是一种误导！

啊，张载的“仇必和而解”！“民胞物与”，人民是我的同胞，万物是我的兄弟，大概就是迈向和平的道路吧！种族民族和解，东西方文化融合，放弃国家主义，打造人类命运共同体，合作共赢，走大同世界之路。

人与自然和谐、人际和谐、人体与心灵和谐，这大概就是横渠先生给今天人类指出的道路吧。

我们的心灵向往和平的阳光，向往沟通与对话，向往和谐与合作，“山重水复疑无路，柳暗花明又一村”。

（六）

欣赏是人性的光辉。心灵也渴望理解与沟通，渴望欣赏与鼓励。林肯说，人性本质的本质是渴望得到肯定。对人最尊贵的礼遇，就是欣赏他。

“大道之行也，天下为公，选贤任能，讲信修睦”“周公吐哺，天下归心”。贤者居位，国之幸也。文王访贤，刘备三顾茅庐，成为千古美谈。

求贤若渴，如鱼得水。心灵也渴望风流倜傥，也渴望尽展英姿，“马思边草拳毛动，雕眄青云睡眼开”“我劝天公重抖擞，不拘一格降人才”。

各领风骚，各有千秋，心灵追求卓越。“生当作人杰，死亦为鬼雄，至今思项羽，不肯过江东”，“出师未捷身先死，长使英雄泪满襟”。

“大江东去，浪淘尽，千古风流人物。”“惊涛拍岸，卷起千堆雪。江山如画，一时多少豪杰”。心灵也是仰慕英雄豪杰，也渴望弯弓射大雕。

“士可杀不可辱”“三军可夺帅，匹夫不可夺志”“可以托六尺之孤，可以寄百里之命”。

“不降其志，不辱其身”“无求生以害仁，有杀身以成仁”，这就是心灵的品位吧。

韩愈说：“先有伯乐，然后有千里马”。良禽择木而栖，士为知己者死，女为悦己者容。

“我欲因之梦吴越，一夜飞度镜湖月”“自古圣贤皆寂寞，惟有饮者留其名”。这是心灵的洒脱。

（七）

帕斯卡尔说，“人是会思考的芦苇”。智慧是心灵的舞蹈，思考是心灵最动人的乐章。

泰戈尔说，“让你那爱的阳光，亲吻我思想的山峰，流连于我那庄稼成熟的、人生的山谷!”

笛卡儿说:“我思,故我在!”心灵首先是思考的器官,我思考着,所以我存在着。

人靠理性认识世界、判断是非,预见未来,趋利避害,追求幸福与自由。

萨特说,物是存在与本质同在,人是“存在先于本质”。人的本质是在自己的生命历程中赋予的。

人有自己的独立意志与自由,人应该对自己的生命负起责任。

蒙代尔说:“世界上哪些人最在意面子?当然是那些除了依赖面子找不到别的来证明自己的庸人。”

立志成大事的人,应该放下眼前的面子,寻找历史赋予的那一份无上的荣耀。凡人都有面子,但是有些是虚荣心、有些是自尊心。

亚里士多德说:“吾爱吾师,我更爱真理!”这是西方的智慧,智慧是最高的道德。

孔子曰:“当仁,不让于师!”是东方的人格,道德是最高的智慧,德有多高,才有多高。

颜延之《庭诰文》:“幸有心灵,义无自恶。”高尚的心灵追求真理、追求正义。

贺麟说:“当一个民族发展到和平与繁荣阶段,当它从外部的压迫和任何形式的专制中解放出来时,人们就开始认识到个性和个人灵魂尊严的重要性。”心灵也追求尊严。有尊严,才有责任感。

康德说:“所谓启蒙,就是改变那种离开他人就不会思考、不会行动的习惯,就是作独立自主的人。”

人的心灵也有成长的过程,需要进行启蒙,独立自主就是心灵走向成熟的标志。

(八)

创造是人的心灵最神奇的花朵。心灵之歌是创造,智慧之光是创造,科学发现是创造,纯洁美好的生活也是创造。

蒲柏说:“大自然和自然界的规律隐藏在黑暗里,上帝说,让牛顿出生吧!于是,一切都成为光明的了!”

《圣经·创世记》:起初,神创造天地,地的空虚混沌,渊面黑暗;神的灵运行在水面上。

神说，“要有光”，就有了光！神看光是好的，就把光暗分开了。神称光为“昼”，称暗为“夜”。

神的灵也就是人的灵，莎士比亚说：“人所具有的，我都具有！”我的心灵可以映照上帝的光辉！

如果说在创世记里，光明是由上帝亲自创造的，那么，按照蒲柏的说法，这一次光明则是上帝借助牛顿之手创造的。

也就是牛顿开辟了人类创造世界的新时代。这就是人文主义思潮的崛起，人性的重新发现，我是大自然最伟大的创造。

创造是人的天职。造物主按照自己的形象创造了人类，就是渴望人类继续他的创造。

这个时代有两个伟大的预言，人类借助科学可以认识世界，借助科学可以创造一个世界。

科学技术是心灵最自豪的创造，人类因此开辟了创造世界的历程。从中国的四大发明，从蒸汽机时代、到电气时代，到电子时代。人们不仅创造了电视、电脑、宇宙飞船，而且创造了一个五彩缤纷的世界，随着基因技术的进步可以克隆、培育出新的生命！

艺术是心灵的创造。教育是一门艺术，而艺术本身就是教育。“动之以情，晓之以理”。

音乐是艺术之魂，绘画是艺术之魄，舞蹈是心灵在飞翔，建筑是心灵的英姿。

诗歌是心灵之音，戏剧是心灵之曲。“庄生晓梦迷蝴蝶，望帝春心托杜鹃！”

“春有百花秋有月，夏有凉风冬有雪”。创造出幸福生活，创造出美好心灵，才是最动人心魄的伟大创造。

（九）

希望是心灵的灯塔。人有丰富的内心世界，在人面前实际上存在两个世界，一个是现实世界，一个是理想世界，人不甘心在现实世界面前俯首称臣。

人的心灵就像伸开想象的翅膀，为我们建构了一个理想世界，来改造和超越现实世界。柏拉图的“理想国”，儒家的“大同世界”，陶渊明的“桃花源”，佛教的“极乐世界”，基督教的“天堂”，还有马克思的“共产主义”。

列夫·托尔斯泰说：“理想是指路明灯，没有理想，就没有坚定的方向，就没有生活”。

在古希腊神话中，“希望”是潘多拉的盒子里最后一件东西。而德国哲学家布洛赫则提出了“希望哲学”。他认为，“希望”不仅是人的一种意识特质，而且是一种本体论现象，人的本质与希望有着不可分割的联系，希望是根植在人性之中的人类需要，是“人的本质结构”。

希望是我们身体的一部分，是我们的耳朵，我们的眼睛，我们的血液，我们借它看到、凭它看到，靠他存活下去。① 常言道：“哀莫大过于心死。”大概就是这个意思。

希望就是对自己、对未来有信心。居里夫人说：“我们要有恒心，其次要有自信心！”王阳明说：“君子不求天下之信也，自信而已！”

一个人有可能贫困潦倒，有可能九死一生，有可能命运悲惨。如果他的心没有死去，就有重新站立起来的希望！

“有志者，事竟成，破釜沉舟，百二秦关终属楚。苦心人，天不负，卧薪尝胆，三千越甲可吞吴！”

人生如果是海洋中的船只，希望就仿佛是航海中的灯塔，又仿佛是舵手的罗盘，使人们在暴风雨中不致迷失方向。

泰戈尔说：“请别为失去太阳而哭泣，否则你将失去群星了！”雪莱说：“冬天到了，春天还会遥远吗?”一切皆有可能！天无绝人之路，车到山前必有路。

（十）

豁达是一种人生境界，是一种博大的胸怀、是一种心灵的坦荡。俱怀逸兴壮思飞，欲上青天揽明月。

生活老人告诉我，“性格开朗”并非“豁达”的全部内涵，要做到“豁达”二字，够你说、够你学也够你做一辈子！

豁达是一种大度、宽容。有人当面侮辱了你，你不会记恨他一辈子；身边的人做错了事，你不会喋喋不休地算他的账；你的部下“捅”了你的“壁脚”，你不会给他“穿小鞋”。

豁达是一种坦荡，那心灵像一汪碧泉清澈见底，容不得半点污秽和虚伪，是黑决不说白，是鹿决不说马。

---

① 韩松落：《希望哲学》，《读者》2012 年第 1 期。

豁达是一种乐观、豪爽。你驱散生活中的痛苦和眼泪，不论生活折磨你欺骗你，你永远是那样微笑。

豁达是一种自信，“自信人生二百年，会当水击三千里”！生活就好像竞争和拼搏，而豁达者面前永远没有失败。

豁达是一种奉献，对朋友，可以“愿车马衣轻裘与之共敝而无憾”；可以壮吟“风萧萧兮易水寒”去为之献出热血与头颅。

人类有一种通病：狭隘、小气、晦涩，“皮里春秋”，烦扰自卑绝望，猜疑恨忌，而在豁达者身上，这些病态是绝不能驻足的。

人类呼唤豁达，呼唤宽阔的心灵，就像呼唤文明一样。如果多一点豁达，人类就多一点美好。[①]

（十一）

“春潮带雨晚来急，野渡无人舟自横。”“知我者为我心忧，不知我者谓我何求？”孤独是心灵的一种境界。

“千山鸟飞绝，万径人踪灭。孤舟蓑笠翁，独钓寒江雪。”天地之间是如此纯洁而寂静，一尘不染，万籁无声。借助渔翁表达了诗人的清高与孤傲。

“瀚海阑干百丈冰，愁云惨淡万里凝。”浩瀚的沙海，冰雪遍地；雪压冬云，浓重稠密。笔墨夸张，气势磅礴地勾画了瑰奇壮丽的沙塞雪景，也是送别心情的表达。

“前不见古人，后不见来者，念天地之悠悠，独怆然而涕下。”表现了诗人怀才不遇、渴望古代礼贤下士的明君的情怀。语言苍劲奔放，慷慨悲愤。

“枯藤老树昏鸦，小桥流水人家，古道西风瘦马。夕阳西下，断肠人在天涯。”

在深秋村野图的画面上，出现了一位漂泊天涯的游子，在残阳夕照的荒凉古道上，牵着一匹瘦马，迎着凄苦的秋风，信步漫游，愁肠绞断，却不知自己的归宿在何方。

“兰叶春葳蕤，桂华秋皎洁，欣欣此生意，自尔为佳节。谁知林栖者，闻风坐相悦。草木有本心，何愁美人折？”

兰逢春而葳蕤，桂遇秋而皎洁，这是它们的本性，并非为了博得美

---

① 符江：《豁达》，《成才之路》2012 年第 2 期。

人的折取欣赏。

诗人以此比喻贤人君子的洁身自好，进德修业，也只是尽他作为一个人的本分，而并非借此博得外界的称誉提拔，以求富贵利达。孤芳自赏，不求闻达也是古代文人的一种情怀。

“芝兰生于深谷，不因无人而不芳；君子修道立德，不为困穷而改节。”这是孔子的《咏兰》，与张九龄《感遇》的襟怀一脉相承。

莎士比亚说：“草木是靠着上苍的雨露滋长的，但是它们也敢于仰望苍穹。”

基尔凯戈尔说：“整个存在使我们吃惊，从最小的苍蝇到神下凡为基督的神秘，每一件事物对我来说都是难以理解的，而最难以理解的是我自己。”①

当你凝视灿烂的星空，当你与花相视，沉浸在“人花相视久，无语醉初春”的境界，当你为少女那无以言状的美而怦然心动，当你为生命的神秘而惊异，为人类的智慧而惊异的时候，难道大自然那无与伦比的智慧没有引起你心灵的震撼和敬畏的感情吗？

（十二）

心灵是宇宙的中心，世界因心灵而生动，心灵即宇宙，宇宙即心灵；心外无物，万物皆备于我。

心灵是那样精巧，又是那样宽广；心灵是那样宁静，又是那样深邃！

心灵是那样纯朴，又是那样智慧；心灵是那样谦逊，又是那样自信！

境由心生，心旷神怡。所谓情人眼里出西施，身无彩凤双飞翼，心有灵犀一点通。

罗丹说：“不是缺少美，而是缺少发现美的眼睛。”忽如一夜春风来，千树万树梨花开；众里寻他千百度，蓦然回首，那人却在灯火阑珊处。

美是心灵的曙光，心灵之光照耀着大地，就仿佛冬去春来，万物复苏，鸟语花香，一派生机。

“精诚所至，金石为开”。水到渠成，瓜熟蒂落；铁棒磨成针，功到自然成；心之力，可以开天辟地；精卫填海，愚公移山；滴水穿石，用心一也。

所谓“思想有多远，我们就能走多远！”“只有想不到的，没有做

① 参见严春友《大自然的智慧》，《散文》1998年第9期。

不到的！”异想天开，心想事成，这不仅仅是一种美好祝愿，而是一种境界。

常言道“生死有命，富贵在天”，有道是“谋事在人，成事在天”！如果你不去谋划，不去争取，你怎么知道究竟命运如何？

吸引力法则，潜意识的力量[①]，进一步揭示了心灵的奥秘。我们正确了，那么整个世界就是正确的。

心灵是一种生命场、能量场、情感场，与宇宙息息相关，有巨大的能量和潜能有待我们去开发。

人诗意地栖居在大地上，让我们荡起心灵的风帆，驶向幸福的彼岸！

---

① ［美］约瑟夫·墨菲：《潜意识的力量》，吴忌寒译，中国城市出版社2009年版。

五　世界因心灵而生动

——心灵哲学与人生境界

中国传统哲学从根本上说属于心灵哲学。万物有灵，心灵是宇宙的中心，世界因心灵而生动。“吾心即宇宙，宇宙即吾心”。心灵是生命主体最宽广、最深邃、最灵敏、最神秘的心理、状态和境界。中国的心灵哲学源于孟子的心性论，陆王心学是其完善形态。孟子“万物皆备与我”，庄子“天地与我为一”，张载“心统性情”，周敦颐“秀而最灵”，程子“日新”即“盛德”，朱熹“豁然贯通”，慈湖“澄然清明”，从一定意义上洞悉了心灵的秘密。西方哲人从理性与非理性关系的角度对心灵也进行了有益的探索。中国传统文化“极高明而道中庸”，儒家是道德境界，道家是天地境界，佛家是宇宙境界。“人诗意地栖居在大地上”，在物欲横流的社会，在科技文化时代，在信息社会文化多元化冲击下，应该提出“心灵建设”的任务。

（一）“万物皆备与我”，中国心灵哲学源于孟子的心性论

中国的心灵哲学源于孟子的心性论，孟子曰：“万物皆备于我矣。反身而诚，乐莫大焉；强恕而行，求仁莫近焉。”（《尽心上》）

孟子认为人性是善的，人天生有“善端”。他说：

> 恻隐之心，仁之端也；羞恶之心，义之端也；辞让之心，礼之端也；是非之心，智之端也。（《告子上》）
>
> 仁义礼智根于心。（《尽心上》）
>
> 仁义礼智，非外铄我也，我故有之也。（《告子上》）
>
> 尽其心者，知其性也；知其性，则知天矣。（《尽心上》）

性在于心，尽其心则能知性；人之性乃受于天者，实亦即天之本质，故知性则知天。天性一贯，性不外心。天道与人道相通，天之根本性德，即合于人之心性之中。

宇宙本根乃道德的根源，人伦道德，乃宇宙本根的流行发现。本根有道德意义，而道德亦有宇宙的意义。孟子云：

> 存其心，养其性，所以事天也。夭寿不贰，修身以俟之，所以立命也。(《尽心上》)

发挥心灵的作用，就能认识善端，认识天命。“尽心”也就是“思诚”。“诚者天之道也，思诚者人之道也。”（《离娄上》）“诚”是天的根本法则，“思诚”是做人的根本法则。

孟子认为人之善端，乃“天之所与我者”，但是必须扩充之，“强恕求仁”，也就是必须通过修养之行，“反身而诚”，才能达到与万物为一的天人合一境界，至此，人就可以成为最有道德的圣人。①

孟子进一步拓展了孔子的仁爱思想，“敬人者，人恒敬之”“老吾老，以及人之老；幼吾幼，以及人之幼。”（《梁惠王上》）“君子之于物也，爱之而弗仁，于民也，仁之而弗亲。亲亲而仁民，仁民而爱物。”（《尽心上》）仁始于亲而不终于亲，由“亲亲”扩展到“仁民”，由“仁民”扩展到“爱物”，使仁成为人类最普遍的道德原则。②

> 公孙丑问曰：“敢问夫子恶乎长?”曰：“我知言，我善养吾浩然之气。”“敢问何谓浩然之气?”曰：“难言也，其为气也，至大至刚，以直养而无害，则塞于天地之间，其为气也，配义与道；无是，馁也，是集义所生者，非义袭而取之也，行有不慊于心，则馁矣。”“我故曰告子未尝知义，以其外之也。必有事焉而勿正，心勿忘，勿助长!”（《孟子·公孙丑上》）

靠长久不懈的修养和锻炼，“以直养而无害”。如何“直养”? 孟子

① 张世英：《哲学导论》，北京大学出版社 2002 年版，第 295 页。

② 白奚：《孟子对孔子仁学的推进及其思想史意义》，《哲学研究》2005 年第 3 期。

解释说："必有事焉，而勿正（焦循《孟子正义》说：'正之义通止，即而勿止。'）心勿忘，勿助长。"（《公孙丑上》）就是在用直道、正义来培养这种精神力量时，既不能中止（"勿忘"），又不要急躁（不要拔苗助长）。①

孟子的浩然之气，实际上已经洞悉了潜意识的力量、心灵的力量。这是一种精神气质，是道义的力量与天地正气的统一，即人的精神境界与宇宙力量的融合。

孟子对大丈夫的描写，是对独立人格和崇高心灵的赞美。

> 居天下之广居，立天下之正位，行天下之大道；得志与民由之，不得志独行其道；富贵不能淫，贫贱不能移，威武不能屈，此之谓大丈夫！（《孟子·滕文公下》）

文天祥《正气歌》用诗的语言描写"浩然之气"：

> 天地有正气，杂然赋流形。下则为河岳，上则为日星。於人曰浩然，沛乎塞苍冥。……是气所磅礴，凛烈万古存。当其贯日月，生死安足论。

《正气歌》脍炙人口，成为华夏民族的心灵之歌，发挥了振奋民族精神的伟大作用。

庄子曰："天地与我并生，万物与我为一。"（《齐物论》）我与"道"合二为一。庄子称之达到此境界的人为"真人"，"不以心捐道，不以人助天。"（《大宗师》）

张载说：

> 大其心，则能体天下之物，物有未体，则心为有外。世人之心，止于见闻之狭，圣人尽性，不以见闻梏其心。其视天下，无一物非我。孟子谓尽心则知性知天以此。天大无外，故有外之心，不足以合天心。（《正蒙·大心》）

---

① 丁祯彦、藏宏主编：《中国哲学史》，华东师范大学出版社 1989 年版，第 69—70 页。

所谓“大其心”的“大”是相对于躯体的“小”而言的，身体不能变大，但“心之官则思”，“心”可以扩充。此外，“大其心”是自尽其性的“成己”，能尽其性，则能尽物之性，“体天下之物”即是“成物”。

张载认为“大心”就是“尽心”，但是孟子的“尽心”是向内体验仁义本性的功夫，而张载的“大心”却要求“体天下之物”。那么“大心”实际上不是“尽心”而是“尽物”，二者之间显然存在一定的差距。

当然对于世人规定不适用于圣人，因为圣人能突破见闻的桎梏，他不要感知外物来扩充本性，而是体验到天下万物与我为一体，在此意义上与孟子接近。天在这里是最高的范畴，尽性知天也就是人的最终目的所在。

当然，由于性有“天地之性”与“气质之性”，故君子须“善反之”，“反之本而不偏，则尽性而知天矣。”（《正蒙·诚明》）。本反尽性，变化气质，便会最终实现天人合一。

张载力求把“仁”推广于普天下的万物人类，倡导一种普遍之爱的思想，我们也可以称其为博爱主义。他说：“惟大人为能尽其道，是故立必俱立，知必周知，爱必兼爱，成不独成。”（《正蒙·诚明》）这种“兼爱”的思想通过“民胞物与”说，得到了具体的阐发。

> 乾称父，坤称母；予兹藐焉，乃混然中处。故天地之塞，吾其体；天地之帅，吾其性。民，吾同胞；物，吾与也。富贵福泽，将厚吾之生也。贫贱忧戚，庸玉女于成也。存，吾顺事。没，吾宁也。（《西铭》）

“存顺没宁”的意义在于，对于每个人的人生都要遇到的富贵贫贱生死等问题，人们应该以一种随遇而安的态度去对待。

“为天地立心，为生民立命，为往圣继绝学，为万世开太平”（《张子语录》），也就是为社会重建精神价值，为民众确立生命意义，为前圣继承已绝之学统，为万世开拓太平之基业。

张载“四为句”涉及精神价值、生命意义、学统传承、社会理想等多方面的内容。这可以视作张载一生抱负和理想的概括，同时它也是当时知识分子精神追求和社会担当的心声。

张载“为天地立心”，彰显心灵建设的首要意义。“大其心，则能体天下之物”。张载是从万物一体、“爱必兼爱”的思想出发，提出“民胞物与”主张，人民是我的同胞，万物是我的兄弟。抽掉其维护封建等级秩序的成分，“万物一体”“民胞物与”“仇必和而解”，可以成为当代人类普世伦理原则。

周敦颐以太极为本根：

> 万物生生，而变化无穷焉。惟人也得其秀而最灵。形既生矣，神发知矣。五性感动，而善恶分，万事出矣。圣人定之以中正仁义而主静（自注：无欲故静），立人极焉。故圣人与天地合其德，日月合其明，四时合其序，鬼神合其吉凶。（《太极图》）

在天地万物中，“惟人也得其秀而最灵”，也就是人为万物之灵，而“圣人与天地合其德”，也就是能够得到天人合一的境界。而人的“灵”与“秀”就在于人的心灵吧。且看周敦颐的《爱莲说》，这“出淤泥而不染，濯清涟而不妖”的莲花，难道不是君子追求的美好心灵吗？

程子以为生生不已是宇宙根本原理，程明道说：“生生之谓易，是天之所以为道也。天只是以生为道。继此生理者只是善也。”（《语录二上》

明道又说：“日新之谓盛德，生生之谓易，阴阳不测之谓神。要思而得之。”（《语录十一》）生生不息是宇宙的根本法则，“日新”即“盛德”，人的心灵也要时时更新，才能保持新鲜与活力。

“要思而得之”，也就是要发挥主观能动性，才能达到天人合一的境界。程子又提出：“只心便是天。”（《语录二·上》）

> 张子曰：心统性情者也。有形则有体，有性则有情。发于性则见于情，发于情则见于色，以类而应也。（《性理大全》卷三十三引）

董仲舒说：“心有哀乐喜怒”“心有计虑。”（《春秋繁露》）哀乐喜怒是情，计虑是知，心兼含情知，心有主宰情欲的能力。

张载则明确提出“心统性情”的命题。他认为，心是总括性情与知觉而言的，“合性与知觉，有心之名”；性是根本的，“天授于人则为命，亦可谓性。人受于天则为性，亦可谓命”（《语录中》）；“性即天也”，所以“性又大于心”，有性再加知觉，便成为心；性之发为情，情亦是心的

内容。

朱熹发挥了张载“心统性情”的思想，使之成为理学人性论的重要组成部分。朱熹说：“横渠云‘心统性情’，此说极好”，他解释说：

> 统，犹兼也。心统性情，性情皆因心而后见，心是体，发于外谓之用。
>
> 性者，理也。性是体，情是用，性情皆出于心，故心能统之。（《语录》卷五）

朱熹认为心有体有用，心之体是性，心之用是情，性情皆由心中发出。他比喻说，心如水，“性犹水之静，情则水之流”（《语录》卷五）。张载、朱熹强调“心统性情”，其主要意义在于表明，进行精神修养既须认识本性，又须培养情操、调节情感。朱熹说：

> 人心之灵，莫不有知，而天下之物莫不有理，惟于其理有未穷，故其知有不尽也。是以大学始教，必使学者即凡天下之物，莫不因其已知之理而益穷之，以求致乎其极。至于用力之久，而一旦豁然贯通焉，则众物之表里精粗无不到，而吾心之全体大用无不明矣。此谓物格，此谓知之至也。（《大学章句·补格物传》）
>
> 大学者，大人之学也。明，明之也。明德者，人之所得乎天，而虚灵不昧，以具众理而应万事者也。但为气禀所拘，人欲所敬，则有时而昏，然其本体之明，则有未尝息者。故学者当因其所发而遂明之，以复其初也。（《大学章句集注》）

“人心之灵，莫不有知”，朱熹首先肯定心灵里有天赋的知识，有“明德”“天理”。人心如一面镜子，它之所以昏暗，是由于气禀所拘，为人欲所蔽。人的认识活动无非是唤醒心中的“天理”，把人欲去掉，也就是把心灵这面宝镜擦拭干净，使它重新明亮起来。

朱熹有言：“性便是心中所有之理，心便是理之所会之地。”“一心具万理”“人人有一太极”（《语录》卷五）。人人心中既包摄万理，又具有“理”之全体。世界万物之理都汇集在人心中，借助格物的启发，心灵就能把握古有的理的全体，“豁然贯通”与“顿悟成佛”相类似。

朱熹已经接近提出“心灵即宇宙，宇宙即心灵”的命题。“等闲识得东风面，万紫千红总是春”“问渠那得清如许，为有源头活水来”，应该是朱熹心灵哲学的最好诠释。

（二）“吾心即宇宙”，陆王心学是中国心灵哲学的完善形态

邵子弟子所记《观物外篇》曰：“心为太极，又曰，道为太极。”“先天学，心法也，故图皆自中起，万化万事生乎心也。”似乎认为心是宇宙的根本，万事万物变化皆源于人心。

陆象山明确提出“宇宙即吾心，吾心即宇宙”的哲学命题。《陆象山年谱》记载：

> 先生自三四岁时，思天地何所穷际，不得，至于不食，宣教公（象山父）呵之，遂姑置，而胸中之疑终在。后十余岁，因读古书至宇宙二字，解者曰：四方上下曰宇，古往今来曰宙。忽大省曰：元来无穷。人与天地万物，皆在无穷之中者也。乃援笔书曰：宇宙内事，乃己分内事；己分内事，乃宇宙分内事。又曰：宇宙便是吾心，吾心即是宇宙。东海有圣人出焉，此心同也，此理同也；西海有圣人出焉，此心同也，此理同也；南海北海有圣人出焉，此心同也，此理同也；千百世之上，至千百世之下有圣人出焉，此心此理，亦莫不同也。

陆象山谓“宇宙便是吾心，吾心即是宇宙”。认为宇宙之理即吾心之理，万事万物之理莫不备于吾心。此理为古今一切人之心所同具，而非一人之心。故说千百世之上之下，四海之圣人，皆同有此理，而人乃与天地万物同在无穷宇宙之中。象山之宇宙论，尚不是说宇宙唯一心，或心为宇宙之根本。象山的本根论，其实可谓是一种极端的唯理论，言里而不言气。认为宇宙唯一理，而此理具于吾心之中。象山说：

> 塞天地一理耳，学者之所以学，欲明此理耳，此理之大，岂有限量？（《与赵咏道书》）
>
> 塞宇宙一理耳，上古圣人先觉此理。（《与吴斗南书》）

此为宇宙本根之理，即吾心之理，象山说：

心一心也，理一理也，至当归一，精义无二，此心此理，实不容有二……内此理也，外亦此理也。(《与曾宅之书》)

人皆有是心，心皆具是理，心即理也。(《与李宰书》)

理即具于心，更无心中所无之理。陆象山说：

此心此理，我固有之，所谓万物皆备于我，昔之圣贤先得我心之所同然者耳。(《与侄孙璇书》)

象山又说：

万物森然于方寸之间，满心而发，充塞宇宙，无非此理。(《语录》)

万物之理莫不备于吾心，吾心即宇宙之缩影。然宇宙究非即在吾心之内，故说“满心而发，充塞宇宙”。且此为宇宙本根之理，虽在人心，而人不必知之；而此理不因人知不知而有不同。象山说：

此理在宇宙间，故不以人之明不明，行不行而加损。(《答朱元晦》)

个人之存在与否，亦与此理毫无关系，象山曾说：

且道天地间有个朱元晦陆子静，便添些子，无了后便减些子？(《语录》)

宇宙实乃无穷，人居于无穷之中。而宇宙之本根乃是理，但此理却为心所具有。宇宙之理，即同于人心之理。故陆象山虽是儒家主观唯心论之开山，但其宇宙论尚非单纯的主观唯心论，而是一种心即理说。①

陆象山的宇宙论非单纯的主观唯心论，象山弟子杨慈湖（简）则主张一种明显的确定的主观唯心论，认为宇宙即是我之全体，宇宙中一切事物，皆是我的部分，而成立宇宙的唯我论。慈湖作《己易》云：

① 张岱年：《中国哲学大纲》，中国社会科学出版社1982年版，第67页。

易者己也，非有他也，以易为书，不以易我己。不可也；以易为天地之变化，不以易为己之变化，不可也。天地我之天地，变化我之变化，非他物也。私者裂之，私者自小也。

宇宙变易历程只是我的变易历程，不以为如此者乃是自小，《己易》又云：

自生民以来，未有能识吾之全者，惟睹夫苍苍而清明而在上，始能言者名之曰天：又睹夫隤然而博厚而在下，又名之曰地。清明者吾之清明，博厚者吾之博厚，而人不自知也。人不自知而相与指名曰：彼天也，彼地也；如不自知其为我之手足而曰：彼手也，彼足也。如不自知其为己耳目鼻口曰：彼耳目也，彼鼻口也。是无惑乎？

天地只是我的天地，与手足为我的手足同，以天地为我之部分，方我识我之全。《己易》又云：

不以天地万物万化万理为己，而惟执耳目鼻口四肢为己，是剖吾之全体而裂取分寸之肤也，是梏于血气而自私也，自小也，非吾之躯止于六尺七尺而已也。坐井而观天，不知天之大也，坐血气而观己，不知己之广也。

以天地万物万化万理为外，而唯认血肉之身为我，是剖分自己之全体而只取分寸，只是自私自小。宇宙整个方是我之全身，应离开血气的观点，方能有真实之自觉。

慈湖之主观唯心论思想，实以其神秘经验为根据。慈湖作《象山先生行状》又云：

简主富阳簿时，摄事临安府中，始承教于先生（象山）。及反富阳，又获从容侍诲，偶一夕简发本心之问，先生举是日扇讼是以答。简忽省此心之清明，忽省此心之无始末，忽省此心之无所不通。

慈湖实有天地万物皆在心中的感觉，其理论不过是此种感觉之表述

而已。以万物万化之全体，这虽是受佛家影响，也可以说是孟子万物皆备于我，庄子万物一体的观念之一种发展。不过在孟子只谓浩然之气充塞天地，在庄子自谓物我不分，慈湖则以为天地皆我之部分，而形成宇宙唯我论。①

然而，慈湖“吾性澄然清明”“吾性洞然无际”，应该说从一定意义上洞悉了“心灵”的奥秘，超越“自私”而达宇宙，这是“真实之自觉”，是一种明显的主体意识。

主观唯心说之大成者是王阳明（守仁），主观唯心论哲学到王阳明才有完密的系统。王阳明认为一切皆依附于心，一切皆在心内；无心则无一切，心是宇宙的主宰。阳明说：

> 人者天地万物之心也，心者天地万物之主也。心即天，言心则天地万物皆举之矣。（《答李明德》）
>
> 心外无物，心外无言，心外无理，心外无义。（《与王纯甫》）
>
> 心便是一切，无在心外者。心即宇宙万物之主宰。

阳明又说：

> 如今人只说天，其实何尚见天，谓日月风雷即天，不可；谓人物草木不是天，亦不可。道即是天。若识得时，何莫而非道？人但各以其一隅之见，认定以为道止如此，所以不同。若解向里寻求，见得自己心体，即无时无处不是此道，亘古亘今，无始无终，更有甚同异？心即道，道即天，知心则知道，知天。（《传习录》）
>
> 人心是天渊，心之本体无所不该，原是一个天，只为私欲障碍，则天之本体失了。心之理无穷尽，原是一个渊，只为私欲窒塞，则渊之本体失了。（《传习录》）

心即是道，即是天。心是无所不该，无所不包的，即是宇宙的本根。只是因为私欲膨胀，才使人们失去了心之本体。

---

① 张岱年：《中国哲学大纲》，中国社会科学出版社1982年版，第67—69页。

虚灵不昧，众理具而万事出，心外无理，心外无事。(《传习录》)

虚灵不昧之心，其中万理毕具，乃万事之所从出。阳明谓一切唯心，以存在即受知为理由，阳明说：

充天塞地中间，只有这个灵明，人只为形体自间隔了。我的灵明，便是天地鬼神主宰。天没有我的灵明，谁去仰他高？地没有我的灵明，谁去俯他深？鬼神没有我的灵明，谁去辩他吉凶灾祥？天地鬼神万物，离却我的灵明，便没有天地鬼神万物了。我的灵明，离却天地鬼神万物，亦没有我的灵明。如此，便是一气流通的，如何与他间隔得？……今看死的人，他这些精灵游散了，他的天地万物尚在何处？(《传习录》)

天地万物的存在，依靠人心之灵明。离开人心之灵明，则天地万物无有。一人之死，其心之灵明消逝，他的天地万物即不存在了。阳明此说，似谓一人有一人之天地万物。依靠其心之灵明而存在。《传习录》又载：

先生游南镇，一友指天下无心外之物；如此花树，在深山中自开自落，于我心亦何相关？先生曰：你未看见花时，此花与汝心同归于寂；你来看此花时，则此花颜色一时明白起来。便知此花不在你的心外。

海德格尔说，“语言是存在的家”“有语言的地方才有世界”。在人与世界相融相通的“一体”之中，任何事物都是言说着的，这里的言说是无言之言。伽达默尔也说：“能被理解的存在就是语言”“没有语言性之外的‘自在世界’。”①

良知是造化的精灵。这些精灵，生天生地，成鬼成帝，皆从此出，真是与物无对。人若复得他完完全全，无少亏欠，自不觉手舞足蹈，不知天地间更有何乐可代。(《传习录》)

① 张世英：《哲学导论》，北京大学出版社 2002 年版，第 195 页。

良知是生成一切的，天地鬼神皆出于良知。阳明又说：

人的良知，就是草木瓦石的良知；若草木瓦石无人的良知，不可以为草木瓦石矣。岂惟草木瓦石为然，天地无人的良知，亦不可以为天地矣。盖天地万物与人原为一体，其发窍之最精处，是人心一点灵明。风雨露雷日月星辰，禽兽草木山川土石，与人原为一体。（《传习录》）

心之本体，原是个天理，原无非理；良知是天理之昭明灵觉处，故良知即天理。知是心之本体，心自然会知。见父自然知孝，见兄自然知弟（悌），见孺子入井自然知恻隐，此便是良知，不假外求。（《传习录》）

仁者以天地万物为一体，有一物失所，便是吾仁有未尽处。（《传习录》）

王阳明是从主体论角度诠释他的心灵哲学，发挥了陆象山“吾心即宇宙，宇宙即吾心”的哲学命题，提出并论述了“心是宇宙主宰”。

王阳明系统地阐发了“万物一体”的宇宙观，“其发窍之最精处，是人心一点灵明”，人的心灵就是沟通人与宇宙的关键。通过人的心灵把出场的没有出场的连为一体。

这与海德格尔的人是“自然之光”思想如出一辙，海德格尔认为，从本体论（存在论）看任何客观的事物，都只是因呈现于人面前才具有意义。

王阳明主张“心外无物”，其哲学关心的是人与物交融的生活世界，而不是物与人相互隔绝的“同归于寂”的抽象世界。

王阳明的真理观，如果套用海德格尔的术语来说，也可以叫作去蔽说，事物因人的揭示而显示其意义。人使事物成其为该事物。[①]

王阳明认为人的“灵明”即心灵依赖于人的身体，身体没有了，人的宇宙当然就不复存在。这看来接近于唯物论和现代科学，应该说，陆王心学是中国心灵哲学的完善形态。

---

① 张世英：《哲学导论》，北京大学出版社2002年版，第72—74页。

（三）“极高明而道中庸”，问心无愧地生活

大哲学家康德说，有两种东西，我们对它思考得越是深沉和持久，它们所唤起那种越来越多的惊奇和敬畏就会充溢我们的心灵，这就是繁星密布的苍穹和我心中的道德律。

克尔凯郭尔说：

> 整个存在使我们吃惊，从最小的苍蝇到神下凡化身为基督的神秘，每一件事物对我来说都是难以理解的，而最难以理解的是我自己。①

从伦理到审美，审美是伦理的最高层次。《诗经》：“知我者谓我心忧，不知我者谓我何求？”

中国文化从根本上说是一种审美文化，西方近代弘扬的是一种功利文化，这是价值观上的差异。

这就是海德格尔提出“诗意生活”，林语堂“生活的艺术”，我们提出挖掘和弘扬“心灵哲学”的意义所在。

在西方近代康德是主体论哲学的开山鼻祖，他的著作《纯粹理性批判》《实践理性批判》《判断力批判》，建构了真善美的哲学体系。

在我看来真善美是主体论或者价值论哲学，也可以说是心灵哲学的基本范畴。这涉及真、善、美的关系，真善美统一于美，人生最高境界是美，一切都归于美好的心灵，美是心灵的曙光。

王国维在《人间词话》中说——古今之成大事业、大学问者，必经过三种之境界，也可以说这是求真、求善、求美三种境界。

中国文化博大精深，中西文化竟然相通，因为人是万物之灵，心有灵犀一点通，人同此心，心同此理。从印度传来的佛教有个公案：

> 看山是山，看水是水；看山不是山，看水不是水；看山还是山，看水还是水。

这是一道有名的禅语，参禅前之见山是山，见水是水为“执有”；参禅时之见山不是山，见水不是水为“执无”；参禅后之见山是山，见水是

① 参见严春友《大自然的智慧》，《散文》1998 年第 9 期。

水为“不执”。

这实际上也是求真、求善、求美，修禅也就是境界的不断提升。看来中西方的文化精神也是相通的，这就是天人合一。

《易传》：“天行健，君子以自强不息；地势坤，君子以厚德载物！”天道与人道是相通的，中国人讲通情达理，天理良心，上善若水，即心是佛。

冯友兰先生讲，哲学赋予我们一个安身立命之地。有了这个安身立命之地，无论是枪林弹雨，还是风和日丽，我们都可以心安理得地生活下去。

海涅说，哲学是一种力，一种间接的力。然而又是伟大的力，能够把人类提升到更高境界的力。

中国的审美文化与海德格尔的诗意生活是相通的，冯友兰的安身立命之地与海涅的提升境界又是相通的。

王磊先生讲中华伦理文化精髓：“和而不同的包容意识，自强不息的进取精神，推己及人的仁爱情怀，独立自主的健全人格。”

刘学智先生讲中国传统文化精神：“儒家教我们问心无愧地生活，道家教我们心旷神怡地生活，佛家教我们心平气和地生活！”

中国传统哲学从根本意义上可以说属于心灵哲学，这里从心灵哲学的角度诠释中国文化精神，我们认为儒家属于道德境界，墨家、法家属于功利境界，它们都属于人伦境界，道家属于天地境界，佛家属于宇宙境界。

儒家是道德境界：问心无愧地生活，源于孟子的“三乐”：

> 君子有三乐，而王天下者不与存焉。父母俱在，兄弟无故，一乐也；仰不愧于天，俯不怍于人，二乐也；得天下英才而教育之，三乐也。君子有三乐，而王天下者不与存焉。（《孟子·尽心上》）

孟子言君子有三乐，第一乐乃是所谓的“天伦之乐”，父母、兄弟俱在，身体健康，不遭逢事故，不是人力勉强得来的，所以君子特别珍惜，以此为至乐。

第二乐是“仰不愧于天，俯不怍于人”。君子心地光明坦荡，行事问心无愧，所以俯仰无愧怍于天、人，而胸怀磊落、快意自得，正是君子所乐之处。

第三乐是“得天下英才而教育之”。君子化育英才，为国储贤养才，共同济助天下，实现君子的理想，所以君子乐之。

笔者把孟子的三乐概括为天伦之乐、良心之乐和智慧之乐。天伦之乐，其乐融融；良心之乐，乐也陶陶；智慧之乐，其乐无穷。

孔子也讲问心无愧。司马牛问君子：“子曰：‘君子不忧不惧。’曰：‘不忧不惧，斯谓之君子已乎？’子曰：内省不疚，夫何忧何惧？”（《论语·颜渊》）

曾子曰：“吾日三省吾身，为人谋而不忠乎？与朋友交而不信乎？传不习乎？”（《论语·学而》）

子曰：“君子坦荡荡，小人长戚戚。”（《论语·学而》）

子曰：“学而时习之，不亦说乎？有朋自远方来，不亦乐乎！人不知而不愠，不亦君子乎！”（《论语·学而》）

儒家学说，不是一种摆设，而是一种践行的人生智慧。学习是一件快乐的事情；有朋友从远方来，与我们交流探讨，不也是非常高兴的事情吗？有别人不了解我，我却不怨恨、不生气，不也是君子吗？儒家学说说到底是追求一种心灵的快乐。

“父母之年，不可不知也。一则以喜，一则以惧。”（《论语·里仁》）

子曰：弟子入则孝，出则悌，谨而信，泛爱众而亲仁。行有余力，则以学文。（《论语·学而》）

曾子曰：“慎终、追远，民德归厚矣。”（《论语·学而》）

有子曰：“礼之用，和为贵。先王之道，斯为美，大小由之。”（《论语·学而》）

“自省”，孝、弟、忠、信，和为贵，问心无愧是儒家追求的心灵宁静，是儒家人生修养思想的精髓。

子曰：“参乎！吾道一以贯之。”子出，门人问曰：“何谓也？”曾子曰：“夫子自道，忠恕而已矣。”（《论语·里仁》）

子贡问曰：“有一言而可以终身行之者乎？”子曰：“其恕乎！己所不欲，勿施于人。”（《论语·卫灵公》）

子曰：“见贤思齐焉，见不贤而内省也。”（《论语·里仁》）

子曰：“三人行，必有我师焉。择其善者而从之，其不善者而改之。”（《论语·述而》）

子曰："老者安之，朋友信之，少者怀之。"（《论语·公冶长》）

"发愤忘食，乐以忘忧，不知老之将至。"（《论语·述而》）

子贡曰："如有博施于民而能济众，何如？可谓仁乎？"子曰："何事于仁，必也圣乎！仁者，己欲立而立人，己欲达而达人。能近取譬，可谓仁之方也已。"（《论语·雍也》）

忠恕之道，将心比心，推己及人，立人达人，见贤思齐。博施于民而能济众，这是儒家心灵哲学的更高境界。

子绝四，"毋意，毋必，毋固，毋我。"（《论语·子罕》）

要保持心灵宁静，必须不凭空猜测，不绝对肯定，不拘泥固执，不自以为是。

子曰："富而可求也，虽执鞭之士，吾亦为之。如不可求，从吾所好。"（《论语·述而》）

子曰："饭疏食，饮水，曲肱而枕之，乐亦在其中矣。不义而富且贵，于我如浮云！"（《论语·述而》）

子曰："贤哉，回也！一箪食，一瓢饮，在陋巷，人不堪其忧，回也不改其乐。贤哉回也！"（《论语·雍也》）

这就是理学家推崇的孔颜乐处，也就是心灵之乐，超越了世俗之乐，是一种很高的人生境界。

子曰："性相近也，习相远也。"（《论语·阳货》）

孔子曰："君子有三戒：少之时，血气未定，戒之在色；及其壮也，血气方刚，戒之在斗；及其老也，血气既衰，戒之在得。"（《论语·季氏》）

子曰："知者乐水，仁者乐山。知者动，仁者静。知者乐，仁者寿。"（《论语·雍也》）

子曰："知之者不如好之者，好之者不如乐之者。"（《论语·雍也》）

子曰："君子和而不同，小人同而不和。"（《论语·子路》）

子曰："质胜文则野，文胜质则史，文质彬彬，然后君子。"（《论语·雍也》）

子曰："吾十五而志于学，三十而立，四十而不惑，五十而知天命，六十而耳顺，七十而随心所欲，不逾矩。"（《论语·为政》）

孔子强调人性修养，提升心灵境界，"如切如磋，如琢如磨"，和人不同，文质彬彬。

子曰："岁寒知松柏之后凋也！"（《论语·子罕》）

子曰："不降其志，不辱其身，伯夷、叔齐与！"（《论语·微子》）

子曰："三军可夺帅也，匹夫不可夺志也！"（《论语·子罕》）

子曰："学而不思则罔，思而不学则殆。"（《论语·为政》）

子夏曰："博学而笃志，切问而近思。仁在其中矣。"（《论语·子张》）

子曰："务民之义，敬鬼神而远之，可谓知矣。"（《论语·雍也》）

子曰："当仁不让于师。"（《论语·卫灵公》）

子曰："刚、毅、木、讷，近仁。"（《论语·子路》）

曾子曰："可以托六尺之孤，可以寄百里之命，临大节而不可夺也。"（《论语·泰伯》）

曾子曰："士不可以不弘毅，任重而道远。"（《论语·泰伯》）

心灵追求尊严，"不降其志，不辱其身"，追求独立人格，独立思考，强调责任和担当。

颜渊喟然叹曰："仰之弥高，钻之弥坚。瞻之在前，忽焉在后。夫子循循然善诱人，博我以文，约我以礼，欲罢不能。"（《论语·子罕》）孔子心灵哲学可谓博大精深。

孟子进一步发挥了孔子的学说，把儒家心灵哲学发展到新的境界。孟子以天为本原，"尽心则知性、知天"。主张性善论，"养心莫善于寡欲""敬人者，人恒敬之""亲亲而仁民，仁民而爱物""我善养吾浩然之气""富贵不能淫，贫贱不能移，威武不能屈，此之谓大丈夫！"

儒家教我们光明磊落、堂堂正正地做人；坦坦荡荡、问心无愧地生活；要有情有义，有责任有担当；有独立人格，有浩然正气。

冯友兰在《新原道》中认为中国哲学有一个主要的传统或者说思想主流，就是追求一种最高境界，冯友兰称为"极高明而道中庸"。"极高明"，这是说中国哲学所追求的这种境界是出世间的，是超乎"人伦日用"的；"道中庸"说是中国哲学追求的精神境界又是在世间的，是人伦日用而非地狱天堂。"有这种境界的生活，是最理想主义底，同时又是最现实主义底。它是最实用的，但是并不肤浅。"①

这应该主要是针对儒家学说而言。儒家面对人们的世俗生活，如何为人处世，提升心性修养？可以说是人伦境界中的道德境界，乃心灵第

① 冯友兰：《新原道》，参见秦英君《当代中国哲学思想史》，河南大学出版社 1999 年版，第 131—132 页。

一境界。

(四)“心旷神怡”与“心平气和”地生活

道家教我们“心旷神怡”地生活，这实际上是天地境界，怎么讲?

> 上善若水。水善利万物而不争，处众人之所恶，故几于道。居，善地；心，善渊；与，善仁；言，善信；政，善治；事，善能；动，善时。夫唯不争，故无尤。(《老子》八章)

最高的善像水那样。水善于帮助万物而不与万物相争。它停留在众人所不喜欢的地方，所以接近于道。上善的人居住要像水那样安于卑下，存心要像水那样深沉，交友要像水那样相亲，言语要像水那样真诚，为政要像水那样有条有理，办事要像水那样无所不能，行为要像水那样待机而动。正因为他像水那样与万物无争，所以才没有烦恼。这里水是喻指与世无争的圣人，达到尽善尽美的境界。

老子曰：“人法地，地法天，天法道，道法自然。”(《老子》二十五章)自然而然地遵循自然规律，不强行、不妄为，不胡作非为，才能达到“无为而无不为”的境界。

老子讲“我无欲，而民自朴”(《老子》五十七章)；“专气致柔，能婴儿否?”(《老子》第十章)；“如婴儿之未孩”(《老子》二十章)；“复归于婴儿”(《老子》三十八章)。

老子主张“处其厚，不居其薄，处其实，不居其华”(《老子》三十八章)，强调“见素抱朴，少私寡欲”(《老子》十九章)。

庄子对老子返璞归真的思想进行了淋漓尽致地发挥。“天地有大美而不言，四时有明发而不议，万物有成理而不说。圣人者，原天地之美而达万物之理。是故至人无为，大圣不作，观于天地之谓也。”(《庄子·知北游》)

“天无为以之以清，地无为以之以宁，故两无为相合，万物皆化”(《庄子·至乐》)；“玄古之君天下，无为也，天德而已矣”(《庄子·天地》)；“生而不有，为而不恃，长而不宰，是谓玄德”(《老子》第十章)；“夫虚静恬淡寂漠无为者，天地之平而道德之至”(《庄子·天道》)。

庄子发挥了老子“道法自然”的思想，这就是因任自然，逍遥无待。“无以心捐道，无以人助天。”“何谓天?何谓人?北海若言：牛马四足是

谓天，落（络）马首，穿牛鼻，是谓人。故曰：无以人灭天，无以故灭命。”（《庄子·秋水》）

鲲鹏展翅九万里，会当水击三千里，其志向之高，能量之大，可谓天地间少有。但是在庄子看来，还不是“逍遥游”，因为它有赖于九万里高空，依赖于巨大的翅膀。“庄生梦蝶”的寓言中翩翩起舞的蝴蝶，才是逍遥无待的形象。

“天下莫大于秋毫之末，而太山为小；莫寿乎殇子，而彭祖为夭。天地与我并生，而万物与我为一。”（《庄子·齐物论》）

庄子《应帝王》讲了一个寓言故事：

> 南海之帝为倏，北海之帝为忽，中央之帝为混沌。倏与忽时相与遇于混沌之地，混沌待之甚善。倏与忽谋报混沌之德，曰：“人皆有七窍，以视听食息，此独无有，尝试凿之。”日凿一窍，七日而混沌死。

这个寓言使“无以人助天”思想进一步发挥。在今天这个科技发达、知识爆炸的信息社会，尤其值得我们思考：福兮祸兮？

“返璞归真”“上善若水”，最能代表道家学说的真谛。“水至柔，而无坚不摧”“海纳百川，有容乃大”，道家崇尚自然悠远、飘逸古雅、平和清新的艺术美，注重本性天真、遗世独立和悠然自在的人格美。[①]

道家学说把人放在无限的宇宙中加以观察，追求绝对的精神自由和独立人格，崇尚“天人合一”的境界，追求“自然为美”的理想，倡导艺术化的人生，这实际上是一种天地境界，心旷神怡的审美境界。

儒家文化是道德境界，道家文化是天地境界，那么佛家文化是什么境界？佛家文化是宇宙境界。

儒家虽然是人伦境界，但是它也是高屋建瓴，高瞻远瞩。它是站在泰山之巅看人间：“会当凌绝顶，一览众山小！”乃心灵哲学第一境界。

道家是天地境界，它是把人融入自然，情景交融，生机盎然。它是站在仙山琼岛看世间：“明月松间照，清泉石上流。”乃心灵哲学第二境界。

① 王磊主编：《周秦伦理文化概论》，陕西师范大学出版社 2010 年版，第 225 页。

佛家教我们心平气和地生活，实际上是一种宇宙境界，是人与宇宙万物的和解，是人生的大彻大悟。佛法不离世间情，回头是岸，即心是佛。

他是站在浩瀚宇宙之上看尘世："千江有水千江月，万里无云万里天！"乃心灵哲学的第三境界。

> 佛言："吾视王侯之位如尘隙；视金玉之宝如瓦砾；视纨素之服如敝帛；视大千世界如一诃子；视阿耨池水如涂足油。"（《佛说四十二章经》）

这分明是站在宇宙之上，才超越了世俗之见，说佛家是宇宙境界恰如其分。

《佛祖传》讲佛祖刚刚出世就讲出八个字："上天下地，唯我独尊！"《金刚经》的宗旨是"普度众生"，《心经》是要拯救人类的心灵。看来佛祖有强烈的使命感。

孔子讲："朝闻道，夕死可矣！"孟子讲："天将降大任于斯人也！""救当今之世，舍我其谁也！"

道家虽然讲因任自然，清静无为。然而，从庄子《应帝王》混沌开七窍而死的寓言看，他们对人类文明有一种更加深沉的忧患。

《心经》在佛家浩瀚的经典中具有特殊的地位，如同《易经》一样被称为是"经中之经"。

《心经》是讲人的心灵应该像宽广无际的宇宙一样，像无始无终的时光一样源远流长。要倾听心灵之音、宇宙之语。

聆听它吧！去吧！到彼岸去吧！大家快去彼岸，修成正果！这是佛祖深深的呼唤！他要"普度众生"！

然而《心经》开宗明义，"观自在菩萨"，关键是观察内在，自见菩萨。教人们关注心灵，觉悟、自渡！

如此看来佛家的确是宇宙境界，是心灵的第三境界。佛家思想也是博大精深，从《心经》可以一叶知秋。

佛教重视人类心灵和道德的进步和觉悟。佛教信徒修习佛教的目的即在于从悉达多所悟到的道理里看透生命和宇宙的真相，最终超越生死和苦，断尽一切烦恼，得到究竟的解脱。

隋唐佛学兴盛，他们如何看待心灵与宇宙的关系？道生说："一切众生，皆有佛性。”（《喻疑论》）“一切众生，亦皆涅槃。”（《法华经疏》）佛家所说的“众生”指一切有情，即一切有感觉的东西，包括动物在内。说一切众生都是佛，就是说，他们都有佛性，佛性就是佛法。

道生由此推论，认为“一阐提人”也有佛性，皆得成佛。“一阐提人”就是不信因果报应，断绝“善根”，极恶的人。

佛家有“放下屠刀，立地成佛”之说，儒家相信人性本善，讲“涂之人可以为禹！”所以佛祖“普度众生”的宏愿才可以实现。

吉藏说：“以著是累根，众苦之本。以执著故，起决定分别。定分别故，则生烦恼。烦恼因缘，即便起业。业因缘故，则生、老、病、死之苦。”（《胜鬘经宝窟》）

认为“著”就是一切麻烦的根本，一切痛苦的来源。因为有了执着就有分别；有了分别，就有烦恼；有了烦恼的因缘，就造业；有了业，就要受报。人的生、老、病、死，这些痛苦，都是他所造的业，所受的报。

《大乘起信论》的《立义分》说：

> 所言法者，谓众生心，是心则摄一切世间法，出世间法，依于此心，显示摩诃衍义。

“一切世间法，出世间法”，冯友兰先生认为就是一切事物，用现代哲学的话说，就是宇宙。

每一个众生都有他自己的心，这是个体的心，一切众生的本来样子就是宇宙的心。因是宇宙的心，所以说他能总括宇宙，能作为摩诃衍的依据。

《起信论》说：“所言义者，则有三种。云何为三？一者体大，谓一切法，真如平等，不增减故。二者相大。谓如来藏，具足无量性功德故。三者用大，能生一切世间善因果故。”

从三个方面说宇宙的心“大”，所谓三种“义”。一是“体大”，因为宇宙心就是宇宙的本体。二是“相大”，因为宇宙间的各种现象都是宇宙心的现象。三是“用大”，因为宇宙间一切事物发生的作用都是宇宙心的作用。

六祖慧能与神秀的公案作何解释？

慧能在寺里砍柴、舂米。有一天，当时有一个最有学问的“教授师”，名叫神秀，作了一个偈，写在墙上。偈说：“身是菩提树，心如明

镜台，时时勤拂拭，勿使惹尘埃。”

慧能在舂米的地方，听见有人念这个偈，就说：我也有个偈，但是不会写。他托了一个会写的人把他的偈写在墙上，偈说：“菩提本无树，明镜亦非台，本来无一物，何处惹尘埃。”

后来慧能就成了禅宗六祖。

据说慧能在广州的时候，在一个寺院听人讲经，其时有风，吹动了旗杆上的幡。有人说是风动，有人说是幡动。慧能说：

> 不是风动，不是幡动，仁者心动。（《坛经·自序品》）①

这显然是世界因心灵而生动，神秀是渐悟，慧能是顿悟。

学佛和修行的人最根本的一条就是无著，不要有著心。“不以情累其生，不以生累其神。”（慧远语）心平气和地生活，达到心灵与宇宙的和谐，追求人与宇宙万物和解与同一的“涅槃”境界。

（五）“人心正是宇宙生命本源的最大透露”

西方哲学从理性与非理性关系的角度对心灵的本性、精神事件、精神功能、精神性质和认知，以及它们和物理身体的关系的本性（这被称为“心身问题”）进行了哲学性研究。

而中国传统心灵哲学主要关注的是心灵与宇宙、心灵与欲望、心灵与义理、心灵与境界的关系。

梁漱溟说：“人心正是宇宙生命本源的最大透露。”他以“人心”这一范畴概括“理智”与“理性”：理智者人心之妙用；理性者人心之美德。后者为体，前者为用。

科学知识是“人心”中的“理智”冷静地分析外物后所产生的，它仅是一种工具的作用，它的价值在于解决人类的疑问，满足人们的物质要求，使人类得以继续生存。

“理性”则是“人心”中的“体”，是直接契入“生命本原”的，是与“生命”合为一体的。“理智”只是“人心”中的“知”，而“理性”包括“人心”中的情和意。“理智”叫人向外用力，所面临的对象是客观的自然界，追求的是科学；“理性”叫人向内用力，所面临的对象是人，

① 参见冯友兰《中国哲学史新编》（第4册），人民出版社1986年版，第217—277页。

向往的是道德理想及丰富的情感世界。①

梁漱溟显然是受了程朱理学和陆王心学的影响，从心灵透析宇宙生命的本源，但是他的“理性”是人类特征的观点，是张载“心统性情”、朱熹“心便是理”思想的概括和发挥。

实际上在人的心灵中，知、情、意、本能（潜意识）是融合在一起的，理智、理性与情感不可分割。就理性而言也可以分为工具理性与目的理性，工具理性面临的对象是自然界，追求科学，目的理性趋向人文关怀。

在西方哲学中苏格拉底最早关注心灵，他说：

> 我担心如果我用眼睛看事物或试图藉感官的帮助理解事物，我的灵魂就会完全瞎了。于是我想，我毋宁求助于心灵，在其中考察存在者的真理。②

他的“心灵世界”就是“理念”，感性中变动不居的东西以恒常的“心灵世界”为根底。他的“心灵”论具有理性主义色彩。

中世纪基督教认为，灵魂与肉体是对立的，人犯有原罪，只有皈依上帝，抑制欲望，灵魂才可以获救。

托马斯·阿奎那用亚里士多德学说论证上帝的存在。他发明了认识论中的二元论，假设了两个知识来源。理性从感性经验中为我们的思维提供食粮；启示也是一种独立的知识来源，给我们提供信仰。理性真理是自由的，而探索它们全靠信仰。有限的心灵不能做出肯定的定义。阿奎那的“心灵”论，是“理性”“信仰”二元论，最后导向“神性”。③

笛卡儿著有《心灵的情感》一书，从心理学和生理学的角度强调用思想、智慧支配情感，做情感的主人。“我思，故我在”的命题，把“理性”上升为“存在论”，明显具有理性主义色彩。笛卡儿的“心灵”论，触及心灵与情感、理智的关系，对“情商”概念的提出有启发。

---

① 秦英君：《当代中国哲学思想史》，河南大学出版社 1999 年版，第 108—109 页。

② 张世英：《哲学导论》，北京大学出版社 2002 年版，第 31 页。

③ ［英］罗素：《西方的智慧》，中国妇女出版社 2004 年版，第 195—202 页。

休谟的《人性论》，认为心灵思考时，其中就伴随着理念。而理念是印象的苍白的复制品，在感官经验中，印象有时候先于理念。休谟的思维指的是形象思维和想象，认为不能被想象的东西也不能被经验的。

> 有些哲学家设想我们随时都会在内心深处意识到所谓的“自我”，感觉到“自我”的存在及其存在的连续性。“自我”的完整统一性和单纯性都是无须验证、确定无疑的。

但是只要我们将其置于经验之中，就可以看到这个假设是经不起验证的。“心灵是一个剧场，各种不同的感知相继亮相。”休谟的“心灵”论，强调“印象”“想象”，以及对“自我”先在性的怀疑。①

黑格尔说：“按照时间的顺序，人的意识对于对象总是先形成表象，后才能形成概念，而且唯有通过表象、依靠表象，人的能思的心灵才进而达到对于事物的思维的认识和把握。”② 黑格尔“能思的心灵”，明显在强调发挥心灵主观能动性。

克尔凯郭尔希望使激情重新在哲学中获得尊重。而黑格尔主义涉及的是枯燥的理论事务，很少给灵魂的激情留出空间。他认为意志高于理性，伦理学理论太倾向于理性主义，以至于不允许人们自主地安排自己的生活。宗教是一种存在性思维的问题，因为它来自灵魂的内部。他把信仰与理性割裂开来。他的“心灵”论强调激情、意志和信仰，冲击了理性主义。③

叔本华《作为意志与表象的世界》认为肉体是一种现象，它的实在性存在于意志之中。实际上我的意志是唯一的宇宙意志。而这种意志是十足的罪恶，它产生了人生不可避免的苦难。他与黑格尔正好相反，认为知识是苦难的（而不是自由的）源泉，类似于道家的“知者忧”。他认为“性”是一种邪恶的交易。认为一切事物中都见不到善，要摆脱痛苦只有在佛教和神话中去寻找。叔本华的“心灵”论也强调意志，但它认为意志、知识与性是苦难的根源，有禁欲主义倾向。④

---

① ［英］罗素：《西方的智慧》，中国妇女出版社 2004 年版，第 295—303 页。

② ［德］黑格尔：《小逻辑》，商务印书馆 1980 年版，第 37 页。

③ ［英］罗素：《西方的智慧》，中国妇女出版社 2004 年版，第 335—339 页。

④ 同上书，第 339—342 页。

尼采《悲剧的诞生》，在悲剧起源的解释中，最终选择了悲剧英雄的概念，这并不是寻常意义上的乐观主义，而是对生活严酷性和现实性的豪迈承受。和叔本华一样，他也认可意志的至高地位，但他进一步认为坚强的意志是善者的优秀特征。而叔本华则认为意志是万恶之源。

尼采把人类的道德分为两类，即主人与奴隶。他的《善恶之外》，主人道德中“善”意味着独立、慷慨和自助，是具有“伟大灵魂的人”的品质。与之相对的缺陷是依附、吝啬与怯懦等就是恶。这里的善与恶相当于高尚与卑鄙。尼采最厌恶的东西，就是随着技术发展起来的大众人性。他从基督教中发现了奴隶道德的现成事例，基督教消极地怀着来世生活更好的希望。他还对奴隶道德做出了恭顺、怜悯之类的评价。尼采的“心灵”论具有乐观主义倾向，肯定坚强意志是优秀品性，主人与奴隶道德的划分对现代科技人性有批判性。①

柏格森坚持非理性主义传统，柏格森坚持二元论世界观，活力与物质这两者巨大的力量卷入了一场永恒的斗争中，积极的生命冲动试图克服由惰性物质设置的一切障碍。在《创造性进化论》中，认为进化的变革通过源源不断的创造欲望来实现。进化的过程让人类成为智能的动物，这是人类的不幸。人类有智能禁锢本能的倾向，而本能的最高形式是直觉，直觉是某种直接与世界相一致的精神活动。智能在歪曲世界，而直觉却在如实把握经验。当我们停止思维时，彻底放任自己翱翔于时间之巅时，这种经验便主宰了我们。在记忆中，具有意识的心灵会设法连通过去与现在。柏格森讲积极的“生命冲动”“创造欲望”，强调“本能”和“直觉”，开拓了心灵哲学的视野。②

弗洛伊德理论中“潜意识心灵”的概念具有特别重要的意义。认为意识只是冰山的一角，“潜意识”才是主体，人的行为主要是由潜意识决定的。如果长期压迫潜意识就会导致平庸、犯罪或者精神障碍。《梦的解析》提出的假设是：在日常生活中由于种种原因而受到抑制的需求和欲望，却能在梦中实现。③

弗洛伊德后期形成人格心理学，这就是关于本我、自我、超我的理

---

① ［英］罗素：《西方的智慧》，中国妇女出版社2004年版，第342—345页。

② 同上书，第391—394页。

③ 同上书，第395—397页。

论。“本我”，是人的本能，尤其是性本能，支配本我的是“唯乐”原则。“自我”，是迁就现实的限制、学习在现实中满足需要，支配自我的是“现实”原则。自我介于“本我”与“超我”之间，对本我的冲动和超我的限制有缓和与调节作用。“超我”是人格结构中居于管制地位最高的部分，由风俗习惯和道德养成。超我由两部分组成，一是自我理想，二是良心。支配超我的是“完善”原则。弗洛伊德的“潜意识”学说，在心灵哲学研究领域是一场哥白尼革命，而他的人格理论把人的“本能”“自我”意识与“社会理性”结合起来，是比较深刻的。

西方哲学对“心灵”的探索，主要围绕理念、灵魂与肉体、信仰、理性与非理性、自我、情感、意志、想象、直觉、创造欲望、本能等问题展开，由哲学向心理学延伸。

现代生物学、心理学研究表明，心灵（而非灵魂或精神），一个器官，是将动物在生物学的层面上与植物区分开来的分界线。心灵是一个生命场，它是以“场”这样的一种形式与我们的其他器官发生相互作用的；同时，心灵也是一个能量场，它的能量是通过人体对食物的消化吸收后转化而来的，并且这部分能量只会在履行其自身的功能以及在其成长发育的过程中被消耗掉；心灵更是一个情感场，由它通过各方面的情感表现出来，心灵不是捉摸不透的。

心灵是一个生命场、能量场、情感场。人的心灵有知（认识）、有情、有意、有本能，意识在心灵中占有重要地位。

情感智商是现代心理学最重要的一个概念，有人说：“智商高怀才不遇，情商高春风得意!”研究表明对于一个人的成功与幸福而言，情商往往比智商更重要。

什么是情商，情商就是理智驾驭情感，控制情绪的能力。可见理智感的培养尤为重要，这对“理性至上主义”是一个挑战。但是这里的情商实际上就是知情意的统一，也包含理性对非理性、意识对潜意识的引导。应该说，“情商”概念深化了心灵哲学的研究。

美国科学家经过多年的研究，终于揭示了意识之谜。意识不纯粹是精神，而是一种特殊的场，负载有信息与能量，甚至可以改变周围的事物。

我国著名科学家钱学森也认为，自然界是大宇宙，人体是小宇宙，都是巨系统、都是开放系统，二者发生信息能量交换。在功能态下，人体可以接收到更多的信息与能量。

在人的大脑细胞中本身就包含人类在亿万年进化过程中积累的经验和智慧的密码。因此，学习不应该只是给孩子塞知识，而是开发心灵和潜能，把他引上创造之路。①

这是生命科学、人体科学、脑科学的重大发现。心理学称为“潜意识的力量”，物理学、宇宙学称为“吸引力法则”，是影响世界的十大法则之一。

人的心灵与宇宙是相通的，自然界是大宇宙，人体是小宇宙，二者发生信息能量交换。人甚至可以与宇宙对话，人的心灵甚至也可以参与宇宙的运动。这是生命科学对哲学的重要启迪。

（六）在物欲横流的现代社会，必须要提出心灵建设的任务

境界是中国哲学与文化关注的核心问题。“境界”就是一个人的“灵明”（即心灵）所照亮了的他所生活于其中的、有意义的世界。

任何一个人，和任何一个物一样，都是宇宙间无穷的相互关联的网络中的一个聚集点或交叉点。人之不同于物的地方在于这个聚集点是“灵明”的，而其他万物则无此“灵明”，灵明的特点就是能够超越在场，把在场与背后千丝万缕的不在场的联系结合为一。

每一个人都生活在自己的世界与境界，这就是自己生活于其中的“时域”，也就是每个人所拥有的自己的世界。一个人的过去，包括他个人的经历、思想、感情、欲望、爱好以致他的环境、出身等，都积淀在他的这个“现在”之中，构成他现在的境界，从而也可以说构成了他现在的整个这样一个人。

他的未来，或者确切一点，他对未来的种种向往、筹划、志向、志趣、盘算等，通俗地说，他对未来想些什么，也都构成他现在的境界的内容，从而也构成他现在的整个这样一个人。

从这个方面来看，未来已经在现在中“先在”。我们看一个人的境界如何，看一个人是怎样一个人，就得了解他的过去曾经如何，以及他对未来想些什么，其中也包括他对自己的过去将来要采取什么态度。张世英认为：

人在这个生活世界中怎样生活、怎样实践，这就是看他的那点

① 王世荣：《现代性困境与教育艺术》，《高校教育管理》2009 年第 1 期。

“灵明”怎样来照亮这个世界，也就是说，要看他有什么样的境界。一个只有低级境界的人必然过着低级趣味的生活，一个有着诗意境界的人则过着诗意的生活。①

冯友兰在《新原人》中对人的本质和人生境界进行了诠释。那么，人之所以为人者即人之理究竟是什么？冯友兰认为，人作为宇宙万物中的一物，其独有的特质是“觉解”。他说：“若问：人是怎样一种东西？我们可以说：人是有觉解底东西，或者有较高程度觉解底东西。”②

“觉”是自觉，“解”是了解，“觉解”意为人能够自觉地了解自己，了解生活。他又说：人生也是宇宙中的一事，因各人不同的觉解，人生对各人具有不同的意义，因而人也相应具有不同的境界。“需要觉解多者其境界高，其需要觉解少者其境界低。”③

冯友兰依据人的觉解的多少将人分为四种境界，即自然境界、功利境界、道德境界、天地境界。

在自然境界中的人，对他所从事的活动没有清楚的了解，其行为常常是按个人习惯或社会的习俗进行的，“凿井而饮，耕田而食，不知不识，顺帝之则”“日出而作，日落而息，不识天工，安知帝力”。人生对这种人没有任何意义和价值。在功利境界中的人，尽管对所从事的活动有清楚的了解，但“其行为是‘为利’底”，未能把个人和社会统一起来。

在道德境界中的人，“其行为是‘行义’底”，是对社会的贡献为目的。在天地境界中的人，“其行为是‘事天’底”，这是最高的人生境界，不但在社会中尽伦尽职，而且了解人在宇宙中的地位和作用，达到“同天”的境界。④

冯友兰对人生境界的划分仍然有现实意义。我们从心灵哲学的角度把人生境界划分为功利境界、道德境界、天地境界与宇宙境界，与我们处于宇航时代相联系；道家的天地境界主要是一种审美文化，佛家的宇宙境界则有利于培育人与宇宙的和谐关系。

康德说：“人是目的，而不是手段!”所谓启蒙，就是摆脱离开他人

---

① 张世英：《哲学导论》，北京大学出版社2002年版，第79—80页。

② 冯友兰：《新原人》，商务印书馆1945年版，第15页。

③ 同上书，第66页。

④ 秦英君：《当代中国哲学思想史》，河南大学出版社1999年版，第130页。

就不会思考、不会行动的习惯，就是做独立自主的人。

贺麟说："当一个民族发展到和平与繁荣的阶段，当它从外部的压迫和任何形式的内部专制中解放出来时，人们就开始认识到个性和个人灵魂尊严的重要性！"我们在弘扬传统心灵哲学的时候，必须注意吸收新文化运动科学与民主思想，借鉴西方心灵哲学尤其是现代心理学、生命科学、人体科学、脑科学的研究成果，进行整合创新。心灵建设也要与民主建设、人的自由全面发展相一致。

必须看到孔子仁爱孝弟思想的阶级性质也是明显的，有子曰："其为人也孝弟，而好犯上者，鲜矣；不好犯上，而好作乱者，未之有也。"（《论语·学而》）

难怪忠孝不分，孝弟为本，是为了培育逆来顺受的顺民。"天下有道，则庶人不议"（《论语·季氏》），"民可使由之，不可使知之"（《论语·泰伯》），"唯上智与下愚不移"（《论语·阳货》），"劳心者治人，劳力者治于人"（《孟子·滕文公上》），这些思想与民主平等时代的人文精神是冲突的，应该在排除之列。

当然程朱理学提出"存天理，灭人欲"的命题，与孔子"君子喻于义，小人喻于利""克己复礼为仁"的思想一脉相承。义利之争、理欲之辩是中国思想史上的重要课题，也是全人类必须面对和解决的现实课题。

这种学说把心灵与欲望对立起来，显然有片面性。但是正如黑格尔所说，"凡是存在的，就是合理的"。

孔子面对的是"礼崩乐坏"，而程朱以及现代人面对的拜金主义，物欲横流的局面难道不值得我们反思？

先秦诸子百家，都在关注世道人心，都想救民于水火。"天下熙熙皆为利来，天下攘攘皆为利往"，春秋战国是这样，宋明时期商品经济发达，今天也是如此。

中国人讲人关键要活个好心情。中国是一个诗的国度，诗歌、格言，谚语是中国人的生存智慧。先秦诸子，关键时候就搬出了《诗经》，就是证明。

海德格尔讲"人诗意地栖居在大地上"，就是要超越欲望淹没一切的生存方式，他非常推崇荷尔德林的诗歌。

中国人都知道亚当·斯密著有《国富论》，讲"看不见的手"，推崇

市场经济。他还有一本更加伟大的著作《道德情操论》，讲“同情心人皆有之”与孟子讲的“恻隐之心人皆有之”有异曲同工之妙。夏洛克的心是冷酷的，威尼斯商人却是温暖的。

莎士比亚讲：“人所具有的，我都具有！”这是文艺复兴时期人文主义的旗帜。西方人走出了中世纪禁欲主义的黑夜，却滑入了纵欲主义的泥潭。

马克斯·韦伯在《新教伦理与资本主义精神》一书中指出，中国之所以没有发展出资本主义，是因为中国人近代以来的精神气质没有发生变化，中国人依然是因循守旧、知足者常乐。

西方人近代的崛起在于文艺复兴、宗教改革以来，把基督教追求来世幸福变成了追求现世幸福，追求现世欲望的满足成为价值观的核心内容。

如果韦伯来到当下中国他就会发现这个民族已经今非昔比，人们的欲望和对金钱的迷恋已经达到了前所未有的程度，正像有人所指出的那样，“中国正进入马克思所批判的社会！”

文化是一个民族的魂魄，一个民族的精神家园，是国脉所系，是一个国家的软实力，文化复兴是民族复兴的前提、动力和标志。

人类已经从经济时代跨入科技文化时代，而中国正由政治时代向经济时代过渡，为了应对文化时代的挑战！我们提出了科教兴国、人才强国、创新型国家、生态文明等战略思想。

随着中国的崛起，弘扬祖国优秀传统文化对于社会主义文化大发展大繁荣、社会主义核心价值观建设，对于提高中华民族的整体素质，对于提高民族自信心和自豪感意义重大。

道德焦虑，信仰缺失。人类目前存在的问题归结起来就两个，一个是生态，一个是心态！

心态决定生态，是人类贪婪的欲望破坏了生态环境，引发战争和冲突。

物质财富的增长、科技进步给人类带来极大的便捷，但是人类的幸福感却在下降。

只有拯救人类的心灵，才能拯救人类！

人类在同一条船上，在拥有核武器的时代，人类的生存意志高于一切！必须放弃征服论，走可持续发展的道路！

在互联网信息社会，文化多元化大势所趋，存在话语霸权，知识信息爆炸，正能量负能量交织在一起。

我们提出和弘扬心灵哲学，这是中国传统文化的精华和瑰宝，对于克服市场经济的负面效应，对于应对信息社会多元文化的挑战意义重大。

加强道德建设、建立文化信仰。根本来说，必须把心灵建设提升到关系民族复兴大业成败的高度来认识。而心灵建设的根本在于提升人生境界，培育身心和谐、人际和谐、人与自然、宇宙和谐。

心灵中包藏着宇宙，既可以风平浪静、风和日丽，也可以飞沙走石，卷起十二级台风；有时候是鲜花盛开的春天，有时候是庄严肃穆的冬天；需要阳光雨露，需要耐心与等待。

心灵有孤独与消沉的季节，也有激流勇进、罗曼蒂克的时候；有时候很敏感、很脆弱，有时候很勇敢、很坚强；需要理解与沟通，也需要呵护与宽容。

胸怀有多宽，心灵的疆域就有多大；境界有多高，心灵的智慧就有多广。你是欲望河流中荡漾的小舟，你是茫茫黑夜点亮的星辰！多么潇洒，又多么神秘！

“人诗意地栖居在大地上”，万物有灵，心灵是世界的中心，世界因心灵而生动。万物一体，“民胞物与”，必须用审美文化超越功利文化，人类才会有光明的前途。

六　宇宙和谐论解读

莎士比亚说：“人是一件多么神奇的作品啊！”孔雀的羽毛是多么的和谐；江河奔流、春夏秋冬不期而至；花开花落、云卷云舒。如此浩瀚的宇宙，星罗棋布、星光灿烂，就仿佛北大荒的大沙海，然而星辰却有着规定的轨道和秩序，极少发生相互碰撞的太空灾难！?

古人云：“格物致知。”当我们观察宇宙天体就会发现繁星涌动的银河，是如此的神秘，如此的浩瀚，又是如此的井然有序。仿佛真的存在造物主在主宰着宇宙和人类。程子昂诗：“前不见古人，后不见来者，念天地之悠悠，独怆然而涕下！”

宇宙和谐论四大定律：①引力斥力平衡定律；②相对绝对统一律；③人与宇宙互动律；④吾心即宇宙，宇宙即吾心。地球上的物种有几千亿种，它们有规律地排列，有些物种灭绝了，有些物种又产生了，生生不息、延绵不断。生物链、生物圈、生物钟的存在，是它们有秩序的演化。虽然有不和谐的现象存在，但总的趋势是和谐与秩序，是美的规律在引领着这个世界。恩格斯指出：

> 不仅我们的行星群绕着太阳运动，我们的太阳在我们的宇宙岛内运动，而且我们的整个宇宙岛也在和其余的宇宙岛处于暂时的相对平衡状态下在宇宙空间中不断运动；因为甚至自由浮动的物体的相对平衡，也只能存在于相对制约的运动之中。①

这是对宇宙和谐规律的科学论述。

---

①　恩格斯：《自然辩证法》，于光远等译，人民出版社 1984 年版，第 22 页。

（一）

大哲学家康德说：“有两种东西，我对它们的思考越是深沉和持久，它们在我心灵中唤起的赞叹和敬畏就会越来越历久弥新：一是我们头顶浩瀚灿烂的星空，一是我们心中崇高的道德法则。”也就是说内宇宙与外宇宙一样神秘和谐。

莎士比亚说，“草木是靠着上苍的甘露滋长的，但是它们也敢仰望苍穹”。

诗人蒲柏说，“大自然和它的规律隐藏在黑暗里，上帝说，让牛顿出生吧，于是一切都成了光明的了”。而牛顿却说，我是站在巨人的肩膀上。没有大胆的猜测，就没有伟大的科学发现。

爱因斯坦说，“提出问题比解决问题更重要”，科学学奠基人贝尔纳说：“阻碍我们进步的不是未知的东西，而是已知的东西。”罗丹说，“不是世界上缺少美，而是缺少发现”！

黑格尔说，“哲学的使命，就是解开宇宙的奥秘给人类”。海涅说，“哲学是一种力，一种间接的力，然而又是一种伟大的力，把人类提升到更高境界的力”！

孔子曰：“朝闻道，夕死可矣！”“发愤忘食，乐以忘忧，不知老之将至！”屈原诗：“路漫漫其修远兮，吾将上下而求索。”

司马迁说，“究天人之际，通古今之变，成一家之言”。苏东坡诗：“横看成岭侧成峰，远近高低各不同，不识庐山真面目，只缘身在此山中。”

张载说，“为天地立心，为生民立命，为往圣继绝学，为万世开太平”！“昨夜西风凋碧树，独上高楼，望尽天涯路”“衣带渐宽终不悔，为伊消得人憔悴”“众里寻他千百度，蓦然回首，那人却在灯火阑珊处”。

恩格斯在《自然辩证法》中指出：“只要自然科学在思维着，它的发展形式，就是假设。”①

（二）

谁说宇宙是没有生命的？宇宙是一个硕大无比的、永恒的生命，那永恒的运动、那演化的过程，不正是她生命力的体现吗？如果宇宙没有生命，怎么会从中开出灿烂的生命之花？这个宇宙到处都隐藏着生命，到处都有生命的萌芽，到处都有沉默的声音。你难道没有听到石头里也

① 恩格斯：《自然辩证法》，于光远等译，人民出版社1984年版，第117页。

有生命的呐喊吗？你难道没有用心灵听到从那遥远的星系里传来的友好问候吗？丹麦哲学家克尔凯郭尔说：

> 整个存在使我吃惊，从最小的苍蝇到神下凡化身为基督的神秘，每一件事物对我来说都是难以理解的，而最难以理解的则是我自己。①

当你仰望灿烂的星空，当你倾听大海的声音，当你陶醉在鸟语花香中，当你被孔雀开屏所吸引的时候，你难道不会为造物主的神奇造化而怦然心动？大千世界无奇不有，春夏秋冬不期而至。啊，这浩瀚的宇宙是如此的和谐，秩序井然，一切都是那样美好。

啊，和谐就是宇宙的真理！和谐就是宇宙的法则！和谐就是宇宙的理想，和谐就是宇宙的智慧！

天高任鸟飞，海阔凭鱼跃；等闲识得东风面，万紫千红总是春；忽如一夜春风来，千树万树梨花开。

云想衣裳花想容，春风拂槛露华浓；若非群玉山头见，会向瑶台月下逢；东边日出西边雨，道是无晴却有晴。

千江有水千江月，万里无云万里天；曾经沧海难为水，除却巫山不是云。

飞流直下三千尺，疑是银河落九天；长风破浪会有时，直挂云帆济沧海；水到无涯天做岸，山登绝顶我为峰。

借问酒家何处有，牧童遥指杏花村；感时花溅泪，恨别鸟惊心。

大江东去，浪淘尽，千古风流人物。故垒西边，人道是，三国周郎赤壁。乱石穿空，惊涛拍岸，卷起千堆雪。江山如画，一时多少豪杰。

看万山红遍，层林尽染，漫江碧透，百舸争流。鹰击长空，鱼翔浅底，万类霜天竞自由。怅寥廓，问苍茫大地，谁主沉浮？江山如此多娇，引无数英雄竞折腰！

（三）

宇宙之所以和谐美好，秩序井然，是因为万物一体，息息相通。各星系之间引力与斥力达到了平衡，相对与绝对相统一，人与自然互动协调。

---

① 转引自严春友《大自然的智慧》，《散文选刊》1999 年第 1 期。

1998年夏秋之交笔者与心荣师远离喧嚣闹市，在幽静的秦岭红河谷跋山涉水，挑水砍柴，采五味子，下五子棋，切磋佛理，吟诗悟道，谈笑风生，其乐融融。

一天晚上星朗月明，凉风习习，我们夜观天象，星光灿烂，星罗棋布，北斗七星，众星共之；天秤座、金牛座守护金星，各得其所。我们民间称为“森”的三颗明亮的星，据说这是猎户座腰部的三颗星，它们之间的距离是恒定的。

笔者突发奇想，如果星际间只有引力的话，那么质量大的星体就可能吸引质量小的星体，变成黑洞。比如太阳系的成员，质量大小不同，却能和平共处，秩序井然。

大概在万有引力定律之外，存在一个“万有斥力定律”。引力与斥力达到平衡，才形成了宇宙的和谐与秩序，也就是还应该有一个“引力斥力平衡律”。这就是宇宙和谐第一定律。

这是不是一个科学发现？有待证明。大概因为牛顿太伟大了，牛顿的发现遮蔽了另一个真理，没有人敢提出一个“万有斥力定律”与牛顿相抗衡。

牛顿万有引力定律要求一切物体都具有一种称为引力质量的内在属性，用以量度每个物体所能产生的引力。此外，牛顿还用三个基本定律概括了物体在任何力（引力或别的力）作用下的行为。

牛顿第一定律简单地说就是笛卡儿的惯性原理：不受力的物体保持静止或做匀速直线运动。

牛顿第二定律规定使一个物体加速的力与物体的加速度和质量都成正比（即人们熟知的公式 $F=ma$）。

牛顿第三定律陈述作用力与反作用力的平等性：每一个力（例如人推墙的力）都伴之以一个大小相等、方向相反的力（墙也推人）。

所以，力是使物体偏离其惯性运动的原因。物体总是反抗对其惯性状态的改变，这种反抗由其惯性质量来量度。按照这个思路，万有引力同其他任何力一样，也是一种力，而引力质量之于引力恰如电荷之于电力。

实际上牛顿第三定律陈述作用力与反作用力的平等性，已经暗示引力与斥力是相互依存的，引力与斥力的平衡应该是宇宙和谐的根据。

不是与牛顿分庭抗礼，而是补充牛顿的学说。如果说牛顿是看到苹果落地触发灵感，提出了万有引力定律，那么我们观察天象，提出万有斥力定律。

牛顿说他是站在巨人的肩膀上，那么我们则是站在牛顿的肩膀上。我们没有否定牛顿的定律，而是认为引力与斥力同时发挥作用，万有引力定律与万有斥力定律都是宇宙的法则，而引力斥力平衡律，应该是宇宙更高的法则。

实际上恩格斯在《自然辩证法》中已经明确揭示了“引力斥力平衡律”：

> 一切运动都存在于吸引与排斥的交替之中。然而运动只是在每一个吸引被别处的一个与之相当的排斥所抵偿时，才有可能发生。否则一方面会逐渐胜过另一方面，运动因而最后就会停止。所以，宇宙中的一切吸引和一切排斥，一定是互相平衡的。①

（四）

相对论是关于时空和引力的基本理论，主要由阿尔伯特·爱因斯坦创立，依据研究的对象不同分为狭义相对论和广义相对论。相对论的基本假设是相对性原理，即物理定律与参照系的选择无关。

运动中的尺子会缩短：相对论的研究对象是超越人们日常经验的高速运动世界和广阔的宇宙。狭义相对论认为，运动中的尺子会缩短。人们平时处在低速运动中当然不可能觉察，但如果以每秒 26 万公里的速度运动时，一米的尺子就会缩成半米。狭义相对论表明，高速旅行会使时间变慢。假定将来人们能制造一艘接近光速飞行的宇宙飞船，从地球出发飞向遥远的星系，来回的旅程仅仅几年（按飞船上的时间），但在此期间地球上已过去了几千年。

1915 年爱因斯坦把狭义相对论发展成广义相对论。广义相对论认为，没有物质的时空是平坦的，有物质存在的时空就变得弯曲了，两点之间的距离因物质的存在而被拉抻或挤压。一个直观的比喻是，水平抻开的一块布应该是平坦的，当你在布上放置一个铅球后，布面就变得弯曲了，这时再放置一个小玻璃球在布上，它就会滚向中央的铅球。同理，星球

---

① 恩格斯：《自然辩证法》，于光远等译，人民出版社 1984 年版，第 126 页。

的质量使周围的时空弯曲，星球上的“引力”实际上是一个时空被弯曲的现象。

根据广义相对论，1939 年美国物理学家奥本海默证明，假如星体质量聚集到一个足够小的球状区域里，引力的强烈挤压会使那个天体的密度无限增大，然后产生灾难性的坍塌，使那里的时空变得无限弯曲，这就是人们常听说的黑洞。

狭义相对论和广义相对论的区别是，前者讨论的是匀速直线运动的参照系（惯性参照系）之间的物理定律，后者则推广到具有加速度的参照系中（非惯性系），并在等效原理的假设下，广泛应用于引力场中。相对论极大地改变了人类对宇宙和自然的“常识性”观念，提出了“同时的相对性”“四维时空”“弯曲时空”等全新的概念。它发展了牛顿力学，推动物理学发展到一个新的高度。

“同时的相对性”书上是这么描述的：一列行进的火车中央有一个光源，向车厢前和车厢后发出两束光，车上的人看光到前壁和后壁是同时发生的，而地上的人看是光到车厢后壁先发生，这就是相对性。

我们观察雪过天晴，一条东西马路北边冰雪融化，而南边却依然冰雪覆盖。太阳同时照射马路，为什么厚此薄彼？笔者百思不得其解，这大概就是“同时的相对性”。

“四维空间”像爱因斯坦说的在三维空间上加一条时间轴，因为不管几维空间都离不开时间的支付，没有时间也就没有空间。时空是无法分开的，分开就没有意义了。一把尺子在三维空间里（不含时间）转动（以尺子外的某个点或线为中心），其长度不变，但旋转它时，它的各坐标值均发生了变化，且坐标之间是有联系的。四维时空的意义就是时间是第四维坐标，它与空间坐标是有联系的，也就是说时空是统一的、不可分割的整体，它们是一种“此消彼长”的关系。

由于我们在地球上所感觉到的时间很慢，所以不会明显地感觉到四维空间的存在，但一旦登上宇宙飞船或到达宇宙之中，使本身所在参照系的速度开始变快或开始接近光速时，我们能对比地找到时间的变化。

如果你在时速接近光速的飞船里航行，你的生命会比在地球上的人要长很多。这里有一种势场所在，物质的能量会随着速度的改变而改变。所以时间的变化及对比是以物质的速度为参照系的。这就是时间为什么是四维空间的要素之一。

譬如一位男士乘坐爱因斯坦飞船在天空转悠一圈，回到地球的时候，自己年轻轻的而他的孙子已经胡子白花花，也就是中国人所说，“天界一天，人间百年”。

爱因斯坦的广义相对论认为，由于有物质的存在，物质和时间（时空）会发生弯曲，而引力场的存在实际上是造成一个时空弯曲的原因。爱因斯坦用太阳所产生的引力场使空间弯曲的理论，很好地解释了水星近日点进动中一直无法解释的43秒，以及光线经过太阳的偏折。广义相对论预言还有引力红移，即在强引力场中光谱向红端移动，20年代天文学家在天文观测中证实了这一点。

广义相对论的第三大预言是引力场使光线偏转。最靠近地球的大引力场是太阳引力场，爱因斯坦预言，遥远的星光如果掠过太阳表面将会发生1.7秒的偏转。1919年在英国天文学家爱丁顿的组织下，英国派出了两支远征队分赴两地（一支到南美洲巴西的索贝瑞尔，由戴森亲自领队；一支到非洲西岸的普林西比岛，由爱丁顿领导）观察日全食，经过认真地研究得出最后的结论是：星光在太阳附近的确发生了1.7秒的偏转。

爱因斯坦的广义相对论理论在天体物理学中有着非常重要的应用：它直接推导出某些大质量恒星会终结为一个黑洞——时空中的某些区域发生极度的扭曲以至于连光都无法逸出。有证据表明恒星质量黑洞以及超大质量黑洞是某些天体例如活动星系核和微类星体发射高强度辐射的直接成因。光线在引力场中的偏折会形成引力透镜现象，这使人们能够观察到处于遥远位置的同一个天体的多个成像。广义相对论还预言了引力波的存在，引力波已经被间接观测所证实，而直接观测则是当今世界像激光干涉引力波天文台的引力波观测计划的目标。此外，广义相对论还是现代宇宙学的膨胀宇宙模型的理论基础。

根据爱因斯坦的理论，空间和时间交织在一起，形成一种“时空”四维结构，而地球的质量会在这种结构上产生“凹陷”。科学家们将一个高精度陀螺仪送上地球轨道，使它的一个旋转轴指向一颗遥远的恒星作为参考点。在没有任何外力作用的情况下，这一旋转轴应当永远指向这一颗恒星。然而，如果空间是弯曲的，那么陀螺仪的指向会随时间推移发生改变。通过GPS（全球定位系统）对这种改变进行精密检测，科学家们发现地球周围确实存在时空旋涡，其各项参数与爱因斯坦

"时空弯曲"的预言完全相符。[1]

（五）

爱因斯坦的相对论、霍金的时间简史、丁肇中暗物质的研究，使宇宙学领域的具有开拓意义，都是建立在有限宇宙论基础之上的。

爱因斯坦的相对论对宇宙学的研究意义非凡，突破了牛顿力学时间和空间的绝对性概念，由于引力场的作用会发生"弯曲时空"；人搭载接近光速的飞船进入宇宙空间，生命比地球上要长很多，也就是说时间具有相对性。

霍金被誉为继爱因斯坦之后世界上最著名的科学思想家和最杰出的理论物理学家，霍金和彭罗斯证明了在很一般的条件下，空间—时间一定存在奇点，最著名的奇点即是黑洞里的奇点以及宇宙大爆炸处的"奇点"。

霍金的量子宇宙论的意义在于它真正使宇宙论成为一门成熟的科学。"奇点可以看成空间时间的边缘或边界""黑洞和大爆炸奇点的不可避免性"进一步论证了宇宙有限论，应该是爱因斯坦相对论的延伸和拓展。[2]

反物质和暗物质的研究是宇宙学领域的新突破。在粒子物理学里，反物质是反粒子概念的延伸，反物质是由反粒子构成的；每个物质都有其对应的反物质。

科学家通过引力效应，估计宇宙的27%是由暗物质组成的，它与电磁力不发生作用，换句话说，不吸收、不反射光，本身也不发光，但能够穿越电磁波和引力场。

物质与反物质、暗物质与暗能量的发现，使人类对宇宙学的研究推进了一步。但是，暗能量是怎么来的还不知道，这些宇宙物质和能力的发现，说明我们过去认识的天体的有限性！时空的相对性。[3]

实际上，宇宙是绝对与相对的统一。银河系虽然浩瀚，但是在茫茫宇宙中只是沧海一粟。星体和星系是有限的，宇宙是无限的；物质千变万化，能量却是守恒的；每一个物体都存在于空间和时间之中，这也是绝对的。

---

① 周正：《爱因斯坦与广义相对论》，《科技经济导刊》2016年第11期。

② 参见史蒂芬·霍金《时间简史》，湖南科学技术出版社1988年版。

③ 《丁肇中：证明暗物质存在需五到十年》，《新华网》，www. news. cn，2015年9月24日。

万物一体，息息相通。万变不离其宗，春夏秋冬，不期而至；寒来暑往，春种秋收。这是自然规律，不可抗拒。既然地球只是太阳系一颗普通星球，在宇宙中一定会有更高级的生命存在，人类也就没有必要那么傲慢。

人类在浩瀚无穷的宇宙中，实在是非常渺小的。如果我们认为宇宙存在已经几百亿年，而人类产生不过一百多万年，那么宇宙的智慧远远比人的智慧要深邃得多。人的智慧是有限的，大自然的智慧是无穷的。

如果认为我们认识的由大爆炸产生的宇宙，依然在膨胀之中，那么我们要问，这个“宇宙”有奇点、有边际，那么奇点之外又是什么？如果说宇宙有“第一推动”，有开始，那么开始以前是什么？是老子所说的混沌，还是康德所说的星云？

子在川上曰，逝者如斯夫，不舍昼夜。笔者有一天写作至深夜，只听到自己的心跳和钟表声，突发灵感：“钟表嘀嗒，嘀嗒！但是它永远也赶不上时间”。

阿基里斯是古希腊神话中善跑的英雄，但是他永远也追不上乌龟。虽然在事实上不可信，但在逻辑上是讲得通的。如果说他可以追上乌龟，在那一刹那乌龟又向前爬了一步。

而笔者说的“钟表，永远也追不上时间”，则是一个事实命题。因为钟表的原理就是用匀速机械运动丈量时间，时间向前无限延伸，钟表当然追不上时间，这就是绝对论命题。

瞬间即是永恒，这也是绝对论命题。时间的长河是由无数瞬间组成的，每一个瞬间都是宝贵的，所谓一寸光阴一寸金，寸金难买寸光阴。时间就是生命，要惜时如金，珍惜我们所拥有的快乐时光。

君不见黄河之水天上来，奔流到海不复回。君不见高堂明镜悲白发，朝如青丝暮成雪。人生得意须尽欢，莫使金樽空对月。天生我材必有用，千金散尽还复来。这是对时间即永恒的最好诠释。

佛言：“吾视王侯之位如隙尘；视金玉之宝如瓦砾；视纨素之服如敝帛；视大千界如一诃子；视阿耨池水如涂足油。”（《佛说四十二章经》）

佛祖是一种宇宙精神，是站在宇宙之上看人间，才把世俗人们所追求的富贵名利看得很淡！诸葛亮说，“淡泊以明志，宁静以致远”。

人生如白驹过隙，稍纵即逝；人生又是宝贵的，瞬间可以化作永恒；人固有一死，或重于泰山，或轻于鸿毛；吾志在删述，垂辉映千春；人生自古谁无死，留取丹心照汗青。

人们对宇宙的认识是一个过程。牛顿力学，爱因斯坦相对论，霍金的时间简史，都是科学王冠上璀璨的明珠，也是真理长河的浪花。相对真理的总和构成绝对真理。

（六）

著名科学家钱学森认为“人体是一个巨系统，而人体这个巨系统又在整个环境里面，整个宇宙的超巨系统里面，又受到各种环境的各种作用”。①

人体科学的研究范围“是研究人体的功能，如何保护人体的功能，并进一步发挥人体的潜在功能，发展人的潜能”。②

人体科学是钱学森“文革”后继系统科学、思维科学之后提出的第三个新兴科学技术门类，对该学科的地位、学科体系进行了系统的研究。人体科学相对自然科学和社会科学是落后了，钱学森认为中医方法也许是打开人体巨系统的一把钥匙。③

美国科学家经过多年的研究，终于揭开意识之谜，“意识是一种特殊的场，甚至可以控制周围的事物”。

2005 年笔者在故乡哲学网发表科学哲学论文《意识与脑电波之谜》，不久被美国科学网站转载，在西方科学界产生极大反响，这是对钱学森人体宇宙学的解读和发展。

意识大概是一种内在包含精神因素的高级物质，是脑电波负载的信息和能量。人在一定的功能态下，有着巨大的能量；意识可以创造一个世界、一个完美的世界，从而达到心想事成的自由境界；并且使人的潜能得到最大限度的开发，使人的聪明才智得到淋漓尽致地发挥。

人脑是大自然亿万年进化的产物，是最高级的物质，是自然开出的最神奇的花朵，它既是接收器，更是发射器。人的大脑得到的信息按照意识进行加工整理，储存起来；一部分人们可以意识到，多数就进入潜意识。当意识能量很大，愿望很强烈的时候，它就会发射出强烈的脑电波寻找可能获取的信息，就可能控制与之相联系的人的意识和周围的事物。而有血缘关系的亲人之间的脑电波本身就是相通的，所以心灵感应、

① 钱学森：《人体科学与现代科技发展纵横观》，人民出版社 1996 年版，第 187 页。

② 钱学森等：《创建人体科学》，四川教育出版社 1989 年版，第 32 页。

③ 黄欣荣、朱昌彻：《钱学森人体科学思想研究》，《赣南师范学院学报》2004 年第 4 期。

托梦等现象就不难解释。①

人与宇宙互动律，当然不局限于人体宇宙学，应该包括人类行为及其后果对宇宙的影响，也就是人与自然的关系，怎样克服人类中心主义？如何建设生态文明？

恩格斯就在《自然辩证法》告诫我们："我们不要过分陶醉于我们对自然界的胜利。对于每一次这样的胜利，自然界都对我们进行了报复。每一次胜利，在第一线都确实取得了我们预期的结果，但在第二线和第三线却有了完全不同的、出乎意料的影响，它常常把第一个结果重新取消。"② 而今天，我们依然在交学费。"洪水泛滥""'非典'猖獗"、土地沙化、雾霾挥之不去，一个一个警告，一个一个报复。

蕾切尔·卡逊《寂静的春天》：一种奇怪的寂静笼罩了这个地方。比如，鸟儿都到哪儿去了呢？许多人谈论着它们，感到迷惑和不安。园后鸟儿寻食的地方冷落了。在一些地方仅能见到的几只鸟儿也气息奄奄，它们战栗得很厉害，飞不起来。这是一个没有声息的春天。这儿的清晨曾经荡漾着乌鸦、鸫鸟、鸽子、鹪鹩的合唱以及其他鸟鸣的音浪；而现在一切声音都没有了，只有一片寂静覆盖着田野、树林和沼地。是什么东西使美国无以数计的城镇的春天之音沉寂下来了呢？这本书试探着给予解答。

罗马俱乐部《增长的极限》。伦敦的雾 1952 年 12 月 5 日开始，伦敦连续数日空气寂静无风。当时伦敦冬季多使用燃煤采暖，市区内还分布有许多以煤为主要能源的火力发电站。由于逆温层的作用，煤炭燃烧产生的二氧化碳、一氧化碳、二氧化硫、粉尘等气体与污染物在城市上空蓄积，引发了连续数日的大雾天气。

据史料记载，从 12 月 5 日到 12 月 8 日的 4 天里，伦敦市死亡人数达 4000 人。而在 12 月 9 日之后，由于天气变化，毒雾逐渐消散，但在此之后两个月内，有近 8000 人因为烟雾事件而死于呼吸系统疾病。

切尔诺贝利核事故简称"切尔诺贝利事件"，是一件发生在苏联时期乌克兰境内切尔诺贝利核电站的核子反应堆事故。该事故被认为是历史上最严重的核电事故，也是首例被国际核事件分级表评为第七级事件的

---

① 王世荣：《意识与脑电波之谜》，《故乡——哲学网》，www. guxiang. com，2004 年 11 月 3 日。

② 恩格斯：《自然辩证法》，于光远等译，人民出版社 1984 年版，第 304—305 页。

特大事故（目前为止第二例为2011年3月11日发生于日本福岛县的福岛第一核电站事故）。

1986年4月26日凌晨1点23分（UTC+3），乌克兰普里皮亚季邻近的切尔诺贝利核电厂的第四号反应堆发生了爆炸。连续的爆炸引发了大火并散发出大量高能辐射物质到大气层中，这些辐射尘涵盖了大面积区域。这次灾难所释放出的辐射线剂量是第二次世界大战时期爆炸于广岛的原子弹的400倍以上。

经济上，这场灾难总共损失大概两千亿美元（已计算通货膨胀），是近代历史中代价最“昂贵”的灾难事件。切尔诺贝利核事故被称作历史上最严重的核电事故。切尔诺贝利城因此被废弃。

合众国际社11月29日报道，英国电视制作人丹尼·库克（Danny Cooke）近日用无人机航拍了乌克兰切尔诺贝利核事故遗址，镜头中荒废的切尔诺贝利静谧如鬼城。

广岛原子弹事件是指第二次世界大战末的1945年8月6日美国在日本广岛投掷原子弹。

1945年夏，日本败局已定，但日本在冲绳等地的疯狂抵抗导致了大量盟军官兵伤亡。当时美军已经制订了在九州和关东地区登陆的“冠冕”行动和“奥林匹克”行动计划，出于对盟军官兵生命的保护，尽快迫使日本投降，并以此抑制苏联，美国总统杜鲁门和军方高层人员决定在日本投掷原子弹以加速战争进程。

美军选定日本东京、京都、广岛、长崎、小仓、新潟等城市作为投掷原子弹的备选目标。此前，美国、英国和中国发表了《波茨坦公告》，敦促日本投降。7月28日，日本政府拒绝接受《波茨坦公告》。

8月6日和9日美军对日本广岛和长崎投掷原子弹，造成大量平民和军人伤亡。8月15日日本天皇裕仁发布诏书，宣布日本无条件投降。

2015年是抗日战争和世界反法西斯战争胜利70周年，正义必胜，人民必胜，和平必胜！这是历史昭示的真理！德意日法西斯虽然猖獗一时，但是最终逃脱不了覆灭的命运！

和平的阳光普照大地，原子弹震慑和平，也威胁和平。战争的达摩克利斯之剑，始终高悬在人类头上。戈尔巴乔夫说，在核时代，人类在同一条船上，人类的生存意志关乎一切。

人类文明发展到今天，正像习近平主席所说，必须树立人类命运共同体意识；必须超越依靠相互征服为自己开辟道路的战争思维；必须放弃征服和掠夺自然资源的野蛮增长方式；必须共同应对气候、环境、健康、地区冲突和恐怖主义威胁。

英国历史学家汤因比认为，人类近代以来文明发展受两个重要因素影响，一个是工业体系，一个是国家主义；前者不断制造出新的商品供我们消费，后者导致了两次世界大战。

汤因比认为人类必须放弃国家主义。大同世界是不久将来的事情，因为人类社会发展遭遇到前所未有的挑战——资源枯竭，粮食短缺，人口膨胀，环境恶化，核武器和战争威胁。

欧洲文艺复兴和启蒙运动以来，宣言人道主义，原本依靠科学和民主，建立自由、平等、博爱的理性王国，谁能想到两次世界大战欧洲成了杀人的战场。

世界大战无非争资源、能源、消费市场。为了避免欧洲人杀欧洲人的历史悲剧重演，欧洲首先觉醒，放弃国家主义，迈出构建大同世界的重要一步。

从欧洲钢铁煤炭联盟，到欧洲共同体，到欧洲联盟，即欧洲经济、政治共同体，统一市场，统一货币，统一对外政策。

创始成员国有 6 个，分别为法国、德国、意大利、荷兰、比利时和卢森堡。该联盟现拥有 28 个会员国，正式官方语言有 24 种。

1991 年 12 月，欧洲共同体马斯特里赫特首脑会议通过《欧洲联盟条约》，通称《马斯特里赫特条约》（简称《马约》）。1993 年 11 月 1 日《马约》正式生效，欧盟正式诞生。2012 年欧盟获得诺贝尔和平奖。

哥本哈根世界气候大会全称是《联合国气候变化框架公约》第 15 次缔约方会议暨《京都议定书》第 5 次缔约方会议，这一会议也被称为哥本哈根联合国气候变化大会，于 2009 年 12 月 7—18 日在丹麦首都哥本哈根召开。12 月 7 日起，192 个国家的环境部长和其他官员们在哥本哈根召开联合国气候会议，商讨《京都议定书》一期承诺到期后的后续方案，就未来应对气候变化的全球行动签署新的协议。这是继《京都议定书》后又一具有划时代意义的全球气候协议书，毫无疑问，对地球今后的气候变化走向产生决定性的影响。会议在现代化的 Bella（贝拉）中心举行，为期两周。

根据 2007 年在印尼巴厘岛举行的第 13 次缔约方会议通过的《巴厘

路线图》的规定，2009 年年末在哥本哈根召开的第 15 次会议将努力通过一份新的《哥本哈根议定书》，以代替 2012 年即将到期的《京都议定书》。考虑到协议的实施操作环节所耗费的时间，如果《哥本哈根议定书》不能在 2009 年的缔约方会议上达成共识并获得通过，那么在 2012 年《京都议定书》第一承诺期到期后，全球将没有一个共同文件来约束温室气体的排放，会导致遏制全球气候变暖的行动遭到重大挫折。因此，很大程度上，此次会议被视为全人类联合遏制全球变暖行动一次很重要的努力。

2015 年 12 月 12 日，巴黎气候变化大会 12 日晚通过全球气候变化新协议。协议将为 2020 年后全球应对气候变化行动作出安排。当晚，《联合国气候变化框架公约》近 200 个缔约方一致同意通过《巴黎协议》。协议共 29 条，包括目标、减缓、适应、损失损害、资金、技术、能力建设、透明度、全球盘点等内容。联合国执行秘书菲格雷斯，联合国秘书长潘基文，法国外长法比尤斯，法国总统奥朗德出席现场庆祝。

我们只有一个地球，大气层被污染了，雾霾笼罩着我们的天空，江河海洋被污染了，臭气熏天；粮食蔬菜被污染了，食品安全令人担忧；藏羚羊、大象、犀牛、候鸟被猎杀。

唐山大地震，几十万人生灵涂炭。上百年开采煤矿，这就是自掘坟墓。沙漠化、沙尘暴不断向我们袭来，喜马拉雅山坡植物攀登，南极冰雪融化，马尔代夫不久的未来将不复存在。这绝不是危言耸听，也不是杞人忧天。

人类的物质生活在改善，科学技术在飞速发展，但是健康水平在下降。所谓道高一尺，魔高一丈。艾滋病、癌症、脑血管病、呼吸道病、精神疾病、“非典”、埃博拉防不胜防。健康已经成为全人类亟待解决的难题，成为人类生存困境的症结和晴雨表。

这是一次被誉为“拯救人类的最后一次机会”的会议，人类文明发展到一个关节点。怎样放弃战争，实现人类持久和平？怎样放弃对大自然的掠夺，建设人与自然和谐相处的生态文明？怎样实现人与宇宙的良性互动？

（七）

老子曰：“道法自然。”道这个东西悬得很，老子自己就解释过：“有物混成，先天地生。寂兮寥兮，独立而不改，周行而不殆，可以为天地母。吾不知其名，强字之曰道。”（《道德经》二十五章）大概意思就是某种天地运行的规律，万物都遵循这个规则，这就是道。

“道生一，一生二，二生三，三生万物。万物负阴而抱阳，冲气以为和。”（《道德经》四十二章）。道生一，一是太极；一生二，二是阴阳；二生三，三是天地人；三生万物，万物是万事万物。事物维持阴阳和谐才能够生存是一个普遍规律。

道生一，这个“一”为太极，所谓太极就是宇宙的终极法则。“万物负阴而抱阳，冲气以为和。”就是说“和”是宇宙的最高法则，[①] 也就是说，老子几千年前已经揭示了宇宙和谐论，这是非常了不起的。中国古圣先贤的智慧是无与伦比的。

《易经》：“易有太极，是生两仪，两仪生四象，四象生八卦。”孔颖达疏：“太极谓天地未分之前，元气混而为一，即是太初、太一也。”“两仪”指“阴阳”。

《易·系辞上》：“是故易有太极，是生两仪。”孔颖达疏：“不言天地而言两仪者，指其物体；下与四象（青龙、白虎、朱雀、玄武）相对，故曰两仪，谓两体容仪也。”《吕氏春秋·大乐》：“太一出两仪，两仪：阴阳。”《晋书·挚虞传》：“考步两仪，则天地无所隐其情；准正三辰，则悬象无所容其谬。”元王实甫《西厢记》第五本第三折：“当日三才始判，两仪初分；乾坤：清者为乾，浊者为坤，人在中间相混。”

两仪指阴阳，《易经》认为，阴阳之间的关系既是对立的，又是相互对待的，所谓对待的关系，一方面是阴阳两个方面都不能消灭对方，相互永远是一个平衡的关系；另一方面，两仪是一个运动的过程，所以这种阴阳的平衡是动态的平衡。

四象指春夏秋冬四个节气，由于两仪是一个运动的过程，这种阴阳的平衡是动态的平衡，那么动态的阴阳平衡就产生了四种季节现象。

八卦是指世间万物，《易经》认为，这四个节气是循环往复、无始无终的，在这四个节气中，世间万物都随季节变化而变化，或者生长或者死亡，那么这种生长或死亡的变化规律就可以用八卦的变化规律来显示。

宇宙万物是动态平衡，也就是排斥与吸引的平衡。万物一体，息息相通；相辅相成，相反相成；相因相生，相克相生。

---

① 任法融：《道德经释义》，三秦出版社1988年版，第104页。

张载《正蒙·太和篇》："太和所谓道，中涵浮沉、升降、动静、相感之性，是生细缊、相荡、胜负、屈伸之始。其来也几微易简，其究也广大坚固。起知于易者乾乎！效法于简者坤乎！散殊而可象为气，清通而不可象为神。不如野马、细缊，不足谓之太和。语道者知此，谓之知道；学易者见此，谓之见易。不如是，虽周公才美，其智不足称也已。"

"太和"一词出自《易传》："乾道变化，各正性命。保合太和，乃利贞。"（《乾·象》）很显然，横渠在这里所用的"太和"一词是他的"造道"之语，与《易传》中的原始含义相去甚远。横渠的用意是试图借"太和"一词来表述其心目中的道体，所以起头便说"太和所谓道"。从字面上看，横渠是以气的状态来表述太和，即认为阴阳二气的至和状态为"太和"，所以他才说，"不如野马、细缊，不足谓之太和。""野马"出自《庄子·逍遥游》，意为游气；"细缊"出自《易传·系辞下》，在这里指游气交密无间的状态。明末王船山在《张子正蒙注》中说：

> 太和，和之至也。道者，天地人物之通理，即所谓太极也。阴阳异撰，而其细缊于太虚之中，合同而不相悖害，浑沦无间，和之至也。未有形器之先，本无不和；既有形器之后，其和不失，故曰太和。（《张子正蒙注·太和篇》）

在船山看来，"和之至"固然是气的浑沦至和状态，但值得注意的是，同时他又以"太极"来解释太和。经朱子诠释周敦颐的《太极图说》后，以"理"来解释"太极"已基本上是道学的共同话语。就船山的这一解释而言，则所谓"太和"虽然表述的是气，但却是就"气"来说"道"的本体，即认为道体不离气而言，气本身并不就是道体。这一解释并没有偏离横渠自己的立场，《正蒙·大易》中说："一物而两体，其太极之谓欤?"这里就是用"太极"一词来表达"太和"，"一物"是"太极"，亦是"太和"，而所谓"两体"，当然也就是"殊散而可象"的"气"与"清通而不可象"的"神"。

船山进而认为，横渠的"太和"说与周濂溪的《太极图说》表达的是同一意蕴：

> 此篇明道之所自出，物之所自生，性之所自受，而作圣之功，

下学之事，必达于此，而后不为异端所惑，盖即《太极图说》之旨而发其所函之蕴也。(《张子正蒙注·太和篇序》)

这可以认为是船山对《太和篇》乃至对《正蒙》全书的总体性把握。船山的这一解读相当重要。作为道学大师的横渠，其学说只有在道学的语境下加以解读，才是合理的解读。就像周濂溪的学问必须经由朱子的诠释而后才有意义一样，横渠的学问也只有在二程、朱子及船山的解读语境中才有其作为道学之一支的独立存在的意义。就这一意义上说，船山应该说是相当准确地把握住了横渠之要义。

张载《正蒙》开宗明义“太和所谓道”，王夫之解释“太和，和之至也。道者，天地人物之通理，即所谓太极也。”太即太极，太和即道体，太和是宇宙的最高法则，是天地人相通之道。

“中涵浮沉、升降、动静、相感之性，是生絪缊、相荡、胜负、屈伸之始。”横渠以气的状态来表述太和，即认为阴阳二气的至和状态为“太和”，王夫之解释“阴阳异撰，而其絪缊于太虚之中，合同而不相悖害，浑沦无间，和之至也。”

“一体两用”即在太极中“殊散而可象”的“气”与“清通而不可象”的“神”的统一；“合同而不相悖害”，就是“和而不同”，就是“对立统一”，就是引力斥力平衡律。

（八）

冯友兰从对中国哲学和马克思主义辩证法思想的理解入手，高度评价了张载的“仇必和而解”的思想，他认为这是历史发展的辩证法，是中国哲学的传统和世界哲学的未来。

冯友兰在 1987 年 4 月 7 日的一篇题为《立足现在，发扬过去，展望未来》的谈话录中提到：“一个社会的正常状态是‘和’，而不是‘同’。”

冯友兰认为，中国古典哲学正是强调“和而不同”的。宋代哲学家张载曾经把这一辩证归纳为四句话：

有象斯有对，对必反其为，有反斯有仇，仇必和而解。（《正蒙·太和篇》）

冯友兰举出的这段话出自张载的《正蒙·太和篇》。宋代理学扬弃孟子之后对古代经典的各种错误的解释，在这里，张载阐述了中国古代辩证思维注重阴阳的统一性，论述了“和”的基本命题，张载因之提出的“太和所谓道”“仇必和而解”等，是对《易经》的阴阳观进一步的发挥，论证了之谓“道”的具体特性。

作为理学家冯友兰深受理学先辈张载的影响，在他的《中国现代哲学史》中说：

“这四句中的前三句是马克思主义辩证法思想也同意的，但第四句马克思主义就不会这样说了。它怎么说呢？我还没有看到现成的话可引用。照我的推测，它可能会说：‘仇必仇到底’。”于是冯友兰提出了阴阳互立的两个命题，他的论证无疑有益于现代中国社会对“和谐”理论的理解。

与“和”论阴阳互立的是西方古代辩证思维强调的斗争哲学。“仇必和而解”与“仇必仇到底”就是中国“和”论与西方“斗争哲学”的表达式。

“和”论基于《易经》，《易经》曰：“一阴一阳之谓道，继之者善也，成之者性也。”斗争哲学基于对矛盾的认识，例如黑格尔说：“既对立又统一，这就是矛盾。”

中国古典的阴阳观与西方关于矛盾的认识是不同的，区别在于：

其一，阴阳观承认阴与阳的存在，彼此的转化和提升，因此寻求合理的路径，即以“善”共存，达成良性的互动，实现转化和提升。

其二，西方理论把对立统一的两个方面看成是相互排斥的矛盾，也就不可能达成以“善”共存与良性的互动，20 世纪初叶，德国因矛盾而成人性的文化最终导致这个民族二度进入毁灭的境地。

冯友兰先生如何辩证这两个命题？

关于“仇必和而解”论，冯友兰先生认为：“客观的辩证法有两个主要范畴：一个是统一，一个是斗争。”他说：

“客观的辩证法只有一个，但人们对于客观辩证法的认识，可以因条件的不同而有差别。照马克思主义的辩证法思想，矛盾斗争是绝对的，无条件的；‘统一’是相对的，有条件的。这是把矛盾斗争放在第一位。中国古典哲学没有这样说，而是把统一放在第一位。理论上的这点差别，在实践上有重大的意义。”

“仇必和而解”论认为一切矛盾必定是通过和谐得到解决，冯友兰先生以三段论证：

其一，任何革命都是要破坏两个对立面所共处的那个统一体。那个统一体破坏了，两个对立面就同归于尽。

其二，可这个社会仍然存在，不过它要从一个统一体转到另一个统一体。

其三，一个社会的正常状态是“和”，宇宙的正常状态也是“和”；“和”是宇宙和万物存在的基础；破坏了“和”宇宙万物就归于毁灭。从这个意义上讲，说宇宙的正常状态是“和”，一切矛盾的解决要归于“和”，当然是对的。

关于“仇必仇到底”，“斗争”哲学与“和”理论之不同，是由于存在着两种辩证法思想的根本差别。斗争哲学在西方历史有很深远的渊源，古希腊的哲人崇尚斗争性，认为“斗争是万物之父”“万物之王”。被列宁尊为“辩证法的奠基人之一”的赫拉克利特甚至说：“一切都是通过斗争而产生的。”

冯友兰先生认为：“一个统一体的两个对立面是矛盾的统一，这是都承认的，但是一种认识可以以矛盾为主，另一种认识可以以统一为主。后者认为‘仇必和而解’，前者认为‘仇必仇到底’。这是两种辩证法思想的根本差别。”

冯友兰把斗争哲学概括为“仇必和到底”。他说马克思主义不会同意仇必和而解。他认为，革命家和革命党“当然要主张‘仇必仇到底’”，因为“任何革命都是要破坏两个对立面所共处的那个统一体”。①

冯友兰认为必须实现“仇必仇到底”向“仇必和而解”的转化。

冯友兰说，革命胜利后，“社会转变了，作为原来统一体的两个对立面的人仍然存在，人还是那些人，不过他们转化了。革命家和革命政党，原来反抗当时的统治者，现在转化为统治者了。作为新的统治者，他们的任务就不是要破坏什么统一体，而是要维护这个新的统一体，使之更加巩固，更加发展。这样，就从‘仇必仇到底’的路线转到‘仇必和而解’的路线，这是一个大转变。在任何一个社会大转变时期，都有这么一个大转变”。

冯友兰从中国新民主主义革命、社会主义革命到社会主义建设的历

---

①　冯友兰：《中国现代哲学史》，中华书局有限公司1992年版，第227—258页。

史看到了这种转化的必然性。他进而讨论现代中国的内政外交，他认为，“中国奉行和平外交政策，一再声明这是因为搞‘四化’建设需要一个国际和平环境，对此也许有些人还是将信将疑。如果指出中国的外交政策是整个‘仇必和而解’的路线的一个组成部分，就容易赢得人们的相信，这个政策也就会发生更大的作用。”

冯友兰认为，“仇必和而解”是历史发展的辩证法，历史发展的大趋势。第一次世界大战产生了国际联盟，第二次世界大战产生了联合国。[①]汤因比说，人类必须放弃国家主义，走大同世界之路，这就是人类和解之路。

（九）

人类的生存困境概括起来无非两个问题，一个生态问题，一个是心态问题。心态决定生态！是人类贪婪的欲望破坏了生态环境，引发了纷争、战争和人际关系的紧张，幸福感的下降。

文艺复兴以来，人类摆脱了禁欲主义的黑夜，却陷入了纵欲主义的泥潭。信仰缺失，道德滑坡，社会责任感下降。天下熙熙皆为利来，天下攘攘皆为利往。要拯救全人类必须首先拯救人类的心灵。

必须树立人类命运共同体意识，合作共赢，同舟共济；必须用正义与和平重铸人类文明；必须把生态文明建设摆在首位；必须放弃功利主义、急功近利的发展模式。

必须把文化建设摆在国家建设的战略高度；必须重建人类的道德和信仰。哥白尼提出了地球中心说，几百年来我们把它歪曲为人类中心主义。

人类的悲哀就在于本身是大自然之子，却在刻意追求超自然的存在。征服自然表明人类狂妄和无知，尊重自然、敬畏自然、回归自然，才是人类的必须选择。

宗教是一种敬畏精神，对大自然神奇力量的敬畏，对道德的敬畏，对灵魂圣洁的敬畏。没有了敬畏，人类就会为所欲为。潘多拉的魔盒已经打开，还好最后一件是“希望”。

心灵是宇宙的中心，世界因心灵而生动；天地与我并生，万物与我唯一；万物一体，息息相通；心灵即宇宙，宇宙即心灵；境由心生，神由心造；心诚则灵，精诚所至，金石为开；异想天开，心想事成；思想

① 冯友兰：《中国现代哲学史》，中华书局有限公司1992年版，第260—261页。

有多远，我们就能走多远。

宇宙的和谐，遵循引力斥力平衡律、绝对相对统一律、人与宇宙互动律，心灵即宇宙，宇宙即心灵。包括宇宙星际之间的和谐，人与自然的和谐，人与人的和谐，以及身心和谐。

夸美纽斯说："人是上帝的形象……人站在上帝作品的中心，他有一颗澄清的心灵，如同悬在室中的一块圆镜一样，能把周围一切事物的形象反映出来。"

"人心的能量是无限的，它在知觉方面像个无底的深渊。"心理可以超越感官的限制，"它上天入地，即使天地之广再大一千倍，它也一样能去，因为它在空间穿行的速度简直是大得令人难以置信的。然则它之能够测度一切，领悟一切，我们还能否认吗?"

> 哲学家把人叫作小宇宙或宇宙的缩影，因为人在暗中包括了一切广布在大宇宙中的因素。……所以，把来到世上的人的心灵比作一颗种子或一粒谷米是很正当的，植物或树木实际已经存在种子里面，虽则它的形象实际上看不出来![①]

儒家教我们问心无愧地生活，道家教我们心旷神怡地生活，佛教教我们心平气和地生活。

山重水复疑无路，柳暗花明又一村；沉舟侧畔千帆过，病树前头万木春；野火烧不尽，春风吹又生；海内存知己，天涯若比邻。

野旷天低树，江清月近人；明月松间照，清泉石上流；采菊东篱下，悠然见南山；月上柳梢头，人约黄昏后。

海德格尔向往"人诗意地栖居在大地上"。中国是一个诗的王国，这些流芳千古的诗句，都是宇宙和谐的赞美诗，是人与大自然心灵的对话，我和孩子也不由自主吟诵道：

本有冲天志，扶摇云海间。朝辞蓬莱岛，暮栖昆仑山。神龙相与舞，凤凰为之歌。虽遭风雷摧，依然向青天。

浩浩银河浪如江，一轮玉舟隐又现；霞光万道百花暖，恰似红日脱沧海；雾锁凤凰情切切，云儿回头意绵绵；高山流水荡平湖，百鸟朝凤

---

① ［捷］夸美纽斯：《大教学法》，傅任敢译，教育科学出版社 1999 年版，第 14—15 页。

不知归。

秋月映湖湖更秀，九龙绕潭潭亦奇；西子蓬莱赴素宴，独抛孤舟在天涯；碧水无意出天涯，翠峰有志入云霄；神柱千载揽星辰，怎知红河万里遥？

层峦叠嶂山不尽，溪水悠悠情自真；路边玫瑰君莫折，留给彩蝶作嫁妆；云来雾往迷山秀，飞瀑流泉暗回首；夕阳瞩目呵不退，百灵欲语还怕羞。

八角树下参佛理，五味架下品人生；禅语绵绵涛声缓，其乐融融菩提心；微风轻拂柳，黄犬吠乡村；惊起千只燕，飞天一线间。

春天燕归来，夏天蝈蝈鸣；秋天枫叶红，冬天雪纷飞；春有百花秋有月，夏有凉风冬有雪；若无闲事挂心头，便是人间好时节！

雨果说，世界上最宽阔的是海洋，比海洋更宽阔的是天空，比天空更宽阔的是人的心灵。

心灵是宇宙的中心，在物欲横流的社会，必须提出心灵建设的任务，应该用审美文化取得功利文化。

七　意识与脑电波之谜

意识是哲学、心理学、人类文化学等人文社会科学研究的重要范畴，目前又进入自然科学的研究视野，成为物理学、生物学、生命科学、人体科学、脑科学关注的焦点，世界上最著名的科学家关注的焦点问题之一是意识现象。

意识是一种内在包含精神因素的高级物质，意识是一种特殊的场，是脑电波负载的信息和能量，它可以改变周围的事物。大脑是大自然开出的最美丽的花朵，它包含着人类在亿万年进化过程中所积累的经验和智慧的密码。意识是脑的功能传导系统以及与外部世界沟通的渠道，脑电波每个人都有，而且具有不同的频率；大脑既是发射器，也是接收器。人体是内宇宙，自然界是外宇宙，都是开放复杂的巨系统，相互发生信息和能量交流。处于“功能态”的人的各感受器官处于开放状态，非常敏感，具有无穷的智慧和精力，可以达到心想事成的境界，创造出人间奇迹。意识与脑电波之谜的破解，将会把人类文明提升到一个新的境界。

（一）

辩证唯物主义认为，意识是客观世界的主观反映，是对外部世界的投影、摹写；“人的意识不仅反映客观世界，而且创造客观世界”。[①] 因为人有主观能动性，人可以根据自己的意愿创造出一个适合于自己的世界，供自己享受和欣赏。

人用自己的意识建构世界。人与所有的生命群体共同拥有现实世界的同时，人还拥有一个神奇的世界——理想世界，这个世界与现实世界一样奥妙无穷。宗教、艺术、道德、教育、科学、政治法律思想、哲学

① 列宁：《哲学笔记》，人民出版社1974年版，第228页。

等意识形态就是人类所拥有的理想世界，虽然现实世界的丰富性令我们叹为观止，而理想世界的潜延性更使我们感到震惊。

大自然在人类诞生以前已经存在，因此，不能说大自然是由人类创造的；当然上帝创造世界之说，只是表明人类企图借“上帝的力量”来主宰这个世界；上帝本身就是一个精神实体，是真、善、美的化身，是无所不能的；因为人的生命和能力都是有限的；人生是一个悲剧，从诞生的那一天就开始向死亡迈进，只是因为这还不是迫切的现实威胁；而且由于现实生活的匆忙，人们不去思考这个问题罢了。孔子主张“敬鬼神而远之”（《论语·雍也》），就是一种明智的态度。而西方人和伊斯兰人有深厚的宗教传统，也是文明的一种表现。

宗教是一种意识，一种文化。“宗教是被压迫生灵的叹息，是无情世界的感情”。① 宗教是一种超越意识，对生命有限性的超越，对现实残酷性的超越，对世界必然性的超越。一种敬畏精神，对造物主神奇力量的敬畏，对道德律令的敬畏和对灵魂圣洁的敬畏，这大概是宗教虽经打击，依然顽强存在的根本原因。

（二）

意识是脑的机能，这是生物学、心理学的观点。从一定意义上说，生物学、化学、生命科学、脑科学等都是物理学的延伸，现在物理学回过头来，又来研究人类在千百年来智慧的大脑思考最多的问题——意识、灵魂、鬼神等。意识问题由哲学、心理学范畴进入科学家视野，是因为自然科学的前沿阵地是生物学，而生物学的前沿是脑科学，脑的机能曾经是一个黑箱，人工智能的发展返回来又促进了脑科学的发展，而意识作为脑的机能的命题，促使意识现象成为科学家关注的焦点。诺贝尔物理学奖获得者丁肇中在《文汇报》发表文章说，我们在研究“暗物质”，另外一些最重要的科学家在研究“意识”现象。我国著名科学家钱学森说，生命科学、人体科学、脑科学在21世纪会有重大突破，将改变人类的生活方式，将引发第二次文艺复兴。印度人已经成为计算机时代的佼佼者，我们中国人一定不能错过脑电波时代的曙光。

意识是怎样发生的？意识与大脑自身的结构有什么关系？在什么情况下会发生意识的迁移？意识是否会在不同的大脑之间进行传递？为什

① 《马克思恩格斯选集》（第1卷），人民出版社1972年版，第2页。

么有些人的意识很强烈，而有些人却很弱等，这些问题不仅是哲学和心理学问题，更是科学问题，通过纯粹的思辨是不能给予合理的解释的，因此通过观察、实验，尤其是内省、体验便成了解开意识之谜的钥匙。

恩格斯在《自然辩证法》中指出，科学直到目前，其发展形式仍然是假设。意识大概是一种内在包含精神因素的高级物质，意识是一种特殊的场，是脑电波负载的信息和能量，它甚至可以控制周围的事物。人在一定的功能态下，有着巨大的能量；意识可以创造一个世界、一个完美的世界，从而达到心想事成的自由境界；并且使人的潜能得到最大限度的开发，使人的聪明才智得到淋漓尽致地发挥。

处于功能态的脑电波和意识流会不断地创造出奇迹。比如只要你迫切地想见某一个人，那人就千里万里来与你相会，比如你想听某一首歌，打开电视，唱的就是这首歌；你想找一个字，把字典直接打开就是你想要看的那个字……

最近笔者在陈安之的《21 世纪超级成功学》中看到一件神奇的事情。他在房子里做了一块“梦想板”，他 21 岁的时候，一直想要一只劳力士潜水表。劳力士表那时 4000 美元，以他那时的收入是不可能的，但是他心中一直想着一只蓝色的劳力士潜水表。其实大部分劳力士潜水表不是金色就是黑色的，很少有蓝色的劳力士潜水表，事实上他很难找到那只表。后来有人跟他说：

> 假设你想要实现你的目标，你就去找一个图片剪下来，把它贴在你眼睛最易看到的地方，最好是右上方，因为人的头脑的右上方是创造力区，人头脑的左上方是记忆区，不断地输入你的潜意识。只要你相信，只要你持续地想，你想要的东西就会越来越接近你。

正巧有一次他在美国新泽西逛街的时候，突然在一家钟表店看到一只劳力士潜水表的简介，而且正好是蓝色的劳力士潜水表，他就把它带回来，贴在他的“梦想板”上。结果他在两个星期内就买到了那块表。

英国作家、心理学家、教育家托尼·布赞说：“你的大脑就像一个沉睡的巨人。”潜意识就是大脑中“沉睡的巨人”。潜能大师博恩·崔西也提到“潜意识的力量比意识大 3 万倍”。潜水表为了在水中使用，一般不会造成蓝色的。陈安之因为朝思暮想要得到这样一块表，就调动了潜意识的力量，他的脑电波在茫茫世界上搜索到相关信息，这可能就是神奇出现的原因，真是心想事成啊。

意识是脑的功能，人脑是大自然亿万年进化的产物，是最高级的物质，是自然开出的最神奇的花朵，它既是接收器，更是发射器。人的大脑得到的信息按照意识进行加工整理，储存起来；一部分人们可以意识到，多数就进入潜意识。当意识能量很大、愿望很强烈的时候，它就会发射出强烈的脑电波寻找可能获取的信息，就可能控制与之相联系的人的意识和周围的事物。而有血缘关系的亲人之间的脑电波本身就是相通的，所以心灵感应、托梦等现象就不难解释。

《读者》有一篇文章《达·芬奇的奖赏》，说的是2007年收藏家彼得·西尔弗曼以高价购买了一幅无名氏的肖像画。经过鉴定这幅牛皮纸画原来真是文艺复兴时期大画家达·芬奇的作品，如今该作品价值高达一亿英镑，这意味着彼得花1万多英镑买来的画，两年中价值翻了1万倍。

这是彼得的运气好，还是另有奥秘？原来彼得一直酷爱达·芬奇的作品，大学期间，他的床头贴满了达·芬奇的画作的临摹作品。据史料记载，1494年达·芬奇曾向法国宫廷画家皮里尔咨询过牛皮纸上绘画的方法，但几百年过去了，世间从没有出现过达·芬奇画在牛皮纸上的作品。凭直觉，彼得总觉得这幅肖像画深藏奥秘。

这些年，他曾无数次在梦中与达·芬奇相见，仿佛与达·芬奇在心灵上有了共通之处。一个强烈而大胆的念头撞击着他：这幅画的作者可能就是达·芬奇本人。别人讽刺他是“异想天开”。

2009年，他终于按捺不住，只身前往加拿大，请求艺术鉴定专家保罗用最先进的多普段相机，对这幅肖像画进行拍摄检查，结果才有了奇迹的出现。①

人们说“灵感总是降临在有准备的大脑”“仿佛与达·芬奇在心灵上有了共通之处”，这就是心灵感应，是彼得强烈的好奇心和对达·芬奇作品的热爱，使他的脑电波在茫茫人世间找到了这幅作品，这是“脑电波”存在的又一例证。

孔子高徒曾子啮指痛心的佳话流传甚广：曾子少年时家贫，常入山打柴。一天，家里来了客人，母亲不知所措，就用牙咬自己的手指。曾

---

① 朱晖：《达·芬奇的奖赏》，《读者》2009年第24期。

参忽然觉得心疼，知道母亲在呼唤自己，便背着柴迅速返回家中，跪问缘故。母亲说："有客人忽然到来，我咬手指盼你回来。"曾参于是接见客人，以礼相待。心灵感应的现象在历史上有许多记载。

著名科学家钱学森认为：

> 人（人体）是非常复杂的系统，我们称之为巨系统。这个巨系统又是开放的，和整个环境乃至宇宙巨系统在一定的时间里，处于一定的功能态，而中医、气功、人体特异功能，都是和人所在的人体功能相关的。功能态不是固定的，可以由一种功能态变为另一种功能态。①

意识控制周围事物的能力的大小，与钱老说的"功能态"有很大的关系；而"功能态"的出现与主体自身的遗传、天赋、气质、性格、经历、追求、心态等因素有关，尤其与其精神境界有很大的关系。要保持这种"功能态"并不是一件十分容易的事情，功能态是可遇不可求的。而且进入了这种"功能态"（类似于马斯洛所说的"高峰体验"），就会有超人的智慧，强烈的意志，充沛的精力，就会创造出一个个奇迹。

意识是融汇了精神的超级物质，它内在地包含着人的目的、意图、理性，而它的载体是脑电波。每个人都有脑电波，而其频率是不一样的；亲人、朋友、熟人之间经常进行交流，脑电波的信号就会接通，所以就会互相猜透对方的心事。而你崇拜某一个人，阅读他的著作、传记，感受他的喜怒哀乐，理解他的处境和生命历程；那个人死了，但他的信息可能还存在并录制在某些地方；像古战场的厮杀声被录制下来，在特殊的情况下，人们可听到一样。你崇拜某个伟人就可能与他的信号接通，他的智慧就可能迁移到你的大脑中。

（三）

灵魂与肉体的关系是哲学家长期争论不休的问题。历史上形成的主要观点是：灵魂主宰肉体，同时灵魂也可以离开肉体，肉体也可以压迫灵魂（基督教）。灵魂是什么？灵魂是否可以脱离肉体出游？灵魂与肉体

① 马有龙：《给生命一个惊喜》，《人宇特能科技通讯》1997年专辑。

究竟是什么关系？灵魂与意识是什么关系？梦是灵魂出游吗？灵魂的美丑与人的精神境界是什么关系？灵魂与神鬼是什么关系？

我想灵魂大概是意识的内核，灵魂对人作终极关怀，灵魂安详，意识就会清新；灵魂动荡不安，意识就会茫然。灵魂与一个人的境界、精神气质、良心良知有很大的关系。意识对灵魂可以进行引导，必须经常问问自己的内心：你活得快活吗？你所追求的是你真正想要的吗？你对自己的生存状态满意吗？也就是说要拷问自己的灵魂。宗教与艺术在一定意义上就是与心灵的对话，使人的灵魂得到净化，精神得到升华。

中国人所说“多行不义必自毙”，我想大概与脑电波有关系。积怨甚多，人们就会诅咒，发射的脑电波就像复仇的子弹，将恶人的脑细胞杀死，所以恶人一般不会善终。毛泽东信奉“恶有恶报，善有善报，不是不报，时间未到，时间一到，一切全报”。善良的人，人们想到他心里就喜悦，发生的信息也是柔和的，所以“仁者寿”。

意识是以脑电波为传导工具，或者说意识控制着脑电波，人活着的时候，脑电波的存在是不言而喻的，那么人死后，还有没有意识存在？我们说灵魂是意识的内核，那么灵魂是否可以脱离肉体而存在？国内外对“附体”现象的研究已经表明，灵魂并不依人的死亡而死亡，他还会在一定时间内存在于某些地方，一旦条件允许，就可以附着于身体比较弱的某些人（尤其是妇女）大脑中，从而发生附体现象（即鬼附体）。附体现象多发生在乡村，因为那里人口密度小；而城市人口繁多，各种信息源交错出现，信号干扰太大；而生活质量较高，卫生条件优越，人的身体和精神相对强健，所以附体现象绝少发生。

“心诚则灵”“精诚所至，金石为开”“信则有，不信则无”这是中国民间对宗教所持的态度和看法。用意识和脑电波的学说来解释，神实际上也是人的意识建构的一个东西，久而久之形成了一个信仰系统，有他的教义、情感、价值观念，甚至一定的偶像，众信徒诚心供奉就会形成一个强大的信息场或者意识流，而与信徒个人的脑电波发生共鸣，从而产生奇迹，使信徒的愿望得以实现。

（四）

人的身体有两种状态，即清醒状态和睡眠状态。在清醒状态我们意识到自己的存在，意识支配我们的肉体；在睡眠状态，我们的意识潜伏了起来，好像意识也与肉体一样处于休眠状态。实际上梦的存在，表明

睡眠状态还是有意识存在的。甚至在梦中我们的愿望已经达成，梦使意识插上翅膀，飞翔在理想的天空，人的想象力在温柔的梦乡得到淋漓尽致地发挥。梦是人的意识摆脱现实的束缚，迈向自由之路的曙光；是人的内心世界的投影，没有梦我们就无法知道我们内心真正的追求。正因为如此，弗洛伊德通过梦的解析、自由联想和潜意识引导，给那么多人解除了精神烦恼，并完成了由医生向心理学家—哲学家的升华。

弗洛伊德潜意识的提出，精神分析学派的形成，在哲学史、人类文化史上引起了哥白尼革命，越来越受到人们的推崇。如果说达尔文是人类的“母亲”，那么弗洛伊德就是人类的“父亲”。潜意识也是意识，只是我们暂时还不知道它的内容是什么？在做梦、开玩笑时它会机智地出现，在我们出现某种情境难以应付时，它就会不请自到，使人有绝处逢生之感，常言道“车到山前必有路”“山重水复疑无路，柳暗花明又一村”。江青有一首诗“江上有奇峰，锁在烟雾中，寻常看不见，偶尔露峥嵘。”很好地揭示了潜意识的随机性和神秘性。

弗洛伊德认为意识只是冰山一角，巨大的潜意识我们并没有知觉。那么是什么东西把我们的潜意识压制起来呢？弗洛伊德提出了“本我”“超我”“自我”三个概念，即他的人格理论。本我是利比多，是原初生命的本能冲动，遵循唯乐原则；超我是社会规范、风俗习惯、道德法律、遵循理性原则；自我是超我对本我进行引导束约所表现出来的人格，遵循唯实原则。理想的人格是本我、超我、自我达到一种和谐统一的状态。[①] 即孔子所说的“随心所欲，不踰矩”（《论语·为政》），也是人类千万年来所追求的和谐与自由的境界。

实际上，要达到人格的和谐与自由并不是一件十分容易的事情。不仅要有较高的智商，还要有很高的情商，要学会运用理智驾驭自己的情绪，保持好的心态。这里的理智感本身就是意识作用的发挥，而人的情绪是主体在与外部世界交流信息和能量的过程中，主体的感受及其反映，它既可以强化意识，也可以干扰意识，还可以完善意识。

（五）

大凡卓越伟大的人物，其成功的秘诀就在于善于运用意识对潜意识

---

① 西格蒙格·弗洛伊德：《弗洛伊德心理哲学》，杨韶刚等译，九州出版社 2003 年版，第 8—30 页。

进行诱导，从而使潜意识得到解放而异军突起，这是人们长期追求的结果，正像王国维所说："古之成大事者，必先经过三种境界，昨夜西风凋碧树，独上高楼，望尽天涯路；衣带渐宽终不悔，为伊消得人憔悴；梦里寻她千百度，蓦然回首，那人却在灯火阑珊处。"（《人间词话》）

意识就是奔流不息的江河，就像繁星涌动的苍穹，有着无穷的能量；它是人类亿万年进化历程中所创造的精灵——拥有无穷智慧的人的大脑所放射出的光芒，是一种生物电磁波——脑电波，它是意识的载体，意识是脑电波的内容；大脑既是发射器又是接收器。意识可以改变周围的事物，甚至对某些群体、对一个民族、对人类社会的发展产生难以估量的影响，这就是尼采所说的"超人"。天才人物——老子、孔子、苏格拉底、佛祖、耶稣、穆哈默德、马克思、列宁、毛泽东、牛顿、爱因斯坦、屈原、莎士比亚、托尔斯泰、普希金、安徒生、《天方夜谭》的作者，秦始皇、拿破仑、彼得大帝；还有希特勒、墨索里尼、东条英机也都拥有巨大的思想能量，他们真正是用意识创造世界或者给人类以灾难性影响的巨人。

孟子说："天将降大任于斯人也，必先苦其心志，劳其筋骨，饿其体肤，空乏其身，行拂乱其所为，所以动心忍性，增益其所不能。"（《孟子·告子下》）罗曼·罗兰说："苦难犁破了我的心，但它掘出了生命新的源泉。"有人说"苦难是天才的摇篮"，这话有一定的道理，因为上帝关闭了一扇门，就会打开另一扇窗。但这要有一个前提，就是他必须有远大的抱负和志向，有坚韧不拔的意志和博大的胸怀。而这几个方面都与意识有关，正像太史公所破解的那样"西伯拘而演《周易》；仲尼厄而作《春秋》；屈原放逐乃赋《离骚》；左丘失明，厥有《国语》；孙子膑足，兵法修列；不韦迁蜀，世传《吕览》；韩非囚秦，《说难》《孤愤》。《诗》三百篇，大抵圣贤发愤之所作也"。[①] 成功只降临有准备的大脑，所以只有苦难是不够的，还要有理想、有自信、有志气，不屈服于命运的摆布，才能创造奇迹。

孔子说"三军可夺帅也，匹夫不可夺志也"（《论语·子罕》），孟子讲"贫贱不能移，威武不能屈，富贵不能淫。此乃大丈夫也"（《孟子·藤文公下》）。

---

① 史马迁：《报任安书》，载《与文观止》，岳麓书社 1988 年版，第 324 页。

“敢问夫子恶乎长？曰：‘我知言，我善养吾浩然之气。’‘敢问何为浩然之气’，曰：‘难言也。其为气也，至大至刚，以直养而无害，则塞于天地之间。其为气也，配义与道；无是，馁也。是集义所生者，非义袭而取之也，行有不慊于心，则馁矣。我故曰告子未尝知义，以其外之也。必有事焉而勿正，必勿忘，勿助长也。无若宋人然。宋人有闵其苗之不长而揠之者，芒芒然归，谓其人曰：‘今日病矣，予助苗长矣！’其子趋而往视之，苗则槁矣。天下之不助苗长者寡。以为无益而舍之者，不耘苗者也；助之长者，揠苗者也，非徒无益，而有害之。何谓知言？曰：‘诐辞知其所蔽，淫辞知其所陷，邪辞知其所离，遁辞知其所穷。生于其心，害于其政；发于其政，害于其事。圣人复起，必从吾言矣。”（《孟子·公孙丑上》）①

这里讲的是独立意志和人格修养的道理，道德、正义精神的培养，这是一个循序渐进的过程，不可拔苗助长，并且要知人知己，于别人的言辞中洞悉他的心灵，并且不被别人的言论所迷惑，才能不断提升精神境界，使浩然之气充塞天地之间。可以说，孟子讲的浩然之气，已经天才地洞悉意识与脑电波的秘密和巨大能量，以及与大宇宙的信息交流关系。

（六）

“这是一次人类从来没有经历过的最伟大的进步的变革，是一个需要巨人，而且产生了巨人——在思维能力、热情和性格方面，在多才多艺和学术渊博方面的巨人的时代。”② 恩格斯的这段话也猜到了意识与脑电波的秘诀，春秋战国和文艺复兴是这样，今天也是这样一个时代。全球化与文化时代的来临，将会呼唤出思想的巨人，而意识与脑电波之谜的破解，将会把人类社会推向一个斑斓多姿、奥妙无穷的崭新阶段。

每个人都拥有一个聪慧的大脑，它拥有人类在亿万年进化过程中积累的经验和智慧的密码。只要我们善于发挥，就会使生命放射出耀眼的光芒。培育平等的竞争机制与和谐的社会环境；实现身心和谐、人际和谐和人与自然的和谐，就会使意识流和脑电波创造出人间的奇迹。

“思想有多远，我们就能走多远”“只有想不到的，没有做不到的”。

① 焦循撰：《孟子正义》（上），中华书局 1987 年版，第 199—212 页。

② 恩格斯：《自然辩证法》，于光远等译，人民出版社 1984 年版，第 6 页。

这是脑电波时代人类的文化宣言。它将开辟一个生命与脑科学的黄金时代，科学精神与人文精神融合的时代，人类探索外宇宙的精神转向探索内宇宙之谜，老子的《道德经》、庄子的《逍遥游》、孟子的“浩然正气”、张载“大其心则能体天下之物”、陆王心学：“吾心即宇宙，宇宙即吾心”，从一定意义上揭示了人体宇宙学原理。破解意识与脑电波的奥秘，将会把人类文明提升到一个新的境界。

这是一个科技发达、日新月异的时代，也是一个物欲横流、信仰危机、精神空虚的时代，现在已经到了必须重新反思人类自从文艺复兴以来所经历的心理路程的重要时刻。荣格写下了《现代人找寻灵魂》，萨特写下了《存在与虚无》，雅斯贝尔斯写下了《当代的精神处境》，贾平凹写下了《浮躁》和《废都》。这些哲人对现代的人文关怀之情着实让人感动，令人猛醒。让我们用意识的圣水来洗涤被污染的灵魂，用脑电波的美妙旋律驱散靡靡之音，打开心灵之窗，让小宇宙与大宇宙成为伙伴，让意识荡漾起红色激流，让智慧的花朵开放在生活的田野，让动荡不安的灵魂回到温馨的家园。

八　论人的解放

莎士比亚赞美道："人是一件多么神奇的作品啊!"恩格斯评价文艺复兴运动："这是一次人类从来没有经历过的最伟大的进步的变革，是一个需要巨人而且产生了巨人——在思维能力、热情和性格方面，在多才多艺和知识渊博方面的巨人的时代。"① 有了文艺复兴、宗教改革和启蒙运动，才有欧美现代文明和民主化、现代化和全球化浪潮。正如卡西尔所言，人的自我认识和解放成为"一切思潮的阿基米德支点"，而人类的生存困境和问题成为哲学家、思想家以及政治家思考的重大课题。

人的解放是人在世界主体地位的确立，是人类摆脱束缚争取自由的历史进程。人的解放包括人的自然解放，人的社会解放，人的文化解放，以及人的自我解放。人的解放说到底是自己解放自己，自己主宰自己的命运，自己做自己的主人。

人的解放道路并不是平坦的，它的上空布满乌云与血雨，文艺复兴以来人类走出了禁欲主义的黑夜，却陷入了纵欲主义的泥潭。20 世纪爆发了两次世界大战，人类依靠相互征服、相互屠杀为自己发展开辟道路，表明人类摆脱野蛮、走向文明道路依然艰辛。人类对大自然的掠夺开发、暴力与战争、阶级压迫、种族歧视、话语霸权、文化专制，以及人对自我心灵的囚禁，都影响了人类解放的历史进程。对于走向伟大复兴的中华民族，人的解放既是一个历史课题，又是现实挑战，它预示着中国正在和将要进行一场伟大的社会变革。推动社会文明与进步，彰显人的价值和尊严，激发人的创造和幸福!

世界范围的精神危机已成为当代社会发展中人类面临的一个普遍问

① 恩格斯：《自然辩证法》，于光远等译，人民出版社 1984 年版，第 6 页。

题。它既是以西方发展模式为范型的当代社会发展各种基本矛盾冲突的真实写照，也是人类为谋求新的更高的社会发展所遭遇的一个实践难题。20世纪90年代以来，中国社会出现的“人文精神危机”，在社会发展的层面上深刻地映现了这一现实，同时也再次表明了中国社会走向现代化的步履艰难。①

（一）人的自然解放

人们最初意识到的是从自然界解放出来，愚公移山、精卫填海、夸父逐日、普罗米修斯，这些神话和传说都是与自然界在搏斗，歌颂和赞美勇敢精神，获取自由。

拉法格在《思想起源论》中说：

> 力量和勇敢是处于经常不断的彼此斗争和同自然作斗争的原始人的首先的和最必要的美德。力量和勇敢经常代替当时的一切美德，以致拉丁人本来创造出来为了表示肉体上力量和勇敢的词 vitus 当作美德的意义来使用。

从自然中解放出来，这是人类的永恒主题之一，因为人类是自然界长期进化的产物，是自然界的一部分，人永远离不开大自然。同时人要生存，从自然界获取生活资料，就不可避免要与自然界作“斗争”，认识和遵循自然规律、处理人与自然的关系，是人的解放必须面对的问题，也是人类文明必须面对的重大课题。

古希腊科学家阿基米德曾经说：“给我一个支点，我可以撬动整个地球!”这是向大自然的宣战书，人类始终在寻找着这个支点。

这苍茫之天，首先是敬畏的对象，这就是中国人的宗教意识。所谓“生死有命，富贵在天”（《论语·颜渊》），“天网恢恢，疏而不失”（《道德经》七十三章），“皇天无亲，惟德是辅”（《尚书·蔡仲之命》），“获罪于天，无所祷也”（《论语·八佾》），“举头三尺有神明”，“上天有好生之德”，“天道酬勤”，“谋事在人，成事在天”。上天是有意志的，是公平正义的化身，我们要敬畏天命，又要发愤图强。

中国文化中有“天人合一”“道法自然”观念，要人类与自然界保持

① 陈军科：《人的解放与文化自觉》前言，宁夏人民出版社2007年版。

和谐统一的关系，这是多么高尚的智慧啊。“天行健，君子以自强不息；地势坤，君子以厚德载物。”（《易经・象传》）“上善若水，水利万物而不争。”（《道德经》八章）；“知者乐水，仁者乐山；知者动，仁者静；知者乐，仁者寿。”（《论语・雍也》）“格物致知”（《礼记・大学》），人从大自然中可以获得无穷的智慧和力量，自然不仅是我们改造和利用的对象，而且是启迪心灵和审美的对象。

中国古人很早就提出了“人定胜天”的思想，荀子第一次提出“明于天人之分”的辩证观点，明确划分“天职”与“人治”，即自然与人为之间的界限。他指出“天行有常”，天地万物运动变化的规律既不具有目的性，也不以任何人的主观意志为转移。他又认为：“天有其时，地有其财，人有其治。”人类能够根据对于天时、地利的认识来利用自然、役使万物，这就叫作“能参”。人类能够参与世界变革的这种自觉的能动性，使人们在实际活动中从“畏天命”转化为“制天命”“制天命而用之”，成为自然界的主人（《荀子・天论》）。

中国是世界四大文明古国之一，中国人创造了万里长城、大运河、都江堰、赵州桥、秦始皇兵马俑、郑和下西洋等世界奇迹；通过丝绸之路把中国的丝绸、茶叶、瓷器等商品销往中亚、西亚和欧洲各地。根据李约瑟博士的研究，中国科学技术在近代以前一直居于世界领先地位，尤其是中国的指南针、火药、造纸术和活版印刷技术，传到西方以后为近代航海业的发展、军事工业的兴起，以及文艺复兴都产生了巨大的影响，马克思称为“送走中世纪，迎来新曙光的四大发明”。表明中国人的聪明才智和无穷创造力，这是“人定胜天”思想的生动体现。

美国人类学家摩尔根在《古代社会》中认为人类迄今为止的历史可以划分为三个时代：蒙昧时代是以采集形成的天然产物为主的时代，“人类的制造品主要是作这种采集的辅助工具；野蛮时代是学会经营畜牧业和农业的时期，是学会靠人类的活动来增加天然产物生产的方法的时代；文明时代是学会对天然物进一步加工的时代，是真正的工业和艺术产生的时代。”① 可见，人类文明发展水平取决于人与自然关系的进步程度，取决于人的自然解放程度。

近代西方自然科学技术借助文艺复兴和产业革命迅猛发展。哥白尼

① 《马克思恩格斯选集》（第4卷），人民出版社1972年版，第23页。

的太阳中心说，在天文学上打破了神学教条第一道缺口；牛顿力学三大定律揭示了宏观物体运动规律；量子力学的提出，揭示了微观世界的运动规律；门捷列夫的元素周期表，揭示了事物内部原子量变化引起质变的规律；细胞学揭示了生命新陈代谢的规律；而血液循环理论、解剖学，为人体科学奠定了基础；爱因斯坦的相对论，揭示了物质运动接近光速时时间和空间的相对性原理，以及霍金的宇宙大爆炸理论，开辟了宇航和宇宙学的新时代。

这是一个科技飞速发展的时代。人类从原始采集、刀耕火种，到农耕文明，经历了石器时代、青铜时代和铁器时代，这是一个漫长的历史过程。我国西周采用的牛拉犁、锄头等主要农具，20 世纪 70 年代在我国农村仍然继续使用，三千年竟然没有根本改变。

但是进入近代以来，从蒸汽机的发明、电气化时代、计算机时代，到原子能时代、机器人时代、克隆时代、航天时代，人类不过经历了几百年时间，中国半个多世纪就由农耕时代跨越到航天时代，把嫦娥奔月由神话变成了现实。

从运输工具而言，从骑毛驴、骑马、牛车、马车，到自行车、摩托车、火车、汽车、飞机、飞船；通信手段，由古代驿站、书信、电报、电话，到移动手机、电子信箱、彩信；生活日用品，现代人拥有电脑、电视机、空调、游戏机、钢琴、电冰箱、微波炉、家庭影院、图书室、健身房等。

现代人凭借现代科技足不出户就可以得到世界各地的信息。现代人崇尚旅游文化，喜欢到祖国乃至世界各地去旅游，体验各地风土人情和生活方式，有不少年轻人甚至移居外国，成为世界公民；太空旅游的开辟，为普通人实现飞天梦想提供了可能。

以电子技术、航天技术、新材料技术和生物技术为代表的新技术革命风起云涌，它将引领生产力、社会结构和生活方式的深刻变革，这是人类历史上又一次伟大的变革，表明人类作为万物的灵长具有无穷的智慧。这是一个创新的时代，科学文化高度发达的时代，人类在征服和利用自然方面将展示无穷的创造力。

恩格斯在《自然辩证法》中指出：

> 我们不要过分陶醉于我们对自然界的胜利。对于每一次这些的胜利，自然界都对我们进行报复。每一次胜利，在第一线都确实取

得了我们预期的结果，但是在第二线和第三线却有了完全不同的、出乎意料的影响，常常把第一个结果重新消除。

美索不达米亚、希腊、小亚细亚以及别的地方的居民，为了想得到耕地，毁灭了森林，他们梦想不到，这些地方今天竟因此成了荒芜不毛之地，因为他们在这些地方剥夺了森林，也就剥夺了水分的积蓄中心和贮存器。①

大工业的兴起，城市化、现代化、高科技突飞猛进，人类太得意了，你看，人类主宰和任意挥霍大自然的时代终于来临了。然而，自然灾害越来越频繁，对自然资源的掠夺性开发，砍伐森林、化工工业、核工业的发展，导致山洪暴发，沙漠化、沙尘暴、雾霾挥之不去；臭氧层破坏，温室效应，南北极冰雪融化，海平面上升；不久的将来马尔代夫将变成一片汪洋。

生态环境的恶化，生物灭绝速度加快，空气、水、土壤这些生命之源被污染，“非典”、埃博拉，还有各种富贵病（高血压、心脏病），癌症、艾滋病，还有抑郁症不断向人类袭来，健康问题成为人类生存困境的症结和晴雨表。

英国曾经发生伦敦雾事件，美国科学家卡逊著有《寂静的春天》，苏联乌克兰共和国切尔诺贝利核电站曾发生泄漏事故，罗马俱乐部发表《增长的极限》，可持续发展的理念的提出，是人类理性的又一次觉醒。

人类不得不对近代以来的生存和发展模式进行反思。工业化、城市化、现代化是不是要将人类引上一条万劫不复之路？文艺复兴以来人类走出禁欲主义的黑夜，却又陷入了纵欲主义的泥潭，人类的生存困境归结起来只有两个问题，一个是生态问题，一个是心态问题，心态决定生态！是人类贪婪的欲望破坏了生态环境，引发了竞争、战争和不安。物质生活在不断改善，安全感、幸福感却在下降。

人类对科学主义和人类中心主义也发生了怀疑。对工具理性、功利主义、享乐主义、消费主义价值观和生活方式必须进行检讨。西方绿党运动的兴起，自行车族，绿色出行，使人类应重新建构人与自然的和谐关系。马克思说：

① 恩格斯：《自然辩证法》，于光远等译，人民出版社1984年版，第304—305页。

> 所谓人的肉体生活和精神生活同自然界相联系，也就等于说自然界同自身相联系，因为人是自然界的一部分。①

海德格尔说："人类不是大自然的主宰，而是大自然的建设者！"梭罗写下了《瓦尔登湖》。人类应该重新评价老子的自然主义哲学，佛家慈悲为怀的精神，思考和解读"自然解放"的内涵，由征服自然、主宰自然转变为敬畏自然、呵护自然与回归自然。

用生态文明超越工业文明，这是全人类的共识，不仅是各个民族国家的责任，而且是全人类的责任，是每一位地球人必须身体力行的责任。救救地球，我们人类的母亲！

人类的悲哀在于本身是大自然之子，却在刻意追求超自然的存在。人类是地球上最高贵的族群，因为它拥有高超的智慧和良知；人类也是地球上最危险的动物，因为它有着贪婪的欲望和毁灭一切的力量。哈姆雷特说，"是生存，还是毁灭，这仍然是一个问题"!？人类是有意识、有理性的动物，人类可以绝处逢生、与大自然和谐相处吗?

（二）人的社会解放

人类社会发展史是一部人类解放史。最初人从自然的束缚中解放自己，其后是从社会的束缚中解放自己。原始的人群惧怕野兽、惧怕雷电、惧怕严寒、惧怕病痛，当然更惧怕饥饿。人类社会出现等级以后，人们便被自己发明的文明牢牢缚住了手脚。听命于习俗，听命于说教，听命于形形色色的生的和死的权威，归于一点，听命于你在社会中所处的位序。有时，你的灵魂和肉体被摧残而屈从权威。

人类是有意识的动物，人类自觉把自身从自然界独立出来，摆脱自然界对人的束缚，同时人类渴望认识自然、利用自然为人类服务，从人类意识到遵循自然法则、与自然界和谐相处，都是人的自然解放问题。

大自然开始是一种盲目的力量与人类相抗衡，为了改造和征服自然，人类结成了一定的群体，因为非如此不足以战胜险恶的自然环境。这种群体最初是原始群，后来发展到氏族、部落、部落联盟，进一步发展出阶级、民族和国家，也就是说人类组成社会与自然界相对立。

荀子曰："人能群"；亚里士多德说，"人是政治动物"，马克思说，

---

① 《马克思恩格斯全集》（第42卷），人民出版社1979年版，第95页。

“人的本质，并不是单个人所固有的抽象物。在其现实性上，是一切社会关系的总和”。[①] 也就是说，人是“社会性”动物。

社会是为人而建立起来的，为人服务的，为人类过一种有秩序的良好生活、为人的生存和幸福服务的，这应该是人类创造和建立各种社会组织的初衷。

而实际上氏族社会就是这样一种共同体，马克思在《人类学笔记》中写道，自由、平等、博爱，是他们实实在在的生活方式。恩格斯在《家庭、私有制和国家的起源》中指出：

> 这种十分单纯质朴的氏族制度是一种多么美妙的制度呵！没有军队、宪兵和警察，没有贵族、国王、总督、地方官和法官，没有监狱，没有诉讼，而一切都是有条有理的。

“一切争端和纠纷，都由当事人的全体和氏族或部落来解决，或者由各个氏族相互解决；血族复仇仅仅当作一种极端的、很少应用的手段；我们今日的死刑，只是这种复仇的文明形式，而带有一切文明的好处和弊害。

虽然当时的公共事务比如今更多——家庭经济都是由若干个家庭按照共产制共同经营的，土地乃是全部落的财产，仅有小小的园圃归家庭经济暂时使用，可是，丝毫没有今日这样臃肿复杂的管理机关。一切问题都由当事人自己解决，在大多数情况下，历来习俗就把一切调整好了。不会有贫穷困苦的人，因为共产制的家庭经济和氏族都知道它们对于老年人、病人和战争残废者所负的义务。大家都是平等、自由的，包括妇女在内。他们还不曾有奴隶；奴役异族部落的事情，照例也是没有的。……凡与未被腐化的印第安人接触过的白种人，都称赞这种野蛮人的自尊心、公正、刚强和勇敢，这些称赞证明了，这样的社会能够产生怎样的男子，怎样的妇女。”[②]

但是氏族制度也有其历史局限性，对人性是一种束缚。“部落、氏族及其制度，都是神圣不可侵犯的，都是自然赋予的最高权力，个人在感

① 《马克思恩格斯选集》（第 1 卷），人民出版社 1972 年版，第 18 页。

② 《马克思恩格斯选集》（第 4 卷），人民出版社 1972 年版，第 92—93 页。

情、思想和行动上始终是无条件服从的。”这个时代的人们，不管在我们看来多么值得赞叹，他们彼此并没有什么差别，用马克思的话说，他们还没有脱掉自然发生的共同体的脐带。这种自然发生的共同体的权力一定要被打破，而且也确实被打破了。不过它是被那种在我们看来简直是一种堕落，一种离开古代氏族社会的纯朴道德高峰的堕落的势力所打破的。

> 最卑下的利益——庸俗的贪欲、粗暴的情欲、卑下的物欲、对公共财产的自私自利的掠夺——揭开了新的、文明的阶级社会；最卑鄙的手段——盗窃、暴力、欺诈、背信——毁坏了古老的没有阶级的氏族制度，把它引向崩溃。而这一新生活自身，在其整整两千五百余年的存在期间，只不过是一幅区区少数人靠牺牲被剥削和压迫的绝大多数人的利益而求得发展的图画罢了，而这种情形，现在比从前更加厉害了。①

文明是一种进步，又是一种堕落。社会是为人服务的，但是社会从它产生之日起尤其是进入文明时代起就与人处于矛盾冲突之中。因为有人群就有矛盾冲突、意志碰撞，也就是有了人从社会的束缚下解放出来的问题。在马克思、恩格斯看来，如何摆脱阶级剥削和压迫就是人类社会解放的主题。马克思说：

> 哲学家们只是用不同方式解释世界，而问题在于改变世界。②

弗洛姆在《为自己的人》中说：“究竟是不完善的社会造就了不完善的人，还是不完善的人造就了不完善的社会？”实际上人类始终存在双重使命：完善社会和完善人性。

社会是人的异化，与人相对立，人一方面离不开社会，同时又希望摆脱社会的羁绊，超越社会的不完善状态；有压迫就有反抗，于是就有了奴隶暴动、农民起义、资产阶级革命、无产阶级革命与各种社会改良和改革。

---

① 《马克思恩格斯选集》（第4卷），人民出版社1972年版，第94页。

② 《马克思恩格斯选集》（第1卷），人民出版社1972年版，第19页。

人有社会性，人既要改造社会，又要适应社会，要进行社会化。人有较长的社会依赖期，依赖于父母、家庭、学校、单位和组织，依赖于某个群体，依赖的时间长了，便使一些人的主体意识泯灭了。仅有家长、领导、他人的意志而没有自己的意志，这就是人的悲哀啊。

最早启动现代化进程的西方国家，尤其以英国和法国为代表，然而这些国家能达到目前的状况，经历了一个相对漫长的发展过程。从政治发展阶段看，大体经历了三个时期：一是国家建设，即通过王权专制完成现代民族国家的建设过程；二是民主化，即通过资产阶级革命和渐进式改革建立民主政治的体制，扩大政治参与；三是福利化，即国家职能或政府干预扩大，建立了现代意义的福利国家。资本主义也是一个不断发展的历史过程，人的社会解放也伴随其中。

20 世纪末西方国家主要媒体评选“千年伟大思想家”，马克思名列榜首，这绝不是偶然的。正所谓“吃水不忘掘井人”，如果不是马克思殚精竭虑研究《资本论》，领导工人阶级起来开展斗争，难道是资本家发善心，建设了福利社会？

马克思是对现代性进行深刻批判的思想家的先驱，马克思主义是关于解放全人类的学说，人道主义、人的自由、解放和全面发展是马克思主义理论的基础和精髓。马克思主义关于阶级斗争的学说，关于无产阶级革命和无产阶级专政的学说，关于建设共产主义的学说，都是服务于人类解放这个终极目的的。马克思恩格斯在《共产党宣言》中指出：

“到目前为止的一切社会的历史都是阶级斗争的历史。

自由民与奴隶、贵族与平民、领主与农奴、行会师傅和帮工，一句话，压迫者和被压迫者，始终处于相互对立的地位，进行不断的、有时隐蔽有时公开的斗争，而每一次斗争的结局都是整个社会受到革命改造或者斗争的各阶级同归于尽。

在过去的各个历史时代，我们几乎可以到处看到社会完全划分为各个不同的等级，看到由各种社会地位构成的多级的阶梯。在古罗马，有贵族、骑士、平民、奴隶；在中世纪，有封建领主、陪臣、行会师傅、帮工、农奴，而且几乎每一个阶级内部又有各种独特的等第。

从封建社会的消灭中产生的现代资产阶级社会并没有消灭阶级对立。它只是用新的阶级、新的压迫条件、新的斗争形式代替了旧的。

但是，在我们的时代，资产阶级时代却有一个特点：它使阶级对立简单化了。整个社会日益分裂为两大敌对的阵营，分裂为两大相互直接对立的阶级：资产阶级和无产阶级。”

美洲大陆的发现，绕过非洲的航行，给新兴的资产阶级开辟了新的活动场所。东印度和中国的市场，美洲的殖民化、对殖民地的贸易、交换手段和一般的商品的增加，使商业、航海业和工业空前高涨，因而使正在崩溃的封建社会内部的革命因素迅速发展。

以前那种封建的或行会的工业经营方式已经不能满足随着新的市场的出现而增加的需求了。工场手工业代替了这种经营方式。行会师傅被工业的中间等级排挤掉了，各种行会组合之间的分工随着各个作坊内部的分工的出现而消失了。

但是市场总在扩大，需求总在增加。甚至工场手工业也不能满足需要了。于是蒸汽和机器引起了工业生产的革命。现代大工业代替了工场手工业，工业中的百万富翁，整批整批产业军的统领，现代资产者，代替了工业中的中间阶级。

“由此可见，现代资产阶级本身是一个长期发展过程的产物，是生产方式和交换方式的一系列变革的产物。

资产阶级的这种发展的每一个阶段，都有相应的政治上的成就伴随着。它在封建领主统治下是被压迫的等级，在公社里是武装的和自治的团体，在一些地方组成独立的城市共和国，在另一些地方组成君主国中的纳税的第三等级；后来，在工场手工业时期，它是等级君主国或专制君主国中同贵族抗衡的势力，而且是大君主国的主要基础；最后，从大工业和世界市场建立的时候起，它在现代的代议制国家里夺得了独占的政治统治。现代的国家政权不过是管理整个资产阶级的共同事务的委员会罢了。

资产阶级在历史上曾经起过非常革命的作用。

资产阶级在它已经取得了统治的地方把一切封建的、宗法的和田园般的关系都破坏了。它无情地斩断了把人们束缚于天然首长的形形色色的封建羁绊，它使人和人之间除了赤裸裸的利害关系，除了冷酷无情的‘现金交易’，就再也没有任何别的联系了。它把宗教虔诚、骑士热忱、小市民伤感这些情感的神圣激作，淹没在利己主义打算的冰水之中。它把人的尊严变成了交换价值，用一种没有良心的贸易自由代替了无数特许的和自力挣得的自由。总而言之，它用公开的、无耻的、直接的、露骨的剥削代替了由宗教幻想和政治幻想掩盖着的剥削。

资产阶级抹去了一切向来受人尊崇和令人敬畏的职业的灵光。它把医生、律师、教士、诗人和学者变成了它出钱招雇的雇佣劳动者。

资产阶级撕下了罩在家庭关系上的温情脉脉的面纱，把这种关系变成了纯粹的金钱关系。

资产阶级揭示了，在中世纪深受反动派称许的好勇斗狠，是以极端怠惰作为相应补充的。它第一个证明了，人的活动能够取得什么样的成就。它创造了完全不同于埃及金字塔、罗马水道和哥特式教堂的奇迹；它完成了完全不同于民族大迁徙和十字军征讨的远征。”

“资产阶级，由于开拓了世界市场，使一切国家的生产和消费都成为世界性的了。……过去那种地方的和民族的自给自足和闭关自守状态，被各民族的各方面的相互依赖所代替了。物质的生产是如此，精神的生产也是如此。各民族的精神产品成了公共的财产。民族的片面性日益成为不可能，于是许多民族的和地方的文学形成了一种世界的文学。”[①] 马克思、恩格斯在这里揭示和预见了全球化大趋势。

在马克思看来“资产阶级在历史上曾经起过非常革命的作用”，促进了生产力的巨大进步，追求自由、平等、博爱，对人的社会解放发挥过积极作用。

但是马克思认为资本主义也是一种剥削制度，资本主义取代封建主义，是用一种剥削制度代替另一种剥削制度。在马克思看来私有制是阶级剥削和压迫的根源，要实现人的社会解放，就必须消灭私有制。《宣言》指出，“共产党人可以用一句话把自己的理论概括起来：消灭私有制”![②]

在马克思的思考中，消灭国家、消灭阶级统治构成其社会解放的最终指向。

> 代替那存在着阶级和阶级对立的资产阶级旧世界的，将是这样一种联合体，在那里，每个人的自由发展是一切人自由发展的条件。[③]

---

① 《马克思恩格斯选集》（第1卷），人民出版社1972年版，第250—255页。

② 同上书，第265页。

③ 同上书，第273页。

这种彻底的人的解放形式，马克思理解成“自由人联合体”。

在马克思的思想中，“自由人联合体”在所有制形式上实现了根本性的变革，这是联合起来的社会个人的所有制。个人真正是作为“个人”而不是“作为阶级的成员”处于各种社会关系之中。人们享有充分的时间，获得发挥自己主动性、创造性的自由天地，成了“目的本身”。自由时间使人们可以在数几种活动中得到自己所能达到的最高成就，并以其他方面的广泛爱好，来实现自己个性的丰富性和完整性。

在这个社会里，以社会化的生产形式解决了资本主义社会生产方式的内部矛盾，使人与社会之间、社会与自然之间、人与自由之间的矛盾关系得到真正解决，使人真正成为人。“社会化的人，也就是说，共同结合的生产者，将会按照合理的方法来调节他们和自然之间的物质交换，把它安置在他们的共同管理下，不让自己受一种盲目力量的统治，并能用最小消耗，在最无愧的人、最适合于人性的条件下把它完成。”[①] 只有在自由人联合体中才能真正谈得上人的自由个性，才能谈得上人的全面发展。[②]

毛泽东指出：“社会主义制度的建立为我们开辟了一条到达理想境界的道路，而理想境界的实现，还要靠我们的辛勤劳动。”[③] 邓小平在南巡谈话中指出：“我坚信，世界上赞成马克思主义的人会多起来，因为马克思主义是科学。它运用历史唯物主义揭示了人类社会发展的规律。封建社会代替奴隶社会，资本主义代替封建主义，社会主义经历一个长过程必然代替资本主义。这是社会历史发展不可逆转的总趋势，但是道路是曲折的。”

“计划多一点还是市场多一点，不是社会主义与资本主义的本质区别。计划经济不等于社会主义，资本主义也有计划；市场经济不等于资本主义，社会主义也有市场。计划和市场都是经济手段。社会主义的本质，是解放生产力、发展生产力，消灭剥削，消除两极分化，最终达到共同富裕。”

“社会主义要赢得与资本主义相比较的优势，就必须大胆吸收和借鉴

---

① 马克思：《资本论》（第3卷），人民出版社1966年版，第963页。

② 张学广主编：《马克思主义理论若干问题研究》，陕西人民出版社2010年版，第71—72页。

③ 《毛泽东选集》（第5卷），人民出版社1977年版，第386页。

人类社会创造的一切文明成果，吸收和借鉴当今世界各国包括资本主义发达国家的一切反映现代社会化生产规律的先进经营方式、管理方法。”①

这是一个全球化时代，和平发展是时代主题，社会主义与资本主义两种制度的斗争是长期的。改革开放以来中国的市场化改革，引进外资和技术，民营经济的蓬勃发展，国营经济的改造，进入世贸组织给中国经济注入空前的活力，经济持续几十年高速增长，中国已经成为世界第二大经济体，毅然崛起在世界的东方。

但是中国发展也面临官场腐败、两极分化、环境破坏、阶层固化、经济下滑，西方遏制等挑战，需要深化改革，彰显公平正义、正确处理维稳与维权关系，加强国家治理体系和治理能力现代化，才能为国家长治久安、繁荣稳定创造法律制度保障。

社会主义国家一般都是在经济文化落后、封建传统浓厚上建立的。邓小平1980年在《党和国家领导制度的改革》中指出：“旧中国留给我们的，封建专制传统比较多，民主法制传统很少。解放以后，我们也没有自觉地、系统地建立保障人民民主权利的各项制度，法制很不完备，也很不受重视，特权现象有时受到限制、批判和打击，有时又重新滋长。克服特权现象，要解决思想问题，也要解决制度问题。”

“领导制度、组织制度问题更带有根本性、全局性、稳定性和长期性。”“现在应该明确提出继续肃清思想政治方面封建主义残余影响的任务，并且在制度上做一系列切实的改革，否则国家和人民还要遭受损失。”②

中国宋代思想家张载提出：“为天地立心，为生民立命，为往圣继绝学，为万世开太平”的崇高使命，提出“天人合一”“民胞物与”“仇必和而解”的重要思想。冯友兰说，西方文化强调对立和斗争，是“仇必仇到底”。中国人讲秩序与和谐，“仇必和而解”是历史辩证法、历史大趋势。第一次世界大战产生了国际联盟；第二次世界大战产生了联合国。

《礼记·礼运篇》：“大道之行也，天下为公，选贤与能，讲信修睦。故人不独亲其亲，不独子其子，使老有所终，壮有所用，幼有所长，鳏、寡、孤、独、废疾者皆有所养，男有分，女有归。货恶其弃于地也，不

---

① 《邓小平文选》（第3卷），人民出版社1993年版，第382—383、373页。

② 《邓小平文选》（一九七五—一九八二年），人民出版社1883年版，第292—295页。

必藏于己；力恶其不出于身也，不必为己。是故谋闭而不兴，盗窃乱贼而不作，故外户而不闭，是谓大同。”

汤因比在《历史研究》中提出，近代以来人类发展受两个因素制约，一个是工业体系，一个是国家主义。前者不断生产出新的商品，供我们消费；后者竞相实现现代化，争夺资源、市场和势力范围导致了两次世界大战。

大同世界，是不久将来的事情。资源枯竭、人口膨胀、粮食短缺，环境破坏、核武器和战争威胁，迫使人类必须放弃国家主义，这是人类唯一能够选择的道路。

欧洲人首先觉醒，战争的目的无非是争夺资源和市场，为了避免欧洲人打欧洲人的历史悲剧，首先建立钢铁煤炭联营、欧洲共同市场，最终形成欧盟，几十个国家加入。虽然英国通过全民公决退出了欧盟，然而欧洲一体化的历史进程是不可阻挡的。

社会是什么？社会就是人与人结成的关系，这种关系包括血缘关系、地缘关系、业缘关系；经济关系、政治关系、思想关系等。人要适应社会，就要扮演各种各样的社会角色，然而各种角色之间往往有冲突，这就有人与人之间的矛盾和斗争，也就有人内心的痛苦和迷茫。

亚里士多德在《政治学》中认为政治学是人类最高的学问，研究的基本问题是人类社会生活如果组织才算不失公平正义。按照他的理解，一个正义的社会应当是这样的社会：

> 一个“中间力量”为主导的社会：涉及社会结构合理安排问题；
> 一个崇尚法治的社会：这是涉及法律制度问题；
> 一个保有个人私产的社会：这是涉及产权和经济自由权的问题。[①]

中国的社会改革正是沿着亚里士多德指明的方向进行，人类进入文明社会，人类的社会结构总体来说是由金字塔形向橄榄形发展，这也是不可抗拒的历史潮流。中产阶级主导社会，社会才能够稳定繁荣。

中国是社会主义国家，公有制占主导地位，但是总结新中国成立以来的经验教训，在社会主义初期阶段，看来中国要发展也不能完全消灭

① 燕继荣：《政治学十五讲》，北京大学出版社 2004 年版，第 9—10 页。

私有制，《物权法》的制定是一个历史进步。“包产到户”“大包干”，实现了“耕者有其田”，解决了十几亿人口的吃饭问题；市场化改革、发展民营经济、多种经济成分共存、股份制的推行，推动了中国经济高速增长。

但是必须看到私有制产生了穷人和富人，引发了战争和纷争，私有制在历史上产生了多少罪恶！美国占领华尔街，抗议1%的人占有社会财富的99%！美国的金钱政治、种族歧视受到人民的抗议！强权政治、霸权主义和国际恐怖主义是世界不安宁的重要根源。

有人说，中国正进入马克思所批判的社会“天下熙熙皆为利来，天下攘攘皆为利往”！有人说，中国改革也要解决“既得利益集团”、阶层固化、财富分配不公问题，在引进市场经济的同时，必须建立劳动阶级维权机制，减轻社会转型期的历史阵痛。

中国的现代性困境具有双重意蕴，一方面现代性不足，需要启蒙、继续反封建，克服官本位、特权思想，等级观念；弘扬科学、平等、自由、人权、民主、法治观念；另一方面现代性问题凸显，纵欲主义、功利主义、享乐主义、个人主义、工具理性，道德焦虑、信仰危机、情感冷漠、幸福感下降，需要弘扬优秀传统文化，道德重建，建构和谐社会，在价值观多元化社会“宽容比自由更重要”。

恩格斯说“国家是文明社会的概括”，又说“国家是暴力机关，是进行阶级统治和压迫的工具”。柏拉图在《理想国》中为了防止官员以权谋私，主张官员不能有私人财产，不能有家庭，实行“共产共妻制”。老子主张“小国寡民”，鲍敬言有《无君论》，陶渊明有《桃花源记》。

马克思说，“无产阶级只有解放全人类，最后才能解放自己”。这是无产阶级的历史使命，也是全人类的崇高理想。共产主义是“自由人的联合体”，没有私有制，没有阶级和国家；各尽所能，按需分配，劳动成为人的第一需要，那才是人的真正的社会解放，才是人类向往的理想境界。

有人说，家庭、私有制与国家是人类文明的“三块基石”，如果抽掉这三块基石，人类文明的大厦立刻就会塌陷。但是人类也是作茧自缚，画地为牢，“成也萧何，败也萧何”。

且看《红楼梦》《华丽的家族》《安娜卡列尼娜》《家》《春》《秋》《围城》，钱锺书说，“婚姻就仿佛围城，外面的人往里攻，里面的人往外攻”。托尔斯泰说，“幸福的家庭都一样，不幸的家庭各有各的不幸”。

家庭是社会的细胞，是感情的港湾，人的社会解放不仅是阶级、民族解放、种族解放，人类解放，还应该包括人的家庭解放、妇女解放和儿童解放。中国的学校已经成为囚禁儿童的牢笼，儿童解放刻不容缓。马克思说，“妇女解放是人类解放的尺度”，那么也可以说儿童解放是人类解放的曙光。

（三）人的文化解放

文化是一个最迷人、最神秘，也最普通的字眼，人们对它所下的定义有一百多种，很难形成学术上的共识，这是因为文化是多元的，不能用每一种标准去套在一只神秘莫测的变色龙上。对文化的不同见解代表了不同的文化价值观。

1871 年英国文化学家泰勒在《原始文化》一书中提出了狭义文化的早期经典学说：

> 文化或文明就是由作为社会成员的人所获得的，包括知识、信念、艺术、道德法则、法律、风俗以及其他能力和习惯的复杂整体。①

1989 年版《辞海》：“文化，广义是指人类社会历史实践过程中所创造的物质财富和精神财富的总和。狭义是指社会的意识形态，以及与之相适应的制度和组织机构。是一种历史现象，每一社会都有与之相适应的文化，并随着物质生产的发展而发展。作为意识形态的文化，是一定社会的政治和经济的反映，又作用于一定社会的政治和经济。在有阶级的社会中，它有阶级性。随着民族的生产和发展，文化具有民族性，通过民族形式的发展，形成民族的传统。文化的发展具有历史的连续性。”

这是我国学术界理解的马克思主义的文化观念。中国古代《周易·贲卦》中有：“观乎人文，以化成天下”；《论语》：“文质彬彬”“温文尔雅”“郁郁乎文哉，吾从周”；文化，是指文治和教化。

在笔者看来，文化是人类心灵的创造，是人类把握世界的行为方式，相互沟通的情感方式，理解世界的思维方式，内化世界的价值倾向。实际上人类生活在两个世界，一个是客观存在的现实世界，一个是文化建

---

① 转引自［美］马文·哈里斯《文化·人·自然——普通人类学导引》，顾建光等译，浙江人民出版社 1992 年版，第 136 页。

构的理想世界；人类用理想世界来引领改造现实世界，又用现实世界来修正理想世界。人类的认识和实践活动，实际上就是协调两个社会的关系，让现实世界趋向理想世界，追求真善美的境界。

文化是一定社会的人们所创造的物质产品和精神产品的总和，不论是物质文化还是精神文化，都是人的创造品。从静态上看，人是文化的主体、创造者、能动的本源；从动态上看，人解放的历史构成文化发展的历史，人的解放程度是文化评价的标准。①

马克思认为思想文化具有相对独立性，当一个民族文化走向衰败没落的时候，就会成为束缚人性，窒息创造、阻碍文明的惰性力量，到那个时候，文化变革的风暴就会来临。

德国哲学家雅斯贝尔斯在《历史的起源与目标》一书中写道，公元前800年至前200年是人类文明的“轴心时代”，这是人类思想史上最为激动人心的时代，中国出现了孔子和老子这样的伟大思想家，印度出现了《奥义书》和佛教始祖释迦牟尼，伊朗出现了查拉图斯特拉创立的琐罗亚斯德教，希腊出现了荷马史诗以及一批伟大的悲剧作家和哲学家，近东出现了犹太教的先知。

雅斯贝尔斯认为轴心时代为了克服人类遭遇的空前危机，整个人类实现了精神突破，是人类的全面精神化和人性的全盘改造过程。在此之前，人类囿于单纯的物质生产活动，以谋生为生活目标。只是到了轴心时代，人类才开始了自由的、超越的活动，上升到精神生活的阶段。直到现在，人类精神生活的主要形式和内容仍然来自轴心时代的遗产。雅斯贝尔斯指出：

> 人类一直靠轴心时代所创造的一切而生存。每一次飞跃都要回顾这一时期，并被它重燃火焰。轴心时代的潜力的苏醒和对轴心时代的潜力的回忆或复兴，提供了无穷的动力。②

轴心时代之后，人类进入了雅斯贝尔斯所说的新普罗米修斯时代，即科技时代。这一时代的最高成就是现代科技，它极大地改善了人类的

---

① 陈军科：《人的解放与文化自觉》前言，宁夏人民出版社2007年版。

② ［德］雅斯贝尔斯：《历史的起源与目标》，魏楚雄等译，华夏出版社1989年版，第14页。

物质生活条件，但是人类的生存境况并没有得到相应的提高。相反，人类的生存境况因技术的无限制发展、群体意识的兴起和宗教的没落而恶化，科学主义的思维方式淹没了哲学，使人们忘记了对存在和生存的意义的寻求。雅斯贝尔斯预言，我们正面临着第二个轴心时代。世界各地的人将在世界范围内思考全体人类的生存境况问题，可以说，第二个轴心时代的主题就是世界哲学。①

西方近代文明的崛起，首先得益于文艺复兴、宗教改革和启蒙运动持续几百年的文化变革和思想解放。

恩格斯评价文艺复兴说："这是一个需要巨人而且产生了巨人——在思维能力、热情和性格方面，在多才多艺和学识渊博方面的巨人的时代。"②

马克思说："思想的闪电，一旦射入这块从来没有触动的人民园地，德国人将解放成为人。"③

黑格尔说："人应该尊敬他自己，并应自视能配得上最高尚的东西。精神的伟大和力量是不可低估和小视的。那隐藏着的宇宙本质自身并没有力量足以抗拒求知的勇气。对于勇毅的求知者，他只能揭开它的奥秘，将他的财富和奥妙公开给他，让他享受！"

"我要特别呼吁青年的精神，因为青春是生命中最美好的一段时间，尚没有受到迫切需要的狭隘目的系统的束缚，而且还有从事于无关自己利益的科学工作的自由。一个有健全心情的青年还有勇气去追求真理！"

> 世界精神太忙碌于现实，太驰骛于外界，而不遑回到内心，转回自身，以徜徉怡于自己原有的家园。现在现实潮流的重负已渐减轻，一切有生命有意义的生活的根源，拯救了过来。除了现实世界的治理，思想的自由世界也会繁荣起来。④

康德说，所谓启蒙，就是改变那种离开他人就不会思考、不会行动的习惯，就是做独立自主的人。笛卡儿说："我思，故我在"，就是强调人的主体意识。

① 赵敦华：《现代西方哲学新编》，北京大学出版社2001年版，第142页。

② 恩格斯：《自然辩证法》，于光远等译，人民出版社1984年版，第6页。

③ 《马克思恩格斯选集》（第1卷），人民出版社1972年版，第15页。

④ ［德］黑格尔：《小逻辑》，贺麟译，商务印书馆1980年版，第31—36页。

海涅说，哲学是一种力，一种间接的力，然而又是伟大的力，能够把人类提升到更高境界的力。

美国《独立宣言》："人人生而平等，造物主赋予他们若干不可剥夺的权利，其中包括生命权、自由权和追求幸福的权利。"

法国《人权宣言》："第一条在权利方面，人们生来是而且始终是自由平等的。……第二条，任何政治结合的目的都在于保存人的自然的和不可动摇的权利。这些权利就是自由、财产、安全和反抗压迫。"

龚自珍发出"我劝天公重抖擞，不拘一格降人才"的呐喊。中国近现代化首先源于明清之际黄宗羲、顾炎武、王夫之等启蒙思想家对封建君主专制制度的批判；《红楼梦》等四大名著为代表的市民小说对封建礼教的揭露和人性启蒙；得益于严复等人对西方学术思想的介绍，"进化论""天赋人权"思想的普及；有益于五四新文化运动，高举"民主"与"科学"旗帜，批判奴隶哲学，发出"个性解放"的口号；20世纪80年代真理标准问题的大讨论，人道主义思想的弘扬，掀起一场新的思想解放运动，"中国要走向世界，世界首先要走向中国"！为中国改革开放和现代化建设创造了良好的思想文化条件。

张岱年先生说，"中华民族曾经创造出光辉灿烂的中华文化，到了近代，与西方相比，显然落伍了。经过一百多年的努力，中国人民站起来了，中国文化亦呈复兴之势"。孔子学院遍布全球，国学热蓬勃兴起，中国人终于走出了"全盘西化"、根本否定传统文化的历史误区，重新思考新文化运动以来文化建设的教训，重建民族文化的自信和文化自觉，把弘扬传统与时代精神结合起来，把民族文化与人类文明结合起来，把继承和创新结合起来。

中国应该有一次文艺复兴，复兴春秋战国百花齐放、百家争鸣的文化；复兴诸子文化的自由理性和创造精神；复兴大唐海纳百川、多元文化的胸怀和气度；重振诗歌王国审美文化的雄风和情趣，让祖国优秀传统文化重放异彩。

卡西尔在《人论》中指出："人的突出特征，人与众不同的标志，既不是他的形而上学本性也不是他的物理本性，而是人的劳作（work）。正是这种劳作，正是这种人类活动的体系，规定和划定了'人性'的圆周。语言、神话、宗教、艺术、科学、历史，都是这个圆的组成部分和各个扇面。因此，一种'人的哲学'一定是这样一种哲学：它能使我们洞见这些人类活动各自的基本结构，同时又能使我们把这些活动理解为一个有机整体。”①

尼采在《悲剧诞生于音乐精神》中认为，我们徒劳地在埃斯库罗斯、索福克勒斯或欧里庇得斯中寻找着“高贵的单纯，静默的伟大”。希腊悲剧的伟大在于狂放不羁的情绪之深度和极度紧张状态。希腊悲剧是酒神崇拜的产物；它的力量是狂放的力量。但是只有酒神崇拜不可能产生希腊戏剧。酒神力量得到日神力量的平衡，这种基本的倾向就是每一件伟大的艺术品的本质。

> 作为一个整体的人类文化，可以被称之为人不断自我解放的历程。语言、艺术、宗教、科学是这一历程中的不同阶段。在所有这些阶段中，人都发现并证实了一个新的力量——建立一个人自己的世界、一个“理想”世界的力量。②

康德说，“有两种东西我们愈经常持久地加以思索，它们就愈使心灵充满始终新鲜，不断增长的景仰和敬畏：在我之上的星空和居我心中的道德法则。”宗教是一种敬畏精神，对造物主神奇力量的敬畏，对灵魂圣洁的敬畏，对道德律令的敬畏，这就是宗教虽经打击依然长盛不衰的根本原因。赖斯比特在大趋势中预言宗教复兴是大势所趋。

道德源于人性完善的需要，源于对美好生活的向往，源于对和谐社会的追求。“仁者不忧，智者不惑，勇者不惧”“淡泊以明志，宁静以致远”。有道德感的人，就有内心的宁静、人格的纯洁、强烈的责任、创造的欲望，道德使人类最终脱离动物界成为文化意义上的存在物的标志。

一般把文化与自然相对应，认为文化是对人性的雕琢，所谓“玉不琢不成器”“如切如磋，如琢如磨”“战战兢兢，如履薄冰，如临深渊”；铁杵磨成针，功到自然成。

文化一方面在造就人，一方面在毁灭人；一方面在弘扬人性，一方面在压抑人性；一方面在启迪人，一方面在禁锢人。中国古代的哲人很早就看到了这一点，儒家在弘扬文化的生命力，“天行健，君子以自强不

---

① ［德］恩斯特·卡西尔：《人论》，甘阳译，上海世纪出版集团2003年版，第107页。

② 同上书，第326—357页。

息，地势坤，君子以厚德载物”“人能弘道”“士当弘毅，任重而道远”，“朝闻道，夕死可矣”。

道家则慧眼独具，看到文化的负面效应，倡导无为而治。老子曰：“道法自然”“为学日益，为道日损”“不尚贤，使民不争”“少私寡欲，返璞归真”“复归于婴儿”；庄子主张“因任自然”“逍遥无待”“马，蹄可以践霜雪，毛可以御风寒，龁草饮水，翘足而陆，此马之真性也。”

“身是菩提树，心如明镜台，时时勤拂拭，勿使惹尘埃。”“菩提本无树，明镜亦非台，本来无一物，何处惹尘埃”，神秀是渐悟，慧能是顿悟，前者受强调人性修养的儒家思想影响，后者追求无我境界，与逍遥无待的道家思想有相通之处。

培根说，“知识就是力量”，他提出两个梦想，一个是通过科学认识宇宙，一个是通过科学征服宇宙。但是，在知识爆炸的时代，知识和科学的使用也可能导致灾难。核武器和化学、细菌武器的研究和使用，对人类生存与和平就是很大的威胁。

歌德说，“理论是灰色的，而生命之树常青”！蒙田说：“有两种不同类型的无知，粗浅的无知存在于知识之前，博学的无知存在于知识之后。”贝尔纳说：“阻碍我们进步的不是未知的东西，而是已知的东西。”智慧的花朵开放在生活的原野，而愚蠢的人们只知道在知识的海洋里去打捞。

李泽厚在《主体性论纲》中指出，“21 世纪的哲学是教育学”，因为教育关涉文化的传承，人的潜能和价值的开发，人的自由和全面发展。“中国为什么总是出不了一流人才，中国为什么没有一所创新型大学”？钱学森之问在拷问着我们民族的良知。

小孩都是天才，现代教育使他们堕落成了人才。中国的学校已经成为囚禁儿童的牢笼，必须按照“三个面向”，对中国教育进行根本性改造；从求同思维向求异思维转变是中国教育变革的灵魂，教育是一门艺术，而艺术本身就是教育；教师是导演而不是演员，学生是演员而不是观众。苏霍姆林斯基说，“教育的终极目的是培养幸福的人”，把小鸟放飞蓝天，这应该成为新的文化解放宣言。

（四）人的自我解放

马尔库塞在其重要著作《单面人——发达国家精神意识形态研究》

中提出单面人（one dimensional man），又译“单向度的人”的概念。马尔库塞认为，由机器、技术、市场、物质产品等元素构成的“现代社会”是一个单面的社会，它在提供丰富的物质资源满足人的物质需求的同时，压抑了人的精神自由，它的标准化、批量化、模式化把统一的行为和生存方式强加给个人，从而泯灭了个性。在这个社会内，人变成了单面的人，一方面满足于享受物质的丰富性，另一方面在社会的各种宣传媒体的刺激下满足于享受社会设计和控制的精神资源。

单面人只知道物质享受而丧失精神追求，只有物欲而没有灵魂，只有屈从现实而不能批判现实。即纯然地接受现实，盲目地肯定现实，将自身完全融入现实中。

> 造成单面人的原因，就是所谓的“虚假需求”。“虚假需求”与“真实需求”相对立，它不是源于人之本性的自主的需求，而是源于消费社会大量制造的过度的、多余的物质需求之中，人在这种“需求的假象”中迷失、陶醉，最终失去自己丰富多彩的追求和个性，失去了自主力，失去了对社会控制和操纵的内在反抗性和否定性，舒舒服服地成为“工业文明的奴隶”，成为虽然屈从于社会机器又自感幸福的“单面人”。①

“单面人”是马尔库塞对后工业社会人类精神处境的深沉忧患，是对现代性进行的深刻批判，也是对人的自我解放的呼唤。不要甘愿做“工业文明的奴隶”，屈从于社会机器又自感幸福的“单面人”，对现代人真是棒喝，振聋发聩。中国20世纪90年代人文精神的提出，就是对物欲横流的功利主义文化的批判和思考，现在仍然有现实意义。

有些人说，“环境不好、社会太繁杂、太黑暗，我不能挣脱出来，没有自由可言，人生就是画地为牢，作茧自缚！”这话有一定的道理，人终身奔波，殚精竭虑所争取的一切，功名利禄、知识、情感、欲望，就是《红楼梦》“好了歌”中人割舍不下的那些东西，都可能成为一种束缚。

社会与习惯一个是果、一个是壳，包裹着我们，保护着我们；同时又约束我们、禁锢我们。“庄子化蝶”的寓言，告诉我们自由比什么都重

---

① 参见［美］马尔库塞《单面人》，左晓斯译，湖南人民出版社1988年版。

要。我们为什么不可以像蚕一样，咬破这个壳，破茧为蝶，翩翩起舞？这就是说人要有勇气，冲破一切罗网，争取自由和解放。

苏格拉底说，“认识你自己”“未经省察的人生，还不是真正的人生”。中国人也说，“贵有自知之明”。

“曾经沧海难为水，除却巫山不是云”，要解开这个斯芬克斯之谜，必须有生活的历练，在不同的人生境界具有不同的人生体验，这是人生的大彻大悟，绝不亚于解开“哥德巴赫猜想”，不亚于提出“相对论”。大多数人糊里糊涂生活一辈子，这是他的幸运，还是他的悲哀？

要解开人性之谜，了解人这个内宇宙的奥秘，千百年来智慧的大脑进行了长期的思索。“人不可能两次踏入同一条河流”“太阳每天都是新的”“一滴水滴进大海才能永远不干”“岁寒，知松柏之后凋也”，“性相近也，习相远也”“路漫漫其修远兮，吾将上下而求索”“生命诚可贵，爱情价更高，若为自由故，两者皆可抛”。

“人是万物之灵”“人是会思考的芦苇”“学而不思则罔，思而不学则殆”“三军可夺帅也，匹夫不可夺志”“威武不能屈，贫贱不能移，富贵不能淫”“先天下之忧而忧，后天下之乐而乐”。

老子曰：“知人者智，自知者明”（《道德经》三十三章），能知人之德才，察物之体性正邪是非者，只能算作睿智；而只有了解自己德才体性过失的人，才算明白。

“胜人者有力，自胜者强。”能胜过别人的人，不过是强壮有力；只有能主宰和控制住自己的人，才是真正的强者。

“知足者富”。体道返朴，方能淡泊自安，寡欲自守；只有知足知止，才能常感富裕满足。

“强行者有志”。在正确的道路上，能坚持不懈，始终如一，逢千磨能自强不息，遇百难能顽强拼搏，这样才算有志气。[①]

西方思想史上，理性主义长期占主导地位，笛卡儿的“我思故我在”，建设“理性王国”，仍然是西方人的价值诉求；近代非理性思潮崛起，叔本华认为我们的意志是唯一的宇宙意志，这种意志是十足的罪恶，它产生了人生不可避免的苦难。他和黑格尔正好相反，认为知识是苦难的（而不是自由的）源泉。由于我们的意志导致我们的苦难，摆脱这种

① 任法融：《道德经释义》，三秦出版社1988年版，第82页。

痛苦的办法必须到佛教神话中去寻找。①

尼采在《悲剧的诞生》中，最终选择了悲剧英雄的观念。与亚里士多德不同，尼采在悲剧中看到的不是一种能够引起共鸣的感情净化，而是积极地接受现实生活。叔本华得出的是悲观结论，而尼采采取了乐观的态度。他认为这种态度可以在有关悲剧的正确解释中辨别出来。但必须注意的是，这并不是寻常意义的乐观主义，而是对生活的严酷性和现实性的豪迈承受。和叔本华一样，他也认可意志的最高地位，但他更进一步认为，坚强的意志是善者的优秀特征，而叔本华却把意志视为万恶之源。

尼采把人类及其道德分为两类，即主人和奴隶。他在《善恶之外》中详尽论述了他的伦理思想；在主人道德中，善意味着独立、慷慨和自助等。实际上，所有这些都是亚里士多德"具有伟大灵魂的人"的品质。与之相对的缺陷则是依附、吝啬、怯懦等，也就是恶。在这里善与恶的对比大体上相当于高尚与卑鄙。他认为善存在于某种普遍的沉默当中，存在于一切消除苦难和反抗的事件当中。他谴责主人道德中的善，认为它不仅不恰当，而且是罪恶的，因为主人道德中的善，容易引起人的恐怖感。

对于奴隶道德来说，所有引起恐怖的行为都是罪恶的。而英雄或者超人的道德，则在善恶之外。可以说尼采最为厌恶的东西，就是随着新技术发展起来的新的大众人性。他认为社会应该成为少数杰出人物实现贵族思想的温床。至于这样做可能给小人物带来苦难，在他看来则是无所谓的。他所想象的国家与柏拉图《理想国》中的国家有许多相同之处。他认为传统宗教为奴隶道德提供了支持。按他的观点，自由者必须认为"上帝已经死了"，我们必须为了人的更高形态，而不是为了上帝而奋斗。尼采在基督教中发现了奴隶道德的现成例子，因为基督教消极地怀着来世生活更好的希望。他还对奴隶道德做出了恭顺、怜悯之类的评价。②

弗洛伊德的潜意识学说具有特别重要的意义。"潜意识心灵"的理论为心理学研究开辟了新的重要手段。首先在《梦的解析》中阐释关于梦的一般理论，还有关于遗忘的理论，以及晚期建构的人格理论。

---

① ［英］伯特兰·罗素：《西方的智慧》，亚北译，中国妇女出版社2004年版，第341页。

② 同上书，第343—344页。

梦与醒的区别在于：梦允许某种自由和幻想，这些东西在清醒的生活中是经不起事实考验的。但做梦者的这种自由毕竟要比现实中的自由更彻底，这也是任何关于梦的普遍性理论的结论。弗洛伊德理论总的假设是：在日常生活中，由于种种原因而受到抑制的需要和欲望，却在梦中实现。即所谓“梦是欲望的达成”。做梦者有一定的自由来重新组合基于直接经验的各种因素，以及白天（乃至孩提时代）受到抑制的愿望。解释的作用就在于揭示梦的真正含义，包括对抑制过程中某些象征符号的认识。

在治疗方面，我们必须记住，弗洛伊德是一名医生，他认为这些过程的暴露或对其进行精神分析，有助于调节压抑引起的神经失调。要达到治疗的目的，仅仅依赖分析是不够的；但是，如果没有它，甚至不可能做任何尝试。

关于遗忘，弗洛伊德认为它和类似于压抑机制有关，我们遗忘是因为在某种意义上害怕记忆。为了治愈遗忘症，我们必须知道，是什么东西使我们害怕记忆。当然，正是由于对性行为和性压抑的坦白承认，才使精神分析引起了人们更多的关注。①

弗洛伊德后期形成人格心理学，这就是关于本我、自我、超我的理论。“本我”，是人的本能，尤其是性本能，支配本我的是“唯乐”原则。“自我”，是迁就现实的限制、学习在现实中满足需要，支配自我的是“现实”原则；自我介于“本我”与“超我”之间，对本我的冲动和超我的限制有缓和与调节作用；“超我”是人格结构中居于管制地位最高的部分，由风俗习惯和道德养成。超我由两部分组成，一是自我理想，二是良心。支配超我的是“完善”原则。如果“本我”过于强大，不受超我控制就会导致反社会的行为；如果“超我”过于强大，就会导致人性的萎缩，缺乏生命活力和创造性。

弗洛伊德认为人的心灵世界仿佛冰山，意识只是冰山的一角，主体部分在海洋下面。人的行为表面上看只受意识支配，实际上很大程度上是受潜意识影响。一切伟大的富于创造性的人物，都是自觉地降低海平面，使潜意识异峰突起。正所谓“天才，是主动性的爆发”“江上有奇

---

① ［英］伯特兰·罗素：《西方的智慧》，亚北译，中国妇女出版社2004年版，第395—397页。

峰，锁在烟雾中；寻常看不见，偶尔露峥嵘!”悟出了潜意识的秘密。

存在主义哲学提出一个命题：“存在先于本质”。讲“人的存在”不同于“物的存在”，物是存在与本质同在，比如一只茶杯具有固定的形状和用途；而人是先有存在后有本质。人的本质不是固定的，是人在自己的生命历程中自己赋予的。人有可塑性，有意志自由，人要为自己的生命负起责任。

莎士比亚说，“人所具有的我都具有”“人半是天使，半是魔鬼”。北岛说，“卑鄙是卑鄙者的通行证，高尚是高尚者的墓志铭”。傲慢、偏见、歧视、怯懦、好色、虚荣、自私、贪婪、吝啬、狭隘、妒忌、歹毒；趋炎附势、欺软怕硬、急功近利、心浮气躁、谋财害命、穷凶极恶、丧心病狂……我们在人性中常常可以见到，而且某些劣根性人人皆有。孔子曰：“未见好德如好色者也。”而一些卑鄙的情感只能使人性堕落，既危害社会，更将自己送进心灵的地狱。

我们也可以看到，谦逊、正直、信任、责任、担当、善良、真诚、友善、仁爱、宽容、自信、自主、自立、自爱、勇敢、智慧、慷慨、豁达；助人为乐、堂堂正正、光明磊落、大公无私、神情自若、问心无愧、心旷神怡、心平气和、温文尔雅、大智若愚，这些是人性的光辉，在我们的人世间到处闪烁着天使的足迹，陌生人的一个微笑，危难中伸出的一只手，让我们体验到人间的温暖与友善。只有发扬人的善良本性，用爱心拥抱世界，用理智拥抱人生，才能走向人的自我解放的光明大道。

著名科学家钱学森指出：自然界是大宇宙，人体是小宇宙；都是巨系统，都是开放系统；两者发生信息能量交换，在功能态下，人体可以接收到宇宙更多的信息和能量。

每一个人都是一颗恒星，是一颗太阳，他有无限的能量，无限的光和热，完全可以与宇宙间的太阳媲美。只要你善于发挥，就能使你的人生放射出耀眼的光华。哥白尼提出了“太阳中心说”，而钱学森的人体宇宙学，则是人类社会又一个伟大的科学发现。

每当我们在平静的夜晚仰望灿烂的星空，每当我们瞭望万家灯火，便不能不发出这样的赞叹：造物主啊，你太伟大了！你创造了浩瀚的宇宙、创造了壮丽的银河！创造了大千世界，生机勃勃！又创造了万物之灵，他们也是太阳，在他们的轨道上闪闪发光！

“人应该尊敬他自己，并应自视配得上最高尚的东西”，这是黑格尔的名言；“知其不可而为之”，这是孔子的使命；“究天人之际，通古今之变，成一家之言”，这是司马迁的绝唱；“为天地立心，为生民立命，为往圣继绝学，为万世开太平”，这是张载的抱负；“吾志在删述，垂辉映千春!”这是李白的豪迈；“自信人生二百年，会当击水三千里”这是毛泽东的自豪。

自信是成功的秘诀，是高人一等的艺术。大凡古今中外有所作为的人，都是视自己为太阳的人，勇敢无畏的人；都是非常自信、目标坚定、坚韧不拔的人。

朋友，请不要妄自菲薄，不要怨天尤人；也不要抱怨生不逢时、患得患失。爱因斯坦说：“人只有投身于社会，才能找到那短暂而有风险的生命的意义。”用健康的心灵去创造属于自己的太阳系，让那里“面朝大海，春暖花开”。

人的解放包括人的自然解放、社会解放、文化解放以及自我解放。人的解放就是人的主体地位的确立，是人类不断摆脱生存困境，从必然走向自由的历程，是人的本质力量的生成和展示，人的潜能和价值的开发和实现，是人的幸福和尊严的创造与维护。

人的解放既是对社会不完善性的超越，又是对人性不完善性的超越；既是对自然的利用和改造，又是对自然的敬畏与呵护；既是人际关系的建构，又是对自由个性的张扬；既是文化的创造与传承，又渴望返璞归真呵护童心。

人的解放说到底是自己解放自己，自己主宰自己的命运，自己做自己的主人。忽视自己，忽视身边，这就是人性的弱点。你是自己命运的主宰者、创造者；你自己就是伯乐，请不要忽视发现你这匹千里马。

“不识庐山真面目，只缘身在此山中”“认识你自己”。只要克服自卑感，才能从弥漫的乌云中冲出，放射出光芒来，勇敢地走向社会、走向生活、走向人生。

热爱大自然吧，热爱人类吧，热爱人生吧！爱可以给你这颗太阳无限的能量，发射出真善美的光芒!

海德格尔说，“人诗意地栖居在大地上”；雨果说，“世界上最宽阔的是海洋，比海洋更宽阔的是天空，比天空更宽阔的是人的心灵”。心灵是宇宙的中心，世界因心灵而生动，天地与我并生，万物与我为一，万物皆备于我；吾心即宇宙，宇宙即吾心；心外无物，心外无理；境由心生，神由心造；精诚所至，金石为开。

天高任鸟飞，海阔凭鱼跃；长风破浪会有时，直挂云帆济沧海；沉舟侧畔千帆过，病树前头万木春；等闲识得东风面，万紫千红总是春；忽如一夜春风来，千树万树梨花开。

莎士比亚说，“草木是靠着上苍的甘露滋长的，但是它们也敢仰望苍穹”！

“人是一件多么了不起的杰作！多么高贵的理性！多么伟大的力量！多么优美的仪表！多么文雅的举动！在行为上多么像一个天使！在智慧上多么像一个天神！宇宙的精华！万物的灵长！”（《哈姆雷特》）

阿基米德开辟了人的自然解放的道路，近代以来自然科学的发展，确立了人类在自然界的主体地位；《人权宣言》和马克思主义为人类社会解放指明了道路；轴心时代和文艺复兴开辟了人的文化解放的道路；而弗洛伊德开辟了人的自我解放的道路。这是人类历史上四个伟大的里程碑，沿着这条道路人类就会由必然王国迈向自由王国，人的解放道路虽然崎岖，但是前途是光明的。

九　艺术与哲学

艺术与哲学就像两颗璀璨的宝石镶嵌在人类精神之旅的王冠上。艺术诉诸情感，哲学诉诸理性；艺术张扬形象，哲学讲究逻辑；艺术追求神韵，哲学启迪智慧。有了艺术和哲学，人类才不会被世俗的、功利的、市侩的生活所压倒，才会有自由的想象、美好的向往、智慧的光芒。艺术和哲学既是对社会生活的理解，更是对现实生活的超越，超越是艺术与哲学的根。没有超越就不会有创造，就不会有灵感，就不会有艺术的舞蹈和智慧的歌唱。

正因为现实世界太僵硬、太俗气、太令人失望，艺术家才用音乐、绘画、雕塑、建筑、诗歌、戏剧灵感来消解它、抑制它、超越它。艺术是人类除宗教之外灵魂找到的另一块净土，在这里苦难的心灵可以得到慰藉，情操得到陶冶，精神得到升华。人类的精神之旅也是艺术之旅，很难想象离开了艺术创造和艺术生活人类怎样去面对现实的苦难，或者人类将退化到何等地步。我们为人类拥有崇高的艺术生活而庆幸，也为现代艺术的媚俗倾向而感到悲哀。

哲学与艺术一样也是人类的精神家园，一种超越意识，是人类对自身以及人与世界关系的理性超越，是一种终极关怀。有了哲学，人类及其个体才会超越有限性、自在性和现实性，来追求无限性、规律性和价值性。正像诗人海涅所说："哲学是一种力，一种间接的力，然而又是伟大的力，把人类提升到新的境界的力。"没有哲学，人类就只能认识那些具体的事物、暂时的现象，而不能认识无限，不能把握未来，也不能认识内心世界的奥妙。很难想象没有老子、苏格拉底和佛陀，这世界会成为什么样子。

艺术被人们称为是人类心灵的秘史，而哲学则被誉为是时代精神的升华。大凡世界上一流的艺术家都有着哲人的才思和忧患，而一流的哲学家都具有艺术家的悟性和天真。哲学家与艺术家互为知音。孔子整理《诗经》，黑格尔写下了《美学》，而柏拉图、尼采、萨特以及文艺复兴时期的许多著名人物既是哲人同时也是艺术家，读泰戈尔的作品，人们好像分不清楚是诗、音乐、哲学或者是宗教……

其实中国艺术史上，无论是龙飞凤舞的远古图腾、儒道互补的先秦理性、屈骚传统与魏晋风度、佛陀世容与盛唐之音、韵外之致与山水意境，一直到明清市民文学的代表作《红楼梦》，都创造出艺术性与哲学意蕴完美结合的光辉典范。

当我们读到“沉舟侧畔千帆过，病树前头万木春”“曾经沧海难为水，除却巫山不是云”“不识庐山真面目，只缘身在此山中”“千江有水千江月，万里无云万里天”“世事洞明皆学问，人情练达即文章”。当我们欣赏《庄子》、屈原的《天问》、太史公《史记》、八大山人的画和《高山流水》《二泉映月》的美妙弦律时，难道没受到智慧的启迪？仿佛在聆听哲学老人在那里娓娓道来？

艺术的哲学化与哲学的艺术化是人类文化发展的一个重要趋势。在艺术家的创作生涯中必然要透露出他们对人性、生活、世界、时代的理解和审视的天机，观察得越深刻，反映的角度越独特，越有文化底蕴，其作品的生命力就越强。因此，有人甚至主张艺术家首先应该是哲学家，这并不一定是主张让艺术家都去搞哲学研究，而是说艺术家也要像哲学家一样来思考世界，关注人类的命运和生存现状，从哲学的高度来把握艺术的灵魂，才能创作出一流的作品来。对于哲学研究来说也要从艺术中汲取灵感。

近代以来由于科学的飞速发展以及在社会中作用的日益显著，理性主义成为占主导地位的社会思潮，科学哲学成为现代哲学的重要形态，把哲学作为科学的概括和总结的理念，也限制了哲学的视野。实际上哲学是以人类文化作为基础的，当然应该从艺术创造中汲取灵感，哲学研究的主要形式是理性思维，但悟性也是不可或缺的，没有直觉、灵感、想象力也不会产生新的伟大哲学。由此看来，把哲学看作一门科学，实际上是一种理论误区，从一定意义上，哲学是科学与艺术的升华，是文化的灵魂。

按照弗洛伊德的理论，艺术是人类情绪的一种宣泄。普列斯特《诗的心理》一书就是以弗洛伊德关于潜意识愿望的学说为基础，探讨诗的创作和欣赏活动的。他写道：

> 伴随着情节的虚构而产生的，是情感的真实，而这一切背后是根本的欲望。诗的激情至多是平常心绪的紊乱，当它从被压抑的强烈感情中产生时，就成了诗的疯狂——一种威胁心灵平静的状态，而诗的净化作用可以把它减轻。

朱光潜在《悲剧心理学》中曾经引述柏拉图的话，真正的“诗人创作时即进入精神狂迷状态”。用罗杰斯的说法叫“高峰体验”或写作状态，正如有人所说，天才是主动性的爆发。

艺术创作是情绪的宣泄，是潜意识的升华，净化是“对心灵起治疗作用，就像药物对肉体起作用一样”。净化是对被抑制情绪的“缓和性宣泄”，可以使精神恢复平静。宣泄和净化对艺术家的心灵是一种解放。对艺术欣赏者的心灵也是一种缓和、一种解放。这是艺术创作和艺术欣赏的心理机制，同时也是艺术哲学的基本原理。

知识与信仰、真理与价值、理性与非理性的关系是20世纪世界哲学的三大难题，也是人类精神生活所面临的困境。我们说艺术与哲学弘扬的是一种超越意识，就是要关注人类的生存现状，尤其是人类的精神生活，帮助人们走出现代化的陷阱，走出心灵的地狱，走出生活的误区。我们承认艺术创作是一种宣泄，但它是在理智指导下的宣泄，不仅是一种宣泄，也是一种升华。艺术家必须有社会责任感，有艺术良心，有道德自律，中国先哲讲“文以载道”“作文必先做人”依然值得我们效法。

在信仰缺失、物欲横流的现代社会，我们强调艺术哲学化的本意就是强调人文关怀，强调人的尊严、人的自由和人的解放。使艺术成为启迪智慧、净化心灵、慰藉精神的乐土。帮助人们认识“我是谁，我现在何处，我要向哪里去?”真善美是人类的永恒追求，西方现代派艺术虽然有可借鉴的地方，但是它给予人们迷茫多于启迪，必须探寻新的发展道路。

我国处于急剧变革的社会转型期，文化建设面临艰巨的任务。艺术和哲学在走向平庸化和边缘化，这是现代化的代价，也是现代人的悲哀。人类在呼唤超越意识，呼唤理性和良知，呼唤审美文化重新回到殿堂。哲学艺术化和艺术哲学化就是人类文化找回自信的一种努力，也是现代人寻找灵魂的艰苦历程。

十　为“野心”正名

“野心”在中国人的语境中一直是一个贬义词，所谓“狼子野心”，是贪婪、狂妄、非分的欲望。中国是一个讲等级、重名分的宗法社会，信奉中庸之道，推崇“文质彬彬”“温文尔雅”；含蓄、内敛，不张扬。

在这样的文化氛围中“野心”当然是被排斥的。“野心家”则是一个在历史和现实中敏感而令人讳莫如深的词汇。现在是中国梦时代，是中国人扬眉吐气、梦想成真的年代。每一个人都有追求幸福、实现理想的神圣权利。我们应该为“野心”正名，中国也应该有一场文艺复兴，就从为“野心”正名开始吧。

（一）

《读者》上有一篇文章，说巴拉昂是一位年轻的媒体大亨，以推销装饰肖像画起家，在不到十年的时间里，迅速跻身于法国50个大富翁之列，1998年因前列腺癌在法国去世。临终前他留下遗嘱，把他4.6亿法郎的股份捐献给博比尼医院，用于前列腺癌的研究；另有100万法郎作为奖金，奖给揭开贫穷之谜的人。

巴拉昂去世后，法国《科西嘉人报》刊登了他的遗嘱。他说，我曾是一位穷人，去世时却是以一个富人的身份走进天堂的。在跨入天堂的门槛之前，我不想把我成为富人的秘诀带走，秘诀就锁在法兰西中央银行我的一个私人保险箱内，保险箱的三把钥匙在我的律师和两位代理人手中。谁若能通过回答“穷人最缺少的是什么”而猜中我的秘诀，他将能得到我的祝贺。当然，那时我已无法从墓穴中伸出双手为他的睿智欢呼，但是他可以从那只保险箱里荣幸地拿走100万法郎，那就是我给予他的掌声。

遗嘱刊出之后，《科西嘉人报》收到大量信件，有的骂巴拉昂疯了，有的说《科西嘉人报》为提升发行量在炒作，但是多数人还是寄来了自己的答案。

绝大部分人认为，穷人最缺少的是金钱。穷人还能缺少什么？当然是钱了，有了钱，就不再是穷人了。还有一部分人认为，穷人最缺少的是机会。一些人之所以穷，就是因为没遇到好时机：股票疯涨前没有买进，股票疯涨后没有抛出。总之，穷人都穷在背时上。另一部分人认为，穷人最缺少的是技能，现在能迅速致富的都是有一技之长的人。一些人之所以成为穷人，就是因为学无所长。还有的人认为，穷人最缺少的是帮助和关爱。另外还有一些其他的答案，总之，五花八门，应有尽有。

巴拉昂逝世周年纪念日，律师和代理人按巴拉昂生前的交代在公证部门的监督下打开了那只保险箱，在48561封来信中，有一位叫蒂勒的小姑娘猜对了巴拉昂的秘诀，蒂勒和巴拉昂都认为穷人最缺少的是野心，即成为富人的野心。在颁奖之日，《科西嘉人报》带着所有人的好奇，问年仅9岁的蒂勒，为什么想到的是野心，而不是其他。蒂勒说：“每次我姐姐把她11岁的男朋友带回家时，总是警告我说不要有野心！不要有野心！我想，也许野心可以让人得到自己想得到的东西。”①

9岁小女孩就成了百万富翁！这仿佛是一个童话，但是却蕴含着深刻的哲理。“穷人最缺少的是什么？”这的确是一个问题，很值得我们深思。

（二）

世界上本来就有富人与穷人，有官与民、有伟人与凡人之分。讲平等那是一种理想，但是人类追求平等的脚步从来没有停止。

“穷人最缺少什么？”“野心！”这大概就是那位穷人成为千万富翁的真正秘诀，因为没有野心，绝大多数穷人只能亦步亦趋、平平淡淡地生活。

陈涉少时，尝与人佣耕，辍耕之垄上，怅恨久之，曰：“苟富贵，无相忘。”佣者笑而应曰：“若为佣耕，何富贵也？”陈涉太息曰：“嗟乎，燕雀安知鸿鹄之志哉！”“王侯将相宁有种乎？”陈涉有

① 《穷人最缺少的是什么？》，《读者》2002年第6期。

志向终于成为陈胜王。①

可见“野心”这个东西，对于穷人来说的确是一种稀缺资源，是一个奢侈品，是不可企及的。如果谁有野心，渴望富贵，就会像陈涉一样被人嘲笑。

在我们这个具有几千年农耕文明的社会，日出而作，日落而息；渴望三十亩地一头牛，老婆孩子热炕头的田园生活，谈起“野心”，大多数人会不屑一顾，甚至嗤之以鼻。

民间有这样的歌谣：“家也大，产也大，后来儿孙祸也大！借问此理是若何？子孙钱多胆也大，天样大事都不怕，不丧家身不肯罢。财也小，产也小，后来儿孙祸也小。借问此理是若何？子孙钱少胆也小。些微产业知自保，俭使俭用也过了。”

这是劝世格言，认为富家子弟胆大妄为，不断地折腾会给自己带来祸患；穷人勤俭持家，却能自保安生。一方面是生存智慧和治家格言；另一方面反映了小农经济的心态和局限性。同样揭示了“穷人最缺少的是野心”这样一个朴素的真理。

（三）

谈到“野心”在我们文化里往往是贬义词，有狂妄野心、狼子野心，与心猿意马、趾高气扬、飞扬跋扈、丧心病狂、不知天高地厚、人心不足蛇吞象相提并论！

《古代汉语词典》对“野”一释：放荡、不受约束。陈琳《为袁绍檄豫州》：“而曹豺狼野心，潜包祸谋。”

《现代汉语词典》对“野心”解释为：对领土、权力或名利的大而非分的欲望。野心家、野心勃勃、狼子野心。

《辞海》释“野心”：其一，犹言野性，放纵不可制服的性子。《左传·宣公四年》：“狼子野心，是乃狼也，其可蓄乎？”后多指对名利、权力的强烈欲望，如野心家、野心勃勃。《淮南子·主术训》：“故有野心者，不可皆便势。”其二，闲散之心。白居易《诏授同州刺史病不赴任》诗：“野心常怕闲，家口莫愁饥。”

野，即旷野，郊外。《易·同人》：“同人于野。”孔颖达疏：“野是

① 司马迁：《史记·陈涉世家》，中州出版社1991年版，第334页。

旷远之处。”《诗·邶风·燕燕》：“远送于野。”毛传：“郊外曰野。”白居易诗：“野火烧不尽，春风吹又生。”

《辞源》民国二十八年版，释野心一义，谓性耽隐逸，乐居田野间也，《宋书·王僧达传》：“暗疾寡任，野心素积。”

孔子《论语·雍也》：“质胜文则野。”孟子《滕文公上》：“无君子莫治野人，无野人莫养君子。”白居易《芳陈二》：“出去是朝客，归来是野人。”《红楼梦》第五十二回：“比如方才说话，虽背地里，姑娘就直叫他名字；在姑娘们就使得，在我们就成了野人了。”

从词源学看，“野心”一词大多具有贬义，“放荡、不受约束”“非分的欲望”“野性，放纵不可制服的性子”，“质胜文则野”。所谓野心，也就是超越自己的身份地位对更高目标的追求和向往，在世俗眼光中是非分之想，是一种奢求，因此不被人们所认可。

中国历史上曾经有国野制度，住在城市中心区域的人称为国人，住在乡村郊外的人称为野人。中国封建社会培养的是安贫乐道的君子，是没有独立人格的顺民，封建等级制度是不能逾越的，不能有非分的欲望、不可制服的性子。“非礼勿视，非礼勿听，非礼勿言，非礼勿动”（《论语·颜渊》）；“不在其位，不谋其政”（《论语·泰伯》）。

中国传统社会崇尚家长制、等级制度，讲孝弟忠信、“三纲五常”，“天不变，道亦不变”（《汉书·董仲舒传》），“存天理，灭人欲”（《朱子语类》卷四），“民可使由之，不可使知之”（《论语·泰伯》），“贤哉，回也！一箪食，一瓢饮，在陋巷，人不堪其忧，回也不改其乐”（《论语·雍也》）。①

中国人信奉中庸之道，推崇谦虚、“文质彬彬，然后君子”（《论语·雍也》）；“温文尔雅”“温良恭俭让”（《论语·学而》）；含蓄、内敛，不张扬！“木秀于林，风必摧之！皎皎者易污，尧尧者易折；阳春白雪，合者盖寡”（《后汉书·黄琼传》）。在这样的文化氛围中“野心”当然是被排斥的。

（四）

在“文革”期间，防止“赫鲁晓夫那样的野心家，篡夺党和国家的领导权”，不仅国家主席刘少奇，而且毛主席培养的接班人林彪，后来也

---

① 李民等：《论语句解》，山东友谊出版社 1988 年版，第 34 页。

成了篡党夺权的个人野心家。

“野心家”一词在特殊的年代，特殊的语境下，成了邪恶的代名词。正像巴古宁所说，“理想主义是思想的暴君”，在存在话语霸权的情况下，“野心”一词自然被打入冷宫，人们对它只能讳莫如深。

如果谁被认为有野心，一定是被大家提防的人物，人们对他（她）只能敬而远之。有时候是欲加之罪，何患无辞？这“野心”二字，就可能是一种排除异己的莫须有罪名。

如果新中国成立初期就切实推行任期制，那么“文革”悲剧也许就可能避免，也不会出现“野心家”现象。还是我们的制度不健全，幸运的是1982年宪法规定，国家领导人连选连任不得超过两届，这是中国社会巨大的历史进步，是国家长治久安的保障。

（五）

《孟子·滕文公下》说：“孔子成《春秋》，而乱臣贼子惧。”《史记·太史公自序》称，《春秋》“贬天子，退诸侯，讨大夫，以达王事而已矣”。

春秋时期，礼崩乐坏，孔子曰：“克己复礼为仁，一日克己复礼，天下归仁焉。”（《论语·颜渊》）按照“君君、臣臣、父父、子子”（《论语·颜渊》），“郁郁乎文哉，吾从周”（《论语·八佾》），企图恢复西周的宗法制度。当然是有所“损益”，也就是有所变革，比如主张“有教无类”“学而优则仕”，对贵族世袭制就是一种突破。

陈琳檄文，骂曹操狼子野心，曹操在中国民间戏剧中一直都是白脸奸贼的形象，《三国演义》中“宁要我负天下人，绝不让天下人负我”，将老朋友一家人赶尽杀绝，令人深恶痛绝。

曹操是一代奸雄，还是文治武略的英雄？他南征北战，统一北方，是军事家、政治家，又是诗人。“周公吐哺，天下归心”“老骥伏枥，志在千里，烈士暮年，壮心不已”，这就是曹孟德的所谓“野心”。

当然王莽篡权，被称为野心家，似乎成为铁案。有白居易诗为证：

> 赠君一法决狐疑，不用钻龟与祝蓍。试玉要烧三日满，辨材须待七年期。周公恐惧流言日，王莽谦恭未篡时。向使当年身便死，一生真伪有谁知。[《放言五首》（其二）]

当年周公辅佐成王，有流言说他怀有篡位的阴谋；而王莽辅佐西汉平帝，没有篡位时表现得谦恭敦厚。周公最终是忠心的，王莽最终是篡位了，这都是后来才知道的，如果周公在人们对他有流言时死了，人们便不知道他是忠心的。而王莽假如在谦恭的时候死了，也没人知道他有篡位的野心了。①

如果说王莽是篡位，那么隋文帝是不是篡位？还有武则天，是不是篡位？竟然登上了女皇的宝座。按照封建正统观念，都是大逆不道，犯上作乱，也都是野心家。但是在我国历史上，隋文帝被推崇为明君，而对武则天的评价也不低，在她治理下唐朝国势继续往上走。

王莽改制，虽然失败，但是原因是多方面的，王安石变法不是也失败了，难道责任由他们个人负责？商鞅变法被车裂，难道就没有历史功绩？王莽也是一个悲剧英雄，他是“篡权者”，他的谦恭简朴就是伪善的？

用是否是野心家来评价政治家、革命家的功过是非，实际上是一种唯心史观，是忽视历史发展的规律性和历史运动的复杂性。中国历史上的改朝换代，都要经过波澜壮阔的激烈争夺，有惊心动魄的战争，没有雄心壮志，坚韧不拔的意志，高超的智慧和谋略，能够轻而易举地夺取政权、巩固政权？难道他们都是野心家？统统在封杀之列？

（六）

希特勒、墨索里尼、东条英机当然都是丧心病狂的野心家，而且给世界人民带来无穷的灾难。野心家这个词，作为贬义词来形容法西斯，是没有什么问题的。狼子野心，狂妄野心，丧尽天良！南京大屠杀、奥斯威辛集中营、偷袭珍珠港，这是人类历史上绝无仅有的惨案。为了阻止战争，才有广岛长崎原子弹的悲剧。但是，法西斯作为一种历史现象的出现，不管其为害多么深重，都不是单单用个别人的“野心”或几个野心家能够解释得了的。

但愿这是人类最后的疯狂，是人类依靠相互征服为自己开辟道路的历史的终结。“正义必胜，和平必胜，人民必胜！这是历史昭示的真理！”② 我们在总结历史教训的时候，必须对人类的文明结构进行反思，法西斯出现是一个十分复杂的历史现象，必须追根溯源，而不能简单地

---

① 白居易：《唐诗鉴赏辞典》，上海辞书出版社 1983 年版，第 897—898 页。

② 习近平：《在纪念中国人民抗日战争暨世界反法西斯战争胜利 70 周年大会上的讲话》，《人民日报》2015 年 9 月 4 日第 2 版。

归结于“野心家”。

现在是全球化时代，相互依存、合作共赢、和平发展是大趋势。必须打造人类命运共同体，走大同世界之路。这是全人类共同的责任，而各国政治家、思想家更是责无旁贷，任重而道远。

（七）

而实际上“野心”与“雄心”“壮志凌云”“志向远大”，意思比较接近。志当存高远。“天行健，君子以自强不息。”“有志者，事竟成，破釜沉舟，百二秦关终属楚；苦心人，天不负，卧薪尝胆，三千越甲可吞吴。”这都是人们熟知的励志名言，也是对志向远大者的点赞，可有谁能断言那些被人们尊崇和追捧的有志者、成功者当初的志向不是一种超越自身身份地位的“非分之想”？没有某种“野心”？

“朝为田舍郎，暮登天子堂；将相本无种，男儿当自强。”“旧时王谢堂前燕，飞入寻常百姓家。”“春风得意马蹄疾，一日看尽长安花。”科举制度的创立，打破了上品无寒门、下品无世族的局面，为平民进入上流社会开辟了新的途径，也可以说在某种程度上为底层社会那些有“野心”的人打开了上升通道，搭起了登天的阶梯。

事实上，中国历史上之所以人才辈出，不仅在于具有招贤纳士的光荣传统，而且也在于某种程度上宽容和青睐抱负远大的“野心家”。文王访贤，周公吐哺，管子与齐桓公，百里奚与秦穆公，商鞅与秦孝公，萧何月下追韩信，刘备三顾茅庐，唐太宗与魏征……这些千古称颂的明君贤臣，在某种程度上不也是人君对有野心者的赏识吗？

（八）

我们中国有五千年的灿烂文化，我们的时代是一个崇尚平等、自由的时代，是一个崇尚公平正义的时代，是一个崇尚人生尊严和价值的时代，是一个追求百花齐放、百家争鸣的时代，是一个充满机遇与创造的时代，是一个各有千秋、各领风骚的时代！每一个人都有追求幸福、实现理想的神圣权利！

天才是主动性的爆发。那些天才人物往往都是自命不凡的人物，也都是有野心、有崇高追求的人物。历数史册所载那些各个领域有所作为的人物，哪一个没有那么一点“野心”？不仅如此，更有许许多多各领风骚的天才人物托志于言，或抒发其匡世济民的雄心壮志，或申说其追求真理、痴迷于科学探索并意欲登峰造极的宏伟目标，这些对于个人抱负和理想的表白，不也是在有意无意表露其“野心”吗？

屈原：“路漫漫其修远兮，吾将上下而求索。”孔子曰：“天之未丧斯文也，匡人如予何！”孟子曰：“天将降大任于斯人也”“救当今之世，舍我其谁也”。司马迁：“究天人之际，通古今之变，成一家之言。”

诸葛亮：“志当存高远”；李白：“吾志在删述，垂辉映千春”；杜甫：“会当凌绝顶，一览众山小”；刘禹锡：“马思边草拳毛动，雕眄青云睡眼开”；苏东坡：“惊涛拍岸，卷起千堆雪，故国神游，一时多少豪杰”；范仲淹：“先天下之忧而忧，后天下之乐而乐”；张载：“为天地立心，为生民立命，为万世继绝学，为万世开太平”；林则徐：“海到无边天作岸，山登绝顶我为峰”；毛泽东：“俱往矣，数风流人物，还看今朝！”

阿基米德说：“给我一个支点，我可以撬动整个地球。”

牛顿说：“没有大胆的猜测，就没有伟大的发现。”

蒲柏说：“大自然和它的规律隐藏在黑暗中，上帝说让牛顿出生吧，于是一切都成为光明的了。”

高尔基说：“理想越高，才能发挥得越充分，我相信这也是一个真理”。

没有野心，哥白尼就不会提出太阳中心说，牛顿就不会发现万有引力定律；没有野心，哥伦布就不会发现新大陆，瓦特就不会发明蒸汽机；没有野心，爱因斯坦就不会提出相对论，轮椅上的霍金就写不出《时间简史》；没有野心，中国就不会有“四大发明”，就不会有屠呦呦与青蒿素；没有野心，就不会有“两弹一星”，就不会有三十年大国崛起的奇迹；没有野心，也就不会有人类的一切发明创造，就不会有人类文明的发展。

（九）

我们应该为野心正名。野心不能仅仅理解为贪婪与狂妄，野心也可以理解为雄心与信心，就是自立于世界民族之林的信心，就是创造人间奇迹的雄心，就是诗意栖居在原野上的情怀。野心勃勃，走向未来！诗的王国、激情澎湃！我们民族的伟大复兴，就是受尽欺凌的中华民族的野心。长风破浪会有时，直挂云帆济沧海！

我们不愿意做一只狼，但是我们也不甘心做一头羊。一百多年中国人受尽了欺凌。中国人是有血性的，不可一世的日本法西斯被我们打败了；抗美援朝，打出来中国人的威风。东方雄狮已经惊醒，开始迅跑，它威风凛凛，英姿是那样的矫健。它在原野上奔跑，谁也无法阻挡。

毛泽东说："我们不但善于破坏一个旧世界，我们还将善于建设一个新世界。"①

"我们中华民族有同自己的敌人血战到底的气概，有在自力更生基础上光复旧物的决心，有自力于世界民族之林的能力。"②

习近平说："现在，我们比历史上任何时期都更加接近中华民族伟大复兴的目标，比历史上任何时期都更有信心、有能力实现这个目标！"③

> 著名外交家、前国务委员戴秉国最近在华盛顿举办的中美智库南海问题对话会上指出：我们没有野心统治亚洲，更没有野心统治地球，就是南海，我们也从没有说过全都是我们的。我们只有一个"野心"，就是做好中国自己的事情，让近14亿中国人能过上比较体面的、有尊严的日子。中国要和平崛起的神圣权利，中国人要过好日子的神圣权利是不应该被任何人剥夺、也是任何人也剥夺不了的。④

中国没有统治亚洲、统治世界的野心，但是中国有捍卫国家领土与主权的决心和坚强意志！这里虽然给"野心"一词加了引号，让14亿中国人过上比较体面、有尊严的日子，表达的是中国人的雄心壮志！

"沉舟侧畔千帆过，病树前头万木春"。我们是爱好和平的民族，"一带一路"给我们插上了腾飞的翅膀。我们的野心就是走大同世界之路，合作共赢，打造人类命运共同体。用正义与和平重铸人类文明，实现人类永久和平。"雄关漫道真如铁，而今迈步从头越"！

"自信人生二百年，会当击水三千里"。这是大国崛起的脚步，古老的中国已经走向伟大的复兴。它的视野是如此的辽阔，它的信心是如此的坚定。每一位中国人都应该有理想、有抱负，有一颗奋发有为的野心，去追求我们的梦想，去创造美好的未来！

（十）

"野心"还有另外一层含义，即野是"旷远之处，谓性耽隐逸，乐居

---

① 《毛泽东选集》（第4卷），人民出版社1991年版，第1439页。

② 《毛泽东选集》（第1卷），人民出版社1991年版，第161页。

③ 《学习习近平总书记系列重要讲话》，学习出版社2016年版，第7页。

④ 《戴秉国：美10个航母战斗群开进南海也吓不倒中国》，《环球时报·国际时事》2016年7月6日。

田野间也”。“野心”者，超越名利束缚，心旷神怡之义。也就是陶渊明“采菊东篱下，悠然见南山”的田园生活。“野旷天低树，江清月近人”“明月松间照，清泉石上流”“月上柳梢头，人约黄昏后”。梭罗写下了《瓦尔登湖》，海德格尔推崇“诗意栖居”，若行云流水，闲云野鹤。这些才是令人向往的生活啊！

历史的罗盘已经指向21世纪，是应该给“野心”正名的时候了。不能把野心仅仅看作一个贬义词，它主要应该是一个褒义词。我们反对贪婪与霸道，我们追求梦想与诗意。

莎士比亚说：“草木是靠着上苍甘露的滋润成长，但它们也敢仰望苍穹。”拿破仑说：“不想当将军的士兵，不会是一个好士兵。”能说这都是“非分之想”吗？

这是一个百舸争流、日新月异的时代。实现中华民族伟大复兴的中国梦，唤醒了古老的民族。这只浴火凤凰正在翩翩起舞，这是青春中国的英姿。

心灵是宇宙的中心，世界因心灵而生动；天地与我并生，万物与我为一！万物皆备于我；宇宙即心灵，心灵即宇宙；境由心生，神由心造。

精诚所至，金石为开；心想事成，异想天开；思想有多远，我们就能走多远；只有想不到的，没有做不到的。我们正确了，那么整个世界就是正确的。

中国需要一场伟大的文艺复兴！这场深刻的思想文化变革，就从为“野心”正名开始。野心就是梦想，野心就是不懈追求，就是不断超越。这是崇尚民主自由的时代，每一个人都有创造和追求幸福的权利！

第五编

道德与智慧是幸福人生的双翼

一　自我牺牲是道德的基础吗?

道德的基础问题是伦理学的一个基本理论问题。《哲学研究》1986 年第 8 期刊载的《略论道德的本质》一文（以下简称“略论”），认为道德的原本含义，“在于公开声明个人对社会或多或少的自我牺牲。”这种把自我牺牲看作道德基础的观点，实际上代表了目前我国伦理学界不少人的看法，有很大的影响。我们以为这个观点还有商榷的必要，提出来和大家共同讨论。

（一）

马克思恩格斯创立唯物史观，实现了哲学和历史社会学说领域的彻底革命变革，第一次把道德基础理论建立在科学的现实的基础上。

恩格斯指出：“一切已往的道德论归根到底都是当时的社会经济状况的产物。”“人们自觉地或不自觉地，归根到底总是从他们阶级地位所依据的实际关系中——从他们进行生产和交换的经济关系中，吸取自己的道德观念。”① 道德作为社会意识形态，是由经济基础决定的，道德的内容反映着一定社会的经济关系——生产、分配和交换形式的性质，在阶级社会中则反映着一定的阶级关系。个人利益与社会整体利益的关系是经济关系的一个方面、一个层次，是从属于生产关系的。道德也反映个人利益与社会整体利益的关系，但是道德的基础和本质说到底是由一定社会的生产关系的性质决定的。我们不能脱离这个基础，抽象地谈论道德是维护集体利益，还是维护个人利益。一般地说，以公有制为基础的社会，个人利益与社会整体利益是一致的，道德维护整体利益才是真实的，但这并不意味着要以牺牲个人利益为前提。在以私有制为基础的社

① 《马克思恩格斯全集》（第 20 卷），人民出版社 1971 年版，第 102、103 页。

会，个人利益与社会整体利益处于对立的地位，统治阶级宣扬道德维护社会整体利益是有欺骗性的，因为在阶级社会只有阶级利益，而没有统一的社会整体利益，因此统治阶级的道德实质上只是维护少数剥削阶级个人的利益，而以牺牲占人口大多数的劳动人民的整体利益为代价。

"略论"指出："我们不能因为阶级社会的道德曾维护了一种虚幻的集体利益，就以此为据责难道德的使命主要在于维护集体利益。""略论"既然承认阶级社会道德维护的是虚幻的集体利益，就不得不承认维护这种集体利益是阶级社会道德的虚幻本质，而不是它的真实本质。按照马克思的思想道德在阶级社会不仅反映一定的阶级利益，而且是阶级斗争的工具。脱离生产关系、阶级关系和阶级斗争，抽象地谈论个人利益与整体利益矛盾的永恒性和道德的作用，必然就会推出道德调和论的错误结论。"略论"指出："不管在什么条件下，道德的使命都是在矛盾双方之间进行斡旋，以求得一个尽可能公正的生存和发展的秩序，而且这种斡旋的前提都是维护集体利益。"在阶级社会中，各阶级的利益、社会整体利益和个人利益是完全对立的，因而无论道德如何斡旋都不可能求得一个尽可能公正的生存和发展的秩序。而只能把被统治阶级暂时限制在现存的统治秩序的范围内。如果说这种斡旋的前提都是维护集体利益，那么，我们试问这个集体利益，究竟是被统治阶级的集体利益，还是统治阶级的集体利益，或者是包括这两个阶级在内的整个社会的集体利益呢？

马克思恩格斯指出：

> 共产主义者既不拿利己主义来反对自我牺牲，也不拿自我牺牲来反对利己主义，理论上既不是从那情感的形式，也不是那夸张的思想形式去领会这种对立，而是在于揭出这个对立的物质根源，随着物质根源的消失，这种对立自然而言也就消灭。……那些有时间从事历史研究的为数不多的共产主义理论家，他们突出的地方正在于：只有他们才发现了"共同利益"在历史上任何时候都是由作为"私人"的个人造成的。①

---

① 《马克思恩格斯全集》（第3卷），人民出版社1960年版，第275—276页。

马克思主义认为个人利益与整体利益、利己主义和自我牺牲的对立是私有制社会的产物，消灭了私有制，也就消灭了这种对立存在的物质根源。把维护整体利益作为道德的基础，自以为是一种科学抽象，而实际上正好掩盖了个人利益与社会整体利益对立的经济根源，从而抹杀了私有制社会和公有制社会道德的差别。

自我牺牲作为一种道德现象和原则，并不是没有价值的。马克思认为："无论利己主义还是自我牺牲，都是在一定条件下个人自我实现的一种必要形式。"① 道德关系作为对生产关系、个人与个人、个人与集体关系的反映，是具有客观性的。但是作为每一个人的道德实现来说，又有一个选择的问题，而利己主义和自我牺牲是不同的阶级、个人依据自身的利益和道德理想进行选择的结果，是自我实现的一种形式。自我牺牲在特殊条件下是必要的，这时要求人们越出他们在日常生活和通常人与人之间相互关系中所实施的自己职责范围，要求放弃自己合法的（从当时社会的观点看）利益，直到牺牲生命。自我牺牲作为特殊情况下必要的一种道德品质，在社会主义社会受到高度评价。那些为了社会集体利益，为了人民的生命财产，为了祖国的安宁和繁荣而流血牺牲的战士、英雄模范人物，其道德情操是高尚的，人格是伟大的，是值得我们学习的。同时，同禁欲主义和弃绝私利毫无共同之处的共产主义道德，并不把自我牺牲当作普遍的道德原则，根据这个原则，人总是要以自己的利益和别人利益的对立为出发点，因而他常常应当为他人利益压抑自己本人的利益和愿望。可见把自我牺牲作为共产主义道德的基础也是不妥的。

（二）

"自我牺牲论"作为说明道德基础的一种理论，必须能够说明人类历史上的一切道德形态，那么就让我们来作一点简单的历史回顾吧。

恩格斯指出："在社会发展某一个很早的阶段，产生了这样一种需要：把每天重复着的生产、分配和交换产品的行为用一个共同规则概括起来，设法使个人服从生产和交换的一般条件。这个规则首先表现为习惯，后来便成了法律。"② 恩格斯这里所说的习惯，可以理解为原始社会

① 《马克思恩格斯全集》（第 3 卷），人民出版社 1960 年版，第 275 页。

② 同上书，第 538—539 页。

的道德。在生产力水平极其低下的原始社会，人们共同劳动，平均分配，个人只有依靠整个氏族的力量，才能维持生存。个人利益与氏族的整体利益浑然一体，不可分割。对氏族中任何一个成员的侵害就是对整个氏族的侵害，复血仇的习俗就是说明。“在易洛魁部落以及一般在印第安人诸部落中，为被杀害的同族人复仇的义务，是全体公认的。”① 在原始人那里不存在私有观念，人们的自我意识还没有从群体意识中分化出来，因此说原始社会的道德的基础是牺牲个人利益是没有根据的。

原始社会解体以后，私有制取代了公有制，个人利益从集体利益中分离了出来，而且与集体利益处于对立的地位。这种对立突出地表现为阶级利益的对立，反映在道德领域也就出现了各阶级道德观念的对立和差异。在阶级社会占统治地位的道德只能是统治阶级的道德，分析道德的基础，只有以统治阶级的道德作为对象，才有说服力。

在奴隶社会，奴隶主阶级根本不把奴隶当人看待，其道德是以维护奴隶对奴隶主的绝对屈从和人身依附关系为基本原则，因此奴隶社会的道德是以维护奴隶占有制，以牺牲整个奴隶阶级的利益、权利以至生命为其基础的。

封建社会代替奴隶社会，奴隶对奴隶主的绝对人身依附关系被农民对地主的半人身依附关系所代替，这是一个历史的进步。但是封建地主阶级的道德是以维护宗法等级关系为基本原则，为少数人的特权利益服务的。他们也讲节制原则，讲个人牺牲，但主要是要节制被统治阶级的整体与个人利益。宗教神学家托马斯·阿奎那就大讲节制原则，他说：“节制是心灵的一种情态，它为各种各样的情欲和行动定其防线，而使它们不至于越份。”② 封建统治阶级利用宗教，宣扬自我牺牲，禁欲主义的宗教道德，就是要麻痹人民的意志，要人们放弃对现世幸福的追求、放弃争取自身解放的斗争。这恰恰说明他们的道德是与广大劳动人民的利益相背离的。

资产阶级在文艺复兴时期讲个性解放，讲个人利益高于一切，具有反封建制度和宗教神学的进步意义。但资本主义制度是私有制社会的最高形态，使个人利益与社会整体利益的矛盾明朗化、尖锐化。“个人利益

① 马克思：《摩尔根〈古代社会〉一书摘要》，人民出版社1965年版，第82页。

② 周辅成：《西方伦理学名著选辑》（上），商务印书馆1964年版，第381页。

是要占有一切，社会的利益则要使每个人所占有的都相等。所以，公共利益和私人利益是直接对立的。”① 资产阶级在道德上赤裸裸地宣扬利己主义，费尔巴哈就曾指出，资本主义社会“公开地老实地承认利己主义，并把利己主义作为道德的必要构成部分，把它在道德中坦率地郑重地提高到极为尊贵的地位”！② 当然资产阶级一些思想家后来也有宣扬合理利己主义，也有宣扬理性主义的，但都无法掩盖资产阶级的道德是维护资产阶级私人利益这个真实本质。

恩格斯指出，原始社会是被“那种在我们看来简直是一种堕落、一种离开古代氏族社会的纯朴道德高峰的堕落的势力所打破的。最卑下的利益——庸俗的贪欲、粗暴的情欲、卑下的物欲，对公共财产的自私自利的掠夺——揭开了新的文明的阶级社会；最卑鄙的手段——偷窃、暴力、欺诈、背信——毁坏了古老的没有阶级的氏族制度，把它引向崩溃。而这一新社会自身，在其整整两千五百余年的存在期间，只不过是一幅区区少数人靠牺牲被剥削和被压迫的绝大多数人的利益而求得发展的图画罢了，而这种情形，现在比以前更加厉害了。”③ 恩格斯在这里生动而深刻地揭示了剥削阶级道德的堕落及其实质。把社会整体利益与阶级利益等同起来，简单地宣布道德就是维护整体利益，就是自我牺牲，这只能掩盖阶级社会道德的实质，与历史事实是相悖的。

我们讲道德的阶级性，讲剥削阶级道德对私人利益的维护，这是针对阶级社会道德的实质而言的，并不排除任何社会的道德都具有维护人类最基本的秩序，生存发展的共有内容。也就是说，就是剥削阶级的道德也在一定程度上维护了社会整体利益，尤其是在一个阶级的上升时期，其利益在一定程度上与社会发展方向以及人民群众的利益有某些共通之处，因而其道德也就具有了维护社会整体利益的进步性。但是，就总体而言阶级社会道德对社会整体利益的维护是很有限的，不占主导地位。

持“自我牺牲论”的同志，如果把集体利益理解为阶级的整体利益，那么我们说是有一定道理的。统治阶级为了维护其阶级统治，可以在一定范围内和一定程度上牺牲阶级成员内部的个人利益，这种自我牺牲他

① 《马克思恩格斯全集》（第 1 卷），人民出版社 1956 年版，第 613 页。

② 《费尔巴哈哲学著作选集》（上卷），生活·读书·新知三联书店 1959 年版，第 560 页。

③ 《马克思恩格斯选集》（第 4 卷），人民出版社 1972 年版，第 94 页。

们认为是道德的。在处理个人利益与整体利益的关系中，认为道德总是强调牺牲和压抑个人利益，我们认为这种观点有失偏颇。因为道德不仅对个人利益有限制作用，而且对阶级的整体利益也有一定的限制作用。在阶级社会，统治阶级如果片面强调国家利益而不顾及人民的利益，同样会受到道德的谴责，“苛政猛于虎”就是统治阶级下层思想家对暴政的指责，因此中国思想史上，有人曾提出民本思想，这实际上反映了道德对阶级整体利益的制约作用。

社会主义社会的建立，消灭了个人利益与社会整体利益对立的经济基础。生产资料公有制的建立使个人利益与社会利益从根本上统一了起来。马克思和恩格斯早在《共产党宣言》中就曾明确指出：“代替那存在着阶级和阶级对立的资产阶级旧社会的，将是这样一个联合体，在那里，每个人的自由发展是一切人自由发展的条件。”① 各个人自由发展中当然包括个人利益和幸福，可见马、恩是个人利益与整体利益的统一论者。社会主义社会道德的基础不应当是牺牲个人利益，而应该是个人利益与社会整体利益的有机统一。当然，我们并不否认在社会主义社会个人利益与社会整体利益也有矛盾，但这不是问题的主导方面，在一定条件下我们宣传和提倡自我牺牲，但我们并不在一般意义上宣传和提倡这个原则，更不能把它作为社会主义社会道德的基础或者基本原则。

（三）

把自我牺牲作为道德的基础的观点，之所以能被我国伦理学界所接受，并得到比较广泛的流传，是与我们学术研究中的教条主义倾向、理论宣传中的左倾思想以及传统文化中的群体至上观念有密切关系的。

中国人民大学主编的《马克思主义伦理学》认为：“在调整个人与社会以及个人与个人的利益关系中，道德调解的突出特点是要求个人作出必要的节制和牺牲，也就是说，它是以个人或多或少的自我牺牲为前提的。由此可见，道德关系中的矛盾特殊性就在于，它是以体现整体利益的原则和规范为善恶标准，以必要的自我牺牲为前提来调解个人利益和整体利益的矛盾。”② 矛盾的特殊性决定事物的特殊本质，把体现整体利益的自我牺牲作为道德关系中矛盾的特殊性，实际上就是

① 《马克思恩格斯选集》（第1卷），人民出版社1972年版，第273页。

② 罗国杰主编：《马克思主义伦理学》，人民出版社1982年版，第6页。

用自我牺牲来规定道德的本质和基础。北京大学版《伦理学简明教程》也持“自我牺牲论”。①

追根溯源,“自我牺牲论”并不是我国学者的独创。普列汉诺夫在给恩格斯《路德维希·费尔巴哈和德国古典哲学的终结》一书俄文版所作的注释中,早已明确提出了以体现整体利益的自我牺牲原则作为道德基础的观点。他说:

> 道德的基础不是对个人幸福的追求,而是对整体的幸福,即对部落、氏族、阶级、人类幸福的追求。这种追求和利己主义毫无共同之点。相反地,它总是要以或多或少的自我牺牲为前提。②

我国理论界对马克思主义的研究,过去受苏联影响比较大,而且教条主义比较盛行,不仅把马、恩、列、斯的一些话作为教条,甚止把普列汉诺夫的一些话也作为教条而到处引用,“自我牺牲论”的提出和流行就是一个典型。

普列汉诺夫的论断,并没有从经济条件入手去分析道德的基础,不去具体地分析不同社会个人利益与社会整体利益矛盾的状况,而空洞地谈论社会整体利益,他用部落、氏族、阶级、人类的幸福来概括社会整体利益,似乎是很全面的,而且好像找到了打开道德之门的金钥匙。我们说部落、氏族、阶级幸福并不都是代表社会整体利益的。而且在阶级社会,民族利益、阶级利益、人类利益常常处于矛盾之中,那么请问维护哪个利益才算是道德的呢?普列汉诺夫在论证自己这段话的时候指出自我牺牲精神是动物与人共有的,是“生存斗争”的需要。这种用生存斗争取代生产斗争和阶级斗争,把人类特有的道德现象降低到动物本能需要的水平的观点完全背离了马克思主义的正确轨道。列宁在《唯物主义和经验批判主义》一书中,对在社会学领域搬用一般生物学概念的错误进行了批判。

在相当长的时间内,由于受左倾思想的影响,我们的理论宣传中,

---

①　魏英敏、金可溪:《伦理学简明教程》,北京大学出版社 1984 年版,第 164 页。

②　恩格斯:《路德维希·费尔巴哈和德国古典哲学的终结》,人民出版社 1972 年版,第 109 页。

假、大、空盛行，脱离生产水平和人的思想觉悟，搞无休止的“斗私批修”“灵魂深处爆发革命”，不敢宣传正当的物质利益原则。谁提倡个人利益、个人奋斗，就宣布谁是资产阶级个人主义、名利思想。在这种形势和气氛中，把自我牺牲原则作为社会主义社会道德的基础，就很能被一些人接受。因此，我们说这种观念实际上也是左倾思想的产物。

我国封建社会历史悠久，传统文化中，群体至上，忽略和扼杀人的个性的腐朽观念至今还有很大的市场。忠孝节义的封建礼教，在“文化大革命”中转变为对领袖个人的崇拜、个人迷信，从而酿成了苦果。这种群体至上观念与一些人的盲从、奴性等劣根性相结合，成为“自我牺牲论”得以广泛流传的极好土壤。

在改革开放、发展社会主义商品经济的新的历史条件下，人们的观念形态发生着深刻的变化。有些同志提出人的主体性是一切道德活动的原动力的观点，本身就是对“自我牺牲论”的一种挑战。“略论”在结尾提出康德是主体性问题的开山鼻祖，认为“道德律令”是提倡一种对集体的献身精神。我们认为“略论”片面强调了康德伦理学中关于道德对人的个性的压抑和节制的内容，而忽视了康德关于“人是目的”的伦理思想，而后一方面正是康德伦理学的革命性的表现。康德所处的历史时代不可能真正实现“人是目的”的口号。在今天提倡康德这一思想不仅具有反封建的意义，而且对于破除伦理学中的陈腐观念，使社会主义道德成为鼓舞全国人民主动性、创造性的精神武器，都具有深刻的现实意义。

二　道德焦虑与信仰缺失

近期发生在中国大陆的新闻，最美司机、最美女教师、寻找最美乡村医生、最美乡村教师，在全社会引起了巨大反响。各级政府分别授予这些先进人物以各种称号，有些地方政府甚至提倡占领“道德高地”，而广大民众也投入巨大热情加以赞赏和支持。

沉寂了多年的“学雷锋”活动，在纪念雷锋同志光荣殉职五十周年之际，又在中华大地空前热烈地开展起来。《雷锋全集》、小说《雷锋》隆重推出，唤起了人们对20世纪五六十年代社会道德风尚的回忆和对那个时代的眷恋。

这就表明中国人目前有一种深沉的道德焦虑。

（一）

瘦肉精、毒胶囊、地沟油、三鹿奶粉事件的曝光，富士康工人十三跳，连续几次发生在大陆的杀害小学生、幼儿园儿童的恶性事件、厦门公交车纵火惨案，以及最近报道的惨不忍睹的挖掉儿童双眼、警察和路人摔死幼儿、妇产科大夫贩卖婴儿事件，使人们不仅对食品安全、治安环境忧心忡忡，而且对生存现状心存疑虑，人心叵测、世事难料！人们不禁要问这世界怎么了?!

虽然政府加大了反腐败的力度，中石油的反腐风暴、铁道部部长等高官纷纷落马，但是反腐败形势依然严峻。城市拓展中的强行拆迁激化了干群矛盾；官僚主义、形式主义、公款消费、铺张浪费，使人们对政府信誉和官员道德产生了怀疑。

欲望膨胀、拜金主义盛行，人际关系冷漠，见死不救现象屡有发生！20世纪八九十年代就有一个轰动全国的大学校园剧《一个死者对生者的访问》，根据一个发生在身边的真实事件改编。写的是发生在城市公共汽车上的杀人惨案，如果人们大喊一声，悲剧就不可能发生。就因为一车人冷漠，才让歹徒在众目睽睽之下胆大妄为。死者的灵魂一个个拜访在场的乘客，他们的所思所想，把现代人畏缩不前、斤斤计较、自私自利、明哲保身的龌龊心理描写得淋漓尽致。一个小小的校园剧能够产生那么大的社会反响，绝不是一个偶然的现象，它反映了市场经济对社会传统道德带来的冲击，是国人的现实道德生活的反思和忧虑。

为什么20世纪末西方媒体组织评选，卡尔·马克思为千年伟大思想家？伟大文学名著不是莎士比亚、托尔斯泰的作品，而是塞万提斯的《堂吉诃德》？就是因为像马克思、堂吉诃德这样的理想主义者、特立独行者、侠肝义胆的英雄，是我们这个时代所缺乏的。

为什么中国人喜欢看包公戏，因为他们需要青天大老爷，为民做主，主持公道，铁面无私，秉公执法。为什么中国人喜爱看金庸的武侠小说，因为从这里可以看到国人的血性、正气、侠骨柔肠。

而雷锋精神经过几十年的沉寂之后，之所以引起国人的重新重视，就是因为这种精神已经成为商业社会一种稀缺的资源。人们渴望一种和谐的人际关系，希望有善良、淳朴的民风，企盼用友善化解商业社会的冷酷无情和利欲熏心。

（二）

马克斯·韦伯在《新教伦理与资本主义精神》一书中指出，中国之所以没有发展出资本主义，是因为中国人近代以来的精神气质没有发生变化，中国人依然是因循守旧、知足者常乐。西方人近代的崛起在于文艺复兴、宗教改革以来，把基督教追求来世幸福变成了追求现世幸福，追求现世欲望的满足成为价值观的核心内容。如果韦伯来到当下中国，他就会发现这个民族已经今非昔比，“天下熙熙皆为利来，天下攘攘皆为利往”。正像有人所指出的那样，中国正进入马克思所批判的社会。

《共产党宣言》指出：“资产阶级在它已经取得统治的地方，把一切封建的、宗教的和田园诗般的关系都破坏了。它无情地斩断了把人们束缚于天然首长的形形色色的封建的羁绊，它使人和人之间除了赤裸裸的利益关系，除了冷酷无情的‘现金交易’，就没有任何关系了。它把宗教的虔诚、骑士的热忱、小市民的伤感这些情感的神圣激发，淹没在利己主义打算的冰水之中。它把人的尊严变成交换价值，用一种没有良心的贸易自由代替了无数特许的自力争得的自由。总而言之，它用公开的、

无耻的、直接的、露骨的剥削代替了由宗教幻想政治幻想掩盖着的剥削。"[①] 恩格斯说：

> 卑劣的贪欲是文明时代从它存在的第一日起直到今日的动力；财富、财富、第三还是财富，不是社会的财富，而是这个微不足道的单个人的财富，就是文明时代唯一的、具有决定意义的目的。[②]

发生在美国的次贷危机，引发了波及全球的金融风暴，暴露了垄断资本的巧取豪夺、唯利是图的贪婪本性。占领华尔街，表明现代资本主义带来巨大的财富悬殊，劳资矛盾不可避免。英国广播公司的性丑闻，暴露了西方发达国家性道德的堕落；沸沸扬扬的斯诺登事件，对美国人信奉的自由人权观念是一种挑战。

美国前总统尼克松临终前留下遗言，说美国作为世界上最发达、最富有的国家，而年青一代却缺乏道德责任感，这是最令我们担忧的啊！据观察，美国青年人精神空虚，吸毒的人很多，患有得过且过病。

从海明威的《太阳照常升起》所谓迷茫的一代，到塞林格《麦田的守望者》的颓废的一代，这些小说受到追捧，表明它反映了美国人的心理状态和道德价值。斯宾格勒的《西方的没落》一书，早在20世纪二三十年代就对西方社会的各种危机进行了描述，产生了巨大的社会反响。可见，进行道德重建并不只是中国一个国家独特的急迫任务，而且是全人类目前必须面对的巨大难题！

（三）

改革开放以来，我国采取了市场化的改革取向，中国经济已经融入了全球化的潮流，经过三十多年经济持续快速增长，中国已经成为第二经济大国。国际地位显著提高，人民生活明显改善。中国的进步是谁也否定不了的。但是，问题也是刻不容缓的。收入差距越来越大，阶层固化；官商勾结，官员腐败愈演愈烈；生态环境破坏严重，食品安全问题突出；各种突发事件频发，人们缺乏安全感，如此等等。

这些问题的出现，一方面与市场经济导致的唯利是图、金钱至上的

① 《马克思恩格斯选集》（第1卷），人民出版社1972年版，第253页。

② 《马克思恩格斯选集》（第4卷），人民出版社1972年版，第173页。

价值观有关，是改革不到位，制度不健全，利益关系没有理顺；另一方面与人们的道德水平、自律精神也有很大的关系。

亚当·斯密在写作《国富论》、推崇市场经济的同时，又写作了另一本传世名著《道德情操论》。中国改革实践告诉我们市场经济这只“看不见的手”的确是走向富裕的途径，同时我们也看到市场经济是一把“双刃剑”，如果不同时提高国人的道德情操，那么它就可能成为一切社会乱象的根源。可见亚当·斯密是富有远见的思想家。而中国现代化的总设计师邓小平在改革开放初期，就曾经提出两个文明一起抓的战略方针。

中国的现代化走着与西方不同的道路。西方发源于文艺复兴，是复兴希腊罗马的古代文化，是用人文主义取代基督教文化。中国新文化运动是在西学东渐的形势下，提出“打倒孔家店”的口号，用新道德取代旧道德。虽然新文化运动传播了科学与民主观念，对国人的思想解放功不可没，但是现在检讨也有全盘否定传统文化的片面性，使民族道德建设缺乏本土文化根基。

一直到20世纪六七十年代，中国大陆发生“文化大革命”，提出“破四旧、立四新”，开展“批林批孔”运动，“评法批儒”运动，把中国传统道德尤其是儒家文化一概否定。倡导斗争哲学，与天斗其乐无穷、与人斗其乐无穷。“革命不是请客吃饭，不能那样雅致，那样文质彬彬，那样温良恭俭让，革命是暴动!”那是“一次触及人们灵魂的大革命”，广大干部被打成走资派，把知识分子批成“臭老九”，红卫兵造反派到处打砸抢，夫妻反目，父子成仇，没有师道尊严，不讲规矩方圆，造成了多少冤假错案。这是一场民族大浩劫，是民族优良道德和文化传统的大浩劫。

虽然中央在《建国以来若干历史问题的决议》中对“文化革命”从政治思想上进行了清算，但是由于中国改革任务的紧迫性，由于现代化航船已经启程，从思想文化领域彻底清算“文化大革命”的任务并没有完成。一些有识之士比如著名作家巴金的《随想录》，直面“文化大革命”带来的灾难，直面自己人格曾经出现的扭曲。他愿意用真实的写作填补一度出现的精神空白。以罕见的勇气“说真话”，他对过去的反思，他追求真理的精神也赢得了文化界的尊敬。从《随想录》里，人们又见到了那个熟悉的巴金，他开始独立思考而不再盲目听命，挣脱思想枷锁而不再畏首畏尾，直言中国过去“太不重视个人权利，缺乏民主与法

制”，痛感“今天在我们社会里封建的流毒还很深、很广，家长作风还占优势”。集中批判“长官意志”，为知识分子树立了一座丰碑。

但是这在中国文化界是凤毛麟角，并没有引起整个社会的反思和重视，直到目前大陆一部分经过十年动荡的人士，才开始反思自己在“文化大革命”中的行为，向父母、老师进行忏悔，这是道德良心的重新发现！虽然已经迟到了几十年，依然显得难能可贵。

凡是经历过“文化大革命”的人，都应该认真反省自己在那个动荡年代的行为，整个民族都应该进行深刻的反省，“文化大革命”为什么会在中国发生？这与皇权思想、个人崇拜、蒙昧主义有没有关系？每个人都要为自己的行为负责，要敢于承担责任，而不要仅仅追究个别领导人的责任。只有这样我们的民族才能真正从灾难中觉醒，才能避免“文化大革命”悲剧再次重演。

对中国社会传统道德带来巨大冲击，第一次是新文化运动，第二次是“文化大革命”，第三次是市场化改革。针对目前愈演愈烈的官员腐败，有位作家认为其根本原因在于这些官员的理想信念发生了动摇，苏东剧变以后他们怀疑中国的社会主义究竟能够坚持多久？所以在台上一天还是给自己打算，给自己捞钱！全心全意为人民服务的宗旨早就忘到九霄云外。

（四）

实际上中国目前的道德困境与国人的信仰缺失有直接关系。自从文艺复兴以来人文主义思潮兴起，人类从禁欲主义滑向纵欲主义，信仰的太阳被射落，拜金主义大行其道。正像莎士比亚在《雅典的泰门》中所描写的那样：

> 金子！黄黄的发光的，宝贵的金子！这个东西，只这一点点儿，就可以使黑的变成白的，丑的变成美的，错的变成对的，卑贱变成尊贵，老人变成少年，懦夫变成勇士！
>
> 这黄色的奴隶可以使异教联盟，同宗分裂，它可以使受诅咒的人得福，它可以使黄脸寡妇重做新娘，啊！你可爱的凶手，帝王逃不过你的掌握，亲生父子被你离间，啊！你有形的神明，你会使冰炭化为胶漆，仇敌互相亲吻，使每一个人唯命是从。

雨果在《悲惨世界》中描写一种酒后哲学：

我们曾经谈到过一个元老院元老，那是个精明果断的人，一生行事，直截了当，对于人生所能遇到的难题，如良心、信誓、公道、天职之类从不介怀；他一往直前地向着他的目标走去，在他个人发达和利益的道路上，他从不曾动摇过一次。他说“我有我自己一套哲学。”

“我恨狄德罗，他是个空想家，大言不惭，还搞革命，实际上却信仰上帝，比伏尔泰更着迷。伏尔泰嘲笑过尼登，他不应当那么做，因为尼登的鳝鱼已经证明上帝的无用了。一匙面糊加一滴酸醋，便可以代替圣灵。假设那一滴再大一点，那一匙也再大一点，便是这世界了。人就是鳝鱼。又何必要永生之父呢？主教先生，关于耶和华的那种假设叫我头痛。它只对那些外弱中干的人有些用处。打倒那个惹人厌烦的万物之主！虚空万岁！虚空才能叫人安心。说句知心话，并且我要说个痛快，好好向我的牧师交代一番，我告诉您，我观点明确。您那位东劝人谦让、西劝人牺牲的耶稣瞒不过我的眼睛。那种说法是吝啬鬼对穷鬼的劝告。谦让！为什么？牺牲！为什么？我从来没有见过一只狼为另一只狼的幸福而牺牲它自己。我们还是游戏人间的好。人为万物之灵。我们应当有高明的哲学。假使目光如鼠，又何必生为万物之灵？让我们嘻嘻哈哈过这一世吧。人生，就是一切。说人在旁的地方，天上、地下，某处，有另外一个来生，我绝不信那些鬼话。哼！有人要我谦让，要我牺牲，那么，一举一动，我都得谨慎小心，我得为善恶、曲直、从违等问题来伤脑筋。为什么？据说对自己的行为我将来得做个交代。什么时候？死后。多么好的梦！在我死了以后，有人捉得住我那才妙呢。您去叫一只鬼手抓把灰给我看看。我们都是过来人，都是揭过芙蓉仙子的亵衣的人，让我们说老实话吧，这世上只有生物，既无所谓善，也无所谓恶。我们应当追求实际，一直深入下去，究其究竟，有什么大不了的！我们应当嗅出真理，根究到底，把真理掌握在自己的手里。那样它才会给你一种无上的快乐。那样你才会充满信心，仰天大笑。我一点不含糊，我，主教先生，永生之说只能哄哄小孩。哈！多么中听的诺言！您去信您的吧！骗鬼的空头支票。人是灵魂，人可以成为天使，人可以在肩胛骨上生出一对蓝翅膀。有福气的人可以从这一个星球游到那一个星球，这句话是不是德尔图良说的，请您告诉我。就算是的。我们会变成星际间的蝗虫。还会看见上帝，等等，等等。什么天堂，妄谈而已。上帝是种荒谬透顶的胡

说。我当然不会在政府公报里说这种话。朋友之间，却不妨悄悄地谈谈。酒后之言嘛。为了天堂牺牲人世，等于捕雀而捉影。为永生之说所愚弄！还不至于那么蠢。我是一无所有的。我叫作一无所有伯爵。元老院元老。在我生前，有我吗？没有。在我死后，有我吗？没有。我是什么呢？我不过是一粒和有机体组合起来的尘土。在这世界上，我有什么事要做？我可以选择，受苦或享乐。受苦，那会把我引到什么地方去呢？引到一无所有。而我得受一辈子的苦。享乐又会把我引到什么地方去呢？也是引到一无所有。而我可以享一辈子的乐。我已经选定了。不吃就得被吃。做牙齿总比做草料好些。那正是我聪明的地方。过后，听其自然，掘坟坑的人会来的，坟坑便是我们这种人的先贤祠，一切都落在那大洞里。万事大吉。一切皆空。……享乐高于一切。当你还有你的时候，就应当利用这个你。老实说，我告诉您，主教先生，我有我的一套哲学，也有我的同道。我不让那些无稽之谈牵着我的鼻子走。可是，对于那些下等人，那些赤脚鬼、穷光蛋、无赖汉，却应当有一种东西。我们不妨享以种种传说、幻想、灵魂、永生、天堂、星宿。让他们大嚼特嚼，让他们拿去涂在他们的干面包上。两手空空的人总算也还捧着一位慈悲的上帝。那并不过分。”

主教鼓掌大声说：

“妙论，妙论！这个唯物主义，确是一种至美绝妙的东西。要找也找不到的。哈！一旦掌握了它，谁也就不上当了，谁也就不会再傻头傻脑，像卡托那样任人放逐，像艾蒂安那样任人用石头打死，像贞德那样任人活活烧死了。获得了这种宝贵的唯物主义的人，也就可以有那种觉得自己不用负责的快感，并认为自己可以心安理得地霸占一切，地盘、恩俸、荣誉、正当得来或暧昧得来的权力，可以为金钱背弃信义，为功利出卖朋友，昧尽天良也还可以自鸣得意。等到酒肉消化完了，便往坟墓里一钻了事。那多么舒服。我这些话并不是为您说的，元老先生。可是我不能不庆贺您。你们那些贵人，正如您说的，有一套自己的、为你们自己服务的哲学，一套巧妙、高明、仅仅适用于有钱人、可以调和各种口味、增加人生乐趣、美不胜收的哲学。那种哲学是由特殊钻探家从地下深处发掘得来的。一般平民以信仰上帝作为他们的哲学，正如穷人以栗子烧鹅肉当作蘑菇煨火鸡，而您并不认为那是件坏事，您确是一位忠厚长者。”

实际上没有信仰的世界就是悲惨世界，尼采宣告上帝死了！于是人类可以为所欲为了，可以说信仰的陨落是人世间一切乱象的根源。

（五）

除魅、解构主义是现代流行的哲学。解构主义兴起于 20 世纪 80 年代，但它的哲学渊源则可以追溯到 1967 年。当时一位哲学家德里达（Jacque Derrida，1930—2004）基于对语言学中的结构主义的批判，提出了“解构主义”的理论。他的核心理论是对于结构本身的反感，认为符号本身已能够反映真实，对于单独个体的研究比对于整体结构的研究更重要。在海德格尔看来，西方的哲学历史即是形而上学的历史，它的原型是将“存在”定为“在场”，借助于海德格尔的概念，德里达将此称作“在场的形而上学”。“在场的形而上学”意味着在万物背后都有一个根本原则，一个中心语词，一个支配性的力，一个潜在的神或上帝，这种终极的、真理的、第一性的东西构成了一系列的逻各斯（logos），所有的人和物都拜倒在逻各斯门下，遵循逻各斯的运转逻辑，而逻各斯则是永恒不变，它近似于“神的法律”，背离逻各斯就意味着走向谬误。

而德里达及其他解构主义者攻击的主要目标正好是这种称之为逻各斯中心主义的思想传统。简言之，解构主义及解构主义者就是打破现有的单元化的秩序。当然这秩序并不仅仅指社会秩序，除了包括既有的社会道德秩序、婚姻秩序、伦理道德规范之外，而且还包括个人意识上的秩序，比如创作习惯、接受习惯、思维习惯和人的内心较抽象的文化底蕴积淀形成的无意识的民族性格。

解构主义兴起在哲学发展上有一定的建树，但是作为一种社会思潮，对理想、信仰、正义、道德、良心等观念具有颠覆性，“反对总体统一而创造出支离破碎和不确定感”的价值导向，对人类建立新的秩序是无益的。

中国老百姓的口头语：“举头三尺有神灵”，心诚则灵，“精诚所至，金石为开”，“人之初，性本善”，“上善若水”，“自强不息”，“厚德载物”，“仁者爱人”，“助人为乐”，见义勇为，积善之家必有余庆，前人的积德，后人的福德；“不因善小而不为，不因恶小而为之”；“得道者多助，失道者寡助”。

传统的中国人相信世界上还是好人多，好人终有好报，多行不义必自毙。这就是善良的中国人的生活信仰，是一种道义的力量。依靠这种力量，中华民族才能成为礼仪之邦，才能自立于世界民族之林，才能成为爱好和平的伟大民族。

中国社会目前理想主义、英雄主义、集体主义式微，拜金主义、享乐主义、消费主义盛行。不信神、不信鬼；不信善恶报应，没有敬畏精神；没有理想信念，不讲道德良心；随心所欲，我行我素。

现在已经到了我们重建道德信仰的时候了！国学热的兴起就是一个契机，我们要弘扬社会主义核心价值观，弘扬祖国优秀传统文化。如果我们心中没有敬畏、没有忌讳、没有羞耻，那么，还能建立良好的秩序？还能过一种文明的生活？

三　善良是美德之魂

——对中国伦理文化精神的一种解读

中国先秦有人性善恶的论辩，儒家主张性善论，对中国传统文化有深刻影响。《三字经》开宗明义：“人之初，性本善，性相近，习相远。”中国人相信世界上还是好人多，相信好人终有好报，相信善恶报应，相信“多行不义必自毙”，相信“得道者多助，失道者寡助”。这种建立在性善论基础之上的伦理文化，实际上是一种向善文化，是中国人的一种文化信仰。这是一种强大的道义力量，是维护社会公平正义的精神支柱，是中国伦理文化生命力的真正源泉。

（一）

在普通的中国人看来，正直善良是做人的根本。智慧、勇敢、仁爱、诚信、谦逊等美德，只有建立在善良这个根本品性基础之上，才有道德价值，也可以说善良是美德之魂。这种向善文化是中国伦理精神的集中体现，也是中华民族精神的重要体现。

孔子提出“性相近也，习相远也”（《论语·阳货》），他认为人的天性都是相近的，差别是后天习染的结果。孔子没有直接提出性善论，但是他主张“仁者爱人”（《论语·颜渊》），“我欲仁，斯仁至矣”（《论语·述而》），“三人行必有我师”（《论语·里仁》），“己所不欲，勿施于人”（《论语·颜渊》），“己欲立而立人，己欲达而达人”（《论语·雍也》），“夫子之道，忠恕而已矣”（《论语·里仁》），提出“有教无类”的教育思想，“大道之行，天下为公”的大同理想，对人性和人性的发展抱有极高的信赖，也可以说孔子奠定了儒家向善文化的基调。

孟子明确提出性善论，他认为人性中有仁义礼智四端，是人性中本来就有的善端，而不是勉强炼成的。他说：

恻隐之心，人皆有之；羞恶之心，人皆有之；恭敬之心，人皆有之；是非之心，人皆有之。恻隐之心，仁也；羞恶之心，义也；恭敬之心，礼也；是非之心，智也。仁义礼智，非由外铄我也，我故有之也。(《孟子·告子上》)

人皆有不忍人之心。……今人见孺子将入于井，皆有怵惕恻隐之心。非所以内交于孺子之父母也，非所以要誉于乡党朋友也，非恶其声而然也。……恻隐之心，仁之端也；羞恶之心，义之端也；恭敬之心，礼之端也；是非之心，智之端也。人之有是四端也，犹其有四体也。有是四端而自谓不能者，自贼者也。(《孟子·公孙丑上》)

人有恻隐、羞恶、辞让、是非之心，乃仁义礼智之端，都是人所固有，随时而发现，无待于习。孟子又说：

人之所不学而能者，其良能也；其不虑而知者，其良知也。孩提之童，无不知爱其亲也；及其长也，无不知敬其兄也，亲亲仁也，敬长义也。(《孟子·尽心上》)

仁义是人之良知良能，乃不待学不待虑的；一切道德皆出于人的善良本性。当然孟子并不否认教育的作用，他说：

人之有道，饱食暖衣，逸居而无教，则近于禽兽。(《孟子·滕文公上》)

人有仁义礼智四端，把人与禽兽区别开来，但是人身上也有恶端，如果不教育的话，就可能与禽兽无异。人性中的善端，只是一点萌芽：

凡有四端于我者，知皆扩而充之矣。若火之始然，泉之始达。苟能充之，足以保四海；苟不充之，不足以事父母。(《孟子·公孙丑上》)

人性中的善端，必须加以扩充，不然的话就“不足以事父母”，所谓性善者，就是说人生来有为善之可能。

孟子所谓性，指人之所以为人的特性，而非人生来即有的一切本能。他说：

> 天下之言性者，则故而已矣，故者以利为本。(《孟子·离娄下》)

故是已然之形态。当时大多数论者都以人生来就是的已然之形态为人性，必然以利为根本了。其实与禽兽相同的本能，不可能算作人性。人性乃生来而有的人之所以为人之特殊可能，才可算作人性。孟子认为人之所以异于禽兽者在于人有仁义礼智之端，故人性是善。

孟子提出性善论，并不是无视当时的社会现实，在礼崩乐坏的春秋战国时期“天下熙熙，皆为利来；天下攘攘，皆为利往”。孟子认为如果把现实中普遍存在的行为看作人性的话，那只能把唯利是图当作根本人性，那我们就看不到人性的光辉。

孟子从人与动物区别的角度肯定人有仁义礼智四端，有向善发展的可能性，这就为人性修养和道德教化提供了理论基础。也可以说孟子当时提出性善论，也是一种价值导向，伦理学说到底是一门价值理论，对社会现实有批判性，对道德实践有先导性。

孔子曾经提出，“君子喻于义，小人喻于利”（《论语·里仁》），义指行为遵循的原则，利指私利。他说：“放于利而行，多怨。”（《论语·里仁》）如果放纵人们谋取私利，招致社会不满。但他并不完全排除利，曾提出“因民之所利而利之”的政治主张。孔子认为，君子爱财，取之有道：“不义而富且贵，于我如浮云。”（《论语·述而》）“见利思义”（《论语·宪问》），在个人利益与道德原则发生矛盾时，应该服从道德原则。

孟子继承孔子的思想，在回答梁惠王“亦将有以利吾国乎”的问题时说：

> 王何必曰利？亦有仁义而已矣。王曰“何以利吾国”？大夫曰“何以利吾家”？士庶人曰“何以利吾身”？上下交征利而国危矣。万乘之国弑其君者，必千乘之家；千乘之国弑其君者，必百乘之家。万取千焉，千取百焉，不为不多矣。苟为后义而先利，不夺不餍。未有仁而遗其亲者也，未有义而后其君者也。王亦曰仁义而已矣，何必曰利？(《孟子·梁惠王上》)

孟子认为，从利来讲，国君之利与大夫之利、士庶之利，是彼此相互矛盾的。上下都追求自己的利益，必然会发生篡弑，这是非常危险的。可见孟子不以求利为人性，其价值导向性是很明显的。

孟子在性善论基础上，进一步提出施仁政的主张：

> 王如施仁政于民，省刑法，薄税敛，深耕易耨，壮者以暇日修其孝悌忠信，入以事其父兄，出以事其长上。
>
> 明君治民之产，必使仰足以事父母，俯足以蓄妻子，乐岁终身饱，凶年免于死亡。(《孟子·梁惠王上》)

儒家仁爱的特点是推己及人、由近及远。孟子说："老吾老，以及人之老；幼吾幼，以及人之幼。"因此儒家强调孝悌是仁的基础。孔子弟子有若说："君子务本，本立而道生。孝悌也者，其为仁之本与!"(《论语·学而》)儒家以仁为最高道德，以孝悌为基本道德。

墨家宣传兼爱，兼爱是不分亲疏、不分远近的普遍的爱。《孟子》书中记载墨者夷子的言论："爱无差等。"(《孟子·滕文公上》)兼爱就是无差等之爱。其原则是"视人之国，若视其国；视人之家，若视其家；视人之身，若视其身。"(《墨子·兼爱中》)简言之，即视人如己，兼爱就是爱一切人。墨子的办法就是积极努力为天下人民兴利除害。孟子评论墨子说："墨子兼爱，摩顶放踵利天下为之。"(《孟子·尽心上》)墨家的行为充分体现了积极救世的崇高精神。

兼爱的理想境界是："天下之人皆相爱，强不执弱，众不劫寡，富不侮贫，贵不敖贱，诈不欺愚。"(《墨子·兼爱中》)虽然有贫富贵贱，但是，人们不相欺凌，和平共处。墨子在政治上主张"官无常贵，而民无终贱。"(《墨子·尚贤上》)墨子的兼爱思想抱着对人性的极大信任，与儒家的大同理想是相通的，共同培育了"先天下之忧而忧，后天下之乐而乐"的人文情怀。

告子主张性无善无不善论。告子说，"生之谓性"。又说："食色性也。"(《孟子·告子上》)告子所谓性指生而具有的本能，告子认为这性是无善无不善的。"性无善无不善也。"(《孟子·告子上》)这就是说，生来的本能是无善无不善的。这虽然有一定的道理，但是告子不重视人与禽兽的区别。告子论人与仁义的关系说："性犹杞柳也；义犹桮棬也。

以人性为仁义，犹以杞柳为桮棬。”（《孟子·告子上》）而孟子诘问告子：“子能顺杞柳之性以为桮棬乎？将戕贼杞柳后以为桮棬也？如将戕贼杞柳而以为桮棬，则亦将戕贼人以为仁义与？”（《孟子·告子上》）孟子的诘问是有道理的。以杞柳为桮棬，是戕贼了杞柳的生机而制成的；以人性为仁义却非戕贼人的生机。道德是对人的本能的一种改变，也可以说是人的本能的一种发展。告子反对先验道德论，但是没有正确说明人性与道德的关系。

荀子反对孟子的性善论，主张性恶论。荀子所谓性指“生之所以然者”（《荀子·正名》），所以然即所已然，故说：“凡性者天之就也。”（《荀子·性恶》）“不可学不可事而在人者谓之性”（《荀子·性恶》）。性是完全无待于学习的，亦即本能。荀子以为这性是恶的。他说：

> 人之性恶，其善者伪也。今人之性，生而有好利焉，顺是，故争夺生而辞让亡焉。生而有疾恶焉，顺是，故残贼生而忠信亡焉。生而有耳目之欲，有好声色焉，顺是，故淫乱生而礼义文理亡焉。（《荀子·性恶》）

这是说，本性的发展必然发生“争夺”“残贼”“淫乱”等现象，足证本性是恶的。而“辞让”“忠信”“礼义文理”都是本性所无，“古者圣王以人之性恶，以为偏险而不正，悖乱而不治，是以为之起礼义，制法度，以矫饰人之情性而正之，以扰化人在情性而导之也。”（《荀子·性恶》）生活在战国时期的荀子，提出性恶论，强调礼义法度的重要性，这是一种适应时代需要的政治哲学，对法家思想以重要影响。同时荀子仍然肯定人有向善的可能性，他说：

> 涂之人可以为禹，曷谓也？曰：凡禹之所以为禹者，以其为仁义法正也。然则仁义法正有可知可能之理，然而涂之人也，皆有可以知仁义法正之质，皆有可以能仁义法正之具，然则其可以为禹明矣。……今涂之人者，皆内可以知父子之义，外可以知君臣之正，然则其可以知之质、可以能之具，其在涂之人明矣。（《荀子·性恶》）

“涂之人可以为禹”成为中国人对人性向善可能性的坚定信念和道德信

仰。荀子人性学说的贡献在于他反对道德先验论。荀子认为道德是积思虑而后创立的。“圣人积思虑、习伪故，以生礼义而起法度。”（《荀子·性恶》）他又说：

> 况夫先王之道，仁义之统，《诗》《书》《礼》《乐》之分乎？彼固天下之大虑也，将为天下生民之属，长虑顾后而保万世也。（《荀子·荣辱》）

道德仁义是圣人为天下生民的长久利益而创设的。荀子强调圣人之性也与众人之性一样：“故圣人之所以同于众者性也。”（《荀子·性恶》），这为荀子的道德积伪说提供了理论依据。

荀子虽然主张性恶论，但他亦反对后义而先利。他说：“先义而后利者荣，先利而后义者辱。”（《荀子·荣辱》），又说：

> 义与利者，人之两有也。虽尧、舜不能去民之欲利，然而能使其欲利不克其好义也。虽桀、纣亦不能去民之好义，然而能使其好义不胜其欲利也。故义胜利者为治世，利胜义者为乱世。（《荀子·大略》）

荀子认为任何人都不可能不考虑个人利益，然而，应该使个人利益的考虑服从道德原则的指导。在这一点上与孔孟的主张是一致的。

（二）

张岱年先生认为，荀子的性恶论不被汉、唐、宋、明多数学者所接受，这也不是偶然的。[①] 战国时期“法家者流”大多不承认“性善”，因而强调权势的必要。性恶论往往成为专制主义的理论根据之一。而汉以后中国的思想文化发展，儒家逐步取得主导地位，伦理道德成为与政治社会相协调、又与政治权势相抗衡的力量。汉唐思想家提出“性三品”说，是为道德教化、培植向善文化制造理论根据。

王充《论衡》说：

① 张岱年：《中国伦理思想研究》，上海人民出版社 1989 年版，第 98 页。

> 周人世硕，以为人性有善有恶，举人之善性养，而致之则善长；恶性养，而致之则恶长。……宓子贱、漆雕开、公孙尼子之徒，亦论性情，与世之相出入。(《论衡·本性》)

世硕与孟子、荀子处于同一个时代。董仲舒从天人感应说出发也提出性有善有恶论，“人之诚有贪有仁。仁贪之气两在于身，身之名取诸天，天两有阴阳之施，身亦两有仁贪之性。”(《春秋繁露·深察名号》)董仲舒又区别圣人之性、斗筲之性与中民之性，可以说是后来性三品说的先驱。扬雄提出“人之性也善恶混”的命题（《法言·修身》)，实质上也是性有善有恶论。

王充以为“人性有善有恶，犹人才有高有下也。”(《论衡·本性》)人有高下之分，性有善恶之别。“余固以孟轲言人性善者，中人以上者也；孙卿言人性恶者，中人以下者也；扬雄言人性善恶混者，中人也”(《论衡·本性》)。荀悦明确提出“三品”说。他说：“或问天命人事，曰有三品焉，上下不移，其中则人事存焉尔。”(《审鉴·杂言》)

韩愈也宣传三品之说：“性之品有上中下三：上焉者善焉而已矣，中焉者可导而上下也，下焉者恶焉而已矣。其所以为性者五，曰仁，曰礼，曰信，曰义，曰智。上焉者之于五也，主于一而行于四；中焉者之于五也，一不少有焉，则少反焉；其于四也混也；下焉者之于五也，反于一而悖于四。”(《韩昌黎集·原性》）区分上中下三品的标准在于其符合或违背仁义礼智信五德的情况，这显然是受了孟子性善论的影响。韩愈在《原道》中提出：“博爱之谓仁，行而宜之之谓义。”也是孔子“仁者爱人”思想的发挥。

董仲舒提出性三品说，服从于他的道德教化理论。在他看来，教化之所以可能和必要，就是因为民“两有贪仁之性”。有“善质”，则可教而为善，即所谓“成性”；有贪欲，则需要教而节之，即谓“防欲”。他说：

> 天生民性，有善质而未能善，于是为之立王而善之，此天意也。民受未能善之性于天，而退受成性之教于王。王承天意，以成民之性为任者也。(《春秋繁露·深察名号》)

这是说以教化“成民之性”，又说：

> 夫万民之从利也，如水之走下，不以教化堤防之，不能止也。是故教化立而奸邪皆止也，其堤防完也；教化废而奸邪并出，刑法不能胜者，其堤防坏也。(《春秋繁露·对策》)

王充主张人性是先天的禀赋，但同时指出：

> 凡含血气者，教之所以异化也。(《论衡·率性》)

这是说，通过后天的圣教习俗和作为修养，禀气而成的善恶本性是必定可以变易的（“性必变易”）。他说：“譬如蓝丹之染丝，染之蓝则青，染之丹则赤”“人之性善，可变为恶，恶可变为善，犹此类也。”(《论衡·率性》）又说：

> 蓬生麻中，不扶自直；白纱入缁，不练自黑。彼蓬之性不直，纱之质不黑，麻扶缁染，使之直黑。夫人之性犹蓬纱也，在所渐染而善恶变矣。(《论衡·率性》)

从这一意义上，王充认为人之善恶主要取决于后天环境的“渐染”。即所谓“竟在化，不在性也”“在于教，不独在性也。”从而肯定了“教训之功”。①

张载区别了“天地之性”与“气质之性”，他说：

> 形而后有气质之性，善反之则天地之性存焉。(《正蒙·诚明》)

“天地之性”指天地万物与人类的共同属性，不随具体人的死亡而消失，因而是每个人的本质属性，这就是“诚”和“善”，因此，“性于人无不善”（《正蒙·诚明》），这是对孟子性善论的又一次发挥。他又说：

---

① 朱贻庭：《中国传统伦理思想史》，华东师范大学出版社2003年版，第226页。

人之性相同，气则有异。天下无两物一般，是以不同。（《张子语录》下）

就是说人们禀赋的“天地之性”虽然是相同的，但是构成每一个人的气质却是不一样的，不同的气质属性形成人性的差异。他又说：

湛一，气之本；攻取，气之欲。口腹于饮食，鼻舌于臭味，皆攻取之性也，知德者属厌而已。（《正蒙·诚明》）

人之刚柔缓急，有才与不才，气之偏也。天本参和不偏。养其气反之本而不偏，则尽性而天矣。（《正蒙·诚明》）

张载从人与物皆具有“天地之性”出发，在《西铭》一文中提出了“民胞物于”的重要思想：

乾称父，坤称母；予兹藐焉，乃混然中处。故天地之塞，吾其体；天地之帅，吾其性。民，吾同胞；物吾与也。（《正蒙·乾称上》）

天地是人与万物的父母，人是渺小的，与万物浑然共处于天地之间。充满天地之间的气构成我们的身体，统率天地的气之性，是我的本性。人民是我的同胞，万物是我的兄弟。我应爱一切人，爱一切物：

性者，万物之一源，非我有之得私也，惟大人为能尽其道，是故立必俱立，知必周知，爱必兼爱，成不独成。（《正蒙·诚明》）

张载虽然提出了“天地之性”与“气质之性”，但是他的伦理思想的着力点是弘扬人的善良本性，甚至提倡兼爱，这是儒家仁爱的进一步发挥。

程颢以为，气禀之性是有善有恶的，天赋的本性则不能说有善恶。他说：

人生气禀，理有善恶……有自幼而善，有自幼而恶，是气禀有

然也。……盖生之谓性。人生而静以上不容说，才说性时，便已不是性也。（《河南程氏遗书》卷一）

程颐区别了“极本穷源之性”与“所禀之性”，他说：

性相近也，此言所禀之性，不是言性之本；孟子说言，便是言性之本。（《河南程氏遗书》卷十九）

若乃孟子之言善者，乃极本穷源之性。（《河南程氏遗书》卷三）

程颐又提出“性即理也”的命题（《河南程氏遗书》卷三），认为极本穷源之性，亦即仁义礼智信。

朱熹说：

论天地之性，则专指理言；论气质之性，则以理与气杂而言之。未有此气，已有此性，气有不存，而性却常在。（《朱子语类》卷四）

天之生此人，无不与之以仁义礼智之理，亦何尝有不善？但欲生此物，必须有气，然后此物有以聚而成质；而气之为物，有清浊昏明之不同。（《朱子语类》卷四）

天地之性即是理，气质之性即是理与气的结合。天地之性纯粹是至善；气质之性，有清浊昏明之不同，因而有善有恶。

理学家提出天地之性与极本穷源之性，探讨人性与世界本原的关系，即探讨人类道德在宇宙中的位置，对今天的生态伦理建设有重要启迪，同时把人类的善良本性与天地之性联系起来，这是对孟子性善论思想的进一步发展。①

（三）

中国伦理文化中儒家提倡性善论，道家讲上善若水、柔能克刚，墨家讲兼爱，这是一种向善文化，培育了勤劳、善良、爱好和平的民族性格。《论语》中描写孔子的形象就是“温良恭俭让”，温和、善良、恭敬、俭朴、谦让，这不正是礼仪之邦国民的良好形象吗？在西方人提出“文

① 张岱年：《中国伦理思想研究》，上海人民出版社 1989 年版，第 101—104 页。

明冲突论”的全球化时代，中国人提倡“仇必和而解”的和谐文化，对人类道德重建可以提供新的思路。

在一定意义上，人性善恶，实际上是一种假设，是价值判断，而不是事实判断。谁也无法确证人性是善，还是恶？但是相信人性善，还是人性恶？对一种文化来说确是极其重要的，它涉及我们对人的基本看法。西方文化受基督教的影响，建立在原罪说基础上，认为人的本性有恶的一面，妒忌、自私、贪婪，通过皈依上帝，使人性回归。在制度设计中，为了防止人的本性恶，设计了权力制衡和法治社会，这是我们应该学习的。西方人也相信弱肉强食，讲征服，战争解决问题，近代搞殖民统治，有两次世界大战的惨痛教训。

中国人相信人性本善，“涂之人可以为禹”，到了隋唐时期，产生了大乘佛教，主张人皆可以成佛，即就是恶徒，也可以放下屠刀立地成佛！这也是对人性的信任。

相信人性善，对人有信任感，这种文化是一种阳光性文化，而不过度使用防御机制。常言道：“害人之心不可有，防人之心不可无。”这是人面对复杂的社会生活应该具有的人生态度。但是，如果我们过多地使用防御机制，认为他人都在算计我，人对人是狼，那么你将防不胜防、草木皆兵、四面楚歌。怎么舒展人性，开阔胸怀，来包容这个多姿多彩的社会？贝多芬说：“没有一个善良的灵魂，就没有美德可言。”

在近代西方思想史上，人道主义和人本主义的思想家也都肯定人性本善，这不是偶然的。马克思在《神圣家族》中指出：“并不需要多大的聪明就可以看出，关于人性本善和人们智力平等，关于经验、习惯、教育的万能，关于外部环境对人的影响，关于工业的重大意义，关于享乐的合理性等的唯物主义学说，同共产主义和社会主义之间有着必然的联系。”① 马克思的这个判断具有重要的意义。

恩格斯在《路德维希·费尔巴哈和德国古典哲学的终结》中曾引述黑格尔的言论云：

> 人们以为，当他们说人本性是善的这句话时，他们就说出了一种很伟大的思想；但是他们忘记了，当人们说人本性是恶的这句话

① 《马克思恩格斯全集》（第2卷），人民出版社1961年版，第166页。

时，是说出了一句更伟大得多的思想。[①]

事实上，黑格尔这些话是对于基督教“原罪”说的赞扬，对于18世纪法国唯物论的贬抑。张岱年先生认为，性善论是比性恶论更伟大的思想，因为性善论在事实上是民主思想的理论基础。[②]

亚当·斯密在《道德情操论》中开宗明义指出：

> 无论一个人在别人看来有多么自私，但他的天性中显然总还是存在着一些本能，因为这些本能，他会关心别人的命运，会对别人的幸福感同身受，尽管他从他人的幸福中除了感到高兴以外，一无所得。这种本能就是慈悲或怜悯。这种感情产生于我们看到或设身处地地想到他人的不幸遭遇时，我们常常因为他人的悲痛而伤感，这是显而易见无须用任何事例来证明的事实。同人性中所有其他与生俱来的感情相同，同情决不仅仅存在于良善仁慈之人身上，尽管这些人在这方面的感受可能最为敏锐。即便是一个最恶劣的暴徒，即便是全然无视社会法律的违法者，也不会完全丧失同情心。[③]

亚当·斯密毕竟是有远见的思想家，在写作《国富论》的同时，完成了另一部更为伟大的著作《道德情操论》，企图用道德情感来消除市场经济给人类带来的负面影响。可悲的是这部用心良苦的著作，却往往被见利忘义的人类所遗忘。世界金融风暴以及华尔街抗议活动，向资本主义制度敲响了警钟。难道以市场化为改革目标的中国人不应该警惕吗?!

---

① 《马克思恩格斯选集》（第4卷），人民出版社1972年版，第233页。

② 张岱年：《中国伦理思想研究》，上海人民出版社1989年版，第95页。

③ ［英］亚当·斯密：《道德情操论》，王秀莉等译，北京理工大学出版社2009年版，第3页。

四　百善孝为先

——弘扬中华孝道促进社会和谐

在历史的长河中，中华孝道文化凝聚着民族的特殊情感，历久弥新。中华传统文化是一种伦理型文化。在中国传统文化的内核即传统伦理道德体系中，如果要挑选一个最基本、最重要的道德，大概非“孝”莫属。中国很早就有“孝悌为仁之本”“百善孝为先”的说法。事父孝，故忠可移于君，孝悌行于家，则仁恩可推于外，这是千百年来中国人最基本的伦理信念，中华孝道成为中国伦理文化的根基。①汉唐是中国历史上最强盛的时期，都是推行以孝治天下。

然而，近代以来，随着封建社会的没落和衰亡，孝作为封建伦理的核心内容之一也成为阻碍社会变革的精神力量。“五四”以后直到“文化大革命”，孝受到了严厉的批判。改革开放以后，中央重视精神文明建设，孝文化又获得了新生。它是东方价值观的精髓，是中华民族精神和凝聚力的源泉。百善孝为先，集中体现了我国古代优良的道德传统，在全球化潮流和市场经济冲击下，孝对我们建设精神家园、促进社会和谐，仍然闪烁着道德的光芒。孝道是中华民族的传统美德，在建设社会主义新生活中应该发扬光大。

（一）孝道是中华民族的传统美德

在中国古代文献中，孝道占有十分突出的地位，是为人立身的根本。

> 天地之性，人为贵。人之行，莫大于孝。（《孝经·圣治章》）
>
> 弟子入则孝，出则弟，谨而信，泛爱众，而亲仁。行有余力，

---

① 焦国成、赵艳霞：《“孝”的历史命运及其原始意蕴》，《齐鲁学科》2012 年第 1 期。

则以学文。(《论语·学而》)

教民亲爱，莫善于孝；教民礼顺，莫善于悌。(《孝经·广要道章》)

夫孝，始于事亲，中于事君，终于立身。(《孝经·开宗明义章》)

夫孝，天之经，地之义，民之行也，举大者言，故曰《孝经》。(《汉书·艺文志》)

其为人也孝弟，而好犯上者，鲜矣；不好犯上，而好作乱者，未之有也。君子务本，本立而道生。孝弟也者，其为仁之本与！(《论语·学而》)

老吾老以及人之老，幼吾幼以及人之幼。(《孟子·离娄下》)

先王有至德要道，以顺天下，民用和睦，上下无怨。(《孝经·开宗明义章》)

1. 孝悌观念的产生

(1) 中国传统文化中的“孝悌”观念，是协调个体家庭中父辈与子辈、子辈与子辈关系的伦理原则。

(2) 孝悌观念产生基于两个条件：

其一，基于血缘而产生的“亲亲”关系；

其二，个体家庭的形成，以及与此相适应的家庭中权利与义务关系的出现。

孝悌是怎样起源的?《吕氏春秋·恃君览》记载：“昔太古尝无君矣，其民聚生群处，知母不知父，无亲戚兄弟夫妻男女之别，无上下长幼之道，无进退揖让之礼。”

可见太古时代（原始社会，即摩尔根所谓蒙昧时代和野蛮时代）并没有孝悌观念。孝悌观念是人类进入文明时代才出现的。

(3) 孝悌观念产生的三种途径

其一，尊老敬长习俗的延续。

《礼记·礼运》描述的“大同”社会：大道之行也，天下为公。选贤与能，讲信修睦。故人不独亲其亲，不独子其子，使老有所终，壮有所用，幼有所长，鳏、寡、孤、独、废疾者皆有所养。

《礼记·王制》记载：“有虞氏养国老于上庠，养庶老于下庠。”

有虞氏，是中国古代五帝之一的舜帝部落名称。有虞氏部落的始祖是虞幕，这个部落信奉一种食自死之肉的仁兽“驺虞”为图腾。舜为虞幕的后裔，后来成为有虞氏部落首领，受尧帝禅让，登帝位。孟子曰："庠者，养也。"

西安半坡遗址是一个典型的氏族村落。在这一氏族村落中，尊敬长辈、照顾孤老、爱护幼小，发扬团结互助精神，是古老的习俗。原始宗教中已有灵魂不死的观念，丧葬、祭祀等一系列宗教仪式，也灌输敬长辈、加强团结的意识。

其二，由崇拜而尊养。

个体家庭出现以后，父母与子女的伦理关系逐渐明朗化，使各自应尽的义务得以确立。

父母承担生儿育女，生产劳动，又要参加社会活动，在儿女眼里父母是全能的人，从而产生了对父母的崇拜。为了报答和感恩，子女承担起赡养老人的义务。

其三，弃老习俗的存在。

根据有关资料推断，原始社会的确存在弃老的习俗。由于生产力水平低下，食物缺乏是对人类生存的最大威胁，没有剩余产品养活失去劳动力的老人。我国古代有弃老的传说："无人辨识的怪物"。

个体家庭产生后，由于弃老习俗仍有残余，子女承担不起养老的责任，或者想过比较安逸的生活，不愿承担养老义务。就发生父母因年老体衰，没有子女照顾、赡养孤寂而亡。

面对这种情况，就有必要制定新的道德规范，使老有所养。孝的观念因此产生。

（4）孝悌观念形成于西周，是社会文明进步的表现。

赡养失去生产、生活能力的父母，符合社会尊老、敬老的传统，同时也是对弃老陋习的否定，更符合人生发展历程的需要，就有必要作出合乎社会发展要求的界定，即将子女尊敬、赡养父母（老人）的基于亲情之上的感情规定为一种义务，在此基础上形成了孝的观念。

夏商两代，作为意识形态的孝悌观念尚不明晰。孔子对禹自己菲衣恶食，却隆重地举行祭祀以崇敬祖先的品德大加赞赏。据殷墟甲骨文记载，殷王祭祖频繁、隆重、虔诚。

甲骨文中已出现"考"字与"老"字。据考证，在古代"考""老"两字与"孝"字相通，金文也是如此。但这时的"孝"字尚不是作为道德规范所使用，商人的伦理意识完全服从于宗教意识。

侯外庐先生认为：在商代，“社会内部的权利义务观念还没有明显的标志。”（《中国思想通史》）

西周虽然仍然保留着氏族遗制，但个体家庭成为社会的基本单位，逐步形成了社会普遍遵循的伦理规范。西周统治者在子女对父母财产继承权形成的基础上，规定了一个附加的义务，即赡养父母。

这实质上是老人的赡养由社会、氏族部落的公共责任而演变为子女个人的义务，这是最早的个人养老制。

孝悌观念正是在此基础上得以建立，同时逐步被个人、家庭、社会和国家认可的伦理规范。

2. 孝悌观念的功能

孝悌观念的双重功能：施之于家，可让人尊敬长辈、友爱兄弟、家庭和睦。施之于国，则使人人忠信敦厚、敬长友朋、祸乱不生。

孝悌被推崇为一种温情的却是最重要、有效的治家、治国的手段。所谓“道之以德，齐之以礼，有耻且格。”（《论语·为政》）

（1）孝是人类最重要、最纯洁的行为，乃是衡量一个人道德水平最为重要的标准。

孔子说：“天地之性，人为贵。人之行，莫大于孝。”（《孝经·圣治章》）

“身体发肤，受之父母”，父母与子女的亲情是人世间最纯洁、最重要的关系。血缘关系是处理一切生活关系的起点。儒家把子女敬爱父母的道德称为孝，把弟敬爱兄的道德称为悌。

（2）孝悌也者，其为仁之本与。

孝悌是爱亲人，从爱父母、爱兄弟姐妹开始，是家庭教育的开始；是接触人的开始；是培养道德的开始。孝悌为本，家庭和睦，家和万事兴。

孟子说，“老吾老以及人之老，幼吾幼以及人之幼”，由孝悌推己及人，培养良好的社会风尚。

（3）家庭稳定、和谐是社会稳定和谐的基础。

有子曰：“其为人也孝弟，而好犯上者，鲜矣；不好犯上，而好作乱者，未之有也。君子务本，本立而道生。孝弟也者，其为仁之本与！”（《论语·学而》）

家庭是一个社会的细胞。家庭具有生育功能、生活互助功能、培养教育功能、精神慰藉功能。家庭稳定、和谐是社会稳定和谐的基础。

（4）“明王以孝治天下”：“先王有至德要道，以顺天下。”

孔子说：

> 先王有至德要道，以顺天下，民用和睦，上下无怨。（《孝经·开宗明义章》）
>
> 君子则事亲孝，故孝可移于忠；事兄悌，故顺可移于长。（《孝经·广扬名章》）

“明王以孝治天下”，就能够“天下太平，灾难不生，祸乱不作。”（《孝经·孝治章》）

3. 孝悌观念的内涵

西周初期，明确规定父子关系为“父慈子孝”，兄弟关系为“兄友弟恭”，并强调孝悌观念对治理国家的重要性。

“孝，始于事亲”，说明孝的对象是父母，这是孝的基础。周秦时期，孝的观念应该从五个方面去理解。

（1）“孝”是血缘和抚养关系产生的子女对父母的自然亲情和报恩之心。

血缘关系是产生和培养孝悌观念的根源。“身体发肤，受之父母，不敢毁伤，孝之始也。”（《孝经·开宗明义章》）孔子说：“父母惟其疾之忧。”（《论语·为政》）“身有伤，贻亲忧，德有伤，贻亲羞。”（《弟子规·入则孝》）孔子说：“父母在，不远游，游必有方。”（《论语·里仁》）

常言道：“父母的心在儿女上”“可怜天下父母心。”自爱自尊，让父母放心，少操心就是对父母的孝。儿女的幸福就是父母的幸福。

《诗经》的《小雅·蓼莪》篇真实生动地表达了对父母的感恩之情：

> 蓼蓼者莪，匪莪伊蒿。哀哀父母，生我劬劳！
> 蓼蓼者莪，匪莪伊蔚。哀哀父母，生我劳瘁。
> 瓶之罄矣，维罍之耻。鲜民之生，不如死之久矣。
> 无父何怙？无母何恃？出则衔恤，入则靡至。
> 父兮生我，母兮鞠我。拊我畜我，长我育我，
> 顾我复我，出入腹我。欲报之德。昊天罔极！

看那莪蒿长得高，却非莪蒿是散蒿。可怜我的爹与妈，抚养我大太辛劳！

看那莪蒿相依偎，却非莪蒿只是蔚。可怜我的爹与妈，抚养我大太劳累！

汲水瓶儿空了底，装水坛子真羞耻。孤独活着没意思，不如早点就去死。没有亲爹何所靠？没有亲妈何所恃？出门行走心含悲，入门茫然不知止。

爹爹呀你生下我，妈妈呀你喂养我。你们护我疼爱我，养我长大培育我，想我不愿离开我，出入家门怀抱我。想报爹妈大恩德，老天降祸难预测！①

知恩图报是一种普遍的道德观念，而每一个人最大的恩人首先是父母。父母给我们生命，又把我们辛辛苦苦养大成人，如果在父母晚年不能尽赡养责任，不回报养育之恩，就是忘恩负义。

（2）“孝”是个体家庭中的子女对失去劳动能力的父母应尽的赡养义务。

赡养父母，使父母在物质生活上有保障，竭尽全力使父母过上好的生活，这是孝的最基本要求。

孔子的学生子夏曰：“事父母，能竭力。”（《论语·学而》）“谨身节用，以养父母”（《孝经·庶人章》）；“夫孝，始于事亲，中于事君，终于立身。”（《孝经·开宗明义章》）

孟子认为有五种不孝的行为。孟子曰：“世俗所谓不孝者五，惰其四肢，不顾父母之养，不孝也；博弈，好饮酒，不顾父母之养，二不孝也；好货财，私妻子，不顾父母之养，三不孝也；从耳目之欲，以为父母戮，四不孝也；好勇斗狠，以危父母，五不孝也。”（《孟子·离娄下》）

孟子认为，四肢懒惰，好赌酗酒，贪图钱财，偏爱自己的妻子和儿女，不顾奉养父母，这就是不孝。纵欲无度，使父母因此而受耻辱，逞强勇好斗殴，危及父母，就更是大不孝了！

（3）尊敬父母，使父母精神上得到关怀。

尊敬爱戴父母，不给父母招致耻辱，继志述事，不毁伤身体以辱亲，使父母在精神生活上无忧。

孔子说：“今之孝者，是谓能养。至于犬马皆能有养，不敬，何以别

① 姜亮夫等：《先秦诗鉴赏辞典》，上海辞书出版社1998年版，第228—429页。

乎”(《论语·为政》)；“居则致其敬，养则致其乐，病则致其忧，丧则致其哀，祭则致其严”(《孝经·纪孝行章》)；孔子说：“父母之年，不可不知也，一则一喜，一则一惧。”(《论语·里仁》)

孔子说：“色难”。所谓“久病床前无孝子”“事父母，能皆其力”。就可解决色难。

曾子说：“忠者，其孝之本与!”(《大戴礼记·曾子本孝》)孝敬父母，必须发自内心地真诚，诚心诚意。

(4)“孝”是子女作为父权家庭的臣民对家长必须服从的行为要求；亲有过，善谏之!

伯禽与康叔见周公，三见而三笞之。康叔有骇色，谓伯禽曰：“有商子者，贤人也，与子见之。”乃见商子而问焉。商子曰：“南山之阳有木焉，名乔，二三子往观之。”见乔实高高然而上，反以告商子，商子曰：“乔者，父道也。南山之阴有木焉，名梓，二三子复往观焉。”见梓实晋晋然而俯。反以告商子。商子曰：“梓者，子道也。”二三子明日见周公，入门而趋，登堂而跪，周公迎，拂其首，劳而食之，曰：“尔安见君子乎?”(《说苑·建本》)

据说周公辅佐周成王时，常常通过教训儿子伯禽来间接教训成王。

成王是天子，虽然年幼犯了错误，周公也不能去打骂他，只能打骂伯禽。康叔是周公的小弟弟，大概年龄和伯禽差不多，所以有时连这个小弟弟也一起教训。文王和武王去世后，周公就是长兄了，在弟弟们面前要担起父兄的责任，就是后世所说的“长兄为父”。这个故事说明，先秦时人们认为正常的父子关系就是父亲高高在上（如乔木)，儿子俯首在下（如梓木)，儿子服从父亲。周公是儒家心目中的圣贤，他打骂伯禽，就是要让伯禽知道儿子在父亲面前怎么做才符合道德礼仪。儿子与父亲不是平等关系，而是下对上的关系。在父亲面前昂首阔步、分庭抗礼就是错的，该打。只有“入门而趋，登堂而跪”才是孝顺孩子。商子明白这个道理，并且用启发式教育让伯禽康叔知道自己该怎么做，所以他是“贤人”“君子”。

“亲有过，谏使更；怡吾色，柔吾声；谏不入，悦复谏；号泣随，挞无怨。”(《弟子规·入则孝》)

曾子曰：“若夫慈爱恭敬，安亲扬名，则闻命矣。敢问子从父之令，可谓孝乎?”子曰：“是何言与，是何言与! 昔者天子有争臣七人，虽无道，不失其天下；诸侯有争臣五人，虽无道，不失其国；大夫有争臣三人，虽无道，不失其家；士有争友，则身不离于令名；父有争子，则身不陷于不义。故当不义，则子不可以不争于父，臣不可以不争于君；故当不义，则争之。从父之令，又焉得为孝乎！”（《孝经·谏诤》）

（5）立身行道，扬名后世使父母荣耀自豪。

“夫孝，始于事亲，中于事君，终于立身。”“立身行道，扬名后世以显父母，孝之终也”（《孝经·开宗明义章》）；孔子说：“父在，观其志；父没，观其行；三年无改于父之道，可谓孝矣”（《论语·学而》）；曾子说：“君子之所谓孝者，先意承志，谕父母于道”（《礼记·祭义》）；“父母生之，续莫大焉”（《孝经·圣治章》）；“不孝有三，无后为大”（《孟子·离娄上》）。传宗接代，光宗耀祖！扬名后世，流芳千古是人生的追求。承继父志，完成父辈的未竟之业，是孝的更高境界。

在不同的社会阶层中孝的表现方式也会不同，《孝经》中就明确指出：

天子之孝，是“德教加于百姓，刑于四海”。

诸侯之孝，是“长守贵”“长守富”“富贵不离其身”“保其社稷而和其民人”。

卿大夫之孝，是“非先王之法服不敢服，非先王之法言不敢道，非先王之德行不敢行”“言满天下无口过，行满天下无怨恶”“能守其宗庙”。

士之孝，是“忠顺不失，以事其上”“能保其禄位而守其祭祀”。

庶人之孝，是“用天之道，分地之利，谨身节用以养父母”。

孝是当时公认的基本道德规范，孝的境界也有高低之别，孝是当时公认的基本道德规范，但尽孝的方式却因人的政治经济地位差异而不同。孝的境界也有高低之别。最起码的是满足父母的物质需要，让老人能吃饱穿暖，这叫“能养”。再好一点就是对父母关心体贴、态度恭敬，让老人身心愉快，活得有尊严，这叫“敬”。孔子认为仅能养活父母是不够的，必须尊敬父母，不然和养犬马有何区别。儒家心目中最高的孝是“立身行道，扬名于后世，以显父母”。也就是说，让父母活着时因儿子而自豪，死后因儿子而声名不朽。①

（二）弘扬中华孝道，彰显东方价值观

1. 百善孝为先，孝道是礼仪之邦的标志

“百善孝为先”，出自（清）王永彬《围炉夜话》：“百善孝为先，万

① 王磊主编：《周秦伦理文化概论》，陕西师范大学出版社2008年版，第97—105页。

恶淫为源。常存仁孝心，则天下凡不可为者，皆不忍为，所以孝居百行之先；一起邪淫念，则生平极不欲为者，皆不难为。”孝在一切美德之中居第一位。

孔门最重孝悌，孔子弟子有若说：“君子务本，本立而道生。孝悌也者，其为仁之本与！”（《论语·学而》）孝悌是仁的基础。孔子于宣传仁义礼智之外，又讲孝悌忠信。[①]

孟子说：“老吾老，以及人之老；幼吾幼，以及人之幼。天下可运于掌。”（《孟子·梁惠王上》）尊老爱幼是中华民族的传统美德。

曾子说：“慎终、追远，民德归厚矣。”（《论语·学而》）谨慎地侍奉父母至终，追念远代的祖先，这样做就自然使人民归于忠厚道德了。

西周时已有一整套关于养老的礼制。传说舜曾“布五教于四方，父义、母慈、兄友、弟恭、子孝”（《左传译注》）。周文王把养老作为施行仁政的一个重要方面，因此获得好名声。吕尚、散宜生、辛甲、伯夷、叔齐等一大批志士贤者都因听说“西伯善养老”而千里迢迢投奔周文王。西周时已有一整套关于养老的礼制。《礼记》上说：

> 凡养老，有虞氏以燕礼，夏后氏以飨礼，殷人以食礼，周人修而兼用之。五十养于乡，六十养于国，七十养于学，达于诸侯，八十拜君命，一坐再至，瞽亦如之。九十使人受。五十异粻，六十宿肉，七十贰膳，八十常珍，九十饮食不离寝，膳饮从于游可也。（《礼记·王制》）

《说苑》记载了这样一段感人的故事：

> 孔子行游中路，闻哭者声，其音甚悲，孔子曰：“驱之！驱之！前有异人音。”少进，见之，丘吾子也，拥镰带索而哭，孔子辟车而下，问曰：“夫子非有丧也，何哭之悲也？”丘吾子对曰：“吾有三失。”孔子曰：“愿闻三失。”丘吾子曰：“吾少好学问，周遍天下，还后吾亲亡，一失也。事君奢骄，谏不遂，是二失也。厚交友而后绝，三失也。树欲静而风不定，子欲养乎亲不待。往而不来

① 张岱年：《中国伦理思想研究》，上海人民出版社1989年版，第172页。

者，年也；不可得再见者，亲也。请从此辞。”则自刎而死。孔子曰：“弟子记之，此足以为戒也。”于是弟子归养亲者十三人。（《说苑·敬慎》）

周文王对父王季历的饮食起居关心备至。

文王之为世子，朝于王季，日三。鸡初鸣而衣服，至于寝门外，问内竖之御者曰：“今日安否何如？”内竖曰：“安。”文王乃喜。乃日中又至，亦如之。及暮又至，亦如之。其有不安节，则内竖以告文王，文王色忧，行不能正履。王季复膳，然后亦复初。食上，必在视寒暖之节。食下，问所膳，命膳宰曰：“末有原！”应曰：“诺。”然后退。（《绎史·文王受命》）

周文王对父王季历的饮食起居关心备至，这是他作为圣贤明君的仁爱之心和作为儿子的孝亲之德的具体表现。

孔门弟子中，有两个著名的孝子，即闵子骞和曾子。据《说苑》记载，闵子骞的事迹是这样的：

闵子骞兄弟二人，母死，其父更娶，复有二子。子骞为其父御车失辔，父持其手，衣甚单。父则归呼其后母儿，持其手，衣甚厚温，即谓其妇曰：“吾所以娶汝，乃为吾子。今汝欺我，去，即无留。”子骞前曰：“母在一子单，母去四子寒。”其父默然。故曰：“孝哉闵子骞，一言其母还，再言三子温。”（《说苑·佚文》）

闵子骞的孝行在于仁爱、善良、明事理。他甘受后母虐待，忍辱负重，是不想引发家庭矛盾、给父亲造成烦恼。当父亲知道真相打算休妻时，他不计前嫌，为异母弟考虑，劝父亲打消休妻念头。继母在，大不了我一个人吃点苦。继母走了，兄弟四个都成了没娘的孩子，全都得过饥寒的生活。他原谅继母、关心弟弟的善心打动了偏心的继母，使继母悔改，变成了慈母。

孔子曰：“曾参之孝，精感万里。”曾子孝于父母，昏定晨省，

调寒温，适轻重，勉之于糜粥之间，行之于衽席之上，而德美重于后世。(《新语·慎微》)

曾子每读《丧礼》，泣下霑襟，常以一夕五起，视衣之厚薄，枕之高卑。(《尸子》)

曾子出薪于野，有客至而欲去。曾母曰："愿留。"参方到，即以右手搤其左臂，曾子左臂立痛，即驰至。问母："臂何故痛?"母曰："今者客来，欲去，吾搤臂以呼汝耳。"(《论衡》)

曾子从仲尼在楚而心动，辞归，问母。母曰："思尔，啮指。"孔子曰："曾参之孝，精感万里。"(《搜神记》)

前两条表现了曾子对父母生活上无微不至的关怀，后两条则是精诚所至，和母亲达到心灵上的相通，类似于今天的心灵感应，这是孝的最高境界。但曾子的孝，也不是十全十美，《说苑》记述了这样一件事：

曾子芸瓜而误斩其根，曾皙怒，援大杖击之，曾子仆地。有顷乃苏，蹶然而起，进曰："曩者参得罪于大人，大人用力教参，得无疾乎!"退屏鼓琴而歌，欲令曾皙听其歌声，知其平也。孔子闻之，告门人曰："参来，勿内也!"曾子自以无罪，使人谢孔子。孔子曰："汝不闻瞽叟有子，名曰舜。舜之事父也，索而使之，未尝不在侧；求而杀之，未尝可得。小棰则待，大棰则走，以逃暴怒也。今子委身以待暴怒，立体而不去，杀身以陷父不义，不孝孰是大乎?汝非天子之民邪?杀天子之民，罪奚如?"(《说苑·建本》)

在孔子看来，曾参有点愚孝，不懂灵活变通。可贵的是，孔子认为曾子有两重身份，于私是他父亲曾皙的儿子，于公则是天子的臣民。天子的臣民是受法律保护的。如果曾子被其父失手打死，其父就成了杀人罪犯，因为杀死天子的臣民是很大的罪过。曾子在父亲暴怒时不逃走，若万一被打死，就是陷父亲于不义。让父亲成为杀人犯，因此受到法律惩罚，那么儿子就不是尽孝，而是严重的不孝。孔子特别举出舜的例子来教育曾子。舜的父亲偏爱小儿子象，见不得舜，多次与小儿子设法陷害舜，想置舜于死地，但舜都幸运逃脱。孔子认为舜的高明在于随机应变，父亲叫他干活时，他随叫随到，常在身边。父亲想害他时，他就逃开，不吃眼前亏。孔子的这番言行中，蕴含着关爱生命、以人为本的思想。孝敬父母是关爱生命，爱惜自己也是关爱生命。为了得孝子之名而无谓地牺牲自己，就违背了孝的本来目的。这是先秦儒家孝道思想的开明之处。①

为了提倡孝道，《孝经》一书受到历代朝廷重视，《孝经》是儒家经典之一。相传是孔子所作，成书于秦汉时期。汉代以孝治国，举孝廉，成为选拔官吏的主要条件。

隋文帝时，曾令国子祭酒元善讲解《孝经》：

> 上尝临释奠，命善讲《孝经》。于是敷陈义理，兼之以讽谏。上大悦曰："闻江阳之说，更起朕心。"赉绢百匹，衣一袭。（《隋书》卷七十五，《元善传》）

有一次，大臣苏威对他说："臣先人每诫臣云，惟读《孝经》一卷足可以立身治国，何用多为！"（《隋书》卷七十五，《何妥传》），文帝深以为然。隋时社会推崇《孝经》蔚然成风。

从唐代之初，统治者就注重对《孝经》的阐释和修订，唐太宗曾亲自到国学听祭酒孔颖达讲《孝经》并与之辩论孝之本旨（《旧唐书》卷二十四，《礼仪志》四），为儒者统一思想。至唐玄宗朝，因学者多疑郑康成注《孝经》之惑甚多，斥孔安国注《孝经》之鄙俚不经，在这种情况下，唐玄宗"逐于先儒注中，采摭菁英，芟去烦乱，撮其义理允当者，用为注解"（《孝经》之刑昺《孝经注疏序》），并于开元十年六月将训注《孝经》，颁于天下，并逐步确立了《孝经》在十三经中的地位。

推崇孝道，君主要起表率作用。《大唐新语》载：

> 太宗将幸九成宫，大臣马周上疏谏曰："优见明敕，以二月二日幸九成宫。臣窃惟太上皇春秋已高，陛下宜朝夕侍膳，晨昏起居。今所幸宫，去京二百余里，銮舆动轫，俄经旬日，非可朝行暮至也。脱上皇情或思感，欲见陛下者，将何以赴之？且车驾今行，本意只为避暑，则上皇尚留热处，而陛下自逐凉处，温情之道，臣切不

① 陈瑛主编：《中国古代道德生活史》，中国社会科学出版社2012年版，第14—15页。

安。”太宗称善。(《唐人轶事汇编》卷六)

大臣劝谏君主在行孝道方面身体力行，给臣民起表彰作用，而唐太宗也接受这种劝谏，说明以孝道来影响和维系封建伦理秩序，是唐初统治者的既定国策。

隋唐时期孝道文化得到了各个社会阶层的认可，就连盗贼也不得不敬而避之，《唐书·孝友传》载：

张志宽为布衣，居河东。隋末丧父，哀毁骨立，为州国所称赞。寇贼闻其名，不犯其闾。后为里尹在县，忽称母疾。县令问其故，志宽对曰：“尝所害苦，志宽亦有所害。向患心痛，是以知母有疾。”县令怒曰：“妖妄之词也！”系之以法。驰遣验之，果如所言，异之。唐高祖闻，旌表门闾，就拜散骑常侍。(《唐人轶事汇编》卷五)

张志宽与母亲感情真挚，故有心灵感应，也就是现代人所说的脑电波相通，这是先秦曾参之后的又一例证。其孝行不仅得到朝廷的表彰和提拔，而且“寇贼闻其名，不犯其闾”，说明隋唐时期孝道文化得到了各个社会阶层的认可，就连盗贼也不得不敬而避之。①

2. 弘扬孝道是重建精神家园的需要

(1) 在现代社会实行社会养老和家庭养老相结合的养老制度，孝道还有没有提倡的必要？

(2) 在民主社会，倡导平等和相互尊重的人际关系，有人说“三纲五常”是封建思想，孝道也要破除吗？

(3) 在现阶段倡导孝道，是不是社会的普遍要求？现实价值和意义何在？

焦国成先生认为，孝之所以成为传统道德的“元德”，中国文化的基石主要有三个方面的原因：其一，父母与子女的天然亲情。人莫非父母所生所养，父母慈爱子女、子女敬爱父母是一种天然的感情。因人际的第一亲情以及人性之中必有的道理而立孝之伦理，人都愿意接受。其二，人的文化寻根意识。《礼记》说：“万物本乎天，人本乎祖。”人们皆有报

① 陈瑛主编：《中国古代道德生活史》，中国社会科学出版社2012年版，第209页。

本反始、不忘其所自出的文化意识，这种文化意识与人皆从先祖、父母所出的客观事实结合在一起，孝成为最受推崇的美德也就是很自然的了。《孝经》说："夫孝，德之本也，教之所由生也。"正是反映了人们重根的文化意识取向。其三，封建等级秩序的需要。任何伦理道德都是特定社会的产物。在古代自然经济条件下，家国同构，家庭是社会的基本细胞，国家是家庭的扩大。要维系社会的等级秩序，就必须首先维系好家庭的秩序。在家庭之中家长的地位如同国家的君主，其权威需要得到维护，而在所有的伦理道德中，孝恰好最能实现维护"父权"的功能。由此，孝不仅属于家庭伦理，也必然成为一种政治伦理。随着后期封建等级制度的僵化，孝的非人道化也同样成为一种历史的必然。

近代之后，孝的历史命运发生了逆转。清代晚期，由于封建制度的腐朽和僵化，孝明显成为束缚人们的自由、阻碍经济和社会进步、造成无数人间悲剧的罪魁。因此，一些进步的思想家开始批判封建孝道。到了"五四"时期，这种批判达到空前激烈的程度。人们打倒君权、父权、夫权、族权的同时，封建孝道也必然地成为被打倒的对象。"五四"新文化运动倡导的民主和科学，成为领导中国社会变革和文化变革的旗帜。作为封建文化旗帜的忠孝，也就丧失了原有的影响感召力。

新中国成立60多年来，中国文化的主导是"五四"以来的新文化和马克思主义。作为封建传统道德的孝道在意识形态上是与新文化与马克思主义格格不入的。在"文化大革命"期间，封建孝道被当作腐朽的封建道德扫进了"历史的垃圾堆"，父子之间不再是天然的亲情关系，或者成为"同一个战壕里的战友"，或者成为"势不两立的阶级敌人"。"孝敬""孝顺"成为过时的不良道德文化，"不孝"也不再是衡量一个人人品的基准。就连中小学学生守则中是否提"孝敬父母"都曾经成为一个难以定夺的问题。

如果说极端化的、非人道的愚孝导致了晚清以后对孝道的批判的话，同样极端化的、非人性的不孝也导致人们对孝道的怀旧追念。改革开放后，社会对"文化大革命"流弊开始清算，人们开始警惕西方文化对中国文化的侵蚀，着手建立中国特色社会主义新文化，"与优良传统美德相承接"的口号被提了出来，传统孝道也再次受到人们的重视。在学术界，研究传统孝道的作品及孝道的普及读物大量涌现。在文化界，评审"孝星"的活动得以举行，并产生了巨大的反响。在有中国特色社会主义新文化体系之中，新的孝德开始形成。这种孝德剔除了封建孝道的不合理内容，保留了“善事父母”的合理内核，适应了中国步入老年社会的客观需要。新的孝道正在建设之中，它对于老年人的幸福，对于中青年一代的德性养成，对于和谐社会的建设无疑发挥着越来越重要的作用。①

孝是爱心，孝是责任感，孝是精神境界，孝是文明素养。弘扬孝道是促进家庭和谐、建设幸福生活的需要。学会感恩是建立良好人际关系的基础，弘扬孝道可以播撒感恩的种子。

“慎终追远，民德归厚”，弘扬孝道可以培植善良、纯朴的社会风尚。百善孝为先，提倡孝道可以弘扬祖国优良的道德传统，是重建中华民族精神家园的需要。②

3. 中华孝道在全球化时代熠熠生辉

中华孝道，为全人类走出道德困境开辟了新的路径，遍布全球的孔子学院，已经将中华孝道文化在世界各地广泛传播。孤独的西方老人，羡慕中国老人享受天伦之乐的孝道文化。

中国的有识之士、社会各界越来越重视弘扬中华孝道，彰显礼仪之邦，标志着中国文化的复兴。

李光耀在新加坡倡导“东方价值观”，重视家庭价值、促进社会和谐，卓有成效。“全球化并没有使东方和西方文化变得单一”，在现代化过程中“必须保留核心的价值观”“比如说强调照顾和教育子女的责任，孝顺，对家人和朋友忠诚，节俭、谦虚，努力工作，这些价值观让中国文明生生不息，并且使中国文明免遭其他古老文明没落的厄运”。新加坡内阁资政李光耀在“中国科学与人文论坛”上对中国提出了这样的建议。

在题为“东西方文化与现代化”的演讲中，李光耀比较了东西方文化的差异。他认为东方文化有很多种，西方文化也有很多种，所有的文化都尊重诚实、善行和其他美德，但东西方文化确实存在很大的差别，例如中国文化强调协调和秩序，家庭重于个人，社会重于个人。欧洲的文化强调个人的自由和权利，强调自由平等和博爱。随着社会发展，文

---

① 焦国成、赵艳霞：《“孝”的历史命运及其原始意蕴》，《齐鲁学科》2012 年第 1 期。

② 荆惠民主编：《中国人的美德：仁义礼智信》，中国人民大学出版社 2006 年版，第 227—240 页。

化传统和价值观也会发生变化，但基本的核心价值观应该保留。同时在现代化进程中要避免社会倾向物质主义。①

中共十七大报告指出，弘扬中华文化，建设中华民族共有精神家园。中华文化是民族生生不息、团结奋进的不竭功力，形成男女平等、尊老爱幼、互爱互助、见义勇为的社会风气。

《公民道德建设实施纲要》指出，要大力倡导以尊老爱幼、男女平等、夫妻和睦、勤俭持家、邻里团结为主要内容的家庭美德，鼓励人们在家庭里做一个好成员。

江泽民指出："如果每一个家庭都能使老人们受到充分的敬重，使子女们得到全面的培育，家家家风好，就一定会促进全社会的风气好。"②

习近平指出："不忘本才能开辟未来，善于继承才能更好创新。对历史文化特别是先人传承下来的价值理念和道德规范，要坚持古为今用、推陈出新，有鉴别地加以对待，有扬弃地予以继承，努力用中华民族创造的一切精神财富来以文化人、以文育人。"③

田世国：捐肾救母尽孝道。2004 年 9 月 30 日，上海中山医院做了一个非常特殊的手术：山东汉子田世国将自己的一个肾脏移植给身患尿毒症的母亲。为了让母亲顺利完成手术，田世国还精心设计了一个"骗局"，老母亲至今都不知道捐肾的"大善人"就是自己的亲人。

2004 感动中国组委会授予田世国的颁奖词：一个儿子在 2004 年把他生命的一部分回馈给病危的母亲。在温暖的谎话里，母亲的生命也许依然脆弱，但孝子的真诚已坚如磐石。他让天下的母亲收获慰藉。

谢延信，现年 54 岁，河南省滑县人，现为河南省焦作煤业集团鑫珠春公司的职工。1974 年，新婚一年的妻子生下女儿后因产后风

① 《东西方文化与现代化——新加坡内阁资政李光耀在"中国科学与人文论坛"主题报告会上的演讲》，《对外大传播》2004 年第 5 期。

② 《江泽民同志在同全国妇联新一届领导成员和妇联八大部分代表座谈时的讲话》，《中国网》2002 年 11 月 14 日。

③ 《"四个全面"学习读本》，人民出版社 2015 年版，第 84 页。

不幸去世，他用自己的爱心、孝心和责任心全力承担起照顾亡妻瘫痪在床的父亲、丧失劳动能力的母亲和呆傻妻弟的责任。

2007 感动中国组委会授予谢延信的颁奖词：当命运的暴风雨袭来时，他横竖不说一句话，生活的重担压在肩膀上，他的头却从没有低下！用 33 年辛劳，延展爱心，信守承诺。他就像是一匹老马，没有驰骋千里，却一步一步地到达了善良的峰顶。

央视 2015 年“寻找最美孝心少年”，孩子们善良纯朴的孝心，着实让人感动。中小学普及和践行“弟子规”，把孝道文化播撒在儿童的心中，这是弘扬中华传统美德的重要举措。

中华民族是一个尊老敬贤、爱好和平的伟大民族！中华民族是一个自强不息、具有悠久历史的礼仪之邦！弘扬中华孝道文化，促进社会和谐，彰显东方价值观，建设精神家园，是我们义不容辞的责任，任重而道远！

五　诚信是中华民族的传统美德

诚信是中华民族的传统美德，是人类社会维护正常秩序、走向文明进步的阶梯；它是建立在人们相互忠诚、信任基础上的美好感情，是人类道德之树开出的历久弥新的花朵。诚信表达的是人们诚实无妄、信守诺言、言行一致的德行；同时也可以作为一种道德规范，它要求人们诚实无妄、言而有信。诚信的道德观念和思想源远流长，自古以来就被我国人民所重视。儒家把“信”和“仁、义、礼、智”推崇为五常，即五种最基本的道德规范，诚信已经内化为中华民族的深层道德意识。在现代社会，随着市场经济的发展与工具理性的张扬，传统道德遭遇到空前的挑战，诚信建设成为构建社会主义和谐社会的迫切任务。

（一）诚信观念的内涵及演变

诚信的道德观念和思想源远而流长，自古以来就被中华民族所重视。中国最早的历史文献《尚书》《周书》《周易》《左传》中都涉及诚信问题，而先秦诸子对诚信观念的内涵进行了系统的诠释，并产生了深远的历史影响。管子曰：“先王贵诚信，诚信者，天下之结也。”（《管子·枢言》）认为诚信是结集人心的保证。《左传·僖公二十五年》曰：“信，国之宝也，民之所凭也。”孔子曰：“人而无信，不知其可也。”（《论语·为政》）把诚信看作是立国和做人的根本。

诚信一词由“诚”和“信”两个单音字构成，许慎《说文》、班固《白虎通》以诚信两字互训，其含义既相区别，又紧密联系。

诚，在中国传统思想中有二义，一是本体特性之义，二是德性之义。

其一，诚是一个表述宇宙本体特性的哲学范畴。《礼记·中庸》云：“诚者，天之道也。”朱熹注：“诚者，真实无妄之谓，天理之本然也。”可见，诚就是实际有、实际存在、真实无妄的意思。自然宇宙是物质性的，实实在在地有，不以任何人的意志为转移。自从宇宙形成之后，它就按照自己固有的规律和节拍运动、变化和发展，人承认它是那样，人不承认它还是那样。实有就是天道的最基本和最根本的特点。

其二，诚是一个表述人的基本德性和精神状态的道德范畴。《礼记·中庸》云："诚之者，人之道也。"朱熹注："诚之者，未能真实无妄而欲其真实无妄之谓，人事之当然也。"诚作为道德范畴，其指向不再是宇宙自然界而是人本身。古人认为，天道的本质特性是诚，是实有，人是天地的产物，因而人在德性上也保存了天道的本质特征，但没有达到天然具足的程度。人作为万物之灵，能够体认自己的内在本质及其不足，并通过后天的努力，不断培育诚的德性，并把它发扬光大。作为传统道德范畴，诚是个体德性和精神的内在实有。其含义有三：其一，诚是与天道本质特点密切相联系的人的真诚无妄的德性；其二，诚是人的自我统一性，是身心内外的合一不二；其三，诚是诚敬严肃的精神和心理状态。

人的内在实有的德性，总是要通过人外在言行表现出来的。某人的言行就构成了其他人对某人具有多少诚的德性的了解、判断和评价的依据。然而，某一个人的言行常常不能完全地表现一个人内在德性的实有。其他人受自身言行习惯的局限和对某人言行了解程度的局限，常常不能对他人的德性做出恰当的评价。真正能够正确评价自己有多少"诚"德性的人，是某人自己对其有深刻了解的"知音"。[①]

自然界没有主观意志，因而不存在什么"假象"；人类有主观意识，故而有虚伪和谎言。在道德领域，与"诚"相对的是"伪"。所谓"伪"，就是没有内在德性的实有而伪装成有。伪是对他人的欺骗，比"无"更坏，因此，人们常常说"真小人"比"伪君子"还更可爱一些。

信字，在字形结构上从人从言，讲的是言谈的诚实性，言由心出，表里一致。信字原本讲的是人在神面前祷告和盟誓的诚实不欺之语。古人认为，神灵具有人所不可企及的智慧和能力，人在神面前只能老老实实，否则必有灾祸降临。这种对于鬼神讲信的行为方式运用到人际关系之中，讲求人际之间的言而有信，也就是人际信用伦理。

诚与信有着密切的联系。诚是人内在的德性，信则是诚的外在表现。诚于中，必信于外。因此，诚与信联结为一个词，表述的是人们诚实无

① 焦国成：《关于诚信的伦理学思考》，《中国人民大学学报》2002 年第 5 期。

妄、信守诺言、言行一致的美德。诚信同时也可以作为一个道德规范，它要求人们诚实无妄、言而有信。

在原始社会，狩猎是一种基本的生产劳动，是种族得以生存延续的基本手段。弓箭等工具的出现，使狩猎有了重大的发展。我国半坡遗址出土的石、骨箭头数以百计，河姆渡遗址出土的石、骨箭头也很多。这说明，早在母系氏族社会，我国长江、黄河流域已出现了大规模的集体狩猎活动。《尸子》中记载："庖牺氏之世，天下多兽，故教以猎。"而狩猎是一种集体活动，需要参加者协调一致，共同行动。这就要求每个参加狩猎者都能遵守事先安排的约定，狩猎活动才能正常进行。如果有少数人不守约，狩猎成果就会受到影响；如果大多数人不守约，狩猎就无法进行。由此可见，共同的劳动必然会产生守约、守信的概念和要求。

原始社会中诚信概念的产生还可从我国解放前仍处于原始社会阶段的边远地区少数民族的讲信守信的记载中看出。例如，《黔记》中记载古时苗族审理本族案件时，其程序是："要约文书，刊寸木判以信。"《腾越州志》中记载更为有趣："夷有风俗，一切借贷赊用，通财期约诸事，不知文字，唯以木刻为符，各执其半，如约酬偿，毫发无爽。"这说明社会生活中已产生了诚信行为。由此可见，原始社会末期的内部商品交换，已表现出了行动守信的本质。

关于我国上古原始人的道德风貌，可从《礼记・礼运》篇中的记载看出："大道之行也，天下为公，选贤与能，讲信修睦。故人不独亲其亲，不独子其子。使老有所终，壮有所用，幼有所长，鳏寡孤独废疾者皆有所养。男有分，女有归。货恶其弃于地也，不必藏于己。力恶其不出于身也，不必为己。是故谋闭而不兴，盗窃乱贼而不作，故外户而不闭，是谓大同。"这里不仅反映出原始社会的公有观念、平等互助观念，而其中的"讲信修睦"实际上就是讲诚信、修和睦之意。尽管原始社会中也有战争，但凭着"讲信修睦"，人类终于走出了野蛮，走向了文明。

中国自夏代进入了阶级社会，但从晚商至春秋，诚信作为中国传统伦理道德的一项重要内容才开始出现在金文上。如中山王鼎上就铸有"余知其忠（言身）也"。这里的（言身）字，就是现在的信字。言身二字组合成信，就是说的话要兑现，要身体力行。这形象地体现了诚信的思想内涵。同时，我国最早的文献上也开始有了关于诚信的记载。如《易传・系辞上》有"言出乎身"，还说"人之所助者，信也。"《易传・

乾·文言》中有“君子进德修业，忠信，所以进德也。修辞立其诚，所以居业也”。这里，既讲了信，也讲了诚。而下列的记载：“日中为市，致天下之民，聚天下之货，交易而退，各得其所”更反映了上古时期人们遵守信约而从事商品交易的情况。

我国古文献六经之一的《诗经》中，也有关于诚信的不少记载，如《卫氓》中的“信誓旦旦”。《郑风》中的“无信人之言，人实不信”。《王风》中的“谓予不信，有如皦日”。《大雅》中的“王道尚信，则天下以为法”等。

由上可知，我国古代的诚信概念此时已经完全确立。文字的发明使人类的伦理道德观念开始由经验型逐渐走向了理论型，诚信的内涵也越来越丰富，这标志着我们的先人已经跨入了文明的门槛。中华民族在思想文化方面走在了人类文明史的前列。

中国传统伦理文化中的诚信观念可以追溯到先秦时期。中国最早的历史文献《尚书》中已出现“诚”的概念，《尚书·太甲下》中有“神无常享，享于克诚”的记载，这里的“诚”主要指笃信鬼神的虔诚。在同一本《尚书》中，也有关于“信”的记载，如《尚书·康王》云：“信用昭明于天下”，《周书》曰：“允哉允哉，以言非信则百事不满也”等。春秋以前，“信”和“诚”一样，多用于对鬼神的虔信。后经儒家提倡，“诚”与“信”才逐步摆脱宗教色彩，成为经世致用的道德规范。在《周易》中，“诚”已摆脱纯粹的宗教色彩，具有日用人伦的道德意义。《周易·乾》中讲：“修辞立其诚，所以居业也”，认为君子说话、立论都应该诚实不欺、真诚无妄，才能建功立业。《论语》中讲到“诚”有：“诚哉，斯言也”“诚不以富，亦衹以异”（见《子路》《颜渊》篇）两处，“诚”在孔子那里虽未形成理论范畴，但他多处讲“仁”，其修己爱人的内在意蕴与“诚”是一脉相通的。在孟子那里，“诚”逐步成为体验道德本体、规范人们道德行为的一个重要理论概念。他说：“诚者，天之道也；思诚者，人之道也。至诚而不动者，未之有也；不诚，未有能动者也。”（《孟子·离娄上》）孟子以此告诫人们，“诚”是顺应天道与人道的基本法则。荀子发挥了孟子“诚”的思想，并开始以“诚”涉政，把“诚”从做人之道扩展为治世之道，指出“诚”乃“政事之本”。在儒家经典《礼记·大学》中，“诚意”作为“八条目”之一，成为连接“格物”“致知”与“正心”“修身”“齐家”“治国”“平天下”的重要

环节，成为道德内养与外成的关节点，具有促进道德完善、家庭和睦、国家兴旺、天下安宁的多种社会功能。

在儒家那里，“信”也逐步摆脱了宗教色彩，成为经世致用的道德规范。“信”被人们更早地与为政之道结合起来。孔子十分强调“信”在治理国家中的重要作用，认为治理国家时即使“去兵”“去食”，也不能“去信”，因为“民无信不立”（《论语·颜渊》）。不仅如此，孔子还提出“信”是国与国相交的道义标准：“道千乘之国，敬事而信。”（《论语·学而》）孟子继承了孔子关于“信”的基本思想，并进一步把“朋友有信”（《孟子·滕文公上》）与“父子有亲、君臣有义、夫妇有别、长幼有序”并列为“五伦”，成为中国封建社会道德评价的基本标准和伦常规范。荀子也把是否有“信”作为区分“君子”与“小人”的重要道德标准。可见，作为中国儒学的原创，孔、孟、荀都把“信”作为做人与为政必须遵守的基本准则。

在中国古代，“诚”与“信”单用较多、较早，连用较少、较晚。春秋时期著名政治家、先秦法家创始人管仲曾将“诚”与“信”连用，他明确讲：“先王贵诚信。诚信者，天下之结也。”（《管子·枢言》）认为诚信是集结人心、使天下人团结一致的保证。战国末期，荀子也曾将“诚”与“信”连用，“诚信生神，夸诞生惑。”（《荀子·不苟》）即诚实守信可以产生神奇的社会效果，相反，虚夸妄诞则产生社会惑乱。到东汉许慎的《说文解字》，仍然是以诚释信，以信释诚。由于“诚”“信”意义相近，在实际生活中，二者常常被互换互用，但如果仔细体察，“诚”与“信”的规范意义仍然是存在着细微差别并各自有所侧重的：“诚”更多的是指“内诚于心”，“信”则偏重于“外信于人”；“诚”更多的是对道德个体的自身要求，“信”更多的是针对社会群体提出的双向或多向要求；“诚”更多的是指道德主体的内在德性，“信”则更多的是指“内诚”的外化，体现为社会化的道德实践。当然，这种区分并不具有绝对的意义，二者是相互贯通、互为表里的，“诚”是“信”的依据和根基，“信”是“诚”的外在体现。

商鞅也主张诚信，“国之所以治者三：一曰法，二曰信，三曰权。”（《商君书·修权》）韩非曰：“小信成则大信立，故明主积于信；赏罚不力，则禁令不行。”（《韩非子·外储说左上》）法家把诚信与变法治国联系起来。

墨子认为国有七患，第六患是："所信者不忠，所总者不信。"（《墨子·七患》）

老子曰："信言不美，美言不信。"（《道德经》八十一章），可信的话不一定好听，好听的话不一定可信。"信有不足焉，有不信焉。"（《道德经》十七章），为上者失信于民，老百姓才会失去信任感。

春秋战国时期，出现了"百家争鸣"局面。这时所产生的儒、墨、道、名、法等各家学派，产生的地域不同，接受的文化传统不同，代表的阶级和阶层不同，探讨问题的重点不同，但奇怪的是，他们在伦理道德方面、特别是在诚信方面的观点却是基本趋向一致的，出现了"驳难下的趋同"这一有趣的文化现象。春秋战国时期，诸侯间战争频繁，相互间常常签订协定和盟约。这些盟约的遵守和实施，主要靠道德力量的约束。凡能遵约守信的，就有了道义的力量，就赢得了民心，因而可以获得民众的支持，取得事业的成功。丰富的社会诚信实践要求思想家给以理论上的总结提高，这就形成了各个学派的诚信观。[①]

（二）先秦诚信思想的历史影响

秦汉时期是中国封建意识形态的形成时期，以董仲舒为代表的思想家，对先秦儒家等各家的伦理思想进行概括和总结，形成了一套以"三纲五常"为核心的思想道德体系。其中"五常"就是由孟子的"仁、义、礼、智"这四个德目，再加上"信"而组成的。他在《春秋繁露·举贤良对策一》中说："夫仁、谊（义）、礼、知、信五常之道，王者所当修饬也。王者修饬，故受天之佑而享鬼神之灵，德施于方外，延及群生也。"五常既是治国的手段，当然对于"三纲"来说是处于从属的地位的了。尽管董仲舒的伦理思想带有天人感应的神秘色彩，但他将"信"作为五常之一，加强了诚信道德在中国传统道德规范中的地位，深深植根于中国人的心灵深处。

在诚信进入官方统治思想体系并被神学化的同时，民间的经学家、思想家也对信提出了与官方的信解释不同的看法。例如，西汉经学家刘向在《说苑》一书中沿袭了先秦儒家思想，把诚信作为一种崇高的道德规范来进行宣传。西汉末年的思想家扬雄，不满意董仲舒的三纲五常"出于天"的解释，杂取先秦各家之说，将诚信作为封建道德修养的标准

---

① 王磊主编：《周秦伦理文化概论》，陕西师范大学出版社 2008 年版，第 143—148 页。

进行论述。他在《法言·先知》中说："或问仁、义、礼、智、信之用，曰：仁，宅也；义，路也；礼，服也；智，烛也；信，符也。"他用日常生活中的比喻说明，君子掌握了五常，言行就符合标准；而信，正是人在社会上的符号，道出了诚信的道德实质。

魏晋时期的玄学家们崇尚清谈，标榜"蔑视礼法"。但作为社会道德的主流，信仍旧广泛存在于社会各方面。例如三国时的政治家、军事家诸葛亮，在其著作《诸葛武侯集·知人性》中就提出知人之道的七条标准，其中第七条是"期之以事而观其信"。这说明诸葛亮是十分重视诚信的。这个时期的思想家、文学家、史学家等在其著作之中也一再宣扬诚信。例如，南朝的文学理论家刘勰，在其著作《新论》中用了大量笔墨，从哲学、史学角度论述了信的道德问题。他说："信者，行之基，行者人之本，人非行无以成，行非信无以立。"

唐代是中国封建社会的鼎盛时期，虽然在信德观念方面建树不多，但在"以信治国"方面，堪称我国道德史上的典范。在《资治通鉴》卷一百九二中记载了唐太宗李世民"以大信行于天下"的著名故事：

> 有上书请去佞臣者，上问："佞臣为谁？"对曰："臣居深泽，不能知其人，愿陛下与群臣言，或阳怒以试之，彼执理不屈者直臣也，畏威顺旨者，佞臣也。"上曰："君，源也；臣，流也；浊其源而求其流之清，不可得矣。君自为诈，何以责臣下之直乎！朕方以至诚治天下，见前世帝王好以权谲小数接其臣下者，常窃耻之，卿策虽善，朕不取也。"
>
> 明主讲诚信，臣僚亦尽忠。忠心耿耿的魏征也上疏曰："臣闻为国之基，必资于德礼，君子所保，惟在于诚信。诚信立则下无二心，德礼行则远人斯格。然则德礼诚信，国之大纲，在于君臣父子，不可斯须而废也。"（吴竞《贞观政要》卷五《诚信》）

魏征认为，诚信是事关国家生存安全的关键，他以政治家的眼光向唐太宗论述诚信在治理国家中的作用，为唐太宗所接受，对唐太宗的治国起了重要作用。唐太宗的诚信观在政治、文化等多方面都有所体现，他理论上讲得少，实际中做得多。他利用自己的"人主"地位，在治理国家中实实在在地推行诚信道德规范，创造了光照千秋的贞观之治，从而为唐朝长治久安奠定了坚实的基础。

宋代是中国古代史上思想领域又一活跃时期，与先秦惊人地相似：尽管各派的思想家学术观点各异，但在诚信伦理这一道德规范上的认识却是基本一致的，而且是对诚信观念在更高层次上的理解和阐述。理学奠基人周敦颐，以“诚”作为伦理思想的核心范畴，认为“诚”乃“五常之本，百行之源”（《通书·诚下》），把“诚”引入职业道德领域。

张载十分注意“信”，他说“诚善于心之谓信，充内形外之谓美，塞乎天地之谓大”（《正蒙·中正》），以“诚善于心”来诠释“信”，更加丰富和提升了“信”观念的道德主体性。“诚故信，无私故威”（《正蒙·天道》），“诚”与“信”共同保证我们的道德规范得以实践。

据《二程集》记载，程颢、程颐有许多关于诚信的论述，如“圣人言忠者多矣，人道只在忠信。不诚则无物”“是故君子有大道，必忠信以得之，骄泰以失之。”“进学不诚则学杂，处事不诚则事败；自谋不诚则欺心而弃已；与人不诚则丧德而增怨。”这里，二程将诚与信结合在一起进行讨论，还与忠、德联系起来。程颐更明确指出：“诚则信矣，信则诚矣。”（程颐《河南程氏遗书》），强调诚与信是完全一致的，明显继承和发挥了孟荀的诚信观。

朱熹继承了二程等先人的理论，兼采释、道各派的思想，对信的伦理道德规范作了更系统、深入的论述。《朱子全书》中关于信这样说：“或问仁义礼智，性之四德，又添信字，谓之五性如何？信是诚实此四者，诚者，天之道也；诚之者，人之道也。诚者，不勉而中，不思而得，从容中道，圣人也。诚之者，择善而固执之者也。”朱熹不仅将信与诚相联系，而且从“天人合一”的高度提炼和升华了诚信观念的哲学内涵。

新学与理学对立，但仍把“信”置入礼之中，作为中华道德不可分割的组成部分。李觏说：“温厚而广爱者，命之曰仁；断决而从宜者，命之曰义；疏达而能谋者，命之曰智；固守而不变者，命之曰信。此礼之四名也。”“同出于礼，而不可缺者也。”（《直讲李先生文集·礼论》）这是对荀子礼信思想的进一步发展。北宋改革家王安石则对老子“信言不美，美言不信”的观点作了发挥：“信者，性也。言近于信，则极天下之至顺。”“言之美，则不能近于性也，故美言不信。”（《老子注》）

南宋时的陆九渊认为：“忠者何？不欺之谓也；信者何？不妄之谓也。人而不欺，何往而非忠；人而不妄，何往而非信。……名虽不同，

总其实而言之，不过良心之存，诚实无伪，欺可谓之忠信矣。”（《陆九渊集·拾遗》）这里，陆九渊继承了孔子“主忠信”的思想，认为信是一种诚实无伪的品德，是“人之所固有，心之所同然”的普遍存在。陆九渊更着重于内省直觉，对信更强调“良心之存”，体现了其“心学”的特色。

王守仁继承了南宋陆九渊的哲学思想，又受到佛教禅宗的影响，认为心是万物本原，理是在心内的。他提出了“致良知”的学说，认为只要通过内心反省，就能“去人欲，存天理”。又提出了“知行合一”学说，认为“知是行之始，行是知之成”。在名与实的关系上，强调实重于名，这是含有诚信在内的。他在《传习录》中将信与其他道德规范一起论述。他说：“事父之孝，事君之忠，交友之信，治民之仁，其间有许多理性，恐亦不可不察。”而这些道德的归属“都只在此心，心即理也”。实践伦理道德的依据应当从自己的内心良知中去寻找。陆王心学把“良心”“良知”观念引入诚信论，进一步深化了思孟学派的道德主体论。

明清之际另一位思想家唐甄是一位猛烈抨击封建制度的启蒙思想家，但他对信的伦理道德规范却仍持肯定态度。他在其著作《潜书》中说：“大信必谨于小。急难相要，苟非忍者，不失其言也，是不足以为信。必釜鬲之约，三年不忘，不易其实，不易其物。”唐甄论说信，言辞中肯而实在，并且把信提高到了一个更高的道德水平，即信不能局限于“谨”，而应是“釜鬲之约，三年不忘”。如果说，守信守约在短时内尚能够做到的话，那三年之约要做到，恐就很难得了。

近代中国出现了数千年未有之变局。西学东渐，封建纲常不断受到冲击和批判。但是，传统的信德观念并没有被人们所抛弃，而是适应商品经济和民主政治发展的需要，而被赋予新的时代内容。维新派人物谭嗣同认为：“万善之首比为信。”（《谭嗣同全集·遗墨三篇》）他全面否定三纲五常，唯一肯定了朋友一伦，而朋友一伦的中心就是“信”。他渴望废除以封建尊卑等级观念为实质的伦理纲常，代之以平等的伦理关系。资产阶级革命家陈天华主张建立“诚实无欺，人人信得过”的社会。伟大的革命先行者孙中山先生，将传统的道德规范加以改造，赋予其资产阶级民主主义的新内容，提出了“忠孝仁爱信义和平”一套道德规范。他说：“中国古时对于邻国和对于朋友，都是讲信的。依我看来，就信字一方面的道德，中国人实在比外国人好得多。”（《三民主义·民族主义》）他把诚信作为中华民族传统美德加以肯定和颂扬。①

先秦诸子的诚信思想，经过历代思想家的丰富和发展，在我国历史上产生了深刻的影响。自从儒家取得正统地位以来，“三纲五常”便成为封建意识形态的核心。一方面信德成为巩固专制制度的工具，成为协调君民、官民关系的纽带；另一方面又推动了社会的稳定与发展，培育了淳朴的民风与人际的和谐。汉唐时期统治者重视诚信道德，文武兼治，才有了“汉唐雄风”和“贞观之治”；宋明时期商品经济发展，子学复兴，理学和心学崛起，把先秦诚信观提升到道德主体论的高度。明清之际启蒙思想家、近代的改良派以及资产阶级革命家，在批判封建道德的过程中，仍然对信德予以足够的重视，并试图根据社会的变化，赋予诚信以新的时代内容。

（三）诚信观念的现代价值及其重建

中国传统社会是一种自给自足的封闭的自然经济，受狭隘的时空和交往的局限性制约，它依赖于家族亲情纽带和“熟人社会”进行生产、交换和消费。人们在一个知根知底的熟人世界里生活，并因此形成维系这一熟人社会的诚信及其他道德原则和规范。在这样的社会里，人们的身份等级不同，所享受的权利和承担的义务也就不同，因而诚信的内容、性质和方式也不一样。近现代市场社会，诚信以契约为基本特征。近现代社会与传统农本社会的一个本质区别在于从身份到契约、从熟人社会到陌生人社会、从人身依附到人身独立。近现代市场经济是一种以交换为主要方式连接生产和消费的开放的外向型经济，它斩断了人与人之间的血缘亲情纽带，打破了传统的地域限制，使“熟人社会”进入“陌生人的世界”。在这样的社会，商品交换的诚信只能依靠契约与合同，并在法律和制度的保障下得以展开。随着市场经济的发展，诚信规范从潜意识形态发展为显意识形态，并且日趋明朗和具体，成为调节社会关系最基本、最普遍的伦理准则和价值需求。

当今社会，随着交换关系的日趋复杂，市场主体对诚信的需求也日趋强烈。不仅经济活动需要诚信，而且政治活动、精神文化活动等领域，以及人的全面发展和构建和谐社会都需要诚信。我们国家明确提出，要

---

① 荆惠民主编：《中国仁的传统美德：仁义礼智信》，中国人民大学出版社 2006 年版，第 177—189 页。

"以增强诚信意识为重点"，明礼诚信作为公民道德的首要原则，加强全社会的道德建设。在现代社会，经济的市场化和国际化、政治的民主化和法制化以及文化的多元化和交往方式的现代化，无不凸显着诚信的价值并要求践行诚信。现代社会的诚信，必须是适应现代市场经济发展要求的、同现代经济契约关系和民主政治密切相关并继承了传统诚信美德的真诚无欺、信守然诺的心理意识、原则规范和行为活动的总和。在社会生活中，诚信不仅具有教育功能、激励功能和评价功能，而且具有约束功能、规范功能和调节功能。就个人而言，诚信是高尚的人格力量；就企业而言，诚信是宝贵的无形资产；就社会而言，诚信是正常的生产生活秩序；就国家而言，诚信是良好的国际形象。①

首先，诚信是现代人在立身处世、待人接物和生活实践中，必须具有的基本素质和品格。诚信是个人的立身之本。一个人如果没有诚信的品德和素质，不仅难以形成内在统一的完备的自我，而且很难发挥自己的潜能和取得成功。"诚"不仅是德、善的基础和根本，也是一切事业得以成功的保证。"信"是一个人形象和声誉的标志，也是人所应该具备的最起码的道德品质。孔子说："信则人任焉。""人而无信，不知其可也。"诚于中而必信于外。一个人心有诚意，口则必有信语；心有诚意口有信语而身则必有诚信之行为。诚信是实现自我价值的重要保障，也是个人修德达善的内在要求。缺失诚信，就会使自我陷入非常难堪的境地，个人也难于对自己的生命存在做出肯定性的判断和评价。同时，缺失诚信，不仅自己欺骗自己，而且也必然欺骗别人；这种自欺欺人既毁坏了健全的自我，也破坏了人际关系，是导致现代社会病态人格和幸福感下降的重要原因。因此，诚信是个人立身之本，处世之宝。个人讲求道德修养和道德上的自我教育，培育理想人格，要求以诚心诚意和信念坚定的方式来进行自我陶冶和自我改造。中国古代思想家强调"正心诚意"和"反身而诚"在个人道德修养中的地位和作用，认为修德的关键是有一颗诚心和一份诚意。诚意所达到的程度决定修德所能达到的高度，正可谓"精诚所至，金石为开"，"天下无不可化之人，但恐诚心未至；天下无不可为之事，只怕立志不坚。"所以，中国人特别强调"做本色人，说诚心话，干真实事"。在市场经济的条件下，人们只有树立起真诚守信的道德

① 王泽应：《论诚信》，《光明日报》2004 年 11 月 23 日。

品质，才能适应社会生活的要求，并实现自己的人生价值。如果说传统熟人社会，因为纯朴的民风和舆论的力量，守信还比较容易做到；那么在现代陌生人的世界，诚信品德就显得格外珍重。

其次，诚信是一种社会的道德原则和规范，它要求人们以求真务实的原则指导自己的行动，以“知行合一”的态度对待各项工作。在现代社会，诚信不仅指公民和法人之间的商业诚信，而且也包括建立在社会公正基础上的社会公共诚信，如制度诚信、国家诚信、政府诚信、企业诚信和组织诚信等。这就是说，任何政府和制度都要按照诚信的原则来组织和建构，亦需按照诚信的原则行使其职权。一旦背离了诚信的原则和精神，政府就会失信于民，制度就会成为不合理的包袱。从横向的现实坐标看，我们可以把一个社会的诚信区分为经济诚信、政治诚信和文化诚信。

经济诚信是指经济生活和物质文明建设中的诚信，是直接同谋利计功行为相关联的诚信，主要表现为企业诚信。市场经济应当是诚信经济，诚信是市场经济的灵魂。作为借贷者，能否获得市场信任，视其偿债能力如何；作为经营者，能否获得出资者的信任，视其经营能力如何；作为代理者，支配他人资产能否获得信任，视其依法对他人承担资产责任的能力如何；作为劳动者，能否获得劳动力市场的信任，视其敬业精神和职业能力如何。随着电子商务、网络交易和期货交易等新的交易方式的兴起，信用伦理精神已经成为市场经济健康发展的重要基础。国内外的经验都表明，市场经济越发达，就越要强化信用伦理，这是融入世界经济、参与国际经济竞争的先决条件。所以，富兰克林说：“信用就是金钱。”信用、信任和信誉是现代经济活动的通行证，也是确保其成功的动力源泉和优势资本。现代信用是经济活动主体对自己行为的庄严承诺和社会各界对其履诺的肯定性评价。信用有借贷资本意义上的专业信用（包含商业信用、银行信用和消费信用）和一般经济活动的社会信用。信任是交易双方在信用的基础上构成的经济关系，只有守信用的企业，才能得到社会公众的信任，才有从事商业活动的良好环境。信誉则是一般信用关系的升华，守信用的企业在市场上拥有较高的信誉，能够得到其他企业和消费者的青睐。信誉又是一个企业、一个地方乃至一个国家的精神财富和价值资源，甚至成为一种特殊的资本。信誉好的企业，在市场上具有良好的形象，具有较高的知名度，这本身就是一笔巨大的无形

资产。经济诚信包含了生产诚信、交换诚信、分配诚信和消费诚信等环节，并体现在经济决策、经济活动和经济评价等方面。

诚信是企业和事业单位的立业之本。诚信作为一项普遍适用的道德原则和规范，是建立行业之间、单位之间良性互动关系的道德杠杆。诚实守信是社会主义职业道德建设的重要规范。诚实守信是所有从业人员在职业活动中必须而且应该遵循的行为准则，它涵盖了从业人员与服务对象、职业与职工、职业与职业之间的关系。企业事业单位的活动都是人的活动，为了发展就不能不讲求诚信。因为发展既蕴含着组织本身实力和生存能力的增强与提升，又蕴含着组织与组织、组织与外部以及组织内部各要素之间关系的优化与完善。无论是组织本身实力和生存能力的增强与提升，还是组织内外关系的优化与完善，本质上都需要诚信并且离不开诚信。诚信不仅产生效益和物化的社会财富，而且产生和谐和精神化的社会财富。在市场经济社会，“顾客就是上帝”，市场是铁面无私的审判官。企业如果背叛“上帝”，不诚实经营，一味走歪门邪道，其结果必然是被市场所淘汰。诚信是塑造企业形象和赢得企业信誉的基石，是竞争中克敌制胜的重要砝码，是现代企业的命根子。

政治诚信是指政治生活和政治文明建设中的诚信，主要表现为政府诚信。孔子认为建立民众对政府的信任，对于国家之“立”比强大的军队、充足的粮食更为重要。荀子对此也有深刻的认识。他认为政令取信于民则国家强大，政令失信于民则国家衰弱，因此治国从政当以建立信德为主旨和根本。在现代社会，政治的民主化已经成为一种潮流，它要求按照诚信的原则规范政府及其官员的行为，增加政府行为的透明度，避免行政垄断和行政工作的暗箱操作，做到政务公开、依法行政，建立诚信政府。此外，政治诚信还包含政治活动和政治体制诚信。

诚信是国家政府的立国之本。我们是社会主义国家，国家的主体是人民，国家的主权也归属于人民。孔子曰：“自古皆有死，民无信不立。”（《论语·颜渊》）这是就社会的统治者和政府而言的。孟子强调：“民惟邦本，本固邦宁”“民为贵，社稷次之，君为轻”“得民心者得天下，失民心者失天下”，认为国家的领导者应当以诚心诚意的态度和方法去取信于民，进而达到人民安居乐业、国家太平清明。唐代魏征在给太宗皇帝的上疏中写道：“求木之长者，必固其本；欲流之远者，必浚其源；思国之安者，必积其德义。”（《贞观政要·论君道第一》）治国之道，在于贵德崇义，而德义的主要内容则是诚信。诚信是领导者治理国家的基本准则，诚信构成国德，支配国运，没有诚信的国德就不能拥有长久而向上的国运。在现代社会，民主政治成为一种潮流和趋势，更要求把诚信作为治理国家的基本原则。政治的核心是权力。政治权力的历史形态是私权或集权，而民主政治下的权力是公权。公权意味着权力归人民所有，本质上是为人民服务的，权力的合法性来自人民的信任。失去人民的信任便失去了权力合法性的依据。我国是社会主义国家，建立诚信政治是发展社会主义民主和政治文明的重要任务。要发扬人民民主，坚持依法治国，充分尊重和保障人权；重视政治伦理建设，树立“国家以社会为本位，社会以个人为本位”① 的新观念；要整肃吏治，加大反腐败力度，构建权力监督和制衡体系，才能真正取信于民。

文化诚信是文化生活和精神文明建设中的诚信，主要表现为教育诚信和学术诚信等方面。在当代中国，就是要忠诚于祖国的文化事业，培育先进文化，发展面向现代化、面向世界、面向未来的、民族的、科学的、大众的社会主义文化，以不断丰富人们的精神世界，增强人们的精神力量。必须坚持为人民服务、为社会主义服务的方向和“百花齐放、百家争鸣”的方针；勇于探索，鼓励创新，坚持真理，捍卫真理。真正的知识分子代表着社会的理性和良知，要有“先天下之忧而忧，后天下之乐而乐”的社会责任感，真实地反映人民的生活和情感，创造出无愧于我们时代的作品。教育和科学文化工作者被称为“人类灵魂的工程师”，必须以自己的实际行动弘扬传统美德，坚决铲除精神文化领域中的不诚信现象。

最后，诚信是个人与社会、心理和行为的辩证统一。诚信本质上是德性伦理与规范伦理或者说信念伦理与责任伦理的合一，是道义论与功利论、目的论与手段论的合一。如果说“诚”强调的是个人内心信念的真诚，是一种品行和美德，那么“信”则是诚这种内在品德的外在化显现，是一种责任和规范。在中国历史上，就有“诚于中而信于外”的说法。诚信不仅是一种道德目的，是人们应当具有的一种信念，而且也是一种道德手段，是人们应当承担的一种社会责任和谋取利益、实现利益

---

① 宋惠昌：《当代政治伦理学的一个基本问题——关于国家、社会、个人关系的政治伦理思考》，《江西师范大学学报》2005 年第 4 期。

的方式。诚信，既可以是价值论和功利论的，又可以是道义论和义务论的。价值论和功利论的诚信观把诚信作为一种价值和实现目的的手段，认为人们如果不讲诚信就无法实现自身的发展和完善，也很难取得长久而真正的利益。道义论和义务论的诚信观则把诚信视为一种应尽的义务和内在的要求，认为人们讲求诚信是提升自身素质和实现全面发展的需要，讲求诚信哪怕不能带来物质上的利益，仍然是弥足珍贵的。我们主张在诚信问题上把道义论和功利论结合起来，既把诚信的讲求视为一种谋利和促进发展的手段，又把诚信的讲求视为一种神圣的使命和内在的义务，使诚信的讲求既崇高又实用，既伟大又平凡，这体现了中国传统文化所倡导的“极高明而道中庸”的价值特质。

总之，诚信是一切道德的根基和本原。它不仅是一种个人的美德和品质，而且是一种社会的道德原则和规范；不仅是一种内在的精神和价值，而且是一种外在的声誉和资源。诚信是道义的化身，同时也是功利的保证或源泉。

诚信是中华民族的传统美德，先秦诸子的诚信思想，经过历代思想家的丰富和发展，在我国历史上产生了深刻的影响。但是，由于市场机制的引入、工具理性的张扬，导致社会诚信的缺失，已经对我国的社会主义现代化建设、对正常的社会秩序和经济秩序、对人民群众的幸福生活造成了巨大的危害，已经严重地影响到了我国经济、政治和文化的可持续发展。我们一定要从民族发展和构建和谐社会的高度，重视诚信建设，加强诚信教育，“以诚实守信为荣，以见利忘义为耻”；同时要借鉴外国经验，强化法律刚性约束，建立现代信誉制度，才能使诚信这棵道德奇葩放射出璀璨的光华。

六　人生是一门可能的艺术

人生仿佛是一门可能的艺术，怎样雕琢？扮演什么角色？是小丑，还是英雄？是悲剧，还是喜剧？可以有很多种迥然不同的情节和结局。

（一）

开始我们只是被雕琢的对象，只是一位实习演员，而父母、老师是艺术家，是编剧、是导演，是塑造我们灵魂的工程师，企图把我们装扮成他们心目中的人物，或是社会所期待的角色。然而当我们逐步熟悉这个人生舞台和自己所扮演的角色，我们对自己的演技和兴趣有了自我认识之后，我们就会发现有些剧本、有些角色并不适合我们，我们并不心甘情愿只是成为一个被雕琢的偶像，或者被选定只能担任某种固定的角色。于是我们尝试着设计自己的形象，选择或撰写自己喜欢的剧本，导演并扮演适合自己的角色！这就是人性的觉醒，新大陆的发现，噢，这人生原来是属于自己的。

人的命运不是预定的。一个新生命诞生了，他（她）能够成为什么样的人，能干什么，不能够干什么，并不是确定不移的。虽然人会受到时代、社会环境、家庭背景等因素的影响，然而人仍然有着选择生活道路的自由。正如哲学家萨特在《存在主义是一种人道主义》中提出“人的存在先于本质”的著名命题。物有确定的性质和用途，而人是用生命历程来演绎和诠释自己的本质；人的存在过程就是自由选择的过程。[①]

当然在人生的舞台上，我们并不是在演独角戏，亲人、老师、朋友、同事都参与其中，有时候给我们以指导，帮助我们修改剧本，完

---

① 赵敦华：《现代西方哲学新编》，北京大学出版社2001年版，第127页。

善我们的动作，有时候甚至替我们跑跑龙套。但是大部分时间，他们只能是注视我们的观众，而不能替代我们出场。人生这出戏演得是否精彩，主要取决于我们的剧本和演技是否生动感人，取决于我们对角色的把握和发挥。实际上我们可以选择不同的脚本，可以有多种剧情设计，我们也可以扮演不同的角色。也就是说，我们可以在许多种可能中进行选择，可以演出一部动人心魄的人间喜剧，也可以像哈姆雷特一样走向毁灭。

（二）

谁不想拥有精彩的人生？谁不想步入生命的殿堂？谁不想在社会的舞台上扮演光彩照人的角色?！然而，我们可以主宰自己的命运吗？这个人生剧本能够让我们随意编写吗？我们可以想扮演什么就扮演什么？想怎么表演就怎么表演吗？实际上人生存在着巨大的变数，往往被许多不可抗拒的力量所左右。古人云："生死有命，富贵在天""天有不测风云，人有旦夕祸福"，我们能够抗衡命运吗？这的确是一个值得思考的问题。也就是说美好的理想不等于残酷的现实，真实的人生与浪漫的艺术也有很大的距离。我们说人生是一门可能的艺术，而不是说人生本来就是艺术。然而人是万物之灵，不会屈服于命运，不甘心在现实面前俯首称臣。人们追求理想，就是为了改造现实；人们热爱艺术，就是企盼超凡脱俗。

一部剧如果没有跌宕起伏的情节，就会失去艺术的魅力。每个人的生活都不会是一帆风顺的，经历挫折和磨难我们才会拥有五彩斑斓的人生。面对苦难和人生的各种挑战，人们往往有不同的选择和态度。有些人敢于直面惨淡的人生，愈挫愈奋，把苦难当作天才的摇篮。正如罗曼·罗兰所说："苦难犁破了我的心，但它却掘出了生命新的源泉。"

有些人选择逃避、退让，玩世不恭，消沉、颓废，从此一蹶不振；有些人绝望，悲观厌世，甚至选择了自杀。面对物欲横流、充满诱惑的现代社会，有些人能够保持清醒的头脑，出淤泥而不染，彰显高洁的人格；而有些人却同流合污，贪婪自私，不择手段，趋炎附势，甚至谋财害命，出卖灵魂。追求卓越的人生，要付出很大的代价，而要过一种平淡纯洁的生活，也需要付出艰辛的努力。常言道："林子大了，什么样的鸟都有。"在社会舞台上，每个人从自己的生活逻辑出发，自觉地或不自觉地进行着表演。北岛说得好："卑鄙是卑鄙者的通行证，高尚是高尚者的墓志铭！"

我们说人生是一门可能的艺术，不仅在于揭示人生的悲哀与冲突，更在于强调我们可以自我设计、自我塑造、自我完善，在不同的生活方式和人生态度中进行选择，为自己的人生负起责任。中国人相信人性本善，“天行健，君子以自强不息；地势坤，君子以厚德载物。”（《周易·象传》）“我欲仁，斯仁至矣。”天道酬勤！无论是小孩、成人，还是老人，在我们的面前都永远有一个不同的未来在召唤。其实我们可以像艺术家那样去面对人生，这个情节不好，可以重新修改；这一次演不好，还可以重来一次，这样我们的人生也许就不那么沉重，或许会生活得潇洒一些，浪漫一些。林语堂就曾经写过《生活的艺术》，艺术人生难道不是我们的理想吗？

葵花总是向着阳光，每颗生命都拥有追求幸福的权利。实际上，人有很强的可塑性，有着巨大的发展潜力。据科学家研究，普通人的大脑只开发了10%左右。我们必须对人生抱有期望，热爱命运。生命之火可以燃成熊熊烈焰，也可以自行熄灭。莎士比亚说：“人半是天使，半是魔鬼。”

选择什么样的人生完全取决于我们自己。爱因斯坦说：“人只有献身于社会，才能找到那短暂而有风险的生命的意义。”这“短暂而有风险”的人生必然具有戏剧的色彩。如果说生命是一次探险，那么最在乎的不是我们最后得到了什么，而是我们在这个过程中经历的一幕幕惊心动魄的故事。

（三）

苏轼说：“古之成大事者，不惟有超世之才，亦必有坚韧不拔之志。”陆游诗：“山重水复疑无路，柳暗花明又一村。”生活给我们关上了这扇门，上天就会给我们打开那扇门。每个人都拥有一颗太阳，只要你善于发挥，就会使你的生命放射出耀眼的光华。只要我们选择了远方，就只顾风雨兼程。

恩格斯谈到文艺复兴时说过一段话：“这是一次人类从来没有经历过的最伟大的、进步的变革，是一个需要巨人而且产生了巨人——在思维能力、热情和性格方面，在多才多艺和学识渊博方面的巨人的时代。”[①]季羡林、钱学森相继逝世后，有人评价说：“中国已无大师!”这既是对

① 恩格斯：《自然辩证法》，于光远等译，人民出版社1984年版，第6页。

这两位文化、科学巨匠的赞美，也是对中国社会后继乏人的忧患。难道这注定是一个平庸的时代？难道中华的崛起和复兴就呼唤不出达·芬奇、牛顿和李白吗？中国人期待着，世界也在注视着，如果我们相信人生是一门可能的艺术，那么你能说奇迹不会出现吗?!

七　欣赏是人性的光辉

人来到这个世界，睁着一双好奇的眼睛，一切都是新鲜的。黎明昆虫哼着小曲，清晨小鸟欢快地歌唱；黄昏老人和小孩在公园里悠闲地散步；春天不期而至，万物复苏，百花争艳；秋月如镜，金桂飘香，佳人乐其玩赏；盛夏里的一阵阵凉风让我们感到惬意；严冬里从被窝里醒来，推开家门，啊！好一个银装素裹！古人惊喜地写道“千树万树梨花开”！

（一）

当我们用欣赏的目光来看待这个世界的时候，人性便有了光辉。对待大自然的美景我们尚可以保持平和的态度去欣赏它，因为它与我们没有直接的利害冲突。谁能妒忌灿烂的彩虹？谁能为一只雄鹰搏击长空而暗自神伤呢？

然而对待你的邻居，你的同事，你的老同学的升迁，你的一位熟人，甚至你的朋友交上了好运，你也能够替他们高兴吗？你能够用欣赏的目光去看待别人的人生和成就吗？这大概比较难。

常言道，人往高处走、水往低处流，这是普遍的人性。谁都想生活得比别人好，谁都想在这个世界上活得精彩，活得潇洒，活得自豪，活得有尊严。但是多少人能够做得到这些？在世俗的人看来，总是觉得别人生活得比我好，相互攀比、羡慕别人，甚至妒忌，是常人具有的一种普遍心理。

妒忌好不好？不好，也好。说它不好，是因为妒忌有一种吃不到葡萄说葡萄酸的感觉，对别人的幸运和成就心怀不满，对别人的遭遇幸灾乐祸，因而这肯定不是一种高尚的情感，而且对自己也有很大的杀伤力，会导致郁闷、愤愤不平、玩世不恭，甚至悲观厌世等消极情绪，以及人际关系的紧张、心理失衡等，因此，我们说妒忌并不是一种积极的心理

状态。

虽然如此，人非圣贤，谁又能超越妒忌呢？正因为有妒忌，才会有爱恨情仇，才会有悲欢离合，才会有斑斓多姿的人生，才会有激烈的竞争和冲突，有战争的波澜壮阔和荡人心魄。甚至可以说妒忌是人类社会发展的真正秘密。试想，如果没有妒忌，人类社会还会发展到今天吗？妒忌既伤害人类，又激励人类，这就是历史的辩证法。

就整个人类来说不可能超越妒忌，但是对个人来说，妒忌毕竟不是一种十分健康的情感，谁会认同它是一种高尚的人格特征？

如果我们不以个人的得失、利害为标准，跳出个人的小圈子去看待别人的生活和成就，不是狭隘地认为别人的成就折射出了我的无能，别人的显赫让我卑贱，别人的娇容让我无地自容；而是用欣赏的目光看待身边的人与事，那么我们的心态就平和多了，就像我们欣赏鸟语花香那样欣赏别人的幸福与快乐；就像欣赏飞瀑流泉那样欣赏别人的才华和成就；就像欣赏蓝天白云那样欣赏别人的高尚人格。在欣赏别人时我们就会感到生活原来是那么美好，人们原来是那么善良，人生原来有如此的情趣。天真烂漫的孩子，步伐匆匆的中年人，公园里含情脉脉的恋人，黄昏里手牵着手散步的老人，都可能成为我们人生旅途中的一个风景。那么感激、怜悯、慈悲、善良、开朗、豁达的种子就会在我们心里播撒，我们收获的将不再是可怜的虚荣心，而是对生活由衷的赞美之情。

如果由妒忌别人变成欣赏别人，那么这将是人生的一次升华。欣赏别人是人生第一境界，它让我们用审美的目光看待我们身边的人与事，让我们由此变得超脱，变得大度，变得从容。这应该是一种生活态度，一种生活方式，一种生存智慧。

我们身边每天都有感人的事情发生。你的包丢了，出租车司机设法给你送了回来；你失意的时候邻居的一声问候；你挫折时朋友的鼓励开导；你尴尬时陌生人的一个微笑……如果你用欣赏的目光去看，那都是生命之树开放的娇艳的花朵。

如果你用欣赏的眼光去看待别人，那么就会为同事的升迁、邻居家孩子出国留学，为你的老同学的家庭幸福而感到欣慰。那么妒忌的阴霾就会化为亮丽的彩虹，沉默寡言或者愤愤不平的你，就会绽放出灿烂的笑容，你就会用宽容的喜悦的心态来接纳这个丰富多彩的世界，因而生发出对生活由衷的热爱和眷恋之情。

（二）

欣赏是人性的光辉，由欣赏别人到欣赏自己则是人生的第二境界，是人生的又一次升华。因为世界之大，无奇不有，只要我们留心，就会发现生活的精彩，人性的光辉。但是由欣赏别人到欣赏自己却不是人人都能做到的。

你看别人生活得多么精彩，而我的生活却是那么的卑微。能欣赏别人却不能欣赏自己，或者说忽视身边、忽视自己是人性的弱点，“不识庐山真面目，只缘身在此山中”讲的就是这个道理。当然欣赏别人可以激励我们创造美好的生活，帮助我们完善自我，提升人生的境界，但是，如果停留在欣赏别人的阶段，而不能由欣赏别人升华到欣赏自己，那么这种欣赏就显得缺乏底气，缺少内涵，缺乏自信。

建立在欣赏别人基础之上的欣赏自己，并不是孤芳自赏，也不是狂妄自大，而是对人的生命的由衷喜悦和对生活的挚爱之情。每一个生命都是独一无二的，每一个人的人生都是值得骄傲自豪的。人有富贵与贫穷之分，人格没有高低贵贱之别，在母亲的眼里，自己的孩子都是最值得自豪的。造物主创造了人类，就是为了让每一个生命都幸福快乐地成长。向日葵总是向着阳光微笑，小河的流水在欢快地舞蹈，就连晚上的星星，也眨巴着眼睛捉着迷藏，这是造物主在向人类展示着大自然的勃勃生机与无限的自豪。

欣赏自己并不需要很高的筹码，今天有兴致我们做几道好菜，老少爷们吃得津津有味；在公交车上给老人或孕妇让了座；课堂上老师发挥得好，学生的情绪很高，如此等等，都可以引以为自豪。

当然欣赏自己与提升自己是相辅相成的，因为你欣赏自己，你有自信，相信你会成为一个有作为的人、卓越的人、幸福的人。相信明天比今天更美好，相信冬天到了春天还会遥远吗？你就不会被生活的重负所压倒，就不会被世俗的眼光所左右，就不会在漫漫的人生道路上迷茫、徘徊，而且生发出激流勇进、搏击长空的豪情。即使前方有激流险滩，是刀山火海，是险象环生的魔窟，你都会像艺术家那样从容地去面对，就像你是探险故事里的一个主人翁，安徒生童话里的小男孩，天方夜谭中的老渔翁。

欣赏自己，就是相信自己的能力，相信自己能够主宰自己的命运，自己做自己的主人。康德说：“所谓启蒙就是改变脱离他人就不会思考、

不会行动的习惯，就是做独立自主的人。”贺麟说：“当一个民族发展到和平与繁荣的阶段，当它从外部的压迫和任何形式的内部专制中解放出来时，人们就开始认识到个性和个人灵魂尊严的重要性。因此，他们自然就有了对整个人类、世界的责任感。”①

人类近代以来取得的最大的进步，在于人类走出神学的统治，摆脱了大自然的任意摆布，依靠文艺复兴、宗教改革、启蒙运动和科学技术的巨大进步而获得了真正的自信。莎士比亚说：“人类是一件多么了不得的杰作！多么高贵的理性！多么伟大的力量！多么优美的仪表！多么文雅的举动！在行为上多么像一个天使！在智慧上多么像一个天神！宇宙的精华，万物的灵长！”② 我们每一个人都是一件精美绝伦的艺术品，是大自然神奇的造化，也是父母、老师和热爱我们的人们用心灵雕琢的“安琪儿”。

人类的自豪、民族的自豪、男人的自豪、女人的自豪，只有上升为每一个人的自豪，那么，这人间的花园将多么绚烂。蒲柏说：大自然和它的规律隐藏在黑暗里，上帝说让牛顿出生吧！于是一切都变成光明的了！”蒲柏是在用上帝的神圣来歌颂牛顿的伟大，歌颂科学的神奇，也是对人性的讴歌。为什么是牛顿发现了万有引力定律，为什么是爱因斯坦提出了相对论，为什么是陈景润解开了哥德巴赫猜想？因为他们相信自己的力量，相信造物主赋予他们神奇的大脑，相信他们有一双能够洞悉大自然心灵的眼睛，相信灵感总是降临有准备的大脑，相信有耕耘就有收获。你对世界微笑，世界也会对你微笑。

（三）

人生大概总会有一些不如意的事情，所谓天有不测风云，人有旦夕祸福；月有阴晴圆缺，人有悲欢离合，此事古难全。随着中国现代化的跨越式发展，我们在几十年时间要走完西方几百年才走完的城市化、全球化、民主化，所遇到的问题和各种压力是难以想象的。对于个体来说也是如此，我们必须面对越来越大的就业压力、不断飙升的房价、孩子的升学、医疗保障制度的不完善、养老等各种迫切的生活压力都向我们

① 贺麟：《现代西方哲学讲演集》，上海人民出版社 1984 年版，第 23 页。

② ［英］莎士比亚：《莎士比亚全集》（第 5 卷），朱生豪译，人民文学出版社 1994 年版，第 327 页。

袭来。"蜗居"让"房奴"一词走红中国，"孩奴""车奴"等词的出现，还有富士康十三跳、校园多起凶杀案的曝光，以及不断报道的腐败现象，地震、泥石流等自然灾害，给多少个家庭带来灾难！在中国崛起的同时，也让我们见证了阳光下的罪恶，我们的人生还会潇洒起来吗？我们还能欣赏别人，进而欣赏自己吗？这的确是一个现实的问题。

我们说的欣赏别人，并不是让我们对社会的假、恶、丑视而不见、听而不闻。我们欣赏别人是欣赏人性的善，人性的真，人性的美，相信世界上还是好人多，好人终有好报，相信正义必将战胜邪恶。对我们的社会也要从进步的方面着想，新中国成立60多年，尤其是改革开放30多年，中国发生了多么巨大的变化，中华民族已经站立起来，而且已经傲然屹立在世界的东方，这难道不能引起我们由衷的喜悦之情，不能生发出由衷的民族自豪感？做一个中国人是多么自豪啊！

文明、富强、民主、和谐的中国正在向我们招手，我们作为炎黄子孙，作为具有五千年文明历史的中华民族，经历了近代上百年的屈辱历史，终于在几代志士仁人的努力下，在中国共产党人的领导下，经过各族人民的流血牺牲和艰苦奋斗，我们的民族已经踏上了复兴的伟大道路，难道不能生发出我们的自豪感吗？

中国也有问题、也有危机、也有挑战。不断扩大的贫富差距，官场的腐败，生态环境的破坏以及时缓时急的地缘政治形势都给崛起的中国带来挑战和忧患。然而我们也看到走向现代化的中国步伐是那样坚定，要相信中国共产党人的政治智慧，相信中华民族完全有能力来解决这些问题，来应对这些挑战。

由此我们说的欣赏别人与欣赏自己，不仅是对个人来说，也是对我们的整个民族而言的。现在是全球化时代、信息化社会，我们不可能孤芳自赏，在中国走向世界，成为世界大国、世界强国的时候尤其是这样。中国举办奥运会、上海世博会非常成功，给了我们一个展示自己、让世界了解中国的机会，也标志着中国的崛起。当然崛起是现在进行时，不是现在完成时，这两次盛会也让国人来了解世界、欣赏世界的精彩。已经还将有更多中国人去国外留学、工作、旅游观光，实际上世博会也是给中国人了解世界提供了一个窗口，为世界吸引中国人走出国门，了解各国的风土人情、发明创造、科学技术、教育文化做了一个大广告，所以说是双赢。

中国是一个人口大国，中国曾经是自行车王国，但是中国人现在要向美国人学习，成为汽车大国。估计在过一二十年，中国一半的家庭都会拥有小轿车，富裕的家庭甚至会有几部私家车，将不会是什么困难。这是好事，还是坏事？是喜是忧？很值得大家反思。如果全世界都像美国人那样生活，富人家里有别墅、健身房、游泳池、网球场，一条马路修到山上，过独家独院的悠闲生活，那么全世界的所有耕地全部修成马路、修成别墅也远远不能满足人们不断膨胀的欲望。

在丹麦馆我们却看到了另一番景观：富有的丹麦成了自行车王国，人们蹬自行车上下班，既环保又锻炼身体。连国王都骑自行车上班，而丹麦就像安徒生童话，成为世界上最幸福的国家，夜不闭户，路不拾遗，人际关系、人与自然和谐相处。这难道不值得我们认真反思吗？学习外国、欣赏别人，也要从自己的国情出发，因地制宜，有选择、有鉴别地学习别人的长处，而不要见异思迁、邯郸学步、东施效颦。

我们是要学习美国人的自信、自立、坦率和宽容；学习美国人制度中的自治与对权力的约束机制；学习美国人崇尚个人奋斗和探索精神。学习俄罗斯人的豪爽与深沉，法国人的自由精神和罗曼蒂克，英国人的高贵与细致，德国人的理智与严谨以及日本人、韩国人的勤奋和敬业。

当然对待日本人，曾经有美国人写过一本书叫《菊与剑》，写了日本人礼貌谦和的背后具有的傲慢与偏见。第二次世界大战日本侵略中国，在南京杀害几十万手无寸铁的中国平民，现在日本教科书连日本侵略中国人的历史都一笔勾销了，小泉首相不顾中国人民的情感，多次参拜靖国神社。相比较同是战败国的德国人却进行了深刻的反省，向遭受第二次世界大战蹂躏的国家和人民忏悔，从而得到世界人民的肯定，这种知错就改、向历史负责的态度，是爱好和平的人们所欣赏的。

在相互比较和相互欣赏中，各种文明、不同国家、各个民族相互学习、相互借鉴、相互对话、求同存异、取长补短，共同建设文明繁荣的和谐世界，这才是全球化时代各个国家应该选择的正确道路，也是走向大同世界的必由之路。

大道之行也，天下为公。选贤与能，讲信修睦。故人不独亲其亲，不独子其子。使老有所终，壮有所用，幼有所长，鳏寡孤独废疾者，皆有所养。男有分，女有归。货，恶其弃于地也，不必藏于

己；力，恶其不出于身也，不必为己。是故谋闭而不兴，盗窃而不作。故外户而不闭，是谓大同。(《礼记·礼运篇》)

这是儒家追求的大同理想。而墨子提出了兼爱、非攻、尚贤、尚同思想，爱他人之国，如爱自己的国家，爱他人的父亲如同爱自己的父亲。张载“为天地立心，为生民立命，为往圣继绝学，为万世开太平”。“天人合一”“民胞物与”，人民是我的同胞，万物是我们的兄弟，这是多么崇高的境界啊。

（四）

由欣赏别人到欣赏自己，又由欣赏自己到欣赏世界，这是人生第三境界，即“天人合一”“万物一体”的境界！欣赏自己就是获得一种自豪，知道珍惜生命，提升自我，完善自我。然而人与世界、与自然本身就是一体的，我们欣赏的人类就是世界的组成部分，而且是世界的一员，他人不是萨特所说的地狱，而是成就自我的前提，离开父母、老师、朋友、同事，以及那些挥汗如雨的农民、平凡朴实的工人、风雨无阻的清洁工，那些在建筑工地不知疲倦、冒着生命危险挖煤的农民工，以及在抗震救灾前线不畏艰险的解放军战士，我们还会拥有今天的幸福生活吗？

爱因斯坦说：“人只有投身于社会，才能找到那短暂而有风险的生命的意义！”托尔斯泰说：“幸福就是为他人而活着！”我们只有完成由欣赏自我到欣赏世界的超越，人生才能步入新的境界，从而完成生命的意义和价值的提升。

欣赏世界，不仅是欣赏人的世界而且要欣赏大千世界，欣赏大自然的博大与深邃，欣赏宇宙的和谐与神秘。天高任鸟飞，海阔凭鱼跃！“曾经沧海难为水，除却巫山不是云”，我们从大自然中可以获得无限的生机与活力，春夏秋冬不期而至，云舒云展，花开花落，是那样的从容不迫，何等的悠闲与自在！“天道无为”“天何言哉，四时行焉”（《论语·阳货》），“智者乐水，仁者乐山”（《论语·雍也》）。大自然可以陶冶我们的情操，可以净化我们的心灵，可以开阔我们的胸怀，可以克服人类的傲慢与偏见，帮助人类走出现代性困境，步入鲜花盛开的村庄。

猴子的灵巧，百灵的歌声，孔雀的羽毛是那样美丽，秋月是何等的皎洁，大海是那样的深邃，又是那样的悠闲。我们从欣赏大自然的生机

中可以获得无穷的智慧和力量来涵养我们的生命，丰富我们的人性，滋润我们的情感。海德格尔说，“人不是大自然的主宰，而是大自然的建设者”，是大自然的朋友，是大自然的儿女，是大自然的欣赏者，也是大自然的呵护者。

老子曰：“道法自然”（《道德经》二十五章）；孔子说：“人能弘道，非道弘人”（《论语·卫灵公》），人道源于天道，实际上人道与天道是同一个道。孔子又说：“朝闻道，夕死可矣”“士志于道”（《论语·里仁》），是中国知识分子的崇高使命，儒家追求“先天下之忧而忧，后天下之乐而乐”是一种人文关怀，老子的道主要是天道，认为人从根本上要过一种自然而然的生活，要遵循大自然的法则，而不要人为地破坏人与大自然的和谐。安其居，乐其业，回归自然才是人类的真正归宿。

美国作家梭罗的《瓦尔登湖》就是这样的使命。萨特的《存在与虚无》，雅斯贝尔斯的《当代的精神处境》，荣格的《现代人寻求灵魂》，还有贾平凹的《浮躁》与《废都》传递给我们的信息，就是在物欲横流的现代社会，由于人类从禁欲主义陷入了纵欲主义的深渊，这就是信仰危机，道德意识淡化，信任感、责任感、使命感缺失的现代文明所造成的灾难。

“道可道，非常道”，我们现代人所追求的许多东西，实际上对人的快乐和幸福而言是一个陷阱，现代人的聪明大多数都是小聪明，现代人的“道”基本上都是小道，究竟是现代人幸福还是古代人幸福，这仍然是一个问题。为了过出人头地的生活，拼命地去工作，甚至成为工作狂，用终身的辛劳换一时的享乐。今天玩电脑，明天玩汽车，人的欲望没有尽头。追求金钱、追求学历，追求所谓的高品质的生活，人与人攀比追求时尚，幸福感在攀比中丧失殆尽。

孩子天真烂漫的童年都被知识的海洋给淹没了，他们到了人生的黄昏回忆什么？回忆在题海战术中挣扎！现在小孩都爱看童话，但是他们的生活中却没有童话。有多少孩子有时间去聆听曲曲鸣奏，观察蚂蚁搬家？更有多少家长允许孩子去江河里游泳，到大山里探险？儿童天生的好奇心、求知欲和想象力，都让我们的应试教育这一把利剑扼杀在摇篮里，这难道不是人类的悲哀吗？小孩都是天才，现代教育使他们堕落成了人才！

（五）

实际上，我们所说的人生最高境界在小孩那里就有，也就是常人所谓“赤子之心”。从儿童心理发展来看，首先是欣赏这个世界，人来到这个世界睁着一双好奇的眼睛，觉得世界上的一草一木都是新鲜的，一切都是美好的。在他们看来老虎就是一头形体大一点的猫，所谓初生牛犊不怕虎。按照皮亚杰的研究，儿童进一步发展进入“自我中心化”阶段，认为自我是世界的中心，世界是为我而存在的，“小狗为什么叫？”“小狗在叫我！”“花儿为什么开？”“花儿想跟我说话！”然后进入小学，儿童学会模仿老师、模仿家长，已经有自己最崇拜的人，舅舅往往就是孩子心目中的英雄，这就是欣赏别人，而由欣赏别人到妒忌别人，这是儿童心理发展的一个质的飞跃，是人的社会化的重要阶段，是人的自我角色认同和自我确认，也就是认识到我与别人的不同，也就是自我意识的崛起。

从人的生命历程来看，是经历了由欣赏世界到欣赏自己，由欣赏自己到欣赏别人，又由欣赏别人到妒忌别人这样一个发展历程，也就是越来越变得自私，所谓“人不为己，天诛地灭”这话有一定道理，因为自我意识是人类区别于其他动物的根本标志，没有自我意识的发展和利益意识的觉醒，就不会有人类社会波澜壮阔的历史画卷。但是，人若仅仅为自己而活着，一点都不考虑别人的感受，不顾及行为的后果，人类文明还能维持下来吗？因此人类文明又演化出另一条路径，这就是与儿童心理历程相反的路径：由妒忌别人到欣赏别人，由欣赏别人到欣赏自己，又由欣赏自己到欣赏世界。孟子说：“大人者，不失其赤子之心也。”（《孟子·离娄下》）老子说：“常德不离，复归于婴儿。”（《道德经》二十八章）复归本初的生命，复归简单、自然、纯朴的生活，无忧无虑而又充满生机与活力的生活，那才是人类所向往的生活。

欣赏世界就要欣赏自然，欣赏自然就要呵护自然、敬畏自然。实际上宗教就是一种敬畏精神，对造物主神奇力量的敬畏，对道德律令的敬畏，对灵魂圣洁的敬畏。这大概是宗教虽经打击依然顽强存在，而且大有复兴之势的缘由吧。自从文艺复兴以来，人文主义思潮勃兴，宗教没落了，尼采宣告“上帝死了！”他用强力意志来取代上帝的权威，致使唯意志论盛行，有人说尼采哲学作了法西斯的思想武器，尼采冤还是不冤？尼采是把人文主义思潮的极致——人类中心主义登峰造极化，是宣告人

类狂妄的猫头鹰。

你可以不相信造物主，那么你相信不相信宇宙的法则、大自然的规律？牛顿三大定律、爱因斯坦的相对论你承不承认它存在？你是否承认老子在《道德经》中所揭示的“道法自然”是宇宙的真理？对大自然是否需要敬畏？那你知不知道不可一世的恐龙是怎样灭绝的？恐龙当时是世界上最强大的动物，地龙、翼龙、海龙，陆海空它们都占领了，结果怎么样，还不是灭绝了。有人预言 2012 年地球毁灭，美国好莱坞拍了大片，但是究竟有多少人相信？还不是我行我素，车照开、马照跑，有钱人过着花天酒地的生活，向大自然无穷地索取。

然而，人类的灾难越来越多，却是不争的事实。以中国为例，1976 年发生了唐山大地震，死了几十万人，那是一座煤城，开采了上百年，城市下面几乎被掏空了，能不引起地壳运动？过了三十二年（2008 年）发生了汶川大地震；又过了两年（2010 年）发生了玉树大地震；1998 年长江领域发生五十年一遇的水灾；2008 年初南方地区发生罕见的雪灾；2010 年 8 月发生舟曲泥石流；2003 年爆发的非典型性肺炎席卷全球，接踵而来的禽流感、甲流使人惶惑不安；还有 2005 年东南亚的海啸让十五万多人丧生。

两次世界大战，人类死了七千多万人，原子弹让日本的广岛、长崎两座城市瞬息化为灰烬。大工业的发展和人类贪婪的欲望之火，吞噬了地球上有限的资源，破坏了地球的生态平衡。由于温室效应，地球变暖，南极的冰雪在融化，海平面在上升，有人预见不久的将来马尔代夫，还有中国的上海将变成一片汪洋！由于电冰箱、空调的使用，人类得以解除酷暑的煎熬，然而道高一尺魔高一丈，由于氟利昂的排放破坏了臭氧层，南极上空出现了黑洞，人们患皮肤癌的概率上升。

正像恩格斯在《自然辩证法》中所讲的那样：“我们不要过分陶醉于我们对自然界的胜利。对于每一次这些的胜利，自然界都对我们进行报复。每一次胜利，在第一线都确实取得了我们预期的结果，但是在第二线和第三线却有了完全不同的、出乎意料的影响，常常把第一个结果重新消除。美索不达米亚、希腊、小亚细亚以及别的地方的居民，为了得到耕地，毁灭了森林，他们梦想不到，这些地方竟然成为荒芜不毛之地！”①

---

① 恩格斯：《自然辩证法》，于光远等译，人民出版社 1984 年版，第 304—305 页。

全世界目前的问题，归结起来就是两个问题：一个是生态问题，一个是心态问题。心态决定生态，是人类贪婪的欲望导致了人与自然关系的破坏！人类不是欣赏自然、呵护自然、敬畏自然，而是把自然视为索取的对象、征服的对象、蹂躏的对象！人类本身是大自然之子，却在刻意追求超自然的存在，这就是人类的悲哀。征服自然、主宰自然是人类的狂妄，现在是人类应该进行反省的时候了！

八　拥有快乐是一种智慧

（一）

聪明的人，快快乐乐生活！愚蠢的人，自寻烦恼；

糊涂的人，分不清什么是快乐，什么是烦恼；

圣贤的人，在快乐中享受人生，在烦恼中找到智慧！

看一个人是不是聪明人，关键要看他能否总能在生活中寻找到人生的意义和乐趣。

快乐是一种生活感受，一种人生态度，甚至是一种生存智慧。

（二）

张世英先生说："人生最高境界并不在于事事都能一帆风顺，而在于经历苦难，能够坦然面对。"所谓"曾经沧海难为水，除却巫山不是云"。

没有云的遮拦，哪有霞的灿烂。常言道，"彩虹总在风雨后"，艰难困苦，玉汝于成。

罗曼·罗兰说："苦难犁破了我的心，然而也因此掘出了生命新的源泉。"

泰戈尔说："如果为失去太阳而哭泣，那么你也就因此而失去群星了！"

常言道，"车到山前必有路""生活为你关上了这道门，那么上苍就会为你打开那道门。"

（三）

爱因斯坦说："人只有投身于社会，才能找到那短暂而有风险的生命的意义。"

人生是短暂的而且是有风险的，要追求卓越、追求生命的意义和价值，追求幸福与尊严，就不可能一帆风顺。

面对挫折和失败，面对责难和嘲讽，面对苦难与命运，是怨天尤人、消极颓废，还是勇敢抗争、乐观进取，这是两种截然不同的人生态度。

岗察尔说："如果我们被别人的闲言碎语所左右的话，那么我们只能是人的半成品！"

（四）

孟子曰："故天将降大任于斯人也，必先苦其心志，劳其筋骨，饿其体肤，空乏其身，行拂乱其所为，所以动心忍性，增益其所不能。"（《孟子·告子下》）

太史公曰："盖西伯拘而演《周易》；仲尼厄而作《春秋》；屈原放逐，乃赋《离骚》；左丘失明，厥有《国语》；孙子膑脚，《兵法》修列；不韦迁蜀，世传《吕览》；韩非囚秦，《说难》《孤愤》；《诗》三百篇，大底圣贤发愤之所为作也。"（《报任安书》）

亚里士多德说"吾爱吾师，吾更爱真理"。高尔基说："理想越高，才能发挥得越充分！"同时，也可以说志向越高，人生承载的风险和灾难也就越大。如果说苦难是天才的摇篮，还不如说，"天才是苦难的根！"

"路漫漫其修远兮，吾将上下而求索""究天人之际，通古今之变，成一家之言""先天下之忧而忧，后天下之乐而乐""人生自古谁无死，留取丹心照汗青""为天地立心，为生民立命，为万世继绝学，为万世开太平"这是圣贤的胸怀。

正像马克思所说："在科学的道路上没有平坦的大路可走，只有在崎岖小路的攀登上不畏劳苦的人，才有希望到达光辉的顶点。"

司马迁承受了常人难以忍受的屈辱，然而他却写出了《史记》，这部"史家之绝唱，无韵之离骚"，他是幸运的；马克思虽然被赶出国门，流离失所，但是他写出了《资本论》，是为人类工作，他是幸福的。

孔子曰："朝闻道，夕死可矣""岁寒，知松柏之后凋也。"毛泽东诗："自信人生二百年，会当击水三千里。""无限风光在险峰。""不管风吹雨打，胜似闲庭信步"！这就是一种人生的自信与豪迈。

（五）

"海纳百川，有容乃大；壁立千仞，无欲则刚。""淡泊以明志，宁静以致远。"

"饭疏食，饮水，曲肱而枕之，乐亦在其中矣。不义而富且贵，于我如浮云！"（《论语·述而》）

一箪食，一瓢饮，在陋巷，人不堪其忧，回也不改其乐。贤哉

回也。(《论语·雍也》)

这就是理学家推崇的“孔颜乐处”。在这个物欲横流的现代社会，“天下熙熙皆为利来，天下攘攘皆为利往”，要做到“淡泊”“宁静”，需要很大的定力。

常言道，“人往高处走，水往低处流”“近水楼台先得月，向阳花木易逢春”，这就是普遍的人性。在这个日新月异的世界，人们通过劳动、创造、合法经营，追求更加富裕、更加美好的生活，本来就天经地义、无可厚非。

这已经不是“从天理，灭人欲”的封建时代，天理就是人欲，人欲就是天理。没有人欲天理何存？而没有天理，人欲如何满足？仁义礼智信总要讲，不然怎么叫礼仪之邦？

（六）

这是一个纷繁的世界，也是一个精彩的世界。是“纷繁”还是“精彩”，全在我们的一念之间，用欣赏的眼光看这个世界、看待人和事，就会发现精彩纷呈、生机盎然，人间多么美好；用挑剔的眼光看这个世界，就会觉得危机四伏、四面楚歌。

我们正确了，这个世界才是正确的。黑格尔也说：“当我们合理地看这个世界的时候，反过来这个世界看起来就是合理的。”

实际上，这个世界有合理的一面，也要不合理的一面；有光明的一面，也要黑暗的一面。真善美与假恶丑交织在一起，如果我们老是盯着社会的阴暗面，看到人性邪恶的一面，我们就会牢骚满腹，看不到前途和希望，我们的人生也会因此变得灰暗。

如果我们看社会光明的一面，看人性善良和美好的一面，看它的主流，看它的进步，那么我们就不会那样悲愤，那样玩世不恭。我们的心情也会变得开朗，变得自信而豁达，我们的人生也会乐观进取。

境由心生，罗丹说，“不是世界上缺少美，而是缺少发现”。所谓“情人眼里出西施”“感时花溅泪，恨别鸟惊心”，这就是移情的作用。

万物有灵，心灵是宇宙的中心，世界因心灵而生动。世界也是我们心灵的投影，世界美不美主要取决于我们的心灵。

人往往戴着有色眼镜来审视这个世界，如果我们心态好、心情好，那么就会觉得天是那样蓝，人生是那么美好，鸟儿的歌声也是那么甜美。

我们通常所说“心想事成”“异想天开”，不仅是一种美好的祝愿，而且是一种人生境界。“心诚则灵”“精诚所至，金石为开”，就是现代科学所揭示的“吸引力法则”“潜意识的力量”。

我们今天强调“正能量”“阳光性人格”，在信息社会正负能量交织的情况下尤为重要。

雨果说：“世界上最宽阔的是海洋，比海洋更宽阔的是天空，比天空更宽阔的是人的胸怀。”

（七）

知足者常乐，实际上就是中国人的一种生存智慧。我们原以为这是宿命论，有了一些人生阅历以后，我们就会感悟到“知足者常乐”与“随遇而安”意思比较接近，指无论什么样的境遇，总能泰然处之，乐观向上。这是一种豁达、一种达观、一种境界，只有适应命运、热爱命运，才能抗争命运、主宰命运。

“随遇而安”并不是不思进取，有道是“良禽择木而栖”，这可以看作两种人生策略。很多人并不清楚自己需要什么，能够干什么，不珍惜自己的境遇，总是“这山看着那山高”，随波逐流，兴趣不断转移，结果一事无成。

文王访贤，刘备三顾茅庐，如鱼得水。所谓“士为知己者死”，这叫报知遇之恩，“鞠躬尽瘁，死而后已”，真可谓“随遇而安”。

如果真是“怀才不遇”“报国无门”，那么还是换一个单位、换一种活法，也许能够斗转星移、时来运转。常言道：“树挪一步死，人挪一步活。”在市场经济、人才流动和竞争日益激烈的现代社会，跳槽是常有的事情，要善于把握机遇。

每一个人的出身不同，接受的教育不同，经历不同，境遇就会不同。如果我们老是跟别人攀比，那么，就会觉得总是不如人，越来越没有自信。

知足者常乐是一种乐观处世的态度，“知足自足”。

我们的境遇也是我们努力打拼的结果，我们应该珍惜、有一种满足感，才能激励我们创造更加美好的生活。

实际上，在信息社会文化多元化，各人有各人的活法，人们羡慕社会公众人物、群星灿烂、富豪们挥金如土，并不了解他们奋斗的艰辛和压力，名人有名人的烦恼，大众有大众的自在。恰如《王子与乞丐》，各有千秋，各得其所。

（八）

知足者常乐，当然具有节制欲望的意蕴。因为人的生命是有限的，而人的欲望是无限的。所谓“人心不足蛇吞象”，贪婪是人的本性。“人为财死，鸟为食亡。”“心为物役”“日以心斗，寐也魂交”。

《黄帝内经素问》讲，人的自然寿命是一百多岁，实际上活五六十岁，这是夭折。为什么？“因为喜怒哀乐得不到正常发挥，欲望太强烈。”

这仿佛是针对现代人说的，也就是情感不健康，心态不好，“欲望太强烈”。说明古代人与现代人的人性是相通的，这就叫“人同此心，心同此理”，古今依然。

莎士比亚说：“人所具有的，我都具有。”“人半是天使，半是魔鬼！”文艺复兴以来人类走出了禁欲主义的黑夜，却陷入了纵欲主义的泥潭。

人类的生存困境归结起来就是两个问题：一个是生态问题，一个是心态问题，心态决定生态，是人类的贪婪欲望破坏了生态环境，引发了战争和纷争。

人类必须放弃征服论，节制贪婪的欲望。人类的悲哀在于本身是大自然之子，却刻意追求超自然的存在，征服自然表明人类的无知与狂妄，呵护自然、回归自然才是人类的根本出路。

大自然本身就是自足的，春夏秋冬，不期而至；高山流水，鸟语花香，大千世界，生生不息。天何言哉，天何求哉？道法自然，因任自然，“见素抱朴，少私而寡欲”“不以情累其生，不以生累其神”。这是古圣先贤的教诲。

（九）

《论语》开宗明义：“学而时习之，不亦说乎？有朋自远方来，不亦乐乎！人不知而不愠，不亦君子乎？”（《论语·学而》）

学习、实践、交友这些日常生活都可以找到乐趣，别人不理解我也不生气，不也是君子吧。也就是要有宽容的心态。

正像有人所说，在我们这样一个中西方文化交流融汇、价值观多元化的时代，“宽容比自由更重要！”

这是一个万物一体、息息相通的世界，孔子的“己所不欲，勿施于人”，张载的“民胞物与”“仇必和而解”，具有普世的价值。

（十）

台湾有一个《讲义》杂志，有一篇文章《工作的意义》，工作为了养家糊口？工作为了生活？衣食无忧的人，还要不要工作？质言之，工作是给生命赋予意义。

孔子曰："学之不如好之，好之不如乐之。""兴趣是最好的学校"，这就是做自我实现的人。从事自己最喜欢的事情，实现自己的理想和价值。也就是说人生的快乐和幸福主要来源于对事业的追求。

孟子曰："君子有三乐，父母俱存，兄弟无故，一乐也；仰不愧于天，俯不怍于人，二乐也；得天下英才而教育之，三乐也。"君子有三乐，笔者把它概括为天伦之乐、良心之乐、智慧之乐。

王磊先生讲，"和而不同的包容意识，自强不息的进取精神，推己及人的仁爱情怀，独立自主的健全人格。"这是对传统文化精髓的领悟，强调健全人格的塑造和精神境界的提升。

刘学智先生讲中国文化，儒家教我们问心无愧地生活，道家教我们心旷神怡地生活，佛家教我们心平气和地生活。这就是把中国文化升华为一种生活方式、一种生存智慧。

（十一）

拥有快乐是一种智慧。活在当下，不为过去而懊悔，也不为未来而担忧。得到的是缘分，失去的是拖累。挑水、打柴皆成趣，"吃饭便吃饭，睡觉便睡觉"。

无论干什么事情都能够心无旁骛、专心致志，能够享受其中，不存私心杂念。"发愤忘食，乐以忘忧，不知老之将至"，这就是禅的境界。

常言道，"天有不测风云，人有旦夕祸福""月有阴晴圆缺，人有悲欢离合，此事古难全，但愿人长久，千里共婵娟。"

对我们的遭遇，也要抱一种达观的态度。人生不如意的事情十之八九，要常想一二。那么我们就会变得平和，不去抱怨生活。

"春有百花秋有月，夏有凉风冬有雪。若无闲事挂心头，便是人间好时节。"只要我们不执着于妄念，就能发现大千世界的勃勃生机，保持一颗快乐美好的心境。

莎士比亚说，"草木是靠着上苍的甘露滋长的，但是它们也敢仰望苍穹！"

万物有灵，一草一木皆有情，它们都有生存的快乐和尊严，何况人类自称是"万物之灵"，生活得却如此郁闷？

这难道不值得我们反省？是因为人类狂妄、自命不凡？是因为知识的局限，还是智慧超群，还是贪得无厌的本性？

中国以及西方的圣贤先哲很早就给我们做出了回答，正所谓“山水好改，本性难移”啊！

（十二）

快乐，不完全在境遇，而在我们的心里，在于我们有一颗善良而宽阔的心灵。

聪明人还是愚蠢人，关键就看他能否总是在生活中找到乐趣，有一个乐观进取的人生。

实际上快乐并不遥远，就在我们的身边，在亲情、爱情、友情中。亲情是土壤，爱情是甘露，友情是阳光；我们在亲人的哺育下成长，在爱情的滋润下开花，在朋友的呵护下结果。

快乐，就在每天升起的晨曦中，在儿童天真无邪的眼神中，在妻子端上来热腾腾的饭菜中，在陌生人的微笑中，在黄昏牵手散步的老人中。

九　和顺安康：老百姓的幸福观

“和顺安康”，这是一户普通人家春联的横批。春联反映老百姓的心情，是一种民俗文化，文化人类学认为“民俗是民族文化的活化石”，从这里可以透视一个民族心灵的秘密。实际上，这四个字正好体现了中国老百姓的幸福观。

（一）

“和合”思想是中国文化的精华，“天人合一”“民胞物与”“和实生物”“和而不同”“礼之用，和为贵”“海纳百川，有容乃大”。中国是礼仪之邦，和谐是最可宝贵的。

“家和万事兴”这是老百姓的口头禅，也是千百年来的生存经验和智慧。关中民间流行修门楼，这是门楼牌匾上出现频率最高的治家格言。

依次还有“天道酬勤”“勤俭持家”“宁静致远”“贵在自立”“鹏程万里”，反映了民间价值观。

常言道，“一年之计在于春，一日之计在于晨，一家之计在于和，一生之计在于勤。”孟子曰：“天时不如地利，地利不如人和。”

欣逢盛世，发家致富是老百姓对美好生活的向往和追求，无可厚非。

“土中生白玉，地内产黄金”“进门一老仙，全家保平安”“上天言好事，下凡降吉祥”“年年取不尽，月月用有余”。

这是民间过新年，供奉“土地君”“灶君”“仓神”的对联，金灿灿的稻谷，珍珠般的玉米，这是农民对风调雨顺、五谷丰登和幸福生活的期盼。

“家和万事兴”，安居乐业，丰衣足食，这是老百姓追求的好日子。

“和气生财”，要想发家致富，家庭内部必须和谐，齐心协力；常言道，“人心齐，泰山移”。

在外打工或做生意，“和气”的确是生财之道。有道是“在家靠父母，在外靠朋友”，一个人与人为善，以诚待人，心平气和，就会有人缘、人气，何愁生意不能兴隆。

“妻贤夫祸少”。常言道，“男主外，女主内”，对于一个家庭来说，女主人的作用不可忽视。一个成功的男人，背后一定有一位贤惠的妻子。一个通情达理、善良体贴的妻子，是一个人的福分。

“家和”是第一位，即使有万贯家财，如果没有信任感，内部相互猜测，战火硝烟不断，也不会有幸福感。

家庭是社会细胞，经营好一个家庭也实属不易。生儿育女、成家立业、婚丧嫁娶、生老病死、悲欢离合，什么都要经历，什么都要面对。

“天有不测风云，人有旦夕祸福”，只要我们心中有爱，相互体贴，相互包容，风雨同舟，那么就没有过不去的坎儿。

在一个和睦的家庭中，一切都是那么祥和，那么顺理成章，那么充满温情。这种爱就像阳光雨露滋润万物一样，如沐春风，如鱼得水，其乐融融。

家是幸福的港湾，在这里我们可以享受天伦之乐，可以化干戈为玉帛，可以医治心灵的创伤，可以重新燃起生活的希望。

有一个和睦幸福的家庭，就是上苍的恩赐，我们就会体会到人生的美好和乐趣，就会满怀信心地迎接生活的挑战，就没有过不去的火焰山。长风破浪会有时，直挂云帆济沧海！

“家和万事兴”！重视家庭，重视家庭和睦，重视家庭价值，这是东方价值观的重要特征，是中国人幸福生活的真正秘诀，是一种朴素的然而又是伟大的真理。

托尔斯泰说：“幸福的家庭都一样，不幸的家庭各有各的不幸！”那么，也可以说，幸福家庭的秘密在于理解包容、和睦相处。

一个人虽然命运不济，九死一生，遭受诸多人生不幸，但是，他还有一个健全和睦的家，有年逾古稀慈母的牵挂，有不离不弃、相濡以沫的妻子照顾，有亲朋好友呵护，这难道不是一种幸运？

（二）

“礼之用，和为贵”（《论语·学而》），中国人讲睦邻友好，不仅是处理国际关系的原则，而且合作共赢，协和万邦。

常言道，“美不美，乡中水；亲不亲，故乡人”“远水难救近火，远亲不如近邻”。

朝夕相处，相互关照，相互帮衬。融洽的邻里关系可以帮助我们共渡难关，也是乡里人幸福生活的源泉之一。

按照陕西的风俗习惯，农村人吃饭的时候邻里们端着碗蹲在一起，一边吃饭一边聊天；农闲季节人们相互串门，有什么委屈，解不开的思想疙瘩，可以直言不讳地告诉乡亲，没有解不开的疙瘩。乡里人那种纯朴、爽朗的笑声，城里是不多见的。

庄稼人在田野劳动，日出而作，日落而息。除过收获的季节，比如关中三夏（收割、碾晒、播种），龙口夺食，要忙一阵子外，平时过着自由自在、无拘无束的生活。加之纯朴的民风，简单和谐的人际关系，因此像抑郁症这种精神方面的疾病，在传统的农业社会是绝少发现的。

当发达国家的富人逃离闹市的时候，中国人却兴高采烈像潮水般涌向城市，千百年田园诗般的家园被我们遗弃了。这里到处是高楼大厦，街道车水马龙，这是一个日新月异的时代，也是一个物欲横流的时代。

高消费、高节奏的生活我们适应吗？灯红酒绿、喧嚣浮躁的环境我们快乐吗？道路、小区到处停满了汽车；人情冷漠，邻居之间老死不相往来，一个个成了囚徒……这就是我们向往的城里人的生活？

现在全国都在奔小康，天道酬勤，人们渴望生活得更富裕，这无可厚非，但是，如果攀比成风，也不是一件好事。

谋事在人，成事在天！保持平和的心态，“知足者常乐”对老百姓来说仍然是至理名言。

和谐，和睦，和平！家和万事兴！和是我们发自内心的喜悦感情，和是我们与大自然鱼水相依，和是人与人心灵的沟通。

张载说，“仇必和而解”；孔子曰“己所不欲，勿施于人”。和是礼仪之邦的风度，是人类守望相助的期盼。春风和煦，风和日丽，和谐美满，这人间多么美好。

（三）

顺利，一帆风顺，顺顺当当，顺心如意，这是一种理想的人生境界。

“和顺”，“和”与“顺”往往连用，顺是和的延伸，譬如“夫唱妇随”，这是中国传统思想。自从“三纲五常”作为封建思想批判以来，很少有人提倡。男女平等，女人可以撑起半边人。妇女解放，是社会进步的标志。

但是在老百姓看来“夫唱妇随”依然是一种理想的家庭关系，是和谐家庭的一种形态，大男子主义要破除，“妻管严”现象也不可忽视。需要相互尊重，才能幸福美满。

“顺”是一种传统美德，“百善孝为先”！羊有跪乳之恩，鸦有反哺之义；妻贤夫祸少，子孝父心安！孝顺还生孝顺子，忤逆还生忤逆儿；不信但看檐前水，点点滴在旧窝池；堂上二老是活佛，何用灵山朝世尊。

“树欲静，而风不止；子欲养，而亲不待！”孝敬父母，孝顺父母，一个“敬”字，一个“顺”字，国人的道德意识从这里生发，幸福感从这里孕育。

中国是一个佛国，但是老百姓祈求最多的并不是释迦牟尼，而是救苦救难观世音菩萨。

“天有不测风云，人有旦夕祸福”，许多老人求神拜佛是为儿女祈福，中国人相信“心诚则灵”，精诚所至，金石为开。

一切随缘，凡事不可强求。瓜熟蒂落，水到渠成，“淡静从容”这是很高的境界，也是老百姓的生存智慧，凡事看缘分，也就不怨天尤人。

人们渴望风调雨顺，五谷丰登，天遂人愿！但是面对坎坷命运，却能够随缘化解，并不陷入宿命论。

人行好事，好事等人；吃亏是福，滴水之恩，理当涌泉相报；人敬我一尺，我敬人一丈。常言道，救人一命，胜造七级浮屠；积善之家，必有余庆。

顺天者存，逆天者亡；天网恢恢，疏而不漏；人为财死，鸟为食亡；良药苦口利于病，忠言逆耳利于行；人无远虑，必有近忧；工欲善其事，必先利其器。

饶人不是痴汉，痴汉不会饶人；害人之心不可有，防人之心不可无；水至清则无鱼，人至察则无徒；忍一时风平浪静，退一步海阔天空。

《增广贤文》中这些闪烁着智慧光芒的格言就是中国老百姓践行的人生观，渗透着顺天应人、与人为善、和谐包容的仁爱情怀。

孔子曰：“随心所欲，不逾矩。”（《论语·为政》）随便，随意，随心所欲，这是一种自由境界，是必然与自由的统一。

传统社会也讲规矩，常言道：“无规矩，无以成方圆。”国有国法，家有家规；有理走遍天下，无理寸步难行；为人处世要明事理，讲规矩，才能通达顺畅。所谓“世事洞明皆学问，人情练达即文章”。

“恭敬不如从命”，这是亲朋好友聚会时用得最频繁的“行酒令”，实际上是一种人际交往的秘诀。林肯说，“人性本质的本质是渴望得到肯定”“对人最尊贵的礼遇，就是欣赏他”。

常言道，“天遂人愿”，这不仅仅是一种美好的愿望，更是对人们之间相互理解与沟通的期盼。你尊敬一个人，就要欣赏他，顺从他的心愿。欣赏，使人性闪烁出光辉。

余秋雨先生说是不是“文明人”，就在于懂不懂尊重人。“尊重”二字，把文明与野蛮划清了界限。这个见解是深刻的。

孔子曰：“三军可夺帅也，匹夫不可夺志！”（《论语·子罕》）人就应该活得有尊严，人们就应该相互尊重，没有高低贵贱之分。富贵人有尊严，普通老百姓也应该活得有尊严。

（四）

平安是福，不求富贵，但求平安。“烽火连三月，家书抵万金”。平安是一种期盼、一种牵挂、一种福分。

“慈母手中线，游子身上衣，临行密密缝，意恐迟迟归，谁言寸草心，报得三春晖。”

可怜天下父母心，一般老百姓不求儿女有多大出息，出人头地，光宗耀祖，而是希望他们平平安安、快快乐乐地生活。

在这样一个竞争激烈、充满变数的社会，更加彰显了平安的价值。我们要珍爱自己，不要让父母为我们担心，这就是尽孝。

平安既包括身体，也包括心理，比如有稳定的职业，不患职业病，不被非法侵犯，有和谐的人际关系等，这一方面取决于个人努力与自律，另一方面取决于社会法治环境和风气。

“向阳花木易逢春，近水楼台先得月”，我们不能把这“春”“月”，仅仅看作财富、地位。

“野旷天低树，江清月近人”“明月松间照，清泉石上流”“月上柳梢头，人约黄昏后”“采菊东篱下，悠然见南山”，平安也是一种心灵的宁静。

“卑贱者最聪明”，智慧在民间。不能认为只有诗人才会有这种境界，在人民大众之中有许多“高人”。

“要昌和顺须行善，要振家声在读书”“书破万卷春常在”，就是笔者听到的一位老农的格言，与苏东坡“腹有诗书气自华”如出一辙，读书

能读出春天来，才算真正读出了滋味。

万事劝人休瞒昧，举头三尺有神明；平时莫作皱眉事，世上应为切齿人。欺人是祸，饶人是福。人间私语，天闻如雷；暗室亏心，神目如电！与人不做亏心事，不怕半夜鬼敲门！

“好人一生平安”，相信世界上还是好人多，好人终有好报，多行不义必自毙。这是善良的中国人的生活信仰，是一种强大的道义力量。

有人说“心安处，便是故乡”，这句话很值得玩味，中国人讲人要活得堂堂正正，心安理得，问心无愧。所以，屋宽不如心宽，身安不如心安。

安贫乐道也是一种境界，孔子曰：“贤哉，回也！一箪食，一瓢饮，在陋巷，人不堪其忧，回也不改其乐。贤哉回也！”（《论语·雍也》）

“饭疏食，饮水，曲肱而枕之，乐亦在其中矣。不义而富且贵，于我如浮云。”（《论语·述而》），这就是理学家所谓的孔颜乐处。

老百姓虽然生活艰辛，然而亦苦亦乐，活得清清白白，不像那些贪官污吏，总担心“东窗事发”。

中国人讲“死生有命，富贵在天”（《论语·颜渊》）。君子爱财，取之有道；人生一世，如驹过隙；良田万顷，日食一升；大厦千间，夜眠八尺；人心不足蛇吞象。

庄子主张“知其不可奈何而安之若命，德之至也”。安时而处顺，不怨天尤人，是人生修养的极致。“命里有时终须有，命里无时莫强求；竹篱茅舍风光好，僧院道房终不如”。

安心，安稳，安详，是一种从容不迫的生活态度，“大家做事寻常，小家做事慌张”；黄金未为贵，安乐值钱多；人无千日好，花无百日红；君子安平，达人知命。

（五）

健康快乐，健康长寿，健康是生命之本，是快乐之源，是人生最宝贵的财富，是古今中外人们之所向往和追求，更是老百姓幸福生活的依托。

世界卫生组织关于健康的定义：“健康不仅是没有疾病，而且包括躯体健康、心理健康、社会适应良好和道德健康”。

中国人讲“福禄寿”，把福分、财富和长寿三者看作幸福生活的主要内容。传统中国人多子多福、儿孙满堂、家族兴旺是一种福分；金榜题名、洞房花烛夜是幸福时刻，但是没有健康的身体，一切都无从谈起。

孔子曰：“父母之年，不可不知，一则以喜，一则以惧。”（《论语·

里仁》)，讲得情真意切。父母含辛茹苦把我们抚养成人，时时处处为我们着想，现在年事已高，我们应该常回家看看，让他们安度晚年，这既是老人的快乐，又是我们的福分。

“月有阴晴圆缺，人有悲欢离合，此事古难全。但愿人长久，千里共婵娟。”人活一世不容易，凡事应该想开些，不要怨天尤人，也不要患得患失。名利都是身外之物，不要太执着，豁达一些，洒脱一些，对健康有利！

对于拥有健康的人来说，就像空气、阳光、雨露对于生命而言，虽然重要，人们却毫不在乎它的价值，以为可以任意挥霍；对于长期患有疾病的人来说，健康简直就是生命，是无价之宝！

生命在于运动，这是健康的秘诀。而劳动是最好的运动方式，农民在田间劳动，就是最好的锻炼，劳动也是幸福的源泉。

唐诗：“锄禾日当午，汗滴禾下土，谁知盘中餐，粒粒皆辛苦！”虽然辛苦，也乐在其中。“东边日出西边雨，道是无晴却有晴”。

“运动”“劳动”当然包括“脑力劳动”！而经常动脑对健康和长寿也非常重要。对于长期从事脑力劳动和在单位工作的人来说，对退休后的生活有一个适应的过程。

养花、绘画、音乐、书法、钓鱼、空竹等兴趣可以培养，学习、上网、写作也可以愉悦心身，可以防止患老年痴呆症。

《黄帝内经·素问》讲，人的自然寿命是一百多岁，而实际上活五六十岁夭折了，为什么？欲望太强烈，喜怒哀乐得不到正常发挥。这个分析对现代人来说更是切中要害，一针见血。

健康是一种科学的生活方式，是一种良好的心态，是一种修行。药王孙思邈说：“腹中食少，心中事少，口中话少，自然睡少，神仙可了！”

我认识一位老者，精神抖擞，七十三岁还可以在单杠上自由翻腾，恰如青年学生。笔者讨教健康长寿秘诀，他告诉笔者“忘掉年龄，忘掉疾病，忘掉恩怨”。

还有人讲老年人养生之道——乐观，充实，生活有目标；五谷杂粮，平衡饮食；生活规律，散步，适当运动；培养兴趣爱好，多与老伙计聊天，这些都是经验之谈。

现代人只懂得赚钱的重要，以为有钱就能过得快乐幸福了。其实人生幸福不仅是钱财，还有比钱财更为重要的东西，那就是心灵和身体。

有钱财没有健康的身体，不能享受；有钱财又有健康的身体，但没有健康的心灵，也不能活得快乐。一个人烦恼时，可以逃避环境，但无法逃避他的心灵，就像心情不好时，不论跑到哪里都感到烦闷一样。

从人生幸福的意义上说，心灵健康应该是第一重要，身体健康第二重要，钱财拥有为第三。然而现代人舍本逐末，他们看不到心灵健康对人生幸福的重要意义。

为了追求钱财费尽心思，有了钱财又尽情地放纵自己，使整个心灵处在高度的破碎状态中。在这个社会中有钱人多得很，但有钱的人自己感觉幸福的没有几个，因为他们缺少健全的心态，他们没有心情享受快乐。

（六）

健康问题目前是全人类必须面对的主要问题之一，这是人类生存困境的集中体现。人类与疾病的斗争，可谓“道高一尺魔高一丈”。

我们国家最近也提出了“健康中国”的目标，也是不得已而为之。中国赶超式发展，一举成了世界工厂，环境代价沉重。据报道全世界十个污染最严重的城市，其中七个在中国。

雾霾笼罩神州，挥之不去，仿佛伦敦的雾；食品安全令人担忧，呼吸道疾病、心血管病、癌症、艾滋病、精神障碍，不断飙升。

人类的生存困境可以归结为两个问题：一个是生态问题，一个是心态问题。生态决定生态，是人类贪婪的欲望破坏了生态环境，引起战争、竞争和人际关系的冷漠和紧张。

文艺复兴以来，工业化、现代化、全球化不断发展，人类对自然资源进行掠夺性开发。人类走出了禁欲主义的黑夜，却陷入纵欲主义的泥潭。天下熙熙皆为利来，天下攘攘皆为利往。

人类自身是大自然之子，却在刻意追求超自然的存在。征服自然、掠夺自然表明人类的狂妄与无知，尊重自然、呵护自然、回归自然，才是人类的必然选择。

这是一个科技发达、日新月异、精彩纷呈的世界，也是一个物欲横流、信仰缺失、充满变数的世界。我们只有一个地球，我们在同一条船上。健康是人类文明的晴雨表，需要全人类共同面对，也需要我们小心呵护。

（七）

卡耐基说："你有信仰就年轻，疑惑就年老；有自信就年轻，畏惧就年老；有希望就年轻，绝望就年老；岁月使你皮肤起皱，但是失去了热忱，就损伤了灵魂。"

和顺安康，四个普普通通的字眼，却包含着礼仪之邦数千年的生存智慧和经验，是自强不息、厚德载物民族精神的集中体现，反映了勤劳、勇敢、爱好和平的中国人的向往和追求，是仁爱精神和人文关怀在老百姓幸福观中的体现。因而是源远流长，弥足珍贵的。

快乐总和宽厚的人相伴，财富总和诚信的人相伴，智慧总与高尚的人相伴，魅力总与幽默的人相伴，健康总与豁达的人相伴。

当心灵趋于平静时，精神便是永恒！把欲望降到最低点，把理性升到最高点，你会感到平安是福，清心是禄，寡欲是寿。

和顺安康，是原野上绽放的花朵，是慰藉心灵的甘露，是吹醒大地的晨曦。曾经沧海难为水，除却巫山不是云；竹杖芒鞋轻胜马，一蓑烟雨任平生。经历是一笔财富，岁月如歌，生命如诗！

我们热爱生命，珍爱和平，顺应自然，追求安康，就是彰显人生的价值，让每一颗心灵都是那么美好，每一个平凡的人都拥有幸福和尊严！

智慧在民间，欣逢盛世，浴火凤凰更风流，你听，这是大国崛起的脚步！这是青春之歌，诗的王国激情澎湃！风清气正、安居乐业、和顺安康的幸福生活正在向我们招手！

第 六 编

钱学森之问的答案决定中国未来

一　钱学森之问与中国教育改革

2005年温家宝总理在看望著名科学家钱学森的时候，钱老感慨地说："这么多年培养的学生，还没有哪一个的学术成就能够跟民国时期培养的大师相比。"钱老又发问："为什么我们的学校总是培养不出杰出的人才?"这个钱学森之问不断地在敲击着每一个有良知的中国人的灵魂。

（一）

教育改革关涉民族的未来，关涉祖国的强大，关涉现代化的成败。教育改革不但是教育部门和教育工作者的事情，更是关涉千家万户，是党和政府要解决的重大战略问题，必须引起各级人民政府的高度重视。

我们必须把它提到关涉民族生死存亡的高度来认识这个问题。实际上中国的学校已经是囚禁儿童的牢笼，学生的好奇心、求知欲和想象力在题海战术中淹没殆尽。一年级小朋友拿的书包竟然有20斤，我们难道不是在迫害儿童？西方的学校是儿童乐园，中国的儿童却"背着炸药包，我去炸学校"!

毛泽东曾经提出："学制要缩短，教育要革命，教材删繁就简。""教育与生产劳动相结合"；邓小平提出"教育要面向现代化，面向世界，面向未来"，应该成为中国教育变革的根本指导思想。

把基础教育阶段教材的难度降低到美国的水平，美国的儿童是在游戏中学习，寓教于乐，美国哈佛大学推崇的教育学是天才教育学和创造教育学，还有苏霍姆林斯基的幸福教育学。蔡元培倡导兼收并蓄、学术自由，提出用艺术取代宗教；陶行知提出生活教育、手脑并用，千教万教教人做真人，发表创造宣言。这些教育思想对改造中国教育具有重要的指导作用和启迪。

中国目前高中阶段实行文理分科教学，虽然出于减轻学生负担的考虑，但是有违科学教育与人文教育相结合的大趋势，对创新型人才培养不利，应该尽快取缔。而义务教育阶段设立“重点学校”，把学习尖子集中起来，强强竞争，既不利于他们学习进步和健康成长，尤其是让大多数社区学校的学生缺乏优秀生的“带头羊”作用，教学质量严重滑坡，也就是破坏了教育生态，有失教育公平。必须通过教育立法，坚决予以取缔，为基础教育均衡发展迈出坚实的步伐。

前几年我国鉴于学生数量减少，乡村小学大量合并，出现一大批寄宿制现象，一般设在乡镇所在地。应该说这对整合教育资源、提高教育质量有积极作用。但是，政策“一刀切”，有些地方乡村小学生源不成问题，有二三百学生，小学也被撤销，导致“上学难”，一些山区孩子辍学严重。几千年来私塾以及乡村学校书声琅琅，耕读文化源远流长，教师参与乡村建设，这是乡村的文化景观和文化生态。我们一下子取缔了，得与失之间如何权衡？小学生上寄宿学校是否有利于健康成长？这个问题关系千家万户，关系新农村建设和文化建设大局，教育行政部门应该调查研究，政策必须从国情出发，有错必究。

农民工子女在城市上学，也必须有相应的措施和制度保障。中国的城镇化是一个过程，农民工为中国的现代化做出了不可磨灭的贡献，农民工子女特别是留守儿童的教育问题，已经引起社会各界的普遍关注，他们与父母长期分离，往往与祖辈生活在一起，家庭教育存在严重缺陷，这也是教育公平的一个突出问题，应该引起高度重视，应该出台相关政策统筹解决。

（二）

中国制造要在世界上立足，就必须发展职业技术教育。德国制造在世界上享有盛誉，与德国人的敬业精神有关，与其重视发展职业教育也有很大关系。德国初中学生只有20%—30%的孩子愿意上高中，大部分学生愿意上职业技术学校，职校学生每周三四天在工厂里实习，也就是采取“半工半读”，十几岁的孩子正是学习的最好时机，技术工人就是这样训练出来的。

马克斯·韦伯在《新教伦理与资本主义精神》中，用大量统计资料表明新教徒对职业技术教育的重视。职业技术学校毕业的学生，进入工厂适应性很强。而且德国工厂的车间主任、工程师、厂长、经理等管理人员主要从优秀技术工人中提拔，技校毕业生经过努力可以进入上流社

会，得到人们的尊重，这种文化氛围有利于技术人才的成长。

而中国人对上大学特别重视，往往考不上高中才去上职业中学；大学录取不上才上职业技术学院。大学毕业生没有技术不能就业，有些人无可奈何又去上职业院校培训，造成教育资源浪费。

这与社会价值导向有很大关系，大学生、研究生与“技校生”，在企业是两重天，前者是工程管理人员，后者是“工人”，身份不同，工资待遇差别很大，这种情况在国有企业比较突出。中国职业技术教育落后，这是一个不可忽视的原因。如果不克服歧视职业技术的心理，中国制造就不可能上一个新的台阶。

教育与生产劳动相结合这是马克思主义教育思想的精华，是现代教育的重要特征。马克思在《资本论》第一卷中指出：

尽管工厂法的教育条款整个说来是微不足道的，但还是把初等教育宣布为劳动的强制性条件。这一条款的成就第一次证明了智育和体育同体力劳动相结合的可能性，从而也证明了体力劳动同智育和体育相结合的可能性。工厂视察员从教师的证词中发现：虽然工厂儿童上课的时间要比正规的日校学生少一半，但学到的东西一样多，而且往往更多。

“道理很简单。他们只是半天在学校里，所以总是精力充沛，几乎随时都适于并愿意学功课。半工半读的制度使得两种活动互为休息和调剂，因此，对儿童来说，这种制度比不间断地从事某一种活动要合适得多。一个从清晨就坐在学校里的儿童，特别在夏天，不可能同一个从劳动中来的活泼愉快的儿童相比。”

一个天真的丝织厂主曾对童工检查委员会委员说：

> 我完全相信，造就优秀工人的真正秘密在于从幼年时期起就把劳动与智育结合起来。当然，劳动既不应该过分紧张，又不应该令人厌恶、有损健康。我希望我自己的孩子们能有劳动和游戏作为他们上课的调剂。

关于这一点，从西尼耳于1863年在爱丁堡举行的社会学家大会的演说中可以找到进一步的例证。他在这篇演说中还指出，上层阶级和中层阶级的孩子们的片面的、不生产的和漫长的学习日，只是白白地增加教师的劳动，“同时，不仅无益地并且是绝对有害地浪费着儿童的时间、健康和精力。”正如我们在罗伯特·欧文那里可以详细看到的那样，从工厂制度中萌发出来了未来教育的萌芽，未来教育对所有已满一定年龄的儿童来说，就是生产劳动同智育和体育的结合，它不仅是提高劳动生产的一种方法，而且是造就全面发展的人的唯一方法。[①]

重理论轻实践、重书本轻生活、重分数轻能力，这是中国现代教育的三大弊端，也是推行创造教育必须克服的主要障碍。[②] 马克思关于“生产劳动与智育和体育相结合，是造就全面发展的人的唯一方法”的思想对于克服现代教育的片面性具有重要启迪。我们应该反思六七十年代的勤工俭学、半工半读、知识青年上山下乡运动，虽然有片面强调政治、轻视智育的倾向，但是强调社会实践，重视教育与生产劳动相结合，使我们一代人终生受益。现任国家领导人中有几位都有知青经历，他们了解民间疾苦，制定的政策才会切合实际。

夸美纽斯在《大教学论》中指出：“人除了赋有求知的欲望以外，他不仅能够忍受劳作，并且喜爱劳作。这在儿童最小的时候就可以看出来，我们一辈子都是如此。因为谁不愿意常常看到新鲜的东西，听到新鲜的东西或抚弄新鲜的东西？……在一个天性活泼的人看来，安逸和懈怠是最难忍受的。”[③]

苏霍姆林斯基指出：“我们深信，只有通过有汗水、有老茧和有疲乏的劳动，人才具有心灵去认识周围世界的能力。劳动儿童和劳动少年对人们的看法和没有真正劳动过的人是完全不同的。”“当你沿着石头小路向上攀登感到艰难时，你就越会珍视劳动乐趣，越加深刻认识生活的幸福。”“我们劳动教育的理想，就在于使每一个人早在少年时代和青年早期就能领悟到劳动能使他的自然天赋更全面、更明显地发挥出来。”[④] 劳动、创造性的劳动，就是给生命赋予意义，使儿童体验到人生的乐趣和价值。

（三）

要建设世界一流大学，中国还有很长的路要走。首先要走出大学行

---

① 马克思：《资本论》（第1卷），人民出版社1975年版，第529—530页。

② 王世荣：《现代教育的内在矛盾与未来教育的核心理念》，《教育与现代化》2003年第4期。

③ ［捷］夸美纽斯：《大教学论》，教育科学出版社1999年版，第15—16页。

④ 王天一：《苏霍姆林斯基教育理论体系》，人民教育出版社2003年版，第204、211页。

政化的怪圈。大学是传承文化、培育人才、引领社会、推动科技进步的殿堂。大学首先需要独立性，学者要有享受孤独的自由。“百花齐放，百家争鸣”既是科学与艺术繁荣的表现，也是大学精神的高度体现。

科学教育与人文教育的贯通，专业教育与通识教育的结合，教育科学与教育艺术的融合，民族教育与人类教育的契合，是世界现代教育的主要发展规律和趋势，也是改造中国教育必须遵循的指导思想。高等学校实行党委领导下的校院长负责制，如何发挥教职工尤其是教授专家在治理学校、教学科研、服务社会方面的主体作用，是一个需要探讨的问题。可以考虑成立教授会作为学校重大决策方面的咨询机构和民意机构，补充教职工代表大会、工会代表大会作用方面的不足和缺陷。

高考制度看来必须进行改革，从教育公平的角度和人的现实觉悟以及社会风气等方面考虑，目前废除高考制度看来还不具备条件，但是如果对高考制度不进行改革的话，基础教育改革就会流产，由于高考指挥棒是素质教育步履维艰的紧箍咒，是创造教育、幸福教育和个性教育难以推行的主要障碍。因此，可以考虑改革目前的统一高考制度，逐步扩大高等院校自主招生。虽然开始有一些不正之风从而影响教育公平，但是逐步就会形成规则、形成监督体系。

新中国成立前民国政府就实行自主招生，杨振宁、李政道就是那个时期读的大学，新文化运动时期出了那么多的大师与当时的社会背景有关，与这些人的国学背景有关，与当时的大学制度也有很大的关系。

北京大学蔡元培担任校长时期推行兼收并蓄、学术自由的教育思想，培育“独立的精神，自由的思想”，陈独秀担任文科学长，李大钊担任图书馆馆长，鲁迅、闻一多、冯友兰、胡适、林琴南、朱自清都在那里讲学，连毛泽东也从湖南赶来担任图书馆管理员，五四新文化运动就从这里掀起狂飙。西学东渐、爱国主义、科学与民主思想、马克思列宁主义、无政府主义、基尔特社会主义、自由民主主义风起云涌。

按照冯友兰先生在《三松堂》自序中所描述的北京大学是民主堡垒，蒋介石派一个校长在那里工作，经过一段时间的考验，教授会研究投一次票，学生会研究投一次票，如果都不能通过的话，这个校长只能夹着包袱走人，这很值得我们深思。

（四）

大学教育在世界产生是人类文明进步的重要标志。大学来源于社会、服务于社会，同时大学又高于社会、引领社会，大学用它创造的精神文化和卓越人才给社会提供智力支撑和精神家园。大学精神不同于商业精神，商业是为社会创造物质财富，让社会财富涌流，大学是为社会创造精神财富，让人类心灵高尚。

有人提出让牛津大学设立一个商学院，说哈佛大学有商学院，牛津大学也应该有个商学院，费用完全由出资者承担。这样的事情如果发生在中国，那么就会使中国的大学校长喜出望外，这位资助者就会成为大学的座上宾。牛津大学经过慎重的考虑拒绝接受这位好心人的建议，认为牛津大学就是牛津大学，哈佛大学有的牛津大学不一定要有，而牛津大学有的哈佛大学也未必有。

在商业精神弥漫的社会，牛津大学坚守一块心灵的净土。大学精神拒绝商业精神，或者说在人类文明中在现当代社会，只有大学精神跟商业精神匹敌。难怪英国伟大的思想家亚当·斯密既写了《国富论》，又写了《道德情操论》。因为人分为灵与肉，人的生活分为物质生活和精神生活。现代社会一边是海水，一边是火焰，萨特写了《存在与虚无》，一边是巨大的膨胀了的欲望，一边是精神的沙漠。

中国大学目前占主导地位的是商业精神，也就是所谓的教育的产业化、功利化，大学成为了赚钱的工具，要拯救中国大学，必须把中国大学从商业文化的泥潭中拯救出来，让它脱胎换骨，才可能使大学真正成为培养英才、引领社会、复兴文化的科学殿堂。

（五）

大学招生可以不拘一格，笔试、口试、才艺展示、艺术表演等，有特殊才能的即使某些课程考成零分也可以录取到北大清华。学位制度必须改造，马克思大学毕业没有读什么研究生却被授予博士学位，二十几岁的人就担任莱茵报的主编，难道没有谁的水平高？高校职称制度也要改革。梁漱溟一篇豆腐块文章，被蔡元培发现就被聘为北大正教授。鲁迅没有大学教师的职称难道就不是大文豪？毛泽东只读过中等师范难道没有别人的水平高？季羡林 24 岁就担任北京大学正教授成为东方学的泰斗，可见荣誉可以预付。你说季羡林的成就是评了教授以前的事情还是评了教授以后的事情？因为 24 岁的小伙子已经是北京大学的正教授，他一生就会殚精竭虑让自己名副其实，《世界名家日记》，介绍钢琴诗人肖邦年仅 7 岁就用民间音调创作了一首《G 小调波罗乃兹》，钢琴之王李斯

特13岁到巴黎举行了独奏音乐会，被誉为“神童”，作品有《塔索》《前奏曲》《玛捷帕》《匈牙利狂想曲》等。

小孩都是天才，现代教育使他们堕落成人才！常言道：初生牛犊不怕虎，自古英雄出少年。我国古代产生的少年才俊，灿若星辰。王勃的《滕王阁序》脍炙人口，林则徐7岁写出“海到无边天作岸，山登绝顶我为峰”，海川15岁写出“碧水无意出天涯，翠峰有志入云霄”，姚景超11岁写出“春天燕归来，夏天蝈蝈鸣，秋天枫叶红，冬天雪纷纷”。

中央电视台教育科学频道报道，一位4岁小女孩的书法表演被中国书法家协会主席评价说：真棒！你的书法超过了我！我看这位4岁小女孩可以被聘为北京大学书法教授！如果我们真正按照龚自珍的“我劝天公重抖擞，不拘一格降人才”作为改造中国教育的根本指导思想的话，那么还会为难以破解“钱学森之问”而烦恼吗？

（六）

有人说素质教育的核心是教孩子如何做人或者说中国传统的精髓是教我们如何做人。孔子曰：“弟子入则孝，出则悌，谨而信，泛爱众则亲仁，行有余力，则以学文。”（《论语·学而》）目前国学热在全国兴起，孔子学院在世界100多个国家举办，学习中国文化成为世界性的潮流。20世纪80年代西方100多位著名科学家在巴黎聚会讨论全人类的前途和命运，发表宣言指出：“21世纪是儒家的世纪，当今世界需要孔夫子”；联合国教科文组织设立孔子教育奖；世界宗教大会发表普世伦理宣言，把孔子的“己所不欲，勿施于人”确立为金规则，标志中国文化的复兴。

韩国、新加坡等国都把儒家伦理作为重要教学内容，《论语》《孟子》《大学》《中庸》《道德经》等传统经典，列进了中学和大学课程。我国民间成立了不少传统文化促进会，书院和各种读经班在全国各地、企业、学校兴起。但是仍然有不少争论，有人说在学校普及《弟子规》会导致孩子无能，有人说普及国学会导致奴隶哲学，有人说讲传统文化会冲击科学文化，如此等等，不一而足。

这实际上是一种理论误区，是新文化运动以来全面否定传统文化的余波，也是缺乏对传统文化深刻内涵了解和研究的表现。中国思想史专家著名历史学家张岂之先生认为研究和弘扬我国优秀的传统文化，从根本上说可以提升中华民族的整体素质；张岱年先生认为弘扬传统文化可以提升中华民族自信心和自豪感；季羡林先生认为三十年河东，三十年河西，东方智慧可以为解决人类所面临的危机提供新的思路；池田大作认为只有儒家思想和大乘佛教才能为人类的未来和平发展开辟道路；汤因比认为大同世界是不久将来的事情，只有把西方文化和中国文化结合起来，人类才能避免灾难性的问题。

毛泽东指出："今天的中国是历史的中国的一个发展；我们是马克思主义的历史主义者，我们不应当割断历史。从孔子到孙中山，我们应当给以总结，继承这一份珍贵的遗产。这对于指导当前的伟大的运动，是有重要的帮助的。"①

> 中国教育史有人民性的一面。孔子的有教无类，孟子的民贵君轻，荀子的人定胜天，屈原的批判君恶，司马迁的颂扬反抗，王充、范缜、柳宗元、张载、王夫之的古代唯物论，关汉卿、施耐庵、吴承恩、曹雪芹的民主文学，孙中山的民主革命，诸人情况不同，许多人并无教育专著，然而上举那些，不能不影响对人民的教育，谈中国教育史，应当提到他们。②

只有把中国传统文化真正复兴起来，并且用祖国优秀的文化培育我们的后代，才能创造出既有民族风格又有世界目光，既有传统精华又有时代精神，既有和谐精神又有创造精神，博大精深、生机勃勃的社会主义文化，为人类进步和世界和平做出应有的贡献。

吴鸿清教授创办的伏羲学校，把中国传统经典教育与体制内教育结合起来，是一个可贵的探索。传统经典是中华民族千百年创造的智慧结晶，是哺育我们民族的母乳。教人伦，顺人性，终生受益。琴棋书画，文武兼备，让教育回归本来，这是一种真正以人为本的素质教育。目前在全国 20 多个省市 80 多所学校已经开办了 100 多个小学伏羲班、30 多家伏羲幼儿园，10 多所一条龙的伏羲学校。③

按照毛泽东教育思想和邓小平"三个面向"，对中国教育进行根本性

---

① 《毛泽东选集》（第 2 卷），人民出版社 1991 年版，第 534 页。

② 《毛泽东　邓小平　江泽民论教育》，中央文献出版社 2002 年版，第 72 页。

③ 《让教育回归本来　伏羲班素质教育之路》，团结出版社 2015 年版，第 1—19 页。

改造，不是细枝末节东改一点西补一点；中国教育必须加速改革，在这跨世纪的关键时刻，千万别错过机遇。[①] 教育为社会主义服务，教育与生产劳动相结合，把现代科学教育与优秀传统文化教育相结合，把知识教育与人格教育结合起来，把艺术教育与创造教育结合起来，这是破解钱学森之问的最好答案，也是走出中国教育改革怪圈的必由之路。

① 刘吉：《按照“三个面向”改造中国教育》，《文汇报》1998 年 9 月 4 日第 8 版。

二　现代教育的内在矛盾与未来教育的核心理念

中国教育的落后，首先是教育理念、教育思想的落后。研究现代教育的内在矛盾和发展趋势不仅是教育科学发展的需要，而且是教育变革的理论前提，必须予以足够的重视。

（一）个性教育与共性教育的矛盾是现代教育的根本矛盾

现代教育是为适应现代社会和人类文明进步发展的要求，适应传播和创造科学文化知识的要求，适应生活方式现代化和人的身心发展的需求而逐步发展完善起来的新的教育模式和观念体系的复合体。现代教育是在继承古代教育优良传统的基础上，在近代产生、在现代发展完善起来的崭新教育。现代教育的内在矛盾是教育思维和价值观层次的矛盾。

共性与个性的关系是辩证法的灵魂，在教育实践上如何处理共性与个性的关系也是至关重要的。可以说在人类教育发展史上始终存在着如何处理二者关系的问题，而当今为最。现代教育的首要特征是用大规模的系统的学校教育取代了小范围的家庭教育、师塾教育等教学模式，这使以系统传播现代科学文化知识的共性教育理念得以弘扬。这种教育的最大优势是知识的普及性和教育的大众性，但这种教育模式却有忽视学生个性的倾向。一方面，因为学校分级、分类、分专业组织教学，使用相同的教材、教学方法、答案和评价标准，从而使教育主体难于张扬个性。另一方面，现代社会又是一个飞速发展的社会，知识的更新周期缩短，这就要求学生有很强的生存能力、适应能力和创新能力，而这些能力的培养无不以个性的全面发展作为前提。缺乏个性的学生，注定不能迎接生活的挑战，只能唯唯诺诺、亦步亦趋做分数的奴隶。教育规模和形式的共性化与教育内在要求的个性化之间的矛盾是现代教育最深刻的

矛盾。

现代教育是建立在理性基础上的以现代科学文化作为基础和前提的教育，这就为个性教育理念的弘扬奠定了社会文化基础。对于像中国这样具有悠久封建教育传统的国家来说，束缚个性全面发展的教育理念和教育体制仍然是影响中国教育现代化的深层原因。比如唯书唯上观念、群体至上意识、经学式的治学和教学方法等，仍然有很大的影响。实现求同思维向求异思维转变是中国教育变革的灵魂。由此可见，共性教育与个性教育不仅是现代教育的内在矛盾，而且是中国教育存在的突出矛盾。

（二）知识教育与创造教育的矛盾是现代教育的基本矛盾

现代教育就教学内容而言以传播现代科学文化知识作为基本任务，智育的地位凸显。

首先是由于科学文化知识在现代社会举足轻重，“知识经济”的提出更加强化了人们对知识重要性的认识。教师更以传播现代科学文化知识为天职。学校追求升学率，社会看重高学历，使以知识教育为主要内容的应试教育愈演愈烈。在中国由于受传统的科举制度以及经学传统的影响，应试教育成为中国现代教育模式的重要特征，成为知识教育的载体。

实际上知识教育的本质不仅在于知识的传播，更在于知识的创新和发展，这就依赖于教师和学生的创造性，也就是说现代知识教育的内在要求在于创造教育的推行。知识与创造本身并不完全矛盾，知识是创造的基础，没有必要的知识作前提，就不可能有新的创造和发明。因为知识是人们对事物规律性的认识，是人类已经取得的认识成果，是人类文明进步的阶梯。但另一方面知识又可能成为创造的阻碍，因为知识太多，往往受前人思维定式的影响就大一些。著名数学家 D. 希尔伯特在谈到爱因斯坦时有一段耐人寻味的话：

> 你们是否知道，为什么在我们这一代，爱因斯坦说出了关于空间和时间的最有卓识、最深刻的东西？因为一切有关空间和时间的哲学和数学他都没有学过。①

---

① ［美］克雷奇·克拉：《心理学纲要》，周先庚等译，教育科学出版社 1987 年版，第 293 页。

法国生物学家 C. 贝尔纳说：

> 构成我们学习的最大障碍是已知的东西，而不是未知的东西。[①]

现代教育培养了好多书呆子，有了知识没有了智慧，甚至缺乏生活的常识和生存能力，根本谈不上“创造”二字，这是知识教育极端化种下的恶果。

好奇心、求知欲和想象力是创造的泉源。儿童和青少年是创造的黄金时代。但是现代教育以繁复深奥的知识海洋将儿童天才的创造力吞没掉了，使他们成了知识的奴隶，失去了快乐的童年和创造的最佳时机，这是现代教育体制给现代儿童的摧残，也是现代人类的悲哀。一些著名教育家很早就认识到知识教育的弊端，卢梭在《爱弥儿》中提出的自然主义教育理论、夸美纽斯推出的《大教学论》、泰戈尔的《阿什拉姆学校》就是对知识教育的批判和超越，中国目前推行的素质教育和创新教育理念以及正在进行的中小学课程改革，也是这种努力的一种表现。

重理论轻实践、重书本轻生活、重分数轻能力，这是知识教育的三大弊端，也是推行创造教育必须克服的主要障碍。我们既要注意克服知识教育的局限性，强化创造教育理念，更要深化教育体制改革，在教育实践环节上下真功夫。毛泽东同志倡导教育与生产劳动相结合，他倡导的“十大教学法”依然是创造教育的典范。江泽民同志提出“创新是一个民族进步的灵魂”，为我国进行创造教育指明了前进的方向。

（三）成才教育与幸福教育的矛盾是现代教育的深层矛盾

成才教育与幸福教育的矛盾是现代教育的深层矛盾，关系到教育的终极价值和人文关怀，对教育的未来发展有极强的导向作用。

传统教育是实用教育，以适应生产和生活需要为目的，现代教育则是以成才和成功为教育目的。成长、成才、成功是现代教育所追求的基本目标，这可以说是人类教育史上一场深刻革命。传统教育以社会为本位，因而个人的价值被忽视，个人的才能被淹没，学生的主体地位没有得到应有的尊重。而现代教育以个人成才成功作为教育的直接目的，以其个人才能的发挥和培养为目标，这就充分调动了教育者和教育对象双方

---

① ［英］贝弗里奇：《科学研究的艺术》，金吾伦等译，科学出版社 1987 年版，第 3 页。

的积极性和创造性，使现代教育充满生机和活力。对学生人格、自尊心、自信心、兴趣和能力的培养成为现代教育的闪光点和精髓。尊重知识、尊重人才、尊重学生、尊重教师不仅是现代教育的重要理念，而且是全社会文明进步的标志。国与国、民族与民族、文明与文明的竞争说到底是人才的竞争。教育资源的开发和利用最终以人才的开发和利用为最高标准，这里体现了现代教育的最大优势和动力源泉，也是推动人类社会快速发展的重要源泉。成才教育把个体需要与社会需要沟通起来，把教育目的与教育手段联结起来，把教育者与受教育者的思想与感情统一起来，从而形成现代教育的科学结构。它与传统教育的经验结构形成了明显对比，从而展示了现代教育的科学性、开放性和价值性的高度统一。

成才教育虽然是人类历史上最为进步的教育理念和模式。但是它也存在内在的矛盾和缺陷，这就是它把成才当成了教育的终极目的，而忽视了对人生意义的终极关怀，忽视了对幸福问题的关注。成才并非是人们追求的终极目的，成才是人生幸福的要素、手段、条件，但不是人生的全部，不是幸福的充分必要条件。实际上有才能的人并不一定是幸福的人，接受现代教育的人越来越多，但是感觉生活幸福的人却越来越少。现代人与古代人相比幸福是多一些，还是少一些？这仍然是一个值得思考的问题。现代人仿佛像上足了发条的闹钟不停地旋转、不停奔波，究竟是为了什么？学生的负担越来越重，心理压力越来越大，患心理疾病自杀的学生越来越多。连小学生编的儿歌都是要“背着炸药包去炸学校”。这难道还不能引起我们的警醒吗？现代教育一方面在培养人才，一方面在制造悲剧；一方面呼唤人才，一方面在扼杀天才！

苏联教育家苏霍姆林斯基提出“学校是人们心灵相互接触的世界”①；“培养幸福的人”，作为教育追求的终极目的，是有深刻内涵的，应该成为新世纪教育的独立宣言。必须重视快乐教育、情感教育、艺术教育和人格教育。

（四）民族教育与人类教育的矛盾是现代教育的潜在矛盾

民族教育和人类教育的矛盾是全球化时代不可忽视的矛盾，也是现代教育的潜在矛盾，关系到未来教育的发展趋势。近代民族国家的建立，首先强化了教育的民族意识，教育成为推动民族统一和现代化的精神力

① 转引自王天一《苏霍姆林斯基教育理论体系》，人民教育出版社2003年版，第36页。

量和智力支持。教育立国、科教兴国被列入各国的治国方略就是例证。为此各国都在努力挖掘本国教育资源中既富有民族意识又符合时代精神的教育思想和教育传统。如中国应继承传统的爱国主义教育、德育为本、寓教于乐、教书育人、仁者爱人、因材施教、学思结合、学以致用、追求和谐等教育理念，素质教育与创新教育理论的提出就是我国发展民族教育的有益探索。教育总是在各民族国家中进行的，各民族国家的国情不同、民族文化传统不同、社会制度不同、教育理念和教育体制也就不同。现代教育在各民族国家呈现出丰富多彩、多元竞争的局面，展现出现代教育的丰富个性，这是推动现代教育不断创新发展的重要动力。

从发展趋势看，现代教育是一种超越了民族教育的人类教育。民族教育的着眼点在于推动民族的现代化，加剧了各民族之间、人与人之间、文化与文化之间以及人与社会、人与自然之间的矛盾和竞争。而人类教育的着眼点则在于推动全人类的文明和进步、合作与和谐。人类教育以尊重人性，开发人的潜能和价值，激发人的创造热情，促进文明和文化之间的交流与合作，增进人的身心和谐、社会和谐和人与自然的和谐为基本理念。

民族教育与人类教育是对立的统一，民族教育必然会发展为人类教育，人类教育又要以民族教育为前提和基础。愈是民族的，就愈是人类的，人类教育给民族教育注入了现代文明和人类普遍价值的基因，而民族教育又给人类教育带来各民族特有的教育价值观念和丰富个性，成为发展人类教育的重要源泉。但民族教育又与人类教育在理念上存在一定的差异和矛盾。因此，我们既要反对以推行人类教育理念为借口，强行推行西方的价值观念，用欧美中心论取代教育多元论。又要防止借民族教育的特殊性，拒斥人类教育的共同价值理念，而应该把二者有机地结合起来。

总之，个性教育与共性教育之间的矛盾，是其他矛盾的根源；知识教育与成才教育的矛盾是其他矛盾的载体；重视知识传播，忽视知识创造是现代教育的迷茫；强调手段，忽视目的是现代教育的悲哀；民族矛盾与人类教育的矛盾是其他矛盾加剧的重要原因，人类意识与民族意识的冲突，是现代教育的内在冲突。

（五）未来教育的核心理念是：尊重个性、激励创造、追求幸福、实现和谐

现代教育从产生到今天已经有几百年的历史，在人类教育史和人类

文明史上有着辉煌的成就和突出的地位，这是谁也否认不了的客观事实。其中就教育理念而言是科学精神的弘扬、主体意识的觉醒和价值理念的强化，在现代教育的未来发展中将仍然是值得提倡的。因为它是符合时代精神、符合教育发展规律、符合人性发展需要的教育理念，是现代教育生命力的源泉。在分析了现代教育内在矛盾后必须看到这一点，否则就会对现代教育的发展丧失信心或者迷失方向。

同时，我们也必须看到，现代教育的确也存在很多缺陷，就像现代社会一样有精彩的一面，也有消极的一面。现代教育的内在矛盾，即共性教育与个性教育的矛盾，反映了由精英教育向大众教育发展过程中，教育形式与教育内容要求个性化之间的矛盾；知识教育与创造教育的矛盾，反映了由经验教育向科学教育发展过程中教育内容与教育方法要求变革之间的矛盾；人才教育与幸福教育的矛盾，是教育目的由满足现代社会发展的需要向培养全面发展的人转化过程中，功利价值与人文关怀之间的矛盾；民族教育与人类教育的矛盾，反映了全球化时代教育普遍价值、永恒价值与有限价值、暂时价值之间的矛盾。正是这些内在矛盾，推动现代教育不断向纵深发展，不断攀登新的高峰。有矛盾并不可怕，认识它、重视它、研究它、解决它，人类就会不断地进步，教育才会有光明的前途。

综上所述，现代教育是这样一种矛盾体，它追求规模效益，却忽视了个性发展；传播科学知识，却忽视创造能力；培养卓越人才，却导致人生不幸；推动民族进步，却丧失了人类和谐。小孩都是天才，现代教育使他们堕落成了人才！它的确培养了一代又一代人才，但却很少培养出英才、天才、伟才，给这样一个充满诱惑、充满生机的时代增添了平庸的色彩。这既是现代教育的悲哀，也是全人类的痛苦，人们渴望走出现代教育的陷阱，呼唤新教育理念的曙光早日来临，使现代教育焕发青春。

现代教育的未来发展应树立如下理念：个性教育与共性教育相结合，突出个性全面发展；知识教育与创造教育相结合、重视创造能力开发；成才教育与幸福教育相结合，突出幸福素质塑造；民族教育与人类教育相结合，注意和谐精神培养。尊重个性，激励创造，追求幸福，实现和谐是未来教育的四大核心理念。和谐精神不仅是中国文化的精髓，而且是人类未来教育的最高理念。和谐精神就是身心和谐，社会和谐，人与自然和谐，在和谐中使现代教育的内在矛盾得到消解、缓和。

为了人的教育需要直面人的天性而不能只关注教育与社会的关系。教育本质上是一种精神性而非专业性的活动，教育的生命在于人的灵魂对于卓越的不懈追求。[①] 这也正是马克思所追求的人的全面发展的教育，进入自由王国的教育和真正人的教育。同时情感教育、艺术教育和人生教育将成为未来教育关注的焦点。届时，教育不仅是一门科学，而且成为一门艺术。

---

① 王建华：《论人类的教育》，《清华大学教育研究》2014 年第 2 期。

三　小孩都是天才，现代教育使他们堕落成了人才

《现代教育的内在矛盾与未来教育的核心理念》① 以及《论人的解放》两篇论文2003年春在中国教育网《教育研究》栏发表后，得到教育界同仁的关注，尤其是周庆怀、小布衣两位先生提出了商榷意见，在此表示衷心的感谢。真理愈辩愈明，古人曰“识者为朋，非者为友”，我从心里感到高兴。本应该早日作答，但为了进一步听取各方面的意见，推迟到现在才予以答复。

（一）古代是精英教育，还是大众教育？

我认为：“近现代教育走出了精英教育的峡谷，而步入大众教育的广阔天地，成为解放人性、开发智慧、激发创造的催化剂。‘科技兴国、教育强国’成为各国政治家的共识。”

周先生认为：“孔子束脩，已经标志着大众教育，当然你家能不能拿得起学费是一回事，但是不讲身份了。”

孔子在中国历史上是开创了私人讲学的第一人，提出“有教无类”（《论语·卫灵公》），是伟大的教育家，打破了“学在官府”的局面，这是学术界公认的。但说“孔子束脩，已经标志着是大众教育”我却不能苟同。

“束脩”只一束干肉，是当时最薄的礼，虽然如此，孔子从没有不予以教诲的，可见孔子的情操是很高尚的。然而就是这样薄的礼，一般大

① 王世荣：《现代教育的内在矛盾与未来教育的核心理念》，《教育与现代化》2003年第4期。

众也未必能送得起，即使送得起，也供养不起。孔子处于奴隶制向封建制的过渡时期，孔子在政治上是维护奴隶制的，孔子的教育对象不可能扩大到奴隶阶层去。樊迟请教孔子怎样学农，孔子斥之为小人。他讲“民可使由之，不可使知之”倡导愚民政策，提出“学而优则仕”，给少数统治阶级培养接班人，这难道还不是精英教育吗？

孔子那个时代根本就无法做到大众教育，而且封建社会也做不到这一点。只有在近代社会，教育才真正成了大众教育，因为大众教育是现代文明社会的基础，是推动科技进步、经济繁荣、民主和法治的动力。如果仅有1%的人有条件可以接受教育（狭义教育），而99%的人允许受教育，但却上不起学，难道就可以称得上是大众教育吗？

说现代教育有解放人性的作用，像文艺复兴以来西方教育具有从神权下解放人性的历史作用，中国近代的民主和科学教育，具有从封建礼教的压抑下解放人性的作用，难道不是历史的事实吗？

“科教兴国，教育强国”成为各国政治家的共识，这并不是一个虚假判断。人所共知现代化和知识经济是当今世界发展的潮流，现代化中一个重要标志就是教育的普及，知识经济更是建立在教育高度发达的基础上。在当今世界连教育的重要性都认识不到的国家领导人，还能称得上是政治家吗？从联合国教科文组织的统计资料可以得到有力的证明。

（二）个性与共性、知识与创新难道没有矛盾吗？

我认为：“现代教育也有其内在矛盾，这就是个性教育与共性教育、知识教育与创造教育、成才教育与幸福教育、民族教育与人类教育的冲突。”

周先生指出“个性教育与共性教育、知识教育与创新教育从来就不是冲突的。离开共性的个性、离开了个性，共性是不存在的。创新离不开前人的知识，而任何人时时处处都在创新。一个围着锅台转的妇女也会创新，她会变化食谱，尝试出菜肴的不同做法。”

“冲突”与“矛盾”是同义词，我在文章中，先讲内在矛盾，后讲冲突，不能把二者割裂开来。“共性离不开个性，个性离不开共性”这是讲共性与个性的统一性，而忽视了共性与个性的斗争性，这是一种形而上学观点。列宁在《谈谈辩证法》中指出：

> 个别只能在一般中存在，只能通过个别而存在。任何个别（不论怎样）都是一般。任何一般都是个别的（一部分，或一方面，或

本质)。任何一般都是大致地包括一切个别事物。任何个别都不能完全地包括在一般之中。如此等等。①

个别与一般的关系，即就是个性与共性的矛盾是事物的普遍矛盾，是辩证法的灵魂，难道教育就可以例外？从现代教育来看，内在要求是个性教育，因为有个性才能有创新，但外在形式是规模教育，统一教材，统一规格，统一考试，是共性教育，尤其是东方式教育，崇尚求同思维，更加强化了共性教育，因此我以为共性教育与个性教育的矛盾是现代教育的根本矛盾，也是中国教育的突出矛盾。

知识教育与创新教育是有密切联系的，因为创新本身就离不开知识，并且是以一定的知识结构为基础的，但是知识并不能必然就导致创新，死学知识的书呆子往往是最没有创造性的人。因为知识“太多”受思维定式的影响就越大，青少年时期往往是最富于创造性的时期，就是因为他们的知识还不够饱满，有更多的独立思考。中国现代教育的问题是我们把传播知识作为学校教育的主要任务，学生被动地接受知识，成了知识的奴隶。中国的应试教育就是知识教育的典型形式，素质教育、创新教育、个性教育的提出以及中小学目前的教材改革，就是认识到知识教育与创新教育的内在矛盾而做出的反应。我承认人人都有创新，但创新与创新教育是两个范畴，教育学上讲的创新是有特定内涵的。如果说“任何人时时处处都在创新”，那么还提供创新教育干什么？

（三）“小孩都是天才，现代教育使他们堕落成了人才”辨析

“小孩都是天才，现代教育使他们堕落成了人才！”这是对现代教育最尖锐的批判。人们一下子接受不了，这在预料之中。有一句名言“天才进行创造，人才进行工作”，所谓天才就是最有创造性的人。好奇心、求知欲和想象力是创造的源泉，而这些素质儿童最好，因而最富于创造性。人们说艺术家、科学家都有一颗童心，正是从这个意义上说“孩子都是天才”！毛泽东讲天才无非就是聪明一些。我曾随机问过 100 个人，是大人聪明还是小孩聪明，有 89 个人回答小孩聪明。老子曰：“含德之厚，比于赤子。”（《道德经》五十五章）“常德不离，复归于婴儿。”（《道德经》二十八章）在老子看来人生修养的最高境界是“婴儿境界”！

① 列宁：《哲学笔记》，人民出版社 1956 年版，第 409 页。

因为在婴儿看来一切都是新鲜的、神奇的。罗丹说："不是生活中缺少美，而是缺少发现。"

当代世界天才教育学的崛起，给我们以重要启迪。最新的教育理念不是给孩子塞多少知识，而是帮助孩子打开智慧的大门，开发其潜能和价值，鼓励其探索和创造，因为在孩子的脑细胞之中本身就保存有人类亿万年进化过程中积淀下来的经验和智慧的密码，教师的责任是激活它，把它引向创造之路。前景山学校的校长崔孟明曾经在《求是》杂志发表遗作，极力倡导过"天才教育学"①，正好抓住了现代教育的发展趋势，是警世之言。

现代教育以规模教育、知识教育、成才教育为基本特征。而中国的当代教育则是以应试教育为基本形式，小孩子从学前班一直到高中，甚至大学以传授知识为天职，学生负担太重，升学压力太大，忽视实践、生活，忽视基本素质，忽视个性心理，而求同思维模式更加强化了现代教育的内在矛盾，这是学生缺乏创新精神的主要根源。

成才本身并没有错，培养人才是教育的目标之一。然而成才对人生而言并不是终极目标，终极目标是人的幸福、人的解放、人的自由、人的全面发展。如果成了知识的奴隶，是人才却没有人生乐趣，那么这种教育就值得怀疑，就有改进的必要。苏联教育家苏霍姆林斯基提出"教育是培养幸福的人"，这个思想是富有远见的。

现代人尤其是中国人成才的欲望太强烈，家长和学校都有急功近利的倾向，恨不得一下子把学生都培养成博士，让他们读那么多的书，参加那么多的培训班，节假日也不得休息，结果怎么样，考上大学的人数越来越多，参加国际奥林匹克获奖的学生人数也不少，但是原创性、具有国际影响的科技成果却不多，难道还不能引起我们的深思吗？杨振宁讲他们到美国读大学时，考试名列前茅，然而一旦研究问题就不知如何下手，经过几年时间才学会了适应美国大学的研究式教育模式。中国教育培养考试型人才，而不是培养创造型人才，这是中国当代教育的根本性缺陷。

说"小孩都是天才，现代教育使他们堕落成了人才"，并不是全盘否定现代教育，而是指出以成才作为教育根本目的是有严重缺陷的，是近

---

① 崔孟明：《坚持"三个面向"培养"四有"新人》，《求是》1998 年第 12 期。

现代人工具理性的产物，正像现代人崇尚金钱、功利主义、个人主义、享乐主义一样，我们虽然无法从根本上扭转这种价值观，但指出其偏颇，总不能说是大逆不道吧。

（四）指出“中国教育落后”就是没有自知之明吗？

指出现代教育的矛盾和问题，就是大骂现代教育，在肯定中否定就是思想混乱，这是什么逻辑？江泽民发表《关于教育问题的谈话》指出：一些教育问题“确实触目惊心，引起我的深思”“现在一些学生负担很重，结果形成很大的心理压力，不利于青少年的健康成长。”① 党的十六大把教育创新提高到与理论创新、科技创新、制度创新同等重要的地位，就是出于对中国现代教育问题的深深忧患和对民族的前途负责、对青少年一代的关心而提出来的。

刘吉同志在《文汇报》发表的文章指出：“中国教育必须根本改革，而不是细枝末节地东改一点，西补一点，中国教育必须加速改革，这个跨世纪的关键时刻，千万别错过机遇。”② 中国教育如果不落后，不存在严重问题，为什么要从根本上进行改革？指出中国教育落后就是“没有自知之明，就是不客观，没有责任感，没有理性，就是骂娘”，那么我要问，只有给中国教育唱赞歌，说中国教育是全世界最先进的教育，就是有自知之明，有责任感吗？

由此，我联想到柏杨先生写了《丑陋的中国人》说中国人死要面子，老虎屁股摸不得，取得一点成绩就觉得了不起，老子天下第一。

柏杨先生继承鲁迅先生的遗志进行国民性批判，是一片爱国之心，在台湾坐牢房，在大陆受批判，他只有流亡到美国去。我的文章中说了一句“中国教育落后”也被人指责，“没有理性，眼里看不惯，心里有怨气”，大有建议有关部门撤销职务的危险，试问中国还有没有学术自由？

（五）未来教育的核心理念没有研究的必要吗？

“教育的发展趋势是个性教育与共性教育相结合，突出个性全面发展；知识教育与创造教育相结合，重视创造能力开发；成才教育与幸福教育相结合，突出幸福素质塑造；民族教育与人类教育相结合，注意和谐精神培养。

---

① 《毛泽东　邓小平　江泽民论教育》，中央文献出版社 2002 年版，第 286 页。

② 刘吉：《按照“三个面向”改造中国教育》，《文汇报》1998 年 9 月 4 日第 8 版。

未来教育的核心理念是尊重个性、激励创造，追求幸福，实现和谐。而和谐精神是人类未来教育的最高理念，这就是身心和谐、社会和谐，人与自然的和谐。在和谐中现代教育的矛盾将得到消解、缓和，这也正是马克思所追求的人的全面发展的教育，进入自由王国的教育和真正人的教育。情感教育、艺术教育、人生教育将成为未来教育关注的焦点。”

这是我的文章的结论。周先生和小布衣的文章对以上观点进行了全盘否定。

周先生说：“这里描绘的未来教育，其实全是废话，教育历来如此，何况历代的教育都是如此，都是个性教育与共性教育结合，都在激励创造。”如此说来我们国家提出素质教育、创新教育也全是庸人自扰，历史上的教育都在培养人的素质，都讲创新，中国还进行教育改革干什么？

教育目标与教育手段、教育理念与教育实践是紧密联系的、不可分割的，中国教育的落后不仅是体制和手段问题，首先是教育理论和教育理念的落后，教育哲学的落后，教育思维方式的落后。新中国成立后中国没有产生有国际影响的教育家，这是中国的一个悲哀，这与学术环境有关系，而忽视对教育基本理论的研究也是一个重要的原因。

究竟教育的内在矛盾和基本理念还有没有研究的必要性，这是不是一个理论禁区？如果说我说的会是废话，请问你们认为未来教育的核心理念是什么？

（六）和谐精神应不应该提倡？

小布衣说：“和谐是一种理想化的概念。现实中是达不到和谐状态的，只能想象它是完美的。”对这个观点我不能苟同。我们观察宇宙、天体、星座、孔雀的羽毛、原子的排列，都是有秩序的和谐的，当然也有不和谐性，和谐性与不和谐性是宇宙万物的内在矛盾，是客观存在的，不能说和谐只是一种理想，不和谐才是现实。秩序性、规律性、稳定性是和谐性的表现，无序性、偶然性、变动性是不和谐性的表现。不和谐性推动事物发展，和谐性也推动事物发展。万物由不和谐到和谐，由和谐到不和谐交替出现，然而总趋势是和谐，这就是宇宙的真理。

马克思主义认为主观辩证法是客观辩证法在人的大脑中的反映。宇宙的和谐趋势反映在主体身上，就有了追求和谐、追求完善的欲望。人类的实践活动就是在追求身心和谐、社会和谐、人与自然和谐，而教育是人类高级的实践活动，也应该把和谐精神作为教育理念，这也正是马

克思所追求的人的全面发展的教育和真正人的教育。正因为现实中存在不和谐现象，人们才改造现实，使之趋向和谐、实现和谐，这种和谐中又会包含新的不和谐因素，在新的历史条件下，人们又会追求新的更高境界的和谐，这就是人类的历程，也是教育的使命。

和谐理念的提出，并不是无的放矢，而是人类社会发展的现状和趋势对教育的客观要求。近代社会随着商品经济的发展，功利主义成为占主导地位的价值观，一方面促进了社会的飞速发展，另一方面出现了信仰危机、精神空虚、人际关系的紧张、身心和谐受到了破坏；高扬国家主义导致了两次世界大战，人类和平被破坏，竞争加剧了社会矛盾，破坏了社会和谐；工业化破坏了生态环境，破坏了人与自然的和谐。正因为人类认识到这些问题，力图改变这些问题，和平发展才成为时代主题，才提出了可持续发展战略，才提出了人文关怀，提出了情感智商问题、素质教育问题。由此可见，和谐精神是人类经过苦难的片面性发展而获得的一种理性精神。

印度诗人、思想家、教育家泰戈尔在《阿什拉姆学校》中深刻地指出：

> 年轻的心灵中应该渗透这样的思想：他生于一个人类世界，这人类世界与它周围的世界是和谐一致的。
>
> 这正是现在的正规学校那种严肃的、傲慢的、高人一等的教育中所忽视的东西。这种教育把孩子们从一个充满奥秘、充满人格启迪的世界中强行拉开；它仅仅是一种纪律规定，它拒绝考虑个性；它是一个设计特殊的工厂，以期获得相同的结果；它沿着想象的平均直线开掘教育渠道，而我们知道，生命之线并非直线。
>
> 总之，我们来到这个世界，不仅要认识它，还要承受它。阿什拉姆学校的教育成果让我们知道，人与世界的真正联系是人格之爱，而不是机械的因果规律。最高的教育应是：不仅给我们以文化信息，而且要使我们的生命与万物和谐统一。①

人有主体性，人所说的和谐带有人的价值观和审美倾向，不同的人有不同的和谐观，在具体教育实践中，人们对和谐精神的理解和把握一

---

① ［印度］泰戈尔：《阿什拉姆学校》，《教育观察》2013 年第 2 期。

定会带有个性差异，然而不能因为和谐精神的理想性和主体性而否认教育和谐论的价值，更不能因为客观世界上大量存在不和谐现象，而否定教育追求和谐的必要性。追求和谐才是人类的前途，追求和谐才是教育的出路！

四　现代性困境与教育艺术

“现代性”曾经是指启蒙时代以来的“新的”世界体系生成的时代。一种持续进步的、合目的性的、不可逆转的发展的时间观念。现代性又是一把“双刃剑”。现代社会的发展及其在全世界范围的扩张，为人类创造了数不胜数的享受生活的机会。但是，现代性更有一个极大的阴暗面，这在21世纪变得尤其明显。现代性困境在中国具有双重意蕴，一方面是现代性不足，另一方面是现代性问题凸显。教育是一种崇高的事业，教育家和教育工作者必须具有敏锐的洞察力和责任感，高度关注人类的前途和命运、审视人类的精神处境，不仅把教育看作现代化的动力，而且应该成为现代性的思考者和批判者，教育艺术的基本精神在于传授和培育和谐精神，从而提升人类的生活品位和精神境界。因此，重视和发展教育艺术就成为帮助人类走出现代性困境的重要契机。

（一）中国的和谐文化与审美文化，为人类走出现代性困境提供了新的路径

“现代性”曾经是指启蒙时代以来的“新的”世界体系生成的时代。一种持续进步的、合目的性的、不可逆转的发展的时间观念。现代性应该从两方面去理解：其一，社会的组织结构方面：现代性标志着资本主义新的世界体系趋于形成，世俗化的社会开始建构，世界性的市场、商品和劳动力在世界范围的流动；民族国家的建立，与之相应的现代行政组织和法律体系；其二，思想文化方面，以启蒙主义理性原则建立起来的对社会历史和人自身的反思性认知体系开始建立，教育体系以及大规模的知识创造和传播，各种学科和思想流派的持续产生，这些思想文化

不断推动社会向着既定的理想目标发展。①

从总体上说，社会学的缔造者们极为重视现代性所提供的“机会”方面。马克思和迪尔凯姆都把现代社会看作是一个问题与麻烦层出不穷的时代，但是他们又都认为由现代性带来的受益可能性超过了它的负面效应。韦伯在这三个社会学思想奠基者中显得最为悲观，他把现代世界看成是一个自相矛盾的世界，人们在其中要取得物质的进步，必须以摧残个体创造性和自主性的官僚制度的扩张为代价。但是他也没有预见到，现代性将表现出的更为黑暗的东西具有多么普遍的涵盖面。无疑，这三位大师都认为现代工业的工作对人有不良的后果，它强迫许多人臣服于愚蠢的纪律和重复的劳动。但是他们都没有预见到，“生产力”的发展具有大规模的毁灭物质生态环境的潜力。例如，没有一个经典社会学的创始人对“战争的工业化”现象给予过系统性的关注，他们更不可能预言原子弹的发明及其可能的后果。②

弗朗西斯·培根提出“知识就是力量”，这是西方人与自然二元论思维方式的产物。文艺复兴以来产生了人文主义思潮，使人性从宗教的束缚下解放出来，人的主体意识空前高涨，促进了科学技术的发展和社会的巨大进步。但是随着自然科学的发展，一方面人们对自己意志和活动对世界支配力量的增强，人们变得愈志得意满，随心所欲地统治自然、控制世界的“雄心壮志”愈益膨胀。从而导致唯意志论泛滥和工具理性片面张扬，并带来大量的事与愿违的效果，造成人性的畸形发展。另一方面疏远、烦、吸毒、暴力、性放纵、冷漠、沉沦等已成为当代较为普遍的生活状态。在某种意义上意志的颓丧已经成为当今人类的症结。人的合理决策能力的衰弱和责任感、意志的淡薄甚至丧失，还不只是纯粹的伦理学等理论问题，而且是严重的生存实践问题。罗洛·梅指出：

> 意志与抉择的矛盾，是我们这个过渡时代心理动荡的一种不可避免的表现。我们意志和决策力的固有基础，已经遭到彻底的、不可挽回的破坏，可笑的是（如果不说可悲的话），恰恰在这样一个万

---

① 陈晓明：《现代性与文学研究的新视野》，《文学评论》2002年第6期。

② 黄平：《从现代性到“第三条道路”——现代性札记之一》，《社会学研究》2000年第3期。

方多难的时代，当技术力量如此过分地膨胀，意志和抉择显得如此关键的时候，我们却发现自己缺乏任何新的意志基础。[①]

罗洛·梅所描述的是当代人的共同处境，对于中国人也是基本适合的。从消极意义上看，中国现代化的赶超型发展付出了较大的精神代价，理想迷失、信念倾斜、道德失范、艺术衰颓、意志博弱等绝非盛世危言；科技至上主义、经济沙文主义、自我中心主义和享乐主义等的合流，更使一系列现代性问题空前凸显，他们都逐步成为当代中国人当下遭遇的情境。[②]

要解决现代性困境，在西方文化的框架内恐怕难以找到合适的答案。一百位世界著名科学家20世纪80年代在欧洲聚会，讨论人类面临的生存困境与出路，发出“当代世界需要孔夫子，21世纪是儒家的世纪”的庄重宣言。英国著名历史学家汤因比指出，“将来统一世界的大概不是西欧国家，也不是西欧文化的国家，而是中国。恐怕可以说正是中国肩负着不只给半个世界，而且给整个世界带来和平的命运”。[③] 日本著名学者池田大作，在与中国东方学著名学者季羡林等人的对话《畅谈东方智慧》中也表达了同样的思想。大师们结论的理论基础是：西方文化是分析性思维，是人与自然的二元结构，是竞争性文化；中国文化是综合性思维，是“道法自然”“天人合一”结构，是和谐性文化。而且西方文化对外来文化有排斥性，比如十字军东征、“欧洲中心论”以及“文明冲突论”都是很好的说明。而中国人从西汉末佛教文化的传入到盛唐佛学的发展，到宋明理学对儒、道、释的综合创新，再到近代新文化运动对科学和民主文化的吸收、马克思列宁主义的传入及其中国化；充分说明中国文化“合而不同”、海纳百川、博大精深、刚健有为的伟大胸怀和创造精神。

中国文化的基本精神是天人合一，是一种和谐精神。中国教育家追求的是人与自然、人与人、身与心的和谐。老子讲“道法自然”，庄子讲“因任自然”“逍遥无待”，孔子讲真情实感“文质彬彬”“仁者爱人”“因材施教”，张载讲“天人合一”“民胞物与”“为天地立心，为生民立命，为往圣继绝学，为万世开太平”。这些思想对矫正现代人的价值偏颇

---

① ［美］《罗洛·梅文集》，冯川等译，中国言实出版社1996年版，第212页。

② 张明仓：《当代中国意志论研究：进展与问题》，《哲学研究》2001年第2期。

③ ［英］汤因比：《展望21世纪·东亚的任务》，转引自池田大作、季羡林等《畅谈东方智慧》，四川人民出版社2004年版，第227页。

具有极大的启迪。西方文化尤其是近现代文化总的来说是追求功利价值，而中国文化则主要是追求审美价值，也就是李泽厚先生所说的“乐感文化”[①]。西方人用火药造枪炮，发动战争掠夺财富，中国人发明火药造爆竹、烟花，用来祭祖、送神、增加节日的欢快气氛。表面看西方人在近代崛起，得益于功利主义和征服主义，但从人类的长远利益和人生的终极价值看，审美文化高于功利文化。我们必须重建民族文化的自信，而和谐是中国文化的精髓，是教育追求的终极目的。教育是一种崇高的事业，教育家和教育工作者必须高度关注人类的前途和命运、审视人类的精神处境，不仅把教育看作现代化的动力，而且应该成为现代性的思考者和批判者，教育艺术的基本精神在于传授和培育和谐精神，从而提升人类的生活品位和精神境界。因此，重视和发展教育艺术就成为帮助人类走出现代性困境的重要契机。

（二）教育是科学，更是一门艺术！作为艺术的教育高于作为科学的教育

教育是科学，更是一门艺术。李政道说：“科学与艺术是一枚硬币的两面。它们的共同基础是人类的创造力，它们追求的目标都是真理的普遍性。这样的一枚‘硬币’，就代表了文化。”[②] 古代人讲究教育艺术，现代人推崇教育科学；古代人运用智慧，现代人追求知识；理想的教育则应该是二者的完美结合。

科学需要抽象思维和严密的逻辑，艺术则充满浪漫和诗意。古往今来的科学家，无不深深地热爱着艺术，从艺术宝库汲取营养和灵感。艺术与科学是人类创造的亲密伙伴，艺术会将科学引向高处、引向深处、引向远处。而教育科学与教育艺术的结合则是工具理性与审美价值的统一，将会把人类文化提升到一个更高的境界。这就是马克思所倡导的全面发展的教育，也即是大教育家孔子终生所追求的自由境界：“随心所欲，不逾矩。”（《论语·为政》）

随着大工业机器的轰鸣，教育由贵族垄断变成社会事业，规模教育取代私塾教育。受现代自然科学的高度发展和人的思维方法的升华递进，促使人们探讨教育事业的内在规律；而且随着社会分工细密发展的需要，

---

① 李泽厚：《论语今读》，生活·读书·新知三联书店2004年版，第177页。

② 孙伟林等：《科学与艺术的对话》，《人民日报》1995年11月20日第11版。

演绎出教育科学的庞大体系。教育科学的繁荣与发展，对近代文明的进步给予巨大的推动，科教文化兴国在知识经济时代成为全人类的共识。

马克思认为，任何学科不运用数学的方法，还不成其为科学。教育是一种社会现象，所以可以运用统计学等社会学方法予以研究。我们在教育实践中应该遵循教育学的基本规律，教育、教学、教育管理都有规律可循。不发展教育科学，我们就会依然停留在经验的水平上，在教育实践上就可能是盲目的。而教育科学的发展首先是教育基本理论和理念的创新，必须走出“唯书唯上”的经学式教学模式，按照“教育要面向现代化、面向世界、面向未来”的思想改造中国教育，树立个性教育、创造教育、幸福教育与和谐教育等新教育理念。①

教育又是一种人文现象，是对人的心灵的塑造和提升。人既是理性动物，又是感情动物，因此，仅有教育科学以及对教育规律的遵循是不够的，还要对人类精神生活的领悟和对教育艺术的把握，从某种意义上说，作为艺术的教育高于作为科学的教育。中国人有一句通俗的话“动之以情，晓之以理”，更好地领悟到了教育的真谛。

全球化、标准化是我们这个时代的重要特征。统一教学计划、统一教材、统一考试、统一评价标准，强调与国际教育接轨。对于我国这样一个发展中国家来说，它可以促进竞争，加快教育发展的速度，对中国实现跨越式发展有利。但是，也带来很大的弊端，使教育模式化、刻板化、教条化，束缚了教育实践的丰富性、创造性和个性化；使“因材施材”、素质教育、创造教育、快乐教育等的实施受到严重障碍。从深层原因看，在于片面重视教育科学，而忽视教育艺术；重视知识传授，而忽视智慧开发；重视功利价值，而忽视审美价值；重视成才、成功，而忽视幸福素质塑造；把教育主要看作是社会现象，而忽视了它首先是一种人文现象。人的生存发展，人的尊严和幸福，人的自由与解放，才是教育发展的根本目的。

（三）智慧的花朵开放在生活的原野，而愚蠢的人们只知道在知识的海洋中去打捞

传授知识是现代科学教育追求的直接目的，知识经济时代（文化时

① 王世荣：《现代教育的内在矛盾与未来教育的核心理念》，《教育与现代化》2003 年第 4 期。

代）的到来更加强化了这种理念。在现代科学技术日益昌明的时代，缺乏科学知识我们将寸步难行；知识不仅能够使一个国家强大，而且可以改变人的命运。所以我国适时提出了科教兴国、人才强国、建立学习型社会和创新型国家等战略思想；提出“尊重劳动、尊重知识、尊重人才、尊重创造”的新价值观，是富有远见的。然而，知识并不等于智慧，有知识的人也未必就幸福。素质教育是针对应试教育而言的，甚至是针对知识教育而言的；人的素质既包括科学素质，也包括文化素质、身体素质、心理素质等。素质教育的实施更应该把科学教育与人文教育结合起来，真正树立“以人为本”的理念。“人性化教育”“教育人格化”“学会生存”“学会关心”“让儿童的道德生命自由发展”“让校园成为师生的精神家园”。[①] 这已经成为海内外教育界的一种共识。

知识是智慧的载体，智慧是知识的灵魂；知识是模式化、定型化的智慧，智慧是流动性、权变性的知识；知识是实践的产儿，智慧是实践的产婆；知识贵在创新，而智慧本身就是创新；知识是增进智慧的阶梯，而智慧则是知识发生的源泉；定型的知识是有限的，潜在的智慧是无限的；与智慧相比知识是灰色的，与知识相比智慧是常青的；知识是人类对世界的认识和建构，智慧是人类对世界的理解和领悟；人因知识而高雅，因智慧而生动；知识可以改变命运，而智慧可以通达人生；拥有知识是一种幸运，拥有智慧是终身的幸福。

智慧的花朵开放在生活的原野，而愚蠢的人们只知道在知识的海洋中去打捞。古代人推崇智慧，现代人追求知识。古时生产力落后，科学技术不发达，社会财富有限，只能供极少人接受教育，即所谓“贵族教育”或“精英教育”，也就是说拥有知识是少数人的特权。尽管如此，古代人依然创造了像金字塔、古长城等无与伦比的灿烂文化；出现了中国春秋战国时期的诸子学说，希腊罗马哲学巨匠的争鸣等群星灿烂的文化“轴心时代”；拥有和谐的精神生活、激动人心的社会生活和人格的自尊、自豪。究其原因，只能归结于古代人的高超智慧。

古代人的理性与直觉和经验混在一起，情景思维和经验思维占有很大的优势；文化传递和教育活动主要是在代际之间进行；当出现新的情境，已有经验不够时，主要运用自己的大脑，独立思考，作出判断和选

① 班华：《新世纪德育人性化走向》，《新华文摘》2002 年第 11 期。

择。王阳明说："没有我的灵明，天地万物、鬼神，今有何在?"（《传习录》）歌德说："理论是灰色的，而生命之树长青"；古代人的智慧源于生活经验的积累和人生境界的提升，常言道："读万卷书，不如行万里路""见多识广""作文必先做人""德高智广""宁静致远"；只有热爱生活、光明磊落、问心无愧、淡泊名利，有真情实感的人才会拥有高超的智慧和幸福的人生。按照弗洛伊德的理论，只有这样的人才有健全的人格，才不会压迫潜意识，也是最有创造激情的人。

现代社会发展主要依靠科学技术的进步，把经验（包括实验）上升为理论知识；尤其是随着分工的发展与知识的专门化，人的社会化过程周期明显延长，接受教育（正规教育）要比古代多得多。这种智慧模式化带来很大的便利，使人类在社会生活中可以凭借专业知识来解决大部分实际问题，从而大大加快了社会进步。但是同时，人类又太依赖知识和技术，而较少开动脑筋独立思考、解决问题，许多人有知识而缺乏智慧，甚至成了知识的奴隶，失去了基本的生存能力，像博士生不会谈恋爱甚至被人贩卖，这样的荒唐事情都有出现。可见，我国著名教育家陶行知提出"生活教育""手脑并用""学会生存"等教育理念是何等的富于远见啊。如果说科学教育就是传授知识的话，那么艺术教育的真正目的就是开发智慧，要发展艺术教育首先要回归生活、回归自然、回归人的生命的本真。

（四）教育是一门艺术，而艺术本身就是教育；给孩子一个晴朗的天空，还人类一个美好的童年

西方人认为人是理性动物，而中国人认为人是情感动物。"吾爱吾师，吾更爱真理"，这是西方的智慧；"当仁不让于师"，这是东方的人格。现代心理学提出了"情感智商"这个概念，也就是理智驾驭情感、控制情绪的能力，将理智与情感结合了起来；"情商"的高低对一个人的成才、成功和幸福更重要。教育界目前提出科学教育与人文教育的结合问题，"寓教于乐"也成了教育事业发展的方向。但是从实践层面看，教育科学有了较大的发展，而教育艺术则停留在教学方法的层面。实际上教育艺术涉及教育理念、教育实践、教育体制、教育模式、教育方法、教育改革、艺术教育的普及等方面。

在竞争日益激烈的现代社会，学校成了传播科学知识的殿堂，尤其是在我国，为了实现跨越式发展，仅仅是把科教兴国作为战略思想，而

忽视人的全面发展，人的自由和幸福这个教育的终极目的。开设那么多课程，背那么重书包，做那么多作业，小小年纪就被“知识的力量”压得直不起腰，一个个成了小老头，还有什么兴趣可言。为了造就人才，却扼杀了天才；为了创造幸福，却牺牲了孩子的快乐；我们高声呼吁救救孩子，给孩子一个晴朗的天空，还人类一个美好的童年！

现代先锋教育学是天才教育学。前景山学校校长崔孟明先生逝世后，《求是》杂志发表了他的一篇论文，这位终生献身教育事业的校长，发自肺腑衷心地认可了中国教育界长期不敢认可的“天才教育学”。他指出：

> 传统教育把人的大脑看成一座一座的知识仓库，教育的任务是往这些“仓库”里放入知识，即传授知识。现代化所要求的教育目标则是“开发”，即开发人的大脑，培养创造性的人才。现代教育对人脑不仅是信息输入，更重要的是要打开人脑的各种创造思维，创造大量的新知识。这些新知识就是现代社会的财富和发展动力。①

天才教育学的生理学基础是，在人的大脑细胞中，本身就潜藏着人类亿万年积累的经验和智慧的基因；因此教师的职责主要不是传授知识，而是唤醒他们沉睡的记忆，挖掘他们的潜能，点燃他们的智慧，发挥他们的优势，把他们引向创造之路。

童稚是人性纯度的标志，童心是天才之所以成为天才的秘诀。大多数人长大以后，就失去了童趣、童真、童心，不再睁开那双好奇的眼睛来看这个世界，不再询问这个那个；他们以为一切都是顺理成章。只有一少部分人，在一般人司空见惯的地方发现了真理，可以化腐朽为神奇，变平凡为伟大，这是人类的幸运，更是人类的悲哀。

天才进行创造，人才进行工作。小孩都是天才，现代教育使他们坠落成了人才！好奇心、求知欲、想象力是创造力的源泉，而现代教育将这些天才的基因闷死在传授知识的峡谷。而天才教育、创造教育的推行，必须以教育艺术和艺术教育作为突破口。教育科学与教育艺术的结合，将是人类教育史上最深刻、最伟大的革命，它将把人类文明提升到一个更高的水平。这是对古代教育与现代教育的超越，是真正意义上以人为

① 崔孟明：《坚持“三个面向”培养“四有”新人》，《求是》1998 年第 12 期。

本的教育，是人类回归自然本真，回归幸福、自由和创造的教育。

教育艺术的繁荣必须要有自由宽松的文化氛围。中国是一个教育大国，改革开放以来教育事业有了长足的进步，高等教育已经步入大众化的轨道。然而中国也绝少有诺贝尔科学奖，原创性缺失，这不能不引起国人的深思。政府好大喜功，国人官瘾重，体制积弊多是重要原因。[①] 同时与教育思维方式也有很大的关系，重视求同思维，忽视求异思维；重视形式思维，忽视灵感思维；重视科学教育，忽视艺术教育；重视知识传授，缺乏心灵沟通；重视教师的主导作用，忽视学生的主体作用。教科书上写什么，教师就讲什么，学生就考什么，这种呆板的教学模式，有意无意将教师和学生的主动性、自觉性和创造性降低。如果不从思想上、体制上改变这种僵化、陈旧的教育模式，教育艺术这枝鲜花就无法展现自己的娇容。如果没有蔡元培先生倡导的“兼收并蓄”、学术自由，就不会有《新青年》以及新文化运动的蓬勃发展；在今天没有自由宽松的文化氛围和探索精神，也不会出现人才辈出和文化繁荣的局面。

教育艺术从表层看，当然包含教育、教学的方式和方法，而且相当多的人是从这个方面进行努力的。然而教育艺术还有更为丰富的内涵，这就是教师与学生心灵与情感的沟通和交流，在于营造宽松和谐的文化氛围，在于教育规律的灵活运用，在于对受教育者潜能和价值的开发，在于对生命本质的探索和对人生境界的不断提升。教师是用情操陶冶情操，用智慧启迪智慧，用心灵塑造心灵，用人格影响人格。教师的工作是平凡的，也是伟大的；完善自己，照亮别人，同时也使自己和别人拥有光辉的一生。像真正的艺术家那样去从事教育，就会获得无穷的乐趣而永葆青春之活力。

艺术是智慧的舞蹈。跨栏王子刘翔酷爱音乐，当然与奥运会搭建的平等竞争的社会机制有很大的关系，但从教育学的角度看，艺术教育已经显示了无穷的魅力，我们可以由此得到启迪。我曾经追踪宝鸡市一所艺术特色学校（东仁堡小学），在推行艺术教育前该校在区里毫不起眼，他们提出“文化课合格，突出艺术教育，注重能力培养”的新教育理念，并且注意把学校与家庭教育、社会教育三者有机地结合起来。师生每天都要唱歌跳舞，要求每人最少学会一种乐器，不搞题海战术，不留家庭

① 苏坦坡：《原创缺失的深层原因》，《新华文摘》2004 年第 14 期。

作业。开始家长意见很大，怕影响孩子的学业，经过一年实验，大见成效。学生德、智、体、美、劳全面发展，师生精神面貌焕然一新。在区里组织的文化课统考中获得了总分第一的骄人成绩，而且连续几年保持了这个优势，并且在陕西省教育厅举办的“三算”竞赛中获得了第一名，代表陕西省参加了全国“三算”竞赛也取得了优异的成绩。可见，艺术教育是素质教育的突破口。

教育是一门艺术，而艺术本身就是教育。我们推崇教育艺术，首先必须认识艺术在教育中的优先地位。艺术可以赏心悦目，可以启迪智慧，可以陶冶情操，可以净化心灵。孔子讲“兴于诗，立于礼，成于乐”（《论语·泰伯》）；“志于道、据以德、依于仁、游于艺”（《论语·述而》）；“子谓《韶》，‘尽美矣，又尽善也’”（《论语·八佾》）。重视乐教，这是古代重要的教育思想。现代人受工具理性影响，艺术教育、情感教育严重缺失，这是导致冷漠、精神危机和人格变态的重要根源之一，马加爵悲剧给我们敲响了警钟。“动之以情，晓之以理”是教育艺术的精髓；“因材施教”“寓教于乐”是教育艺术的途径；积极引导、宽松环境是教育艺术的条件；提升境界、和谐发展是教育艺术的目的。叶澜先生倡导新基础教育：

> 把课堂还给学生，让课堂焕发生命活力；把班级还给学生，让班级充满成长气息；把创造还给教师，让教育充满智慧挑战；把精神发展主动权还给师生，让学校充满勃勃生机。①

可以说，这种新基础教育正是对教育艺术的积极探索，极富启迪意义。

中国先秦诸子和希腊先哲的教育艺术和教育实践创造了东西方灿烂的文化传统，人类轴心时代所放射出的思想光芒，成为文明进步的基因，我们现代人依然沐浴在古人的智慧的照耀之下。卢梭倡导自然主义、夸美纽斯强调净化心灵、泰戈尔追求身心和谐、苏霍姆林斯基提出培养幸福的人、蔡元培重视审美意识、陶行知呼唤创造宣言，这些思想是我们研究教育艺术的宝贵资源，应该认真加以开发和利用。只要把教育科学上升到教育艺术的高度，就能创造出人间奇迹。

---

① 舒扬：《走进新基础教育——叶澜教授访谈录》，《新华文摘》2004 年第 15 期。

中国目前正在进行社会主义现代化建设，实现民族复兴的伟大事业，这就需要进一步弘扬五四新文化运动的启蒙精神，发展科学与民主，必须继续清除封建专制主义和蒙昧主义，也就是给中国社会赋予现代性。我们还要未雨绸缪，着力克服现代化过程中由于工具理性的张扬而导致的人文精神的失落等现代性问题，也就是说现代性困境在中国具有双重性的意蕴。对中国未来教育的发展而言，必须处理好科学教育与人文教育、教育科学与教育艺术的关系；要重视知识教育和创造教育，尤其要把情感教育、艺术教育、生活教育和幸福教育提上日程。才能帮助中国教育走出现代性困境，使教育真正成为肯定人的尊严和价值，实现人的自由全面发展，启迪人的智慧，增进人类和谐、幸福的崇高事业。

五　教学艺术语境下师生角色的重新建构

我们现行的教学模式依然是教师唱独角戏，照本宣科，使本来生动活泼的教学活动变得粗糙、乏味，没有感染力；教师的主导作用仅仅局限于对教学内容和方法的驾驭，而学生的主体性、主动性和创造性远远没有发挥出来。“中国为什么总是培养不出创新型人才？”钱学森之问拷问着国人的灵魂。变革中国教育，必须从变革教学方式开始。

（一）应该重新认识教学艺术语境下师生角色定位的建构：“教师是导演，而不是演员；学生是演员，而不是观众”

我国教育学在谈到教学中的师生关系，提出“发挥教师的主导作用与学生的主体作用”。认为古代比较重视发挥教师的主导作用，现代比较重视发挥学生的主体作用；实际上，理想的教育应该将二者结合起来。

然而，在以往的教育哲学中、在主客体两极思维中，教师被认为是教育者（主体），学生是教育对象（客体），也就是把认识论中的主客体关系套用在教育实践中，而忽视了教育对象不仅是社会现象，而且是人文现象。在现实中，受主客体教学理论影响，重视教师的主导作用，忽视学生主体作用是普遍的现象。

从教学艺术视野看，往往是教师唱独角戏，而学生只是观众。教师就是梅兰芳、卓别林在表演，天天如此，人们也会厌倦。

好的教师，在教育教学中是精心设计、策划、布置，因材施教。

根据每个学生的天赋、个性、特长、兴趣安排一定的角色，指导他们进入剧情，掌握和驾驭剧情的节奏；既要发挥教师组织、指导、引导、纠正、启迪作用，又要发挥学生积极主动参与、表演，发挥其聪明才智，发挥其想象力和创造力，才能使教学活动成为波澜壮阔、动人心魄的艺术。

教学是一门艺术，是用知识开发知识，用智慧启迪智慧，用情操陶

冶情操，用心灵影响心灵。雅斯贝尔斯说：

> “教育是一棵树摇动另一棵树，一朵云推动另一朵云，一颗心灵唤醒另一颗心灵。”他认为，“教育是人类灵魂的教育而非理智知识和认识的堆积！”①

胡塞尔说：“生活世界是永远事先给予的、永远事先存在的世界……一切目标以它为前提，即使在科学真理中被认知的普遍目标也以它为前提。”② 教学不仅要关注科学世界，更要回归生活世界，关注儿童精神生命的成长。

李政道说：“科学与艺术是一枚硬币的两面，它们的共同基础是人类的创造性，它们追求的目标都是真理的普遍性。这样一枚‘硬币’，就代表了文化。”③

现代教育主要是一种科学教育，传播知识成了教师的主要职责，在知识经济时代尤其是这样。功利主义价值观对教育领域也有重要影响，教育成了发家致富的工具，成为国家实现工业化、现代化的工具，人的丰富个性和宽广心灵被急功近利所淹没。功利主义教育让我们丧失了一些作为人的基本东西，无论是物质层面还是精神层面。让我们“口若悬河而衣衫褴褛”，让我们失去了对自己意志的把握，变得意志消沉或狂躁。我们可以用剪刀把冬青修剪得平平整整的，这就是现代教育的作用。

每个人为了不被社会所淘汰，必须要接受教育的“修剪”，因而在这种境况下，教育的力量越大，人的完整性就会遭到更多的破坏。教育极大地破坏了我们的理想主义观念、我们的人性和同情心、我们的心灵、意志、身体、头脑、个性以及我们生命的其他方面。④

（二）从独白到对话，古人讲“教学相长”“学然后知不足，教然后知困”“动之以情，晓之以理”，在一定意义上饱含主体间性思想，在于师生能动性的共同发挥

人生活于其中的世界，它不仅包含人的认识，而且包含人的情感和

① 转引自施琰《一颗心灵唤醒另一颗心灵》，《才智》2012 年第 6 期。

② 转引自赵敦华《现代西方哲学新编》，北京大学出版社 2001 年版，第 102 页。

③ 孙伟林等：《科学与艺术的对话》，《人民日报》2015 年 11 月 20 日第 11 版。

④ 刘尧：《教育要在功利与自由之间求得平衡》，《教育科学研究》2008 年第 4 期。

意志，绝不是干巴巴的自然科学规律所可以解释的。如何发挥人的主体性以及如何展示人的理性普遍性问题，在这方面有独特建树的是“后法兰克福学派”的哈贝马斯，他把过去西方传统哲学对主体性的强调进而转化为对主体间性的强调，并以此维护人的主体性和理性的普遍性。

康德以“主体性”为自己哲学的主要原则，而且以道德主体性为最高主体性，他的认识论以及他关于认识主体性的论述都不过是为论证道德主体性作前导。他的道德准则是如何建立起来的呢？康德的回答是“绝对命令”。他的道德哲学以人类具有共同的实践理性结构为根据，要人“只按照那个你可以同时意愿它变为一个普遍的道德律的标准去行事”。这就是说，当道德律对每一个个人，或者是说对每一个主体是普遍的时候，则这个道德律同样地对所有其他人、其他个体都是效准，这也就等于说，每个人都可以把自己确定其为普遍的道德律加在别人头上，这样的道德律是独白式建立起来的。

> 哈贝马斯不同于这样的方式，认为道德行为是人与人之间、主体与主体之间的相互交往，只有通过他们自己的交往、交谈、对话，才能达成共识，达成具有普遍性的道德律。所以在哈贝马斯看来，道德律是通过主体间的对话方式建立起来的。对话与独白是哈贝马斯的伦理学与康德伦理学以致传统理论的一个重要区别。①

主体间性理论对教学活动富于启迪意义。古人讲“教学相长”“学然后知不足，教然后知困”“动之以情，晓之以理”“学而不思则罔，思而不学则殆”“师者，所以传道、授业、解惑也”“亲其师，方能信其道”“可亲可敬”等思想，在一定意义上饱含主体间性思想，在于师生互动和能动性的共同发挥。

教育是科学，更是一门艺术。教育教学活动有它自身的规律，要适应社会的进步和发展，又要超越和引领社会潮流；传承文化，又要变革和创新文化；塑造人、改造人，又要尊重人、解放人。

教学要遵循教育规律，比如因材施教、循序渐进、寓教于乐等，这些规律和原则只有在教学实践中把它上升为教学艺术，才能达到创造性

① 张世英：《哲学导论》，北京大学出版社2002年版，第283—284页。

的拓展、发挥和演绎。如果教学方式呆板，再好的教育规律也无法展示其魅力。

教育既是一种社会现象，又是一种人文现象，是对人的心灵的塑造和提升。人既是理性动物，又是情感动物。因此，仅有教育科学以及对教育科学的遵循是不够的，还有对人的精神生活和追求的领悟和对教育教学艺术的把握。从某种意义上说，作为艺术的教育高于作为科学的教育。

教师的工作是平凡的，也是伟大的；完善自己，照亮别人，同时也使自己拥有光辉的一生。像真正的艺术家那样去从事教育，就会获得无穷的乐趣而永葆青春活力。

从教育艺术角度看，当然包括教育、教学的方法和方式，而且相当多的人是从这个方面进行努力的。然而，教育艺术还有更为丰富的内涵，这就是教师与学生心灵的沟通和交流，在于营造宽松和谐的文化氛围，在于教育规律的灵活运用，在于对学生潜能和价值的开发，在于对生命本质的探索和人生境界的不断提升。

全球化、标准化是我们这个时代的重要特征，现代学校教育分年级、分专业、分班级教学就是工业化时代的产物。制订统一教学计划、统一大纲和教材、统一标准答案、统一考试和评价标准，使教育教学模式化、刻板化和教条化。

目前这种教师照本宣科的教学模式，已经极大地窒息了教学活动的丰富性和创造性，抑制了教师主导作用的发挥，而“学生的主体作用”也流于形式，被束之高阁。

（三）实际上古希腊柏拉图学园、孔子教育，以及宋代书院教育给我们以重要启迪；常言道，见多识广！这种游历式的教学方式，让现代学校教育望尘莫及

实际上古希腊柏拉图对话、孔子的教育实践给我们以重要启迪。希腊三圣、苏格拉底、柏拉图与亚里士多德是师承关系，柏拉图《理想国》等著作多采用对话体，满篇都是“苏格拉底说”，后人往往搞不清楚是谁的思想，可见他对老师的推崇。

柏拉图追随老师苏格拉底多年，苏格拉底遇害后不久，柏拉图离开雅典，周游地中海地区，包括小亚细亚沿岸的伊奥尼亚一带及意大利南部的若干希腊殖民地城邦，访问过毕达哥拉斯学派。可能到过北非洲、埃及、西西里岛，以及别的地方。大约公元前387年在雅典创立“阿卡

德米”（柏拉图学园），学院开始并没有校舍，在雅典西北部离城很近的一个小树林里。

因此学园的相当部分的活动是在公园中公开进行的。柏拉图在学园中发挥的作用，集中于推动、鼓励、评论、劝导，而不是人们容易想象的进行讲授、教导、示范。柏拉图启示“大学的作用不是把尽可能多的事实塞进学生的大脑，而应该是引导学生养成批判和观察的习惯与所有问题相关的原则和标准。”①

柏拉图学院教学采用“对话”“自由讨论”式，教师的这种作用更像戏剧舞台上的导演，而不像一位唱独角戏的演员。柏拉图学园教学活动大部分是在自然界、在公园大众中公开进行的，更具有研究和探索性。

亚里士多德师从柏拉图多年，他尊敬老师，但不盲从。“吾爱吾师，吾更爱真理”！亚里士多德为了撰写《政治学》，与弟子游历希腊各地，收集了150多个城邦的资料。柏拉图学院与孔子、孟子周游列国相类似，常言道，见多识广，读万卷书不如行万里路，这种游历式的教学方式，让现代学校教育望尘莫及。

柏拉图学园对西方教育及思想发展的影响：首先，雅典学园是古代最早在教育目标上既体现社会功用性、又体现人文特性的教育机构，因此它常常被人们看作是世界第一所综合性大学，或者至少是大学的萌芽，现代大学中的学院、研究院有时还被称为 Academy，原因就在于此。其次，作为柏拉图思想的传播基地，由柏拉图倡导的“学以致用”“学术自由”等传统直到今天还被继承，因此在历史上雅典学园的地位比同类其他学园显得更为重要。最后，学园聚集了当时希腊世界大批最有才华的青年来此从事科学研究和学术讨论，为后来西方各个门类的学科发展提供了许多原创性的思想，同时还培养了一大批伟大的思想家、科学家如亚里士多德等，雅典学园成为希腊乃至整个地中海世界最重要的思想库和人才库。

春秋战国是我们思想文化空前活跃时期，诸子百家，群星灿烂。孔子打破了西周“学在官府”的局面，“有教无类”，在中国历史上是私人办学第一人。三千弟子，七十二贤，蔚为大观。周游列国，著书立说，创成了儒家学派。“仰之弥高，钻之弥坚”！司马迁曰：“高山仰止、景行

① ［英］伯特兰·罗素：《西方的智慧》，亚北译，中国妇女出版社2004年版，第65页。

行止，虽不能至，然心向往之。”

孔子提出“性相近也，习相远也”“朝闻道，夕死可矣”“士当弘毅，任重而道远”“因材施教”“学而不思则罔，思而不学则殆”“当仁不让于师”“文质彬彬，然后君子”“不愤不启，不悱不发”“学而不厌，诲人不倦”“三人行，必有我师，择其善者而从之，其不善者而改之”“学之不如好之，好之不如乐之”“发愤忘食，乐以忘忧，不知老之将至”“子在川上曰，逝者如斯夫，不舍昼夜”等教育思想。

《论语》提供了教学艺术的活教材和成功范例，不是孔子一个人在演独角戏，一个人在独白，一个人在言说，而是采取对话的方式，人物形象生动，如一出栩栩如生的历史活剧。

《论语·先进》篇载孔子与学生们的对话，仿佛独幕话剧：

子路、曾皙、冉有、公西华侍坐。子曰：“以吾一日长乎尔，毋吾以也。居则曰：‘不吾知也。’如或知尔，则何以哉？”

子路率尔而对曰：“千乘之国，摄乎大国之间，加之以师旅，因之以饥馑，由也为之，比及三年，可使有勇，且知方也。”夫子哂之。

“求，尔何如？”对曰：“方六七十，如五六十，求也为之，比及三年，可使足民。如其礼乐，以俟君子。”

“赤，尔何如？”对曰：“非曰能之，愿学焉。宗庙之事，如会同，端章甫，愿为小相焉。”

“点，而何如？”鼓瑟希，铿尔，舍瑟而作，对曰：“异乎三子者之撰。”

子曰：“何伤乎？亦各言其志也。”

曰：“暮春者，春服既成，冠者五六人，童子六七人，浴乎沂，风乎舞雩，咏而归。”

夫子喟然叹曰：“吾与点也！”

三子者出，曾皙后。曾皙曰：“夫三子者之言何如？”子曰：“亦各言其志也已矣！”

曰：“夫子何哂由也？”曰：“为国以礼，其言不让，是故哂之。”

“唯求则非邦也与？”

“安见方六七十，如五六十，而非邦也者？”

“唯赤则非邦也与？”

"宗庙会同，非诸侯而何？赤也为之小，孰能为之大？"[①]

孔子让学生们各述其志，子路坦率、迫不及待；冉求虽有保留，却当仁不让；公西华彬彬有礼，却也志向不凡；唯有曾点与众不同，喜郊游歌咏。夫子也是性情中人，"吾与点也！"孔子从礼乐文化的精神进行点评，点到为止，一个个人物形象跃然纸上。

宋代商品经济发达，《清明上河图》就是证明。文化也十分繁荣，唐诗以后出现了宋词，子学复兴，出现了宋明理学，这是中国文化和学术的一个高峰。宋代书院如雨后春笋，遍布全国。

书院萌芽于唐，但作为一种教育制度形成兴盛于宋朝。宋代著名书院有江西庐山白鹿洞书院、陕西关中横渠书院、河南太室山南嵩阳书院、河南归德淮阳书院、湖南岳麓书院等。[②]

宋代书院制度的产生及其教学特点。书院是中国古代特有的教育组织形式，是相对独立于官学之外的民间性学术研究和教育机构。宋代是古代书院产生和发展的重要时期，书院产生的历史背景比较复杂，是当时特殊的政治环境和教育环境的产物。

官学长期处于低迷不振的状态，书院的产生是必然，填补了官学的空白；北宋科举取士规模日益扩大促进了书院的发展；朝廷崇尚儒术鼓励民间办学；佛教禅林的影响；雕版印刷术的普及应用，促进了图书事业的发展，从而为书院的各种教学活动及研究活动提供了便利。

书院教学具有如下特点：教学与研究相结合；盛行讲会制度，提倡百家争鸣；教学上实行门户开放，师生眼界开阔；"书院聚四方之俊秀，非仅取才于一域。"学习以个人钻研为主；师"示之于始，而正之于终"，师生关系融洽。书院教学就是导师制，是师生互动的研究式教学，而不是照本宣科的经学式教学模式。

书院兴盛推动了学术繁荣，张载创立了关学；程颐、程颢创立了洛学，朱熹创立了闽学，史称程朱理学；后来陆九渊、王阳明创立了心学；这是继春秋战国之后，又一次子学复兴，是在综合儒道佛基础上的学术创新。张载提出"民胞物与""天人合一""为天地立心，为生民立命，

① 孔令河等：《论语句解》，山东友谊书社 1988 年版，第 70—72 页。

② 胡美琦：《中国教育史》，三民书局 1978 年版，第 374 页。

为往圣继绝学，为万世开太平”的伟大文化使命，陆九渊提出“吾心即宇宙，宇宙即吾心”的哲学命题影响深远。

（四）“这是一片走向天堂的净土，一片心灵的乐土，你就是一位天使，拯救受奴役的心的天使！”

笔者考察宝鸡市一所艺术特色学校，他们提出“文化课合格，突出艺术特色，注重能力培养”的办学理念，小学生不留家庭作业，寓教于乐，结果文化课会考每次总会在区里名列前茅，“三算”竞赛在陕西省获得第一名。艺术教育是素质教育的突破口，因为艺术可以赏心悦目，可以陶冶情操，可以启迪智慧。前几年笔者在报纸上看来一个典型的教学案例：“花儿为什么会开？”

有一天，学前班的老师问她前面的孩子。

第一个孩子说：“她醒来了，她想看看太阳。”

第二个孩子说：“她一伸懒腰，就把花骨朵顶开了。”

第三个孩子说：“她想跟小朋友比比，看谁穿得更漂亮？”

第四个孩子说：“她想看看，小朋友会不会把她摘走？”

第五个孩子说：“她也长耳朵，她想听听小朋友唱歌。”

突然，第六个孩子问了老师一句：“老师，您说呢？”

老师想了想，又想了想说：“花特别懂事，她知道小朋友们都喜欢她，就仰起她的小脸，笑了！”

老师的回答很高明，听到这儿，孩子们全看着老师笑了，那笑脸比花更好看。

真惊异这些孩子们的答案，他们的想象力真丰富，他们的回答真精彩。不是吗？这些充满了灵气的回答，每一个都是一朵亮丽的花。

那位老师原来准备的答案是：“花开了，是因为春天来了。”她听到孩子们的回答后，她放弃了准备好的答案，急中生智地改了。

都说童趣无价，此言极是！

童趣可爱，可爱在孩子们认为世间的一切都有活泼的生命；

童趣美丽，美丽在孩子们的眼里，有感情的世界才是真实的世界！

这种极富想象力、带有感情色彩的句子，对于那种沉闷单调的表述，一成不变的答案，形成了多么鲜明的对照啊！

同时，我也为那位老师拍案叫绝，她是那样爱护孩子们的想象力，她放弃的是束缚儿童情趣的绳索，放飞的是充满想象力的一群白鸽！①

这个教学案例与两千五百多年前孔子《论语·先进》篇中记载的孔子与弟子们的对话有异曲同工之妙。“吾与点也！”与这位幼儿老师的妙语，大概都是临场发挥，因势利导，这分明是一出妙趣横生的童话剧！

2008年4月的一天，那是一个平凡而又难忘的日子，人民公园的郁金香开了，我仿佛一个大男孩，不顾学校的清规戒律，带领少男少女们迫不及待地逃离“囚笼”！这是我的学生龙凤写的一首散文诗《拯救》：

你把幽香注满祖国园邸，人们的心灵再一次被你拯救！你的婀娜多姿、超凡脱俗、与世无争！为人们提供了一片心灵的净土，感化那些受到尘世玷污的灵魂。

有你在身旁，人们就感到幸福，感到舒畅欢欣！一切红尘往事将放在脑后，这是你对不幸的人儿的恩赐；无论老人、小孩，还是那些年轻人，都带着不同的礼物回家：老人带走了时间和慰藉，小孩带走了童真和美梦，还有一对情侣，他们带走了最甜蜜、最美妙的东西。

一位智者，领着一群迷茫的少年，来感悟你无言的智慧，他们抛弃了书本与呆板的眼神，睁大眼睛来接受你深邃的教诲，那些可悲的希望、肮脏的追求、罪恶的劳动，竟消失得无影无踪！

这是一片走向天堂的净土，一片心灵的乐土，你就是一位天使，拯救受奴役的心的天使！

拯救，就是心灵之音！是鸟儿放飞蓝天的歌谣！投入大自然的怀抱，郁金香，这天堂之花！让我们的灵魂经受洗礼！学生们情不自禁，思如泉涌，这首诗比我所有的诗都写得棒，让我感到妒忌。教师的最高境界是崇拜自己的学生，恰如罗丹崇拜自己的雕塑。

有一天午后我正准备给学生上课，无意识向窗外看了一眼，雨过天

① 张玉庭：《放飞想象力》，《中国青年报·教育导刊》1995年11月8日。

晴，蓝天白云，秦岭如洗，气象万千，恍若仙境！我灵机一动，让同学们与我一起观赏大自然的美景，大家喜出望外，情不自禁。我在黑板上写了几首自己的诗作，引导学生进行创作，激发灵感，两堂课共收获散文、诗歌、随笔四十多首。

> 依靠，你站在山上，我望着你；你依靠着树，我凝视着你；山虽朦胧，树虽朦胧，我透过朦胧想象你深邃的眼神。
>
> 南去的飞雁带去我对你的思念，思念之深，思念之久；情也朦胧，意也朦胧，朦胧如笼盖四野般的惬意。
>
> 我看到了你，思念着你，渴望与你驻足朦胧山头，眺望朦胧中的一切，留守朦胧中的情怀，细说朦胧中我对你的思念。
>
> 一缕阳光射向我，我不禁打了个寒颤，一直冰冷的心顿然有了几分温暖，潮湿的心房顿时有了几丝光照。
>
> 我知道，在那黎明的清晨，是你早早爬上山头，点燃了太阳，将它托起。
>
> 太阳轻抚着大地，折射五彩的光，一缕红，一缕黄，红色是你忠诚的心，黄色是你金色的思念。
>
> 太阳升起来了，山头的你更加朦胧，朦胧得让我找不到你的身影，我急忙揉了揉双眼，而你却悄悄地离开，只剩下那棵树孤独的耸立着。
>
> 那棵树在等待，等待你再次爬上山头，等待你再一次的依靠。

这篇《依靠》是吕海彦同学随堂创作的散文，情景交融，构思精巧，意味深长。

小学生最头疼的是写作文，这在我国是非常普遍的现象，语文老师绞尽脑汁总是收效甚微。原因究竟何在？我想与我们的“囚笼式”的教学方式有关。大学老师可以当导演，小学老师也可以当导演。

有人在小学生中进行教学改革试验，小学生最怕写作文，于是老师变写作文为写诗歌，把课堂由学校搬到公园、动物园、植物园，到田野、大自然中去，让孩子聆听大自然的声音，老师与学生一起作诗，一首首美妙的诗歌脱颖而出，作文课竟然成为最受小学生欢迎的课程。这是《光明日报》的一个长篇报道，《新华文摘》作了转载介绍。

（五）教学艺术的精粹是发现儿童的闪光点，在于发现和培育儿童的兴趣，在于师生心灵的沟通与交流，在于激发儿童的潜能和价值

卢梭在《爱弥儿》中，就曾经倡导一种自然主义教育学，卢梭的教育思想是从他的自然人性观出发的。他认为，人生来是自由、平等的；在自然状态下，人人都享受着这一天赋的权利，只是在人类进入文明状态之后，才出现人与人之间的不平等、特权和奴役现象，从而使人失掉了自己的本性。为了改变这种不合理状况，他主张对儿童进行适应自然发展过程的“自然教育”，以培养理性王国的“新人”。

卢梭的自然教育，就是要服从自然的永恒法则，听任人的身心的自由发展，其手段就是生活和实践，主张采用实物教学和直观教学的方法，让孩子从生活和实践的切身体验中，通过感官的感受去获得他所需要的知识。与自然教育密切相连的，卢梭还主张对儿童进行劳动教育和自由、平等、博爱的教育，使之学会谋生的手段，及早地养成支配自己的自由和体力的能力，保持自然的习惯。

苏霍姆林斯基描写自己以大自然为课堂的教学实验：“我开始一节课一节课地把孩子们领到永远常新的、取之不尽的知识源泉——大自然中去，到果园、森林、河流、田野去。我跟孩子们一道学习用词语表达事物和现象的细微差别。

云雀在天空中歌唱，延伸在天边的一望无际的田野上，和风掀动了层层麦浪……在百年老橡树间，在秘密的森林里，清澈的溪流潺潺作响，而在小溪的上面，黄鹂唱着他那纯朴的歌……必须确切而优美地说出这一切。……我开始把在大自然环境中上课叫作到生动思想的源头去旅游。”①

像苏霍姆林斯基一样，把孩子带到大自然中去，带到思想的源头去旅游，把小鸟放飞蓝天！我们收获的就不仅仅是知识，而且是生动活泼的创造，是清澈欢快的心灵！

“在教学大纲和教科书中，规定了给学生各种知识，但是没有给予学生最重要的东西：幸福。理想的教育是：培养真正的人。让每一个人从自己手里培养成了的人都能够幸福地度过一生。这就是教育应该追求的

① ［苏］苏霍姆林斯基：《帕夫雷什中学》，载《少年的教育和自我教育》，转引自王天一《苏霍姆林斯基教育理论体系》，人民教育出版社2003年版，第116页。

恒久性、终极性价值。”

“真挚、诚实、相互信任，善意相待——这些特点能最好地表现……教师同他的学生自己的情感关系。”心与心相通，这时进行教育效果最大、最显著。“学校是人们的心灵相互接触的地方”“教育是人与人心灵上的最微妙的相互接触。”①

欣赏是人性的光辉，林肯说：“人性本质的本质是渴望得到肯定。”“对人最尊贵的礼遇，是欣赏他”！教学艺术的精粹是发现儿童的闪光点，在于发现和培育儿童的兴趣，在于师生心灵的沟通与交流，在于激发儿童的潜能和价值。

兴趣是最好的学校，好奇心、求知欲和想象力是创造力的源泉。而人的本性喜欢见异思迁，因此对孩子兴趣爱好的发现和培育就显得格外重要。黑格尔说：“只要你专心致志、心无旁骛从事一件事情，就会取得令自己震惊的成就来。”拿破仑说：“战争的真正秘诀在于某一点上集中最优势的兵力！”阿基米德说：“给我一个支点，我可以撬动整个地球！”

天才教育学的生理学基础是，在人的大脑细胞中本身就潜藏着人类亿万年进化过程中积累的经验与智慧的基因。传统教育把人的大脑看成一座仓库，教育的任务是往这些“仓库”里放入知识，即传授知识。现代化所要求的教育目标则是“开发”，开发人的大脑和潜能，培养创造性人才。现代教育对于人脑不仅是信息输入，更重要的是打开人脑的各种创造性思维，创造大量的新知识。这些新知识就是现代社会的财富和发展动力②。

早在17世纪夸美纽斯就尖锐地批评了旧学校的种种弊端，“学校变成了儿童的恐怖场所，变成了他们才智的屠宰场”，提出了教育要适应自然的原则，教育要依据人的自然本性，即儿童的天性和年龄特征。他说：“我们的格言应当是：凡事都要跟随自然的教导，要按观察能力的发展第次，要使我们的方法依据这种顺序的原则。”于是，他提出了划分儿童年龄阶段的主张，把0—24岁划成四个阶段，即婴儿期、儿童期、少年期和青春期，每期6年。

---

① ［苏］苏霍姆林斯基：《帕夫雷什中学》，载《少年的教育和自我教育》，转引自王天一《苏霍姆林斯基教育理论体系》，人民教育出版社2003年版，第35—36页。

② 崔孟明：《坚持“三个面向”培养“四有”新人》，《求是》1998年第12期。

"我们这本《大教学论》的主要目的在于：寻找并找出一种教学的方法，使教员因此可以少教，但是学生可以多学；使学校可以因此少些喧嚣、厌恶和无益的劳苦，多具闲暇、快乐和坚实的进步；并使基督教的社会因此可以减少黑暗、烦恼、倾轧，增加光明、整饬、和平与宁静。"

> 我们敢于应允一种"大教学法"，就是一种把一切事物教给一切人的全部艺术，这是一种教起来准有把握，因而准有结果的艺术；并且又是一种教起来使人感到愉快的艺术，就是说它不使教员感到烦恼，或使学生感到厌恶，它能使教员和学生全都得到最大的快乐；此外，它又是一种教得彻底、不肤浅、不铺张，却能使人获得真实的知识、高尚的行谊和最深刻的虔诚的艺术。……如从一口活泼的源泉引出川流不息的溪流，再将这些溪流汇成一道江河一样。①

问渠那得清如许，为有源头活水来；等闲识得东风面，万紫千红总是春。夸美纽斯也倡导寓教于乐的自然主义教学法，"使教员因此可以少教，但是学生可以多学"，也就是让教师成为导演，而不是声嘶力竭的演员；少些"喧嚣、厌恶和无益的劳苦"正是我们应试教育、题海战术的弊端所在，可谓一针见血。"能使教员和学生全都得到最大的快乐的艺术"！这种建立在审美文化基础上的大教学法，如一股清泉，可以改造我们浮躁、功利、缺乏信仰的社会风气，使之变得光明、和平和宁静。

① ［捷］夸美纽斯：《大教学论》，傅任敢译，教育科学出版社 1999 年版，第 1 页。

六　青年期认识特点

随着改革开放的深入发展和我国社会生活各方面的巨大变化，青年问题正在引起整个社会的重视，从心理学和社会学角度对青年问题的研究也日益增多。但从哲学和思维学的角度分析和研究青年期认识特点的论述还不多见，而这方面的研究对于青年的素质教育、管理和思想政治工作又都具有重要现实意义。本文拟就此作些初步分析和探讨。

（一）

青年期被称为人生的黄金时期，也是人的个体认识发展的重要时期。而人的个体认识发展过程，从某种意义上可以认为是人类认识发展史的一个缩影。因此，为了说明青年期的认识特点，就有必要对人类认识史和个体认识史作点探讨。

按照恩格斯和列宁的观点，人类认识发展史是个上升着的圆圈，是一个否定之否定的过程。到目前为止，大体可以分为两个阶段，即前科学认识阶段（朴素认识阶段）和科学认识阶段。科学认识阶段，又可以分为带有形而上学色彩的分析性认识阶段和带有辩证特点的综合性认识阶段。古代人的认识处于人类认识的初级形态，即前科学认识阶段。由于生产力水平低下，人类认识手段落后，真正的自然科学还没有出现，人们对世界的认识是“直接的直观”加猜测。只能从世界这张“图画”的总体上笼统地把握，而不能说明具体细节。这种把世界看作一个联系着的处于不断变化之中的整体的思想，总的来说是正确的，具有一定的辩证性。古代的朴素辩证法思想就是古代人认识特点的哲学概括。

科学认识阶段是从近代开始的，是随着商品经济的发展、生产力的进步以及人类认识手段的提高而出现的。科学认识阶段力求了解世界总画面的细节方面，不仅知其然，而且力求知其所以然。在科学阶段初期，由于科学处于收集材料阶段，把世界、事物分解成各个部分，分别加以研究，使人们对世界的认识前进了一步。但“这个时代的特征是一个特殊的总观点的形成，这个总观点的中心是自然界的绝对不变性这样一种见解”①。这就是培根在《新工具》等著作中所阐述的形而上学方法。我们把这一阶段称为带有形而上学色彩的分析性认识阶段。从 18 世纪下半叶开始，科学发展进入了整理材料的新阶段，特别是 19 世纪中期自然科学的三大发现，能量守恒和转化定律、生物进化论以及细胞的发现，使“一切僵硬的东西溶化了，一切固定的东西消散了，一切被当作永久存在的特殊的东西变成了转瞬即逝的东西，整个自然界被证明是在永恒的流动和循环中运动着”②。哲学上出现了康德和黑格尔为代表的唯心主义辩证法，特别是马克思主义的唯物主义辩证法和历史唯物论的创立，标志着人类的认识进入带有辩证色彩的综合性认识阶段。这是对带有形而上学色彩的分析性认识阶段的否定，是对古代朴素辩证法思想在更高层次上的复归。

恩格斯在阐述黑格尔对概念的发现时指出：

> 在思维的历史中，某些概念或概念关系（肯定和否定，原因和效果，本体和偶性）的发展，和它在个别辩证论者头脑中发展的关系，正如某一有机体在古生物中的发展和它在胚胎学中（或者不如说在历史中和在个别胚胎中）的发展的关系一样。③

正像人的个体胚胎发育过程重演了单细胞生物向人类进化的历史一样，人类的个体认识发展史同样重演了人类种族认识发展的历史。

心理学的研究表明，两周的乳儿才有条件反射能力，视觉、听觉、味觉才发展起来，5 个月才有知觉，6 个月有了再认能力即出现了表象，但思维还没有真正出现。婴儿期（1—3 岁）感知觉得到进一步发展，而且有了一定的思维能力。在第一信号系统与第二信号系统的协调发展关系中，以第一信号系统为主，往往脱离不开情境，处于直觉思维（形象

① 恩格斯：《自然辩证法》，于光远等译，人民出版社 1984 年版，第 9 页。

② 同上书，第 15 页。

③ 同上书，第 113 页。

思维、动作思维）阶段，把自己作为客体向作为主体转变。幼儿期（3—6 岁），思维有了一定的发展，思维语言代替情境语言，自我意识出现了“自我中心化”倾向。这与古代人把自己生活的天地看作宇宙中心的观念有一定的相似之处。语言表达能力有了进一步发展，形式逻辑思维已经发展起来，认识的意识性和自觉性明显增强。按照瑞士心理学家皮亚杰的观点，儿童（11 岁、12—13 岁、14 岁）思维已发展到形式运演阶段，[①] 这主要是针对儿童的逻辑、数理运算而言。在日常生活中，儿童这一阶段认识的直观性还是比较明显的，对事物的认识是从总体上进行把握，而不能具体分析其细节。因而，我们说这一阶段的认识从形式上来说与古代人的认识有一定的相似之处。

在青年期（14 岁、15—22 岁、23 岁），形式逻辑思维已基本成熟，辩证思维已有一定的发展。与少儿期相比认识的抽象性、思辨性明显提高，由对事物整体的笼统把握到对事物细节的分析，并且逐步把各个部分联系起来。[②] 因此，我们把青年期认识与科学认识阶段相类比。我们认为青年期的认识基本上处于分析性认识阶段，在青年后期已向综合性认识阶段发展，并日益把分析与综合联系起来加以思考。我们说青年期认识从总体上处于这样一个阶段和水平，并不排斥个体认识发展的个性差异，一些青年的认识有超前性，一些青年的认识有迟缓性，这是个别的特殊现象，并不能代表青年认识的总体特征。

（二）

青年期的认识，因为进入了科学认识阶段而克服了少儿期认识的直观性，并具有一定的思辨性和理性主义色彩。科学认识一方面依赖于科学实验和生产实践，另一方面又依赖于一定的科学抽象。青年期由于生活范围的扩大，有了一定的实践意识，在学习中获得了一定的科学实验知识，并在一定程度上亲自参加了社会实践活动，因而为科学认识奠定了一定基础。

青年期由于形式逻辑思维的成熟，在认识中更多地利用理论思维，这是科学抽象能力提高的具体体现。理论思维不同于经验思维。所谓经验思维，主要指在缺少理论指导的情况下凭直接的经验进行的抽象概括

---

① ［瑞士］皮亚杰：《发生认识论原理》，王宪钿等译，商务印书馆 1981 年版，第 51—57 页。

② 朱智贤、林崇德：《思维发展心理学》，北京师范大学出版社 1986 年版，第 530—565 页。

活动。理论思维是在一般原理、原则指导下，在理论上进行推理，作出判断、论证的思维。少儿期的思维以经验思维为主，具有表面性、直观性的特征，对事物的认识往往需要直接经验的支持，比如在教学中运用的具体的直观性教学方法效果就比较好。青年期认识以理论思维为主，能比较自觉地运用掌握的理论知识指导对事物的观察和认识，加工外界信息，并透过现象抓住本质。在学习中对比较抽象的理论、原理的理解能力明显增强，在学习中着重看老师教学的理论性、逻辑性、知识性强不强，对理论问题特别感兴趣，好争辩。认识思辨性的增强，使青年期意义记忆明显加强，注意知识的内在逻辑联系，自觉地丰富自己的知识结构，扩大知识视野。

理论思维的获得使青年在认识中，特别重视理论知识的作用，用理论去分析一切，用理性去评判一切，表现出认识中的理性主义倾向。如果说少儿期认识事物在很大程度上受家长、老师的影响或支配的话，那么青年期则要求和倾向于用自己的大脑、理性独立地思考问题，认识事物，也就是达到了启蒙的水平。康德说所谓启蒙就是改变那种离开他人就不会思考不会行动的习惯，就是做独立自主的人。这就是个体认识深化和发展的表现。同时，由于青年人知识的积累是有限的，尤其是社会实践经验比较欠缺，因而他们对事物的认识又是跳跃式的，好过早下结论。不是采取一步一步积累的方式，而倾向于一下子就得出结论。有时在没有扎实地有逻辑地组织好自己的思想之前就想去解决社会问题，靠理想、理论来看待和解决现实问题，因而容易出现一些过激的言行。

理性主义倾向与青年人获取知识的途径有一定的关系，青年期正是人们学习知识的黄金时期，他们所获取的大多是书本知识，是间接经验。在教学中，为了传授知识的方便，必须由浅入深，由一些公式、定律而推导出另外一些公式定律，这在教学中是必要的。但是这样一来就给学生一种误解，好像知识本身是知识的产物，而不是在实践的基础上，从感性认识进行加工而来的。因而就出现了唯理论、唯理性的认识倾向，使青年人对社会实践在认识中的地位和作用往往不够重视。

随着青年人实践范围的扩大、辩证思维的发展，到了青年期的后期，逐步在认识上比较自觉地把感性认识和理性认识、理论和实践结合起来，从而克服唯理论、理性主义的片面性，使认识向着更高更成熟的形态发展。

（三）

青年期的认识，与理性主义倾向紧密联系而出现了第二个特点，即在一定程度上克服了少儿期认识的表面性和被动性，而具有了批判性和创造性的特点。

少儿期的认识，由于自我意识还没有成熟，对事物的认识往往以家长、老师的观点和已有的书本知识为评判标准。同时，由于抽象概括能力还不太高，认识具有直观性和表面性的特点，因而在认识上不可避免具有一定的盲目性和被动性。青年期心理发展的一个重要特点是自我意识明显增强并逐步趋于成熟，使个人逐渐脱离对成人的依赖，并从成人的保护和约束下独立出来，表现出主动性和独立性。同时，青年期理论思维的发展，使青年的认识具有深刻性和系统性，这就为青年人独立思考问题提供了条件。青年期自我意识的增强和认识的深化使青年的认识具有了批判性和创造性。

青年期认识的批判性，首先表现在青年人喜欢对现有的理论、知识表示怀疑的态度，喜欢用自己认为正确的理论来评价、批评其他理论，从而表现出自己的个性。这也是青年认识中的理性主义倾向的进一步表现，不是用实践去检验理论，而是用理论来检验理论。青年人认识的批判性是认识主动性的表现，但又容易走入极端，产生片面性。青年期认识的批判性，还表现在自我意识对个体认识过程的反思和监督。青年人不仅批判现有的理论，批评社会上的不合理现象，而且通过自我反省，对自己的认识过程、认识成果进行比较分析，很在乎他人对自己的评价，从而使自己的认识不断完善。这是青年期认识自觉性提高的重要标志，是青年期认识与少儿期认识的重要区别之一。

认识的创造性是人类认识区别于动物心理的一个重要特征。我们不可否认，少儿期的认识也是有创造性的。但是，由于少儿期的认识具有表面性、直观性的特点，自我意识还不够强，由于他们实践范围和经验的狭隘，还不能够提出系统的理论和知识，所以创造性受到了很大的限制。当然我们不排除一些少儿在文艺、体育等领域的创造性劳动和取得成就的可能。但青年期的认识由于克服了少儿期的上述缺点，使认识的创造性特点得到了明显的发挥。① 青年期自我意识的增强，不仅表现在青

① 王极盛：《青年心理学》，中国社会科学出版社 1986 年版，第 62—73 页。

年人喜欢怀疑，具有一定的批判精神，而且表现在他们喜欢标新立异，自己有所建树，有所创造。破与立结合在一起，认识的批判性与创造性相互联系，批判中包含着创造，而创造本身就是对现存认识的批判和发展。

青年期认识的创造性与青年期知识处于半饱和状态，受已有知识和思维定式的影响较小有一定的关系。我们说要创造就必须具备一定的知识，但是知识“太多”，也会产生一定副作用。青年人已经具备了一定的知识，但知识学得不丰富，处于半饱和状态。因此在一些成年人和“知识饱和”的人司空见惯的地方，他们往往会提出大胆的设想，不时迸发出思想火花，而一些重要的科学发现往往就包含在这样的智慧之光里。著名数学家 D. 希尔伯特在谈到爱因斯坦时有一段耐人寻味的话：“你们是否知道，为什么在我们这一代，爱因斯坦说出了关于空间和时间的最有卓识、最深刻的东西？因为一切有关空间和时间的哲学和数学他都没有学过。”① 法国生物学家 C. 贝尔纳则说：“构成我们学习的最大障碍是已知的东西，而不是未知的东西。”② 总体而言，成年人的知识要多于青年人，但成年人的思想框框也相对多一些，这就对认识的创造性有一定的抑制作用。诺贝尔奖获得者杨振宁博士在说到自己的科学研究时说，进入中年以来，自己常常在与青年人交谈中捕捉灵感、启发而确立新的研究课题。虽然人才学的研究表明不同学科中人的创造性的最佳年龄是不一致的，有早有晚。但是，不可否认青年期就总体而言是人的创造性认识的黄金时期。这是有事实依据的。比如，伽利略在 17 岁时发现了钟摆原理，爱迪生在 21 岁时取得了第一个专利，牛顿在 23 岁创立了微积分，海森堡在 23 岁建立了量子力学，爱因斯坦在中学时就对传统时空观产生了怀疑，26 岁完成了狭义相对论。文学艺术领域青年人更是大显身手，曹禺写出著名话剧《雷雨》时只有 23 岁，朱光潜的主要著作《文艺心理学》《诗论》和《悲剧心理学》都是学生时代的作品，巴金的《家》《春》《秋》也是青年时代的作品。

青年期认识的创造性与青年期还没有受迫切需要的狭隘利益的束缚，

① ［美］克雷奇·克拉：《心理学纲要》，周先庚等译，教育科学出版社 1987 年版，第 293 页。

② ［英］贝弗里奇：《科学研究的艺术》，金吾伦等译，科学出版社 1979 年版，第 3 页。

与自由地探讨真理的勇气以及对理想的炽热的追求有一定的关系。青年期思想单纯，富于理想，从个人的得失方面考虑问题比成年人要少些，生活的创伤也少些，因而对真理和理想的炽热的追求，是青年期认识创造性的巨大精神源泉和驱动力。

（四）

青年期的认识处于由分析性认识向综合性认识发展和过渡的阶段，这就决定了青年期不仅具有分析性认识阶段的特点，而且具有综合性认识阶段的特点，即具有两极性的特点。青年期形式逻辑思维已基本成熟，辩证思维已经产生，并有了一定的发展。形式逻辑思维和辩证思维是人们对事物的相对稳定状态和显著变动态进行把握的两种思维方式。在科学认识中都是离不了的，因而无所谓哪个正确，哪个不正确。但是，由于青年期这两种思维形式成熟程度不同，就容易把某一种思维方式加以片面化，上升为世界观和方法论。因而青年期认识发展的一个重要特点就是在形而上学思维和辩证思维的两极思考问题。

青年期形式逻辑思维已经基本成熟，用形式逻辑规律去把握事物的习惯，使其逐步形成了一种思维定式，把事物之间的界限看作是确定不变的，看不到事物的矛盾性，从而产生了形而上学的认识特点，这是分析性认识阶段局限性的表现。黑格尔指出："理智不可太趋于极端。这话也是正确的。因为理智并非究竟至极之物，而毋宁是有限之物，而且理智的发挥，如果到了顶点，必定转化到它的反面。青年人总喜欢驰骛于抽象概念之中，反之，有生活阅历的人决不容许陷于抽象的非此即彼，而保持其自身于具体事物之中。"① 黑格尔从思辨哲学的角度猜测到了青年认识的形而上学色彩，是有启发性的。青年人比较缺乏生活和实践经验，因而影响了他们在认识中把抽象的规定上升为思维的具体，把事物各部分有机地统一起来，这是青年期认识的形而上学色彩产生的重要原因。

青年期辩证思维已经产生，并得到一定的发展，因而青年人的认识中也有不少辩证性，尤其在青年后期，辩证性更加明显。但是青年的辩证思维还不成熟，同时由于青年的实践经验不足，不重视事物变化的条件性，往往分不清主要矛盾和次要矛盾，因而容易由形而上学走向相对

① ［德］黑格尔：《小逻辑》，贺麟译，商务印书馆 1982 年版，第 175—176 页。

主义、怀疑主义，抹杀事物之间的界限，否认了事物的稳定性。比如青年有时候固执己见，有时候怀疑一切，无所适从。青年期认识的两极化还表现为自觉性和盲目性的矛盾与冲突。青年期的世界观正在形成之中，已经初步建立了一定的世界观、人生观，但还不成熟，不稳定。世界观是人们对世界总的看法，世界观的形成标志一个人认识风格的基本成熟。一方面，青年期已经初步形成的世界观和价值观，使青年人对事物的认识具有比较稳定的倾向性，认识事物的目的比较明确，这是青年期认识自觉性的表现。另一方面青年的世界观还在形成之中，还不稳定，因而对事物认识的不同阶段差异比较大。青年世界观处于选择的过程中，表现在认识上，往往有一种无所适从的矛盾心理，对一些对立的观点和学说觉得好像都有道理，因而会产生一些模棱两可的认识，这是青年认识盲目性的表现。

青年期认识的两极化，是青年期认识不够成熟的表现，与青年期思维（形式逻辑思维和辩证逻辑思维）发展成熟程度的不平衡性、世界观发展的特点、青年期认识由分析性认识阶段向综合性阶段过渡的特点有一定的联系。青年容易把统一的认识过程的不同认识阶段分割开来，片面地加以夸大，这就产生了认识的两极化。

随着社会实践的积累，两极化的缺陷会逐步被克服。综上所述，笔者认为，青年期是人类个体认识发展的一个重要阶段，即处于科学认识阶段和由分析性认识向综合性认识过渡的时期，具有一定的思辨性和理性主义色彩，批判性和创造性，以及形而上学思维与辩证思维交织、盲目性与自觉性并存的两极化发展等特点。

当前，我国的教育事业正处在由应试教育向素质教育转变的重要时期，素质教育的基础是个性教育，核心是创造教育，目的是幸福教育，这是21世纪人类教育的中心理念。研究青年期的认识特点是对青年进行个性教育的前提，而青年期认识的批判性和创造性本身就是创造教育研究的重要课题。青年期认识，由分析性认识向综合性认识过渡的总特点，对青年人世界观、人生观、价值观的形成，以及处理现实与理想、情感与理智、个人与社会的关系都有重要的影响，而这些关系的处理对人生幸福都是至关重要的。研究青年期认识特点，是哲学和素质教育研究的一个重要视角，应该引起学术界的重视。

七　把小鸟放飞蓝天：解放儿童宣言

把小鸟放飞蓝天!这是儿童节最想说的话！是作为一位老教育工作者的良知发现，是基于对儿童健康成长和祖国未来的担忧而发出的真诚的心灵呼唤!

（一）

每当我看到小学生掂着沉重的书包，在上学的路上艰难地行走；每当我看到学生们挑灯夜战，连看一眼满天星斗的工夫都没有；每当我看到在题海鏖战中精疲力竭、那无助的目光，我的心就隐隐作痛。

具有五千年灿烂文明的礼仪之邦，竟然以牺牲儿童的健康和快乐作为代价来换取现代化的实现，这个代价也未免太沉重了吧。

难道我们偌大个中国，这么多智慧的大脑，这么多政府官员，这么多教育工作者，这么多孩子家长都熟视无睹吗?

为什么素质教育推行这么多年，却步履维艰、收效甚微？为什么偌大个中国没有一所创新性大学？为什么老是产生不了一流人才?

这个“钱学森之问”让多少人思考？多少人苦闷？多少人寝食不安？也只有钱学森这样的人说话才有分量！他就像《皇帝新衣》中的小男孩，说出了一句童言无忌的话。

这绝不是危言耸听，且听听小学生编写的《魔鬼辞典》：“星期一，走入深渊；星期三，夜茫茫；星期五，黎明前的黑夜；星期日，开国大典。”“呀呀呀，我们去学校，背着炸药包！校长不知道，轰隆一声响，学校没有啦！我们像小鸟啊，飞到天上去!”这是小朋友改编的歌词，谁把孩子们逼成了“恐怖分子”?

（二）

你看那溪流多么欢快，那鸟儿歌声多么动听，云儿在蓝天上悠荡；

马儿在草原上奔驰……它们去不去学校？它们有没有作业？不是也活蹦乱跳，比我们还快乐？

我们的教育究竟怎么啦？谁是罪魁祸首？难道我们自己都没有责任？这值得每一位中国人思考！急功近利，望子成龙，把学校看作传授知识的场所，把孩子看作实现家长抱负和野心的工具，谁曾经冷静考虑过孩子们的感受？

孩子都是天才，现代教育使他们堕落成了人才！你看看现在的儿童，哪一个不是聪明伶俐，那明亮的眼睛，若泉、若珠、又若梦。他们如朝阳之璀璨，如彩虹之绚烂，如百花之芬芳，如溪流之欢快。

我在《文汇报》上读到一篇文章“童稚是人性纯度的标志!”也就是说天真无邪的孩子最接近人性的本真。童稚、童心、童真、童趣，才是原汁原味的人性！人本来就应该过天真烂漫、无拘无束、自由自在的生活。

童年总是美好的，故乡的天总是那样蔚蓝，那白白的云儿，悠悠荡荡，一会儿像骏马奔驰，一会儿像草原牧羊，一会儿在天边游玩，一会儿又去远山躲藏。

每个小孩都充满了好奇心、求知欲和想象力，总是瞪着一双好奇的眼睛：天为什么是蓝的？云彩从哪里飘来？春天为什么会开花？星星为什么晚上才出来？电闪雷鸣是老天爷在发脾气？飞舞的雪花是不是蝴蝶变的？太阳从云层里爬出来，是想跟小朋友说话？猴子不听话，也要关禁闭？

孩子们的天性就是喜欢游戏，富于幻想，喜欢舞蹈，喜欢画画，喜欢歌唱，喜欢探险。按照儿童的心理特点，“寓教于乐，因材施教，回归自然，言传身教，启发诱导”应该是儿童教育的主要形式。

人们长大以后，尤其在物欲横流的现代社会，随着人的社会化进程，人们逐步成熟起来，复杂起来，越来越世故圆滑；随着知识的增长，人们可以借此解释自然界的各种现象，也就习以为常；在竞争激烈的市场经济条件下，迫于生存的压力，相互攀比、金钱至上观念的影响，人们变得势利、市侩、斤斤计较、冷漠无情。

也就是说随着人的成熟，大人世界中一般人丢失了儿童的天真和乐趣。一切都变得司空见惯，不再睁着那双好奇的眼睛来看这个五彩缤纷的世界；不再去问这个、问那个。只有少数艺术家、科学家、发明家，这些少数人还较好地保留着好奇心、求知欲和想象力。成年人中能够超

越功利、童心不泯、快乐自在生活的人，实在不多！

（三）

邓小平曾经题词“教育要面向现代化，面向世界，面向未来！”这应该作为中国教育改革的指导思想，重温它很有必要。这是给北京景山学校提的词，这个学校的前校长崔孟明先生已经过世，我在《求是》杂志看见他的一篇遗作。总结一生的教育实践，他终于认可了天才教育学，这是目前世界上最先进的教育理念。传统的教育理念是把孩子的大脑看作一座座知识仓库，教育的任务是向“仓库”里存放知识、传授知识。现代教育对人脑不仅是信息输入，更重要的是打开各种信息储存通道，使大脑可以进行大规模的创造性思维，创造新知识。①

我猜测天才教育学的生理学依据，“在于人的大脑中本身就有人类在漫长进化过程中所积累的经验和智慧的密码！”② 教育就仿佛“天方夜谭”中的阿里巴巴，只要喊出“芝麻开门”，就会发现金光灿灿的无数珍宝；教育就好比一种探险，在于寻找打开孩子心结和智慧之门的钥匙；在于发现小孩的兴趣和爱好，开发儿童的潜能和特长，把他们引向创造之路。

这是一种颠覆性的全新的教育理论。曾子曰：“人之将死，其言也善；鸟之将亡，其鸣也哀！”这是一个老教育家发自良知的呼唤。但是，在我们这样一个教育大国，知道天才教育学的人竟然寥若晨星！

虽然如此，我们也不要过于悲观。毕竟有一些像景山学校这样有远见的教育理论和实践者在进行着勇敢的探索，从而积累了有益的经验，值得我们借鉴和思考。

（四）

我曾经长期在宝鸡市一所小学进行教育考察研究，一个偶然的机会我发现了这所特殊的学校。

多年以前，有一个星期天我和孩子去公园游玩，发现一个小孩特别机灵，我给他出了一些智力题，他对答如流。他问我“你是老师”？我说“你怎么知道”？他说“我们老师就是这样教我们的”！

这个时候，孩子的母亲走了过来，她说：“我孩子所在学校，不留家庭作业，整天让小孩唱歌跳舞，我们都很担心孩子学业，想另转一所学校。”

---

① 崔孟明：《坚持“三个面向”培养“四有”新人》，《求是》1998 年第 12 期。

② 王世荣：《现代性困境与教育艺术》，《高等教育管理》2009 年第 1 期。

我说："你们不了解，这所学校正是按照目前世界上最先进的教育理念'寓教于乐'来教育学生，你看你的孩子多么聪明啊！如果你们转走，将来一定会后悔的！"经询问知道这一所学校是宝鸡市东仁堡小学。

星期一，正好没有课，我骑着自行车，怀着极大的好奇心去探访这所学校！到了学校以后，发现这里生机勃勃，仿佛到了世外桃源。学校正在上早操，老师一个方阵在唱歌，学生一边跑步一边唱歌，整个校园欢声笑语，歌声此起彼伏。

一会儿全体集合，校长讲话，刚刚开始，有一位一年级小朋友举手，给校长提了三点建议，什么内容我已经不记得了，校长把这位小学生抱着举起来，让他大声讲给大家听，并且立即安排教导主任、总务主任落实。

（五）

这让我想起了苏联著名教育家苏霍姆林斯基，他提出"教育的终极目的是培养幸福的人"，这是多么伟大的思想啊！

很早我就听过他的故事，有一位小学女班长，一直品学兼优，是大家学习的楷模。谁也没有料到她会折校园里的鲜花，一连好几天一放学她就径直走到花园，采一朵最大最鲜艳的玫瑰花带回家去。按照学校里的规定，校园里的一草一木大家都有呵护的责任，决不允许随意攀折。

同学们议论纷纷，有人说："现在暴露了她的真面目，过去表现好是伪装的！"有些人说："撤销她的班长和荣誉称号！"就连一些老师也有看法。

这件事情很快传到了校长的耳朵里，苏霍姆林斯基正好是这个实验学校的校长，同时兼该班班主任，他虽然也感到迷惑，但是他相信自己过去的眼光不会错，这里面一定另有隐情。

放学后他悄悄跟随那位女同学，发现她与老奶奶在一起生活，她把在校园里采的花放在奶奶床头的花瓶里，奶奶的脸上马上露出了笑容，然后，给奶奶开始擦身子、洗菜、做饭！一边做家务，一边与奶奶聊天，虽然她在学校里被误解，还是尽量控制不让奶奶发觉。

看到这里苏霍姆林斯基再也无法控制自己的感情，泪水仿佛开了闸门一般。多好的孩子啊！他一下了冲进屋子里，把小女孩抱在怀里，孩子，对不起！都是我不细心，让你承受了这么长时间的委屈！

紧紧地拥抱在一起，仿佛久别重逢的母女。这个时候小女孩眼睛里也充满了泪花，她哽咽着告诉老师，几年前因车祸父母双亡，我与奶奶相依为命，奶奶病了我不知如何是好，只知道她最喜欢玫瑰花，我就顾

不了校纪校规。

第二天上完早操，苏霍姆林斯基向全校师生讲述了这位小女孩悲惨的遭遇，讲述了她与奶奶相依为命，讲述了她冒着被处分的压力勇敢去爱的动人事迹。整个会场开始鸦雀无声，紧接着哭成一片，最后是雷鸣般的掌声，全体一致决定授予小女孩英雄儿童荣誉称号。

（六）

这个动人的故事在我的脑海中久久不能忘怀。苏霍姆林斯基这位伟大的教育家成了我一生学习的楷模。还有一位中国的教育家霍懋征的故事，我还是1980年在省教育学院一位先生那里听到的，也让我铭记一生。

霍懋征担任小学一年级老师，教学生怎么叠手绢，每次使用都是干净的。二十年以后，听说老师召集同学聚会，有些人不远万里从海外飞回来向大家表演叠手绢，他说这不仅仅是一件小事，而是教我们养成良好的生活习惯，将受益终身。

“文革”期间有一次霍老师见到自己教过的学生没精打采地在街上流浪，一打探才知道是刘少奇的女儿，父亲下落不明，母亲在秦城监狱。在那个风雨如晦的岁月，一般人唯恐避之不及，而霍懋征却义无反顾收留了她。

二十几年以后，我在中央电视台教育科学频道第一次见到了这位令人尊敬的教育家，她已经年近八旬，依然工作在教育第一线，风采依然！主持人在与霍懋征先生交流中了解到一些鲜为人知的故事。

“没有爱，就没有教育”！这就是她一生追求的教育理念，也是她成为卓越教育家的秘密所在。对学生和教育的真爱，对家人和朋友的挚爱，对祖国和人民的热爱！

奇迹就发生在这里。由于她长期夜以继日地工作，终于积劳成疾，有一次在医院检查患了白血病，她想这种病目前无药可治，还不如全身心投入工作，总比躺在医院里强。时间一晃就是几年，她已经忘记了自己是一个病人，偶然想起来，去医院做了个检查，血项指标完全正常。

大约在60岁，她又患了一次肝癌，她想这一次大概在劫难逃了，也和上一次一样把化验单放在办公桌抽屉下面，谁也没有告诉，课照常上，班照旧带。过了两年，奇迹又发生了，化验指标一切正常。

没有爱就没有教育！没有爱就没有生命！没有爱就没有人类！这就是宇宙、生命、人类社会、生生不息、五彩缤纷、源远流长的秘密！人类一切疾病、痛苦、纷争，都可以用爱加以疗治！而爱又是开启儿童智慧之门的钥匙！

（七）

我从回忆回到现实，这是一位真正的教育家，就站在我的身边，我被校长的这一举动震撼了。

上课铃响了，我迫不及待地走上前去，做了自我介绍，说明我的来意。她叫李爱贞，原来是一所中学的副校长，主动要求到这所小学担任校长，我高中毕业在故乡小学教书，与霍懋征一样曾经担任过副校长，因此显得特别亲切。她介绍说东仁堡小学是宝鸡市艺术特色学校，我们的办学理念是：“文化课合格，突出艺术教育，注重能力培养！”多么清晰明了的办学思想。

他们的具体做法是，课堂教学采用启发式，精讲多练，不留家庭作业；每天都有唱歌、跳舞、绘画、书法等艺术类课程；每一位教师、学生都要学会一门乐器。

教育效果怎么样？校长领我参观了学校的会议室，这里彩旗飘飘，挂满了学校取得的一面面锦旗！校长介绍说，在实施艺术特色教育以前，这个学校没有什么名声，在我们推行新的教育理念后，很多人不理解，甚至说“不留家庭作业”是瞎折腾。

你看现在区上每次文化课会考，我们肯定拿第一名！来我们这里取经的人很多啊！她还告诉我，学校的家庭教育也抓得很紧，定期办的有家长学校。这次参观给我留下了深刻的印象，这是不是素质教育的一种尝试？我在这里调研了一个时期，听课、与师生座谈交流，受益匪浅！

大约半年以后，我上街办事，顺便又回访了这所学校。大概是心灵感应吧，这么巧教育局正在这里开“三算竞赛”汇报现场会，各学校的领导和老师黑压压一大片，我找了个地方坐下。还好现场会才刚刚开始。

东仁堡小学代表宝鸡市参加陕西省小学生“三算竞赛”夺得桂冠，准备代表陕西省参加全国的“三算竞赛”，这是宝鸡市新中国成立以来基础教育夺得的最高荣誉，受到市领导的赞扬和肯定！

表演开始，先由本校老师出题，学生们争先恐后分别进行心算、珠算、笔算，看谁算得又快又准，老师用计算器核对。

一会儿，由参加现场会的来宾出多位数乘除法，主要考学生的速算能力，令人惊奇的是学生的心算速度比计算器还要快！

艺术教育竟然是一朵奇葩！开放得如此娇艳，真是不可思议。怎么会让小孩如此神灵活现？我苦苦思索，然而百思不得其解，仿佛古希腊科学家阿基米德找不到检验王冠是否纯金的方法。

（八）

“众里寻他千百度，蓦然回首，那人却在灯火阑珊处”！真是功夫不负有心人，我平时很少阅读《人民日报》，但是有一天，我却在这里找到了答案。

有一篇报道：“科学家与艺术家的对话”，诺贝尔物理学奖获得者李政道说：

> 科学与艺术是一枚硬币的两面，它们的共同基础是人类的创造性，它们追求的目标都是真理的普遍性，这样一枚“硬币”就代表了文化。①

爱因斯坦小提琴拉得特别的棒，而我国两弹元勋著名科学家钱学森的爱人，是一位钢琴家。每一位科学家都酷爱艺术，从这里可以获得想象力和灵感；而每一位艺术家也像科学家那样执着，他们都是长不大的孩子，像儿童一样天真，充满幻想，富于创造。

刘翔在雅典奥运会上成为亚洲第一飞人，这是黄种人在田径赛场取得的骄人成绩，国人奔走相告、欣喜若狂！记者在第一时间采访的时候，当问到刘翔：“你有什么爱好？”“我喜欢音乐，爱唱歌！”又是音乐，又是艺术！拥抱艺术，喜欢音乐，竟然是成就亚洲飞人的秘密。

艺术包括绘画、舞蹈、戏剧、歌唱、诗歌、书法等，尤其音乐是天籁之音，是心灵的律动，可以赏心悦目，可以陶冶情操，可以让人激情澎湃，浮想联翩，回味无穷。它是天堂与人间的拥抱，是人与神的对话，是童年与成年的共舞。

艺术是智慧的舞蹈。教育是一门艺术，而艺术本身就是教育。这就是我从中悟出的道理。你要聪明吗？请拥抱艺术女神！你要创造吗？请拥抱艺术女神！你要快乐吗？请拥抱艺术女神！

龚自珍发出“我劝天公重抖擞，不拘一格降人才”的呐喊；梁启超

---

① 孙伟林等：《科学与艺术的对话》，《人民日报》1995年11月20日第11版。

的“少年中国说”至今雄风犹存；“少年强，则中国强！少年富，则中国福！少年雄于世界，则中国雄于世界”！

李大钊发表《青春中国说》：“为世界进文明，为人类造幸福，以青春之我，创建青春之家庭，青春之国家，青春之民族，青春之人类，青春之地球，青春之宇宙，资以乐其无涯之生。”

郭沫若在《女神》中写道：“我要去创造些新的光明，不能再在这壁龛之中做神。我要去创造些新的温热，好同你新造的光明相结。姊妹们，新造的葡萄酒浆，不能盛在那旧了的皮囊。为容受你们的新热、新光，我要去创造个新鲜的太阳！”

陶行知在《创造宣言》中激情澎湃地写道：

> 创造主未完成之工作，让我们接过来，继续创造。宗教家创造出神来供自己崇拜。最高的造出上帝，其次造出英雄之神。
>
> 美术家如罗丹，是一面造石像，一面崇拜自己的创造。教育者不是造神，不是造石像，不是造爱人。他们所要创造的是真善美的活人。
>
> 真善美的活人是我们的神，是我们的石像，是我们的爱人。教师的成功是创造出值得自己崇拜的人。先生之最大的快乐，是创造出值得自己崇拜的学生。说得正确些，先生创造学生，学生也创造先生，学生先生合作而创造出值得彼此崇拜之活人。
>
> 有人说：环境太平凡了，不能创造。平凡无过于一张白纸，八大山人挥毫画他几笔，便成为一幅名贵的杰作。平凡也无过于一块石头，到了菲狄亚斯，米开朗琪罗的手里可以成为不朽的塑像。
>
> 创造之神！你回来呀！你所栽培的幼苗是有了幻想，樵夫拿着雪亮亮的镰刀天天来，甚至常常来到幼苗的美梦里。你不能放弃你的责任。只要你肯回来，我们愿意把一切——我们的汗，我们的血，我们的心，我们的生命——都献给你，当你看见满山的幼苗在你监护之下，得到我们的汗、血、心、生命的灌溉，一根一根的都长成参天的大树，你不高兴吗？创造之神！你回来呀！只有你回来，才能保证参天大树之长成！①

---

① 陶行知：《创造宣言》，载《陶行知全集》（第3卷），湖南教育出版社1985年版。

（九）

中国目前所面临的现代性困境，可以说与中国教育问题互为因果。整个社会急功近利，迷恋金钱，崇拜权力，在这样的价值观推波助澜下，华夏大地找不到一块安静的绿洲。

艺术教育可能是素质教育的突破口。由一些学校的成功经验来看，必须重新思考艺术教育与知识教育的关系。寓教于乐，应该是小学教育的基本形式。目前可以考虑把体、音、美作为与语文、数学同等重要的主课。

把中小学教材的难度降到发达国家的水平，小学生以游戏为主，让他们融入生活，在大自然中陶冶情操，培养兴趣；中学生也要加强艺术教育的分量，手脑并用，激发创造思维；大学生、研究生以自主学习为主，参与式、研究式教学为主；职业技术院校学生应该与企业挂钩，强化动手能力，培养实用性人才。

中国教育改革是一个庞大的系统工程。应该以邓小平提出的“三个面向”和“天才教育学”为指针。把艺术教育与知识教育、生活教育与人格教育、个性教育与共性教育相结合；幸福教育与创造教育、人文教育与科学教育、民族教育与人类教育相结合；把现代教育与弘扬祖国优秀传统文化相结合。

站在全球视野的高度，重新反思人类，尤其是中国近现代以来教育发展的轨迹和得失，为中国教育把脉，找出问题的症结，寻找救治的良方。广大教育工作者责无旁贷，这是关系民族未来、国家兴旺发达后继有人的百年大计。

党和政府应该作为全面深化改革的重头戏，这是一场艰巨的攻坚战，刻不容缓又不能草率从事。我呼吁来一次全民教育问题大讨论，群策群力。为什么素质教育步履维艰？钱学森之问答案如何？让教育工作者，特别是让儿童、青少年广泛参与，因为他们是应试教育的受害者，最有发言权，特别要注意倾听教育第一线教师的意见，把群众意见与专家意见相结合，争取在几年内形成共识。

这是考验中华民族智慧，执政党能力和魄力的一件大事。如果在我们这一代人手里得不到很好的解决，我们如何向后人交代？

苏霍姆林斯基说：

> “学校是人们的心灵相接触的世界”，“教育是人和人心灵上的最微妙的相互接触”。

只有个性得到全面和谐发展的人，才是真正完善的人，在整个生活中才会得到真正的幸福。他们精神丰富，道德纯洁，体魄完美，审美需求和趣味丰富，“成为社会进步的积极参与者。”①

我们的孩子也像大人在商海中鏖战一样疲于奔命，他们的美好童年、天真烂漫的生活、欣赏蓝天白云、陶醉神秘星空的心情，被追赶现代化的高速列车碾得粉碎！发达国家，学校是儿童的乐园，而在这个古老文明的国度，学校竟然成了囚禁儿童的牢笼！“是可忍，孰不可忍也”！

（十）

中华民族是一个勇敢、勤劳、充满智慧的伟大民族，也是一个人才辈出、星光灿烂的民族。自古英雄出少年，我们期待在这个具有悠久历史又重新焕发青春与活力的国度里，掀起一次真正的文艺复兴狂潮，荡涤一切历史的、现实的污泥浊水，把人性从各种体制和观念的束缚下解放出来！

弗洛姆以为，人类始终存在一种悖论：“究竟是不完善的人造就了不完善的社会，还是不完善的社会造就了不完善的人？”实际上，人在本质上是一个不断生成的动物，没有十全十美的人，也没有尽善尽美的社会，人类与社会都在不断进化和完善之中。

人类社会一直存在双重使命：完善社会和完善人性。说到底社会也是由人构成、由人建设、为人服务的，人是社会的主体。人的解放与发展、人的价值与尊严、人的幸福与自由是千百年来人类社会追求的终极目标，也是检验一切社会制度是否文明进步的最高标准。西方的《理想国》、中国的《大同社会》、马克思的“共产主义”都是如此。

毛泽东指出：“社会主义制度的建立给我们开辟了一条到达理想境界的道路，而理想境界的实现还要靠我们的辛勤劳动。”② 经过一百多年艰苦卓绝的奋斗，中国人民已经站立起来了，一个富强、民主、文明、和谐的现代化国家正在向我们招手，中国人民正在为实现民族伟大复兴的

---

① 王天一：《苏霍姆林斯基教育理论体系》，人民教育出版社 2003 年版，第 36—42 页。

② 《毛泽东选集》（第 5 卷），人民出版社 1977 年版，第 386 页。

中国梦而努力奋斗。

正像灿烂辉煌的古代文明得益于春秋战国的百家争鸣，西方近代的崛起得益于文艺复兴、宗教改革和启蒙运动等持续几个世纪的思想解放运动。中国近现代的发展与进步得益于新文化运动，得益于改革开放以来的真理标准问题的大讨论。

那么也可以说要实现“全面深化改革”的目标，最终实现民族伟大复兴的梦想，所面临的国际国内、历史现实、体制观念的困难和风险将是前所未有的。这既是对党和政府战略思维、执政能力的考验，也是对我们民族迎接挑战，和平崛起能力的考验。

总结历史的经验教训，在全中国掀起一场空前的文艺复兴势在必行。让文学艺术之花开遍神州大地，思想解放的号角响彻长城内外，这是一个真正的百花齐放、百家争鸣的时代，一个充满激情和创造的时代！是一个洋溢着幸福与尊严的时代!

中国人的解放首先应该是儿童的解放。既然“童稚是人性纯度的标志”，那么，一个民族对于童心、童稚、童趣的呵护程度，对儿童好奇心、求知欲、想象力的呵护程度，家庭、学校、社会对儿童的禁锢和束缚程度，一句话儿童解放程度往往成为一个民族解放程度的标尺。

正像马克思所说“妇女解放程度是人类解放程度的标尺”一样，在知识爆炸、欲望膨胀、急功近利、信息泛滥、竞争激烈的现代社会，尤其在当代中国几乎已经找不到一块儿童乐园，学校已经成为囚禁儿童的牢笼！儿童这个祖国的花朵，民族的未来已经成为“现代化”的牺牲品！

“儿童解放程度也是人类解放程度的标尺!”这绝不是对马克思理论的抄袭，而是作为一位虔诚的马克思主义者的理性自觉，作为一生献身祖国教育事业的老教师的良心发现。

妇女是全人类的母亲，经过人类长期不懈的奋斗，妇女的解放已经取得了长足的进步，现在已经到了解放她们的孩子的时候。中国人的解放应该以解放儿童为前提，中国的文艺复兴应该以解放儿童为导向，如果儿童没有梦想，何谈中国梦的实现?

“百年大计，教育为本”，我们是继往开来的一代，我们的任务艰巨而光荣，从根本上改造中国教育刻不容缓！这已经是全民族的共识和期盼，也是人民群众和亿万儿童的心声，相信党和政府一定会高瞻远瞩，有政治智慧和魄力，集思广益，大刀阔斧，有所作为。

人生有不同的境界，教育也有不同的境界。教人谋生的知识和技能是一种境界，教人成就事业的理想与素质是一种境界，而教人通达人生的智慧与胸怀是教育的最高境界！教育就是用知识开发知识，用智慧启迪智慧，用情操陶冶情操，用心灵影响心灵。

啊，把小鸟放飞蓝天！蓝天白云是你的家乡。天真烂漫，无拘无束，富有幻想是儿童的天性。让学校真正成为儿童乐园，让智慧的花朵开遍原野，让创造之神回归神州大地，让大唐太阳照耀江南塞北，让母亲和孩子的脸上绽放笑容！

第 七 编

五朵含苞待放的原创理论之花

一　系统价值论初探

系统价值论是劳动价值论的继承和发展，它把价值创造和价值实现看作一个过程，把企业的内部组织和外部环境看作一个系统，认为完善内部结构创造价值，发展外部网络实现价值；工人创造价值，企业家也创造价值；科学技术创造价值，合理使用资金创造价值；提高产品质量有利于实现价值，著名品牌更利于实现价值。系统价值论的提出，对中国经济学理论的创新具有一定意义。

（一）

加入 WTO 后，我国现代化建设进入一个新的历史阶段，将会推动我国社会主义市场经济体制的完善，社会的发展呼唤理论创新。在经济学领域起基础性作用的理论是价值论，本文分析了劳动价值论的意义和历史局限性，着重论述了系统价值论的基本内涵。

马克思的劳动价值论是在继承和发展亚当·斯密等古典经济学价值理论的基础上形成的科学价值理论。对于研究商品经济的发展规律，研究资本主义经济发展的规律，研究社会主义市场经济发展的规律都具有重要的指导意义。

劳动价值论的本质在于首先承认劳动是形成商品价值的基础。马克思认为商品有使用价值和价值。“作为相同的或抽象的人类劳动，它形成商品”① “生产这些产品的社会必要劳动时间作为起调节作用的自然规律强制地为自己开辟道路。……因此，价值量由劳动时间决定是一个隐秘在商品相对价值的表面运动后面的秘密。”商品交换必须遵循等价交换的

① 马克思：《资本论》（第 1 卷），人民出版社 1975 年版，第 60 页。

原则。[①]

因此，人类社会不管怎么发展，只要商品经济存在，马克思的劳动价值学说就不会过时。目前，有一种观点认为：在市场经济条件下，在全球化时代，在知识经济日益逼近的形势下，马克思的劳动价值学说已经过时，这是一种武断的看法，是对劳动价值学说深刻内涵缺乏认识的表现。我们也要看到马克思的劳动价值论从产生至今毕竟已经有100多年的历史，资本主义的发展已经从自由竞争阶段进入国际垄断阶段，商品经济已经发展到市场经济阶段；我国的社会主义经济由计划经济转变为市场经济，科学技术成为第一生产力，这些情况的变化要求价值理论也能够随之实行变革。因此，发展马克思的劳动价值理论就成为当代中国经济学的历史任务。

（二）

系统价值论的提出正是适应了这样的历史条件。它首先继承了劳动价值论以劳动作为衡量价值尺度的基本思想。同时，它又区别于劳动价值论，把价值的创造与实现看作一个系统、一个过程，综合研究系统的各个要素及其相互关系。这就避免了劳动价值论的缺陷，即强调价值的创造过程，而忽视价值的实现过程；强调工人的劳动过程，而忽视企业的管理过程；强调物质因素，而忽视科学技术因素。

系统价值论认为价值创造和实现必须在整个社会系统中才能进行，这就存在一个优化企业自系统与协调和优化企业与整个社会系统关系的双重任务。对一个企业而言，工人与管理人员的素质、资金运用、科学技术水平、资本有机构成、产品质量、管理水平、企业文化等因素构成企业系统，这些因素的状况以及相互配合的默契程度决定企业创造价值的大小与优劣。

工人始终是企业的主体，在目前既包括以体力劳动为主的蓝领阶层，更包括以脑力劳动为主的白领阶层，他们是创造价值的基本力量。不管知识经济怎么发展，商品价值的创造都离不开工人的创造性劳动。企业对工人应该提高待遇，使他们的付出与回报相符合。

企业管理阶层是现代企业制度的实施者，在企业中居于主导地位，对企业价值的创造和实现有着举足轻重的作用。马克思的劳动价值论是在自

① 马克思：《资本论》（第1卷），人民出版社1975年版，第92页。

由资本主义阶段提出来的，当时还没有出现独立的企业经营管理者阶层，资本家既是企业资产的所有者，同时又是企业的管理者。马克思的劳动价值论主要看到了产业工人在价值创造中的主体作用，看到了工人的劳动所得和它所创造的财富之间的巨大差异，创立了剩余价值学说，为无产阶级革命和无产阶级的解放指明了方向。但是马克思当时确实忽视了管理者也参与了价值的创造和实现，工人所创造的剩余价值中，理应减去资本家管理企业的劳动所创造的价值。系统价值论以为企业管理者所创造的价值在整个企业所创造的价值中占有一定的比例。企业家所付出的劳动、承担的责任和风险是一般职工无法相比的，应该给他们以较高的回报。

科学技术是企业发展的内在动力，企业产品的科技含量决定产品的质量和品牌。企业发展有两个途径：一个是外延扩大再生产，一个是内涵扩大再生产。内涵扩大再生产的根本途径是用现代科学技术及其设备武装企业，即提高企业的资本有机构成水平，提高产品的科技含量，提高管理的水平。科学技术是第一生产力，劳动者素质的提高、管理水平的提高、产品质量的提高，都有待于企业科技水平的提高。现在我国已经出现了科技股这一新生事物，这是一种很好的现象，应该得到提倡和扶持。科学技术的应用也创造价值，而且成为创造价值的最主要途径，这是系统价值论的显著特征。

资金是现代企业运行的重要条件。马克思的劳动价值论认为：资金在价值创造过程中，只是起转移价值的作用，是商品生产和流通的重要条件，这个理论现在看来并没有过时但有局限性。从现代企业的运行来看，融资、资金的分配、资金的周转，是企业发展的三个关键性的环节。正确地运用资金就能创造更多的社会财富，创造更多的价值。

企业文化在我国属于精神文明建设，对于一个企业的发展而言，也是至关重要的。人是生产力的主体性因素，人的精神状态怎么样直接关系到企业的经济效益和形象。企业文化是一个企业综合素质的体现，能否形成一个适应现代社会的企业文化，对于一个企业的自下而上的发展有着至关重要的意义。

企业内部系统的运行是价值的创造过程。工人的劳动直接创造价值；以企业家为首的管理活动对价值的创造和实现起整合作用；科学技术水平的应用和推广可以提高产品的科技含量、节约活劳动；而合理使用资金则能提高企业的综合效益；先进的企业文化能够调动劳动者的积极性。

系统价值论认为，以上几个方面都参与了价值的创造。

（三）

企业的品牌、信誉、知名度、销售网络以及与社会各界的关系构成企业与整个社会系统联系的网络。在知识经济和全球化时代，企业的发展在很大程度上依赖于企业与社会的广泛联系，联系越广泛，企业获得发展的机遇就越多，“朋友是我们的财富”。因此，当代比较成功的企业家，不仅重视练内功，重视企业自身的建设，更注意练外功，优化外部环境。现代企业家必须从整个系统来思考价值问题，才能够在商战中把握主动权。

企业的品牌是企业产品质量、科技含量、信誉和知名度的集中体现。打造适销对路的名牌产品，是现代企业的突破口和中心环节。创造名牌产品，质量是基础，必须有强烈的质量意识，企业以质量求生存，这是现代企业的基本理念。没有质量做保证，再有名气的产品也不会长久地占领市场。

科技含量是现代名牌产品走向社会、走向世界的法宝，现代企业必须在产品中凝结现代科技的最新成就，才能在同一产品市场中独领风骚，尤其是高科技产品，更要接近世界科技发展的最新潮流。它既可以降低产品成本，又可以提高产品的竞争优势，尤其是拥有自主知识产权的商品，能够为企业获得超额垄断利润。“知识经济”的提出是一个崭新的观念，应该引起我们的重视。①

信誉是企业立足社会的资本，它建立在企业对产品质量的高度负责和企业对服务的高度负责精神之上。诚信是现代企业文化的灵魂，也是现代人的基本素质，人无信不立，企业无信则自败。凡是成功的企业、久盛不衰的企业、走向全球的企业都有良好的信誉，企业的品牌是企业信誉的标志，企业的信誉是企业品牌的保证。

产品知名度是现代企业走向社会、走向市场、走向大众的旗帜。产品知名度的高低与产品的质量、科技含量、信誉有直接的关系，与企业的营销战略、广告宣传以及是否有一个响亮的名称都有很大的关系。

能否建立一个运转灵活、能伸能缩、分布合理的销售网络，对现代企业来说是至关重要的。在商品经济发展初期，是生产什么销售什么，在现代市场经济条件下，是市场上需要什么就生产什么，也就是说过去

① 于洪良：《论知识经济》，《管理科学》1998 年第 3 期。

是生产决定消费，现代是消费决定生产，这就是现代市场经济与传统商品经济的重要区别。

广告宣传是提高产品知名度的重要手段，因为随着产品科技含量的提高，人们对产品性能、服务等方面的了解只有通过广告宣传才能被大众所接受。现代传媒的高度发展为广告宣传提供了现代化的手段。现代传播学告诉我们，产品的名称对其知名度的提高，往往能够起到画龙点睛的作用。

现代企业要获得发展空间，必须与社会各界有广泛的联系，比如金融界、政界、新闻界、文艺界、宗教界、国际社会都要有千丝万缕的联系，它们是企业的触角，没有广泛的社会联系，企业就不可能获得良好的发展机遇。

企业的外部系统的运转是价值的实现过程。企业的品牌和知名度是产品质量和企业综合素质的体现，是实现价值的基础；企业的信誉是企业实现价值的通行证；完善的销售网络，是价值实现的桥梁；良好的广告宣传，是价值实现的催化剂；而加强社会联系，则可以为价值的创造和实现准备良好的外部环境。系统价值论认为，以上几个方面都参与了商品价值的实现。

综上所述，商品的价值创造和价值实现是一个完整的系统，完善企业内部结构创造价值，发展外部网络实现价值；工人创造价值，企业家也创造价值；科学技术创造价值，合理使用资金也创造价值；提高产品质量有利于实现价值，提高产品知名度更要实现价值。这就是系统价值论的基本内涵。

马克思主义政治经济学认为，商品经营过程包括生产、分配、交换、消费四个环节，是一个系统，在任何一个环节、要素上出问题，都会影响商品价值的创造和实现，会影响企业的经济效益。生产和分配是企业的内部系统，交换和消费是企业的外部系统。

马克思在《资本论》中指出："物的使用价值对于人来说没有交换就能实现，就是说，在物与人的直接关系中就能实现；相反，物的价值则只能在交换中实现，就是说，只能在一个社会过程中实现。"① 可见把价值的创造与价值的实现相统一的系统价值论是符合马克思主义政治经济学的基本思想的，是对劳动价值论的继承和发展。

① 马克思：《资本论》（第1卷），人民出版社1975年版，第100页。

二　精神环保：可持续发展的另一个维度

可持续发展是基于人类无限发展的需要与自然资源的有限性这一现实矛盾而提出的战略思想。要实现可持续发展，必须加强生态环保，这已成为全人类的共识。然而，生态危机只是问题的表层，精神危机才是影响可持续发展的深层原因。倡导“精神环保”的新理念，对于深化以人为本的科学发展观、建设生态文明具有重要的意义。

（一）提出精神环保的理念，是依据科学发展观所做的理论探索，是对新形势下精神文明概念的拓展和深化

可持续发展问题的提出，并不是人们的先见之明，也不只是一种哲学思辨，而是近代以来人类在生存和发展过程中遇到空前危机和挑战的产物。从可持续发展战略的提出和实施来看，人类首先意识到的是生态环保的重要性。随着近代大工业和商品经济的迅速发展，尤其是20世纪科学技术的广泛应用，人类对自然资源的掠夺性开发和利用导致了严重的资源匮乏和生态破坏，人类的生存和发展受到了空前的威胁和挑战。

随着研究的深入，人们认识到生态环境的破坏只是现象，人类的精神危机才是问题的根源。自文艺复兴以来，人类从禁欲主义走入纵欲主义，人类的各种欲望无限膨胀，这才是破坏人与自然、人与人、人与社会的关系，妨碍可持续发展的根源。因此，我们急需一场全人类范围的精神环保运动。

精神环保是针对人类从价值观和发展模式到生活方式等方面存在的严重精神危机，而提出的精神环境的保护问题。通过精神环保，可以帮助我们走出人类中心主义、纵欲主义和享乐主义的泥潭，放弃人类是大自然的主宰、人类只有肆意地改造自然才能获得进步和发展的片面发展观；通过精神环保，可以帮助我们建立环境友好型、资源节约型，人与

自然和谐共生的科学发展理念，回归自然、简单、纯朴的生活方式，重建社会精神文明。

精神文明涉及科学、教育、文化、道德、风尚、信仰等整个精神领域。过去，我们研究精神文明，主要关注人与人、人与社会的关系，而对人与自然的关系关注不够，也忽视了人的价值观和生活方式对于发展理念的影响。精神环保的理念是依据科学发展观所做的理论探索，是对新形势下精神文明概念的拓展和深化。从社会文明的层面上看，可持续发展问题涉及和要求的是物质文明、精神文明、政治文明与生态文明之间的协调发展。因此，加强精神环境保护，促进精神文明建设，既是可持续发展的重要任务之一，也是实现可持续发展的必要条件、动力和标准，没有精神环保就不可能有真正的生态文明和人类全面持久的发展与进步。精神环保是可持续发展的应有之义。

（二）人类的悲哀就在于其本身是大自然之子，却又刻意追求超自然的存在

精神环保是建立在对人与自然关系的理性思考和重新定位基础之上的。人类的早年由于科学不发达，生产力落后，在大自然面前往往无能为力，便产生了对自然界神奇力量的敬畏和崇拜，原始宗教就是“自然崇拜”的产物。中国古代的“天命”“天人合一”“道法自然”等思想，则是当时经济条件下对人与自然关系的哲学概括。

近代随着商品经济的发展和科学技术的进步，在西方掀起了文艺复兴、宗教改革和启蒙运动，提倡人性，反对神权；弘扬人文主义和人道主义，反对禁欲主义；提倡功利主义和自由、平等、博爱的精神理念，推动了人的思想解放和文化繁荣，也推动了社会变革和人类进步。在人与自然关系问题上，“改造自然、征服自然、主宰自然”成为人类的主要口号，培根提出“知识就是力量”的命题，表明了人类在征服世界方面的自信和勇气。科学技术使人类的本质力量和主体能动性最大限度地发挥出来，创造出空前的社会财富，人类在征服自然方面好像达到了随心所欲、心想事成的“境界”。但是另一方面，自然界也无情地报复了人类。生态环境的恶化、自然资源的匮乏使人类的发展遇到了空前挑战，人类不得不对人类中心主义的价值观提出质疑。

人类的良知和理性要求我们重新审视人与自然的关系，反思人类近代以来的所作所为。可持续发展战略的提出，就是人类理性自觉的集中

体现。而要实现可持续发展，首先必须扬弃人类中心主义理念，代之以人与自然的和谐理念。我们必须惊醒：人类的悲哀就在于其本身是大自然之子，却又刻意追求超自然的存在。征服和主宰自然，表明人类狂妄与无知，敬畏自然、回归自然，才是人类唯一的出路。这是人类付出惨痛代价后，在人与自然关系上获得的自省意识。

在我们思考近现代人类生存现状的时候必须承认，与古人相比人类的物质生活条件有了根本性的改变，人们可以享受到现代科学技术所带来的生活便捷与舒适。因此，追求现代化和生活质量成为各个国家发展的不竭动力。但是功利主义、享乐主义、极端主义、拜金主义也随之发展起来，唯意志论和工具理性张扬，造成了人性的畸形发展。马尔库塞所讲的“单面人”就是因为人受到“物”的挤压而异化的结果。人的肉体获得了前所未有的解放，但人的精神和灵魂却无法安放。面对这种精神文化的失衡状态，许多哲人、诗人都开出了各种各样的救世良方。海德格尔所谓的“诗意的栖居”，就是一种诗性化的生存理念。因此，所谓“生态”问题，所要处理的远不仅仅是人与自然的关系，还包括人与自我、人与人、人与神（天）的关系，简言之，还须将精神文化生态问题涵盖其中。①

精神环保理念就是要求人类直面自身的精神处境，对人类精神生活进行反思，对人类的生存现状进行重新审视：难道享乐就是幸福？纵欲就是潇洒？我行我素就是自由？现代人与古代人相比是幸福多一些呢，还是痛苦多一些？现代人为什么难有古人享受田园生活、欣赏大自然的那份心境和审美情趣？现代人仿佛是上了发条的时钟，不停地奔波，然而没有目的、没有终点，也不知道为了什么。人类必须清醒了，人们必须反省自己的生存境况和生活方式，找回自己的精神家园，在追求真善美中树立起人类的自尊，善待自己、善待地球、善待自然，用身心和谐、社会和谐、人与自然的和谐取代征服、掠夺和暴力，用忠诚的信仰和善良的意志铸就起一道精神环保的万里长城。

（三）中国传统文化中蕴含着人与自然和谐共生、尊重自然的固有价值等生态伦理思想，为精神环保提供了重要的思想资源

中国传统文化中蕴含着人与自然的和谐共生、尊重自然的固有价值

① 张明仓：《当代中国意志论研究：进展与问题》，《哲学研究》2001 年第 2 期。

和敬畏生命的实践取向等生态伦理思想，对生态文明建设和精神环保提供了重要的思想资源。“中国古代生态环境保护思想缘起先秦，历史悠久，内容丰富，对于后世生态保护法律法规的制定和生态环境的保护有着重要影响。”① “中国传统生态伦理的基本精神与最高境界即为‘天人合一’。《周易》中就已明确提出了天与人协调的思想，并将其表述为天、地、人的‘三才之道’，这种思想被后世不同哲学流派宣扬和诠释。‘天人合一’思想构成了中国传统生态伦理精神的核心，它的确立影响着中国人的生态环境，同时也规范了中国人的思想和行为。”② 在中国古代哲人看来，整个宇宙是一个流衍创生的系统。

> 中国古代先哲们以直接的生存经验为基础，通过对生物共同体的有机秩序和流变的自然节律的体悟，具体地把握了自然界与人类生存的有机联系，不仅把先于人类产生的天地万物当成可利用的生活资源，也把它们当成一体相关的生命根源，将天道与人道贯通于一体。③

老子认为，天地万物是“道生之，德畜之”“长之育之，成之熟之，养之覆之。”（《道德经》五十章）“天地所以能长久者，以其不自生，故能长生。”（《道德经》七章）因此，人类在对待万物时，应有正确的态度：“生而不有，为而不恃，长而不宰。”（《道德经》五十一章）“辅万物之自然而不敢为”“爱养万物而不为主。”（《道德经》三十四章）

庄子继承和发扬了老子“爱养万物”“为天下浑其心”的思想理念，将“尊生”置于重要地位，并提出了“达生”“遂生”“养生”等命题，他认为“物得以生，谓之德”“天下有道，则与物皆昌。”（《庄子·天地》）他还指出：“故天下大器也，而不以易生。此有道者之所以异乎俗者也。”（《庄子·让王》）

除了以老庄为代表的道家以外，儒家也有丰富的生态伦理思想。孔

---

① 李金玉：《周代生态环保思想的历史文化渊源》，《河南师范大学学报》2011 年第 3 期。

② 郝美田：《中国传统生态伦理精神与低碳旅游合理性之构建》，《河南师范大学学报》2011 年第 5 期。

③ 同上。

子倡导的“仁”不仅体现在人与人、人与社会的关系上，而且也体现在人与自然的关系上。正是出于“仁民爱物”的道德心态，孔子及其儒家将“取用有节，物尽其用”作为国计民生的根本，反对竭泽而渔、网尽生灵的极端做法。《史记·孔子世家》中说：“刳胎杀夭，则麒麟不至郊，竭泽固渔，则蛟龙不合阴阳，覆巢毁卵，则凤凰不翔。”在孔子及其儒家看来，“断一树，杀一兽，不以其时，非孝也”（《大戴礼记·祭义》）。

儒家还有“钓而不网，弋不射宿”“不时不食”等思想，这些思想和主张都是强调以仁爱之心对待生灵万物。

孟子主张“亲而仁民，仁民而爱物”（《孟子·尽心上》），这其中也包含着仁爱万物的思想。在孟子看来，有道的君主应当重视人与其他生物群的和谐关系，并切实地保护它们。

荀子也主张在生产和生活中要取之有时，用之有度，他指出：

> 君者，善群也，群道则万物皆得其宜，六畜皆得其长，群生皆得其命。（《荀子·王制》）

后期儒家依然主张热爱、尊重和保护自然，遵奉敬畏生命的实践取向。如程颢所说：“仁者以天地万物为一体，莫非己也。”（《遗书》）王阳明也说：

> 大人者，以天地万物为一体也，其视天下为一家，中国犹一人焉。若夫间形骸而分尔我者，小人矣。大人能以天地万物为一体也，非意之也，其心之仁本若是，其与天地万物而为一也。（《大学问》）

除了道家、儒家外，反映中国古代生态观念的还有佛教以及其他原始宗教等，这些宗教教义中的箴规戒律、情感体验、伦理规范也通过各个族群的生活方式传递、演绎为与生态保护相关的心理结构、思想定式、价值取用和行为方式，也具有广泛深远的影响。[①] 中国古代的这些生态伦理思想，对今天人类认识人与自然的关系，实现可持续发展和精神保护具有重要的启迪意义。

---

① 郭洪纪：《儒家生命观与当代生态价值之重构》，《兰州大学学报》2007年第4期。

（四）全人类的生存困境可以归结为两个问题：一个是生态问题，一个是心态问题，而心态决定生态

全人类的生存困境可以归结为两个问题：一个是生态问题，一个是心态问题，而心态决定生态，人类贪婪的欲望才是导致生态危机的罪魁祸首。精神环保与生态环保是可持续发展的两翼。关于生态环保目前已经有了很多研究成果和具体措施。但是精神环保的理念才刚刚提出，人们还有一个逐步认识和接受的过程。我们之所以提出精神环保的理念，就是为了让人们认识到，仅仅从生态环保的角度思考可持续发展问题是一个理论误区，而且是仅仅认识到事物的现象，只有从经济、政治、文化、生活和心态等方面综合认识可持续发展问题，尤其是从人类精神生活、从价值观的深度来认识人类的生活方式和行为方式，才能把握问题的实质。

生态问题的根源是人类的精神生活出现了危机，是人类的狂妄自大和纵欲主义导致了行为失范。要解决生态危机，人类首先要反省自身的精神生活，为自己的行为负责，为子孙后代负责，为人类生活的家园——地球和大自然负责。中国古代哲学家张载提出的“民胞物与”的伦理思想，应该成为21世纪人类共同的道德理想。我们一方面要讲竞争、讲奋斗，追求幸福；同时也要讲协作，珍视友情，追求和谐。要认识自然、改造自然、利用自然；同时要善待自然、保护自然、服从自然。我们必须从张载“为天地立心，为生民立命，为往圣继绝学，为万世开太平”（《张子语录中》）的高度认识精神文明建设的重要性，认识精神环保的重要性、认识可持续发展的重要性。

如果将人和自然视为对立面，缺乏对人与自然关系的整体意识，缺乏自然本位价值意识和自然资源的有限性意识，那么人类征服自然的结果最终只能是落得一个玉石俱焚的下场，卡逊夫人在《寂静的春天》中所描写的悲观主义情景将会变成现实①。

人类之所以是万物之灵，就是因为人类有理性，有高尚的精神生活，有自省意识和责任意识，能预见行为的后果。人类不断地进步也是因为人类能够不断总结历史的经验和教训。可持续发展战略的提出，本身就表明人类的精神并没有完全堕落，而是希望自我拯救，使人类摆脱精神

① 参见［美］卡逊《寂静的春天》，吕瑞兰等译，吉林人民出版社1999年版。

误导的深渊。精神环保理念的提出，有助于人们从可持续发展的高度来重视自身的精神处境，重视其信仰、道德、情感、理想，倾听人类心灵的呼唤，把人文关怀变成全人类的共识，使和谐的种子撒满人类的精神家园。

中华民族具有人文化成的创造精神，刚柔相济的辩证精神，天人合一的和谐精神，厚德载物的道德精神，和而不同的会通精神，经世致用的责任精神，自强不息的进取精神[①]。这些人文精神与西方推崇科学和民主的理性主义人文精神相结合，就能够创造出适应时代需要的崭新的精神文化。中西文化走向融合是21世纪人类文化发展的基本趋势，这就是改造论与和谐论的统一，物质追求与精神追求的统一，个人本位与社会本位的统一以及真善美的统一。[②] 我国政府提出物质文明、精神文明、政治文明与生态文明协调发展，提出以人为本的科学发展观与建构和谐社会，就是在可持续发展问题上寻求新的思路，是具有深远意义的重大战略思想。只有把精神环保理念提高到可持续发展战略的高度，像重视生态环保一样重视精神资源的保护和精神资源的开发，重视解决现代人类的精神处境和精神生活问题，并用新的价值理念和生活方式来建构发展战略，才能从根本上缓解生态危机和生存危机。同时，只有经济、政治、文化、生态、社会诸领域协调发展，才会有真正的可持续发展和生态文明，人类才会有光明的前途。

---

① 参见张岂之《中华人文精神》，西北大学出版社1997年版。

② 王世荣：《略论21世纪人类文化的基本走向》，《文化研究》2000年第3期。

三　从短板理论到长根理论

（一）

短板理论，又称木桶原理，由管理学大师彼得·德鲁克提出。木桶原理是讲一只水桶能装多少水取决于构成它的最短那块木板。一只木桶想盛满水，必须每块木板都一样平齐且无破损。如果组成这只桶的木板中有一块的高度低于其他木板或者某块木板下面有破洞，这只桶就无法盛满水。一只由长短不等的木板构成的水桶能盛多少水，并不取决于最长的那块木板，而是取决于最短的那块木板，这就是所谓的短板效应。木桶原理认为，任何一个组织都面临一个类似的问题，即构成组织的各个部分往往是优劣不齐的，而劣势部分往往决定整个组织的水平，因此，为了整个组织的整体效能，应该找出自己的“短板”，并尽早补齐它。

短板理论在管理学上富有启发性，并且得到广泛应用。常言道：“千里之堤，溃于蚁穴”“亡羊补牢，犹未晚矣”。对于一个企业来说能够及时发现和弥补管理上的漏洞和缺陷，对提升企业整体管理水平和竞争力是非常重要的。比如产品质量、服务质量上的问题对企业发展至关重要，如果不能及时加以解决，企业拥有的市场会逐步流失。一个人在性格方面存在严重缺陷，对一个人的命运和事业发展也是极为不利的，正所谓“性格决定命运”“江山易改，本性难移”。因此说，战胜自己的人是强者。“吃一堑，长一智”，能够认识自己的不足，完善自己的人，才会不断进步。

（二）

任何一种理论都有其解释的边界，超越了一定范围就会变成谬误。木桶理论也是这样，它不是放之四海而皆准的普遍真理，也有自己的适用范围和局限性。我国管理学者王微见首次提出了用长根理论颠覆短板理论的观点，他认为："长根理论认为树能长多高、树冠多大，取决于最长的根，而不是最短的根，根有多长多深，树就能长多高多大。"① 在强势项目上做大做强，扬长避短，有所不为，才能有所为。长根理论打破了木桶原理的机械论思维，揭示了一条个人和组织成长的重要法则。

王微见认为："一个木桶的水容量取决于最短的板子，这一著名的木桶原理成为社会上使用的高频词，甚至成为一些个人和企业确定行动的指南。然而，对于一个有强项也有弱项的人，成就的高低往往取决于他的强项，而不是弱项，企业也是一样。如果一个人或者企业将主要精力放在补短板上，其结果常常是短板没有补起来，长处反而被消磨掉了。观察影响人类历史的众多杰出人物，会发现极少是没有'短板'的完人，绝大多数是优点突出、缺点也很突出的人。伟大的企业，多数也只是在某些方面非常强大，而不是样样精通。企图追求在一切方面都很强大的企业，最后的结果往往是每个方面都不强。"也就是说，把策略思维当作战略思维，企业就会误入歧途。

"木桶原理有两个主要缺陷，第一是解释性缺陷，即木桶原理无法解释诸如上文所提到的现象。究其原因，木桶原理是一种静态的机械论观点，将个人或者组织看成没有生命力的'木桶'，而且将组成木桶的要素简化为同质化的，只有长度这一量的区别的木板。而现实是一个人的构成要素是异质化的，例如有智力、情感、意志等，这些要素之间有着复杂的交互影响关系。相反，木桶的木板之间没有交互影响关系。人才学研究结果表明，许多有成就的人，在他们青少年阶段，学业成绩并不突出，甚至有点差，但他们却有超常的意志力，执着追求设定的目标，最后成功了。这就是'扬长补短'和'扬长克短'的现象。按照木桶原理，这些人的短板会决定他们的成就大小，但事实是这些人的'长处'最终铸就他们后来的成就，他们的'短板'并未成为制约他们成就的决定性因素。"

第二是导向性缺陷，即木桶原理将人们的注意力引导到如何"补短板"上，而不是发挥特长和优势上。例如，在人才培养上，木桶原理让家庭和教育机构致力于培养没有"短板"的全能型人才，结果却培养出许多没有特长的人。又如，有的企业将主要注意力放在"补短板"上，而不是发挥自身优势上，最后结果是由于没有独特优势而在市场上败北。

---

① 王微见：《长根理论之一》，http：//blog. sina. com. cn/u/3526243590。

由于木桶原理存在这两大缺陷，需要新理论更好解释这些现象，并指导社会实践，而长根理论就是这样一种新理论。①

（三）

长根理论，亦可称为“长根原理”“长根法则”或“长根定律”。长根理论认为，一棵树的根有长有短，短根不会影响树的高度，不会像木桶中的短板决定盛水量。但如果一棵树有烂根或者毒根就会影响树的正常发育生长，甚至会危及树的生命。对于一个人来讲，有能力弱项并不会必然影响这个人成就的高低，但如果有严重的道德或者人格缺陷，对这个人的发展则是致命的。对于一个企业，不讲诚信，坑蒙拐骗，就说明这个企业有了烂根或者毒根，这棵企业之树不但不会长大长高，相反会很快走向毁灭。

长根理论认为，一个人成就的大小更大程度上取决于其优势能力的发挥，而不是弱项的大小。一个作家声望的高低取决于其代表作的水准，而不是其一般作品的水准。一个企业的市场地位，是由其竞争力最强的产品和服务决定的，那些产品和服务决定了该企业能够长多大。与木桶原理主张补短板相反，长根理论主张应该尽量发挥优势，延伸长根。如果一个企业不断延伸自己的长根，就可以从大地吸收更多的营养，该企业就有希望长成参天大树。

其实，人类历史上不乏“长根理论”的思想。例如，孙子、毛泽东、拿破仑和黑格尔都有类似的思想。孙子说：“我专为一，敌分为十，是以十攻其一也，则我众而敌寡者，则吾所与战者，约矣。”② 毛泽东一贯主张：“集中优势兵力，各个歼灭敌人。”“与其伤其十指，不如断其一指！”拿破仑说，“战争的真正秘诀，就在于在某一点上集中最优势的兵力”！黑格尔说过：“如果你专心致志、心无旁骛从事某一件事情，就会取得让自己震惊的成就来！”这些都是对长根理论的诠释。

一个企业要想从长计议、做大做强，成长为一棵参天大树，就必须修炼内功，注重产品的质量与信誉，生产与时俱进的适销对路产品，这就是企业的长根。像中国的同仁堂、美国的苹果公司，长盛不衰的秘诀就在这里。长根理论并不忽视弥补企业管理的薄弱环节，而是主张把企

① 王微见：《长根理论之一》，http：//blog. sina. com. cn/u/3526243590。

② 孙子著，陈曦译注：《孙子兵法》，中华书局 2011 年版，第 101 页。

业经营管理的重点放在培育自己专长的别人无法模仿的核心竞争力方面。

（四）

庞中华，以庞大的中华作为市场，专心致志开发“庞中华”系列产品，一手钢笔字，就上了中国富豪名单；自学成才的郑渊洁，以“皮皮鲁、鲁西西”一举成名，《童话大王》个人独稿，在火爆期每月发行几十万册，就有几十万的收入；姚明出身体育世家，凭借亚洲巨人的身高优势和技术打进了NBA，成为全世界著名的篮球明星，也带动了中国体育产业的发展。

谷歌和百度专注于搜索，取得了其他网站望尘莫及的经营成果。如果将综合门户网站的每一项服务看成一条根，这些网站的每一条根都是差不多的长度，每条根都能够吸收一点养分，但没有一条根可以到达非常远的地方。而谷歌和百度公司不断延伸自己的长根，不断让自己的长根伸得更长。谷歌公司甚至将整个地球作为自己的土地，让其根系扎到了每一寸土地上。由于不断延伸根系，谷歌迅速成长为一个全球性的巨型公司。

一位很有作为的企业家听我介绍长根理论后，在公司群中写道：

> 我们原来知道最多的是木桶理论，就是补木桶最短的那块板。但是我们仔细观察生活中各种有成就的人和企业，他们都不完美，但都是发挥了所长。所以，真正起作用的是长根原理，即一棵树长多高、树冠多大，取决于最长的那条根。长根理论与木桶理论有本质的不同，木桶原理使人去看缺点短处，很容易产生责备埋怨，就是有人所说的“收脏”，而长根原理让人找好处，发扬优点，培养阳光心态。一个是求全责备，一个是扬长避短，你选哪一个？

“按照木桶原理，一个人必须成为一个没有短板的人，才可能有较大成就。依照这个思路，人必须将关注点放在如何补短板上，而不是放在如何发展自己的特长上。这样做的结果很可能是这个人没有明显缺点和不足，但也没有突出特长。这样的人在相对静态的农业社会也许是合适的人才，但在当今以创新为主要驱动力的社会，更多需要有特长的人才时就不合时宜了。”①

---

① 王微见：《长根理论之四》，http：//blog. sina. com. cn/u/3526243590。

（五）

王微见认为，不论中国还是西方，长根理论应用在用人之道上都有悠久的历史。在中国，长根用人之道至少有两千多年的历史。中国历史上许多杰出的政治家秉持这一用人之道取得了巨大的成功。最为人们耳熟能详的是汉高祖刘邦和唐太宗李世民的用人之道。

刘邦在总结成功经验时指出，自己在攻城略地，战必胜、攻必取方面不如韩信；在运筹帷幄决胜千里方面不如张良；在后勤管理方面不如萧何。但这些在某方面非常强的人才都能够团结在刘邦周围，将自己的长处发挥到极致。最大限度发挥每位杰出人才的长处，是刘邦最大的长处。相反的例子也很多，在中国历史上，项羽和隋炀帝等人都是在某个方面能力非常强的人，但作为组织的领导者，却不能发挥组织中其他人才的长处而导致了失败。

作为贞观之治的开创者和大唐盛世的奠基者，唐太宗充分汲取了隋朝灭亡的教训，在用人之道上非常强调用人之长，容人之短。他提到聪明木匠使用木料时，直的做车辕，弯曲的做车轮；长的做大梁，短的做斗拱。他认为对于高明的木匠而言，不论直的和弯的，长的和短的木料都各有用处。他认为明智领导人使用人才与聪明匠人使用木料是一个道理。①

在国外，彼得·德鲁克在《卓有成效的管理者》一书中提到美国南北战争时期林肯使用人才的案例。最初，林肯使用了三位看起来没有什么缺点的将军，但总打不了胜仗，而对手南方集团则使用了身上有很多缺点但非常能打仗的人。这样，尽管北方集团在实力方面高于南方集团，但战争初期，北方在军事上总是败北。后来，林肯大胆使用了格兰特将军，这是一位具有非常突出指挥才能但却有酗酒缺点的人。林肯容忍了格兰特将军的缺点，美国南北战争从此扭转了局面。②

德鲁克进而从三个维度提出了要使用人的长处的主张：第一，要使用部下的长处，不要老想着去弥补人的短处，因为人的改变是一件非常困难的事情。第二，人要管理上司，发挥上司的长处。第三，人要发挥自己的长处。林肯使用人才的实践和德鲁克的人才使用思想，与刘邦和

---

① 李世民：《帝范：中国最伟大帝王的沉思录》，唐政释译，新世界出版社2009年版，第95页。

② ［美］彼得·德鲁克：《卓有成效的管理者》，许是祥译，机械工业出版社2011年版，第53—73页。

李世民如出一辙，这些都是长根理论在用人之道上的体现。

（六）

王微见还认为，长根理论同样可以用于城市甚至国家发展战略上。他举出了瑞士这个小国成功的典型例子。瑞士虽小，却在世界上有三个响当当的品牌。第一是巧夺天工的制表行业；第二是对客户隐私提供最好保护的银行业；第三是永久中立国地位。

虽然手表已经不是主要的报时工具，但瑞士人没有放弃自己的优势行业，他们将手表行业与首饰等奢侈品行业融合起来，将手表变成首饰、变成礼品、变成收藏品，使瑞士的制表行业继续享誉全球。

瑞士银行由于对客户秘密的严格保护，使其成为许多富人保存自己财富的理想之地。这个优势让瑞士成为世界上最富有的国家之一。

永久中立国地位，不介入国际纷争，使瑞士成为许多国际组织总部的理想之地，成为联合国第二总部所在地。这为瑞士带来滚滚财富和源源不断的游客。将自己的长处和优势发挥到极致，这是瑞士在国际社会立足的资本，是瑞士卓尔不群的地方。瑞士国家发展战略可谓是长根战略。

王微见认为，改革开放以来，中国城市化进程快速推进，但也出现了“千城一面”的问题，许多城市失去了自己的特色和个性。这种情况不仅表现在城市面貌上，而且表现在城市的产业上。对比许多城市的五年规划具有高度相似性。按照经济学原理，一个城市只有发展拥有比较优势的产业时，才可能有竞争力。很显然，这些城市没有真正找到自己的优势，而是采取了最简单的跟风方法，什么流行就发展什么。对比瑞士的发展战略，可以看出他们在坚守自己特色和强项的同时，又能够与时俱进，跟上世界潮流，使瑞士保持了长久繁荣。

（七）

一个地区如何发展才能够取得成功，长根理论给出了明确的思路，这体现在国家对各个地区的不同的战略考量上。例如，习近平在谈到振兴东北老工业基地时，两次提到“三扬”：“扬长避短、扬长克短、扬长补短”。这是对“长根理论”的生动阐发。“扬长”就是要因势利导、充分发挥自身优势，在优势项目上做大做强。“避短”“克短”，就是有所不为，才能有所为。

“扬长避短、扬长克短、扬长补短”既体现了“两优相权取其重，两劣相衡取其轻”的辩证务实思想，也可以从经济学的比较优势理论中获

得解释。具体到经济发展上来说，扬长避短，就是要立足本地区的相对优势来发展经济，但对于本地区“劣势中的劣势要坚决避开”；扬长克短，就是说发展经济要通过自身的优势来克服劣势，通过发展优势产业来带动劣势产业，从而实现共享发展；而扬长补短，则是按照木桶原理，在发展优势产业的同时，必须要补齐影响经济发展的短板，不能只注重短期效率，还要解决民生问题。①

常言道：“尺有所短，寸有所长。”老子曰：“故，有无之相生，难易之相成，长短之相形，高下之相倾，音声之相和，前后之相随。”（《道德经》二章）事各有别，物各有形。长和短是在相互比较中体现出来的，无长则无所谓短，无短亦无所谓长。

扬长避短是战略思维，扬长克短是策略思维，扬长补短是战术思维，长根理论居于主导地位，木桶（短板）理论居于次要地位，但也不是可有可无。实际上，扬长与补短可以并行不悖，相得益彰，人们在实践中应该把两个理论结合起来。

（八）

“如果人们能重新活一次的话，那么几乎一半人可以成为伟人！”这是一位西方著名牧师的墓志铭。这位牧师很受人尊敬，曾经给上万人做过临终祷告。他有一个写日记的习惯，把这些“临终的话”记录下来，日积月累竟然有几十本。一位出版商在这里看到了商机，“人之将死，其言也善。”出于好奇心，人们大概很想知道，别人在离开人世时都说些什么。大概是这些去世人的灵魂不愿意公开自己的秘密，日记在编辑过程中发生了火灾，全部日记被付之一炬。

但是那位出版商曾经浏览过部分日记，还是有一些故事流传下来。说是有一位先生，儿童时代绘画天赋极高，仿佛我们的神笔马良，画得栩栩如生。但是他兴趣广泛，总是不能专心致志于自己感兴趣的事情，一辈子竟然碌碌无为。而他们班一位没有自己天赋好的同学，由于全身心投入绘画，竟然成了全国知名画家。他临终时追悔莫及。牧师的墓志铭，就写在日记本扉页上，是无数临终箴言的升华，乃惊世骇俗之言。

“如果人能重新活一次的话”，就会大彻大悟，明白自己需要干什么，

① 李宁：《为何习近平总书记在黑龙江再提“三扬”》，中国经济网，http：//views. ce. cn/view/ent/201605/28/t20160528 –12134851. shttml，2016 年 5 月 28 日。

自己能够干什么，真正做到扬长避短、尽展才华，“那么几乎一半人可以成为伟人”。比尔盖茨说：“兴趣是最好的学校。”孔子曰：“知之者不如好之者，好之者不如乐之者。”（《论语·雍也》）“发愤忘食，乐以忘忧，不知老之将至。”（《论语·述而》）天才，是主动性的爆发，发展自己的兴趣爱好，是天才教育的真谛。

爱迪生喜欢问这问那，被老师宣布是个大傻瓜，幸运的是他有一位伯乐式的母亲，把他培养成发明家。卡尔·威特生下来是个弱智儿，幸运的是他有一位充满爱心又懂教育真谛的父亲，把他培养成了天才，十七岁就拿了两个博士学位，一生有很多成就。[①] 每一个孩子都是天才，都有兴趣爱好，都有特长天赋，只要我们善于发现，因材施教，扬长避短，目标专一，坚持不懈，就能自我实现，创造幸福人生。这是长根理论在教育学、人才学上的运用。

王微见认为：“一个人或企业都有长处和短处，有强项和弱项。在保证没有致命性缺陷的前提下，个人或企业为实现发展目标，应将主要精力和资源集中在有市场需求而自己拥有优势的领域，充分发挥特长，不断延伸长根，而不应分散精力和资源去追求十全十美，也不应将过多精力和资源投在补短板上。个人或企业只要将自己的优势发挥到极致，最终能够达到扬长避短、扬长补短和扬长克短的理想状态，实现做强和做长的目标。”

从短板理论到长根原理，是管理学理论的重要进展。长根理论是一种战略性思维，是中国本土产生的一项重要原创性成果，闪烁着东方智慧的光芒，不仅对企业管理，而且对国家治理、人才开发、国防建设、城市规划、教育改革发展都将产生深刻的影响。

---

① ［德］卡尔·威特：《卡尔·威特的教育》，李萍等译，哈尔滨出版社2009年版，第1—3页。

四　幸福政治学论纲

从正义论到幸福论是政治哲学发展的必然逻辑，人的解放与幸福是政治追求的终极目标，幸福指数是衡量政府治理水平的主要标准，法治秩序与自由是幸福政治的基本保障，公平正义是幸福政治的核心理念，建立完善的利益表达和调节机制是幸福政治的实现途径，发展科学教育和民族文化是幸福政治的重要支撑；和谐发展、生态文明是幸福政治的时代特征，和平发展、创造良好国际环境是幸福政治的必备条件。

幸福政治学是根据后工业社会和全球化时代人类的生存困境："财富愈来愈多，幸福愈来愈少"而提出的治理思路，是真正以人为本、关注民生的政治理念，是政治学的返本归真。幸福政治学的提出，是政治学研究范式的重要转换，将引起政治思维、政治理论和政治价值观的深刻变革；将展示维护文化多样性、包容性、共享性发展理念；超越西方价值观的唯一性，为各民族国家政治发展和政府治理开辟广阔的前景。

（一）"幸福政治"理念的提出

习近平指出："人民对美好生活的向往，就是我们的奋斗目标。"

"中国梦的本质是国家富强、民族振兴，人民幸福。"① 这个梦想把国家的追求、民族的向往、人民的期盼融为一体，体现了中华民族和中国人民的整体利益，表达了每一个中华儿女的共同愿望。可见人民幸福是实现民族伟大复兴的落脚点。

坚持不忘初心继续前进，就要坚信党的根基在人民、党的力量在人民，坚持一切为了人民、一切依靠人民，充分发挥广大人民群众的积极性、主动性、创造性，不断把为人民造福事业推向前进。

---

① 《习近平总书记重要讲话读本》，人民出版社 2016 年版，第 8 页。

> 我们要顺应人民群众对美好生活的向往，坚持以人民为中心的发展思想，以保障和改善民生为重点，发展各项社会事业，加大收入分配调节力度，打赢脱贫攻坚战，保证人民平等参与、平等发展权利，使改革发展成果更多更公平惠及全体人民，朝着实现全体人民共同富裕的目标稳步迈进。①

毛泽东指出："人民，只有人民，才是创造世界历史的动力。"②

"全心全意地为人民服务，一刻也不脱离群众；一切从人民的利益出发，而不是从个人或小集团的利益出发；向人民负责和向党的领导机关负责的一致性；这些就是我们的出发点。"③

"要使几亿人口的中国人生活得好，要把这个经济落后、文化落后的国家，建设成为富裕的、强盛的、具有高度文化的国家，这是一个很艰巨的任务。"④

"夺取全国胜利，这只是万里长征走完了第一步。……中国的革命是伟大的，但革命以后的路程更长，工作更伟大、更艰苦。这一点现在就必须向党内同志讲明白，务必使同志们继续地保持谦虚、谨慎、不急、不躁的作风，务必使同志们继续地保持艰苦奋斗的作风。我们能够学会我们原来不懂的东西。我们不但善于破坏一个旧世界，我们还将建设一个新世界。"⑤

邓小平在南巡谈话中指出："社会主义的本质，是解放生产力，发展生产力，消灭剥削，消除两极分化，最终达到共同富裕。"

"要害是姓'资'还是姓'社'的问题。判断的标准，应该主要看是否有利于发展社会主义社会的生产力，是否有利于增强社会主义国家的综合国力，是否有利于提高人民的生活水平。"⑥

江泽民指出："我们党所以赢得人民拥护，是因为我们党在革命、建设、改革的各个历史时期，总是代表着中国先进生产力的发展要求，代表

---

① 习近平：《在庆祝中国共产党成立95周年大会上的讲话》，人民出版社2016年版。
② 《毛泽东选集》（第3卷），人民出版社1991年版，第1031页。
③ 同上书，第1094—1095页。
④ 《毛泽东选集》（第5卷），人民出版社1977年版，第411页。
⑤ 《毛泽东选集》（第4卷），人民出版社1991年版，第1439页。
⑥ 《邓小平文选》（第3卷），人民出版社1993年版，第372—373页。

着中国先进文化的发展方向，代表着中国最广大人民的根本利益，并通过制定正确的路线方针政策，为实现国家和人民的根本利益而不懈奋斗。”①

“在任何情况下，与人民群众同呼吸共命运的立场不能变，全心全意为人民服务的宗旨不能忘，坚持群众是真正英雄的历史唯物主义观点不能丢。必须始终把体现人民群众的意志和利益作为我们一切工作的出发点和归宿，始终把依靠人民群众的智慧和力量作为我们推进事业的根本工作路线。”②

胡锦涛指出：“坚持以人为本，树立和落实全面、协调、可持续的发展观，做到统筹城乡发展、统筹区域发展、统筹经济社会发展、统筹人与自然和谐发展、统筹国内发展和对外开放，是我国二十多年改革开放和现代化建设实践经验的总结，是全面建设小康社会的必然要求，符合社会发展的客观规律。”③

“一切为了人民，一切依靠人民，立党为公、执政为民，把党的追求主张变为群众的自觉行动，最广泛地动员人民群众为实现自己的利益和美好生活而团结奋斗，这些要求高度概括地回答了中国共产党人依靠谁、为了谁这个根本问题。”④

我们是人民当家做主的社会主义国家，全心全意为人民服务是我们党的根本宗旨，带领人民创造幸福生活，是我们党和政府始终不渝的奋斗目标和执政理念。也可以说追求人民“幸福政治”是新中国几代人长期奋斗和践行的政治理念。全面建成小康社会，中国人民将在全面解决温饱问题的基础上，普遍过上比较殷实富足的生活，这将是中国历史上亘古未有的伟大跨越，也是中国对人类社会的伟大贡献。

习近平在 2016 年 8 月 19 日至 20 日召开的全国卫生与健康大会上提出：“要把人民健康放在优先发展的战略地位”，顺应民众关切，对“健康中国”建设作出全面部署，凸显出中国共产党“坚持人民主体地位”的执政本色。“将健康融入所有政策”“卫生与健康战线”延展到更广泛领域，并指向多个部门的职责担当。

“切实解决影响人民群众健康的突出环境问题”“推动全民健身和全

---

① 《江泽民论有中国特色社会主义（专题摘编）》，中央文献出版社 2002 年版，第 577 页。

② 同上书，第 643 页。

③ 《科学发展观重要论述摘编》，中央文献出版社 2009 年版，第 2 页。

④ 同上书，第 27 页。

民健康深度融合”“加强食品安全监管”“努力减少公共安全事件对人民生命健康的威胁”“为老年人提供连续的健康管理服务和医疗服务”等要求，明确了环保、体育、食品安全、公共安全、民政养老等部门须“守土有责”，也契合了“把以治病为中心转变为以人民健康为中心”的新主旨。这是当代中国幸福政治学的生动体现。

在喜马拉雅山脉深处，领土面积不足 4 万平方公里、人口不足百万的不丹可谓是“小国寡民”。然而，这个几乎曾被世人遗忘的佛教国度却因其率先提出“国民幸福总值”而闻名于世。1972 年，刚即位的吉格梅·辛格·旺楚克国王宣布，政府计划的成功与否必须以国民幸福感的提高为评价基准，衡量不丹发展的尺度不再是 GNP①（Gross National Product）而是 GNH②（Gross National Happiness）。不丹的国民幸福新政主要包括四大支柱。

支柱一：善治与民主化。旺楚克国王认为，只有民主才是长久幸福的保证。因此，尽管面对来自臣民的反对，受到广泛支持的国王还是通过向选举产生的议会移交权力使国家逐步走向民主，议会组建部长委员会作为行政机构，实现司法独立。在旺楚克国王及其继任者的努力推动下，不丹通过了新宪法，在 2008 年首次产生了由国民选举的新议会。

支柱二：稳定与平等的经济社会发展。因为不丹仍然是一个贫穷的国家，所以政府积极鼓励和促进经济发展，但并不急功近利，而是要实现渐进、稳定、可持续的发展，发展成果要平等分享，例如实现普遍的免费义务教育和免费医疗。

支柱三：保护环境。不丹不惜在经济增长方面不断做出让步和限制，以保护其自然美和子孙后代的权利。例如，严格限制旅游发展，禁止使用塑料袋，禁止出售烟草，用税收手段鼓励环境友好型产品和技术的发展和进口。为保护森林资源，政府广辟国家公园，将至少 60% 的国土列为森林保护地。

支柱四：文化保护。政府不仅采取措施保持不丹传统文化的独特因素，而且努力提倡良好的价值观念。例如，服务他人的志愿者精神，宽容合作的态度，实现家庭、工作、休闲的和谐平衡。

① GNP：国民生产总值。

② GNH：国民幸福指数。

不丹政府不仅提出以上指导原则，而且制定了衡量发展的72项具体指标，以确保政府的各项政策都围绕实现这些目标而施行。目前，不丹的人均收入已经超过了印度，平均预期寿命从1982年的43岁增长到66岁，婴儿死亡率从0.163%下降到0.040%，识字率也从1982年的10%上升为现在的66%，政府治理水平正在稳步改善。①

世界银行高官西水美惠子这样盛赞不丹：

> 世界上存在着唯一以物质和精神的富有作为国家经济发展政策之源并取得成功的国家。这就是不丹王国，该国所讴歌的“国民幸福总值”远远比“国内生产总值”重要得多。②

随着不丹模式的成功，越来越多的西方发达国家卷入到这场“幸福政治”的洪流之中。近年来，美国、英国、瑞士、德国、澳大利亚、意大利、智利等国家都热衷于“幸福政治”，都在以不同的方法尝试制定新的发展标准。无论是国民幸福总值、国内幸福指数，还是可持续经济福利指数、国内发展指数，核心都是要把政府政策从“以钱为主”转化为“以人为本”，把社会成本、环境成本、公民幸福等因素纳入政治目标中，为GDP和GNP这类只衡量经济产出和消费能力的标准寻找“升级换代产品”。

在过去的一个多世纪里，工业化国家的政府推行了许多提高工人生活水平的改革，例如实行劳动法、公共福利改革、遗产税和累进税改革等，目的就是要改变单纯经济增长的弊端，重视让大众更加幸福。

发达国家政府对“幸福政治”不约而同的热情，有在“第三条道路”走到尽头之后再寻新路的现实需要。20世纪最后20年加剧的现代化进程，冲淡了发达国家的经济优势，频繁的流动导致家庭不和谐和职业不稳定，消费驱动的功利主义不断增加着人们的精神压力，进而批量产生着抑郁者、吸毒者、酗酒者和卖淫嫖娼者。环境越来越差，气温越来越热，形成“钱越来越多，幸福越来越少”。③

新中国社会主义现代化建设的巨大成就，稳定繁荣，小康社会目标

---

① 曹文振：《幸福政治学：从GNP到GNH》，《社会科学报》2011年5月31日。

② 周濂：《幸福政治学》，《时代周报》2011年3月3日。

③ 姚东：《幸福政治学：一种新的政治学研究视角》，《中共成都市委党校学报》2007年第4期。

的实现，人民生活水平的日益提高，提供了在一个东方大国推行人民“幸福政治”理念的成功范例。而不丹王国虽然是一个非常小的国家，却率先推出“国民幸福总值”而闻名于世，发生了蝴蝶效应。西方社会纷纷卷入“幸福政治”的洪流，则是为了解决后工业社会和全球化时代人们的生存困境所做的努力。

（二）幸福政治学何以可能

幸福是人们对生活的感受与体验，是最个体化的，每个人对幸福的回答都是不一样的，与他们的生活境遇、经历、教养、兴趣、气质有密切关系。幸福一直是伦理学、哲学、教育学、社会学研究的重要问题，现在要进入政治学的视野。而政治学作为国家学，研究如何治理国家，政治与“幸福”联姻，何以可能？

从“正义论”到“幸福论”是政治哲学发展的必然逻辑。20世纪由于自然科学和行为科学的发展，政治学研究强调和运用“实证”“实用”“观察”“比较”方法。就在西方人对政治哲学的状态最为悲观之际，美国哈佛大学哲学教授约翰·罗尔斯的巨著《正义论》于1971年问世。该书如同一石击水，旋即产生了轰动效应。许多评论家称之为英美世界中“最引人注目”“最有争议之作”“堪称20世纪伦理学、政治哲学最有影响成果”。尤其是《正义论》对自由主义实践的影响也很明显，现代著名法学家凯尔逊说：从柏拉图到康德，最杰出的思想家都广泛地研究过正义问题，但是至今没有令人满意的答案。人们只能尝试着更好地解决现有问题，罗尔斯的《正义论》便是目前在西方影响最大的尝试之一。

当代自由主义和新保守主义相持的焦点是：作为国家制度原则是公平第一，还是效率第一。作为新自由主义的集大成者，罗尔斯当然主张公平第一，他把自己的正义称作“公平正义”，并在《正义论》中开宗明义：要以“公平正义”取代“功利主义”原则，作为“社会体制的第一美德”“社会制度的首要价值”。①

罗尔斯推论出的正义原则的一般表述是：“所有的社会价值——自由与机会、收入与财富以及自尊的基础——都应平等的分配，除非任何价值的不平等分配对每一个人都是有利的。”②

---

① ［美］约翰·罗尔斯：《正义论》，谢廷光译，上海译文出版社1991年版，第1章第1节。
② 同上书，第68页。

这一正义观可具体分解为两个层面的含义，亦即罗尔斯著名的正义两原则。正义的第一个原则：每个人都应有平等的权利去享有与人人享有的类似的自由权体系相一致的最广泛的、平等的基本自由权总体系。正义的第二个原则：社会和经济的不平等的安排应能使他们符合地位最不利的人的最大利益，符合正义的储蓄原则，以及在公平的机会均等的条件下与向所有人开放官职和职务联系起来。[①] 其中的第一个原则简称“平等的自由权原则”，第二个原则的第一条简称“差别原则”，第二条称为“机会公平平等原则”。

这两个原则与罗尔斯的社会的基本结构相配套：第一个原则用于确定和保障公民的平等自由，第二个原则用于规定和建立社会和经济不平等。就两个原则的关系而言，视角不同，反映面也不同。前者反映的是政治面，后者反映的是经济面；前者着重于讲自由，后者侧重于讲平等；前者通过平等的自由权来触及平等，后者则试图通过处理不平等来触及平等。显然，最易引起争论的是第二个原则，因为它基本上适应于收入和财富的分配。在私有制的条件下，收入和财富的分配是绝对不平等的，这种绝对不平等的分配如何才能对每一个人有利从而体现平等的原则呢？实际上罗尔斯着力解决的也正是这个问题。

自由必须是平等的，但是这只是理想结构。在实际当中，政治与经济、自由与平等、平等与不平等有时也会发生冲突。为解决冲突，罗尔斯提出了两个优先原则，简言之，正义的第一个原则优于第二个原则，机会公平平等原则优于差别原则。[②] 所谓优先，即只有当前一个原则满足并实现了以后才能考虑并实施后一个原则，后一个原则的成功决不能弥补前一个原则的损失。比如，如果违背了第一个原则所要求的平等自由的制度，决不能因为他获得了更大的社会经济利益而被证明为合理或得到补偿。

在罗尔斯看来，有了正义的原则，也就有了处理正义原则冲突的优先原则，正义的社会也就有了保障——只要每一个社会成员都接受同样的正义原则，只要社会的基本制度满足正义原则，那么，追求正义的共同愿望就能限制人们对其他目的的追求，正义感就能战胜自私自利的倾向，使人们结成牢固永久的友谊。在正义原则保护下，人们彼此间互相

---

① ［美］约翰·罗尔斯：《正义论》，谢廷光译，上海译文出版社 1991 年版，第 330 页。

② 同上书，第 47 节。

贡献福利，同时每个人又是更大的和谐整体的一部分。这就是罗尔斯理想的正义社会的蓝图。

一旦获得了正义原则，社会就有了“基本宪法”，就可以把它落实到制度上面去。

> 在罗尔斯看来，制度的正义，是指社会基本制度对基本权利和义务分配的正义，以及规定社会合作的利益分配与负担的正义。社会的基本制度指的是政治制度和主要的经济与社会安排，比如：信仰和良心自由的法律保护、自由竞争的市场、生产资料私有制以及一夫一妻制的家庭等。所有这些，作为一个体制，它规定了人们的权利与义务，影响着人们的生活期望，制约着人们开创事业的机会。

针对美国社会的经济形势恶化、贫富差距悬殊，罗尔斯指出，要按照分配正义的原则，确立人们在社会中利益和负担的基本制度。社会福利措施是政府权限必不可少的一部分，政府有权而且应该调整社会福利；针对“种族歧视”等民权问题，罗尔斯指出，平等的自由权是每一个公民应有的权利，任何社会决不能跨越哲学权利，决不可用自己的富裕或其他原因来否定这一权利，否定一部分人甚至少数人的自由；针对突出的教育问题，罗尔斯指出，平等的机会要求每一个公民平等地受教育，这是正义的基本内容；罗尔斯甚至肯定了美国人民反对政府、抗议越战的行动。这些既反映了罗尔斯政治哲学的现实性，也是他的《正义论》走红的根本原因。

罗尔斯的正义论带有明显的局限性和理想化的色彩。首先他把正义原则的基础置于个人道德认识和道德情感之上，而忽略了人的正义观产生的客观物质条件和成熟的社会条件。这仍然是传统政治哲学的政治道德化的思路，难有实践效果。其次，在罗尔斯最重视的分配正义的问题上，他不讨论生产方式的变革，无视人们的生产方式和物质生活方式对社会体制的决定作用，单纯强调“观念”对现实的作用，这又使其理论蒙上了一层空想的色彩。因此可以说，罗尔斯的政治哲学实质是不彻底的激进主义，改良主义，是改革资本主义的“补丁”理论。[①]

---

①　张桂林：《西方政治哲学——从古希腊到当代》，中国政法大学出版社 1999 年版，第 305—315 页。

幸福问题在我们这个时代日益凸显，成为人类生存困境的症结，对文明发展和政府治理水平具有全息意义。一个社会人们的幸福感：能否安居乐业、心情舒畅、拥有充分的自由和发展空间，能够选择自己喜欢的生活方式，社会稳定和谐、有安全感和信任度，避免战争威胁，希望生活在蓝天白云之下，能够健康长寿……

幸福比正义观念更具包容性，正义是社会制度的原则，而幸福是公民的主体感受；幸福既包含正义，又不局限于正义；既是正义的实现程度，又包括社会的和谐、精神愉悦、人的价值、自由、尊严、创造性的发挥程度。公民幸福感，是政府治理水平和社会文明程度的综合反映，是经济发展、社会进步与人的全面发展，人与自然和谐发展，人际和谐以及身心和谐的统一。

政治哲学研究由正义论到幸福论，是全球化时代人类相互依存，多元政治格局下，各国竞相现代化、加强国家治理，关注民生，彰显公平正义，弘扬传统文化，保护生态环境，打造廉洁政府，积极改善人民生活，塑造亲民形象。以人民幸福作为评价政府原则目标，这是政治学研究范式的重大转折。

亚里士多德《尼各马可伦理学》幸福篇认为：

> 我们最好把它（幸福）与政治问题一起来考察，从而尽可能地完成对人的智慧之爱的研究。①

亚氏《政治学》认为城邦是以最高而广泛的善业为目的的社会组织。政治和法律是为人的幸福生活创造良好的社会条件，他的政治学从属于伦理学，因此可以认为亚里士多德正是幸福政治学的倡导者，或者说幸福政治学是政治学研究的返璞归真。

政治学是解决群体生活难题的尝试。亚里士多德认为，政治研究的根本问题，是“群体生活如何组织，才不失公平正义”。一个正义的社会应当是这样的：一个“中间力量”主导的社会，这是涉及社会结构合理安排的问题；一个崇尚法治的社会，这是涉及法律制度的问题；一个保

① ［古希腊］亚里士多德：《尼各马可伦理学》，廖申白译，商务印书馆2004年版，第318页。

有个人私产的社会，这是涉及产权和经营自由权问题。[①] 我们不得不佩服他的远见卓识，中国的改革正是遵循这样的路径。中间力量主导，才有利于社会稳定；崇尚法治，才有文明与秩序；有私产和经营自由权，社会发展才会有动力，才会藏富于民。这也正是幸福政治应该解决的主要问题。

（三）幸福政治学的构建思路

费尔巴哈在《幸福论》中，从人性论出发对幸福作了系统论述。他认为一切生物都有幸福的追求，人类当然更有自己幸福的意志，人追求的幸福，除了物质生活上得到满足之外，还包括排除各种苦恼、痛苦、疾病、贫穷、饥饿和灾祸等。这里已经涉及幸福政治需要解决的主要问题，可以认为是幸福政治学的先声。

康德曾经写道："人生的目标和责任是什么？这就是：自我的完善和他人的幸福。"法国1793年宪法宣布"社会的目标是普遍幸福"。在美国，杰斐逊将追求幸福写入独立宣言，一半以上的州宪法中也有相同提法。功利主义的代表人物边沁则因宣称政府最重要的目标就是确保最大多数人的最大幸福和最少痛苦而获得了崇高的声誉。他甚至以乐观主义的态度写作关于幸福的科学，认为政府通过恰当的计算能够衡量公共政策所带来的预期幸福和痛苦，从而可以选择能够带来最大幸福的方案。

幸福受很多因素影响，例如婚姻、家庭、工作、健康、收入、宗教信仰、社会保障、政府管理、社会秩序、环境治理等。美国幸福专家伊利诺伊大学的迪爱讷教授提供了一个综合性定义：

> 一个人如果在生活中经常经历高兴和满意的事情而很少经受不高兴、痛苦和愤怒的事情，那么就是幸福的或者幸福度高；反之如果生活中满意、高兴和感动的事情很少，而不如意、不愉快、焦虑不安和愤怒的事情却很多，那么就是不幸福的或者幸福度很低。[②]

研究发现，尽管相对来说富人比穷人可能会幸福一些，但公民收入

---

① 燕继荣：《幸福政治学：从GNP到GNH》，《社会科学报》2011年5月31日。

② 曹文振：《政治学十五讲》，北京大学出版社2004年版，第9—10页。

的增加和平等程度并不能明显影响其幸福感，国家在社会福利、医疗和失业保险方面投入的增加也不能根本决定幸福。而亚里士多德在《政治学》中早已指出，“财富显然不是我们真正要追求的东西，只是因为它有用或者别的什么理由”。显然，他暗示了财富不是幸福与快乐的唯一源泉。

按照马斯洛需要层次理论，人的需要依次分为生理需要、安全需要、爱或归属需要、尊重需要、自我实现的需要。需要是人生的驱动力，需要的实现使人产生一种心理的满足状态，这就是幸福感。因此，从静态方面看，需要的成分就是幸福的要素，需要的结构就是幸福的结构，由于人的需要具有选择性、差别性，所以人们对于幸福的理解、感受也不同。而需要与人所处的生活境遇密切相关，也就是与一个人所处的社会历史状态、文明程度、政治法律环境有直接关系。给我们构建幸福政治学以重要启迪。

中国古代的民本思想源远流长，对我们建构幸福政治学提供了重要的历史借鉴，中国人的大同社会理想“天下为公，选贤与能，讲信修睦”（《礼记·礼运篇》），落脚于民生，这是幸福政治学总的纲领；“仁者爱人”“民贵君轻”“平政爱人”“国家百姓人民之利”是价值引领；“博施于民”“有恒产者有恒心”“仓廪实，则知礼节；衣食足，则知荣辱”是民生工程；“不患贫，而患不均；不患寡，而患不安”是公平正义；“民惟邦本，本固邦宁”“政之所兴，在顺民心”“水则覆舟，水则载舟”是民心工程；“法者所以爱民也，礼者所以便事也。”法治思维，法治与德治相结合，国家治理思路，也是对人民幸福生活的呵护。

马克思主义认为，幸福范畴是“整个历史发展的结果”。个人的幸福的实现总是与社会关系、社会制度和公共幸福联系在一起。恩格斯指出“当一个人专为自己打算的时候，他追求幸福的欲望只有在非常罕见的情况下才能得到满足，而且决不是对己对人都有利。”① 马克思说：“历史承认那些为共同目标劳动因而自己变得高尚的人是伟大人物，经验赞美那些为大多数人带来幸福的人是最幸福的人。”②

幸福政治学的构建思路：人的解放与幸福是政治追求的终极目标，

① 《马克思恩格斯全集》（第21卷），人民出版社1972年版，第331页。

② 《马克思恩格斯全集》（第40卷），人民出版社1982年版，第7页。

幸福指数是衡量政府治理水平的主要标准，法治、秩序与自由是幸福政治的基本保障，公平正义是幸福政治的核心理念，建立完善的利益表达和调节机制是幸福政治的实现途径，发展科学教育和民族文化是幸福政治的重要支撑；和谐发展、生态文明是幸福政治的时代特征，和平发展、创造良好国际环境是幸福政治的必备条件。

人的幸福与解放是政治追求的终极目标。人类政治文明的发展历程，本身就是追求幸福和解放的历程。马克思说："无产阶级只有解放全人类，最后才能解放自己。"马克思、恩格斯在《共产党宣言》中指出："代替那存在着阶级和阶级对立的资产阶级旧社会的，将是这样一个联合体，在那里，每个人的自由发展是一切人的自由发展的条件。"共产主义就是全人类的解放，没有阶级，没有剥削，各尽所能，按需分配，劳动成为人的第一需要。这是人类最美好的最幸福的理想社会。国家权力回归社会，是人类由必然王国向自由王国的飞跃。

幸福指数是衡量政府治理水平的主要标准。用国民幸福指数取代国民生产总值作为衡量政府治理水平的标准，是幸福政治学的目标导向。国民幸福指数，是衡量人们对自身生存和发展状况的感受和体验，即人们的幸福感的一种指数。北京工商大学世界经济研究中心主任季铸教授认为，国民幸福指数（National Happiness Index，NHI）是衡量一个国家或地区生态环境、政府管理、经济发展、社会进步、居民生活与幸福水平的指标工具。如果说"生产总值"体现的是物质为本、生产为本的话，"幸福总值"体现的就是以人为本。孟子曰："民为贵，社稷次之，君为轻。""人民对美好生活的向往，就是我们的奋斗目标。"现实经济发展和民生改善良性循环，构建全民共建共享的社会治理思路，正好体现了以人民为中心、为人民谋幸福的执政理念。

法治、秩序与自由是幸福政治的基本保障。政治是一种文明的生存方式，首先追求法治与秩序。人类经由习俗社会、宗教社会、道德社会而进入法律社会。依法治国、法治与民主、法治与自由、法治与德治相结合，是现代政治文明的重要特征。惩治腐败、打造廉洁政府，是建立法治与秩序的基础。"法者所以爱民也，礼者所以便事也。是以圣人苟可以强国，不法其故，皆可以利民，不循其礼"（《商君书·更法》）。

孟德斯鸠认为，国家的基本大法即政治法，它是建立和保障公民政

治自由的最根本的手段。“自由是做法律所许可的一切事情的权利。”[①]“在自由和政治的关系上，建立自由的仅仅是法律，甚至仅仅是基本的法律。”[②]“政治法使人类获得自由，民法使人类获得财产。”以赛亚·伯林才会特别指出自由具有内在的价值，而不仅仅是实现某种其他价值的手段。进而伯林认为自由是实现个人幸福的必要条件。也就是说，拥有自由，不一定能够获得幸福，但是没有自由，就一定不能获得幸福。幸福与自由不可分离，人类相互依存的时代，宽容比自由更重要，没有宽容精神，幸福就会大打折扣。

公平正义是幸福政治的核心理念。正义的人是否最终会获得幸福，这个问题至关重要，只有在制度上保证正义和幸福存在着正相关的关系，才有可能让正义的人勇于前行，让不义的人失去动机。否则，回避公平正义，奢谈幸福本身，即使兑现再多的幸福指数，依旧不能改变社会的“不正义”底色。罗尔斯认为正义是“社会体制的第一美德”“社会制度的首要价值”。幸福论内在包含正义论，没有公平正义，人民幸福就无法实现。孔子曰：“不患贫，而患不均；不患寡，而患不安。”（《论语·颜渊》）孟子曰：“威武不能屈，贫贱不能移，富贵不能淫。”（《孟子·滕文公下》）林肯说，人的本质的本质是渴望得到肯定。马斯洛认为，尊重需要是人的高级需要，对人的行为有持久驱动力。公平正义是中国特色社会主义的内在要求，是我们党追求的崇高的价值目标，“努力让人民群众在每一个司法案件中都能感受到公平正义。”正确处理维稳与维权的关系，是维护人民幸福与尊严的需要。

建立完善的利益表达和调节机制是幸福政治的实现途径。传统民主理念的内涵是人民主权与自治，而现代民主理念旨在利益表达和利益调节机制，因为政治是价值的权威性分配，在现代社会阶层划分日益复杂化、利益多元化，因此民主不能停止在选举层面，协商民主进一步发展。哈贝马斯主张的民主的真谛是对话、协议、辩论、谈判等，而不是像自由主义和共和主义那样，把自由、平等、公平、正义等政治价值视为绝对之物，作为政治哲学的出发点。他把程序协商视为民主政治的内核，

---

① ［法］孟德斯鸠：《论法的精神》（上册），张雁深译，商务印书馆 1982 年版，第 154 页。

② 同上书，第 187 页。

从而把沟通理论引进政治哲学。[1] 国家治理体系和治理能力现代化，一个重要方面就是建立和完善利益表达和调节机制，不仅要发挥政府的主导作用，而且简政放权，发挥市场调节作用，发挥社会中介组织的作用。人民民主与协商民主相互补充、相得益彰，共同构成中国社会主义民主政治的制度特点和优势。

发展科学教育和民族文化是幸福政治的重要支撑；科学技术是第一生产力、知识经济以及软实力的提出标志人类进入文化时代，文化成为文明进步的决定性因素，文化需要上升为人类第一需要。马斯洛后来把求知需要、审美需要与自我实现的需要作为人的高级需要，也是幸福人生的重要标志。罗尔斯指出，平等的机会要求每一个公民平等地受教育，这是正义的基本内容。“文明特别是思想文化是一个国家、一个民族的灵魂。无论哪一个国家、哪一个民族，如果不珍惜自己的思想文化，丢掉了思想文化这个灵魂，这个国家、这个民族是立不起来的”。“家是最小国，国是千万家”，国泰而民安，民富而国强。家国天下情怀是东方价值观的显著特征。传统文化是一个民族生生不息的精神源泉，是信仰、道德和价值观的体现，弘扬优秀传统文化对促进社会和谐、人民幸福至关重要。

和谐发展、生态文明是幸福政治的时代特征。文艺复兴以来，人类走出了禁欲主义的陷阱，却陷入了纵欲主义的泥潭。人类的生存困境归结起来无非两个问题：一个是生态问题，一个是心态问题，心态决定生态。是人类贪婪的欲望破坏了生态环境，引发了战争和纷争。人类的悲哀就在于本身是大自然之子，却在刻意追求超自然的存在。主宰和征服自然表明人类狂妄和无知，呵护自然、敬畏自然、回归自然，才是人类的唯一出路！用生态文明超越工业文明，走可持续发展之路，是建设幸福政治的必然选择。“生态环境保护功在当代，利在千秋。”“建设生态文明是关系人民福祉、关系民族未来的大计。”[2]

和平发展、创造良好国际环境是幸福政治的必备条件。战争与和平是人类两种生存方式，20 世纪人类爆发了两次世界大战，法西斯虽然猖獗一时，最终逃脱不了覆灭的命运。惨痛的历史教训告诫人们，依靠

---

① 张桂林：《西方政治哲学——从古希腊到当代》，中国政法大学出版社 1999 年版，第 361 页。

② 人民日报社评论部：《四个全面学习读本》，人民出版社 2015 年版，第 95—97 页。

相互征服为自己开辟道路的历史必须终结，必须用正义与和平重铸人类文明。

“当今世界，各国相互依存、休戚与共。我们要继承和弘扬联合国宪章的宗旨和原则，建立以合作共赢为核心的新型国际关系，打造人类命运共同体。”和平发展、进步是时代主题，但是恐怖主义、金融动荡、环境危机等问题愈加突出。“面对全球性挑战，没有哪个国家可以置身事外、独善其身，世界各国需要以负责任的精神同舟共济、协调行动。”世界各国一律平等，不能以大压小、以强凌弱、以富欺贫；坚持多边主义，建设全球伙伴关系，走出一条“对话而不对抗、结伴而不结盟”的国与国交往新路。[①] 在全球化时代，内政与外交紧密联系在一起，处理好国际关系，创造和平国际环境是幸福政治不可或缺的重要条件。

（四）幸福政治学的理论意义

幸福问题在我们这个时代日益凸显，是人类生存境况的集中表现，对政府治理水平和社会文明程度具有全息意义。如何走出“财富越来越多，幸福愈来愈少”的怪圈，成为全人类必须面对的重大课题。

不丹王国虽然是一个非常小的国家，却率先推出“国民幸福总值”而闻名于世，发生了蝴蝶效应。新中国历任领导人坚持不懈，以为人民谋幸福作为我党根本执政理念，在东方大国实现“国家富强，民族振兴，人民幸福”，是一个伟大的历史壮举，是幸福政治的成功范例。

亚里士多德认为，政治和法律是为人们的幸福生活创造良好的社会环境。人的幸福与解放是政治追求的终极目标，是马克思学说的精髓，人的幸福程度是社会文明程度的标志。幸福比正义观念更能反映政府治理水平，幸福进入政治家和政治学研究视野，是政治学研究真正的返璞归真，是主体论政治学崛起的标志。

从“正义论”到“幸福论”是政治哲学发展的必然逻辑。幸福政治学的提出，是政治学研究范式的深刻变革，研究对象由统治到治理、由体制到政策、由静态到动态；树立“政治为人民幸福生活服务”的根本理念，是人类政治文明发展的必然趋势。将引起政治思维、政治理论和政治价值观的深刻变革。

早在唐代柳宗元在《封建论》中就曾经提出：政治不同于制度，在

① 《习近平总书记重要讲话读本》，学习出版社 2016 年版，第 264—265 页。

相同制度下，政治有好坏之分。“封建和郡县是两种制度。一个时代的政治上的措施，同制度不是一回事。”① 秦朝建立中央集权的郡县制，是大势所趋。中国的统一，也是今天社会主义中国繁荣富强的必要条件。

柳宗元把制度与政治分开的研究思路，对现代政治学研究仍然具有启迪意义，幸福政治学的开创意义正是把研究重点不是放在制度和体制变革上，而是放在政府治理能力，放在公民幸福感的提升上，这是真正意义上的以人为本的政治学。

世界各国的国情不同，发展水平不同，文化传统不同，选择的发展道路也不同，但是在增进人民幸福这个终极目标上，却可以因地制宜，殊途同归，各领风骚。

幸福政治学应该是政治学研究的一次伟大的思想解放，在一定程度上使政治学研究超越了意识形态和社会制度的界限，在人类相互依存的全球化时代，为衡量各国政府治理水平提供了新的评价标准，展示了维护文化多样性、包容性、共享性发展理念；超越了西方价值观的唯一性，为各民族国家政治发展和政府治理开辟了广阔的视野。

---

① 冯友兰：《中国哲学史新编》（第4册），人民出版社1986年版，第314—315页。

五　人类，正在呼唤一门“健康学”

（一）

健康是人生最大的财富，健康是人生的本钱，健康是人生的根本。谁不想拥有健康，就如同说不想拥有幸福？

有人说，健康是“1”，才华、事业、爱情、金钱、荣誉、地位、成就等，都是“0”，如果拥有健康，那么随着你的奋斗这些东西就会陆续来到你的身边！但是，如果你失去了健康，那么他们就会成为无效数字，不复存在！这个比喻非常恰当，值得我们深思。

健康，正在面临一系列挑战。随着社会文明和进步，人类的平均寿命在增长，而疾病却层出不穷。

健康也是全人类关注的难题，健康是全人类生存困境的症结和晴雨表。

人类，正在呼唤一门“健康学”。健康，正在考验人类的智慧。我国政府提出“健康中国”的目标，就是明智之举。

（二）

健康，是人人都拥有的最宝贵的财富，我是大自然最伟大的创造，莎士比亚说，“人所具有的，我都具有”！

“人类是一件多么了不起的杰作！多么高贵的理性！多么伟大的力量！多么优美的仪表！多么文雅的举动！在行为上多么像一个天使！在智慧上多么像一个天神！宇宙的精华！万物的灵长！”①

万物有灵，而人是万物之灵！只有热爱生命，热爱生活，不断进取，让生命之树常青的人，才会拥有健康的人生！

---

①［英］莎士比亚：《莎士比亚全集》（第5卷），朱生豪译，人民文学出版社1994年版，第327页。

每一个人都拥有一颗太阳，只要你善于发挥，就会使你的人生放射出耀眼的光华！

生命，是我们暂时拿在手中的火炬，我们要尽量让它燃得光明，不要熄灭！

（三）

“文明其精神，野蛮其体魄”①，拥有健康的体魄，是人生最大的幸运，也是弥足珍贵的幸福。

健康之与人，恰如空气、阳光、水之与生命，是须臾不可离开的东西。

然而，正如常言所说“身在福中不知福”，拥有健康的人，并不在乎健康，只有失去健康的人，才会明白健康对我们是多么的宝贵。

青年人，朝气蓬勃，正是青春浪漫的时候，正是长知识、长才干的时候，锻炼身体吧，来日方长？

中年人，血气方刚，正是干事业、出成果的时候，上有老、下有小，忙也忙不过来，哪有时间锻炼？

老年人，一辈子养儿育女，兢兢业业，积劳成疾，还要看孙子，有时候孤孤单单。锻炼身体，呵护健康，悔之晚矣。

（四）

什么是健康？1989 年联合国世界卫生组织（WHO）对健康作了新的定义，即“健康不仅是没有疾病，而且包括躯体健康、心理健康、社会适应良好和道德健康”。②

世界卫生组织对健康的定义细则：

（1）充沛的精力，能从容不迫地担负日常生活和繁重的工作而不感到过分紧张和疲劳。

（2）处世乐观，态度积极，乐于承担责任，事无大小，不挑剔。

（3）善于休息，睡眠良好。

（4）应变能力强，适应外界环境中的各种变化。

（5）能够抵御一般感冒和传染病。

（6）体重适当，身体匀称，站立时头、肩、臂位置协调。

---

① 毛泽东：《体育之研究》，《新青年》1917 年 4 月 1 日第三卷第二号。

② 转引自郝永志等《学校应长期关注学生的身体》，《吉林教育》2010 年第 Z1 期。

(7) 眼睛明亮，反应敏捷，眼睑不发炎。

(8) 牙齿清洁，无龋齿，不疼痛，牙颜色正常，无出血现象。

(9) 头发有光泽，无头屑。

(10) 肌肉丰满，皮肤有弹性。

其中前四条为心理健康的内容，后六条则为生物学方面的内容（生理、形态）。按照这些标准衡量一下，我们的健康水平究竟如何？

这就是健康的科学理念，既包括躯体健康，又包括心理健康，还包括社会适应良好和道德健康。因为人是社会动物，社会适应性和道德水平与人的健康息息相关。

（五）

健康，不仅是医学、生理学、体育学研究的对象，而且是心理学、社会学、教育学、管理学、文化人类学、生命科学、人体科学、脑科学、哲学，甚至是政治学研究的对象。

健康问题不仅关涉个人的幸福与生活质量，而且日益成为关系一个民族的未来，关系人类未来发展的大事。健康问题具有全息意义，是人类所有生存困境的症结和晴雨表，人类正在呼唤一门“健康学”。

美国人创立了成功学，人类目前迫切需要的还有智慧学、财富学、幸福学、心灵学、人体宇宙学，而健康学的创立迫在眉睫。西方是分析性思维，中国是综合性思维，希望中国文化、中国人能够在这个领域有所作为。

（六）

健康问题，是一个牵一发而动全身的问题，生态环境的破坏，社会竞争的加剧，纵欲主义、功利主义、消费主义盛行，人际关系的冷漠，信任感、道德感、责任意识的下降，社会治安和食品安全令人担忧；各国竞相现代化、社会转型中带来的心理震荡，以及国际恐怖主义、局部战争的威胁，都是当代人遭遇的生存困境，都会影响人类的健康。

随着自然科学的发展，人们对自己意志和活动对世界支配力量的增强，人们变得愈益志得意满，随心所欲地统治自然、控制世界的“雄心壮志”愈益膨胀。从而导致唯意志论泛滥和工具理性片面张扬，并带来大量的事与愿违的效果，造成人性的畸形发展。

疏远、烦、吸毒、暴力、性放纵、冷漠、沉沦等已成为当代较为普遍的生活状态。在某种意义上意志的颓丧已经成为当今人类的症结。人的合理决策能力的衰弱和责任感、意志的淡薄甚至丧失，还不只是纯粹的伦理学等理论问题，而且是严重的生存实践问题。①

罗洛·梅在《爱与意志》中指出："意志与抉择的矛盾，是我们这个过渡时代心理动荡的一种不可避免的表现。我们意志和决策力的固有基础，已经遭到彻底的、不可挽回的破坏，可笑的是（如果不说可悲的话），恰恰在这样一个万方多难的时代，当技术力量如此过分地膨胀，意志和抉择显得如此关键的时候，我们却发现自己缺乏任何新的意志基础。"②

因此，健康问题是必须引起全人类高度关注，需要全人类协调行动综合治理的一个大问题，也是人类理性和科学界必须研究的重大课题。

（七）

《黄帝内经·素问》讲，人的自然寿命是一百多岁，实际上只能活五六十岁，"这是夭折！"为什么？"因为喜怒哀乐得不到正常发挥，欲望太强烈！"③

这仿佛是针对现代人说的，也就是情感不健康，心态不好，"欲望太强烈"。说明古代人与现代人的人性是相通的，这就叫"人同此心，心同此理"，古今依然。

莎士比亚说："人半是天使，半是魔鬼！"文艺复兴以来人类走出了禁欲主义的黑夜，却陷入了纵欲主义的泥潭。

人类的生存困境归结起来就是两个问题：一个是生态问题，一个是心态问题，心态决定生态，是人类的贪婪欲望破坏了生态环境，引发了战争和纷争。

人类必须放弃征服论，节制贪婪的欲望。人类的悲哀在于本身是大自然之子，却在刻意追求超自然的存在。征服和主宰自然，表明人类的无知与狂妄，呵护自然、回归自然才是人类的唯一出路。

大自然本身就是自足的，春夏秋冬，不期而至；高山流水，鸟语花香，大千世界，生生不息。"天何言哉，四时行焉"（《论语·阳货》）；"道法自然"（《道德经》二十五章）；"因任"自然，"见素抱朴，少私而

① 张明仓：《当代中国意志论研究：进展与问题》，《哲学研究》2001年第2期。

② ［美］《罗洛·梅文集》，冯川等译，中国言实出版社1996年版，第212页。

③ 《黄帝内经·素问》，人民卫生出版社1963年版，第1—6页。

寡欲。”（《道德经》十九章）“不以情累其生，不以生累其神”（《沙门不敬王者论·求宗不顺化》），这是古圣先贤的教诲。

（八）

道家讲要返璞归真，清心寡欲，主张做真人，不能因为名利这些身外之物损害了我们生命的本真。杨朱“拔一毛，而利天下不为也”，也就是在春秋战国动乱年代，不鼓励人们去当炮灰。要“知早啬”，很早就知道珍惜自己的生命。

常言道，“惜气者养身”。中国人讲精气神，这是对健康一词的最好诠释，完全符合现代科学的健康理念，应该成为创建健康学的指导思想。

“喜怒哀乐，人之常情”，现代人由于竞争激烈，生活压力大，各种诱惑，攀比成风，仿佛上足了发条的闹钟，不停地旋转，失落了自我。正如林黛玉在大观园里的境遇，“如履薄冰，如临深渊！”

许多人没有眼泪，欲哭无泪，也就是《黄帝内经》讲的“喜怒哀乐，得不到正常发挥”，也就是情感障碍。有人说，西方80%的人不同程度存在心理障碍，现在中国处于快速社会转型期，身心健康问题也十分凸显。

（九）

欲望仿佛是河流，心灵仿佛是小溪，欲望太强烈，恰如暴风骤雨，山洪暴发，心灵的小溪就会被淹没。

药王孙思邈是唐代著名医学家，著有《千金要方》，相传他活到141岁。

口中话少，腹中食少，心中事少，自然睡少，神仙可了。

就是他的长寿秘诀和养生之道，他受道家思想影响，主张清心寡欲，道德修养。

这代人面对信息社会，交往频繁，摆阔气喜欢大吃大喝，职场中奔波优胜劣汰，喜欢夜生活，生活没有规律。这些生活特点，与孙思邈的养生之道是背道而驰的，应该引起高度的警惕。

（十）

境由心生，罗丹说：“不是世界上缺少美，而是缺少发现。”所谓“情人眼里出西施”“感时花溅泪，恨别鸟惊心”，这就是移情的作用。

万物有灵，心灵是宇宙的中心，世界因心灵而生动。世界是我们心灵的投影，世界美不美主要取决于我们的心灵。

人往往戴着有色眼镜来审视这个世界，如果我们心态好、心情好，那么就会觉得天是那样蓝，人生是那么美好，鸟儿的歌声也是那么甜美。

我们通常所说“心想事成”“异想天开”，不仅是一种美好的祝愿，而且是一种人生境界。“心诚则灵”“精诚所至，金石为开”，就是现代科学所揭示的“吸引力法则”“潜意识的力量”。

我们今天强调“正能量”“阳光性人格”，在信息社会正负能量交织的情况下尤为重要。

雨果说：“世界上最宽阔的是海洋，比海洋更宽阔的是天空，比天空更宽阔的是人的胸怀。”

（十一）

知足者常乐，实际上就是中国人的一种生存智慧。我们原以为这是宿命论，有了一些人生阅历以后，我们就会感悟到“知足者常乐”与“随遇而安”意思比较接近，指无论什么样的境遇，总能泰然处之，乐观向上。是一种豁达、一种达观、一种境界，只有适应命运、热爱命运，才能抗争命运、主宰命运。

每一个人的出身不同，接受的教育不同，经历不同，境遇就会不同。如果我们老是跟别人攀比，那么，就会觉得总是不如人，越来越没有自信。

知足者常乐是一种乐观处世的态度，“知足自足”。

我们的境遇也是我们努力打拼的结果，我们应该珍惜、有一种满足感，才能激励我们创造更加美好的生活。

实际上，在信息社会文化多元化，各人有各人的活法。人们羡慕社会公众人物、群星灿烂、富豪们挥金如土，并不了解他们奋斗的艰辛和压力，名人有名人的烦恼，大众有大众的自在。恰如《王子与乞丐》，各有千秋，各得其所。

（十二）

孔子曰：“君子有三戒：少之时，血气未定，戒之在色；及其壮也，血气方刚，戒之在斗；及其老也，血气既衰，戒之在得。”（《论语·季氏》）这是孔子的养生之道。

谈健康长寿，有人说，“忘掉年龄、忘掉疾病、忘掉恩怨”；有人说，“最重要是乐观、充实、生活有目标”，平衡饮食，生活规律，锻炼有节。这些都是经验之谈。

从小就要养成热爱体育运动的习惯，热爱文体活动，养成乐观开朗的性格。每天锻炼一小时，健康生活一辈子。

劳动是快乐之源，要培养生活情趣，多与老朋友交往聊天，多交流、多沟通。

常言道：“生命在于运动！”这里的“运动”，不仅指体育运动，劳动、各种有益的活动，手脑并用，还包括修行与修养，这才是科学的健康理念。

子女们要常回家看看，常言道，“子孝父心安”“幼吾幼以及人之幼，老吾老以及人之老”，老年人最怕的是寂寞。

（十三）

弗洛伊德理论中“潜意识心灵”的概念具有特别重要的意义。认为意识只是冰山的一角，“潜意识”才是主体，人的行为主要是由潜意识决定的。如果长期压迫潜意识就会导致平庸、犯罪或者精神障碍。

《梦的解析》提出的假设是：在日常生活中由于种种原因而受到抑制的需求和欲望，却能在梦中实现。

弗洛伊德后期形成人格心理学，这就是关于本我、自我、超我的理论。“本我”，是人的本能，尤其是性本能，支配本我的是“唯乐”原则。“自我”，是迁就现实的限制、学习在现实中满足需要，支配自我的是“现实”原则。

“自我”介于本我与超我之间，对本我的冲动和超我的限制有缓和与调节作用。“超我”是人格结构中居于管制地位最高的部分，由风俗习惯和道德养成。超我由两部分组成，一是自我理想，二是良心。支配超我的是“完善”原则。①

弗洛伊德的“潜意识”学说，在心灵哲学研究领域是一场哥白尼革命，而他的人格理论不仅在心理学，而且在文化人类学、管理学等领域具有广泛影响。

潜意识学说对健康学的建构有重要意义，潜意识对身心和谐的作用，人的潜能的开发，人的创造性，都与此有关。

心理学“情感智商”概念的提出，人格心理学的创建，都与弗洛伊

---

① ［奥］弗洛伊德：《弗洛伊德心理哲学》，杨韶刚等译，九州出版社 2003 年版，第 8—30 页。

德有关。所谓情感智商，就是理智驾驭情感控制情绪的能力。这就是“喜怒哀乐正常发挥”，是驾驭而不是压抑，是控制而不是放纵。

有人说，“智商高，怀才不遇；情商高，春风得意。”心理学的研究表明，对人的健康、幸福和成功而言，情商比智商更重要。

（十四）

现代生物学、心理学研究表明，心灵（而非灵魂或精神），一个器官，是将动物在生物学的层面上与植物区分开来的分界线。心灵是一个生命场，它是以“场”这样的一种形式与我们的其他器官发生相互作用的；同时，心灵也是一个能量场，它的能量是通过人体对食物的消化吸收后转化而来的，并且这部分能量只会在履行其自身的功能以及在其成长发育的过程中被消耗掉；心灵更是一个情感场，它通过各方面的情感表现出来，心灵不是捉摸不透的。

心灵是一个生命场、能量场、情感场。人的心灵有知（认识）、有情、有意、有本能。意识在心灵中占有重要地位。

美国科学家经过多年的研究，终于揭示了意识之谜。意识不纯粹是精神，而是一种特殊的场，负载有信息与能量，甚至可以改变周围的事物。

著名科学家钱学森认为：“人体是一个巨系统，而人体这个巨系统又在整个环境里面、整个宇宙的超巨系统里面，又受到各种环境的各种作用。”①

在人的大脑细胞中本身就饱含人类在亿万年进化过程中积累的经验和智慧的密码。因此：学习不应该只是给孩子塞知识，而是开发心灵和潜能，把他引上创造之路。

这是生命科学、人体科学、脑科学的重大发现，心理学称为“潜意识的力量”②，物理学、宇宙学称为“吸引力法则”，是影响世界的十大法则之一。

人的心灵与宇宙是相通的，二者发生信息能量交换。人可以与宇宙对话，人的心灵甚至也可以参与宇宙的运动。这是生命科学对哲学的挑战。

心灵是身体的主宰，心灵是人与外部世界交流的桥梁，人的健康首先是心灵的健康，或者说心灵健康是健康的核心。

情感智商、潜意识的力量、吸引力法则、人体宇宙学的研究为健康

---

① 钱学森：《人体科学与现代科技发展纵横观》，人民出版社1996年版，第187页。

② ［美］约瑟夫·墨菲：《潜意识的力量》，吴忌寒译，中国城市出版社2009年版。

学的创立准备了现代科学条件，这又是科学昌明时代人类的幸运。

柯云路《新疾病学》认为，人类大部分疾病来源于“心理暗示”，“境由心生”变成了“病由心生”。[①]

常言道，“病由口入”，中国目前的“食品安全”令人担忧，加上“信任危机”，可谓雪上加霜，社会治理与心灵建设应该双管齐下。

（十五）

白石秋水文集《人生最深刻的体会》[②]，写得精彩纷呈，见解独到，富有启迪，又脍炙人口，可以成为我们建构健康学不可或缺的重要文献。

1. 房子修得再大也是临时住所，只有那个小木匣才是永久的家，所以，屋宽不如心宽，身安不如心安。

2. 人生最大的错误，是用健康换取身外之物；人生最大的悲哀，是用生命换取个人的烦恼；人生最大的浪费，是用生命解决自己制造的麻烦。

3. 人生最大的哀痛，是子欲孝而亲不在；人生最大的悲剧，是家未富而人先亡；人生最大的可怜，是弥留之际才明白自己是应该做什么的。

4. 当心灵趋于平静时，精神便是永恒。把欲望降到最低点，把理性升华到最高点，你会感受到：平安是福，清心是禄，寡欲是寿。

5. 借口腾不出时间去健身的人，迟早会腾出时间去看病。

6. 最好的医生是自己，最好的药物是时间，最好的心情是宁静，最好的保健是笑容，最好的运动是步行。

7. 欢乐是长寿的妙药，勤奋是健康的灵丹，运动是健康的投资，长寿是健身的回报，相逢莫问留春术，淡泊宁静比药好。

8. 金钱难买健康，健康大于金钱；金钱难买幸福，幸福必有健康，生命的幸福不在名利在健康，身体的强壮不在金钱在运动。

9. 饮食贵在节，读书贵在精，锻炼贵在恒，节饮食养胃，多读书养胆，喜运动延生。

10. 整天赴宴的人没有一顿饭能吃得香。

11. 身冷的人和衣裳亲近，有病的人和医生亲近，与其寻求灵丹妙药，不如堵截致病之源，与其得病托关系看病，不如平时找场地运动。

12. 养成好习惯是储存健康，放纵不良是透支生命。

---

① 柯云路：《柯云路新疾病学》，今日中国出版社 1995 年版，第 1—10 页。

② 白石秋水：《人生最深刻的体会》，http：//www. tudou. com，2014 年 5 月 18 日。

13. 微笑不用成本，但能创造财富；赞美不用花钱，但能产生力量；分享不用费用，但能倍增快乐。

14. 快乐总和宽厚的人相伴，财富总与诚信的人相伴，智慧总与高尚的人相伴，魅力总与幽默的人相伴，健康总与豁达的人相伴。

15. 事业无须惊天动地，有成就行；金钱无须取不尽，够花就行；朋友无须形影不离，想着就行；儿女无须多与少，孝顺就行；寿命无须过百岁，健康就行。

16. 没有一个朋友比得上健康，没有一个敌人比得上病魔，与其为病痛暗自流泪，不如运动健身为生命添彩。

17. 有什么别有病，没什么别没钱，缺什么也别缺健康，健康不是一切，但是没有健康就没有一切。

18. 高官不如高知，高知不如高薪，高薪不如高寿，高寿不如高兴，不怕待遇低，就怕命归西，不怕挣钱少，就怕走得早。

19. 什么都可以不好，心情不能不好；什么都可以缺乏，自信不能缺乏；什么都可以不要，快乐不能不要；什么都可以忘掉，健身不能忘掉。

20. 选对事业可以成就一生，选对朋友可以智能一生，选对环境可以快乐一生，选对伴侣可以幸福一生，选对生活方式可以健康一生。

21. 对待健康，偏见比无知更可怕。

22. 人生不过三万天，成功失败均坦然，是非恩怨莫在意，健康快乐最值钱。

23. 善待自己，幸福无比；善待别人，快乐无比；善待生命，健康无比。

24. 三个忘记：忘记年龄，忘记过去，忘记恩怨。

25. 四个拥有：无论你有多弱或多强，一定要拥有真正爱你的人，拥有知心的朋友，拥有向上的事业，拥有温暖的住所。

26. 五个要：要唱，要跳，要俏，要笑，要苗条。

27. 六个不能：不能饿了才吃，不能渴了才喝，不能困了才睡，不能累了才歇，不能病了才检查，不能老了再后悔。

28. 如果没有健康，智慧就无法表露，文化就无法施展，力量就无法战斗，知识就无法利用。

29. 不求是贵，少病是寿，够用是富，无欲是福，感激是喜。

30. 人生不在于活得长与短，而在于顿悟得早与晚，生命不是用来更

正别人的对与错，而是来实践自己精彩的生活。

（十六）

王磊先生谈中国伦理文化精髓，“和而不同的包容意识，自强不息的进取精神，推己及人的仁爱情怀，独立自主的健全人格”。①

刘学智先生谈中国文化精神：儒家教我们问心无愧地生活，道家教我们心旷神怡地生活，佛家教我们心平气和地生活。

孔子曰：“智者乐水，仁者乐山。知者动，仁者静。知者乐，仁者寿。”（《论语·雍也》）

中国是文明古国，文化源远流长、博大精深，挖掘优秀传统文化的瑰宝，是我们构建健康学的本土文化资源。我们应该把弘扬传统与心理科学结合起来，把健康体魄与健全人格、锻炼身体与道德修养、人生幸福与心灵建设结合起来。

健康问题说到底是一个身心和谐问题，也是一个人际和谐、人与自然和谐问题。

健康，是一种智慧。知足者常乐，只有热爱生命、热爱生活的人，才会拥有健康，只有善良乐观、问心无愧、淡泊平和、胸怀坦荡的人，才会拥有健康。

健康，是一门生活的艺术。生命在于运动，劳逸结合，有张有弛，兴趣广泛，饮食平衡，拥抱自然的人，才会拥有健康。

身体，是人生最大的财富。心灵是身体的主宰，世界因心灵而生动。人生在世，根本上要活出一个好心情、活出一种境界。

健康，是一门学问，一种科学的生活方式，一种良好的习惯和心态，一种修行和修养。

健康问题，是人类生存困境的症结和晴雨表，是全人类面对的最大难题之一。

健康，是一门崭新的科学，人类的理智和科学在朝着这个目标前进。

富有挑战，也充满诱惑；人类，正在呼唤一门“康健学。”

---

① 王磊主编：《周秦伦理文化概论》，陕西师范大学出版社2008年版，第3页。

第 八 编

天启之光

——思想启示录

第1篇　灵动的大自然

一

鱼儿在大海畅游，但它却羡慕天空的小鸟。

二

雄鹰搏击长空之时，便把它的志向写上了蓝天。

三

太阳在降落之前，还要尽情展示一次它那绚丽多姿的理想。

四

银河般的瀑布，展示的是大自然无穷的想象力。

五

歌是人从鸟那里学来的一种新的生活，它给原本枯燥的生活增添了乐趣。

六

体育是人向动物的回归，人类也由此变得活泼可爱。

七

清晨的鸟用动情的歌，来迎接从黑暗中走来的光明使者。

八

太阳把爱的目光投向白云，云儿红着脸露出了灿烂的笑容。

九

雨后春笋一个个爬出了地面，它昭示人们：只要你不死心，总有一天会东山再起。

十

巨石只能压迫柔弱的小草，青松在它的缝隙里却长得十分挺拔。

十一

星星在黑夜的心里感到害怕，眨巴着眼睛寻找光明，但当它们走出黑夜，却消逝得无影无踪。

十二

阳光是一种语言，是一种会抚慰大自然心灵，令春天激动地在草坪上打滚的语言，是一种能沟通天堂与人间感情的语言。

十三

路灯把道路照得通明，根本不把月亮放在眼里，但道路心里明白它怎样也走不出月亮那慈祥而温柔的目光。

十四

露珠为折射出太阳的光辉而惊喜，却不知不觉被太阳夺走了生命。

十五

花儿为自己终于有了结果而惊喜，却只能把快乐留在心里，因为它再也找不见那张会展现笑容的脸蛋。

十六

猴子听说人类是它们的后代，便大惑不解：“它们哪一点像我们？机智还是快乐?”

十七

秋蝉清清嗓子在树上叫了几声，就有人指责说：“大热的天你叫个不停，究竟烦不烦?”秋蝉回击道：“自己烦，才会讨厌别人的歌声哩!”

十八

有人说：“老鼠真他妈不是好东西，尽干些偷偷摸摸的事情!”说着就要追打。老鼠急了抢白道：“这些还不都是跟你们学的!”

十九

高山想跟蓝天比高低，就拼命往上蹿，终于有一天它钻出了云层，高兴地说：“这一下我高出了蓝天!”可是它无意间抬起头，却发现蓝天还在上面。

二十

“冬天到了，春天还会遥远吗?”但是对于有些生命根本就熬不到春天。

二十一

狐狸在动物界是弱者，才善于运用智谋，这也是生存之道。

二十二

海阔凭鱼跃，天高任鸟飞！是在提醒人们“自由”才是最重要的。

二十三

一滴水掉进大海，才能永远不干。掉进大海的水是幸运的，同时也是悲哀的，因为它失落了自己。

二十四

没有光的丰富，就没有虹的瑰丽；没有音的变化，就没有曲的神奇。

二十五

大自然之所以如此和谐，就在于保持了万物的独特个性。

二十六

树默默无闻，却满腹经纶；蝉仿佛是一位天才的演说家，但它的语言却贫乏得可怜。

二十七

谷子把阳光的关怀化作一颗颗金子，弯着腰表达深深的谢意。

二十八

雄鸡以为是它唤醒了黎明，才有了美丽多姿、精彩纷呈的大千世界。它像绅士一样高昂着头、踱着方步，欣赏自己的杰作。

二十九

天是神圣的，地是厚道的，山是崇高的，水是宽容的，大自然的这些性格人似乎都有，似乎都没有。

三十

钟表嘀嗒嘀嗒走个不停，但是它永远也追不上时间，就像阿基里斯永远也追不上乌龟。

三十一

牛顿的万有引力定律之外，还应该有一个万有斥力定理，引力斥力达到平衡，才是宇宙和谐的真正原因。

三十二

“人体是小宇宙，自然界是大宇宙，都是巨系统，都是开放系统；二者发生信息能量交换。在功能态下人体可以接收到宇宙更多的信息和能量。”这就是人体宇宙学法则。

三十三

宇宙本身就是和谐的，你看壮丽的银河，春夏秋冬不期而至；大千世界五彩缤纷，万类霜天竞自由；你看奔流不息的江河，鸟语花香，孔雀的羽毛是那样美丽。

第2篇　爱的艺术

一

初恋，如一股突如其来的春风，可以吹醒沉睡的原野，让沙漠化为绿洲，让荒野开满鲜花。

二

睡着的花儿，比醒来时更加迷人。

三

情人的眼神就仿佛深潭里的水，看不够，也猜不透。

四

鸟儿求爱时，就连美丽的羽毛似乎也会唱歌。

五

风想悄悄窥探湖水宁静而动人的芳容，一不小心还是暴露了踪迹。

六

夕阳用他那双温柔的手抚摸着大海迷人的秀发，想让他心爱的姑娘平静地休息一会儿，而大海却激动地荡起无数银波。

七

花儿竞相向蝴蝶展现自己的美丽，想讨得他的欢心，遗憾的是蝴蝶好像对谁都没有钟情。

八

太阳风风火火追求月亮，这种过度的热情却把月亮吓得藏了起来。

九

爱情有时像救火，有时像钓鱼；在春天，又像在冬季。

十

河床抱怨流水对她不够温柔，但是离开流水，她却干瘪成了老妇的乳房。

十一

火车责怪群山对他不够钟情，却不知道自己本身就是朝秦暮楚的薄情郎君。

十二

春之所以热情澎湃，是因为在冬的冷屋里酝酿了太久的感情。

十三

火山从它爆发的圣地喷出爱的激流，瀑布从它飞泻的仙境奏响情的凯歌。

十四

真实的西湖是生活境界，雾中的西湖才是审美境界。美在似与不似之间。

十五

爱情的花朵只能靠心灵甘露的滋润，才能保持它绚丽的芳容。

十六

好花不常开，良辰无多时。很难期遇，才显得格外的珍贵。

十七

爱情是心灵与心灵碰撞出的火花，是感情与感情架起的桥梁，是美丽与美丽结成的友谊，是天堂与人间的拥抱。

十八

爱如琴，可以演奏出荡人心魄的乐章；爱如笔，可以描绘出如痴如醉的画卷；爱如剧，可以演绎出激动人心的情节。

十九

爱是心灵的创造，爱是真情实感的流露，爱是人世间最动听的语言。

二十

爱是一种生活，更是一门艺术，需要用忠诚这把宝刀小心翼翼地加以雕琢。

二十一

爱是需要距离感的，因为没有距离就没有美感。然而，掌握这个距离感的度却需要很高的智慧和良好的心态。

二十二

爱情像战争一样，“敌进我退，敌驻我扰，敌疲我打，敌退我进!”这十六字诀，运用于爱情是再恰当不过了。

二十三

异性世界，是打开人性之谜的另一本天书。问世间情为何物，直教人生死相许。

二十四

男人需要女人的安慰和激励，男人也需要女人的磨炼和锻造。

二十五

男人能够统治世界，但却往往驾驭不了自己的女人；女人通过控制男人，共同经营这个世界。

二十六

心与心的距离是最长的，一颗心可能永远也追不上另一颗心。但是有时候却是最短的，只有一步之遥，就看你有没有那么幸运。

二十七

浩瀚的天空有无数颗星在闪烁，可是在情人的眼里只有一颗星最明亮，她（他）的消失，就是黑暗的来临。

二十八

爱可以使你重新发现生命的惊喜，阳光的精彩，生活的斑斓，人性的伟大。

二十九

“生命诚可贵，爱情价更高”！把爱情看得高于生命的人，说明你拥有了真正的爱情。

三十

“人必须生活着，爱才能有所富丽”，不如说，人拥有爱，才算真正的生活。

三十一

“有花堪折直须折，莫待无花空折枝”。有了刻骨铭心的爱，就得把她牢牢地握在手里，不然的话，她就会悄悄地溜走，留下终生的遗憾。

三十二

没有经过情感风暴洗礼的人，便不会有大海般的情怀；没有经过情感甘露滋润的生命，便不会有蓝天般的心灵。

三十三

失恋固然是痛苦的、可悲的，也是不幸的。然而经过失恋的人，他毕竟有过一段刻骨铭心的爱，一段荡人心魄的情，比起那些没有经过爱情拥抱，也没有失恋过的人，要幸运得多。

三十四

“有缘才能相逢，有心才能相知，有命才能相随”。然而这命运之手我们就心甘情愿交给上苍吗?!

三十五

东边日出西边雨，道是无晴却有晴；两情若是久长时，又岂在朝朝暮暮。

三十六

“执子之手，白头偕老!”相敬如宾，是一种境界，相濡以沫，又是一种境界。

三十七

爱情是理想主义，婚姻是现实主义；爱情是浪漫主义，婚姻是生儿育女、柴米油盐的平凡生活。因为有爱，这琐碎的生活也是一种享受。

三十八

爱情是我们心灵在茫茫人海找到的知音，相互信任、相互宽容是爱的真谛，爱是一种自律，也更是一种责任。

三十九

欣赏是人性的光辉，相互欣赏，相互尊重，相互在乎对方的感受，不能宽容别人的缺点，就得不到别人的优点。

四十

婚姻是爱情的港湾，是上苍的眷顾，是千年的缘分，是风雨同舟的伙伴。常言道："少年夫妻老来伴"。

四十一

情爱就是挑战生命的极限，可以把你的事业推向辉煌的巅峰；爱情是生命的灯塔，可以把你理想的航船引向胜利的彼岸。

第3篇　文明与束缚

一

“逆光时的风景往往更加迷人”，逆境更彰显人生的伟岸。

二

这世界是精彩还是无聊，好像主要取决于我们是否有一个好的心情。

三

智慧的花朵开放在生活的原野，而愚蠢的人们只知道在知识的海洋中去打捞。

四

玉皇大帝以为天宫最美好，来到人间却发现人间比天堂更精彩。

五

“苦难犁破了我的心，但它却掘出了生命新的源泉!”这就是天才产生的秘密。

六

堂吉诃德之所以大战风车，是因为他把风车想象成为巨大的魔鬼。这也是我们常常犯的错误。

七

敢于与命运抗争、不屈服于命运的人，方为真正的勇士。

八

当你心中有歌的时候，这音乐才显得格外动听。

九

在这样一个精彩纷呈、又充满变数的世界，谁能像柳下惠一样不乱方寸？

十

幸福的人儿少创造，因为幸福本身就是最高的创造。

十一

与其说“苦难是天才的摇篮”，还不如说天才是苦难的根。

十二

那些名留千古的人物，往往不是他那个时代的幸运儿，往往是遭遇诸多不幸而奋斗不息的人。有限的东西他们追求不到，就去追求永恒。

十三

人生是一部神奇的作品，可以随时演绎出荡人心魄的凄美情节，让你痛不欲生，又缠绵悱恻。

十四

真理是时间的女儿，谎言是美丽的女儿。“难道你没有听过美丽的谎言”？

十五

善意的谎言，往往比愚蠢的真言更具有道德价值。

十六

“有主意最好，肯听别人的意见也不错。那些既没有主意又不肯听取别人意见的人，是下等人。”

十七

在童话世界里，就连丑陋的石头都像精灵一样充满智慧。

十八

在儿童的眼睛里，人与神没有差别，地狱与天堂同样好玩。

十九

艺术家都是长不大的孩子，睁着一双好奇的眼睛，说着一些莫名其妙的大实话和谎话。

二十

文明是一种进步，又是一种退步；智力在增长，直觉在消失；知识在增加，智慧在下降。

二十一

科技在进步，竞争在加剧，道德水平在下降，物质生活在改善，幸福感在下降。

二十二

为了不让孩子输在起跑线上，我们从幼儿园开始就让孩子进入竞技场，在题海中挣扎，学校成为囚禁儿童的牢笼，难道不是一种悲哀？

二十三

画地为牢，作茧自缚，这就是人类的悖论。名利都是身外之物，芸芸众生却趋之若鹜。

二十四

文化塑造人，文化也毁灭人。弗洛伊德认为，如果一种文化长期压抑人性的话，就会导致社会的普遍平庸。

二十五

人是一件作品，愈精美绝伦，愈丧失本性。天真、幼稚、质朴更显人性之美。

二十六

人的心是一眼永不枯竭的泉，不过它有时候流的是汗水，有时候流的是泪水，有时候流的是血水。

二十七

完美主义是艺术的救星，却是教育的大忌。求全责备，足以将一切天才扼杀在摇篮。

二十八

童稚是人性纯度的标志，情感是灵魂的守护神。

二十九

一定要善待自己，跟自己过得去，宽容自己，才能宽容别人。

三十

人的尊严是造物主赋予人类的神圣性格，亵渎它就是亵渎神灵。

三十一

我瞧不起瞧不起自己的人和除了自己谁也瞧不起的人。

三十二

自信是成功的秘诀，是高人一等的艺术，是人性复兴的道路。

三十三

谦虚是一种美德，也是自信的表现；骄傲是无知的代名词，是自卑感的另一种表现。

三十四

人之所以去创造，大概是为了表明作为上帝的创造物，还没有完全堕落。

三十五

雨水是上苍的使者，它是为了洗去人们灵魂上的污垢，才迫不及待地掉了下来。

三十六

人类在传统社会的境遇，正如林黛玉在贾府的遭遇。国人虽然走出了大观园，却不知道往什么地方去?

三十七

不追求道德的人是凡人，追求道德的人是贤人，超越道德的人是圣人！放得下功名富贵之心，便可脱凡；放得下道德仁义之心，才可入圣。

三十八

现代人的生活，仿佛上了发条的钟表，不停地运转。而精神世界却显得贫乏，甚至麻木不仁。

三十九

有人说家庭、私有制、国家是人类文明的“三块基石”，如果抽去它们，人类文明大厦就会立即坍塌。然而，“成也萧何败也萧何!”它们是历史的产物，也必然被超越。

四十

家庭是社会的细胞，是情感的港湾。钱锺书却把婚姻形容为“围城”，外面的人往里面攻，里面的人往外面攻。托尔斯泰说，“幸福的家庭都一样，不幸的家庭各有各的不幸”。

四十一

私有制到目前为止，还是人类发展的重要动力。中国几十年经济快速发展，主要取决于市场化改革和民营经济的发展，《物权法》就是对私人财产的保护。

四十二

有人说，“中国正进入马克思所批判的社会”。金钱至上，官场腐败，假冒伪劣。《共产党宣言》说：“共产主义原理，一句话就是消灭私有制！”

四十三

我们是社会主义社会，公有制占主导地位，多种经济成分共存，现阶段私有制还不能废除。但是我们必须消除它的消极影响，《资本论》还没有过时。工会应该成为真正维护劳动者合法权益的组织，国家应该给工厂派观察员。

四十四

“国家是现代文明的概括”，爱国主义是民族凝聚力的源泉，报效祖国是一种高尚的情怀。然而马克思认为，国家是阶级矛盾不可调和的产物，是阶级统治的工具，是一种暴力机关。社会主义国家是人民当家做主的国家，是为人民谋福利的国家，如何建设与完善，仍然是一个重大的历史课题。

四十五

共产主义是人类最美好的社会，没有阶级、没有剥削，没有压迫，没有政党，没有国家。是“自由人的联合体”，是各尽所能，按需分配。劳动成为人的第一需要。

四十六

文明是进步，也是束缚。人类不甘心在现实面前俯首称臣，人类建构理想超越现实。古希腊柏拉图有《理想国》，中国晋朝陶渊明有《桃花源记》，佛教有“极乐世界”，基督教有“天堂”，这都是一种超越意识！

四十七

人类解放和自由是一个永恒的主题，文明与超越是一个难题。弗洛姆说：“究竟是不完善的社会造就了不完善的人，还是不完善的人造就了不完善的社会？”人类文明有两个进路，一个是改造和完善社会，一个是改造和完善人性。

四十八

“我正确了，那么整个世界就是正确的！”一切决定于我们的心态，也就是我们要传播正能量。这并不是让我们放弃改造社会的历史责任，而是让我们放弃怨天尤人、消极颓废的人生态度。

四十九

英国历史学家汤因比预言：“大同世界是不久将来的事情！”因为如果不放弃国家主义，不放弃对自然资源掠夺性的开发，不超越人类目前的文明结构，人类文明就有毁灭的危险。

五十

共产主义不仅是一种美好的社会制度，而且是人的精神境界。如果人人都献出一份爱，这世界就会变成美好的人间。

五十一

毛泽东在《纪念白求恩》中写道：“我们大家要学习他毫无自私自利之心的精神。从这点出发，就可以变为大有利于人民的人。”

五十二

“一个人能力有大小，但只要有这点精神，就是一个高尚的人，一个纯粹的人，一个有道德的人，一个脱离低级趣味的人，一个有益于人民的人。”

五十三

“向雷锋同志学习！”60 年代我们接受的是理想主义和英雄主义教育，父母给我们讲的第一个故事就是雷锋的故事，我少年时代写的第一首诗：“英雄雷锋，伟名周传及四海！”

五十四

如果人人都像白求恩、雷锋一样，共产主义就不会是遥远的梦，如果我们都有他们的思想境界，“大事讲原则，小事讲风格！”共产主义就会在一个班级、一个车间、一个社区实现！“星星之火，可以燎原”啊！

第4篇　心灵与境界

一

雨果说："世界上最宽阔的是海洋，比海洋更宽阔的是天空，比天空更宽阔的是人的心灵！"

二

心灵是宇宙的中心，世界因心灵而生动；天地与我为一，万物与我并生；万物皆备与我，吾心即宇宙，宇宙即吾心！

三

美是心灵的曙光，所谓"情人眼里出西施"。罗丹说："不是世界上缺少美，而是缺少发现！"

四

境由心生，忽如一夜春风来，千树万树梨花开；等闲识得东风面，万紫千红总是春。

五

精诚所至，金石为开；众里寻他千百度，蓦然回首，那人却在灯火阑珊处。

六

"天行健，君子以自强不息；地势坤，君子以厚德载物"！人的心灵像日月星辰一样刚健有为，像广袤大地一样养育万物。

七

善良是美德之魂，人因善良而美丽，天空因纯洁而璀璨，世界上还是好人多，好人终有好报。

八

信仰是心灵的灯塔，有信仰就年轻。詹姆斯说：“没有信仰的人迟早要被有信仰的人排挤到角落里去。”

九

自从文艺复兴以来，信仰的太阳被射落了，潘多拉的盒子打开了。信仰的缺失，是人类一切乱象的根源。

十

欣赏是人性的光辉。林肯说：“对一个人最尊贵的礼遇是欣赏他!”“人性本质的本质是渴望得到肯定!”

十一

主动是天边的云彩，自信是幸福的微笑，尊严是女人的英姿。

十二

朋友是心灵的伴侣，高山流水觅知音。知我者谓我心忧，不知我者谓我何求？孔子曰：“有朋自远方来，不亦乐乎！人不知而不愠，不亦君子乎？”

十三

志当存高远；淡泊以明志，宁静以致远；士不可以不弘毅，任重而道远；碧水无意出天涯，翠峰有志入云霄！

十四

艺术是心灵的创造，音乐是艺术之魂，绘画是艺术之魄，科学是进步的桥梁。古代人运用智慧，现代人使用知识。

十五

王阳明说："我的灵明就是天地鬼神的主宰，天没有我的灵明，谁去仰他高？地没有我的灵明，谁去俯他深？鬼神没有我的灵明，谁去辨他吉凶灾祥？"

十六

梁漱溟说："人心正是宇宙生命本原的最大透露。"刘学智说："儒家教我们问心无愧地生活，道家教我们心旷神怡地生活，佛家教我们心平气和地生活！"

十七

中国传统文化的精髓是心灵哲学，教我们在物欲横流的尘世间，怎样安放我们这颗动荡不安的心灵?!

十八

"极高明而道中庸""朝闻道，夕死可矣！"极高的理想追求，又不脱离日常伦理。"子在川上曰，逝者如斯夫，不舍昼夜"。

十九

孔子曰："智者乐水，仁者乐山；智者动，仁者静；智者乐，仁者寿！"无论是智者还是仁者，其高贵的心灵与大自然是相通的。

二十

孔子曰："仁者爱人""礼之用，和为贵""吾于仁，斯仁至矣""夫子之道，忠恕而已矣""己所不欲，勿施于人；己欲立而立人，己欲达而达人。"

二十一

"性相近也，习相远也""如切如磋，如琢如磨""文质彬彬，然后君子""不义而富且贵，于我如浮云""志于道，据于德，依于仁，游于艺。”孔子乃中华民族的心灵导师。

二十二

“墨子兼爱，摩顶放踵利天下为之!”“视人之国，若视其国；视人之家，若视其家；视人之身，若视其身。”

二十三

“天下之人皆相爱，强不执弱，众不劫寡，富不侮贫，贵不敖贱，诈不欺愚。”主张“非攻”反对战争。墨子的兼爱，是一种人类之爱，有一颗博大的心灵，有超时代的价值。

二十四

“墨悲丝染，诗赞羔羊。”墨子悲叹洁白的蚕丝被染成各种各样的颜色，《诗经》的《羔羊》篇赞美羔羊的洁白无瑕。

二十五

老子曰：“含德之厚，比于赤子。”返璞归真，“见素抱朴，少私寡欲”。童稚是人性纯度的标志，赤子之心，乃人心灵的本真状态。

二十六

逍遥无待：“鱼相忘于江湖”“无所待而游于无穷”，即是说无视物我之别，忘己、忘功、忘名，与自然化而为一，不受任何约束而自由自在地悠游。

二十七

庄子《马蹄》：“马，蹄可以践霜雪，毛可以御风寒。龁草饮水，翘足而陆，此马之真性也。”庄子强调生命的本真，追求心灵的绝对自由，庄周梦蝶就是形象的隐喻。

二十八

孟子曰“万物皆备与我”“尽其心者，知其性也，知其性则知天矣。”王阳明曰：“尽心知性知天，是生知安行事。”人的心灵与天是相通的，人道来源于天道。

二十九

孟子曰："我善养吾浩然之气。其为气也，至大至刚，以直养而无害，则塞于天地之间。其为气也，配义与道；无是，馁也。是集义所生者，非义袭而取之也。行有不慊于心，则馁矣。"孟子的浩然之气，已经天才洞悉了"心灵"的奥秘。

三十

"恻隐之心，人皆有之；羞恶之心，人皆有之；恭敬之心，人皆有之；是非之心，人皆有之。恻隐之心，仁也；羞恶之心，义也；恭敬之心，礼也；是非之心，智也。仁义礼智，非由外铄我固有之也，弗思耳矣。"

三十一

《三字经》开宗明义："人之初，性本善；性相近，习相远。"荀子主张"性恶论"，认为道德是"积伪"；西方人受基督教原罪观念影响，也主张性恶论，所以重视法治和权力制衡。

三十二

"人之所以为人者何已也，曰：以其有辨也。饥而欲食，寒而欲暖，劳而欲息，好利而恶害，是人之所生而有也，是无待而然者也，是禹桀之所同也。"好利是人的本性，但是人有理性，懂得"父子之亲"，"男女有别"。

三十三

"今人之性，生而有好利焉，顺是，故争夺生而辞让亡焉。……然则从人之性，顺人之情，必出于争夺。合于犯分乱理而归于暴。"荀子强调礼法的作用，对法家有重要影响。

三十四

"涂之人可以为禹"，人人"皆内可以知父子之义，外可以知君臣之正，然则其可以知在质，可以能之具，其在涂人之明矣。"可见荀子也知涂人心灵之明，有向善的可能性。

三十五

恩格斯说："卑劣的贪欲是文明时代从它存在的第一日直到今日的动力；财富，财富，第三还是财富——不是社会的财富，而是这个微不足道的个人的财富，这就是文明时代唯一的、具有决定意义的目的。"

三十六

黑格尔说："人们以为，当他们说人本性是善的这句话时，他们就说出了一种很伟大的思想；但是他们忘记了，当人们说人本性是恶的这句话时，是说出了一种更伟大得多的思想。"

三十七

黑格尔的思想是受基督教原罪观念的影响。实际上是善与恶的斗争推动了人类进步。性善论是启蒙运动以来的新思想，是民主思想的理论来源。

三十八

相信人性本善，相信世界上还是好人多，好人终有好报。相信正义必将战胜邪恶，这是一种道义的力量，这是一种向善文化，是人类走向文明进步的精神支柱。

三十九

康德说："有两种东西，我们对它思考得越是深沉和持久，它们所唤起那种越来越多的惊奇和敬畏就会充益我们的心灵，这就是繁星密布的苍穹和我心中的道德律！"

四十

宗教是一种敬畏精神，对大自然神奇力量的敬畏，对道德律令的敬畏，对灵魂圣洁的敬畏。这大概是宗教虽经打击，依然顽强存在的根本原因吧。

四十一

蒲柏说，“大自然和它的规律隐藏在黑暗中，上帝说，让牛顿出生吧，于是一切都成为光明的了”！牛顿诞生了，上帝的权威却下降了。

四十二

人性在神性与兽性之间徘徊，失去对神性的敬畏，人性就会滑向兽性的深渊。信仰缺失，是人类一切乱象的根源。

四十三

知识与信仰，理性与非理性、决定论与意志自由的关系，是现代哲学的三大难题。这是一个知识爆炸的时代，也是一个信仰危机的时代。

四十四

弗洛伊德潜意识学说的提出，这是人学研究领域的哥白尼革命。意识只是冰山的一角，潜意识才是主体，如果用理性引导非理性，开发人的潜能和价值，是一个大问题。

四十五

唯物史观的灵魂是决定论与意志自由论的统一。人类社会同自然界一样，具有不以人的意志为转移的规律；但是人可以认识和利用这些规律，人有意志自由，人必须为自己的行为负责。

四十六

人们不甘心在自然面前俯首称臣，企图用理想来超越现实。但是，人类的理性，也是有局限性的，因为他会受到欲望、意志、情感等非理性因素的制约。

四十七

科学技术日新月异，在近代以来是改变人类命运的伟大力量。从蒸汽机时代，到电气化时代、电子互联网时代、航天时代，人类的生产和生活方式发生了根本的变化。

四十八

这是一个科技发达的时代，又是一个物欲横流的时代。天下熙熙皆为利来，天下攘攘皆为利往！一方面我们享受现代文明带来的方便快捷，一方面人情淡漠、心灵备受熬煎。

四十九

佛言：“吾视王侯之位，如过隙尘；视金玉之宝，如瓦砾；视纨素之服，如敝帛；视大千界，如一诃子；视阿耨池水，如涂足油。”慧远说，“不以情累其生，不以生累其神”，这是对现代人的教诲。

五十

王阳明曰：“人心是天渊，心之本体为所不该；原是一个天，只为私欲障碍，则天之本体失了。心之理无穷尽，原是一个渊，只为私欲窒塞，则渊之本体失了。”私欲是我们心灵的最大障碍。

五十一

“君子有三乐，而王天下不与存焉。父母俱存，兄弟无故，一乐也。仰不愧于天，俯不怍于人，二乐也。得天下英才而教育之，三乐也。”我把它概括为，天伦之乐、良心之乐和智慧之乐。

五十二

冯友兰根据人的觉解的多少将人分为四个境界，即自然境界、功利境界、道德境界和天地境界。自我中心是一种境界，奉献社会是一种境界，天人合一又是一种境界。

五十三

达则兼济天下，穷则独善其身。儒道互补，中国文化是一种心灵哲学，有了这个安身立命之地，无论是枪林弹雨的岁月，还是风和日丽的季节都能够心安理得地生活下去。

五十四

海德格尔说："人诗意地栖居在大地上！"有耕耘就有收获，然而为了收获而耕耘，是一种境界；只讲耕耘，不讲收获，又是一种境界。

五十五

"人不能两次踏进同一条河流""曾经沧海难为水，除却巫山不是云"！人生是一次探险，经历是一笔财富。"千江有水千江月，万里无云万里天"，这是禅的境界。

第5篇　天才与教育

一

人忙于去追求知识，却荒芜了智慧之树。歌德说：“理论是灰色的，而生命之树常青!”智慧的花朵开放在生活的原野，而愚蠢的人们只知道在知识的海洋里去打捞。

二

教育是一门艺术，而艺术本身就是教育。音乐是艺术之魂，而绘画是艺术之魄。

三

一位音乐家说：“我虽然贫穷，但我可以使像我一样贫穷的人快乐起来。”

四

在常人眼里教师是微不足道的，但是他们可以努力让年青一代强大起来。

五

初生牛犊不怕虎，自古英雄出少年。所以小孩往往要比大人勇敢得多，然而，有时也很胆怯，这也是小孩的可爱之处。

六

孩子都是天才，现代教育使他们堕落成了人才！人才进行工作，天才进行创造。在工业化社会，如果说教师是“园丁”，那么儿童就是被修剪得“整齐划一”的冬青。

七

本来可以成为参天大树，成为栋梁之才，现在却要加工成一件器物，雕刻成为一件精美绝伦的艺术品。现代教育一方面在培养人才，一方面在扼杀天才！

八

天才教育学的生理学基础是：在人的大脑细胞中本身就饱含着人类在亿万年进化过程中所积累的经验和智慧的密码。

九

这是 21 世纪生命科学最伟大的发现，是一个与哥白尼革命同样伟大的科学发现，它将把人类文明向前推进一大步，将引发一场全球史无前例的教育文化变革！

十

苏霍姆林斯基说，教育的终极目标是培养和谐幸福的人。这应该成为天才教育学第一大原理。

十一

把小鸟放飞蓝天！如果说妇女解放程度是人类解放程度的尺度，那么儿童解放就是人类解放的前提。

十二

“童稚是人性纯度的标志”，好奇心、求知欲、想象力是创造力的源泉。

十三

童心、童趣、童稚是天才的摇篮，也是幸福的乐园，在那里我们可以享受童年的乐趣。科学家、艺术家是把这些品性保持最好的人。

十四

一般人随着年龄与阅历的增长，这些优良的品质逐渐退化。经验和知识积累得愈多，应对复杂事物的能力在增强，但是对事物的敏感性、好奇心却在下降。

十五

那些拿小孩的好奇心开玩笑的人，就是扼杀天才的罪魁祸首。那些用固定的模式、固定的方法：固定的教材教学生的学校和老师就应该寿终正寝。

十六

你难道不知道发明大王爱迪生，就曾经被老师认为是大傻瓜？而被学校辞退，幸运的是他有一位伯乐式的母亲。

十七

天才，是主动性的爆发，自信是成功的秘诀，主动是天边的云彩。“江上有奇峰，锁在烟雾中，寻常看不见，偶尔露峥嵘!”弗洛伊德认为，意识只是冰山的一角，潜意识才是主体，伟大人物就是让潜意识异军突起。

十八

天才又是被人发现并且得到激励的人，是自命不凡，奋斗不息的人。有人说：“现代教育的精髓就是自信心的培养。”自信是成功的秘诀，是高人一等的艺术，这也是一个了不起的发现。

十九

罗森塔尔撒了一个“权威性谎言”，“最有发展前途者”是他随机挑选出来的，一段时间后奇迹出现了：名单上的学生，个个成绩有了较大的进步，且性格活泼开朗，自信心强，求知欲旺盛，更乐于和别人打交道。这就是“罗森塔尔效应”。

二十

兴趣是最好的学校。孔子曰：“学之不如好之，好之不如乐之!”拿破仑说：“战争的秘诀在于在某一点上集中最优势的兵力。”

二十一

黑格尔给友人的信中写道：“如果你专心致志、心无旁骛地从事某一件事情，你就会取得让自己震惊的成就来。”这是他由一位家庭教师一举成为伟大哲学家的秘密。

二十二

孔子曰：“发愤忘食，乐以忘忧，不知老之将至!”这就是一种人生境界。爱迪生说：“天才就是百分之九十九的汗水，加一分灵感!”

二十三

传统教育把儿童的大脑看作一个仓库，教育就是怎样往里面塞知识。把学校定义为传授知识的场所，忽视了儿童天真烂漫、活泼可爱的天性，忽视了儿童善于发现和探究外部世界的奥秘，扼杀了儿童的创造性。

二十四

天才教育学就是《天方夜谭》中阿里巴巴的“芝麻开门吧”!就是阿基米德：“给我一个支点，我可以撬动整个地球!”这个支点就是孩子最能发挥潜能的兴趣点。

二十五

罗丹说：“不是世界上缺少美，而是缺少发现!”韩愈说：“世有伯乐，然后有千里马!”教育的秘诀在于发现孩子的天赋和兴趣，加以激励和栽培。

二十六

“如果人可以重新再活一次的话，那么几乎一半的人可以成为伟人”。这是一位临终关怀牧师的墓志铭，因为见异思迁是人的本性，目标专一、坚韧不拔的是少数。

二十七

科学学的奠基人贝尔纳说，“影响我们进步的不是未知的东西，而是已知的东西”。有位著名的数学家说：“为什么在我们的时代，爱因斯坦说出了关于时间和空间最深刻的话，因为这方面的知识他一无所知。”

二十八

李政道说：“科学与艺术是一枚硬币的两面。它们的共同基础是人类的创造力，它们追求的目标都是真理的普遍性。这样一枚‘硬币’，就代表了文化!”这就是科学家热爱艺术的秘密，爱因斯坦小提琴拉得棒，钱学森夫人是钢琴家。

二十九

路漫漫其修远兮，吾将上下而求索；水到无边天作岸，山登绝顶我为峰；人往高处走，水往低处流。这是普遍的人性，天才人物就在于把这种上进心集中在有意义的事业上。

三十

启发引导，是一种值得肯定的教学方法；而启而不发，则是一种更为卓越的教学艺术。前者可以造就有用之才，而后者可以造就天才。天才不仅是被奖励的，而且是被棒喝的。

三十一

好胜心、雄心、野心就是天才人物的天赋，对于儿童来说都是可喜可贺的。马思边草拳毛动，雕眄青云睡眼开。这是儿童想象力的表现，是天才的酵母和催化剂。

三十二

读书破万卷，下笔如有神；天道酬勤，熟能生巧，勤能补拙；笨鸟先飞早入林，功夫不负有心人；铁杵磨成针，功到自然成。

三十三

因材施教，寓教于乐，动之以情，晓之以理。言传身教，这是中国教育艺术的精髓。教育是一门科学，更是一门艺术；作为艺术的教育，高于作为科学的教育。

三十四

雅斯贝尔斯在《什么是教育》中认为，教育即陶冶。“教育的本质意味着一棵树摇动另一棵树，一朵云推动另一朵云，一个灵魂唤醒另一个灵魂”。

三十五

教师是用知识开发知识，用智慧启迪智慧，用情操陶冶情操，用心灵影响心灵。教育是人类灵魂的教育而非理智知识和认识的堆积，我们不仅要关心孩子学业，更要关心他们的情感和心灵成长。

三十六

教师与作家被誉为“人类灵魂的工程师”，是太阳下面最伟大的职业。学高为师，行为世范，“天地君亲师”。没有忧患意识，没有救世情怀，没有献身精神做不了一位真正的教师。

三十七

生活即教育，陶行知说，“千教万教教人做真人”。教人谋生的知识与能力是教育的一种境界；教人成就事业的理想与素质是教育的又一种境界；而启迪通达人生的智慧与胸襟，则是教育的至高境界。

三十八

孔子曰：“学而不思则罔，思而不学则殆！”笛卡儿说：“我思，故我在!”帕斯卡尔:“人是会思考的芦苇!”教师必须首先是一位思想者，必须教会学生独立思考，才能在这个价值观多元化、知识信息膨胀的社会有立足之地。

三十九

孔子曰:“朝闻道，夕死可矣。”司马迁:“究天人之际，通古今之变，成一家之言。”张载:“为天地立心，为生民立命，为往圣继绝学，为万世开太平。”诸葛亮:“志当存高远。”高尔基:“理想越高，才能发挥得越充分。”

四十

孟子:“达则兼济天下，穷则独善其身”;范仲淹:“先天下之忧而忧，后天下之乐而乐”;李大钊:“铁肩担道义，妙手著文章”;鲁迅:“横眉冷对千夫指，俯首甘为孺子牛。”中国圣贤教育根本上在于培育伟大人格和情怀。

四十一

韩愈曰:“师者，所以传道、授业、解惑也。”孔子曰:“学而不厌，诲人不倦”“学然后知不足，教然后知困。”现代学校是传授知识、职业培训之地，何曾传道?何曾解惑?何曾教学生为人处世?

四十二

教育变革的鼓角已经撞响，那种照本宣科，死记硬背，教科书上写什么、教师就教什么、考试就考什么的教学方法，必须寿终正寝!

四十三

夸美纽斯说:“寻求并找出一种教学的方法，使教员因此可以少教，但是学生可以多学。”在知识爆炸的信息社会，如何传授知识和技能也是一个必须面对的课题!

四十四

哈佛大学教授霍华德·加德勒说:“每个人至少有九种智能，即语言、数学、逻辑、音乐、身体、空间、人际关系、内省和自然观察，以此衡量，‘差生’几乎不存在。”

四十五

老师是导演而不是演员，学生是演员而不是观众。老师不能唱独角戏，必须从主体间性重新思考教学过程中师生角色定位。

四十六

教师首先是学生的心灵导师，让学生在人生的舞台上纵横驰骋。教师应该指导和欣赏学生在知识的海洋里畅游，去探索和发现宇宙和世界的奥秘。

四十七

这是一个知识浩瀚、科技发达、文化繁荣、艺术辉煌的时代。中国的伟大变革和迅速崛起，点燃了古老民族复兴的梦想，教育变革是中国文化复兴的核心和前奏。

四十八

从求同思维向求异思维转变是中国教育变革的灵魂，必须把科学教育与人文教育、知识教育与艺术教育、社会教育与生活教育、职业教育与专业教育相结合，还有民族教育与人类教育、大众教育与天才教育相结合，是世界教育大趋势。

四十九

东方是“羊”的教育，培养的是温文尔雅、逆来顺受、安于现状的人；西方是“狼”的教育，培养的是个性张扬、敢于挑战、不断超越的人。在物竞天择、适者生存的世界，我们要对孩子们举行“狼”的教育，而不是“羊”的教育。——深圳南山区学府小学《出征》狼群雕刻底座文字。

五十

李泽厚在《主体性论纲》中指出，“21 世纪的哲学是教育学”。因为教育关涉民族和人类的前途，关涉人的解放和幸福、人的自由和全面发展、人的潜能和价值。

五十一

钱学森之问，拷问着古老民族的灵魂，这是一位功勋卓著的科学家对祖国前途的担忧，必须对中国教育进行根本性改造，让人格、创造、幸福、和谐的理念在神州大地上开花结果！

第6篇　政治与变革

一

“政治是价值的权威性分配。”“政治的全部艺术就在于人的理性对非理性的引导。”这是政治学家的真知灼见。

二

“正如政治是意志的暴君一样，理想主义是思想的暴君。”“利用其罪恶比利用其美德更容易建立对人的统治。”这是巴古宁与拿破仑所谓的政治。

三

政治是冒险家的乐园，既可以实现正义，也可以制造邪恶；既可以给人以自由，也可以成为禁锢人的牢笼。

四

有一种实用主义的政治，只要符合它的现实需要，就可以指鹿为马，果断地踢开自己道路上的“绊脚石”，坚定地走向彼岸。然而这样的独裁统治不会维持太久。

五

任何人都不可能走出政治的阴影，你可以对他不感兴趣，但你又无法回避它，就像人不可能摆脱自己的影子一样。人们渴望的是能够带来阳光和自由的政治。

六

政治是一种文明的生存方式，这是一种理想的政治、崇尚妥协的政治、有规则与秩序的政治，摆脱了野蛮和血腥的政治，人类正在朝这个方向努力。

七

人的解放与幸福是政治追求的终极目标，国民幸福指数是衡量政府治理水平的标准。由正义论到幸福论是政治哲学研究范式的重大转换。

八

人类以往的政治都是少数人的事情，互联网的兴起，为金字塔精英政治向网络型共享政治转变提供了可能。

九

闪电比雷鸣更具有不可思议的穿透力，无形的思想变革会掀起社会变革的惊涛骇浪。

十

江河失去河床的约束就会泛滥，权力没有制度的制衡就会腐败，因此必须把“权力关进制度的笼子”。

十一

“革命是历史的火车头”，改革也是一场惊心动魄的革命，可以让一个民族起死回生。

十二

“王侯将相宁有种乎！”人才的浪费是最大的浪费，人才的压制是最大的危险。

十三

专制制度渴望贤人，需要庸人，君权越来越尊而相权越来越卑，清朝大臣不是自称奴才吗？

十四

表面平静的大海，说不定正在酝酿着一场惊涛骇浪。要防患于未然，必须因势利导、未雨绸缪。

十五

“水可载舟，亦可覆舟”“得民心者得天下”“得道者多助，失道者寡助”。这是千古遗训，不可抗拒啊！

十六

孔子曰：“不患贫而患不均，不患寡而患不安。”公平与效率的关系、发展与稳定的关系，是古今政治关注和要着力解决的首要问题。

十七

政治是文明与野蛮的较量，“为政以德，譬如北辰，居其所而众星共之”。理想的政治是正义的实现，是一种文明的生存方式。

十八

亚里士多德说：“政制和法律是为人们的幸福生活创造良好的社会环境。”法律和制度建设对人们生活是何等重要啊！

十九

马克思主义是关于人类解放的理论。幸福与尊严，不仅是伦理学，而且是政治学的核心问题。政治应该维护公平正义，给人民带来安宁与秩序。

二十

“人是政治动物”“人的本质在现实性上是一切社会关系的总和”。政治学研究的根本问题是：“人类群体生活如何组织，才不失公平正义？”

二十一

一个正义的社会应当是这样的：一个“中间力量”主导的社会，这是涉及社会结构合理安排的问题；一个崇尚法治的社会，这是涉及法律制度的问题；一个保有个人私产的社会，这是涉及产权和经营自由权的问题。中国的改革正是遵循这样的思路。

二十二

“大道之行也，天下为公。选贤任能，讲信修睦。故人不独亲其亲，不独子其子，使老有所终，壮有所用，幼有所长，鳏寡孤独废疾者皆有所养。”（《礼记·礼运》）是中国人追求的大同理想。

二十三

人类经由习俗社会、宗教社会、道德社会而进入法律社会。法律成为调节社会有序性的主要手段，而法律社会首先是约束和规范政府官员的行为，以保障公民权利和自由为目的。

二十四

商鞅云：“古之民朴以厚，今之民巧以伪。故效于古者，先德而治；效于今者，前刑而法。夫民忧则思，思则出度；乐则淫，淫则生佚。故以刑治则民威，民威则无奸，无奸则民安其所乐。”依法为纲，国可治也。权大于法，正义何伸？

二十五

现代民主政治不仅在于自治和人民当家做主，而且是一种利益表达和利益调节机制，必须把弱势群体组织起来，让他们有能力与强势群体博弈，而政府充当调解人。

二十六

政治既是斗争的利器，又是妥协的艺术。社会发展存在两种形态，一个是显著变动状态，一种是相对稳定状态，前者彰显斗争，后者需要妥协。

二十七

政治是一门摆平矛盾的艺术，也就是各派政治力量之间的博弈，妥协也就是让步。中国历史上就有对农民的让步政策，今天倡导的协商政治，也是一种妥协的方法。

二十八

中国近代化的主题是革命，所以我们推崇法国大革命，现在是改革和建设时期，稳定压倒一切，我们向往英国光荣革命，讲妥协精神，和平崛起。

二十九

《尚书》：“民惟邦本，本固邦宁。”“民之所欲，天必从之!”孔子曰：“道千乘之国，敬事而信，节用而爱人，使民以时。”孟子曰：“民为贵，社稷次之，君为轻!”在春秋战国时期提出“民贵君轻”的政治价值观，我们敬佩孟夫子的伟大。

三十

孔子曰：“道之以政，齐之以刑，民免而无耻；道之以德，齐之以礼，有耻且格。”现代是法治社会，但是道德的重要也不可低估，德治与法治相结合是中国的优良政治传统。

三十一

“周公吐哺，天下归心”！文王访贤，管子相齐，秦穆公重用百里奚，秦孝公用商鞅变法，刘备三顾茅庐，唐太宗与魏征，千古称颂。

三十二

墨子尚贤，主张“官无常贵，民无常贱；有能则举之，无能则废之。”儒家强调“举贤任能”，孟子认为：“仁者无不爱也，急亲贤之为务。”“贤者在位，能者在职”！二程认为：“天下之治，由得贤也；天下不治，由失贤也。”

三十三

春秋战国，多元政治，百家争鸣，群星灿烂！三国时期，也是人才辈出，大江东去，浪淘尽，千古风流人物！故国神游，一时多少豪杰！

三十四

唐太宗说："治安之本，唯在得人。为政之要，唯在得人。""旧时王谢堂前燕，飞入寻常百姓家。"朝为田舍郎，暮登天子堂。隋唐时期创立了科举制度，可以打破"上品无寒门，下品无世族"这种贵族垄断权力的现象。

三十五

科举制度就是一个伟大的创举，在朝廷与民间搭建了一座桥梁，比西方等级森严的贵族制度要先进得多，得到法国启蒙思想家伏尔泰等人的推崇，成为西方文官制度的渊源。

三十六

"兼听则明，偏听则暗!"从谏如流，君臣共治，开辟了贞观之治，大臣是何等的威风，女人是如此的风采，视华夏与夷狄如一，大唐是一个海纳百川、经济文化繁荣的盛世。

三十七

"以铜为镜，可正衣冠；以史为鉴，可知兴衰；以人为鉴，可知得失!"这是唐太宗李世民治国名言，也是文明古国的政治智慧。

三十八

贞观年间大臣以为，圣旨是皇帝一时激动讲的话，如果以圣旨为标准，老百姓就会无所适从。法律是王朝的最高准则，国家治理必须以法律为准绳，法治高于人治。唐太宗表示赞成。

三十九

柳宗元在《封建论》中，认为郡县制代替封建制是大势所趋，反对封建割据。同时认为制度与政治不同，同样的制度下政治有好坏之分，政治是王朝采取的政策措施，应该处理好人治和法治的关系，法治并不排除人治。这个见解精辟。

四十

管子曰："仓廪实则知荣辱，衣食足则知礼节""礼义廉耻，国之四维；四维不张，国乃灭亡。"国家就应该把物质文明与精神文明一起抓，不能顾此失彼。

四十一

孔子曰："政者，正也""子帅以正，孰敢不正"。上行下效，令行禁止。

四十二

"君子之德风，小人之德草，草上之风必偃"。执政党的党风，关系党和国家死生存亡，"党风官风正，民风才能正!"

四十三

恩格斯说："国家是阶级矛盾不可调和的产物。""政治统治到处都是以执行社会职能为基础，而且政治统治只有在它执行了它的这种社会职能时才能持续下去。"

四十四

马克思被西方评为千年伟大思想家，这就叫"吃水不忘掘井人"。如果不是《资本论》号召工人阶级起来斗争，难道说资本家发善心建设了福利社会?

四十五

孙中山说："世界潮流，浩浩荡荡，顺之者昌，逆之者亡!""所谓国民革命者，一国之人皆有自由、平等、博爱之精神!"

四十六

毛泽东说："唯有共产主义的思想体系和社会制度，正以排山倒海之势，雷霆万钧之力，磅礴于全世界，而葆其美妙之青春！"

四十七

"领导我们事业的核心力量是中国共产党，指导我们思想的理论基础是马克思列宁主义。"

四十八

"社会主义制度的建立给我们开辟了一条到达理想境界的道路，而理想境界的实现，还要靠我们的辛勤劳动。"

四十九

"我们不仅善于破坏一个旧世界，我们还将善于建设一个新世界。"

五十

"国家的统一，人民的团结，国内各民族的团结，这是我们的事业必定要胜利的基本保证。"

五十一

"人民，只有人民，才是创造世界历史的动力。""人民群众有无限的创造力！"

五十二

"我们应当相信群众，我们应当相信党，这是两条根本的原理。如果怀疑这两条原理，那就什么事情都做不成了。"

五十三

"我们的目标，是想造成，又有集中又有民主，又有纪律又有自由，又有统一意志、又有个人心情舒畅、生动活泼，那样一种政治局面。"

五十四

邓小平指出："一个党，一个国家，一个民族，如果一切从本本出发，思想僵化，迷信盛行，那它就不能前进，它的生机就停止了，就要亡党亡国。"

五十五

"毛泽东一生中大部分时间是做了非常好的事情的，他多次从危机中把党和国家挽救过来。没有毛主席，至少我们中国人民还要在黑暗中摸索更长的时间。"

五十六

"要害是姓'资'还是姓'社'的问题。判断的标准，应该主要看是否有利于发展社会主义社会的生产力，是否有利于增强社会主义国家的综合国力，是否有利于提高人民的生活水平。"

五十七

"我坚信，世界上赞成马克思主义的人会多起来，因为马克思主义是科学。它运用历史唯物主义揭示了人类社会发展的规律，封建社会代替奴隶社会，资本主义代替封建社会，社会主义经历一个长期发展过程必然代替资本主义。"

五十八

"社会主义的本质是解放生产力，发展生产力，消灭剥削，消除两极分化，最终达到共同富裕。"

五十九

"我有一个观点，如果一个政党、一个国家把希望寄托在一两个人的威望上，并不很健康。那样，只要这个人一有变动，就会出现不稳定。"

六十

"旧中国留给我们的，封建专制传统比较多，民主法制传统很少。解放以后，我们也没有自觉地、系统地建立保障人民民主权利的各项制度，法制很不完备，也很不受重视。”

六十一

“现在应该明确提出继续肃清思想政治方面的封建残余影响的任务，并在制度上做一系列切实的改革，否则国家和人民还要遭受损失。”

六十二

“领导制度、组织制度问题更带有根本性、全局性、稳定性和长期性。制度好可以使坏人无法任意横行，制度不好可以使好人无法充分做好事，甚至会走向反面。”

六十三

“我们提出改革时，就包括政治体制改革。现在经济体制改革每前进一步，都深深感到政治体制改革的必要性。不改革政治体制，就不能保障经济体制改革的成果，不能使经济体制改革继续前进，就会阻碍生产力的发展，阻碍四个现代化的实现。”

六十四

“进行政治体制改革的目的，总的来讲是要消除官僚主义，发展社会主义民主，调动人民和基层单位的积极性。要通过改革，处理好法治与人治的关系，处理好党和政府的关系。”

六十五

“我们评价一个国家的政治体制、政治结构和政策是否正确，关键看三条：第一是看国家的政局是否稳定；第二是看能否增进人民的团结，改善人民的生活；第三是看生产力能否得到持续发展。”

六十六

坚持党的领导与人民当家做主、依法治国相结合，正确处理改革、发展、稳定的关系，是中国特色社会主义政治文明建设的基本经验。

六十七

“周虽旧邦，其命维新”，中国五千年文明史实际上是一部改革史。从商鞅变法，到王安石变法，到近代戊戌变法、孙中山革命、新民主主义革命，到新时期改革开放。

六十八

中国的希望在于政治改革，这是顺应时代潮流、破解中国难题、引领社会变革的中心环节，也是中国历史发展的必然逻辑。政治改革可以解决渐进性改革积累的问题和瓶颈，是全面深化改革、实施“四个全面”战略布局的关键。

六十九

中国政治改革是围绕国家治理体系和治理能力现代化的系统协调改革，只有政治改革，才能为国家长治久安、繁荣稳定创造良好的制度和法律环境，才能最终实现民族伟大复兴。

七十

习近平指出：“我们比历史上任何时期都更接近中华民族伟大复兴的目标，比历史上任何时期都更有信心、有能力实现这个目标。”几十年经济持续高速增长，政通人和，睦邻友好，国际地位明显提升，千载难逢，机遇不可错过。

第7篇　战争与和平

一

战争与和平是人类两种生存方式，人类期盼和平，而战争却创造历史。

二

阿西莫夫《诠释人类一万年》我们读出了两个字“战争”，人类文明史就是血淋淋的战争史！

三

毛泽东指出：“战争是流血的政治，政治是不流血的战争！”这是对战争本质的揭示。

四

人类目前依然处于进化的初期阶段，依靠相互征服屠杀同类为自己开辟道路，两次世界大战就是证明。

五

人性介乎于神性和兽性之间，失去对神性的敬畏，人性就会滑向兽性的深渊。

六

诺贝尔生物学奖获得者康罗·洛伦兹在《攻击与人性》中指出：“攻击性，人与动物是相通的！”妒忌，竞争，战争与相互征服的欲望和野心，都根源于人的攻击性。

七

科学技术是一把双刃剑。最新科技成果往往先用于军事，原子弹、化学武器、细菌，用于人类相互残杀的战争，这就是最大的危险。

八

第二次世界大战，德意日法西斯丧心病狂，把全世界人民卷入了战争的腥风血雨之中，发生了南京大屠杀、奥斯威辛集中营惨绝人寰的悲剧!

九

以理性主义著称的德意志却纵容了希特勒，彬彬有礼的大和民族却让军国主义甚嚣尘上！这难道不是对人类理性的极大讽刺?

十

第二次世界大战期间以纳粹德国为首，几十个国家趁火打劫疯狂屠杀犹太人！多则几百万，少则几千人！难道希特勒是他们的太上皇？因为犹太商人有钱!

十一

人为财死，鸟为食亡！这是千古不变的信条。天下熙熙皆为利来，天下攘攘皆为利往；穷在闹市无人问，富在深山有远亲。欺软怕硬，趋炎附势是人的本性啊。

十二

西方国家的绥靖主义者，不惜以牺牲弱小国家利益为代价，来维护自身的利益，求得一时苟安，谋求同侵略者妥协，妄图将“祸水东引”至苏联，坐收渔利，法西斯变本加厉。

十三

灵魂是杀不死的！正义是推不倒的！真理是灭不掉的!

十四

黑夜每天光临，黑夜难道就不是黑夜？太阳每天降落，太阳就不会升起？

十五

人心不足蛇吞象；魔高一尺道高一丈。日本人得意于偷袭珍珠港的胜利，怎会想到两颗原子弹，广岛、长崎两座城市毁于一旦。

十六

得道者多助，失道者寡助。世界人民终于觉醒，反法西斯同盟形成，莫斯科保卫战，诺曼底登陆，攻克柏林！苏联红军出兵东北！

十七

西安事变的和平解决，抗日民族统一战线的形成，全民抗日，同仇敌忾！正面战场与敌后武装相配合。

十八

血战台儿庄、平型关大捷、百团大战，打出了中国人的威风，鼓舞了全国人民的抗日斗志。

十九

共产党领导的八路军、新四军，在抗日战争中发挥了中流砥柱的作用。地道战、地雷战、麻雀战，平原游击队，铁道游击队，让日寇陷入人民战争的汪洋大海之中。

二十

抗日战争初期毛泽东就发表了著名的《论持久战》，分析敌我双方的力量和形势的变化，认为这场战争不会是速决战，而是持久战，但是胜利一定属于中国人民！

二十一

“敌进我退，敌驻我扰，敌退我进，敌疲我打”这是游击战十六字令，战略上藐视敌人，战术上重视敌人，集中优势兵力，各个歼灭敌人。灵活机动的战略战术，创造了人类战争史上的奇观。

二十二

“我们中华民族有同自己的敌人血战到底的气概！有在自力更生基础上光复旧物的决心，有自立于世界民族之林的能力!”

二十三

第二次世界大战，这是光明与黑暗、正义与邪恶、文明与野蛮的较量！但愿这是人类最后的疯狂。

二十四

法西斯虽然猖獗一时，最终逃脱不了覆灭的命运，这就叫多行不义必自毙，天网恢恢，疏而不漏。

二十五

习近平指出：“正义必胜，人民必胜，和平必胜！这是历史昭示的真理!”但愿这是人类相互征服为自己开辟道路历史的终结。必须用正义与和平重铸人类文明，打造人类命运共同体。

二十六

中国人民抗日战争胜利，是近代以来中国抗击外敌入侵的第一次完全胜利。这一伟大胜利，彻底粉碎了日本军国主义殖民奴役中国的图谋，洗刷了近代以来中国抗击外来侵略屡战屡败的民族耻辱。

二十七

这一伟大胜利，重新确立了中国在世界上的大国地位，使中国人民赢得了世界爱好和平人民的尊敬。这一伟大胜利，开辟了中华民族伟大复兴的光明前景，开启了古老中国凤凰涅槃、浴火重生的新征程。

二十八

在那场战争中，中国人民以巨大民族牺牲支撑起了世界反法西斯战争的东方主战场，为世界反法西斯战争胜利做出了重大贡献。中国人民抗日战争也得到了国际社会广泛支持，中国人民将永远铭记各国人民为中国抗战胜利做出的贡献！

二十九

汤因比说，人类在挑战和应对挑战中，一些文明消失了，一些文明兴起了。孟子曰："生于忧患，死于安乐。"多难兴邦，置之死地而后生。

三十

拿破仑说："中国是一头沉睡的狮子，当它醒来的时候整个世界都会感到震惊！"中国这头雄狮，就是被西洋和东洋鬼子的枪炮声惊醒的！

三十一

我们必须记住屈原、苏武、岳飞、文天祥、戚继光、郑成功、林则徐、谭嗣同、邓世昌、杨靖宇、赵一曼、张自忠等民族英雄的名字！鲜艳的国旗，这是无数先烈的鲜血染就！

三十二

中华人民共和国成立了，中国人民从此自立起来了！人民英雄永垂不朽！由此英灵得以安息，生灵获得新生！这是开天辟地的伟大事件！是人类历史的新纪元！

三十三

中国人民志愿军总司令彭德怀说："抗美援朝战争的胜利它雄辩地证明：西方侵略者几百年来只要在东方一个海岸上架起几尊大炮就可霸占一个国家的时代是一去不复返了！"

三十四

第二次世界大战的硝烟熄灭已经整整七十年，和平阳光普照大地，这和平来之不易，是世界人民付出巨大的牺牲换来的！

三十五

七十年没有爆发世界大战，首先要感谢原子弹的威慑力，人类已经进入核时代，任何国家的政治家、军事家、好战分子，都不得不考虑这个因素。

三十六

然而我们必须清醒地认识到"核武器震慑和平，核武器也威胁和平"！美国和苏联曾经拥有的核武器，可以将地球毁灭若干次。

三十七

戈尔巴乔夫说："在核时代，人类在同一条船上！人类的生存意志高于一切！"一旦爆发核战争，不仅没有赢家，也不会是两败俱伤，而是人类毁灭！这绝不是危言耸听，战争的达摩克利斯之剑始终高悬在人类头上！

三十八

正如丘吉尔所言，"没有永远的朋友，只有永远的利益"！第二次世界大战后反法西斯同盟解体，铁幕拉开，持续几十年的美苏冷战，局部战争不断；强权政治、霸权主义仍然盛行；国际恐怖主义时有发生，这个世界并不太平。

三十九

你听，这是大国崛起的脚步！雄鹰在蓝天上翱翔，航空母舰守卫着我们的海疆！抗战胜利七十周年大阅兵，展示了我国国防现代化的实力！宣布裁军三十万，昭示中国维护世界和平的决心！

四十

习近平在联合国指出："铭记历史、缅怀先烈、珍爱和平、开创未来。为了和平，我们要牢固树立人类命运共同体意识。偏见和歧视、仇恨和战争，只会带来灾难和痛苦。相互尊重、平等相处、和平发展、共同繁荣，才是人间正道。”

四十一

“世界各国应该共同维护以联合国宪章宗旨和原则为核心的国际秩序和国际体系，积极构建以合作共赢为核心的新型国际关系，共同推进世界和平与发展的崇高事业。”

四十二

这是和平发展的全球化时代，各民族国家相互依存，东西方文明在碰撞、对话、交流中走向融合，中国和平崛起适应历史潮流，也是爱好和平的世界人民的心愿。

四十三

然而，中国迅速崛起，中国威胁论甚嚣尘上，他们担心中国挑战苏联解体以后美国主导的世界秩序，推出“亚洲再平衡”战略，在中国南海频繁挑起事端，联合日本、菲律宾，遏制中国。

四十四

中国拥有近 300 万平方公里的海域与 32000 公里长的海岸线。海岸线分为大陆海岸线和海岛海岸线，其中大陆海岸线为 18000 公里。中国建设海洋大国关涉中国战略核心利益，势在必行，决心不会动摇！

四十五

战争与和平是人类生存发展的核心问题，如何超越相互征服为自己开辟道路的发展模式，实现持久和平，是人类进化和文明必须破解的重大难题。

四十六

汤因比在《历史研究》中提出，近代以来人类发展受两个因素制约，一个是工业体系，一个是国家主义。前者不断生产出新的商品，供我们消费；后者竞相实现现代化，导致了两次世界大战。

四十七

“大同世界，是不久将来的事情，资源枯竭，人口膨胀，粮食短缺，环境破坏，核武器和战争威胁，迫使人类必须放弃国家主义！”这是人类唯一能够选择的道路。

四十八

欧洲人首先觉醒，战争的目的无非是争夺资源和市场。为了避免欧洲人打欧洲人的历史悲剧，首先建立钢铁煤炭联营、欧洲共同市场，最终形成欧盟，几十个国家加入。虽然英国人决定退出欧盟，但是欧盟的前景看好。

四十九

如何把人类相互攻击、相互征服的野心和欲望，化作和平有规则的较量，这是人类理性长期思考的问题，这个阿基米德支点究竟何在？

五十

现代奥林匹克运动的发展给人以重要启示，“用竞技体育取代战争！”这是一个天才的预言和构想，是人类实现持久和平的曙光。

五十一

歌德《浮士德》第二部中斯芬克斯们的态度：“我们坐在金字塔前，阅尽诸民族的兴亡；战争、和平、洪水泛滥——都像若无其事一般！”我们不是神，不可能那样超然！

第 8 篇　启蒙与复兴

一

文化时代是文化高度发展和繁荣的时代，是文化和精神追求上升为人的第一需要，东西方文化在交流碰撞中走向融合，文化成为文明进步决定性因素的时代。

二

“知识经济”“软实力”“科学技术是第一生产力”观念的提出，标志文化时代的来临。结束使用阶级斗争为纲的口号，以经济建设为中心，标志中国由政治时代转变为经济时代。

三

中国为了应对文化时代的挑战，提出了科教兴国、“两个文明一起抓”，创新型国家，学习型社会，人才强国战略，弘扬祖国优秀传统文化，深化文化体制改革，促进社会主义文化大发展大繁荣。

四

中国需要一场文艺复兴，复兴中国优秀传统文化，复兴春秋战国时期的自由理性和创造精神，呼唤伟大的思想和作品，重建民族文化的自信，弘扬人的尊严和价值。

五

李泽厚说：“启蒙与救亡的双重变奏”，由于救亡主题压倒启蒙，五四新文化运动的启蒙任务并没有完成，文化复兴是民族复兴的先导和标志，没有文化的发展和繁荣，民族复兴就会失去灵魂和支柱。

六

恩格斯说："这是一次人类从来没有经历过的最伟大的、进步的变革，是一个需要巨人而且产生了巨人——在思维能力、热情和性格方面，在多才多艺和学识渊博方面的巨人的时代。"

七

马克思说："思想的闪电，一旦射入这块从来没有触动过的人类园地，德国人就会解放成为人！"恩格斯说："如果一个民族要想站在科学最高峰，就一刻也不能没有理论思维！"

八

莎士比亚说："人所具有的，我都具有！""人半是天使，半是魔鬼！""草木是靠着上苍的甘露滋长的，但是它们也敢仰望苍穹！"

九

"人是一件多么了不起的杰作！多么高贵的理性！多么伟大的力量！多么优美的仪表！多么文雅的举动！在行为上多么像一个天使！在智慧上多么像一个天神！宇宙的精华！万物的灵长！"

十

黑格尔说："人应该尊敬他自己，并应自视能配得上最高尚的东西。精神的伟大和力量是不可低估和小视的。那隐藏着的宇宙本质自身并没有力量足以抗拒求知的勇气。对于勇毅的求知者，他只能揭开它的奥秘，将它的财富和奥妙公开给他，让他享受。"

十一

"我要特别呼吁青年的精神，因为青春是生命中最美好的一段时间，尚没有受到迫切需要的狭隘目的系统的束缚，而且还有从事于无关自己利益的科学工作的自由。一个有健全心情的青年还有勇气去追求真理！"

十二

“世界精神太忙碌于现实，太驰骛于外界，而不遑回到内心，转回自身，以徜徉怡于自己原有的家园中。现在现实潮流的重负已渐减轻，一切有生命有意义的生活的根源，拯救了过来。除了现实世界的治理，思想的自由世界也会繁荣起来。”

十三

康德说：“所谓启蒙，就是改变那种离开他人就不会思考、不会行动的习惯，就是做独立自主的人。”如此看来，在中国启蒙的任务远没有完成。

十四

贺麟说：“当一个民族发展到和平和繁荣阶段，当它从外部压迫和任何形式的内部专制中解放出来时，人们就开始认识到灵魂尊严的重要性。因此，他们自然就有了对整个人类、世界的责任感。”现代文明的本质是对人的尊重。

十五

海涅说：“哲学是一种力，一种间接的力，然而又是伟大的力，能够把人类提升到更高境界的力。”

十六

毛泽东说：“没有文化的军队是愚蠢的军队，而愚蠢的军队是不可能战胜敌人的。”

十七

“世界上最宝贵的是人，只要有了人什么人间奇迹都可以创造出来!”

十八

“世界是你们的，也是我们的，但归根结底是你们的。你们青年人朝气蓬勃，好像早晨八九点钟的太阳，希望寄托在你们身上!”

十九

“百花齐放、百家争鸣的方针，是促进艺术发展和科学进步的方针，是促进我国的社会主义文化繁荣的方针。艺术上不同的形式和风格可以自由发展，科学上不同学派可以自由争论。”

二十

邓小平说：“我们进行了二十八年的新民主主义革命，推翻封建主义的反动统治和封建土地所有制，是成功的，彻底的。但是，肃清思想政治方面的封建主义残余影响这个任务，因为我们对它的重要性估计不足，以后很快会转入社会主义革命，所以没有能够完成。”

二十一

“过去很长一段时期，我们忽视了发展生产力，所以我们特别注意建设物质文明，与此同时，还要建设社会主义精神文明，最根本的是要使广大人民有共产主义理想，有道德，有文化，守纪律。”

二十二

“世界在变化，我们的思想和行动也要随之而变。过去把自己封闭起来，自我孤立，这对社会主义有什么好处呢？历史在前进，我们却停滞不前，就落后了。马克思说过，科学技术是生产力，事实证明这话讲得很对。依我看，科学技术是第一生产力。”

二十三

“社会主义要赢得与资本主义相比较的优势，就必须大胆吸收和借鉴人类社会创造的一切文明成果，吸收和借鉴当今社会各国包括资本主义发达国家的一切反映现代化生产规律的先进经营方式、管理方式。”

二十四

江泽民说：“我们党之所以赢得人民拥护，是因为我们党在革命、建设、改革的各个历史时期，总是代表着中国先进生产力的发展要求，代表着先进文化的发展方向，代表着中国最广大人民的根本利益。”

二十五

“创新是一个民族的灵魂，是一个国家兴旺发达的不竭动力。也是一个政党永葆生机的源泉。二十多年来，我们党领导人民进行改革开放和现代化建设取得的伟大成就，都是与我们不断进行理论创新、体制创新、科技创新等分不开的。”

二十六

“发展社会主义文化，必须继承和发扬一切优秀的文化，必须充分体现时代精神和创造精神，必须具有世界眼光，增强感召力。中华民族的优秀传统文化，党和人民从五四运动以来形成的革命文化传统，人类社会创造的一切先进文明成果，我们都要积极继承和发扬。”

二十七

胡锦涛说：“坚持以人为本，树立和落实全面、协调、可持续的发展观，是我们二十多年改革开放和现代化建设实践经验的总结，是全面建设小康社会的必然要求，符合社会发展的客观规律。”

二十八

“人的生命是最宝贵的。我们是社会主义国家，我们的发展不能以牺牲精神文明为代价，不能以牺牲生态环境为代价，不能以牺牲人的生命为代价。”

二十九

“当今时代，文化越来越成为民族凝聚力和创造力的重要源泉、越来越成为综合国力竞争的重要因素，丰富精神文化生活越来越成为我国人民的热切愿望。”“弘扬中华文化，建设中华民族共有精神家园。”“中华民族伟大复兴必然伴随中华文化繁荣兴盛！”

三十

习近平说：“一个国家、一个民族的强盛，总是以文化兴盛为支撑的，中华民族伟大复兴需要以中华文化发展繁荣为条件。我们发展的目标，不仅要在物质上强大起来，而且要在精神上强大起来！”

三十一

“中华文化是我们提高国家文化软实力最深厚的源泉，是我们提高国家文化软实力的重要途径。要使中华民族最基本的文化基因与当代文化相适应，与现代社会相协调。”“中国梦意味着中国人民和中华民族的价值体认和君子追求”！

三十二

“国无德不兴，人无德不立。必须加强全社会的思想道德建设，激发人们形成善良的道德意愿、道德情感，培育正确的道德判断和道德责任，提高道德实践能力尤其是自觉践行能力，引导人们向往和追求讲道德、尊道德、守道德的生活，形成向上的力量、向善的力量。”

三十三

“人类社会发展的历史表明，对一个国家、一个民族来说，最持久、最深层的力量是全社会共同认可的核心价值观。核心价值观，承载着一个国家、一个民族的精神追求，体现着一个社会评判是非曲直的价值标准。”

三十四

弗洛姆说，“究竟是不完善的人造就了不完善的社会，还是不完善的社会造就了不完善的人”？实际上人类始终存在双重使命：完善社会与完善人性。

三十五

在中国现代性困境具有二重性，一方面现代性不足，需要继续反封建，一方面现代性问题凸显，需要重建信仰和道德体系，拯救人们的心灵。

三十六

“人的本质的本质是渴望得到肯定”，但是，只有由渴望肯定、发展到自我肯定才能回归本质。而自我肯定不仅在于自爱，更在于自律。

三十七

人的解放说到底是自己解放自己，自己把握自己的命运，自己作自己的主人。由自然和社会解放到自我解放，是人类解放的历史性跨越。

三十八

科学和民主是人类从神权专制时代迈入人文主义时代的标志。如果人们总是渴望“包青天”“海青天”，就说明民主时代还没有降临。

三十九

“我劝天公重抖擞，不拘一格降人才”，劝是劝不动的，只能依靠奋争，才能为人才脱颖而出开辟一方天地。

四十

“先天下之忧而忧，后天下之乐而乐”，胸怀天下的人，才会令天下人敬仰。“朱门酒肉臭，路有冻死骨”，深沉的忧患意识，是知识分子的责任和担当。

四十一

“在家听父母的，在学校听老师的，在单位听领导的!”如果这种依附性的政治文化不改变，那么人民“当家做主”就永远是一句口号。

四十二

并不是“听话的孩子”就一定有出息，他必须有独立人格。孟子曰：“威武不能屈，富贵不能淫，贫贱不能移”，我们培养的是公民，而不是顺民。

四十三

据说我国80%的博士后有从政意愿！如果权力没有边际，如果对当官趋之若鹜，如果知识只是攫取功名的手段，那么创新型国家就只能是遥远的梦。

四十四

“独立的人格，自由的思想”是现代大学的灵魂，没有对人的尊重，没有个性的张扬，没有享受孤独的自由，何来百家争鸣，何来群星灿烂？

四十五

“木秀于林，风必摧之！”“峣峣者易折，皎皎者易污！”“阳春白雪，和者盖寡！”因此谁也不要追求卓越，这种妒忌和排挤精英的文化，是一种巨大的惰性力量。

四十六

“聪明难，糊涂难，由聪明变为糊涂尤其难！”“难得糊涂”就成了封建社会“聪明人”的生存之道。然而，在现时代为什么还有那么多的人，信奉这句格言?!

四十七

“哀其不幸，怒其不争！”鲁迅的国民性批判，是在呼唤具有现代意识的公民，而鲁迅从教科书中淡出，只能是历史的倒退。

四十八

一位诗人，赢得了一个新中国；萧瑟秋风今又是，换了人间！春风杨柳万千条，六亿神州尽舜尧；红雨随心翻作浪，青山着意化为桥。中国是一个诗的王国，审美文化一定能够战胜功利文化。

四十九

你听，这是大国崛起的脚步声！沉舟侧畔千帆过，病树前头万木春。浴火凤凰更风流，中华民族焕发了青春，丝路花雨飘四海，贞观长歌荡九州。长风破浪会有时，直挂云帆济沧海！

第 9 篇　心态与生态

一

人类的生存困境归结起来无非两个问题：一个是生态问题，一个是心态问题，心态决定生态。是人类贪婪的欲望，破坏了生态环境，引发了冲突、战争和不安！

二

文艺复兴以来，人类走出禁欲主义的黑夜，却陷入了纵欲主义的陷阱！莎士比亚说，“人所具有的我都具有”“人半是天使，半是魔鬼！”

三

“人心不足蛇吞象”，贪婪是人的本性。人本主义取代神本主义，人类中心论甚嚣尘上，人类依靠科学技术可以无限度地挖掘和利用自然资源。

四

培根说，“知识就是力量”，他提出两个梦想，凭借科学认识宇宙，凭借科学征服宇宙。浩瀚的银河在宇宙之中只是沧海一粟，人类何其狂妄啊！

五

人是自然界最强大的动物，也是自然界最邪恶的动物，因为他具有毁灭一切的力量！

六

大自然亿万年的神奇造化，在一夜之间可以被人类毁灭！这究竟是人类的骄傲，还是人类的悲哀？

七

请记住！恐龙灭绝的真正原因，不在于它的弱小，而在于它的强大。

八

洪水泛滥会淹没一切，欲望泛滥会毁灭一切。

九

人类存在两种理性，工具理性和价值理性，两种此消彼长。工具理性膨胀正在把人类引向毁灭的边缘。

十

“祸兮福兮所存，福兮祸兮所倚！”还是老子有先见之明，“道法自然”，人类近代以来的发展道路难道不值得反思？

十一

黄河说：“长江，长江，我是黄河！”长江回答说：“黄河，黄河，我也是‘黄河’！”

十二

为了发家致富，几十万人在甘肃、青海草原上挖冬虫夏草，致使几百万顷草原变成沙漠。

十三

红树林是湿地的保护神，湿地可以调节气候，被称为地球的肾。人们为了得到鱼虾之利，我国红树林面积由40年前的4.2万公顷减少到1.46万公顷。

十四

我们小的时候红河谷的一支溪流从村庄穿过，村子里有几个池塘，有哗啦啦的水磨子，还有一望无际的芦苇荡，那是孩子们的乐园，现在只有在梦境中出现。

十五

20 世纪 70 年代，我们过渭河到烈士陵园扫墓，有时候还要乘渡船，短短几十年渭河就变成了一条小溪，甚至出现断流。

十六

小的时候天总是那样蔚蓝，水总是那样清澈，我们最喜欢看天上的云，一会儿像奔马，一会儿像飞龙，现在的天总是灰蒙蒙，总是阴沉着脸。

十七

天真无邪的孩子指着暗渠流出来的污水：因为有了它，井水不能喝，洗头还要掉头发。“哦，绿水一旦淌污，青山必然斑秃，希望片片脱落”。

十八

渤海岸简陋的厂房正在肆无忌惮地向海中排放污水，为了追求急功近利，不惜损害辽阔的大海和子孙的生存环境。

十九

流入锦州湾污染严重的五里河，已成为灭绝之河，过去是虾、毛蚶繁殖场的锦州湾如今已成为死海。被污水毒死的海豚，让人惨不忍睹！

二十

云南元谋曾经是森林茂密的地方。我们的祖先“元谋人”就生活在这里。从 60 年代起开始的砍伐砍光了树，不科学的耕作又造成严重的水土流失。壮观的元谋土林实际上是灾难的结果！

二十一

内蒙古多伦县原是世界上最好的草场之一。近 20 年来过度放牧、乱垦乱耕造成严重沙化，威胁着京津地区。当地居民风后第一件事就是把沙子移走。这里大概是沙尘暴的源头。

二十二

深秋，秸秆燃烧，烟火吞吐，秸秆说："我来自大地，应归还沃土，在这里焚烧，空气污染，土地贫瘠，无知者，你何时走出迷途?"

二十三

"它们是春天的噩梦，它们是夏天的敌人，它们妄想取得绿叶红花，它们是我们自私的果实，不是我们的觉悟把它们化解，就是它们的肆虐把我们消灭"！——挂满树枝的废塑料袋。

二十四

这是盛世危言？是 2002 年 12 月 20 日《中国教育报》："环境问题，令人夜不能寐"！写在《生命之歌——中国环境警示教育大型摄影展》上的一组文字，触目惊心。十多年过去了，环境改善了，还是恶化了？

二十五

恩格斯说："我们不要过分陶醉于我们对大自然的胜利。对于每一次这样的胜利，自然界都报复了我们。每一次胜利，在第一步都确实取得了我们预期的结果，但是在第二步和第三步却有了完全不同的、出乎意料的影响，常常把第一个结果又取消了。"

二十六

美索不达米亚、希腊、小亚细亚以及其他各地的居民，为了想得到耕地，把森林砍完了，但是他们梦想不到，这些地方竟因此成为荒芜不毛之地，因为他们使这些地方失去了森林，也失去了积蓄和贮存水分的中心。

二十七

英国曾经发生伦敦雾事件，美国科学家卡逊著有《寂静的春天》，苏联乌克兰共和国切尔诺贝利核电站、日本福岛核电站曾发生严重核泄漏事故，罗马俱乐部发表《增长的极限》，可持续发展的理念的提出，是人类理性的又一次觉醒。

二十八

中国的跨越式发展，也付出了惨痛的代价。几十年经济高速增长，世界上的人口大国一举成为经济大国，傲然崛起在世界的东方！中国人在欣喜之余，也感受到雾霾、沙尘暴、沙漠化向我们袭来，河流被污染了，食品安全，健康问题令人担忧。

二十九

80 年代，中国是一个自行车王国，转眼之间中国成了汽车王国，城市车满为患，哪里有人走的路？上下班以及长假高速路上，汽车像乌龟一般爬行。

三十

道路建设怎么也跟不上汽车发展的速度。中国是世界第一人口大国，耕地面积有限，前总理朱镕基讲，“现在看来发展小汽车，是一个决策失误”。

三十一

过去我们羡慕美国人的生活，国人的欲望已经被调动起来了，怎么能挡得住？中国人特别好面子，喜欢攀比，拥有小汽车，已经成为新的时尚，一方面抱怨雾霾，一方面盛行消费主义。

三十二

中国梦寐以求现代化，大势所趋，但是现代化必须从国情出发。上海世博会我们参观丹麦馆，全部摆的都是自行车，据说丹麦现在是自行车王国，连国王上班都骑自行车，这叫“绿色出行”。中国人应该进行反思！

三十三

生态文明建设刻不容缓！世界气候大会，引起全人类关注。地球在变暖，南极冰雪在融化，喜马拉雅山植物在攀升，海平面在上升，马尔代夫不久将被海水淹没……中国最繁华的城市——上海也岌岌可危！

三十四

这是各国竞相现代化对人类提出的挑战，我们不禁要问近代以来的工业化、城市化、现代化，人类是不是走上了一条不归路？

三十五

人类只有一个地球，一个大气层，水是生命之源，水被污染了，空气被污染了。生态环境不断恶化，动植物灭绝的速度在加快，人类是否也会灭绝？

三十六

思想有多远，我们就能走多远！“生于忧患，死于安乐”！悲观主义未来学家频频向人类发出警告，他们是出于对人类命运深沉的担忧，人类必须悬崖勒马，回头是岸。

三十七

海德格尔从东方哲学汲取营养，认为人类必须放弃征服自然、主宰自然的思维定式。“人类是大自然的建设者”“人诗意地栖居在大地上”！

三十八

“天人合一”“道法自然”，是中国文化的精髓。孟子提出“亲亲而仁民，仁民而爱物”“仁者浑然与物同体”；张载提出“民胞物与”，人民是我的同胞，万物是我的兄弟。古人“万物一体”“万物有情”，息息相通，休戚与共思想具有远见卓识。

三十九

习近平说，“树立尊重自然、顺应自然、保护自然的生态文明理念，坚持节约资源和保护环境的基本国策，坚持节约优先、保护优先、自然恢复为主的方针”。

四十

“要正确处理好经济发展同生态环境保护的关系，牢固树立保护生态环境就是保护生产力、改善生态环境就是发展生产力的理念，更加自觉地推动绿色发展、循环发展、低碳发展，绝不以牺牲环境为代价去换取一时的经济增长。”

四十一

“建设生态文明是关系人民福祉、关系民族未来的大计。中国要实现工业化、城镇化、信息化、农业现代化，必须要走出一条新的发展道路。中国明确把生态环境保护摆在更加突出的位置。我们要绿水青山，也要金山银山。宁要绿水青山，不要金山银山，而且绿水青山就是金山银山。”

四十二

我们在实现现代化的时候，很早就想避免西方发达国家“先污染，后治理”的工业化道路，但是竟然还是走上了这样一条老路。教训是深刻的，代价是沉重的！人类文明现在已经到了一个新的节点，用生态文明超越工业文明！

四十三

人类的悲哀在于本身是大自然之子，却在刻意追求超自然的存在。征服和主宰自然，表明人类的狂妄与无知；敬畏自然、回归自然，才是人类的唯一出路。

四十四

大自然不是人类征服和掠夺的对象，而是我们的衣食父母，是我们朝夕相处的家园，还是我们心灵的寄托！停车坐爱枫林晚，霜叶红于二月花。

四十五

采菊东篱下，悠然见南山；明月松间照，清泉石上流；月上柳梢头，人约黄昏后。梭罗写下了《瓦尔登湖》，这才是人类应该向往的生活。

第10篇　智慧出民间

一

“世事洞明皆学问，人情练达即文章”，智慧是心灵的曙光，是人性的顿悟，是知识的源泉，它不在书斋中，而在民间，在街头巷尾，在田间地头，在生活的原野。

二

中国人讲人情世故，其中大有文章。感情是最复杂最微妙的东西，问世间情为何物，直教人生死相许。做人必须有人情味，以情感人，善解人意。

三

“近水楼台先得月，向阳花木易逢春!”人往高处走，水往低处流，每个人都尽量选择优越的环境，所谓“良禽择木而栖”，这是普遍的人性。

四

常言道，“恭敬不如从命”，接受别人的关怀，也是心灵开放的表现。“敬人者人恒敬之”，人敬我一尺，我敬人一丈，能否尊敬人，是文明人与不文明人的主要区别。

五

懂得感恩，才会懂得生活。常言道，“受人滴水之恩，理当涌泉相报”，忘功不忘过，忘怨不忘恩。感谢上苍眷顾，感谢亲友呵护，让我们度过人生的激流险滩。

六

亲情是土壤，爱情是甘露，友情是阳光。亲情、爱情、友情，是人世间最美好最珍贵的东西；我们在亲人的孕育下成长，在爱情的滋润下开花，在朋友的呵护下结果。

七

朋友是心灵的伴侣，是我们在茫茫人海找到的知音，是我们的左臂右膀。常言道，“在家靠父母，出门靠朋友”，一个篱笆三个桩，一个好汉三个帮。

八

“一日夫妻百日恩，少年夫妻老来伴”，五百年修得同船渡，千年修得共枕眠。互敬互爱，风雨同舟，不离不弃，相濡以沫；宁拆七座庙，不拆一桩婚。

九

“羊有跪乳之恩，鸦有反哺之义！”百善孝为先。“孝弟也者，其为仁之本与”，子孝父心安。“父母之年，不可不知！一则以喜，一则以忧！”树欲静而风不止，子欲孝而亲不待。

十

“慈母手中线，游子身上衣，临行密密缝，意恐迟迟归，谁言寸草心，报得三春晖！”这首《游子吟》，让古今多少游子潸然泪下？

十一

“慎终追远，民德归厚”，清明时节雨纷纷，路上行人欲断魂。借问酒家何处有，牧童遥指杏花村。光宗耀祖，不辱没祖先，是中国人的优良传统。

十二

“心安处，便是故乡”；烽火连三月，家书抵万金；近乡情更怯，不敢问来人；老乡见老乡，两眼泪汪汪；月是故乡明，人是故乡亲。乡愁是我们对故乡无尽的眷恋。

十三

“家和万事兴”！孔子曰：“礼之用，和为贵”“君子和而不同”。天地不可一日无和气，人心不可一日无喜神。和气生财，妻贤夫祸少，这是中国人的生活经验。

十四

“远亲不如近邻，远水解不了近渴”。在传统社会，邻里关系尤为重要，睦邻友好，相互帮助，既是生活需要，也是心灵的慰藉，这是令城市人非常羡慕的。

十五

“种瓜得瓜，种豆得豆”，天遂人愿，世界上还是好人多，好人终有好报，多行不义必自毙。与人莫做亏心事，举头三尺有神明。

十六

“运气莫当本事！倒霉莫怪老天！”富者应多施舍，智者宜不炫耀；天时不如地利，地利不如人和。凡事都有个来龙去脉，都有个因缘会际，不可强求，也不可泄气。

十七

“平安是福”，欺人是祸，饶人是福。福莫福于少事，祸莫祸于多心。愿好人一生平安！不求飞黄腾达，但求和顺安康，这是老百姓的幸福观。欲求平安，须心态平和，遇事冷静，不可急躁，不能超越法纪。

十八

“健康是人生最大的财富”，没有健康就没有一切。生命在于运动，健康是一种良好的习惯，一种科学的生活方式，也是一种良好的心态、乐观的情绪。

十九

“天有不测风云，人有旦夕祸福”，人的一生什么样的事情都可能遇到，要勇敢地去面对。月有阴晴圆缺，人有悲欢离合，此事古难全，但愿人长久，千里共婵娟。

二十

“救人一命，胜造七级浮屠”，为善最乐，天人感应。善良是美德之魂，前人积德，后人福德；人做好事，好事等人；积善之家，必有余庆。

二十一

“一屋不扫，何以扫天下?”千里之行，始于足下。“修身、齐家、治国、平天下”。居轩冕之中，不可无山林的气味；处林泉之下，须要怀廊庙的经纶。风声雨声读书声，声声入耳，家事国事天下事，事事关心。

二十二

“锄禾日当午，汗滴禾下土，谁知盘中餐，粒粒皆辛苦”。一粥一饭，当思来之不易；半丝半缕，恒念物力维艰；奢者富而不足，何如俭者贫而有余。在这个推崇“高消费”的时代，节约更是一种美德。

二十三

“一年之计在于春，一日之计在于晨”。一寸光阴一寸金，寸金难买寸光阴；少小不努力，老大徒伤悲，铁杵磨成针，功到自然成。

二十四

“忠言逆耳利于行，苦口良药利于病”“识者为朋，非者为友”！这是古人对朋友的诠释，境界何其高也。挚友，才有逆耳之言，是斧正，是棒喝！

二十五

“酒逢知己千杯少，话不投机半句多!”人与人的关系是非常微妙的，有些人我们非常熟悉，但是从来不讲心里话，有些人刚刚相识，就无话不说，这就是缘分吧!

二十六

“生于忧患，死于安乐!”居安思危，处乱思治。灾难让我们学会了坚强，九死一生，难道只是奇迹？命运坎坷，却有惊无险。这冥冥之中谁在主宰？

二十七

“会怪了怪自己，不会怪了怪别人!”这是大彻大悟的人生。事情出来了，首先从自身找原因，人是被自己打倒的，能够战胜自己的人是强者。怨天尤人，于事无补。

二十八

“书破万卷春常在!”说是一位文人“文化大革命”被冤枉，身陷囹圄，却豁达乐观的故事。“腹有诗书气自华”，读心中之名文，听本真之妙曲。书读出青春来，才算真正读出了精华。

二十九

常言道，“行行出状元”!工作，就是给生命赋予意义。敬业乐业，干一行，爱一行，切忌这山看着那山高。眼高手低，好高骛远，见异思迁，这是人性弱点。

三十

“随遇而安”“知其不可奈何而安之若命，德之至也”“生死有命，富贵在天”!又言“事在人为”“天道酬勤”!如果你不去谋划，不去争取，怎么知道你有没有这个命？

三十一

“三十年河东，三十年河西”，有心栽花花不开，无心插柳柳成荫！人有三兴三旺，瓦有三仰三合；山重水复疑无路，柳暗花明又一村。

三十二

“人生有沙漠，也有绿洲！”这是我绝望的时候，觉得一切都是那样暗淡，朋友探望时送给我的一句格言，让我豁然开朗，这是我的沙漠地带，要有耐心，走出沙漠就是绿洲。

三十三

“无规矩，无以成方圆”！所谓国有国法、家有家规。入乡随俗、投石问路。孝敬父母、尊敬师长、忠勇报国、文明礼貌、知恩图报，这就是礼仪之邦历久弥新的规矩。

三十四

“有理走遍天下，无理寸步难行”。“通情达理”，这是对人很高的评价。人都喜欢讲道理、明事理的人，因此路子会越走越宽，胡搅蛮缠的人谁会喜欢呢?

三十五

“取象于钱，内方外圆”！处世要方圆自在，待人要宽严得宜，这就是原则性与灵活性的统一。做人必须要有原则、有主见，处世要随机应变、因势利导。

三十六

“让一着风平浪静，退一步晴空万里”。佛祖说：“在暴躁的人群中需要宽容。”得饶人处且饶人，不要得理不饶人。许多悲剧的发生，就在于缺乏冷静和宽容。

三十七

在多元文化环境中“宽容比自由更重要”。王磊先生指出：宽容是自由存在的前提，在“和而不同”观念指引下，才会有个性自由、言论自由，也才有事物的丰富多样性。任何旗帜与口号都不应成为专制的理由。

三十八

“人善被人欺，马善被人骑”。“弱肉强食”是丛林法则，“欺软怕硬”是普遍人性。告诉人们人不能太软弱、做“老好人”“和事佬”，没有原则性，不能一概委曲求全。

三十九

“冤家宜解不宜结，冤冤相报何时了。”杀敌一万，自损八千。伤人一语，利如刀割。张载曰：“仇必和而解”，这是国人的胸怀，又是历史的辩证法。

四十

“千里路上送鹅毛，礼轻情义重”。情义无价，有理不打上门客。礼是人际关系的润滑剂，中国是礼仪之邦，礼尚往来，天经地义。但是，行贿受贿，则另当别论。

四十一

“不打不相识”，人生路漫漫，相识有几人？相逢何必曾相识，同是天涯沦落人。有些朋友，是一见如故；有些朋友，是在人生历练中相识，却历久弥新。

四十二

“浪子回头金不换”。洁常自污出，明每从暗生；人不劝不善，钟不敲不鸣；精诚所至，金石为开。浪子在江湖中闯荡，见多识广，只要回头走正道，一定兴旺发达。

四十三

“但将冷眼观螃蟹，看你横行到几时”“天网恢恢，疏而不漏”。人恶人怕天不怕，人善人欺天不欺；善恶到头终有报，只争来早与来迟；黄河尚有澄清日，岂可人无得运时？

四十四

“人生一世，如驹过隙”。良田万顷，日食一升；大厦千间，夜眠八尺；知足者常乐，贪婪者自毁；人为财死，鸟为食亡；人心不足蛇吞象。

四十五

“路遥知马力，日久见人心”。交友须带三分侠气，做人要存一点素心；淡中知真味，常里识英奇；龙游浅水遭虾戏，虎落平阳被犬欺；画虎画皮难画骨，知人知面不知心；易涨易落山溪水，易反易复小人心。

四十六

“宁可直中曲，不向曲中求”。留些正气还天地，遗留清名在乾坤；茫茫四海人无数，哪个男儿是丈夫？知我者谓我心忧，不知我者谓我何求？当时若不登高望，谁知东流海洋深。

四十七

“人活一张脸，树活一张皮。”人是要面子的，也就是有尊严的。林肯说：“对人最尊贵的礼遇，是欣赏他！”无论达官贵人，还是平民百姓，都不能被轻视；但是有时候，又不能把面子看得太重，所谓“死要面子活受罪”。

四十八

“人争一口气，佛争一炷香”。人是要有一点精神的，常言道，“哀莫大于心死”，只要心没有死，就有东山再起的希望。人应该瞧得起自己，人的命运是由自己主宰的，勇敢捍卫自己的权利。

四十九

“自信是成功的秘诀”，高人一等的艺术。“自信心的培养，是现代教育的精髓”“自信人生二百年，会当击水三千里”“海到无涯天作岸，山登绝顶我为峰”；碧水无意出天涯，翠峰有志人云霄。

五十

“穷在闹市无人问，富在深山有远亲”。趋炎附势，也是普遍人性；《红楼梦》中有描写，《雅典的泰门》中也有深刻的讽刺。在现实生活中“势利眼”，却往往被人们所不齿。

五十一

“少即是多，失就是得，输才能赢”，这就是成为亿万富翁的秘诀。犹太人经商之道最根本的一条是“薄利多销”。失而复得，先输后赢，这既是兵法秘籍，也是商战智慧。

五十二

“吃亏是福”这是人性的顿悟。待人宽一分是福，利人是利己的根基。遇事肯吃亏的人，一定人际关系好。有什么沟沟坎坎，就会有贵人相助，这难道不是福分？

五十三

“水至清则无鱼，人至察则无徒！”攻人之恶毋太严，要思其堪受；教人之善毋太高，当使其可从。做人还是厚道一些好，现代社会提倡双赢，谁喜欢铁公鸡一毛不拔的人？

五十四

“聪明反被聪明误”“机关算尽太聪明，反算了卿卿性命”，这是说王熙凤。聪明也有大小之分，大聪明是通情达理，远见卓识；小聪明是斤斤计较，工于心计。

五十五

“智商高怀才不遇，情商高春风得意！”所谓情商，就是理智驾驭情感、控制情绪的能力。理智感强的人容易获得成功，但是理智也是一把双刃剑，既可以打倒敌人，也可以把自己推下悬崖。应该在理智与情感之间保持一种张力与平衡。

五十六

“凡事预则立，不预则废”。人是高级动物，万物之灵，人有智慧的大脑，人可以预见事情发展的趋势，趋利避害。既可以未雨绸缪，又可以亡羊补牢。

五十七

“吃不穷，穿不穷，计划不到一世穷。”把穷日子当富日子过，一世贫穷；把富日子当穷日子过，一世富有！这是老百姓的治家格言，经验之谈！

五十八

“不受苦中苦，难为人上人”“梅花香自苦寒来，宝剑锋从磨砺出”。欲做精金美玉的人品，定从烈火中煅来；思立掀天揭地的事功，须向薄冰上履过。有耕耘，就有收获。

五十九

“先学会做人，然后才会做事”，因为事情是由人来做的，不会做人就不会处理人际关系；而只有在做事中，才会认识人性，只有不畏惧风浪的人，才会游刃有余。

六十

“工欲善其事，必先利其器!”在古代经验就是利器，在现代知识就是利器，做事情方法就是利器，科技时代创意就是利器，任何时代智慧心态都是利器。

六十一

“话是开心的钥匙”，语言是一门艺术，“动之以情，晓之以理”。在现代社会交流尤其重要，沟通是理解的桥梁，不仅是事业发展的需要，更是心理健康的需要。

六十二

“情义谋变”，这是人生大智慧。情感、义气、谋略、变通，这是中国“四大名著”对我们的教诲。国人讲“情义无价”，也要讲策略，会变通。

六十三

“知足者常乐”，老子曰“知足者富”，这是智者的生存态度。无论境遇如何，总能在生活中找到满足，找到乐趣。在这个物欲横流的社会，攀比成风，幸福感下降，原因在于太贪婪。

六十四

聪明的人，快快乐乐生活；愚蠢的人，自寻烦恼；糊涂的人，分不清什么是快乐，什么是烦恼？圣贤的人，在快乐中享受人生，在烦恼中找到智慧。

六十五

“艰难困苦，玉汝于成”。张世英先生说：人生最高境界，不在于能够做到一帆风顺，而在于经历苦难，能够坦然面对。

六十六

“有心栽花花不红，无心插柳柳成荫”，世界上的事情，有一个因缘会际，不一定都能如愿，不可强求。有时候生活中却有意外的惊喜，大概是上苍的眷顾吧。

六十七

中国人讲“天时、地利、人和”，天时就是社会发展形势，地利就是你所处的环境，人和就是人际关系。在三个方面的因素都具备了事情才能成功，所谓“谋事在人，成事在天”。

六十八

心浮气躁，急功近利，急于求成是现代人普遍的心态，是成功的大忌。水到渠成，瓜熟蒂落，淡定从容是成就事业的良好心态，这需要生活的历练啊，说到底人是活一个心情、生态、心境。

六十九

社会上的一切人，每时每刻都在根据你的服饰、发型、手势、声调、语言等自我表达方式判断着你。无论你愿意与否，你都在留给别人一个关于你的印象。这个印象在工作中影响着你的业绩，在生活中影响你的人际关系，影响你的自信心、幸福感和生活质量。

七十

格言、谚语，是一个民族智慧的活化石，它们来自于民间，是老百姓生活经验的总结和升华。中国是文明古国，比如《增广贤文》《菜根谭》，无不闪烁着智慧的光芒。

参考文献

一　现代类

1. 马克思恩格斯：《马克思恩格斯选集》（第1—4卷），人民出版社1972年版。
2. 马克思：《资本论》（第1—3卷），人民出版社1975年版。
3. 马克思：《摩尔根（古代社会）一书摘要》，人民出版社1956年版。
4. 马克思：《马克思1944年经济学哲学手稿》，人民出版社2008年版。
5. 恩格斯：《自然辩证法》，于光远等译，人民出版社1984年版。
6. 姚礼明编：《马克思主义政治学著作选读》，北京大学出版社2000年版。
7. 王磊选编：《马克思恩格斯论道德》，人民出版社2011年版。
8. 列宁：《列宁选集》（第1—4卷），人民出版社1972年版。
9. 列宁：《论马克思恩格斯及马克思主义》，人民出版社1964年版。
10. 列宁：《哲学笔记》，人民出版社1974年版。
11. 毛泽东：《毛泽东选集》（第1—4卷），人民出版社1991年版。
12. 毛泽东：《毛泽东选集》（第5卷），人民出版社1977年版。
13. 毛泽东：《毛泽东文集》（第1—8卷），人民出版社1999年版。
14. 毛泽东：《毛泽东诗词集》，中央文献出版社1996年版。
15. 毛泽东：《毛泽东书信选集》，人民出版社1983年版。
16. 邓小平：《邓小平文选》（第1—3卷），人民出版社1993、1983年版。
17. 中共中央文献研究室：《三中全会以来重要文件选编》，人民出版社1982年版。
18. 中共中央书记处研究室、中共中央文献研究室：《坚持改革、开放、搞活——十一届三中全会以来有关重要文献摘编》，人民出版社1987年版。

19. 江泽民：《江泽民文选》（第 1—3 卷），人民出版社 2006 年版。
20. 教育部等编：《毛泽东邓小平江泽民论教育》，中央文献出版社 2002 年版。
21. 胡锦涛：《胡锦涛文选》（第 1—3 卷），人民出版社 2016 年版。
22. 《习近平总书记重要讲话读本》，人民出版社 2016 年版。
23. 《习近平谈治国理政》，外文出版社 2014 年版。
24. 《“四个全面”学习读本》，人民出版社 2015 年版。
25. 习近平：《在文艺座谈会上的讲话》，人民出版社 2015 年版。
26. 习近平：《在庆祝中国共产党成立 95 周年大会上的讲话》，人民出版社 2016 年版。
27. 中共中央文献研究室邓小平研究组编：《邓小平自述》，解放军出版社 2005 年版。
28. 薄一波：《若干重大决策与事件的回顾》（上、下），中共中央党校出版社 1991、1993 年版。
29. 权延赤：《走下圣坛的周恩来》，中共中央党校出版社 1993 年版。
30. 朱镕基：《朱镕基总理答记者问》，人民出版社 2009 年版。
31. 李瑞环：《学哲学　用哲学》，中国人民大学出版社 2005 年版。
32. 钱其琛：《外交十记》，世界知识出版社 2003 年版。
33. 熊子云：《1844 年经济学哲学手稿概要》，中国人民大学出版社 1983 年版。
34. 中国人民大学马列主义发展史研究所：《马克思恩格斯思想史》，上海人民出版社 1982 年版。
35. 邢贲思主编：《马克思哲学研究》，上海人民出版社 1983 年版。
36. 胡乔木：《关于人道主义与异化问题》，人民出版社 1984 年版。
37. 人民出版社编辑部：《关于人道主义与异化问题论文集》，人民出版社 1984 年版。
38. 复旦大学当代国外马克思主义研究中心编：《当代国外马克思主义评论》，人民出版社 2004 年版。
39. 尹树广：《20 世纪 70 年代以来西方马克思主义的国家批判理论》，黑龙江人民出版社 2003 年版。
40. 戈宝权：《〈马克思恩格斯选集〉中的希腊罗马神话典故》，生活·读书·新知三联书店 1978 年版。
41. 张学广主编：《马克思主义理论若干问题研究》，陕西人民出版社 2010

年版。
42. 高放：《科学社会主义的理论与实践》，中国人民大学出版社 1990 年版。
43. 李君如：《毛泽东与当代中国》，福建人民出版社 1992 年版。
44. 陈独秀：《独秀文存》，王观泉导读，贵州教育出版社 2005 年版。
45. 李大钊：《李大钊选集》，人民出版社 1959 年版。
46. 鲁迅：《鲁迅全集》（第 1—18 卷），人民文学出版社 2005 年版。
47. 胡适：《胡适文存》，外文出版社 2013 年版。
48. 胡适：《中国哲学史大纲》，上海古籍出版社 1997 年版。
49. 蔡元培：《文化融合与道德教化——蔡元培文选》，张汝伦选编，上海远东出版社 1994 年版。
50. 梁漱溟：《东西方文化及其哲学》，《梁漱溟全集》（第 1 卷），山东人民出版社 1989 年版。
51. 梁漱溟：《中国文化要义》，《梁漱溟全集》（第 3 卷），山东人民出版社 1990 年版。
52. 梁漱溟：《人心与人生》，《梁漱溟全集》（第 3 卷），山东人民出版社 1990 年版。
53. 冯友兰：《中国哲学史新编》（第 1 册），人民出版社 1982 年版。
54. 冯友兰：《中国哲学史新编》（第 4 册），人民出版社 1986 年版。
55. 冯友兰：《新原人》，商务印书馆 1945 年版。
56. 冯友兰：《新原道（中国哲学之精神）》，北京大学出版社 2014 年版。
57. 冯友兰《中国现代哲学史》，中华书局有限公司 1992 年版。
58. 张岱年：《中国哲学大纲》，中国社会科学出版社 1982 年版。
59. 张岱年：《文化与哲学》，教育科学出版社 1988 年版。
60. 张岱年：《中国伦理思想研究》，上海人民出版社 1989 年版。
61. 张岱年：《文化与价值》，新华出版社 2004 年版。
62. 张岱年、方天立主编：《中国文化概论》，北京师范大学出版社 2004 年版。
63. 钱穆：《中国现代学术论衡》，生活·读书·新知三联书店 2002 年版。
64. 钱穆：《中国思想史通俗讲话》，生活·读书·新知三联书店 2002 年版。
65. 钱穆：《中国历代政治得失》，生活·读书·新知三联书店 2001 年版。
66. 钱穆：《人生十论》，广西师范大学出版社 2004 年版。
67. 侯外庐等：《中国思想通史》，人民出版社 2008 年版。

68. 侯外庐主编：《中国思想史论纲》，中国青年出版社 1963 年版。
69. 张岂之主编：《中国思想史》，西北大学出版社 1993 年版。
70. 张岂之：《中华人文精神》，西北大学出版社 1997 年版。
71. 李泽厚：《美的历程》，安徽文艺出版社 1994 年版。
72. 李泽厚：《批判哲学的批判——康德述评》，人民出版社 1979 年版。
73. 李泽厚：《中国古代思想史论》，安徽文艺出版社 1994 年版。
74. 李泽厚：《论语今读》，生活·读书·新知三联书店 2004 年版。
75. 朱光潜：《西方美学史》，人民文学出版社 1982 年版。
76. 朱光潜：《悲剧心理学》，《朱光潜美学文集》（第 5 卷），上海文艺出版社 1989 年版。
77. 任继愈：《中国佛教史》，中国社会科学出版社 1981 年版。
78. 韦政通：《中国的智慧》，岳麓书社 2003 年版。
79. 韦政通：《中国思想史》，上海书店出版社 2003 年版。
80. 费孝通：《江村经济——中国农民的生活》，商务印书馆 2005 年版。
81. 费孝通：《费孝通论文化与文化自觉》，群言出版社 2007 年版。
82. 季羡林：《大唐西域记》今译，陕西人民出版社 1980 年版。
83. 季羡林：《季羡林散文集》，北京大学出版社 1986 年版。
84. 金春峰：《汉代思想史》，中国社会科学出版社 2006 年版。
85. 余英时：《文史传统与文化重建》，生活·读书·新知三联书店 2004 年版。
86. 范文澜：《中国通史简编》，人民出版社 1965 年版。
87. 郭沫若：《中国史稿》，人民出版社 1976 年版。
88. 郭沫若：《甲申三百年祭》，人民出版社 1972 年版。
89. 翦伯赞：《中国史纲要》，人民出版社 1979 年版。
90. 白寿彝：《中国通史》，上海人民出版社 2005 年版。
91. 戴逸等：《中国通史》（插图版），海洋出版社 2000 年版。
92. 周一良等：《世界通史》，人民出版社 1962 年版。
93. 北京大学历史系：《简明世界史·近代部分》，人民出版社 1974 年版。
94. 王春良等主编：《世界现代史》，山东人民出版社 1985 年版。
95. 柏杨：《中国人史纲》，山西人民出版社 2008 年版。
96. 柏杨：《丑陋的中国人》，湖南文艺出版社 1986 年版。
97. 史念海：《史念海全集》，人民出版社 2013 年版。

98. 黄留珠：《秦汉仕进制度》，西北大学出版社 1985 年版。
99. 黄留珠主编：《周秦汉唐文明》（简本），陕西人民出版社 2006 年版。
100. 刘宝才：《先秦文化散论》，陕西人民出版社 2001 年版。
101. 刘宝才：《求学集》，陕西人民出版社 2004 年版。
102. 赵世超：《周代国野制度研究》，陕西人民出版社 1991 年版。
103. 王晖：《商周文化比较研究》，人民出版社 2002 年版。
104. 赵吉惠：《中国传统文化导论》，陕西人民出版社 1994 年版。
105. 顾太等：《中国传统文化奇观》，吉林文史出版社 1990 年版。
106. 许启贤：《世界文明研究》，山东人民出版社 2001 年版。
107. 何志虎等：《西周的历史与文化》，陕西人民出版社 2013 年版。
108. 何志虎：《中国国名的由来与中国观的历史演变》，人民出版社 2014 年版。
109. 高强：《炎黄子孙称谓的源流与意蕴》，三秦出版社 2006 年版。
110. 王德春：《联合国善后救济总署与中国》，人民出版社 2004 年版。
111. 胡铁成：《知识经济全书》，中国物资出版社 1998 年版。
112. 李京文：《知识经济与管理科学》，社科文献出版社 2002 年版。
113. 李京文：《知识经济与企业管理创新》，科技文献出版社 2000 年版。
114. 叶险民：《知识经济批判》，人民出版社 2007 年版。
115. 郑飚：《中国软实力》，中央编译出版社 2010 年版。
116. 汪安佑：《国家软实力》，中国社会科学出版社 2010 年版。
117. 郝鸿毅：《企业软实力》，中国时代出版社 2008 年版。
118. 陈奕平等：《和谐与共赢：海外侨胞与中国软实力》，暨南大学出版社 2012 年版。
119. 张勤德：《在理论风浪中——热点问题争鸣》，北京燕山出版社 1993 年版。
120. 罗首初等：《探寻新的模式》，四川人民出版社 1987 年版。
121. 宋晓辉等：《中国不高兴：大时代、大目标及我们的内忧外患》，江苏人民出版社 2009 年版。
122. 封祖盛等：《开放与封闭——中国传统社会价值取向及其当前流变》，河北人民出版社 1987 年版。
123. 何博传：《山坳上的中国》，贵州人民出版社 1988 年版。
124. 曹锡仁：《幻想与现实：中国道路》，陕西人民出版社 1986 年版。

125. 胡鞍钢等：《第二次转型：国家制度建设》，清华大学出版社 2003 年版。
126. 凌志军：《变化：1990—2002 年中国实录》，中国社会科学出版社 2003 年版。
127. 余习广等主编：《大潮新起》，中国广播电视出版社 1992 年版。
128. 李培林等：《中国社会分层》，社会科学文献出版社 2004 年版。
129. 苏亚等：《白猫黑猫——中国改革现状透视》，湖南文艺出版社 1992 年版。
130. 陈桂棣、春桃：《中国农民调查》，人民文学出版社 2004 年版。
131. 顾准：《顾准日记》，陈敏之等编，经济日报出版社 1997 年版。
132. 吴思：《血酬定律》，工人出版社 2003 年版。
133. 巴金：《巴金随想录》，上海文艺出版社 2008 年版。
134. 李铁映：《论民主》，人民出版社 2001 年版。
135. 严家其：《首脑论》，上海人民出版社 1986 年版。
136. 伍天冀、杜红卫：《政治的智慧》，警官教育出版社 1992 年版。
137. 陈鉴波：《现代政治学》，三民书局 1974 年版。
138. 赵宝煦主编：《政治学概论》，北京大学出版社 1982 年版。
139. 王沪宁：《比较政治分析》，上海人民出版社 1987 年版。
140. 王沪宁：《政治的逻辑——马克思主义政治学原理》，上海人民出版社 2004 年版。
141. 王浦劬主编：《政治学基础》，北京大学出版社 1997 年版。
142. 王邦佐等：《新政治学概要》，复旦大学出版社 2007 年版。
143. 燕继荣：《政治学十五讲》，北京大学出版社 2004 年版。
144. 王惠岩：《当代政治学基本理论》，天津人民出版社 1998 年版。
145. 施雪华主编：《政治科学原理》，中山大学出版社 2001 年版。
146. 张小径等：《比较政治学导论》，中国人民大学出版社 2001 年版。
147. 宋惠昌等：《政治哲学》，中共中央党校出版社 2003 年版。
148. 李景鹏：《中国政治发展的理论研究纲要》，黑龙江人民出版社 2000 年版。
149. 畅征、刘青建：《发展中国家政治经济概论》，中国人民大学出版社 2001 年版。
150. 丛日云：《当代世界的民主化浪潮》，天津人民出版社 1999 年版。

151. 俞可平：《政治与政治学》，社会科学文献出版社 2005 年版。
152. 俞可平：《增量民主与善治：转变中的中国政治》，社会科学文献出版社 2003 年版。
153. 虞崇胜：《政治文明论》，武汉大学出版社 2003 年版。
154. 学习时报编辑部：《社会主义政治文明论》，浙江人民出版社 2003 年版。
155. 徐湘林等：《转型期的政治建设与政府治理》，社会科学文献出版社 2011 年版。
156. 高放：《高放政治学论萃》，团结出版社 2001 年版。
157. 周淑真：《政党和政党制度比较研究》，人民出版社 2001 年版。
158. 何增科等：《中国政治体制改革研究》，中央编译出版社 2004 年版。
159. 本书课题组：《中国特色社会主义政治发展道路》，中央文献出版社 2013 年版。
160. 尹中卿主编：《人大研究文萃》（第 1—6 卷），中国法制出版社 2006 年版。
161. 铁锴：《公民政治及其在当代中国的逻辑建构》，人民出版社 2010 年版。
162. 龙太江：《论政治妥协——以君子为中心的分析》，华中科技大学出版社 2004 年版。
163. 董克用主编：《公共治理与制度创新》，中国人民大学出版社 2004 年版。
164. 徐一建主编：《中国的人权状况（白皮书）问题解答》，中国青年出版社 1992 年版。
165. 罗玉中等：《人权与法制》，北京大学出版社 2001 年版。
166. 陈国全：《政治监督论》，学林出版社 2000 年版。
167. 毛寿龙：《政治社会学》，中国社会科学出版社 2001 年版。
168. 汪晖：《去政治化的政治：20 世纪的终结与 90 年代》，生活·读书·新知三联书店 2008 年版。
169. 菅从进：《权利制约权力》，山东人民出版社 2001 年版。
170. 高洪波：《政治文化》，中国广播电视出版社 1990 年版。
171. 王乐礼：《政治文化导论》，中国人民大学出版社 2000 年版。
172. 吕振羽：《中国政治思想史》（上册），人民出版社 1955 年版。
173. 曹德本主编：《中国政治思想史》，中国高等教育出版社 2004 年版。

174. 熊月之：《中国近代民主思想史》，上海人民出版社 1996 年版。
175. 田海林主编：《中国近代政治思想史》，山东大学出版社 1999 年版。
176. 俞祖华等主编：《中国现代政治思想史》，山东大学出版社 1999 年版。
177. 刘惠茹：《中国政治哲学——从儒学到马克思主义》，上海社会科学出版社 2001 年版。
178. 马庆钰：《告别西西弗斯——中国政治文化分析与展望》，中国社会科学出版社 2002 年版。
179. 吕元礼：《政治文化：传统与现代的会通》，人民出版社 2004 年版。
180. 林存光：《儒教中国的形成——早期儒学与中国政治文化的演进》，齐鲁书社 2003 年版。
181. 李蕉：《张载政治思想述论》，中华书局 2011 年版。
182. 吴本祥主编：《中华人民共和国史》，高等教育出版社 1999 年版。
183. 浦兴祖主编：《当代中国政治制度》，复旦大学出版社 1999 年版。
184. 史远芹：《中国政治制度史》，中共中央党校出版社 1995 年版。
185. 钱大群：《中国法制史教程》，南京大学出版社 1987 年版。
186. 林家有等主编：《孙中山与中国社会》，中山大学出版社 2009 年版。
187. 刘泽华主编：《中国传统政治哲学与社会整合》，中国社会科学出版社 2000 年版。
188. 纪宝成主编：《中国古代治国要论》，中国人民大学 2004 年版。
189. 金诤：《科举制度与中国文化》，上海人民出版社 1990 年版。
190. 冯立鳌：《政坛群星——〈列国〉政治人物活动分析》，陕西人民出版社 1991 年版。
191. 马德普主编：《中西政治文化论丛》（第 1—4 辑），天津人民出版社 2001—2004 年版。
192. 张桂林：《西方政治哲学——从古希腊到当代》，中国政法大学出版社 1999 年版。
193. 曾繁正等：《西方政治学》，红旗出版社 1998 年版。
194. 马啸原：《西方政治制度史》，高等教育出版社 2000 年版。
195. 浦兴祖：《西方政治学说史》，复旦大学出版社 1999 年版。
196. 应克复：《西方民主史》，中国社会科学出版社 1997 年版。
197. 耿志云等：《西方民主在中国》，中国青年出版社 2003 年版。
198. 赵宝云：《西方五国宪法通论》，中国公安大学出版社 1994 年版。

199. 申仲英：《高层管理导论》，陕西人民教育出版社 1989 年版。
200. 贾必章主编：《行政学原理》，西北大学出版社 2002 年版。
201. 宋小武：《权力之谜》，西南大学出版社 1993 年版。
202. 许清：《中国宪法学教程》，中国政法大学出版社 1989 年版。
203. 《领导者的外脑——当代西方思想库》，浙江人民出版社 1990 年版。
204. 郭学旺、杜兴运：《台湾问题与两岸关系》，陕西人民出版社 1992 年版。
205. 刘鸿喜、王世荣主编：《政治科学新论》，西北工业大学出版社 1993 年版。
206. 王世荣：《周秦政治文化与政治伦理》，三秦出版社 2005 年版。
207. 杨作云、王世荣等主编：《凡人与伟人之间》，陕西人民教育出版社 1993 年版。
208. 张全省：《中国特色社会主义政治文明论》，三秦出版社 2005 年版。
209. 王微见：《大唐式领导：唐太宗给企业家的启示》，经济科学出版社 2013 年版。
210. 王世英等：《培训革命：世界著名公司企业大学的最佳实践》，机械工业出版社 2008 年版。
211. 石玉平等：《创新：民族进步的灵魂——江泽民创新思想研究》，兰州大学出版社 2005 年版。
212. 张燕：《长安与丝绸之路》，西安出版社 2010 年版。
213. 杨瑞雪：《复兴之路》，中国民主法治出版社 2008 年版。
214. 罗浩波：《社会文明学导论》，浙江大学出版社 2008 年版。
215. 罗浩波：《西部崛起之路——邓小平社会文明观与西部大开发战略研究》，陕西人民出版社 2003 年版。
216. 《建国以来政治经济学重要问题论争（1949—1980）》，中国财政经济出版社 1981 年版。
217. 杨建飞：《科学哲学对西方经济学思想演化发展的影响》，商务印书馆 2004 年版。
218. 田东奎：《中国近代水权纠纷解决机制研究》，中国政法大学出版社 2006 年版。
219. 赵海林等：《农民的出路》，知识出版社 2005 年版。
220. 复旦大学等：《中国古代经济简史》，上海人民出版社 1982 年版。

221. 成玉林：《股份制经济学简论》，香港新闻出版社 2004 年版。
222. 李全武等：《陕西近代工业经济发展研究》，陕西人民出版社 2005 年版。
223. 李海明：《松下幸之助经营之道》，北京燕山出版社 1997 年版。
224. 罗国杰主编：《中国传统道德普及本》，中国统计出版社 1997 年版。
225. 魏英敏、金可溪：《伦理学简明教程》，北京大学出版社 1984 年版。
226. 陈瑛主编：《中国伦理思想史》，湖南教育出版社 2004 年版。
227. 陈瑛主编：《中国古代道德生活史》，中国社会科学出版社 2012 年版。
228. 王润生、王磊：《中国伦理生活的大趋势》，贵州人民出版社 1986 年版。
229. 王磊：《在思想的花园中散步》，陕西人民出版社 2006 年版。
230. 王磊主编：《周秦伦理文化概论》，陕西师范大学出版社 2008 年版。
231. 权雅宁、王磊：《中国女性道德的文化透视》，陕西人民出版社 2006 年版。
232. 周辅成编：《西方伦理学名著选辑》，商务印书馆 1964 年版。
233. 朱贻庭：《中国传统伦理思想史》，华东师范大学出版社 2003 年版。
234. 沈善宏、王凤贤：《中国伦理思想史》，人民出版社 2005 年版。
235. 唐凯麟主编：《中华民族道德生活史研究》，金城出版社 2008 年版。
236. 张锡勤等主编：《中国伦理道德变迁史》，人民出版社 2008 年版。
237. 荆惠民主编：《中国人的美德：仁义礼智信》，中国人民大学出版社 2006 年版。
238. 焦国成主编：《德治中国——中国以德治国史鉴》，中共中央党校出版社 2002 年版。
239. 王臣瑞：《伦理学（理论与实践）》，台北学生书局 1980 年版。
240. 何怀宏：《良心与正义的探求》，黑龙江人民出版社 2004 年版。
241. 何怀宏：《道德·上帝与人》，北京大学出版社 2010 年版。
242. 王海明：《道德哲学原理十五讲》，北京大学出版社 2008 年版。
243. 江畅：《德性论》，人民出版社 2011 年版。
244. 肖群忠：《孝与中国文化》，人民出版社 2001 年版。
245. 刘家全：《中国精神论纲》，科学出版社 2006 年版。
246. 本书编写组：《公民道德建设实施纲要学习读本》，人民出版社 2001 年版。
247. 景海峰：《新儒学与二十世纪中国思想》，中州出版社 2005 年版。

248. 孔润年：《伦理文化的人格透视》，中国社会科学出版社 2010 年版。
249. 权佳果：《中国伦理——中国人生之道》，陕西人民出版社 1995 年版。
250. 权佳果：《伦理学与哲学》，社会科学文献出版社 2009 年版。
251. 王兴尚：《秦国责任伦理研究》，人民出版社 2011 年版。
252. 赵克平：《社会转型期教育伦理探索》，人民出版社 2010 年版。
253. 张世英：《哲学导论》，北京大学出版社 2002 年版。
254. 张世英：《黑格尔（小逻辑）译注》，吉林人民出版社 1982 年版。
255. 北京大学哲学系中国哲学教研室编：《中国哲学史》，北京大学出版社 2003 年版。
256. 丁祯彦、藏宏主编：《中国哲学史》，华东师范大学出版社 1989 年版。
257. 赵馥洁：《中国传统哲学价值论》（增订本），人民出版社 2009 年版。
258. 刘学智：《中国哲学的历程》，陕西人民出版社 1993 年版。
259. 秦英君：《当代中国哲学思想史》，河南大学出版社 1999 年版。
260. 《中国哲学史资料简编》，中华书局 1962 年版。
261. 贺麟：《西方哲学讲演集》，上海人民出版社 1984 年版。
262. 赵敦华：《现代西方哲学新编》，北京大学出版社 2001 年版。
263. 申仲英：《自然辩证法新论》，陕西人民出版社 2000 年版。
264. 姜丕之：《〈黑格尔逻辑学一书摘要〉解说》，上海人民出版社 1982 年版。
265. 汪子嵩等：《欧洲哲学史简编》，人民出版社 1972 年版。
266. 夏基松：《现代西方哲学》，上海人民出版社 1985 年版。
267. 李秀林等主编：《中国现代化之哲学探讨》，人民出版社 1990 年版。
268. 吴江：《认识论十讲》，上海人民出版社 1992 年版。
269. 中国社科院哲学所编：《实践·认识·真理》，四川人民出版社 1982 年版。
270. 艾思奇：《大众哲学》，生活·读书·新知三联书店 1979 年版。
271. 于光远：《哲学论文、演讲和笔记》，人民出版社 1992 年版。
272. 单少杰：《主客体理论批判》，中国人民大学出版社 1989 年版。
273. 朱谦之：《文化哲学》，商务印书馆 1990 年版。
274. 王玉梁：《价值哲学新探》，陕西人民出版社 2003 年版。
275. 《哲学研究》编辑部：《科学方法论文集》，湖北人民出版社 1981 年版。

276. 李秀林：《时代精神的哲学反思》，中国人民大学出版社 1987 年版。
277. 姜国柱：《张载的哲学思想研究》，辽宁人民出版社 1982 年版。
278. 姜国柱：《张载关学》，陕西人民出版社 2001 年版。
279. 王卞：《敦煌道教文献研究》，中国社会科学出版社 2004 年版。
280. 孙以楷主编：《道家与中国哲学》，人民出版社 2004 年版。
281. 严北溟：《中国古代哲学寓言故事选》，上海人民出版社 1980 年版。
282. 净慧等：《不尽禅河灯外灯——（禅）十年精华本》，民族出版社 2000 年版。
283. 张波：《张载年谱》，西北大学出版社 2015 年版。
284. 张波：《皇侃哲学思想研究》，中国社会科学出版社 2016 年版。
285. 张波：《李颙评传》，西北大学出版社 2015 年版。
286. 杜国庠：《杜国庠文集》，人民出版社 1962 年版。
287. 李连科：《中国哲学百年论争》，商务印书馆 2004 年版。
288. 毛崇杰：《席勒人本主义美学》，湖南人民出版社 1987 年版。
289. 高尔泰：《美是自由的象征》，人民文学出版社 1986 年版。
290. 邓晓芒：《中西文化视域中真善美的哲思》，黑龙江人民出版社 2004 年版。
291. 李西建：《审美文化学》，湖北人民出版社 1992 年版。
292. 常智奇：《总体论美学纲要》，四川人民出版社 1994 年版。
293. 罗安宪：《审美现象学》，三秦出版社 1995 年版。
294. 李慎行：《九道辙》，中国文化出版社 2005 年版。
295. 《关于人的学说的哲学探讨》，人民出版社 1982 年版。
296. 陈军科：《人的解放与文化自觉》，宁夏人民出版社 2007 年版。
297. 星云大师：《厚道：星云大师的人生成功课》，江苏文艺出版社 2010 年版。
298. 王蒙：《王蒙自述：我的人生哲学》，人民文学出版社 2003 年版。
299. 周国平：《人与永恒》，上海人民出版社 1988 年版。
300. 孙正聿：《人的世界》，吉林人民出版社 2007 年版。
301. 孙正聿：《探索真善美》，吉林人民出版社 2007 年版。
302. 济群：《幸福人生原理》，民族出版社 1999 年版。
303. 济群：《心经的人生智慧》，民族出版社 1999 年版。
304. 蔡礼旭：《幸福人生讲座》，上海佛学书局 2006 年版。

305. 曾仕强：《中国智慧》，中国工人出版社 2001 年版。
306. 傅佩荣：《西方人生哲学》，上海三联书店 2007 年版。
307. 冯骥才：《逆光的风景》，吉林人民出版社 1996 年版。
308. 沈永有、赵怀玉主编：《人生哲学概论》，西南交通大学出版社 1991 年版。
309. 宋希仁：《人生哲学导论》，山西教育出版社 2005 年版。
310. 邬昆如：《人生哲学》，中国人民大学出版社 2005 年版。
311. 费鸿喜主编：《人生哲学》，陕西师范大学出版社 1991 年版。
312. 刘余莉：《心态即命运》，世界知识出版社 2010 年版。
313. 朱志勇：《人格文化论》，陕西人民出版社 1998 年版。
314. 张孝宜主编：《人生观通论》，高等教育出版社 2001 年版。
315. 《求是》杂志文化编辑部：《生活与哲学文选》（第五辑），安徽师范大学出版社 2012 年版。
316. 金马：《生存智慧论》，知识出版社 1988 年版。
317. 阳作华：《哲理与情趣》，湖北人民出版社 1983 年版。
318. 《书摘》编委会：《面对自我　完善自我》，上海社会科学院出版社 1983 年版。
319. 秦东魁：《你是自己命运的设计师》，世界知识出版社 2012 年版。
320. 崔利民：《轻走人生——励志随感录》，天马出版有限公司 2006 年版。
321. 钱穹：《人生乐与愁》，电子科技大学出版社 1993 年版。
322. 周勋初：《唐人轶事汇编》，上海古籍出版社 2006 年版。
323. 龚书铎：《中国社会通史》，山西教育出版社 1996 年版。
324. 钟敬文：《中国民俗史》，人民出版社 2008 年版。
325. 尚秉和：《历代社会风俗事物考》，中国书店 2001 年版。
326. 庄华峰等：《中国社会生活史》，合肥工业大学出版社 2003 年版。
327. 钱学森：《钱学森文集》，上海交通大学出版社 2011 年版。
328. 钱学森等：《创建人体科学》，四川教育出版社 1989 年版。
329. 钱学森：《人体科学与现代科技发展纵横观》，人民出版社 1996 年版。
330. 汪云九、杨玉芳：《大脑与意识》，人民出版社 2003 年版。
331. 柯云路：《人类神秘现象破译》，花城出版社 1992 年版。
332. 柯云路：《柯云路新疾病学》，今日中国出版社 1995 年版。
333. 柯云路：《走出心灵的地狱》，今日中国出版社 1995 年版。

334. 王极盛：《青年心理学》，中国社会科学出版社 1986 年版。
335. 朱智贤、林崇德：《思维发展心理学》，北京师范大学出版社 1986 年版。
336. 朱智贤主编：《青少年心理的发展》，北京师范大学出版社 1982 年版。
337. 北京师范大学等：《普通心理学》，陕西人民出版社 1982 年版。
338. 时蓉华：《社会心理学》，上海人民出版社 1986 年版。
339. 苏东水：《管理心理学》，复旦大学出版社 2002 年版。
340. 南京师范大学教育学：《教育学》，人民教育出版社 1984 年版。
341. 胡美琦：《中国教育史》，三民书局 1978 年版。
342. 张惠芬等：《中国教育简史》，华东师范大学出版社 1995 年版。
343. 王天一等：《外国教育史》，北京师范大学出版社 2006 年版。
344. 王天一：《苏霍姆林斯基教育理论体系》，人民教育出版社 2003 年版。
345. 海南伏羲教育研究院：《让教育回归本来　伏羲班素质教育之路》，团结出版社 2015 年版。
346. 刘尧：《教育评论：问题与研究》，当代中国出版社 2005 年版。
347. 王富平：《素质教学评价引论》，西安出版社 2003 年版。
348. 徐南号：《当代教育思潮》，三民书店 1978 年版。
349. 丁东等编：《大学沉思录》，广西师范大学出版社 2005 年版。
350. 徐远火：《大学民主管理理论》，四川人民出版社 2006 年版。
351. 王志刚：《发展地方高校科学研究的理论与实践》，高等教育出版社 2004 年版。
352. 李思民：《问题意识 · 思维品质 · 创造精神》，高等教育出版社 2004 年版。
353. 傅雷：《傅雷家书》，傅敏选注，天津社会科学出版社 2006 年版。
354. 王健：《创新启示录：超越性思维》，复旦大学出版社 2003 年版。
355. 郭沫若：《女神》，人民文学出版社 1957 年版。
356. 童怀周编：《天安门诗抄》，人民文学出版社 1978 年版。
357. 王国维：《人间词话》，人民文学出版社 1982 年版。
358. 于杰：《火与冰》，经济日报出版社 1998 年版。
359. 钱刚：《唐山大地震》，解放军文艺出版社 1986 年版。
360. 徐迟：《哥德巴赫猜想》，人民文学出版社 1978 年版。
361. 姜亮夫、夏传才等：《先秦诗鉴赏辞典》，上海辞书出版社 1998 年版。

362. 萧涤飞、程千帆等:《唐诗鉴赏辞典》,上海辞书出版社1983年版。
363. 周汝昌、唐圭璋等:《唐宋词鉴赏辞典》,上海辞书出版社1988年版。
364. 钱穆:《孔子传》,生活·读书·新知三联书店2002年版。
365. 绍轩:《释迦牟尼佛传》,文化艺术出版社2013年版。
366. 刘再复:《性格组合论》,上海文艺出版社1986年版。
367. 游国恩:《中国文学史》,人民文学出版社1962年版。
368. 梁潮等:《新东方文学史》,广西师范大学1990年版。
369. 安意如:《思无邪》,天津教育出版社2006年版。
370. 阎纲:《文坛徜徉录》,人民文学出版社1984年版。
371. 钱理群:《鲁迅作品十五讲》,北京大学出版社2003年版。
372. 钟明善:《谈艺录》,陕西旅游出版社2001年版。
373. 杜黎均:《文心雕龙文学理论研究和译释》,北京出版社1981年版。
374. 曹斌:《"为人生"文学阐释——〈呐喊〉〈彷徨〉论》,陕西人民出版社2001年版。
375. 李晓峰:《体认与追寻——20世纪中国女性文学论》,西安出版社2002年版。
376. 王渭清:《苏轼人格与创作略论》,人民日报出版社2006年版。
377. 吴晗:《朱元璋传》,人民出版社1985年版。
378. 苏双碧等:《吴晗传》,北京出版社1984年版。
379. 胡华:《五四时期的历史人物》,中国青年出版社1979年版。
380. 蒋祖怡等:《浙江十大文化名人》,浙江人民出版社1987年版。
381. 朱洪:《从领袖到平民——陈独秀沉浮录》,中国档案出版社1994年版。
382. 黄亚洲:《雷锋》,华夏出版社2012年版。
383. 胡义成:《关中文脉》,天马出版有限公司2008年版。
384. 麦英豪、王文建:《西汉南越国寻踪》,浙江文艺出版社2011年版。
385. 彭曦:《战国秦长城考察与研究》,西北大学出版社1990年版。
386. 彭曦:《中华瑰宝石鼓文——石鼓新韵共赏析》,三秦出版社2010年版。
387. 黄留珠、魏全瑞主编:《周秦汉唐文化研究》(第5辑),三秦出版社2007年版。
388. 卞孝萱、胡祥主编:《国学四十讲》,湖北人民出版社2008年版。

389. 刘崇学：《图苑探赜》，西安出版社 2009 年版。

二　古籍类

1. 黄永堂：《国语全译》，贵州人民出版社 1995 年版。
2. 张文修：《礼记》，北京燕山出版社 1995 年版。
3. 孙星衍：《尚书今古文注疏》，中华书局 1986 年版。
4. 周振甫：《诗经译注》，中华书局 2002 年版。
5. 杨伯峻：《春秋左传注》，上海古籍出版社 1981 年版。
6. 李梦生：《左传译注》，上海古籍出版社 2004 年版。
7. 王先谦：《荀子集解》，中华书局 1988 年版。
8. 王文锦：《大学中庸译注》，中华书局 2008 年版。
9. 刘义庆：《世说新语》，中国古籍出版社 2007 年版。
10. 刘勰：《文心雕龙》，河南大学出版社 2008 年版。
11. 刘昫等：《旧唐书》，中华书局 1975 年版。
12. 李世民：《帝范：中国最伟大帝王的沉思录》，唐政释译，新世界出版社 2009 年版。
13. 李昉等：《太平广记》，人民文学出版社 1959 年版。
14. 李隆基：《孝经注疏》，上海古籍出版社 2009 年版。
15. 玄奘：《大唐西域记》，上海社会科学出版社 2003 年版。
16. 刘肃：《大唐新语》，中华书局 1984 年版。
17. 刘悚：《隋唐嘉话》，中华书局 1979 年版。
18. 孟棨：《本事诗》，古典文学出版社 1957 年版。
19. 阮元：《十三经注疏》，中华书局 2009 年版。
20. 慧能：《六祖坛经》，上海古籍出版社 1993 年版。
21. 颜之推：《颜氏家训》，三秦出版社 2008 年版。
22. 关汉卿：《窦娥冤》，新世界出版社 2002 年版。
23. 王实甫：《西厢记》，上海古籍出版社 1996 年版。
24. 曹雪芹、高鹗：《红楼梦》，人民文学出版社 1964 年版。
25. 罗贯中：《三国演义》，人民文学出版社 1973 年版。
26. 吴承恩：《西游记》，齐鲁书社 1992 年版。
27. 施耐庵、罗贯中：《水浒传》，人民文学出版社 1975 年版。
28. 蒲松龄：《聊斋志异》，人民文学出版社 1978 年版。

29. 抱瓮老人：《今古奇观》，人民文学出版社 1957 年版。
30. 冯梦龙：《警世通言》，人民文学出版社 1981 年版。
31. 冯梦龙：《喻世明言》，人民文学出版社 1958 年版。
32. 冯梦龙：《醒世恒言》，人民文学出版社 1984 年版。
33. 凌濛初：《初刻拍案惊奇》，人民文学出版社 1958 年版。
34. 凌濛初：《二刻拍案惊奇》，上海古籍出版社 1996 年版。
35. 吴敬梓：《儒林外史》，人民文学出版社 1958 年版。
36. 李宝嘉：《官场现形记》，人民文学出版社 1979 年版。
37. 洪秀全：《原道醒世训》，《太平天国资料汇编》，中华书局 1980 年版。
38. 康有为：《南海康先生口说》，中山大学出版社 1985 年版。
39. 康有为：《春秋董氏学》，中华书局 1990 年版。
40. 康有为：《春秋笔削大义微言考》，广西师范大学出版社 2016 年版。
41. 刘大钧：《周易概论》，齐鲁书社 1986 年版。
42. 梁海明译注：《易经》，山西古籍出版社 1999 年版。
43. 李民等：《论语句解》，山东友谊出版社 1988 年版。
44. 钱穆：《论语新解》，生活·读书·新知三联书店 2002 年版。
45. 南怀瑾：《论语别裁》，复旦大学出版社 2011 年版。
46. 焦循：《孟子正义》，中华书局 1987 年版。
47. 任法融：《道德经释义》，三秦出版社 1988 年版。
48. 郭庆藩：《庄子集释》，中华书局 1987 年版。
49. 钱穆：《老庄通辨》，生活·读书·新知三联书店 2005 年版。
50. 高明：《帛书老子校注》，中华书局 1996 年版。
51. 黎翔凤：《管子校注》，中华书局 2004 年版。
52. 孙诒让：《大戴礼记》，齐鲁书刊 1988 年版。
53. 吴毓江：《墨子校注》，中华书局 1993 年版。
54. 蒋礼鸿：《商君书锥指》，中华书局 1996 年版。
55. 王先慎：《韩非子集解》，中华书局 1998 年版。
56. 陈曦译注：《孙子兵法》，中华书局 2011 年版。
57. 谭戒甫：《公孙龙子形名发微》，中华书局 1998 年版。
58. 何宁：《淮南子集释》，中华书局 1998 年版。
59. 杨伯峻：《列子集释》，中华书局 1979 年版。
60. 《黄帝内经·素问》，人民卫生出版社 1963 年版。

61. 黄晖：《论衡校释》，中华书局 1990 年版。
62. 王利器：《盐铁论校注》，中华书局 1992 年版。
63. 陈立：《白虎通疏证》，中华书局 1994 年版。
64. 杨雄：《太玄集注》，中华书局 1998 年版。
65. 司马迁：《史记》，中州古籍出版社 1991 年版。
66. 魏征等：《隋书》，中华书局 1973 年版。
67. 吴兢：《贞观政要集校》，谢保成注释，中华书局 2003 年版。
68. 司马光：《资治通鉴》，华龄出版社 2000 年版。
69. 李白：《李太白全集》，中华书局 1987 年版。
70. 杜甫：《杜工部集》，中华书局 1982 年版。
71. 韩愈：《韩昌黎全集》，中华书局 1991 年版。
72. 王安石：《王文公文集》，上海人民出版社 1974 年版。
73. 刘禹锡：《刘禹锡集》，中华书局 1990 年版。
74. 欧阳修：《欧阳修全集》，中华书局 1986 年版。
75. 苏轼：《苏东坡全集》，中华书局 1986 年版。
76. 陆游：《陆游集》，中华书局 1976 年版。
77. 辛弃疾：《辛稼轩诗文钞存》，中华书局香港分局 1976 年版。
78. 张载：《张载集》，中华书局 1978 年版。
79. 程颢、程颐：《二程集》，中华书局 1981 年版。
80. 黎靖德编：《朱子语类》，上海古籍出版社 2006 年版。
81. 朱熹：《四书章句集注》，中华书局 1983 年版。
82. 陆九渊：《陆九渊集》，中华书局 1980 年版。
83. 王守仁：《王阳明全集》，上海古籍出版社 1997 年版。
84. 陈亮：《龙川文集》，浙江古籍出版社 2004 年版。
85. 洪迈：《容斋随笔》，上海古籍出版社 1978 年版。
86. 李贽：《臧书》，中华书局 1959 年版。
87. 黄宗羲：《明夷待访录》，中华书局 1981 年版。
88. 顾炎武：《日知录》，陕西人民出版社 1998 年版。
89. 王夫之：《王夫之集》，伊犁人民出版社 1990 年版。
90. 郑燮：《郑板桥文集》，巴蜀书店 1997 年版。
91. 李时珍：《本草纲目》，赵机等编选，宗教文化出版社 2001 年版。
92. 戴震：《戴震哲学著作选注》，安正辉选注，中华书局 1979 年版。

93. 魏源：《魏源集》，中华书局 1976 年版。
94. 龚自珍：《龚自珍全集》，上海人民出版社 1975 年版。
95. 林则徐：《林则徐全集》，海峡文艺出版社 2002 年版。
96. 郑观应：《郑观应集》，人民出版社 1982 年版。
97. 汤志均：《康有为政论集》，中华书局 1989 年版。
98. 梁启超：《饮冰室文集》，中华书局 1989 年版。
99. 谭嗣同：《谭嗣同全集》，中华书局 1981 年版。
100. 张拭：《严复集》，中华书局 1982 年版。
101. 章太炎：《章太炎选集》，朱维铮等编，上海人民出版社 1981 年版。
102. 段正元：《儒学贞义》，王晓兴编纂，甘肃文化出版社 2006 年版。
103. 《千字文・增广贤文》，三秦出版社 2008 年版。
104. 洪应明：《菜根谭》，青海人民出版社 2004 年版。
105. 吴调侯、吴楚材选：《古文观止》，岳麓书社 1988 年版。
106. 任朝弟：《唐宋诗文散论》，西北工业大学出版社 1993 年版。
107. 东方思想宝库编委会：《东方思想宝库》，中国广播电视出版社 1990 年版。

三　译文类

1. ［古希腊］柏拉图：《理想国》，郭斌和等译，商务印书馆 1986 年版。
2. ［古希腊］亚里士多德：《政治学》，吴寿彭译，商务印书馆 1965 年版。
3. ［古希腊］亚里士多德：《尼各马可伦理学》，廖申白译，商务印书馆 2004 年版。
4. ［古希腊］荷马：《荷马史诗》，袁飞译，远方出版社 1998 年版。
5. ［英］斯威布：《希腊的神话和传说》，楚图南译，人民文学出版社 1982 年版。
6. ［英］莎士比亚：《莎士比亚全集》，朱生豪等译，人民文学出版社 1994 年版。
7. ［英］阿诺德・汤因比：《历史研究》，刘北成等译，上海人民出版社 2000 年版。
8. ［英］汤因比、［日］池田大作：《展望二十一世纪——汤因比与池田大作对话录》，荀春生等译，国际文化出版社 1995 年版。
9. ［英］休谟：《人性论》，关文运译，商务印书馆 1980 年版。

10. ［英］乔治·贝克莱：《人类知识原理》，关文运译，商务印书馆 1973 年版。
11. ［英］弗朗西斯·培根：《新工具》，许宝湀译，商务印书馆 1984 年版。
12. ［英］弗朗西斯·培根：《培根论人生》，何新译，上海人民出版社 1983 年版。
13. ［英］霍布斯：《利维坦》，张妍等译，湖南文艺出版社 2011 年版。
14. ［英］洛克：《洛克谈人权与自由》，石磊编译，天津社会科学出版社 2011 年版。
15. ［英］密尔：《论自由·代议制政府》，康慨译，湖南文艺出版社 2011 年版。
16. ［英］亚当·斯密：《国富论》，郭大力等译，上海三联书店 2009 年版。
17. ［英］亚当·斯密：《道德情操论》，王秀莉等译，北京理工大学出版社 2009 年版。
18. ［英］伯特兰·罗素：《西方哲学史》，何兆武等译，商务印书馆 1982 年版。
19. ［英］伯特兰·罗素：《西方的智慧》，亚北译，中国妇女出版社 2004 年版。
20. ［英］伯特兰·罗素：《罗素道德哲学》，李国山等译，九州出版社 2010 年版。
21. ［英］哈耶克：《通往奴役之路》，王明毅等译，中国社会科学出版社 1997 年版。
22. ［英］卡尔·波普尔：《历史决定论的贫困》，邱仁宗等译，中国社会科学出版社 2009 年版。
23. ［英］阿克顿：《自由史论》，胡传胜等译，译林出版社 2001 年版。
24. ［英］以赛亚·伯林：《自由论》，胡传胜译，译林出版社 2003 年版。
25. ［英］席勒：《人本主义研究》，麻乔志等译，上海人民出版社 1966 年版。
26. ［英］罗德里克·麦克法夸尔：《文化大革命的起源》（第 1—2 卷），河北人民出版社 1989 年版。
27. ［英］菲利普·肖特：《毛泽东传》，仝小秋等译，中国青年出版社 2004 年版。
28. ［英］史蒂芬·霍金：《时间简史》，吴忠超译，湖南科学技术出版社

2006 年版。
29. ［英］贝弗里奇：《科学研究的艺术》，金吾伦等译，科学出版社 1987 年版。
30. ［英］贝尔纳：《科学的社会功能》，陈体芳译，商务印书馆 1985 年版。
31. ［英］李约瑟：《中国科学技术史》，卢学善等译，科学出版社 2003 年版。
32. ［英］雪莱：《雪莱抒情诗选》，杨熙龄译，上海译文出版社 1981 年版。
33. ［英］达夫妮·杜穆里埃：《蝴蝶梦》，林智玲等译，译林出版社 1994 年版。
34. ［意］薄伽丘：《十日谈》，方平等译，上海译文出版社 1988 年版。
35. ［意］马基雅维利：《君主论》，徐继业译，光明日报出版社 2001 年版。
36. ［瑞士］雅各布·布克哈特：《意大利文艺复兴时期的文化》，何新译，商务印书馆 1979 年版。
37. ［瑞士］荣格：《寻求灵魂的现代人》，苏克译，贵州人民出版社 1987 年版。
38. ［瑞士］荣格：《荣格谈人生信仰》，石磊编译，天津社会科学出版社 2011 年版。
39. ［瑞士］荣格：《荣格性格哲学》，李德容译，九州出版社 2003 年版。
40. ［瑞士］让·皮亚杰：《发生认识论原理》，王宪钿等译，商务印书馆 1981 年版。
41. ［瑞士］让·皮亚杰：《儿童智力的起源》，高如峰等译，教育科学出版社 1990 年版。
42. ［荷兰］斯宾诺莎：《神学政治学》，温锡增译，商务印书馆 1963 年版。
43. ［西班牙］塞万提斯：《堂吉诃德》，陈凯建译，甘肃人民出版社 1995 年版。
44. ［印度］泰戈尔：《泰戈尔散文诗全集》，吴岩译，中国检察出版社 1995 年版。
45. ［捷］夸美纽斯：《大教学论》，傅任敢译，教育科学出版社 1999 年版。
46. ［捷］弗·布罗日克：《价值与评价》，李志林等译，知识出版社 1988 年版。
47. ［挪威］乔斯坦·贾德：《苏菲的世界》，萧宝森译，作家出版社 1996 年版。

48. [澳] 朗达·拜恩:《秘密》,谢明宪译,中国城市出版社 2008 年版。
49. [法] 笛卡儿:《第一哲学沉思集》,庞景仁译,商务印书馆 1987 年版。
50. [法] 卢梭:《社会契约论》,何兆武译,红旗出版社 1997 年版。
51. [法] 卢梭:《论人类不平等的起源》,张庆博译,陕西人民出版社 2012 年版。
52. [法] 卢梭:《爱弥儿》,李平沤译,商务印书馆 1978 年版。
53. [法] 孟德斯鸠:《论法的精神》,张雁深译,商务印书馆 1982 年版。
54. [法] 托克维尔:《论美国的民主》,董果良译,商务印书馆 1997 年版。
55. [法] 埃蒂耶纳·卡贝:《伊加利亚旅行记》,李雄飞译,商务印书馆 1978 年版。
56. [法] 安德烈·比利:《狄德罗传》,张本译,商务印书馆 1984 年版。
57. [法] 蒙田:《蒙田随笔》,梁宗岱译,人民文学出版社 2012 年版。
58. [法] 雨果:《悲惨世界》,李丹等译,人民文学出版社 1995 年版。
59. [法] 巴尔扎克:《欧也妮·葛朗台》,《高老头》,傅雷译,人民文学出版社 1983 年版。
60. [法] 司汤达:《红与黑》,罗玉君译,上海译文出版社 1979 年版。
61. [法] 拉伯雷:《巨人传》,鲍文蔚译,人民文学出版社 1983 年版。
62. [法] 罗曼·罗兰:《约翰·克里斯多夫》,傅雷译,人民文学出版社 1985 年版。
63. [法] 罗曼·罗兰:《贝多芬传》,傅雷译,华文出版社 2013 年版。
64. [法] 福楼拜:《情感教育》,李健吾译,上海译文出版社 1984 年版。
65. [法] 罗丹口述,葛赛尔著:《罗丹艺术论》,傅雷译,人民日报出版社 2000 年版。
66. [法] 丹纳:《艺术哲学》,傅雷译,安徽文艺出版社 1991 年版。
67. [法] 雅克·德比奇等:《西方艺术史》,徐庆平译,海南出版社 2002 年版。
68. [德] 斯宾格勒:《西方的没落》(全译本),吴琼译,上海三联书店 2006 年版。
69. [德] 哈拉尔德·米勒:《文明的共存》,郦红等译,新华出版社 2002 年版。
70. [德] 雅斯贝尔斯:《历史的起源与目标》,魏楚雄等译,华夏出版社 1989 年版。

71. ［德］雅斯贝尔斯：《时代的精神处境》，黄藿译，生活·读书·新知三联书店 1992 年版。
72. ［德］卡尔·雅斯贝尔斯：《什么是教育?》，邹进译，生活·读书·新知三联书店 1991 年版。
73. ［德］马克斯·韦伯：《新教伦理与资本主义精神》，陈惟纲译，生活·读书·新知三联书店 1987 年版。
74. ［德］康德：《纯粹理性批判》，蓝公武译，商务印书馆 1960 年版。
75. ［德］康德：《实践理性批判》，韩水法译，商务印书馆 1999 年版。
76. ［德］康德：《法的形而上学原理》，沈叔平译，商务印书馆 1991 年版。
77. ［德］康德：《未来形而上学导论》，庞景仁译，商务印书馆 1978 年版。
78. ［德］黑格尔：《小逻辑》，贺麟译，商务印书馆 1980 年版。
79. ［德］黑格尔：《历史哲学》，王造时译，上海书店出版社 2001 年版。
80. ［德］黑格尔：《黑格尔通信百封》，苗力田译编，上海人民出版社 1982 年版。
81. ［德］费尔巴哈：《费尔巴哈哲学著作选集》（上卷），荣震华等译，生活·读书·新知三联书店 1959 年版。
82. ［德］费尔巴哈：《费尔巴哈哲学著作选集》（下卷），荣震华等译，生活·读书·新知三联书店 1962 年版。
83. ［德］叔本华：《人生的智慧》，韦启昌译，黑龙江人民出版社 1987 年版。
84. ［德］叔本华：《叔本华人生哲学》，李成铭等译，九州出版社 2003 年版。
85. ［德］尼采：《重估一切价值》，林茹译，华东师范大学出版社 2013 年版。
86. ［德］尼采：《尼采谈自由与偏见》，石磊编译，天津社会科学出版社 2011 年版。
87. ［德］尼采：《悲剧的诞生》，周国平译，世界出版集团 2009 年版。
88. ［德］尼采：《尼采生存哲学》，杨恒达等译，九州出版社 2003 年版。
89. ［德］马丁·海德格尔：《存在与时间》，陈嘉映等译，生活·读书·新知三联书店 1987 年版。
90. ［德］恩斯特·卡西尔：《人论》，甘阳译，上海译文出版社 2003 年版。
91. ［德］马丁·海德格尔：《存在与时间》，王作虹译，民族出版社 2005

年版。

92. ［德］克劳塞维茨：《战争论》（上、下），中国人民解放军军事科学院译，解放军出版社 1964 年版。

93. ［德］埃米尔·路德维希：《拿破仑传》，梅沱等译，花城出版社 1999 年版。

94. ［德］卡尔·威特：《卡尔·威特的教育》，刘恒新译，京华出版社 2004 年版。

95. ［德］歌德：《歌德诗集》，钱春绮译，上海译文出版社 1982 年版。

96. ［德］海涅：《海涅诗选》，钱春绮译，山东大学出版社 1999 年版。

97. ［德］荷尔德林：《荷尔德林诗新选》，顾正祥译，商务印书馆 2012 年版。

98. ［德］史托姆：《史托姆中短篇小说集》，上海译文出版社 1981 年版。

99. ［德］恩·海克尔：《宇宙之谜》，袁志英译，上海译文出版社 2014 年版。

100. ［德］格林兄弟：《格林童话》，魏以新译，人民文学出版社 1988 年版。

101. ［民主德国］弗兰茨·梅林：《马克思传》，人民出版社 1965 年版。

102. ［联邦德国］赫尔穆特·施密特：《伟人与大国》，梅兆荣译，世界知识出版社 1989 年版。

103. ［奥］西格蒙德·弗洛伊德：《论文明》，杨韶纲译，华夏出版社 1999 年版。

104. ［奥］西格蒙德·弗洛伊德：《弗洛伊德心理哲学》，杨韶刚等译，九州出版社 2003 年版。

105. ［奥］西格蒙德·弗洛伊德：《弗洛伊德后期著作选》，林尘等译，上海译文出版社 1986 年版。

106. ［奥］康罗·洛伦兹：《攻击与人性》，王守珍等译，作家出版社 1987 年版。

107. ［奥］阿德勒：《灵魂与情感》，石磊编译，天津社会科学出版社 2011 年版。

108. ［奥］裴多菲：《裴多菲诗选》，张清福等译，花山文艺出版社 1995 年版。

109. ［美］伊迪丝·汉密尔顿：《希腊精神：西方文明的源泉》，葛海滨译，辽宁教育出版社 2005 年版。
110. ［美］《爱因斯坦文集》，许良英等译，商务印书馆 2009 年版。
111. ［美］胡大年：《爱因斯坦在中国》，上海科技教育出版社 2006 年版。
112. ［美］弗兰克纳：《伦理学》，关键译，生活·读书·新知三联书店 1987 年版。
113. ［美］达尔·尼夫：《知识经济》，樊春良等译，珠海出版社 1998 年版。
114. ［美］艾米顿：《知识经济的创新战略：智慧的觉醒》，金周英等译，新华出版社 1998 年版。
115. ［美］约瑟夫·奈：《美国世纪结束了吗?》，邵杜罔译，北京联合出版公司 2016 年版。
116. ［美］马文·哈里斯：《文化·人·自然——普通人类学导引》，顾建光等译，浙江人民出版社 1992 年版。
117. ［美］沃斯诺尔：《文化分析》，李卫民等译，上海人民出版社 1990 年版。
117. ［美］约瑟夫·奈：《软实力》，马娟娟译，中信出版社 2013 年版。
119. ［美］塞缪尔·亨廷顿：《文明冲突与世界秩序的重建》，周琪等译，新华出版社 1999 年版。
120. ［美］塞缪尔·亨廷顿：《变化社会中的政治秩序》，张岱云译，上海译文出版社 1989 年版。
121. ［美］塞缪尔·亨廷顿：《第三波——20 世纪后期民主化浪潮》，刘军宁译，生活·读书·新知三联书店 1998 年版。
122. ［美］布鲁斯·拉西特等：《世界政治》，王玉珍等译，华夏出版社 2002 年版。
123. ［美］弗朗西斯·福山：《历史的终结及最后之人》，黄胜强等译，中国社会科学出版社 2003 年版。
124. ［美］阿尔温·托夫勒：《第三次浪潮》，朱子焱等译，生活·读书·新知三联书店 1983 年版。
125. ［美］约翰·奈斯比特：《大趋势——改变我们生活的十个新方向》，梅艳译，中国社会科学出版社 1994 年版。
126. ［美］德内拉·梅多斯等：《增长的极限》，李涛等译，机械工业出版社 2013 年版。

127. [美] 戴维·埃伦菲尔德：《人道主义的僭妄》，李云龙译，国际文化出版社 1988 年版。
128. [美] 悉尼·胡克：《理性、社会神话和民主》，金克等译，上海人民出版社 1965 年版。
129. [美] 房龙：《宽容》，李强译，西苑出版社 2004 年版。
130. [美] 杜威：《哲学的改造》，许崇清译，商务印书馆 1958 年版。
131. [美] 卡伦：《艺术与自由》，张超金等译，工人出版社 1989 年版。
132. [美] 约瑟夫·德马克：《现代世界伦理学新趋向》，石毓彬等译，中国青年出版社 1990 年版。
133. [美] 埃里希·弗洛姆：《爱的艺术》，李健鸣译，上海译文出版社 2008 年版。
134. [美] 埃里希·弗洛姆：《为自己的人》，孙依依译，生活·读书·新知三联书店 1988 年版。
135. [美] 埃里希·弗洛姆：《人心：人的善恶本性》，范瑞平等译，福建人民出版社 1988 年版。
136. [美] 斯坦利·霍夫曼：《当代国际关系理论》，中国社会科学出版社 1990 年版。
137. [美] 汉密尔顿等：《联邦党人文集》，陈逢如等译，商务印书馆 2004 年版。
138. [美] 乔治·霍兰·萨拜因：《西方政治学说史》，盛葵阳等译，商务印书馆 1990 年版。
139. [美] 约翰·罗尔斯：《正义论》，何怀宏等译，中国社会科学出版社 1988 年版。
140. [美] 约翰·罗尔斯：《作为公平的正义——正义新论》，姚大志译，上海三联书店 2002 年版。
141. [美] 迈克尔·罗斯金：《政治学》，林震等译，华夏出版社 2002 年版。
142. [美] 阿尔蒙德等：《比较政治学：体系、过程和政策》，曹沛霖等译，上海译文出版社 1987 年版。
143. [美] 阿尔蒙德等：《公民文化》，徐湘林等译，东方出版社 1998 年版。
144. [美] 戴维·伊斯顿：《政治生活的系统分析》，王浦劬译，华夏出版社 1999 年版。

145. ［美］戴维·伊斯顿：《政治体系》，马新槐译，商务印书馆 1993 年版。

146. ［美］科恩：《论民主》，聂崇信等译，商务印书馆 1988 年版。

147. ［美］乔纳森·特纳：《社会学理论的结构》（上、下），华夏出版社 2001 年版。

148. ［美］埃尔·巴比：《社会研究方法》（上、下），华夏出版社 2000 年版。

149. ［美］麦克斯怀特：《公共行政的合法性——一种话语分析》，吴琼译，中国人民大学出版社。

150. ［美］彼得·德鲁克：《卓有成效的管理者》，许是祥译，机械工业出版社 2011 年版。

151. ［美］丹尼尔·戈尔曼：《情感智商》，耿文秀等译，上海科技出版社 1997 年版。

152. ［美］克雷奇等：《心理学纲要》，周先庚等译，文化教育出版社 1981 年版。

153. ［美］约瑟夫·墨菲：《潜意识的力量》，吴忌寒译，中国城市出版社 2009 年版。

154. ［美］杰克埃·菲尔德：《吸引力法则》，张彩译，光明日报出版社 2015 年版。

155. ［美］马斯洛等：《人的潜能和价值》，林方译，华夏出版社 1987 年版。

156. ［美］黄仁宇：《万历十五年》，中华书局 1982 年版。

157. ［美］杜维明：《人性与自我修养》，中国和平出版社 1988 年版。

158. ［美］罗洛·梅：《爱与意志》，冯川译，国际文化出版社 1998 年版。

159. ［美］威尔·杜兰：《世界文明史》（第 1—11 卷），幼狮出版公司译，东方出版社 1999 年版。

160. ［美］威廉·麦克高希：《世界文明史——观察世界新视角》，董建中等译，新华出版社 2003 年版。

161. ［美］P. K. 博克：《多元文化与社会进步》，余兴安译，辽宁人民出版社 1988 年版。

162. ［美］艾萨克·阿西莫夫等：《诠释人类一万年》，梁鸿鹰等译，内蒙古出版社 1998 年版。
163. ［美］鲁思·本尼迪克特：《菊与刀》，刘锋译，当代世界出版社 2008 年版。
164. ［美］海伦·凯勒：《假如给我三天光明》，夏志强等译，光明日报出版社 2009 年版。
165. ［美］亚伯拉罕·林肯等：《人类最伟大的声音》，徐翰林编译，机械工业出版社 2004 年版。
166. ［美］奥斯本：《创造性想象》，王明利等译，广东人民出版社 1987 年版。
167. ［美］蕾切尔·卡逊：《寂静的春天》，吕瑞兰等译，上海译文出版社 2007 年版。
168. ［美］亨利·戴维·梭罗：《瓦尔登湖》，李继红译，天津人民出版社 2013 年版。
169. ［美］爱默生：《爱默生随笔》，蒲隆译，上海译文出版社 2010 年版。
170. ［美］《马克·吐温中短篇小说选》，方平等译，上海译文出版社 2005 年版。
171. ［美］欧内斯特·海明威：《太阳照常升起》，赵静男译，上海译文出版社 1984 年版。
172. ［美］塞林格：《麦田的守望者》，施咸荣译，译林出版社 2010 年版。
173. ［美］安娜·路易斯·斯特朗：《斯大林时代》，石人译，世界知识出版社 1979 年版。
174. ［美］弗雷德里克·C. 泰韦斯：《从毛泽东到邓小平》，王红续等译，中共中央党校出版社 1991 年版。
175. ［美］罗伯特·劳伦斯·库恩：《他改变了中国：江泽民传》，谈峥等译，上海译文出版社 2005 年版。
176. ［加］保罗·埃文斯：《费正清看中国》，陈同等译，上海人民出版社 1995 年版。
177. ［俄］列夫·托尔斯泰：《战争与和平》，草婴译，上海译文出版社 1992 年版。
178. ［俄］列夫·托尔斯泰：《安娜卡列尼娜》，草婴译，上海译文出版社 1982 年版。
179. ［俄］普希金：《普希金诗选》，卢永选编，人民文学出版社 1996

年版。
180. ［俄］屠格涅夫：《猎人笔记》，冯春译，上海译文出版社 2000 年版。
181. ［俄］陀思妥耶夫斯基：《罪与罚》，朱海观等译，人民文学出版社 2004 年版。
182. ［俄］车尔尼雪夫斯基：《怎么办?》，蒋路译，人民文学出版社 1984 年版。
183. ［俄］果戈理：《死魂灵》，满涛等译，人民文学出版社 1991 年版。
184. ［俄］契诃夫：《契诃夫短篇小说选》，汝龙译，上海译文出版社 2003 年版。
185. ［苏］普·凯尔任采夫：《列宁传》，企程等译，生活·读书·新知三联书店 1975 年版。
186. ［苏］《联共布党史简明教程》，中央编译局译，人民出版社 1954 年版。
187. ［苏］戈尔巴乔夫：《改革与新思维》，苏群译，新华出版社 1987 年版。
188. ［苏］菲奥多尔·布尔拉茨基：《新思维》，孔庆凤等译，求实出版社 1989 年版。
189. ［苏］莫基切夫：《政治学说史》，中国社会科学院法学所译，中国社会科学出版社 1979 年版。
190. ［苏］米丁院士等：《辩证唯物论诸问题》，祝百英等译，新知识出版社 1956 年版。
191. ［苏］拉皮斯基：《认识主体的结构和功能》，唐健等译，中国人民大学出版社 1990 年版。
192. ［苏］柯普宁：《作为认识论和逻辑的辩证法》，彭漪涟等译，华东师范大学出版社 1984 年版。
193. ［苏］列夫·舍斯托夫：《旷野呼告》，方珊等译，华夏出版社 1999 年版。
194. ［苏］米定斯基：《世界教育史》，叶文雄译，香港三联书店 1950 年版。
195. ［苏］尤·阿克秀金：《赫鲁晓夫——同时代人的回忆》，东方出版社 1990 年版。
196. ［苏］高尔基：《母亲》，夏衍译，人民文学出版社 2006 年版。

197. ［苏］高尔基：《童年·在人间·我的大学》，刘辽逸等译，人民文学出版社 1994 年版。
197. ［苏］奥斯特洛夫斯基：《钢铁是怎样炼成的》，梅益译，人民文学出版社 1995 年版。
199. ［苏］肖洛霍夫：《静静的顿河》，金人译，人民文学出版社 1956 年版。
200. ［苏］雷巴科夫：《阿尔巴特街的儿女们》，范国恩等译，中国文联出版社 1988 年版。
201. ［苏］《白天的星星》（世界散文精品文库·俄罗斯卷），严永兴编选，中国社会科学出版社 1993 年版。
202. ［埃及］乔哈尔等改编：《天方夜谭》，王瑞琴译，中国少儿出版社 1985 年版。
203. ［丹麦］安徒生：《安徒生童话》，叶君健译，人民文学出版社 1978 年版。
204. ［哥伦比亚］加西亚·马尔克斯：《百年孤独》，黄锦炎等译，上海译文出版社 1984 年版。
205. ［保］基里尔·瓦西列夫：《爱的哲学》，梁萍等译，工人出版社 1987 年版。
206. ［日］池田大作、季羡林等：《畅谈东方智慧》，卞立强译，四川人民出版社 2004 年版。
207. ［日］井上清：《日本历史》，天津市历史研究所译，天津人民出版社 1974 年版。
208. ［日］小尾郊一：《唐诗的魅力》，邵毅平译，上海古籍出版社 1989 年版。
209. ［日］福井康顺等：《道教》，朱越利译，上海古籍出版社 1990 年版。
210. ［日］稻盛和夫：《活法》，曹岫云译，东方出版社 2010 年版。
211. ［日］村上春树：《村上春树文集》，林少华译，上海译文出版社 2006 年版。

后　记

书稿《文明大走向：文化时代与思想政治变革》，这是几十年研究的心血，经过一年多整理终于结集，松了一口气！清晨瞭望窗外细雨蒙蒙，触景生情，感慨万千！

细雨潇潇下，白发染苍梧。
秦岭雾茫茫，渭水情悠然。
小林鸣鸟语，书香伴吾生。

这使我浮想联翩，多少往事，浮上心头！十多年前写的《知难斋序》：

求知难，真知更难。知难不难，天生我材必有用；知其不可而为之，圣人也。

知难而进，勇也。沉舟侧畔千帆过，病树前头万木春；沧海横流，方显英雄本色；岁寒，知松柏之后凋也。

知难而退，智也。山重水复疑无路，柳暗花明又一村；识时务者为俊杰，有所不为，才能有所为。

知难行易。碧水无意出天涯，翠峰有志入云霄；欲求真知，须殚精竭虑，又巧夺天工。

知民生之艰辛，知上天之好德；知情之所寄，知理之所存；可谓达士也。

知之难，贵有恒。古之成大事者，不惟有超世之才，犹有坚韧不拔之志；业精于勤而荒于嬉，行成于思而毁于随。

知之为知之，不知为不知，可谓真知也。曾经沧海难为水，除却巫山不是云；吾生有涯，而学无境；不使它事胜好学之心，则有进。

等闲识得东风面，万紫千红总是春！千江有水千江月，万里无云万里天；智者乐水，仁者乐山；智者动，仁者静；智者乐，仁者寿。

知之难，知之乐也。学之不如好之，好之不如乐之；知天伦之乐、智慧之乐、良心之乐！

孔子曰：学而时习之，不亦悦乎？有朋自远方来，不亦乐乎！人不知而不愠，不亦君子乎？

发愤忘食，乐以忘忧，不知老之将至。子在川上曰：逝者如斯夫！

1980年我与父亲、朋友去长安县郊游，我随即赋诗“龙腾虎啸今胜昔，英贤奋发正当时！”父亲兴奋地说：“我儿能出口成章啦”！这情景犹在眼前。啊，我想父亲给我起名的名字，就是希望看到这个世界欣欣向荣！

上初中时，作文课九十分钟我只写了两行半字，罗梦舟老师批语：“还我九十辆汽车！”他告诉我们发达国家一分钟生产一辆汽车！那个时候，因为父亲文革被打成“走资派”，我们子女受牵连，不能参加红卫兵，那是我们少年时代第一次受挫折，因而才思枯竭！现在我可以欣慰的告诉罗老师，欣逢盛世，我思如泉涌，若漫天星斗！“九十辆汽车开回来啦”！

我又想起来1998年夏秋之际在太白山红河谷与朋友游乐，写下《天启之光》，又赋诗《咏鹤》：

本有冲天志、扶摇云海间。早辞蓬莱岛，暮栖昆仑山。
神龙相与舞，凤凰为之歌。虽遭风雷摧，依然向青天！

爱因斯坦说：“人只有投身于社会，才能找到那短暂而有风险的生命的意义。”张世英先生说：“人生最高境界不在于能够做到事事一帆风顺，而在于经历苦难，能够坦然面对！”

在古希腊神话中，“希望”是潘多拉的盒子里最后一件东西。而德国哲学家布洛赫则提出了“希望哲学”！

他认为：“希望”不仅是人的一种意识特质，而且是一种本体论现象，人的本质与希望有着不可分割的联系，希望是根植在人性之中的人类需要，是“人的本质结构”！

希望是我们身体的一部分，是我们的耳朵，我们的眼睛，我们的血液，我们借它看到、凭它听到，靠它存活下去！

在我的学术生涯中，曾经得到国学大师及恩师：张岱年先生、张岂之先生、赵馥杰先生、彭曦先生、陈瑛先生、王磊先生、赵世超先生、陈效琨先生、沈永有先生、胡绳生先生、赵尚东先生、宋立仁先生、韩青博先生，赵怀玉先生，任召第先生、王缵叔先生，田盛静先生、刘治平先生、李思民先生、何志虎先生，张玉珩先生、贾秉仁先生、李慎行先生、刘学智先生、黄留珠先生、刘宝才先生、申仲英先生、张富昌先生、周树智先生、欧阳伦先生、杨作云先生，曹斌先生、张彦斌先生、罗梦舟先生、张秉华先生、陈健康先生、程灵生先生、李大贤先生、权佳果等先生的教诲和鼓励，在此，我有一份十分崇敬和感激的心情。

感谢王磊先生不顾天气炎热，审阅全部书稿、提出宝贵修改意见，并为拙著精心撰写了序言；陈瑛先生联系出版，多次提出真知烁见，让我十分感动。

感谢赵荣霞教授、石玉平教授、吴毅教授、孔润年教授、王兴尚教授、刘百宁研究员，审阅全部书稿，提出宝贵修改意见，对书稿完善意义重大。

感谢王晓敏教授、张波教授审阅并校对全部书稿；我弟王世英教授审阅书稿，提炼升华各编主题，付出了大量心血，为书稿增色不少。

感谢宝鸡文理学院领导白黎书记、司晓宏校长，政法学院和学科建设管理处领导多年来热情支持，省级哲学重点学科经费支持。

感谢中国社会科学出版社领导、编辑徐申、陈肖静审阅书稿，认真负责精神令人敬佩。

“人生的道路虽然漫长，但是在紧要处往往只有几步。”缅怀恩师李天怀先生、樊金劳先生、杜兴运先生、杨异军先生、宋克鲁先生、成玉林先生。

感谢苏天善、李晓峰、罗浩波、贾必章、王金勇、孙国华、周德兴、付志军、李全武、栾宏、王富平，杨志元、张鹏、彭志启、孙宏健、胡西贤、罗安宪、肖群忠、杨权良、刘尧、赵海林、王德春、周民、党天才、何振鹏、张学广、古伦勇、田东奎、茹金虎、朱志勇、陈玄、张景文、张建文、弓正吉、张成林、赵炳寅、曹召娥、安花娥、杨新萍、郭平定、张振宇、吴海荣、何贵莲、邓珠平、王辛河、谢斌、李录成、吕家麟、王新政、董铁普、袁志福、宁俊社、温祁平、王拴勋、郑立志、赵林虎、李发林、赵智劳、王锦东、崔利民、程鹏、向开春、刘崇学、张永坚、孙和健、赵高才、康健辉、王志让、王天劳、王有生、刘建华、蹇眉生、赵百鸣、肖西奎等真挚的友谊，以及我的同事与学友们的支持与呵护。

感谢我的父母含辛茹苦，在极其艰苦的条件下供养我读完大学，我才有条件实现理想和抱负！我的亲人们，尤其是我的妻子姚雅琴女士，在我坎坷的人生旅途中，点点滴滴、无微不至的关怀和照顾！

在本书出版之际，对长期以来为我的成长进步、教学和学术研究给予帮助的各位领导、各位恩师、各位亲朋好友，再次表示最真挚的感谢！没有你们的教诲与热情支持，就不会有我的一切！

心安处，便是故乡。我将一如既往热爱你们、热爱生活，也热爱我的学术与创作，我欣赏泰戈尔的《渡》中的诗句作为结语：

> “让你那爱的阳光，亲吻我思想的山峰，留连于我那庄稼成熟的、人生的山谷！”

2017 年 9 月 6 日　于陕西　宝大馨园芝兰斋